# Epochen und Strukturen

## Grundzüge einer Universalgeschichte für die Oberstufe

Herausgegeben von Imanuel Geiss, Rolf Ballof und
Renate Fricke-Finkelnburg

### Band I

### Von der Vorgeschichte bis zum Dreißigjährigen Krieg

Von Rolf Ballof, Ulrich Bongertmann, Imanuel Geiss,
Wieland Herold, Wolfgang Hoben, Friedrich Husch,
Andreas Kolle, Norbert Sahrhage, Rolf Wessel und
Ulrich v. Wildenradt

Verlag Moritz Diesterweg
Frankfurt am Main

Epochen und Strukturen
Grundzüge einer Universalgeschichte für die Oberstufe
Band I
Von der Vorgeschichte bis zum Dreißigjährigen Krieg

Herausgeber:

Professor Dr. Imanuel Geiss
Oberstudiendirektor Rolf Ballof
Oberstudienrätin Renate Fricke-Finkelnburg M. A.

Autoren des vorliegenden Bandes:

Oberstudiendirektor Rolf Ballof: S. 139–145
Studienrat Ulrich Bongertmann: S. 4–9; 125–138; 163–169
Professor Dr. Imanuel Geiss: S. 1–3; 10–22; 184–195; 226–229; 236–250; 308–310
Studiendirektor Wieland Herold: S. 324–367
Akademischer Direktor Dr. Wolfgang Hoben: S. 23–125; 146–162
Oberstudienrat Friedrich Husch: S. 4–9
Studienassessor Andreas Kolle: S. 251–295
Studienrat Norbert Sahrhage: S. 196–226; 230–235
Oberstudienrat Rolf Wessel: S. 300–305; 314–323
Oberstudienrat Ulrich von Wildenradt: S. 170–183; 296–300; 306–308; 310–313

Umweltschonendes Papier
MD Didact
weil zu gleichen Teilen aus
chlorfreiem Zellstoff · Altpapier · Holzschliff

Genehmigt für den Gebrauch an Schulen.
Genehmigungsdaten teilt der Verlag auf Anfrage mit.

ISBN 3-425-07311-7



Umschlaggestaltung: Reckels, Schneider-Reckels & Weber, Wiesbaden unter Verwendung eines Dias von Diapofilm, Paris
Satz: Fotosatz Otto Gutfreund GmbH, Darmstadt
Druck: aprinta GmbH & Co. Druck KG, Wemding
Bindung: Großbuchbinderei Monheim GmbH, Monheim

# Inhaltsverzeichnis

# Vorwort

Unsere Gegenwart prägt im nationalen wie im internationalen Rahmen ein rasantes Entwicklungstempo. Die politischen und gesellschaftlichen Umwälzungen in Mittel- und Osteuropa, die rasche Verelendung großer Teile der „Dritten Welt", die fortschreitende ökologische Gefährdung unseres Planeten und kaum lösbar erscheinende Konflikte im Nahen Osten, in Mittelamerika oder auf dem Balkan verschärfen ältere Probleme. Strukturelle Veränderungen der Arbeitsmärkte mit ihren sozialen Folgen, das Vordringen neuer Technologien und die Entwicklung der Naturwissenschaften, die die Natur selbst inzwischen zum Gegenstand technischer Rekonstruktion machen, schaffen ganz neue Probleme, gerade auch in den bisher prosperierenden Industrieländern.

Diese modernen Entwicklungen verlaufen nicht isoliert, sondern in immer engerer Vernetzung. Gegenwärtige und künftige Veränderungen lassen sich daher nicht mehr national, sondern nur grenzüberschreitend begreifen. Wenn die Menschheit näher zusammenrückt, werden Handlungsspielräume enger, vermehren und verschärfen sich Reibungen und Konflikte. Daher wird gemeinsames Denken und Handeln notwendig, das aber nur Erfolg haben kann, wenn man einander kennt. Der Blick über die eigene Grenze aber hat den Rückblick auf Ursachen und die historische Herausbildung heutiger Verhältnisse und Entwicklungstendenzen zur Voraussetzung. Geschichte handelt von der uns bekannten Vergangenheit der Menschen und der Natur, sie kann zeigen, daß gegenwärtige Existenz aus Elementen der Vergangenheit besteht und durch sie bedingt ist. So kann den Zerfall der kommunistischen Herrschaftssysteme in Mittel- und Osteuropa nur ermessen, wer von deren Entstehungsgeschichte weiß, die weit vor 1917 beginnt. Die Situation in der „Dritten Welt" bleibt unverständlich ohne Kenntnis der historischen Epochen des Kolonialismus und Imperialismus sowie der einheimischen präkolonialen Geschichte der „Dritten Welt". Verfassungen heutiger Demokratien reichen ideengeschichtlich gesehen in die Antike zurück, aktuelle Konflikte, wie etwa der Palästinakonflikt, können eine nach Jahrtausenden zählende Vorgeschichte haben.

Dieses Lehrwerk geht daher in seinen Darstellungen von der grundsätzlichen Einheit der Menschheitsgeschichte aus und möchte dazu beitragen, einem eurozentristischen oder nationalgeschichtlich verengten Geschichtsbild vorzubeugen. Ein Geschichtsbuch für die Schule kann jedoch Universalgeschichte nicht lückenlos darstellen, sondern nur exemplarisch und punktuell, wo es fachwissenschaftlich geboten und didaktisch sinnvoll erscheint. Nach wie vor erhält daher die historische Entwicklung Europas und Deutschlands breiteren Raum, aber flankiert von Exkursen, die eine Einbindung in weltgeschichtliche Zusammenhänge ermöglichen sollen.

## Periodisierung der Weltgeschichte

Für die chronologische Einteilung der Geschichte gilt seit 300 Jahren die Unterscheidung zwischen Alter Geschichte, Mittelalter und Neuzeit, später ergänzt um Vor- und Frühgeschichte und Zeitgeschichte. Diese auf Europa zugeschnittene Periodisierung wurde mit ihrer Ausdehnung auf die gesamte Welt immer unbefriedigender. Vorgeschlagene Alternativen blieben ihr verhaftet, auch das marxistische Periodisierungsschema Urgesellschaft – Sklavenhaltergesellschaft – Feudalismus – Kapitalismus – Sozialismus/Kommunismus. Am günstigsten erweist sich, das traditionelle Schema unter zentralen Fragestellungen inhaltlich neu zu füllen und mit Modifizierungen auf die Weltgeschichte auszuweiten. Die

Wachstumskurve der Menschheit gibt einen ersten Hinweis für die Einteilung des Zeitstroms auch nach sachsystematischen Gesichtspunkten: Dreimal läßt sich eine besonders rasche Zunahme von Bevölkerung und Produktion feststellen – im Übergang vom Sammeln und Jagen („Wildheit“) zur ersten Stufe der agrarischen Produktion („Barbarei“) ab ca. 8000 v. Chr., von da zur städtischen „Zivilisation“ ab ca. 3000 v. Chr., zuletzt zur Industrialisierung ab ca. 1760.

Auszugehen ist von den großen Macht- und Kulturzentren Eurasiens, gruppiert um den Indischen Ozean und das Mittelmeer, später erweitert um den Atlantik. Doch erst mit der Zivilisation des Vorderen Orients ab ca. 3000 v. Chr. sprechen wir von der sich zunehmend schriftlich artikulierenden Geschichte im engeren Sinn. 5000 Jahre schriftlicher Geschichte wiederum lassen sich in zwei zeitlich ungleich große Blöcke unterteilen: Vorherrschaft der älteren Macht- und Kulturzentren, durch Hochkulturen, Hochreligionen und imperiale Großreiche organisiert, von Ägypten und Mesopotamien bis China („Alter Osten“), gefolgt von der Vorherrschaft des „Neuen Westens“. Die Vorherrschaft des „Alten Ostens“ umfaßt, nur auf Eurasien (Europa + Asien + Nordafrika) bezogen, das, was früher der „Alte Orient“ hieß (ca. 3000–500 v. Chr.), die Antike (ca. 500 v. Chr. – 500 n. Chr.), und das Mittelalter (ca. 500 – ca. 1500), die Vorherrschaft des „Neuen Westens“, die Welt-Neuzeit ab ca. 1500.

In den älteren Zeitblöcken machten die großen Kultur- und Machtzentren vergleichbare Entwicklungen durch. Wichtig ist das Schwanken zwischen imperialen Machtstrukturen mit zentralisierenden Tendenzen (samt erheblicher Bedeutung der Sklaverei) und ihrem Zerfall in regionale oder lokale Strukturen oder Nachfolgestaaten oft „feudalen“ Charakters. Vergleichbar blieb, bei allen spezifischen Unterschieden, auch die „wilde“ und „barbarische“ Peripherie (in der Sprache aller Macht- und Kulturzentren: „Chaos“) und ihre Wechselbeziehungen zu den Macht- und Kulturzentren.

Mit der Expansion Europas in Übersee seit dem symbolischen Doppeldatum 1492 (Entdeckung Amerikas durch Columbus) und 1498 (Vasco da Gama in Indien) beginnt die Vorherrschaft des „Neuen Westens“ als nun globale Neuzeit. Zwei Großereignisse erlauben eine weitere Binnengliederung des halben Jahrtausends – Französische Revolution 1789 und Erster Weltkrieg 1914–18. Seitdem die Franzosen ihre Große Revolution als Beginn ihrer „Zeitgeschichte“ empfanden, fächerte sich „Zeitgeschichte“ national auf, orientiert an tiefen Zäsuren in einer Nationalgeschichte – z. B. England 1832, Dänemark 1864, Deutschland 1871, dann 1918. Unter globalem Horizont schält sich 1945 als Beginn der Welt-Zeitgeschichte heraus, da das Ende des Zweiten Weltkrieges die meisten Nationalgeschichten prägte, ältere Staaten wie junge Nationalstaaten in den früheren Kolonialreichen. Heute markiert der Zusammenbruch des europäischen Kommunismus 1989–91 eine jüngste Zäsur der Weltgeschichte.

Innerhalb dieser Groß-Gliederung lassen sich weitere Akzente setzen – Frauen, Minderheiten (z. B. Juden), Soziales, „Fortschritt“, Krieg und Frieden, Natur und Umwelt. Die Berücksichtigung dieser unterschiedlichen Perspektiven läßt sich am ehesten durch den Nachvollzug des Wechsels von Entwicklungsschwerpunkten oder -zentren erreichen, auch durch Perspektivwechsel zwischen Herrschern und Beherrschten, z. B. bei Sklaven- und Bauernaufständen, aber auch im Wechsel des hochentwickelten „Alten Ostens“ zum Objekt kolonisatorischer Expansion des „Neuen Westens“.

**Der Aufbau des Lehrwerkes:**

Jedes Kapitel beginnt mit einer **Auftaktseite,** die in das Thema einführen, zum Nachdenken anregen und anhand der **Zeittafel** eine erste chronologische Orientierung geben soll.

Die **Darstellungsteile** bieten eine zusammenhängende Beschreibung der wichtigsten Entwicklungen einer Epoche. Themen, die im Geschichtsunterricht von besonderer Bedeutung sind, werden ausführlich behandelt, die universalgeschichtlichen Ergänzungen dagegen nur relativ knapp skizziert; sie sind zum Eigenstudium gedacht, um Schwerpunkte der Kursangebote miteinander zu verknüpfen. Beide unterschiedlichen Textblöcke verhalten sich zueinander wie die tragenden Pfeiler einer Brücke (z. B. Geschichte des alten Griechenland und Rom) und die sie verbindenden Bögen (z. B. Alter Orient, mit Indien und China). Erst beide zusammen bilden eine tragfähige Brücke von der Vergangenheit zur Gegenwart.

**Illustrationen** und **Karten** veranschaulichen die Darstellungen. Zentrale Begriffe sind im Anhang in einem **Glossar** nachzuschlagen.

**Materialteile** mit **Quellentexten,** Illustrationen und Karten dienen der Vertiefung im Geschichtsunterricht besonders relevanter Themen. Überwiegend wird mit Primärquellen gearbeitet, wo es sich anbietet aber auch mit Sekundärquellen, z. B. zu wichtigen Forschungskontroversen.

Die universalhistorisch verbindenden Exkurse enthalten keine gesonderten Materialteile, wichtige Quellen sind dort ggf. in die Darstellung integriert.

**Methodenkapitel** führen in die Arbeitstechniken der Oberstufe und speziell in die der Quelleninterpretation ein.

**Register** und **Literaturverzeichnis** befinden sich im Anhang des Werkes.

## Materialien im Unterricht

Woher wissen wir etwas über vergangene Zeiten? Grundsätzlich können sämtliche *Überreste* uns Aufschluß geben: Überkommene Ortsnamen und Flurformen, alte Gebäude, Bilder und mündliches Erzählgut enthalten bei richtiger Fragestellung mannigfache Informationen, um historische Zustände und Handlungen von Menschen zu rekonstruieren, und werden dadurch zu *historischen Quellen.* Ein angemessenes Bild ergibt sich meist nur durch die Zusammenschau vieler und verschiedener Quellen.

Schriftliche Quellen sind in der Geschichtsforschung die bedeutendsten Informationsträger. Sie können unmittelbarer *Überrest* eines Ereignisses sein (z. B. eine Rechnung mit Brotpreisen) oder auch als bewußte *Tradition* von jemandem zur Erinnerung für die Nachwelt verfaßt sein (z. B. Klosterannalen). Beide Formen sind mehr oder minder in unmittelbarer Nähe zur beschriebenen Zeit entstanden *(Primärquellen).* Wenn der raumzeitliche Abstand größer wird und ein späterer Historiker eine *Darstellung* aus einer zurück- und überblickenden Sichtweise zusammenstellt, liegt eine *Sekundärquelle* oder -literatur vor (z. B. dieses Schulbuch). Die Abgrenzung zur Primärquelle ist teilweise fließend, etwa bei den antiken Historikern als oftmals einzigen Informanten zu einem bestimmten Detail.

Die Geschichtsforschung bemüht sich ständig um Erschließung neuer Quellen, die unser Wissen vergrößern. Bei alten Texten ist eine genaue *Quellenkritik* ihrer Echtheit und Zuverlässigkeit anhand *äußerer Merkmale* nötig: So ist unter Umständen der genaue Wortlaut wiederherzustellen, oder die angegebenen Daten müssen auf ihre Glaubwürdigkeit überprüft werden. Für die Arbeit in der Schule sind diese Vorleistungen als erfüllt vorausgesetzt.

*Innere Quellenkritik* können dagegen auch Schüler ergiebig üben. Durch Vergleich mit anderen Informationen zum Thema ist es möglich, die besondere Aussage einer Quelle zu bestimmen, die unser bisheriges Bild bestätigen, erweitern oder korrigieren kann. Die Quelle mag auch ohne echten Aussagewert sein. Hier ist ein Fachurteil zum tatsächlichen Informationsgehalt erforderlich.

Alle Texte, die als Quellen herangezogen werden, müssen auf ihre Aussageabsicht und den Inhalt analysiert werden. Ihre Einordnung in einen umgreifenden Zusammenhang ist die Aufgabe der Interpretation. Die folgenden Erarbeitungsschritte geben ein Schema vor, das variabel nach Bedarf handhabbar ist.

### I Arbeitsschritte zur Analyse und Interpretation von schriftlichen Quellen

1) **Textbestimmung: Was für ein Text liegt vor?** – Meistens ist kurz angegeben, wer den Text verfaßt hat, wann und warum er dies tat und für wen. Daraus ergibt sich oft bereits die *Textart:* Ist es eine rechtliche Quelle (Verfassung, Gesetz, Vertrag), die uns zunächst nur die Norm und noch nicht die Realität angibt? Appelliert jemand (Rede, Flugblatt, Parteiprogramm) an eine Öffentlichkeit? Wendet sich eine Person vertraulich an nur einen Adressaten (Privatbrief), oder will sie sich vor sich oder der Nachwelt rechtfertigen (Memoiren)? Liegen subjektive Einschätzungen vor (Tagebücher), oder hat der Text einen objektiven Anspruch (Denkschrift, theoretische Abhandlung)?

**2) Textanalyse: In welchem Verhältnis steht der Autor zum Textinhalt?** – Wenn möglich, sollte die Texterarbeitung vorhandenes Vorwissen über den Text zur Geltung bringen:

*Wer ist der Autor,* bzw. aus welchen Gruppen besteht die Autorenschaft (z. B. bei Verträgen/ Programmen)? Welchen Bildungs- und Informationsstand kann man annehmen? Will der Verfasser vielleicht etwas beschönigen oder verdecken, ist er am Geschehen beteiligt gewesen, nimmt er Partei für eine Seite? Mit welchem Interesse, Einfluß zu nehmen, spricht oder schreibt er? *Warum ist der Text entstanden?* Welche sachlichen Voraussetzungen sind zu klären, um die Textentstehung verständlich zu machen: Konferenz, Kriegsausbruch, Feierstunde?

**3) Welche Kernaussagen enthält der Text?** – Gründliches Lesen sondert in einem Text das Wichtige vom Unwichtigen und läßt die Intention erkennen. Auf dem Weg zum Verstehen muß alles so genau wie möglich geklärt werden: fremde Wörter, komplizierter Satzbau, Anspielungen auf Bekanntes, Metaphern und Vergleiche. Welche Bedeutung hatte ein Begriff (z. B. Privileg) damals zum Zeitpunkt seiner Verwendung? Auf welche Ereignisse wird Bezug genommen? Notfalls müssen Hilfsmittel wie Lexika und Handbücher zu Rate gezogen werden. Dann läßt sich eine erste *Intention des Ganzen* erfassen, auf die die *Hauptaussagen in den Kernstellen* zulaufen. Häufig sind diese Fragen hilfreich: *Läßt sich der Text* in thematische Teile oder logische Schritte *gliedern? Welche Begriffe sind zentral?* Manchmal ist es sinnvoll, nach *fehlenden Aussagen,* die aus dem Kontext zu erwarten wären, zu suchen. Wenn die Vorerwartungen zu Textart oder Autor überraschenderweise nicht erfüllt werden, muß die Ursache geklärt werden.

**4) Geben besondere formale Aspekte weiteren Aufschluß?** – Die Vielfalt der Quellen beschränkt sich nicht auf rein *informative Sachtexte* in logischer, verstandesorientierter Formulierung, wie sie beispielhaft in juristischen Dokumenten vorliegen. Wenn ein Text eine *appellative Funktion* erfüllen sollte (z. B. ein Wahlaufruf), führt eine Analyse der verwendeten sprachlichen Mittel zum vertieften Verständnis der angestrebten Intention. *Welche Zielgruppe wird angesprochen? Wo werden Gefühle besonders angesprochen, und welche Gefühle sind gemeint? Wo sind propagandistische Vereinfachungen aufzufinden? Gibt es suggestive Untertöne, die unterbewußte Empfindungen wecken?*

Eine besonders schwierige Quellengattung sind *fiktionale Texte* (z. B. politische Gedichte, Satiren, Lieder). Als Träger historischer Information können sie nur indirekt in starker, subjektiver Brechung dienen. Hier muß zunächst eine textimmanente Analyse der Kunstform gerecht werden, die formalen Mittel sind möglichst genau zu erfassen, bevor die Übertragung auf die historische Realebene erfolgt. Dazu sind in der Regel zusätzliche Kenntnisse des historischen Kontextes nötig. *Was ist die dichterische Aussage? Was erfahren wir dadurch über die historische Realität?*

**5) Textinterpretation: Was bedeutet der Text im historischen Zusammenhang?** – Die Ergebnisse der Textanalyse müssen weiter interpretiert werden. Man hat sich der Quelle zugewandt, um etwas über einen größeren Zusammenhang zu erfahren. Dieses Umfeld (historischer Kontext) ist in den Blick zu nehmen, um dann den *genauen Stellenwert* der vorliegenden Quelle zu ermitteln. Bei einem Friedensvertrag können die ursprünglichen Ziele und Stärken der Kriegführenden mit den Festlegungen verglichen werden, um eine Gewinn- und Verlustrechnung durchzuführen. Bei Parteiprogrammen ist nach der Umsetzung der politischen Grundsätze zu suchen, oder auch nach den Motiven für ihre Veränderung. Eine Rede soll vielleicht etwas erreichen oder verhindern, was schon länger zur Debatte gestanden hat. Die Richtung einer Interpretation folgt stets dem spezifischen Interesse am Zusammenhang, so daß Quellen durchaus auf verschiedene Fragen antworten können. Interpretieren heißt immer zugleich erklären. *Welche Gründe lassen sich der Quelle entnehmen, um erkannte Resultate und Veränderungen zu erklären?*

6) **Textwertung: Welchen Aussagewert hat die Quelle?** – Nach Einordnung der Quelle in einen Zusammenhang kann es sinnvoll sein, über sie ein bewertendes *Sachurteil* zu treffen. Mit zunehmender Sachkenntnis in einem Thema fällt es im Rückblick immer leichter, das Verhalten einer Person als nützlich und situativ passend oder als relatives Versagen zu bewerten. Wenn ein Autor dem Zeitgeist widerspricht und später recht behält, sollte ihm dies als Verdienst angerechnet werden. Wenn ein anderer typisch für die Denkweise einer Epoche schreibt, ist dies ebenso hervorzuheben. Defizite in der politischen Sichtweise oder bloße Unkenntnis von damals noch unbekannten, zeitgleichen Vorgängen sind anzumerken. Ferner läßt sich bei einigen Texten (z. B. Hitlerreden) die Täuschungsabsicht aufdecken, indem man auf parallele, widersprüchliche Aktionen des Autors hinweist. Dies gehört schon zu einer *Ideologiekritik:* Die Textaussage kann dann auf ein unausgesprochenes, möglicherweise auch dem Autor selbst nicht bewußtes Motiv zurückgeführt werden – wenn etwa wirtschaftliche Interessen zu politischen Forderungen im vorgeblichen Allgemeininteresse führen wie in diesem Beispiel: Ein Sklavenhändler wendet sich mit zivilisatorischen Argumenten gegen die Idee der menschlichen Gleichheit. Als Leitfragen gelten: *Welches wahre Interesse leitet den Autor in der Behandlung seines Themas? Welche soziale/politische Position nimmt er ein? Auf wen muß er Rücksicht nehmen?*

Ein *Werturteil* wird getroffen, wenn das Verhalten von Menschen als sittlich gut oder böse, als gerecht oder ungerecht bezeichnet wird. Dabei ist es durchaus legitim, Vergangenes nicht nur an den Maßstäben seiner Zeit zu messen, sondern heutige Kriterien wie die allgemeinen Menschenrechte anzulegen, wenn man dies ausdrücklich vermerkt. So kann eine grausige Folter den Zeitgenossen als normal, dem jetzigen Menschen jedoch als verwerflich erscheinen.

## Regeln zur Niederschrift in einer Klausur

Gehen Sie davon aus, daß der Prüfer den Quellentext nicht kennt und Sie ihn umfassend darüber aufklären möchten.

Stellen Sie den Text zunächst vor mit Angaben zum Autor, zum Entstehungsanlaß und zum zentralen Sachverhalt, um den es geht.

Falls erforderlich, stellen Sie kurz das nähere Umfeld dar, das zum Verstehen der Quelle vorausgesetzt werden muß. Greifen Sie dabei nicht zu weit aus, sondern setzen Sie die großen Linien als bekannt voraus.

Erarbeiten Sie den Textinhalt unter genauer Beachtung der verlangten Aufgabenstellung. Gliedern Sie sinnvoll, und zeigen Sie durch eigene, textferne Formulierungen, daß Sie den Inhalt verstanden haben. Klären Sie in Kürze die erwähnten Personen (Titel, Funktionen) und Ereignisse, vielleicht auch Fachbegriffe.

Ordnen Sie den Text in den größeren Kontext ein, den die Aufgabenstellung verlangt. Beziehen Sie dabei Ihr erlerntes Vorwissen ein, und erläutern Sie die Zusammenhänge. Erklären Sie Geschichte durch Auffinden von Gründen und Motiven. Wenn Sie Texte vergleichen, nennen Sie erst den gemeinsamen Bezugspunkt und dann die Unterschiede. Kennzeichnen Sie Vermutungen und Hypothesen als solche.

Fällen Sie Sachurteile zum Aussagewert einer Quelle aus Ihrem Wissensstand heraus, indem Sie etwa mit Beispielen und Vergleichen argumentieren oder historische Alternativen erörtern. Versuchen Sie bei Werturteilen zunächst immer ein Verstehen aus den Maßstäben der Zeit heraus.

Schreiben Sie in sachlichem Stil, seien Sie sparsam mit Bildern. Zitieren Sie Kernsätze korrekt, oder benutzen Sie die indirekte Rede (Konjunktiv), wenn Sie sich auf den Quellentext beziehen, der ein ständiger Bezugspunkt der Klausur bleiben sollte.

## II Zur Interpretation von Bildquellen

Im Grundsatz kann vieles, was zu Schriftquellen gesagt ist, auf Bildquellen übertragen werden. Anstelle des Lesens tritt das intensive Betrachten eines Bildes, das alle Details wahrnimmt und durch Zusammenschau endlich das genaue Bildthema ermittelt. Der häufigste Fehler der Bildinterpretation ist die zu flüchtige Betrachtung, während ein geschulter Blick Bilder erst zum ausführlichen Sprechen bringt.

Zwei Grundfragen können den Interpreten lenken, die methodisch immer exakt getrennt bleiben sollten:

1) **Was ist zu sehen?** – Der erste Eindruck verrät meist schon das ungefähre Bildthema, worum es eigentlich geht. Mit Hilfe dieser Arbeitshypothese sollten dann so viele Details wie möglich benannt werden: Welche Personen, Gegenstände, Landschaften sind da? Was steht im Vordergrund/im Hintergrund? Welche Handlungen werden vollzogen, welche Haltungen (Gestik/Mimik) eingenommen? Ist eine Hierarchie (Körpergröße/Kleidung/Besitz) erkennbar? Sind Männer und Frauen vertreten?

Nach dem *Was* wird das *Wie der Darstellung* interessanter: Sind es realistische Szenen? Werden auffällige bildnerische Mittel wie Hell-Dunkel-Kontraste, Farben, Perspektive oder Aufbau um einen Mittelpunkt eingesetzt? Durch das Zusammentragen beider Aspekte wird das Bildthema zunehmend genauer erfaßt.

2) **Was bedeutet der Bildinhalt?** – Das Gesehene hat eine Aussageintention, die nun „vom Bild weg" zu formulieren ist. Im Geschichtsunterricht ist dabei der Informationsgehalt als Quelle für eine Zeit relevant. *Was teilt das Bild historisch mit?* Dies können Aussagen zur Religion, zum Alltagsleben oder zur Herrscherideologie sein, zum Naturverständnis oder zum technischen Stand – wie unser Interesse es erfragt. Vieles erschließt sich nur durch Einbringen von Vorwissen, das uns hilft, das Bild zu verstehen. Dazu zählen auch Angaben aus der Bildlegende (das zu Erklärende) oder Beschriftungen im Bild selbst, z. B. über den Maler oder seinen Auftraggeber.

## III Zur Arbeit mit graphischen Materialien (Karten und Diagramme)

Historische *Karten* veranschaulichen in vielfältiger Form vergangene Zustände oder Prozesse. Sie verdeutlichen die *geographische Dimension* der Geschichte unter einem ausgewählten Aspekt: z. B. die territoriale Ausdehnung zu einem bestimmten Zeitpunkt,

Expansionsphasen, Wanderbewegungen, Verkehrsmöglichkeiten, Anbaugebiete. Mit Hilfe der *Kartenlegende* (Farben/Schraffuren/Symbole) sind die Informationen einer Karte zu entschlüsseln. Einige Karten vereinigen in sich übereinandergelegt mehrere thematische Aspekte. Eine Karteninterpretation erfolgt mindestens in folgenden Schritten:

- Um welches Thema geht es im ganzen? Welche Teilebenen/Aspekte lassen sich unterscheiden?
- Welche Einzelheiten fallen (zu einem Aspekt) auf?
- Lassen sich Beziehungen zwischen den Teilebenen/Aspekten erschließen oder vermuten?

Am Schluß sollen in einer Synthese die Ergebnisse und die zu überprüfenden Hypothesen und offenen Probleme zusammengetragen werden.

Viele historische Aussagen betreffen *statistische Sachverhalte,* die sich in quantitativen Daten niedergeschlagen haben: Löhne und Preise, Erntegrößen, Warenumschläge, Heeresgrößen. Sie sind Ausgangspunkt für *Vergleiche in synchroner* Richtung (mit anderen Größen zum gleichen Zeitpunkt) oder in *diachroner* Richtung (das gleiche Phänomen zu verschiedenen Zeitpunkten), um eine Abfolge zu zeigen. Ein *Diagramm* ist die graphische Umsetzung von statistischen Befunden in einem Koordinatensystem. Die häufigste Form ist das *Kurvendiagramm,* das eine Größe in Beziehung setzt zur Zeitachse, um die Zu- und Abnahme zu demonstrieren. Außer den erkennbaren großen Trends sind Umschwünge und starke Änderungen dabei in der Regel die historisch interessanten Stellen. Eine Legende erklärt im oder neben dem Diagramm die angezeigten Daten. Die Interpretation soll zunächst das Gesehene verbalisieren und dann Beobachtungen und Vermutungen zu den Zusammenhängen und Gründen erstellen.

## Andere Arbeitsformen des Geschichtsunterrichts

### Das Protokoll

Ein Protokoll sichert während einer Unterredung den Gesprächs*verlauf* oder die erzielten *inhaltlichen Ergebnisse* für einen späteren Bedarf. Im Geschichtsunterricht hält ein Stundenprotokoll den Verlauf und/oder die Ergebnisse fest, indem ein(e) Protokollant(in) in der Stunde Notizen macht, mit deren Hilfe eine verbindliche Reinschrift erstellt wird, die dann alle Beteiligten erhalten können. Wenn eine Diskussion mit verschiedenen Standpunkten geführt worden ist, sollen die Unterschiede im Protokoll erscheinen. Sonst kommt es vor allem auf die vollständigen Ergebnisse des Unterrichts an, die in logischer Sachgliederung und in sprachlich geglätteter Form zu formulieren sind, ohne daß etwas verfälscht wird oder eigene inhaltliche Verbesserungen eingefügt werden. Kernsätze sollten wörtlich zitiert werden. Unterrichtliche Vorgänge sind – falls überhaupt – im Präsens, historische Ereignisse in der Vergangenheit wiederzugeben. Thema und Datum der Unterrichtsstunde stehen über dem Protokoll, der Name des Protokollanten darunter.

### Das Referat

Ein Referat ist ein mündlicher Vortrag, der die Schüler (nicht nur Lehrer/innen!) über ein begrenztes Thema informiert. Die Schüler haben das gestellte Thema selbständig zu bearbeiten. Der erste Schritt ist die *Informationssammlung* in der Literatur. Ein Oberstufenreferat sollte sich auf mehrere Literaturangaben stützen, um nicht der Sicht eines einzigen Autors ausgeliefert zu sein. Die wesentliche Schülerleistung ist die Auswertung der Literatur in Hinsicht auf das Thema: *Was muß erwähnt werden? Was kann wegfallen?* Bei widersprüchlichen Angaben in der Literatur muß der(die) Referent(in) ein Urteil fällen oder genauer recherchieren. Die Scheidung des Wichtigen von Unwichtigem ist die Voraussetzung für eine gekürzte Zusammenfassung gelesener Literatur.

Die gesammelten Informationen müssen dann in eine sinnvolle *Gliederung* gebracht werden. Der größte Fehler liegt in bloßer ungewichteter, chronologischer Reihung von Fakten. Das Thema soll in Sachgesichtspunkte oder Phasen aufgeteilt werden, die eine Abstraktion erkennen lassen. Das Referat muß auf zentrale Aussagen zulaufen, die am historischen Stoff belegt werden. Eine Überfrachtung mit Details ist nicht Zeichen besonderer Qualität, sondern mangelnder gedanklicher Disziplin.

Da ein gutes Referat nach Stichpunkten frei gehalten wird, was nicht jedem gleich möglich ist, ist der *Vortrag* in einfachem Satzbau und eindeutiger Sprache zu konzipieren. Unbekannte Fachtermini müssen erläutert werden. Die Zuhörer sollen aus dem Referat ein Ergebnis schöpfen können, die Disposition eines längeren Vortrags ist vor und während der Rede durchsichtig zu machen. Das Thema wird möglichst mit dem Unterrichtszusammenhang verknüpft.

Besonders informativ wird das Referat durch den Entwurf eines Tafelbildes, einer Skizze oder einer Tabelle der wichtigsten Fakten. Auch eine Karte kann den Vortrag verdeutlichen. Falls man die Zuhörer nicht auf ihre eigenen Notizen beschränken möchte, ist ein Papier mit ausgesuchten Informationen oder einer Zusammenfassung hilfreich.

**Die Diskussion**

Eine Diskussion über ein komplexes historisches Thema ist ein Mittel, um durch eine u. U. kontroverse Auseinandersetzung eine tiefere Analyse und Durchdringung des Sachbereichs zu erreichen. Sie hilft, eine gefaßte Meinung im Gespräch auf ihre argumentative Haltbarkeit zu überprüfen, und nutzt so die Fruchtbarkeit eines vielseitigen Austausches mit anderen Interessierten. Engagiertes Diskutieren ist auch Gedächtnistraining und offenbart zu schließende Wissenslücken sowie gedankliche Unsicherheiten.

Gefahren drohen einer guten Diskussion zunächst durch fehlendes Vorwissen, d. h. ungenügende *Vorbereitung*, so daß es nichts zu diskutieren gibt, weil keine Standpunkte eingenommen oder keine Nuancen erkannt werden. Zweitens muß die Sachlichkeit immer gewahrt bleiben, übersteigerte Emotionen und Aggressionen zerstören ein Gespräch: *Man rede miteinander und nicht gegeneinander.* Drittens sollte ein(e) *moderierende(r) Diskussionsleiter(in)* so vielen wie möglich die Gelegenheit zu einem Beitrag geben und andererseits, wenn das Thema verlassen zu werden droht, den Irrweg abbrechen. Zu Anfang könnte er(sie) ins Thema einführen und durch *geeignete Problemfragen* das Auftreten verschiedener Meinungen provozieren. Viertens empfiehlt sich die Anfertigung von *Notizen*, damit man Stellungnahmen besser aufeinander beziehen und Ergebnisse sichern kann (eventuell Protokoll).

# 1 Vorgeschichte

*Von Pfeilen getroffener Bison. Felsbild in der Höhle von Niaux (Südfrankreich)*

## Zeittafel

| | |
|---|---|
| **ca. 2 Mio. v. Chr.** | Entstehung des „homo sapiens“ |
| **ca. 40000** | Auftreten des „heutigen“ Menschen („homo sapiens sapiens“) |
| **ab 8000** | Neolithische Revolution (Ackerbau; Viehzucht) |
| **ab 7000** | Erste stadtartige Siedlung: Jericho |
| **um 3000 v. Chr.** | Entstehung von Hochkulturen (Schrift; Staat) |

In der Vorgeschichte entstanden Voraussetzungen unserer Existenz – die Menschheit schlechthin, Sprache, Religion, äußerliche Unterschiede gemäß „Rassen“, Arbeitsteilung, agrarische Produktion, Differenzierung von Bauern und Hirtennomaden, Fernhandel. Grundlegend wurde der Wechsel zwischen Wärmeperioden und Eiszeiten in weiten Teilen der Erde, ausgenommen Afrika, Australien und China. In Afrika ist die Wiege der Menschheit zu suchen.

Im Kontinuum der Evolution aus dem Tierreich entwickelte sich, parallel zu den Primaten, nach heutigem Stand der Kenntnisse der Mensch zweimal: der Alt-Mensch („homo sapiens") in der Altsteinzeit (Paläolithikum) vor ca. 2 Millionen Jahren im Ostafrikanischen Grabenbruch (Rift Valley), der heutige („rezente") Mensch („homo sapiens sapiens") vor ca. 40 000 Jahren im Vorderen Orient. Von Afrika breitete sich der Alt-Mensch über die Alte Welt aus. Charakteristisch für seine materiellen Hinterlassenschaften sind Faustkeil und Schaber. Die Lebensumstände waren von Afrika über Portugal bis Korea so ähnlich, daß die Werkzeuge des Alt-Menschen bemerkenswert homogen sind.

Mit dem „homo sapiens sapiens" tritt der Grundtyp der gegenwärtigen Menschheit in die Geschichte ein: Alle heutigen Menschen aller Kontinente gehören diesem Grundtypus an, begabt mit artikulierter Sprache und Abstraktionsfähigkeit. Auf der Stufe der „Wildheit" gab es Familien und Horden, keine übergreifenden Gesellschafts- oder gar Staatsstrukturen. Es folgte eine vielfältige Differenzierung: Irgendwann spaltete sich die Menschheit in Großgruppen auf, die oft gedankenlos „Rassen" hießen, ein Begriff, der spätestens seit Auschwitz zur Kennzeichnung von Menschen diskreditiert sein sollte.

Die wichtigsten Großgruppen sind die Negriden („Schwarze"), Mongoliden („Gelbe") und Europiden („Weiße"), mit Aufspaltungen. Schwer einzuordnen, vielleicht als frühe Mischformen, sind Turkvölker, die indischen Ureinwohner (Draviden) und sog. „Hamiten" Ostafrikas. Sie alle erreichten die Stufe der „Barbarei", mit Clans und Stämmen, Ahnen- und Geisterglauben, und der „Zivilisation". Auf der Stufe der „Wildheit" blieben in der Isolierung als Rückzugsvölker kleinere Gruppierungen, wie „Buschmänner" (San), Pygmäen und die Aborigines Australiens.

Verschiedene Lebens- und Entwicklungsbedingungen schufen ökonomische, politische und kulturelle Unterschiede zwischen den Großgruppen. Sie resultieren jedoch nicht aus biologisch vorgegebener, „rassisch bedingter" „Überlegenheit" oder „Unterlegenheit", sondern aus rational erklärbaren historischen Entwicklungen im Spannungsfeld zwischen Isolierung und Kontakten. Das Entwicklungs- und Lebensstandardgefälle vom „primitiven" „Wilden" auf der ersten (primus = erster) Lebensstufe der Menschheit bis zur überindustrialisierten Zivilisation des Neuen Westens ist Ergebnis eines langen historischen Prozesses seit grauer Vorzeit. Die Spannung aus diesem Gefälle („Nord–Süd") ist Teil unserer gegenwärtigen Existenzprobleme.

Noch vor aller Ökonomie seit der agrarischen Produktion machten sich steinzeitalterliche Jäger und Sammler Gedanken über das, was vor und nach ihrer individuellen Existenz war. Die bedeutendste Konstante in ihrem Leben waren die Gestirne. Sie und andere Naturgewalten wurden als übermenschliche Mächte zuerst vergöttlicht. Für die „Barbarei" wurde die Verehrung eines Tieres durch einen Clan typisch, das Totem. Erst später entwickelten sich religiöse Systeme als Welterklärung. Die Entstehung der Welt (Kosmogonie) und ihr Ende, die Natur und Stellung des Menschen in ihr wurden zu Eckpfeilern religiösen Denkens.

Irgendwann differenzierten sich verschiedene Sprachgruppen, die erst mit der „Zivilisation" durch Schriftlichkeit überlieferbar wurden. Zu Sinngebung durch Kombinationen der geläufigen Konsonanten, Vokale und Diphtonge sowie Zischlauten und Nasalierungen kommen in einigen Sprachen besondere Laute hinzu, wie Klicklaute der San („Buschmänner"), die von dort in südliche Bantusprachen eindrangen. Einige Sprachen fügten noch die Unterscheidung von Tonhöhen hinzu. Solche Sprachen nennt man Tonsprachen (u. a. Chinesisch, Yoruba in Nigeria).

Die welthistorisch bedeutsamsten Sprachfamilien sind das Indoeuropäische (oder Indogermanische) mit zahlreichen Sprachgruppen und Sprachen, ferner das Semitische, von dem heute nur noch das Arabische und Hebräische (mit seiner modernen Version des

Iphrit) übriggeblieben sind. Die indoeuropäische Sprachenfamilie ist am weitesten verzweigt, von Indien über Persien, Europa bis in die Neue Welt – germanische Sprachen (Englisch, Deutsch, Niederländisch, Skandinavisch), romanische (Italienisch, Spanisch, Französisch, Portugiesisch, Rumänisch), slawische (Russisch, Polnisch, Serbokroatisch), baltische (Litauisch, Lettisch), keltische (Gälisch, Walisisch, Bretonisch), Griechisch, Armenisch, Persisch, indische Sprachen. Andere große Sprachen bzw. Sprachfamilien sind Chinesisch, Turkmongolisch, in Afrika die Sudan- und Bantusprachen.

Noch in der Jungsteinzeit („Neolithikum") vollzog sich der Übergang von der „Wildheit" zur „Barbarei", vom Jäger- und Sammlerdasein zur agrarischen Produktion und Seßhaftigkeit. Äußerlich sichtbar wird der Wandel durch feingeschliffene und kleinere Werkzeuge (Messer, Beile) und das Auftauchen erster Keramik, zunächst ohne, später mit Töpferscheibe, als erste stationäre Anwendung des Rades. Alle Grundformen der Landwirtschaft (Hacke, Holzpflug, Tierhaltung, Säen, Ernten) gehen auf die Vorgeschichte zurück, ebenso Grundformen des Hausbaus (z. B. das Flecht- und Fachwerk älterer bäuerlicher Häuser) und des Wegebaus.

Mit der agrarischen Produktion entstand die Ökonomie, abgeleitet vom „Haus" („oikos"), dem Hauptmerkmal der Seßhaftigkeit, die erst jetzt möglich und sinnvoll wurde. Seitdem lebten Menschen immer dichter zusammen – in Einzelgehöften, Weilern, Dörfern, ab ca. 7000 v. Chr. auch in ersten stadtartigen Siedlungen. Städte wurden Kristallisationskerne für handwerkliche Produktion, Handel und politische Macht, manchmal auch für Großreiche (Babylon, Assur, Rom, Byzanz).

Eine wichtige Konstante der Geschichte bildete sich mit der „Zivilisation" heraus: In der ersten Phase extensiver Landwirtschaft dominierte der Pflanzen- und Gartenbau rund ums Haus, so daß offensichtlich die Frau den größten Anteil an der Ernährung hatte, während die Jagd der Männer nur noch am Rande dazu beitrug. So wird die Lebensform des „Matriarchats" plausibel – Vorherrschaft der Frau, die ungefähr die Hälfte der Geschichte des produzierenden Menschen umspannte. Bei den Hirten- und Nomadenvöl-

*Feuersteinwerkzeuge und Knochengerät aus der letzten Eiszeit. Die Funde stammen aus der „Brillenhöhle" und der „Vogelherdhöhle" bei Ulm.*

*Grabbeigaben der Glockenbecherkultur. Der kunstvoll verzierte Becher und die Füßchenschale wurden bei Emmerdingen (Baden) gefunden.*

kern lag der Hauptschwerpunkt der Nahrungsbeschaffung jedoch stets beim Mann, woraus sich die Herrschaft des Mannes (entsprechend: „Patriarchat") erklärt.

Noch vor Entstehung der Zivilisation um 3000 v. Chr. kristallisierten sich erste Machtkerne heraus, die expandierten und sich gegenseitig bekriegten. Von da an dominierte wieder der Mann, zumal erobernde Nomaden erste Großreiche über Bauern- und Stadtkulturen gründeten, die das patriarchalische Element weiter verstärkten. Seitdem sah sich die Frau vor allem in den zivilisierten Gesellschaften auf eine dienende, gedrückte Stellung beschränkt. Noch bis zur frühen Neuzeit galt auch in Westeuropa die Frau (ebenso wie leibeigene Bauern und Sklaven) kaum als Mensch. Frauen tauchen daher nur als Ausnahmen in der älteren politischen Geschichte auf, vereinzelt als Herrscherinnen. Erst Aufklärung und Französische Revolution leiteten im Westen die Tendenz zur „Emanzipation" der Frau ein, zu ihrer grundsätzlichen Gleichstellung. Unterordnung und Diskriminierung der Frau ist der sachlich berechtigte Ausgangspunkt der modernen Frauenbewegung, die im Westen ihren Anfang nahm.

Schon in der Jungsteinzeit (Neolithikum) bildeten sich die materiellen Grundlagen der späteren Hochkulturen: Ausgehend vom Vorderen Orient breitete sich die agrarische Produktion in alle Richtungen aus, nach Osten über Persien und Indien bis nach China und Japan. Nach Westen zeichnen sich zwei Hauptwege ab – zum Mittelmeer, von da einerseits nilaufwärts und entlang der Mittelmeerküste nach Afrika im Süden, andererseits durch die Straße von Gibraltar entlang der Atlantikküste bis zu den Britischen Inseln; ferner die Donau aufwärts ins kontinentale Europa.

# 2 Der Alte Orient: Frühe Hochkulturen

*Darstellung eines Totengerichts in einem ägyptischen Totenbuch: Links der Schreiber Ani; in der Mitte der schakalköpfige Anubis, der das Herz des Verstorbenen wiegt. Dahinter schreibt Thot (mit dem Ibiskopf) das Ergebnis auf einer Tafel nieder. Rechts der Totenhund, der den Eingang zum Totenreich bewacht. In der oberen Reihe die Totenrichter.*

## Zeittafel

| | |
|---|---|
| vor 3000 v. Chr. | Sumerer gründen älteste Hochkultur (Schrift; Stadtstaaten) |
| um 3000 | Entstehung eines Großreiches in Ägypten |
| um 2600 | Induskultur in Indien |
| 2300 | „Weltreich“ der Akkader unter Sargon I. |
| um 1500 | Hochkultur in China |
| ab 1300 | Phönizier entwickeln ein Alphabet |
| um 1200 | Invasion der „Seevölker“ |
| ab 586–538 | Babylonische Gefangenschaft der Juden |
| 559–330 v. Chr. | Perserreich |

Im fließenden Übergang erhob sich aus der Vorgeschichte der Alte Orient. Der Aufstieg von Mesopotamien und von Ägypten zu Hochkulturen schuf um 3000 v. Chr. im Vorderen Orient ein kulturelles Doppelzentrum, dessen beide Hauptbestandteile – Mesopotamien und Ägypten – in fruchtbarer und kriegerischer Spannung zueinander standen. Weiter östlich folgten Indien (Induskultur, ca. 2600 v. Chr.) und China (ca. 1500 v. Chr.) als große Zivilisations- und Machtzentren der Alten Welt. Von diesen drei großen Hochkulturen bildete der Alte Orient die historische Grundlage für die klassische Antike in Europa, Griechenland und Rom: Beide repräsentierten Fortsetzungen des allmählich nach Westen zum Mittelmeer ausgreifenden Zivilisationsprozesses. Schon wegen dieser historischen Verbindungen zwischen Altem Orient und europäischer Antike lohnt es sich, die Geschichte des Alten Orients wenigstens in groben Umrissen zu kennen.

Darüber hinaus ragen aus dem Alten Orient zahlreiche Faktoren bis in unsere Zeit hinein, materielle wie immaterielle. Einige Beispiele sollen erklären, warum der Alte Orient nicht völlig aus unseren Geschichtsbüchern verschwinden sollte.

## 2.1 Zivilisation und Großreiche: Mesopotamien und Ägypten

Die Sumerer, die vor 3000 v. Chr. am unteren Euphrat und Tigris in miteinander rivalisierenden Stadtstaaten die älteste Hochkultur errichteten, vererbten uns grundlegende Kulturtechniken: Die älteste Bilderschrift der Sumerer abstrahierte sich bald zur Keilschrift. Aus ihr stammt noch der Stern – * –, Symbol für beginnendes Leben, als Kürzel für die Geburt eines Menschen. Schon die Sumerer benutzten das sog. „Sexagesimalsystem“, das auf der Zahl 60 basiert. Es hat sich noch in der Einteilung des Kreises in 360°, der Stunde in 60 Minuten, der Minute in 60 Sekunden erhalten. Eines der wenigen Wörter, die aus dem Sumerischen noch nach 5000 Jahren in modernen Sprachen weiterleben, ist „Eden“ – das durch mühsame Arbeit den Sümpfen abgerungene Fruchtland zwischen Strömen, Meer und Wüste. Mit seinen enormen agrarischen Überschüssen war das alte Mesopotamien als „Eden“ der Ort für das mythologisch verfremdete Paradies, den „Garten Eden“. Ein anderes sumerisches Wort ist „kan“ = Schilfrohr. Zahlreiche moderne Wörter sind davon abgeleitet – *Kan*ül, *Kan*al, *Kan*on, *Kan*one, *Kan*dis(zucker). Nach ersten Städten in der Jungsteinzeit (Jericho, Byblos) und weiteren stadtähnlichen Siedlungen erbauten die Sumerer erste systematisch angelegte Städte, meist als Quadrat, mit zwei sich rechtwinklig kreuzenden Hauptstraßen. So entstanden vier Stadt*viertel* als Grundmuster planmäßig angelegter Städte bis ins Mittelalter, als vier Kirchspiele üblich waren.

Im Alten Orient bildeten sich erste hierarchisch strukturierte Gesellschaften und Herrschaftsgebilde heraus. Mit der Erfindung der Schrift hinterließen sie Informationen, so daß schriftlich artikulierte Geschichte begann, zugleich auch Wissenschaft im weitesten Sinne: Alle Grundlagen moderner Wissenschaft gehen auf den Alten Orient zurück. Die Hieroglyphen Ägyptens vereinfachten semitische Zwangsarbeiter in den Türkisminen auf dem Sinai für ihre Zwecke. So bildeten später die Phöniker allmählich das Alphabet heraus: Das Hieroglyphenzeichen für Stierkopf (semitisch: „aleph“) wurde noch weiter vereinfacht zum „A“. Die Hieroglyphe für „Haus“ (semit.: „beit“) wurde durch Vereinfachung zum „B“. Erst durch die Schrift ließ sich Sprache überliefern und fixieren, ließ sich Wissen systematisieren und weitergeben.

Mit den neuen Macht- und Herrschaftsstrukturen wurden auch Probleme und Mechanismen erstmals sichtbar, die sich seitdem in mannigfachen Formen durch die gesamte weitere Geschichte ziehen. Zentral wird das Phänomen der Macht: Macht entsteht aus der Konzentration von Menschen, ökonomischem Potential und Verfügung über beide zur Verteidigung, Festigung und Ausdehnung von Herrschaft.

An der Spitze der Gesellschaftspyramide stand der König. Ursprünglich vereinigte er die höchste Macht im Staat und in der Religion, allerdings mit unterschiedlichen Ausprägungen. In Mesopotamien war der König als Priesterkönig („En") der oberste Repräsentant der Gottheit auf Erden. Im alten Ägypten dagegen war der König die Inkarnation Gottes, war also selbst Gott. Früher oder später traten die weltliche (politische) und geistliche (religiöse) Macht auseinander, und es kam zu Spannungen, gar zu Konflikten zwischen Krone und Priestern, Palast und Tempel. Ein konkreter Streitpunkt war die Tendenz der Priesterschaft, ihre Tempelbezirke steuerfrei zu machen. Dadurch wurde die Steuerlast für die übrige Gesellschaft immer größer, Tempel (Klöster, Kirchen) wurden zu eigenen Staaten im Staate. Der Konflikt zwischen Kaiser und Papst im lateinischen Mittelalter ist nur die uns am besten vertraute Variante dieses universalen weltlich-geistlichen Konfliktschemas.

Macht hat immer die Tendenz zur Ausschließlichkeit, zum Monopol, nach innen wie außen. Die Folge ist die allseitige Ausschaltung von Rivalen, erst nach innen zur Errichtung einer in sich möglichst homogenen, wenn auch hierarchisch gegliederten Machtstruktur. Die Konsequenz nach außen ist die kriegerische Expansion, die Ausdehnung zur Ausschaltung auswärtiger Rivalen, bis ein Machtzentrum auf ein stärkeres Machtzentrum trifft und ihm unterliegt, von ihm einverleibt wird oder von barbarischen Eroberern unterworfen wird. Das alte Mesopotamien und Ägypten liefern bemerkenswerte Beispiele.

Rund zwei Dutzend Stadtstaaten der Sumerer rivalisierten ständig miteinander. Erst gegenüber der Gefahr, von semitischen Beduinen, den Akkadern, erobert zu werden, schlossen sie sich politisch zusammen, ohne jedoch die Unterwerfung verhindern zu können. Sofort wurde ein weiterer universaler historischer Mechanismus wirksam: Die erobernden Akkader zerstörten zunächst die schon gewachsene Kultur der Sumerer, verbanden sich aber später mit den Sumerern zu einem Volk, das allerdings zweisprachig blieb: Sumerisch wurde die Wissenschafts- und Kultursprache, ähnlich wie Latein nach dem Untergang Roms, während Akkadisch die allgemeine Verkehrssprache wurde, zuletzt auch internationale Diplomatensprache der inzwischen entstandenen Großmächte.

Die Akkader gründeten das erste bekannte Großreich unter Sargon I. (2340–2284), das, wie alle späteren neuen Machtzentren auch, sofort expandierte. Es war das erste „Weltreich", weil es die damals dem alten Vorderen Orient bekannte „Welt" umspannte. Hauptmotiv war die Sicherung von Rohstoffen, u. a. Bauholz (die berühmte Zeder des Libanon) und, seit dem Übergang zur Bronzezeit, Kupfer. Aus der Symbiose von Sumerern und Akkadern, später auch erobernden Völkern aus dem Zagrosgebirge im Osten, entwickelte sich Babylon, das gegen Ende des Alten Orients zu *der* altorientalischen Stadt schlechthin aufstieg. Mit seinem überwiegend auf gewerblicher Produktion (Handwerk) und Fernhandel beruhenden Reichtum wurde Babylon das herausragende Beispiel für eine verfeinerte Stadtkultur, mit gigantischer Bautätigkeit und einem Zusammenfließen vieler kultureller Faktoren, ähnlich wie später Alexandria, Rom, Konstantinopel oder heute New York. Das Alte Testament der Juden, die in ihrer „Babylonischen Gefangenschaft" (586–538) dort lebten, hat diesen Tatbestand in der Geschichte vom „Turmbau zu Babel" (in Wirklichkeit ein mächtiger Stufentempel oder Tempelturm, „Zikkurat", des Reichsgottes Marduk) und vom „babylonischen Sprachengewirr" festgehalten.

Später entwickelte sich weiter nördlich am mittleren Tigris aus einem vorgeschobenen Militärstützpunkt Babylons die Stadt Assur als Mittelpunkt des Assyrischen Reiches. Assyrien repräsentierte stets die rauhere, kriegerische, sozusagen spartanische Variante der mesopotamischen Hochkultur. Später bildeten in der griechischen Antike Athen und Sparta, in der Neuzeit Deutschlands Österreich und Preußen, in der modernen Welt die USA und Rußland vergleichbare Gegenpole des Zivilisationsprinzips.

Das alte Ägypten spielte die Mechanismen der Machtausübung auf andere Weise durch. Als große Flußoase war es von der Wüste weitgehend nach außen isoliert. Hier ging die Zusammenfassung in einem Großreich um 3000 v. Chr. dem Erreichen des Niveaus einer Hochkultur voraus. Ägypten begann zunächst ohne Städte. Im Neolithikum hatten sich aus dörflichen Siedlungen mit der Bevölkerungszunahme noch auf der barbarischen Stufe als kleinere Machtkerne je 21 Königtümer in Ober- und Unterägypten gebildet, jedes mit einem eigenen Totem als religiösem Identifizierungssymbol. Nach der Reichseinigung (ca. 3100 v. Chr.) blieben sie als Gaufürstentümer, später in der ptolemäischen Zeit als Verwaltungseinheiten („nomós") bis lange nach der arabischen Eroberung erhalten und gewannen in den sog. Zwischenzeiten der Anarchie vorübergehend ihre Autonomie zurück. Grundlegend wurde das Ideal der Reichseinheit zwischen Ober- und Unterägypten, seitdem es einmal Realität geworden war. So unterteilt sich die ägyptische Geschichte in mehrere große Perioden, noch weiter untergliedert in Dynastien, wie sie schon in der spätägyptischen ptolemäischen Periode der Priester Manetho um 280 v. Chr. eingeführt hatte – Frühzeit, Altes, Mittleres, Neues Reich, Spätzeit.

Berühmteste Baudenkmäler Ägyptens waren die Pyramiden, königliche Grabmäler im Alten Reich, und die Obelisken, Symbol zur Verehrung des Sonnengottes Re (oder Ra). Die Bilderschrift der Ägypter, die Hieroglyphen (griech.: „heilige Zeichen"), wurden, wie schon erwähnt, Ausgangsbasis zum Alphabet. Die ägyptischen Tempel und Statuen wurden später Vorbilder für die Griechen an der Schwelle zu ihrer Klassik.

## 2.2 Sklaverei und Fernhandel, Religion

Der altorientalische Staat der Hochkultur legte auch die Grundlagen zur systematisierten Sklaverei: Als Alternative zum anfänglichen Massaker von Kriegsgefangenen auf dem Schlachtfeld wurden Kriegsgefangene produktiv eingesetzt – Männer auf dem Felde oder später auch in Bergwerken, Frauen im Hause. Sklaverei in den großen Produktions- und Kulturzentren setzte stets eine starke Staatsmacht voraus, die in der Lage war, große Mengen von Sklaven einzufangen und sie anschließend militärisch zu disziplinieren. Zerfiel eine imperiale Großmachtstruktur durch Dezentralisierung, Feudalisierung und Eroberung von außen, wie in der Spätantike Westrom, so nahm die Bedeutung der Sklaverei als Institution ab.

Schon im Alten Orient begann der Fernhandel zu Wasser und zu Lande, durchaus über beachtliche Entfernungen. Fernhandel bewegte sich innerhalb des altorientalischen Kulturdoppelzentrums, verband nach Osten das nächste große Kulturzentrum, Indien, schon seit den Anfängen der Induskultur (ca. 2600 v. Chr.) mit Sumer und drang jenseits der zivilisierten „Oikumene" über die Randbezirke in noch barbarische Regionen ein. So entstanden Handelsbeziehungen, die uns ganz modern vorkommen – Rohstoffe der unentwickelten Gebiete gegen Fertig- und Konsumwaren (Waffen, Werkzeuge, Keramik, Textilien, Schmuck) aus den Produktions- und Zivilisationszentren, deren Import die Herausbildung hierarchisierter Herrschaftsstrukturen auch dort anregte oder beschleunigte. Umgekehrt kamen aus der barbarischen Peripherie immer wieder neue Völkerschaften, die von Naturkatastrophen oder anderen Völkern vertrieben, in den Zivilisationszentren eine neue Existenz suchten, selten ohne kriegerische Konflikte.

Gerade für den Fernhandel entwickelten die altorientalischen Gesellschaften schon früh Vorformen der Geldwirtschaft, sogar des Kredit- und Bankwesens. Jede Geschichte des Finanz- und Bankwesens geht bis auf die altorientalischen Anfänge zurück. Grundeinheit war das Pfund („Mine“ = griech., lat.: „mina“, aus dem akkad.: „manu“) Silber, das zu praktischen Bedürfnissen in 60 Teile („Shekel“) unterteilt wurde – noch ungemünztes Silber. Darüber gab es – nur als fiktive Recheneinheit – das „Talent“, in der Regel, so auch noch bei den Griechen, zu 60 Minen. Bei allen Schwankungen für das Maß eines Pfundes Silber blieb doch die Grundstruktur des älteren Geldwesens erhalten, das in England erst 1972 vom modernen Dezimalsystem abgelöst wurde. Auch hier zeigt sich wieder die Bedeutung des auf der Zahl „60“ beruhenden Sexagesimalsystems.

Schließlich lieferte der Alte Orient auf dem Gebiet der Religion die geistigen Grundlagen zu den späteren Hochreligionen: Die Sphären des Diesseits und Jenseits traten auseinander. Grundlegend bis heute sind unterschiedliche Auffassungen der Religion, also der Zuordnung des Diesseits zum Jenseits: In Indien überwiegt die Hinwendung zum Jenseits, ausgedrückt in der Idee von der Seelenwanderung, in der die konkrete Existenz als Etappe auf dem Wege zur Erlösung: buddhistisch gewendet dem Nirwana (Nichts), nur Illusion („maja“) ist. Die Chinesen standen dagegen stets fest auf dem Boden der Tatsachen, sind überwältigend dem Diesseits mit seinen praktischen Problemen ergeben. In China blieb die Komponente des Jenseits so schwach, daß es keine eigene Hochreligion hervorbrachte, sondern nur andere teilweise übernahm, aus Indien den Buddhismus, aus dem Westen Christentum und Islam. So erwuchsen aus unterschiedlichen religiösen Grundhaltungen konträre „Welt-Anschauungen“, Vorstellungen von der Welt und der rechten Ordnung für die Menschen. Die Konsequenzen sind einschneidend, bis zum heutigen Tag.

Neben der Hierarchie der weltlichen Macht- und Herrschaftsstruktur entwickelte sich eine Hierarchie von Priestern und Laien, an deren Spitze der König selbst stand, als Priesterkönig in Mesopotamien, als Inkarnation des Reichsgottes in Ägypten.

Nach den Gestirnen (Fixsternen, Planeten, Sonne und Mond – schon in der Vorgeschichte) wurden jetzt zentrale Merkmale der agrarischen Produktion vergöttlicht – Stier, Widder u. a. – und wieder als Sternbilder an den Himmel zurückgeworfen. Noch die Namen unserer Wochentage reflektieren in verschiedenen europäischen Sprachen, in germanischen, romanischen und jüdischen Formen noch die göttliche Verehrung der Sterne – Montag (Mond), Dienstag (Ziu = germanischer Kriegsgott; vgl. franz.: „mardi“ = Mars), Mittwoch (franz.: „mercredi“ = Merkur); Donnerstag (Donar = Wettergott, franz.: „jeudi“ = „Jovistag“: Jupiter); Freitag (Freya: germanische u. a. Liebesgöttin; franz.: vendredi: Venus); Samstag (engl.: „Saturday“; poln.: „sobota“ = Sabbath; Zebaoth u. ä. hebräisch: = Saturn, der in der Antike als der Stern des Volkes Israel, der Juden galt); Sonntag (Sonne). In der Astrologie mit ihren Tierzeichen haben wir noch zum Aberglauben abgesunkene Reste ältesten Sternenglaubens in unserer Gegenwart.

Als extreme Gegenposition zur Vielgötterei (Polytheismus) mit Statuen und manchmal sinnlichen Kultpraktiken des Alten Orients setzten die Juden den abstrakten Monotheismus, der jegliche bildliche Darstellung des einzigen, unsichtbaren Gottes verwirft. Andererseits benutzte die Schöpfungsgeschichte des Alten Testaments Material altorientalischer Kosmogonien (Erklärung, wie die Welt und der Mensch entstanden) und setzte altorientalische Formen der Religion modifiziert fort. Als Abspaltung vom Judentum begann in der Antike das Christentum, das seinerseits jüdische mit altorientalischen Elementen verband. So war der »Gute Hirte« ursprünglich ein Bestandteil offizieller Titel altorientalischer Könige. Die Maria auf der Mondsichel war ursprünglich die babylonische Liebesgöttin Ishtar auf der Venussichel. Die Jungfrauengeburt ist altorientalischen Ursprungs. Die christliche Kirchenmusik geht auf die jüdische Liturgie im Tempel von Jerusalem zurück.

## 2.3 Der Seevölkersturm ca. 1200 v.Chr.

Nicht ganz in der Mitte des rund 2500 Jahre währenden Alten Orients markiert der sog. „Seevölkersturm" um 1200 v. Chr. den wichtigsten Einschnitt in der Geschichte des Alten Vorderen Orients. In seinen welthistorischen Auswirkungen ist er am ehesten mit der „Völkerwanderung" im Übergang von der Antike zum Mittelalter zu vergleichen. Ausgelöst wurde er durch eine Kette von Wanderungsbewegungen, die in Zentraleuropa begannen und sich nach Süden fortsetzten, bis sie mit der Illyrischen Wanderung das Mittelmeergebiet erreichten. Indoeuropäische Einwanderer (oder Invasoren) verdrängten Bewohner aus dem nördlichen Balkangebiet, die die mykenischen und minoischen Frühgriechen aus Griechenland und Kreta vertrieben, ferner andere Völker in Bewegung setzten (Lykier, Sikuler, Etrusker und Sarden). Über Troja, das damals im durch Homer bekannten „Trojanischen Krieg" zerstört wurde (um 1183 v. Chr.), ergossen sich Invasoren, u. a. Lyder und Phryger, nach Kleinasien zu Lande und zerstörten das Hethiterreich. Über das Mittelmeer kamen andere „Nord- und Seevölker" zur syrischen Küste und zerstörten die alte Handelsstadt Ugarit. Die Philister aus Kreta bedrängten das Neue Reich Ägyptens, das sich mit letzter Kraft behauptete und sie zur Südküste Kanaans ablenken konnte.

Der Seevölkersturm brach über das östliche Mittelmeer und seine Anrainer als eine gewaltige Katastrophe herein. Er zeigt, wie barbarische Völker aus der Peripherie in Zivilisationszentren gedrückt wurden, dort die Hochkultur, wie einst die Akkader, zunächst zerstörten, um sie später aus den Trümmern neu aufzubauen, jetzt aber als eigenständige Weiterentwicklung der ursprünglichen Ausgangskultur. So haben wir auch im Alten Orient schon das Phänomen der „Renaissance" vor uns, dessen Name sich von der Wiederentdeckung (genauer „Wiedergeburt") der untergegangenen römischen und griechischen Hochkultur in Italien an der Schwelle zur Neuzeit ableitet.

Zum Verständnis der weiteren Geschichte läßt der Seevölkersturm einen anderen wichtigen Mechanismus erkennen: Seine Zerstörungen hinterließen ein weitgehendes Machtvakuum, da Großmächte entweder untergegangen (Hethiterreich) oder stark geschwächt waren (Ägypten, Assyrien). Von Süden strömten die Aramäer als vorletzte große semitische Wanderungswelle vor den Arabern in den Vorderen Orient ein. Im Westen besiedelten Griechen und Italiker Griechenland und Italien und bezogen ihre Ausgangsstellung für den späteren Aufstieg zu klassischer Größe.

Ferner erhoben sich, nach einer langen Übergangsphase, neue Machtfaktoren, vor allem Phöniker und Juden. Sie wurden aber von den alten Großmächten wieder zerrieben, nachdem sich Assyrien und Ägypten erholt hatten.

## 2.4 Assyrien, Phöniker, Juden

Für die allgemeine Machtgeschichte ist das alte Assyrien besonders instruktiv: Als erster Militärstaat par excellence betrieb es eine gigantische Militarisierung, deren Grundstrukturen, vermittelt über zahlreiche Etappen (u. a. Byzanz), bis zum modernen Militarismus reichen: Mechanisierung der Kriegführung durch Belagerungsmaschinen, Militärstraßen mit steinernen Brücken, gepanzerte Kavallerie, Massendeportationen zur Zwangsassimilierung unterworfener Bevölkerung waren „Erfindungen“ der Assyrer. Ihr Großreich ließ zum ersten Mal eine straffe Zentralisierung und klare Unterschiede in der Intensität der Machtausübung erkennen, wie sie seitdem für alle Machtzentren, große wie kleine, typisch wurden bis zur Gegenwart: Dem Kerngebiet des erobernden Reichsvolkes um die beiden Hauptstädte Assur und Ninive schlossen sich Provinzen unter der direkten Regierung der Zentrale an, während weiter zur Peripherie Vasallenstaaten folgten, die eine innere Autonomie behielten, mit Tribut- und Heeresfolgepflicht. Ökonomisch lebte Assyrien zum großen Teil von den Abgaben der unterworfenen, kreuz und quer deportierten Völker, verschleuderte aber auch die eingehenden Reichtümer durch pausenlose Kriege.

Die Phöniker waren das erste Handelsvolk der Weltgeschichte schlechthin. Sie lebten von Fernhandel und gewerblicher Produktion, die sie berühmt machte, u. a. von der Herstellung des Purpur und von Glas als relativ billiger Massenware. Ihre ältesten Städte stehen noch heute und werden bewohnt – Byblos, Sidon, Tyros, alle im heutigen Libanon. Ihr Alphabet wurde Ausgangsbasis für das von den Griechen vereinfachte griechische Alphabet, das die Römer noch weiter vereinfachten. Sie vermittelten wesentliche Elemente der altorientalisch-mediterranen Kultur nach Westen, an die damals noch barbarische Randzone Europas. „Europa kam aus Tyros“, wie es vor Jahren eine kulturgeschichtliche Fernsehsendung ausdrückte.

Die südöstlichen Nachbarn der Phöniker, die Juden, repräsentieren eine andere faszinierende Facette des Alten Orients. Ihr Monotheismus verbindet die drei Hochreligionen – Judentum, Christentum und Islam. Mit ihrer langen Geschichte von Verfolgungen, Flucht und Vertreibungen stehen sie gleichsam quer zur üblichen „nationalen“ Geschichte der Völker. Ihr gewaltiger Beitrag zu Religion, Philosophie, Kultur, Wirtschaft und Technik im weitesten Sinne steht in keinem Verhältnis zu ihrer kleinen Zahl. Als ältestes Buch- und Stadtvolk der Weltgeschichte schleppten sie stets ein Stück Kontinuität des Alten Orients, später der Antike mit sich fort, in Spannung zu den lange meist agrarisch und analphabetisch bleibenden Völkern, mit denen sie zusammenlebten und die die Juden immer wieder vertrieben und verfolgten. Die Geschichte der Juden in der Welt ist zugleich die Geschichte des Antijudaismus und seiner modernen Version, des Antisemitismus. Ohne Kenntnis des altorientalischen Hintergrunds bleibt ihre komplizierte Geschichte unverständlich – bis hin zu Auschwitz und dem neuen Staat Israel.

## 2.5 Persien

Die Perser brachten in ihrem Achämenidenreich (559–330 v. Chr.) erstmals eine imperiale Zusammenfassung des Alten Orients zustande – Mesopotamien und Ägypten, nach Westen erweitert um Kleinasien und Thrakien, nach Osten um Medien und Iran, bis zum Westrand Indiens. Ihr Reich umspannte zum ersten Mal überhaupt fast die gesamte zivilisierte „Oikumene“ im Westen.

Persien ist aus drei weiteren Gründen historisch wichtig:

1. In Persien entstand, noch vor dem Perserreich des Kyros, mit der Lehre des Zarathustra um 600 v. Chr. erstmals der Dualismus, die Lehre, daß es in der Welt nur Gut und Böse gibt, die in einem ständigen Kampf miteinander liegen. Diese Art der Weltanschauung teilte sich über das Judentum später auch dem Christentum und dem Islam mit, vor allem an den sektiererischen Rändern aller Hochreligionen.

2. Durch die fast völlige Vernichtung altpersischer Quellen sind wir über eine so bedeutende Periode der älteren Weltgeschichte als Quelle nur auf den Bericht eines Außenstehenden angewiesen – des Griechen Herodot, des Vaters der artikulierten Geschichtsschreibung.

3. Am Beispiel der persischen Geschichte läßt sich besonders gut der Wechsel zwischen imperialen Machtstrukturen, ihrer Überflutung durch Eroberung von außen und das Wiederhervortreten älterer Formen studieren, deren Restauration sich durch neue Faktoren so sehr modifizierte, daß wieder etwas Neues entstand: Nach rund 230 Jahren Achemänidenreich am Ende des Alten Orients leitete der Alexanderzug rund 500 Jahre Fremdherrschaft ein, bis die Sassaniden ein mittelpersisches Reich schufen (247), das der Arabersturm mit der Expansion des Islam wieder stürzte (651). Nach fast einem Jahrtausend gründeten die Safaviden 1500 das neupersische Reich, das sich unter wechselnden Dynastien bis zur Islamischen Republik unter Khomeini (1979) hielt. Die Spannung zwischen Tradition und Brüchen, Kontinuität und Diskontinuität wird in Persien besonders gut sichtbar.

## 2.6 Indien und China

Indien und China, seit Jahrtausenden die volkreichsten Regionen unseres Erdballs, repräsentieren zwei weitere Varianten des Zivilisationsprinzips, teilweise mit ganz konträren Ausformungen in Strukturen und Details. Wie Mesopotamien und Ägypten entsprangen sie am Unterlauf großer Stromsysteme (Indus/Panjab; Hoangho), expandierten jedoch über den indischen Subkontinent bzw. das heutige China. Vom Westen wie auch untereinander durch riesige Entfernungen und natürliche Hindernisse (Wüsten, Steppen, Hochgebirge) getrennt, gingen sie in der Isolierung eigene Wege. Kontakte und Beeinflussungen waren sporadisch, aber in ihrer Summe erheblich, gerade dort, wo sich ihre Ausstrahlungsgebiete überlappten, vor allem im Himalaya, in „Indochina“ (Vietnam, Laos, Kambodscha) und Indonesien.

Für die politische Geschichte demonstrieren Indien und China zwei grundsätzliche Möglichkeiten der Verteilung von Macht: China kannte meist extreme Zentralisierung, mit der Tendenz zur möglichen (aber nie ganz zu verwirklichenden) Assimilierung oder Vereinheitlichung, Indien umgekehrt extreme Fragmentierung. Fragmentierung für China und politische Zusammenfassung in einem Großreich für Indien waren daher nur Ausnahmen. Die hohe Wertschätzung der irdischen Existenz führte dazu, daß China viele schriftliche Dokumente hervorbrachte und eine reiche chinesische Geschichtsschreibung ermöglichte. Die extreme Geringschätzung der Diesseitigkeit bewirkte nach derselben Logik, daß es im traditionellen Indien kaum einheimische schriftliche Quellen gibt, auch keine eigene Geschichtsschreibung. So sind wir für das Wenige, das wir über Indiens Geschichte wissen, meist auf Berichte Außenstehender angewiesen, aus dem Osten (Chinesen) und Westen (Griechen, Araber, Europäer).

In Indien legten Kasten, Familie und Dorf die Basis der Sozialordnung – bis zur Gegenwart. Spätestens seit der Eroberung der Indoarier um 1500 v. Chr. formierte sich in einem tausendjährigen Prozeß das Kastenwesen. Ausgangspunkt war, neben denkbaren Ansätzen in der Induskultur ab 2600 v. Chr., die in agrarischen Gesellschaften übliche Dreiteilung der herrschenden Arier in Priester (Brahmanen), Krieger (Kasatriya) und freie Bauern und Kaufleute (Vaisya). Sie waren die „Zweimalgeborenen“ mit gottähnlichem Status. Die vierte Kaste waren die „Sudra“. Darunter standen als fünfter Stand die

„Kastenlosen“ oder „Unberührbaren“ (Pariah), ursprünglich unterworfene Urbevölkerung der Draviden und sozial deklassierte Arier. Später spalteten sich die Kasten in über 3000 Unterkasten („jati“) als Berufs- und Lebensgemeinschaften auf. Die Idee der Seelenwanderung verleiht ihrer Isolierung religiöse Sanktionierung: In der kurzen Spanne seiner irdischen Existenz darf der Mensch seinen Stand nicht ändern.

Kasten, Familie und Dorf bildeten eine zugleich starre und elastische Gesellschaftsordnung. An ihr und an der Gleichgültigkeit gegenüber dem irdischen Dasein prallten alle Versuche zur Errichtung dauerhafter politischer Macht- und Herrschaftsstrukturen ab. So konnten sich weder zentralisierende Großreiche halten, wie im Westen und China, noch konnten sich Nationen als relativ stabile Gebilde mit klar umrissenen Grenzen herausschälen, wie in Europa. Statt dessen zeichnet sich Indiens politische Geschichte durch eine Fülle lokaler und regionaler Herrschaftsgebilde aus, die sich im bunten Wechsel ständig ablösten. Eroberer kamen traditionell aus dem Norden, über den Khaiberpaß (Indoarier, Türken), zuletzt über See (Engländer). Nur dreimal gelang die Zusammenfassung des Subkontinents ganz oder annähernd in einem Großreich, dann aber unter so enormen sozialen und ökonomischen Kosten, daß die imperiale Einheit kaum länger als eine Generation anhielt.

Gleichwohl entfaltete Indien eine reiche materielle Kultur. Noch auf die Induskultur gehen Anbau und Verarbeitung der Baumwolle zurück. Für die moderne Weltzivilisation steuerte Indien vor allem die sog. „arabischen“ Zahlen mit der kritischen Größe der Null bei. Sein sprichwörtlich „märchenhafter“ Reichtum zog immer wieder Fernkaufleute und Eroberer an: Der direkte Zutritt zum indischen Markt war das entscheidende materielle Motiv für die Expansion Europas in Übersee an der Schwelle zur Neuzeit. Die politische Unterwerfung und ökonomische Ausbeutung des Subkontinents machten Indien zum harten Kern des britischen Weltreiches, mithin des Imperialismus. Umgekehrt erlebte die nationale Unabhängigkeitsbewegung in der größten Kolonie der Weltgeschichte nach dem Zweiten Weltkrieg ihren ersten großen Durchbruch, so daß Indien Speerspitze der weltweiten Entkolonisierung wurde.

China dagegen kannte stets eine straffe Zentralisierung, zumindest der Idee nach. Vom mittleren Hoangho und seinem großen Nebenfluß Wei aus expandierte es kontinuierlich, unterbrochen durch immer kürzere Perioden der Anarchie und Zersplitterung. Als „Reich der Mitte“ fühlte es sich als Insel der Kultur, umgeben von Wilden und Barbaren, mit dem Auftrag, seine Zivilisation zu verbreiten, friedlich wie kriegerisch. Die Chinesische Mauer ist ein Ausdruck extremer Zentralisierung, mit indirekten Rückwirkungen bis Europa. Systematische Expansion, straffe Zentralisierung und bewußte Assimilierung („Sinisierung“) im Dienst der chinesischen Kulturmission ließen „nationale Minderheiten“ in Rückzugsgebieten und an der Peripherie im Norden (Innere Mongolei) sowie im Westen (Tibet, Sinjiang = Ostturkestan) als Unregelmäßigkeiten im sonst einheitlichen Aufbau Chinas zurück.

Auch China war ein reiches Produktionszentrum. Seine agrarische Produktion beruhte im Süden überwiegend auf Reis, nördlich des Jangtsekiang auf Weizen. Hinzu kommt ein besonders hochentwickeltes Handwerk in zahlreichen großen Städten. Im Mittelalter erreichte die Eisen- und Keramikproduktion vorübergehend die Dimension der späteren Manufakturen Westeuropas. Seide war früh eine typische Besonderheit Chinas. Viele praktische Erfindungen und Kulturpflanzen, vermittelt durch den interkontinentalen Fernhandel, kommen aus China: Porzellan, Kompaß, Schießpulver, Raketen, Glocken, Schirme, Papier; Apfelsine („Apfel aus China“), Pfirsich, Ingwer, Bambus, Rhabarber, Spinat. Trotz der weitgehenden Isolierung am fernöstlichen Rand der eurasischen Landmassen kennt die Geschichte Chinas erstaunliche Korrespondenzen zu Entwicklungen im Fernen Westen, auf die noch zurückzukommen ist.

# 3 Die Griechen

*Die Akropolis von Athen – Ausgangspunkt abendländischer Kultur bis in die Gegenwart*

## Zeittafel

| | |
|---|---|
| **1100–1000 v. Chr.** | Dorische Wanderung und ionische Kolonisation Westkleinasiens |
| 776 | Beginn der Siegerlisten in Olympia: griechische Zeitrechnung |
| 750–550 | Kolonisationsbewegung in das Gebiet des westlichen Mittelmeeres und des Schwarzen Meeres |
| **Ende des 8. Jh.** | Entstehung der homerischen Epen Ilias und Odyssee |
| 594 | Reform Solons in Athen |
| **um** 550 | Begründung des Peloponnesischen Bundes unter der Führung Spartas |
| 507 | Reform des Kleisthenes: Entwicklung zur Demokratie in Athen |
| 500–479 | Perserkriege: 490 Marathon; 480 Salamis; 479 Plataä |
| 478/7 | Gründung des delisch-attischen Seebundes unter der Führung Athens |
| 460–429 | Perikles der führende Staatsmann in Athen |
| 449/8 | Kalliasfriede: Ausgleich zwischen Athen und Persien |
| 446/5 | Friedensschluß zwischen Athen und Sparta auf 30 Jahre |
| 431–404 | Peloponnesischer Krieg |
| 387/6 | Königsfriede |
| 338 | Sieg Philipps II. v. Makedonien über die vereinigten Griechen bei Chaeronea; Gründung des Korinthischen Bundes |
| 336–323 | Regierung Alexanders d. Gr.; Eroberung des Perserreiches |
| **um** 280 | Festigung des hellenistischen Staatensystems |
| 168 | Vormachtstellung Roms gegenüber den hellenistischen Staaten |

## 3.1 Die griechische Frühzeit

### 3.1.1 Der Siedlungsraum der Griechen

Die südliche Balkanhalbinsel ist in eine Fülle geographischer Einheiten untergliedert. Die Verbindung zwischen ihnen ist durch schroffe Gebirge erschwert. Raum für geschlossene Siedlungsgebiete boten vor allem die Ebenen in Thessalien, Böotien, Attika und Lakonien. Verkehrsadern waren die meist nach Osten gerichteten Flußläufe. Die reich gegliederte Küste der Ägäis, Inselbrücken nach Kleinasien und Kreta begünstigten den wirtschaftlichen und kulturellen Austausch nach Osten. Mit Ausnahme des Korinthischen Golfes öffnet sich das Land nach Westen dagegen weit weniger. Auch waren die Bedingungen für die Seefahrt im Adriatischen Meer deutlich ungünstiger. Geringe Ausdehnung des zusammenhängend landwirtschaftlich nutzbaren Bodens, Verkarstung des Landes durch frühe Abholzung und Waldbrände, Dürreperioden und Erdbeben behinderten die wirtschaftliche Entfaltung.

Steinzeitliche Funde aus dem 4. und 3. Jt. weisen auf eine frühe Besiedlung Griechenlands hin. Vergleichbare Stücke aus der Gegend von Korfu, Korinth und Kleinasien lassen auf einen größeren kulturellen Zusammenhang schließen. Daraus entwickelte sich eine bronzezeitliche Kultur mit einheitlichen Merkmalen. Sie heißt für das griechische Festland helladisch (Hellas = Griechenland), für Kreta minoisch (nach dem mythischen König Minos).

### 3.1.2 Die minoische Kultur

Kreta lag im Schnittpunkt der Seeverbindungen mit Ägypten, Kleinasien und Griechenland. Hieraus mag sich die bevorzugte Besiedlung des Ost- und Mittelteils der Insel erklären. Unter orientalischem Einfluß entwickelte sich hier zu Beginn des 2. Jt. eine eigene Hochkultur. Ihre Zentren waren die **Paläste** von Knossos, Phaistos und Mallia. Um einen großen Mittelhof gruppierten sich in einer scheinbar planlosen Anlage die verschiedensten Gemächer (Labyrinth). Ohne vom Palast abgesondert zu sein, schloß sich die umliegende Stadt an. Auf mindestens 50 000 Einwohner schätzt man die Bevölkerung von Knossos. Die ungeschützte Lage der Paläste läßt auf eine ungefährdete Königsherrschaft über ganz Kreta schließen. Eine bedeutende Flotte sicherte das Land gegen Angriffe von außen (Thalassokratie = Seeherrschaft). Die Darstellung von Volksfesten auf den Fresken der Palastwände und die unmittelbare Nähe der Stadt lassen eine politische Mitwirkung von Hofgesellschaft und freier Bevölkerung vermuten. Die hervorragende Rolle von Frauen auf den Gemälden in Verbindung mit der Bedeutung weiblicher Gottheiten dokumentiert eine privilegierte Stellung der Frau. Man schloß sogar auf eine matriarchalische Ordnung.

Ausgedehnte Vorratsräume und Werkstätten weisen die Paläste auch als Zentren des Wirtschaftslebens und des Handwerks aus. Bilder über die Ablieferung von Abgaben, Tontafeln mit Aufzeichnungen einer geordneten Buchführung deuten auf eine organisierte Verwaltung. Der Export von Gegenständen des hochentwickelten kretischen Kunstgewerbes nach Vorderasien, Ägypten, die Ägäisinseln und Zypern, umgekehrt Funde babylonischer Waren in den kretischen Palästen bezeugen einen weiträumigen Handelsverkehr.

Die Zerstörung der Paläste um 1450, schließlich die große ägäische Wanderungsbewegung (Seevölkersturm) ab ca. 1200 brachten das Ende der minoischen Hochkultur.

### 3.1.3 Die mykenische Kultur

Anfang des 2. Jt. waren die indogermanisch-europäischen Stämme der Achäer (Äoler) und Ioner in die südliche Balkanhalbinsel eingewandert. Dort paßten sie sich der bäuerlichen Kultur der ansässigen ägäischen Bevölkerung an. Zu Beginn des Späthelladikums (16. Jh.) bildete sich unter kretischem Einfluß die erste Hochkultur auf dem Boden des griechischen Mutterlandes heraus, nach einem ihrer Zentren, Mykene in der Argolis, mykenische Kultur genannt. Die hochgelegenen Burganlagen aus mächtigen Steinmauern stehen in schroffem Gegensatz zu den unbefestigten kretischen Palästen. Darin einbezogen waren Häuser für Beamte, Gefolge und Leibwache. Unterhalb lag die offene Siedlung der bäuerlichen Bevölkerung. Den Zug zum Monumentalen unterstreichen gewaltige Kuppelgräber (z. B. das sog. Schatzhaus des Atreus) und das Löwentor von Mykene. Der König war Stammesführer, der im Einvernehmen mit Rat und Heeresversammlung regierte.

*Das Löwentor vom Königspalast in Mykene (erbaut um 1350 v. Chr.)*

Tontafelarchive in der griechischen Silbenschrift „Linear B" dokumentieren eine geordnete Verwaltung. Ackerbau und Viehzucht bildeten die Grundlage der Wirtschaft. Daneben existierte ein spezialisiertes Gewerbe. Handel zu Lande wurde durch angelegte Straßen unterstützt. Fernhandelsbeziehungen bestanden vor allem zu den vorderasiatischen Ländern und Ägypten. Damit verbunden waren Raubzüge, deren Erfolge an den Schätzen in den repräsentativen Kuppelgräbern abzulesen sind.

### 3.1.4 Dorische Wanderung und ionische Kolonisation

Um 1200 ging von den sog. Seevölkern eine Welle von Zerstörungen im gesamten östlichen Mittelmeerraum aus. Sie bedrohten Ägypten, das Hethiterreich in Kleinasien brach zusammen. Die Zentren der mykenischen Kultur fielen den Flammen zum Opfer. Die Organisation der Palastwirtschaft verschwand. Kunst und Schriftlichkeit gingen zugrunde.

Unter dem Druck thrakischer und illyrischer Bevölkerungsgruppen begann am Ende des 2. Jt. die dorische Wanderung. Der neue Volksstamm der Dorer gewann in einem längeren Prozeß die Vorherrschaft in der Peloponnes. Gleichzeitig rückten die sog. Nordwestgriechen in die Landschaften Epirus, Akarnanien und Ätolien ein. Die Äoler waren künftig vorwiegend auf Thessalien und Böotien, die Ioner auf Attika und Euböa beschränkt.

An der Kolonisation der kleinasiatischen Westküste beteiligten sich Angehörige aller griechischen Stämme. Ohne auf nennenswerten Widerstand der Einheimischen zu stoßen, gründeten sie bedeutende Städte wie Milet, Ephesos, Smyrna, Halikarnassos u. a. Durch späteren Zuzug aus der Heimat verstärkten die Ioner ihren Anteil, so daß in Westkleinasien das ionische Element vorherrschend wurde.

Obwohl die Adelsgeschlechter ein besonderes Interesse an der Pflege der Traditionen hatten, die sie mit dem griechischen Volk insgesamt verbanden, hinterließen die Kontakte zu fremden Völkern und Kulturen unverkennbare Spuren. Der „orientalisierende" Vasenstil in der Kunst, semitische Lehnwörter, kleinasiatische Einflüsse auf religiöse Vorstellungen machen das deutlich.

### 3.1.5 Die Gesellschaft der homerischen Epen

Für die Zeit von ca. 1100–800 liegen fast keine Quellen vor. Daraus erklärt sich die Bezeichnung „dunkles Zeitalter". Zugleich markiert sie für Griechenland den Beginn der Eisenzeit. Die älteste schriftliche Überlieferung sind die unter dem Namen Homers bekannten Epen Ilias und Odyssee aus dem 8. Jh. Sie sind nicht das Werk eines einzelnen Dichters, sondern die gültige Zusammenfassung einer langen mündlichen Tradition. Es besteht in der Forschung Übereinstimmung, daß sich um den historischen Kern des Trojanischen Krieges (12. Jh.) viel legendäre Ausschmückung rankte. Als in den Grundzügen realistisch gilt jedoch die Darstellung der von der adeligen Gesellschaft geprägten Lebensumstände, wie sie dem Dichter aus seiner eigenen Zeit geläufig waren.

Die bestimmende soziale Einheit war der adelige Gutshof (Oikos = Haus). Er bestand aus einem ummauerten Innenhof, Stallungen, Vorratskammern, einer Vorhalle und dem Hauptgebäude des „Palastes". Darin befand sich eine geräumige Halle (Megaron) mit Sitzbänken ringsum und einer zentralen Herdstelle. Eine prächtige Innenausstattung, reichlich mit Wertgegenständen gefüllte Vorratsräume, edle Pferde und glänzende Waffen demonstrierten den Reichtum des Oikosherrn. Grundbesitz und Viehherden, dazu Kriegsbeute, Abgaben Schutzbefohlener, Geschenke und – in noch geringem Umfang – Handelsgeschäfte ermöglichten einen sichtbaren Überfluß.

Ein wichtiger Ausdruck adeligen Lebensstils waren Gelage mit Standesgenossen (Symposien). Gastgeber und Gäste tauschten Geschenke aus und maßen sich in sportlichen und musischen Wettkämpfen. Sich zu einem überzeugenden Redner heranzubilden, um auf Gefolgschaft und Konkurrenten einwirken zu können, war nach der Kriegstüchtigkeit das wichtigste Ziel eines homerischen Helden. Ebenso selbstverständlich führte er landwirtschaftliche und handwerkliche Arbeiten aus.

Eine erstaunlich selbständige Rolle spielten die Frauen. Bereits den jungen Mädchen stand eine gewisse Mitsprache bei der Auswahl des Ehemannes zu. Als Herrin an der Seite des Gutsherrn organisierte die Ehefrau den Haushalt und führte das Regiment über die unfreien weiblichen Hausbewohner. Beim Spinnen, Weben, Schneidern war sie durch ihre Kunstfertigkeit Vorbild für die Töchter und Sklavinnen. Ihre vornehme Herkunft und Schönheit erhöhten auch in der Öffentlichkeit das Ansehen des adeligen Helden.

Über die Masse der freien Landbevölkerung (Laos; Demos) geben die Epen kaum Auskunft. Als Arbeiter (Theten) auf dem Gutshof besserten sie ihr Einkommen aus der eigenen Landwirtschaft auf. Sie leisteten dem Gutsherrn als Zeichen ihrer Abhängigkeit Abgaben und unterstanden seiner Gerichtsbarkeit. Vorübergehende Mitbewohner des Oikos waren auch über Land ziehende Handwerker (Demiurgen), deren Spezialkenntnisse auf vielen Gebieten erwünscht waren.

Rechtlich fundierte Staatsverwaltung und Beamte gab es nicht. Die Stellung eines Königs gründete sich auf persönlichem Reichtum, Heldentaten und überzeugender Redekunst. Privilegien, wie das Recht auf Verteilung der Kriegsbeute, erleichterten es zwar, den Vorrang an Ansehen und Reichtum zu sichern. Dennoch mußte er sich gegenüber dem Führungsanspruch rivalisierender Adeliger, die sich ebenfalls als Könige bezeichneten und den „Rat der Alten" bildeten, ständig neu behaupten.

## 3.2 Die archaische Zeit (800–500 v. Chr.)

### 3.2.1 Vielfalt und Einheit der griechischen Stämme

Trotz der staatlichen Vielfalt zeigte sich immer wieder das Bewußtsein von der Einheit der Hellenen. In Kenntnis ihrer **gemeinsamen Sprache** teilten sie die Welt ein in eine griechische und eine „barbarische" mit Menschen, die keine vernünftige Sprache von sich gaben. Auf der Basis der phönikischen Buchstabenschrift entwickelte sich spätestens im 8. Jh. durch Einfügen der Vokale die **erste vollständige Lautschrift**. Sie wurde Vorbild auch des lateinischen Alphabets. Art und Verbreitung beweisen, daß die Schrift nicht wie im Alten Orient und Ägypten durch ihre Kompliziertheit einen Stand von „Schriftgelehrten" entstehen ließ, sondern allgemeines Verständigungsmittel für die Gebildeten wurde.

In einer Zeit, als mit der Entstehung der kleinräumigen Polis die Vielfalt der griechischen Staatenwelt sich verfestigte, erinnerte die Ilias an das panhellenische Unternehmen gegen das kleinasiatische Troja. Viele selbstbewußte Helden an der Spitze eigener Gefolgschaften erkannten Agamemnon als ihren gemeinsamen Führer an, ohne ihre Eigenständigkeit prinzipiell aufzugeben. Es wuchs ein historisches Bewußtsein, das die Griechen noch im Kampf gegen die Perser zu Beginn des 5. Jh. beflügelte. Die homerischen Epen und der etwas jüngere Dichter Hesiod formulierten die Tradition der **olympischen Götterwelt**, zu der sich alle griechischen Stämme bekannten. Neben Zeus als eindeutig höchstem gab es elf weitere Hauptgötter. Gruppen einfacherer Gottheiten wie Nymphen, Musen, Erinyen, dazu Fruchtbarkeitskulte, Totenbeschwörung und Heroenverehrung vervollständigten das Bild. Zum Kult gehörten ein Tempel oder Altar, Priester und ein spezielles Ritual, aber keine theologisch begründete Lehre.

Die Götter galten als unsterblich. Was sie sich vornahmen, konnten sie leicht ausführen. Sie standen Handlungen und Schicksal der Menschen nicht gleichgültig gegenüber. Sie vollbrachten Taten, die Menschen nicht gelangen, aber noch innerhalb der menschlichen Erfahrungswelt lagen. Über Schicksal und Tod hatten sie keine Macht. Sie lebten, dachten, planten wie Menschen, nur frei von menschlichen Lasten, aber nicht frei von Lastern wie Ehebruch, Diebstahl oder Betrug. Folgerichtig stellte man Götter mit menschlichen Zügen dar (Anthropomorphismus). Man wies ihnen Aufgabenbereiche in Natur und Familie zu.

Eng mit der olympischen Götterwelt verbunden war der **Mythos**. Jeder Gott hatte seinen Platz im genealogischen Gefüge, seinen Wirkungsbereich im Kosmos sowie in der Welt der Menschen. Da der Mythos die vermeintliche Vergangenheit der ganzen griechischen Welt widerspiegelte, wurde er zum Hintergrund eines gesamtgriechischen Geschichtsbewußtseins.

Wie man die Geschichte der drei griechischen Stämme auf den Urvater Hellen zurückführte, so verfolgten die Adelsfamilien ihre Stammbäume in die Vergangenheit des Mythos zurück. Hierauf gründete sich trotz unterschiedlicher Stammes- und Poliszugehörigkeit eine hellenische Solidarität des Adels. Durch Heiratsverbindungen, Gastfreundschaften, Unterstützung in Rivalitätskämpfen mit Standesgenossen wurde dieses Beziehungsnetz ausgeweitet und verstärkt.

In einer Welt, in der die Zustimmung der Götter zu jedem Vorhaben unerläßlich war, wurden überregional anerkannte Heiligtümer zu Zentren adeliger Begegnung. Eine herausgehobene Stellung als Orakel gewann die Priesterin des Apollo in **Delphi**, Pythia. Aufgrund ihrer prophetischen Gabe verkündete sie den Willen der Götter. Gelungene Auskünfte vergalten die Fragesteller mit kostbaren Weihegeschenken. Reichtum und

Erfahrung steigerten das Ansehen Delphis in der gesamten griechischen Welt. Daraus erwuchs auch politische Macht.

Schon früh hatte das Zeusheiligtum in **Olympia** panhellenische Bedeutung erlangt. Seit 776 traf sich hier zunächst nur der peloponnesische, dann der Adel der gesamten griechischen Welt regelmäßig alle vier Jahre zu sportlichen Wettkämpfen und musischen Darbietungen (Agone). Unter den Augen von ganz Hellas galt es, in für den adeligen Lebensstil typischen Fähigkeiten Anerkennung zu finden. Ein heiliger Friede (Ekecheiria) unterstrich die Bedeutung des Festes und garantierte den Teilnehmern eine sichere An- und Abreise. Freie Geburt und griechische Abstammung waren die Zulassungsbedingungen. Frauen waren ausgeschlossen. Am begehrtesten war der Sieg im Kurzstreckenlauf über die Distanz eines Stadions (600 Fuß = 192 m). Besonderes Ansehen in der adeligen Führungsschicht genoß das Rennen der Viergespanne. Das war die Sportart des reichen Mannes, der sich Pferdezucht und das Training eines professionellen Wagenlenkers leisten konnte. Wichtiger als der symbolische Siegerkranz aus Olivenzweigen war der Gewinn an Autorität in der Rangordnung der Standesgenossen. Der Sieger durfte sich als Schützling des Zeus fühlen.

Mit Olympia vergleichbare periodische Agone fanden in Nemea, Korinth und Delphi statt. Die sich hier regelmäßig versammelten, galten und fühlten sich als Griechen. Die panhellenischen Spiele waren Symbole kultureller Zusammengehörigkeit, aber nicht Ausgangspunkt einer gemeinsamen Politik.

### 3.2.2 Grundzüge der griechischen Polis

Die für Griechenland charakteristische Staatsform wurde die Polis (Plural: Poleis; Wortbedeutung: Höhensiedlung; Stadt). Sie beschränkte sich auf einzelne Städte oder Teilgebiete von Landschaften. Ihr sichtbarstes Kennzeichen war die räumliche Begrenztheit. Dies hing eng zusammen mit dem Verständnis der Polis als Personalverband. Während der moderne Staatsbegriff von dem Territorium und seiner geographischen Bezeichnung ausgeht (z. B. Frankreich) benannte sich eine griechische Polis nach der Gesamtheit ihrer Bürger (Politen): die Athener, die Korinther. Zudem konnten die Bürger ihre politischen Rechte nur im städtischen Zentrum wahrnehmen. Andererseits mußte die Polis groß genug sein, um der Gemeinschaft ihrer Bürger politischen, militärischen und wirtschaftlichen Schutz zu gewähren (Autonomia, Eleutheria = Freiheit, Autarkia). Sie war auch eine religiöse Gemeinschaft. Die Pflege des Kultes lag im staatlichen Interesse. Ein Polite war darauf angewiesen, in eine Kultgemeinschaft aufgenommen zu werden, um in die Gesellschaft und politische Organisation integriert zu sein. Doch in der Zeit adeliger Vorherrschaft befanden sich die Heiligtümer in der Obhut einzelner Adelsfamilien. Die nichtadelige Bevölkerung brauchte deren Zustimmung, um daran teilhaben zu können.

Nicht alle ständigen Bewohner eines Staatsgebietes waren Politen, sondern nur die erwachsenen männlichen Vollbürger, die im Besitz der politischen Rechte waren. Frauen und Kinder galten nur zivilrechtlich und kultisch als Teil der Bürgerschaft. Verbannte, Fremde und Sklaven gehörten im rechtlichen Sinne nicht dazu.

Die Festsetzung der Entstehungszeit dieser Staatsform schwankt zwischen dem 8. und dem 5. Jh., je nachdem, ob ein Forscher für sie nur die Existenz anerkannter staatlicher Organe oder aber erst die demokratische Ordnung voraussetzt. Umstritten ist auch, ob die Polis das 4. Jh. überdauert hat und als politische Grundeinheit in hellenistischer und römischer Zeit mit dem früheren Verständnis noch vereinbar ist.

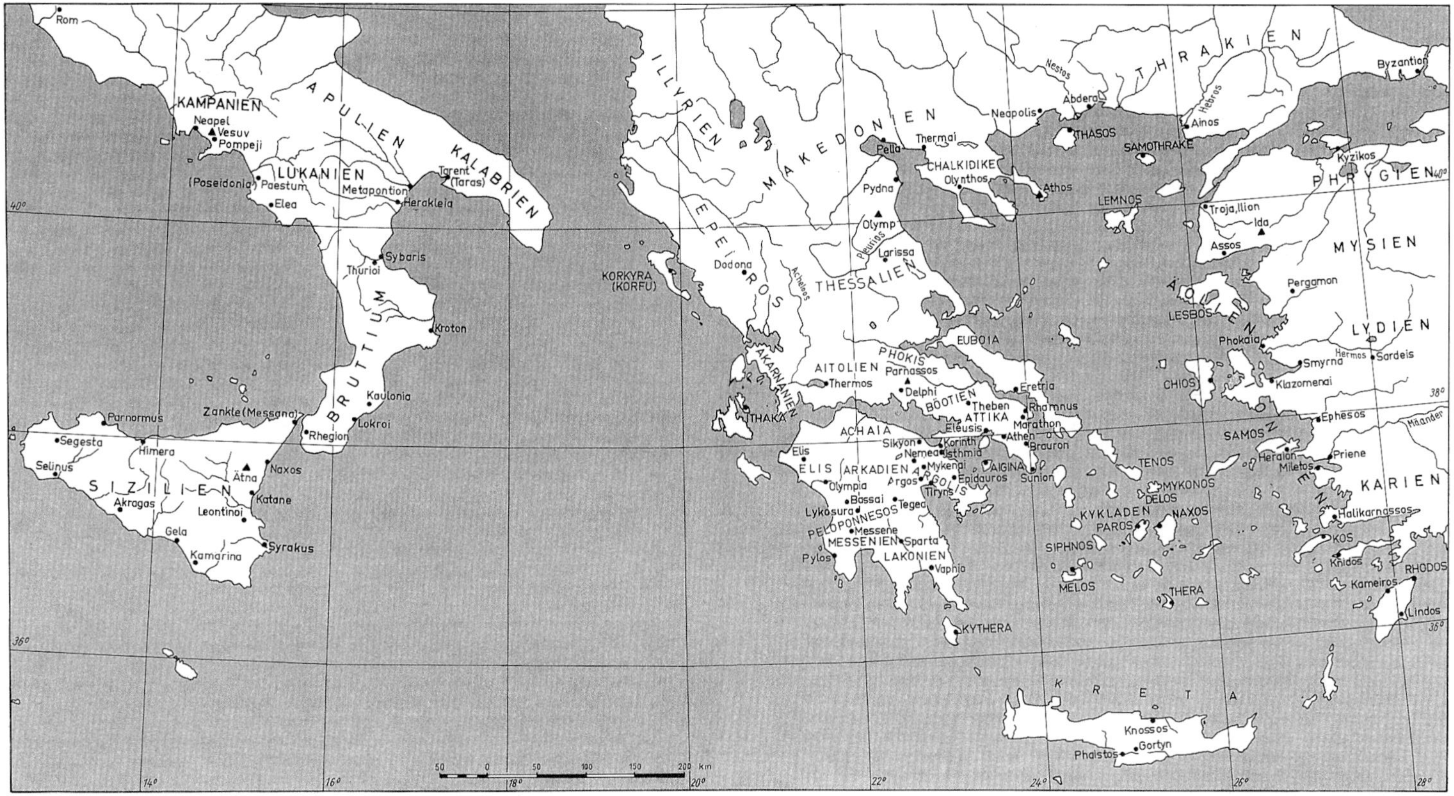


*Der Siedlungsraum der Griechen*

### 3.2.3 Soziale Gruppen in der Polis

#### *3.2.3.1 Die Bürger*

Das volle Bürgerrecht war vielfach an den Nachweis von Vermögen oder Grundbesitz geknüpft. Ergab sich daraus nur ein enger Kreis von Politen, sprach man von einer Oligarchie (Herrschaft Weniger) oder auch, bei anerkannter Legitimation, von Aristokratie (Herrschaft der Besten). Besaßen alle erwachsenen Männer das volle Bürgerrecht, wurde die Verfassung seit der Mitte des 5. Jh. als Demokratie (Herrschaft des Volkes) bezeichnet. Bei dem großen Anteil der dennoch von der politischen Mitentscheidung ausgeschlossenen Personengruppen bedeutete auch die Demokratie nach heutigen Maßstäben nur die Herrschaft einer Minderheit der in der Polis ansässigen Personen.

Das Bürgerrecht wurde nicht einfach durch Geburt in rechtsgültiger Ehe des Vaters erworben. In Athen war dazu ein förmlicher Beschluß der Phratriegenossen (s. S. 33) erforderlich. In der Regel erst im Alter von mindestens 30 Jahren war die Wahl zu einem Amt möglich.

#### *3.2.3.2 Die Frauen*

An politischen Entscheidungen waren die Frauen grundsätzlich nicht beteiligt. Lediglich in der Pflege des Kultes übten sie als Priesterinnen sogar gleichrangig neben Männern politische Funktionen aus. Die Frauen gehörten dem Bürgerverband nur zivilrechtlich an, aber auch hier mit deutlichen Rückständen gegenüber den Männern: Wie ein Kind standen sie zeitlebens rechtlich unter Vormundschaft entweder des Vaters, des Ehemannes oder des ältesten Bruders. Vor Gericht konnten sie zwar als Zeugin auftreten, aber nicht selbständig prozessieren. Ein eigenes Testament war nicht möglich. Der Erwerb von Eigentum war sehr beschränkt. Bei der Eheschließung waren sie nur passiv beteiligt. Ihr Vater schloß, ohne ihrer Einwilligung zu bedürfen, mit dem zukünftigen Gatten einen Ehevertrag.

Im sozialen Ansehen sind Unterschiede nach Standeszugehörigkeit unverkennbar. Geradezu Frauenhaß wird deutlich in der Dichtung des 7./6. Jh. Ehefrauen werden mit nichtsnutzigen Drohnen, herumschnüffelnden Füchsen, unwilligen Eseln und angeberischen Pferden verglichen. Die vornehme Dame lebte zurückgezogen und widmete sich Kindern und Haushalt. Das galt nicht als Diskriminierung. Sie sicherte den Fortbestand der Familie und genoß dafür hohes Ansehen. Das spiegelt sich in den großen Frauengestalten der attischen Tragödie. Noch deutlicher wird es in der Vasenmalerei und bei Grabmälern. Dieser Lebensstil war auch das Ziel der Frauen aus einfachen Häusern. Doch die Komödien des Aristophanes zeigen deutlich, wie diese zur Sicherung der materiellen Existenz der Familie in alltäglichen Auseinandersetzungen beispielsweise auf dem Markt beim Verkauf ihrer Waren sich behaupten mußten.

Der bevorzugte Lebensbereich der Frau war der Haushalt. Hier ergaben sich je nach sozialem Stand und Durchsetzungsvermögen beachtliche Entfaltungs- und Gestaltungsmöglichkeiten: Führung des unfreien Personals, tatsächliche Verfügung über finanzielle Angelegenheiten, Pflege literarischer Interessen. Es gibt auch Beispiele dafür, daß energische Frauen spürbar in die Politik eingewirkt haben. So war der Einfluß der Lebensgefährtin des Perikles, Aspasia, so allgemein bekannt, daß die Opposition hoffte, mit Prozessen gegen sie gleichzeitig die perikleische Politik treffen zu können.

So fortschrittlich uns die attische Demokratie erscheinen mag, sie hatte keinen geringen Anteil gerade an der Zurücksetzung der Frau. Die vielfältigen und aufgrund der Macht Athens im damaligen Staatengefüge außerordentlich bedeutenden Entscheidungen wurden allein von Männern getroffen. Sie durften sich durch ihren andauernden militärischen und politischen Einsatz für die Begründung der herrschaftlichen Stellung Athens verantwortlich fühlen. Die Frauen wurden auf eine gesellschaftliche Randexistenz zurückgedrängt.

Seit dem Ende des 5. Jh. wird in der Literatur (Euripides, Aristophanes) eine verstärkte geistige Auseinandersetzung mit dem Thema der juristischen und gesellschaftlichen Zurücksetzung der Frau erkennbar. In den utopischen Staatsentwürfen Platons erscheinen Männer und Frauen grundsätzlich gleichwertig, wenn auch mit unterschiedlichen Anlagen. Dieser Gedanke setzte sich in den hellenistischen Philosophenschulen endgültig durch. Dem folgte in vielen Städten auch die rechtliche Besserstellung der Frauen: Sie konnten Eigentum erwerben, waren erbberechtigt, heirateten aus eigener Entscheidung und waren in allen Sparten des Wirtschaftslebens tätig. All das wurde noch verstärkt durch die engeren politischen und kulturellen Verbindungen mit Vorderasien in hellenistischer Zeit. Das Auftreten von Königinnen erschütterte auch in Griechenland die herrschende Vorstellung von der prinzipiellen Unfähigkeit der Frauen zu politischem Handeln.

#### *3.2.3.3 Die Metöken*

Um ihre Geschäfte zu betreiben, ließen sich besonders in den größeren Poleis auch freie Bürger anderer Städte als dauernd ansässige Mitbewohner (Metöken) nieder. Sie hatten zwar keine politischen Rechte, genossen aber Rechtsschutz. Grund und Boden durften sie nicht erwerben. Eine Kopfsteuer unterschied sie von den Bürgern. Für besondere Verdienste konnten sie in das Bürgerrecht aufgenommen werden.

Von den Metöken zu unterscheiden sind die kurzfristig in einer Stadt lebenden Fremden. Sie fanden Schutz entweder in der Gastfreundschaft einzelner Familien oder, wenn derartige Beziehungen nicht bestanden, bei einem „Staatsgastfreund" (Proxenos), einem angesehenen Bürger, der die Interessen von Personen aus einer bestimmten anderen Polis zu vertreten öffentlich zugesichert hatte.

#### *3.2.3.4 Die Sklaven*

Die entscheidende gesellschaftliche und rechtliche Trennungslinie verlief zwischen Freien und Unfreien. Schon in der Odyssee heißt es: „Zeus nimmt dem Mann die Hälfte seines Wertes (Areté), wenn der Tag der Knechtschaft über ihn kommt." Der wichtigste Ursprung der Sklaverei lag in der Kriegsgefangenschaft. Sie bedeutete zwangsläufig Unfreiheit. „Beseelten Besitz" nennt Aristoteles einen Sklaven. Daraus spricht einerseits die Zuordnung zu den „Sachen" im Eigentum des Herrn, andererseits die Anerkennung offensichtlich menschlicher Qualitäten. Sklaven nahmen selbstverständlich nicht am politischen Leben teil. Sie wurden, außer in extremen Notlagen, nicht zum Wehrdienst herangezogen, waren nicht rechts- und geschäftsfähig. Die Lebensbedingungen hingen wesentlich vom Charakter des jeweiligen Herrn ab.

Darüber hinaus spielte es eine große Rolle, ob der Sklave in einer Masse weiterer Sklaven unter der Aufsicht von ebenfalls Unfreien beispielsweise im Bergbau eingesetzt wurde oder in einem überschaubaren Handwerksbetrieb in täglicher Zusammenarbeit mit dem Herrn oder gar im Haushalt als Koch, Diener oder Kindererzieher in einem vertrauensvollen Verhältnis zu der Herrschaft.

Der Einsatz von Sklaven vergrößerte für die Bürger den Spielraum, sich politischen Angelegenheiten zu widmen. Auch wenn der Schluß zu weit geht, Athens Demokratie sei von der Sklavenarbeit abhängig gewesen, bleibt dennoch unbestreitbar, daß häufig Unfreie die Produktion soweit aufrechterhielten, daß auch ein kleiner Bauer oder Handwerker sich die Teilnahme an Versammlungen oder an Kriegszügen leisten konnte.

Die Freilassung aus der Sklaverei gab es in Griechenland im Vergleich zum römischen Staat nur selten. Sie erfolgte durch eine formlose öffentliche Willenserklärung des Herrn. Der Freigelassene war danach zu gewissen Dienstleistungen verpflichtet. Er wurde nicht Bürger der Stadt seines Freilassers, sondern unter die Metöken aufgenommen. Obwohl Redner des 4. Jh. Sklaven und Freien von Natur gleiche Eigenschaften zuschrieben, Außenseiter sogar erst mit der Beteiligung auch der Sklaven am Staatsleben die volle Demokratie verwirklicht sahen, zog niemand daraus die Konsequenz, die Sklaverei grundsätzlich in Frage zu stellen.

### 3.2.4 Staat und Gesellschaft der archaischen Polis

Die Entwicklung von der homerischen zur archaischen Gesellschaft verlief ohne revolutionäre Brüche. Dennoch sind mit der Ablösung des Königtums im Verlauf des 7. Jh., der verstärkten Ausprägung politischer Strukturen und einer Krise der bäuerlichen Lebenswelt, dazu der Ausweitung des griechischen Siedlungsraums in der großen Kolonisation (750–550) wesentliche Züge einer neuen Zeit erkennbar.

Eine wichtige Ursache für all dies war die bemerkenswerte Zunahme der Bevölkerung. Sie zwang dazu, bisher genutzten Boden stärker aufzuteilen, Eigentumsrechte klarer zu definieren, neues Land hinzuzugewinnen. Immer mehr Menschen sahen sich veranlaßt, Erwerbsquellen außerhalb der Landwirtschaft in Handel und Gewerbe zu suchen. Der Tauschhandel wurde seit dem 7. Jh. von Kleinasien ausgehend durch die Geldwirtschaft ersetzt. Das Militärwesen wurde auf die breitere Basis des Schwerbewaffnetenheeres (Hoplitenphalanx) anstelle des ritterlichen Einzelkampfes gestellt. All das führte zu einer Intensivierung des gesamten politischen Lebens, gewissermaßen zu einem inneren Wachstum der Polis.

*Hopliten in der Schlacht (Vasenbild um 640–630 v. Chr.)*

Am vollständigsten läßt sich die Entwicklung am Beispiel Athens verdeutlichen: Die ehemals königliche Gewalt verteilte sich auf insgesamt neun Archonten: Einberufung und Leitung von Volks- und Ratsversammlung lag in der Hand des Archon Eponymos (der dem Jahr den Namen gab). Das Heereskommando übte der Polemarchos (Kriegsführer) aus. Sechs Thesmotheten (Satzungsgeber) waren verantwortlich für die Rechtsordnung. Der Königstitel, Basileus, hielt sich nur bei dem für die sakralen Angelegenheiten zuständigen Archonten. Das Amt war seit 683 v. Chr. auf ein Jahr beschränkt. Voraussetzung für die Wahl waren Reichtum und Zugehörigkeit zu einem angesehenen Adelsgeschlecht.

Die ehemaligen Archonten bildeten auf Lebenszeit den Rat (Areopag, benannt nach dem Tagungsort auf dem Areshügel in Athen). Ihm stand es zu, die Gesetze zu überwachen, Strafen auszusprechen, allgemein die Staatsangelegenheiten zu kontrollieren. Aufgrund seiner Einflußmöglichkeiten auf die noch jungen Archonten und über Patronatsbeziehungen auch zu den Mitgliedern der Volksversammlung (Ekklesia) war der Areopag das Entscheidungszentrum in der Polis der Athener.

Der Lebensstil des vornehmen Mannes konzentrierte sich jetzt viel stärker als in homerischer Zeit auf die Leitung des Gemeinwesens. Ein möglichst weitreichendes und dichtes Netz von Gastfreundschaften und verwandtschaftlichen Beziehungen zu Aristokraten anderer Poleis vervielfältigte geradezu sein Gewicht in privaten und öffentlichen Angelegenheiten.

Seltene, aber durchaus wirkungsvolle Auftritte der Mädchen und Frauen in der Öffentlichkeit trugen wesentlich zum Glanz und Ansehen adeliger Familien bei. Hochzeiten waren willkommene Gelegenheiten zur Selbstdarstellung. So hielt der Tyrann Kleisthenes von Sikyon 13 Bewerber aus den vornehmsten Häusern ganz Griechenlands ein volles Jahr auf eigens angelegten Sportstätten in Atem, um sich den würdigsten für seine Tochter Agariste auszusuchen.

Ein solcher Lebensstil erforderte Reichtum, schloß aber zugleich die Mithilfe auf dem eigenen Gutshof als nicht mehr standesgemäß aus. Zum Reichtum kam die Betonung adeliger Abstammung (Eupatriden = Söhne edler Väter). Ein Aufstieg Neureicher durch Heirat mit Frauen aus adeligem Hause war zwar nicht ausgeschlossen, wurde aber von standesbewußten Eupatriden tief bedauert.

Für das soziale Beziehungsgeflecht im Personalverband der Polis mag erneut Athen als Modell dienen. Die Bürgerschaft insgesamt (Demos) gliederte sich in vier Stämme (Phylen), diese in jeweils drei Bruderschaften (Phratrien), die ihrerseits eine Anzahl von Geschlechterverbänden (Genos) und Kultvereinen (Thiasos) einschlossen. In diesem Bezugssystem konnte jeder Bürger Schutz, Anerkennung und gesellschaftliche Bindung finden. Das war wichtig in einer Zeit, als die staatlichen Organe die Rechtssicherheit des einzelnen nur unzulänglich garantierten. Besondere Bedeutung kam der Phratrie zu. Hier wurden Hochzeiten rechtsgültig besiegelt, Kinder vorgestellt und später als Erwachsene in die Bürgerliste aufgenommen. Darüber hinaus begründete die Gemeinschaft von Kult und Opfer eine enge Verbundenheit. Die Zugehörigkeit zur Phratrie bedeutete die Eingliederung in die politische, soziale und sakrale Ordnung. An ihrer Spitze standen adelige Gefolgschaftsherren.

Auf ihre Unterstützung waren die einfachen Bürger bei der Durchsetzung von Rechtsansprüchen, in materiellen Notsituationen oder während eines Aufenthaltes außerhalb der Heimatgemeinde angewiesen. Umgekehrt vergalten sie diese Leistungen mit der moralischen Verpflichtung, als Gefolgsleute die Ziele der adeligen Patrone nach Kräften zu unterstützen. Dieses System eines angemessenen Interessenausgleichs galt als „gute Ordnung" (Eunomia).

Doch persönliches Machtstreben und die Notwendigkeit, mit möglichst umfangreichen und festgefügten Gefolgschaften sich gegen rivalisierende Standesgenossen behaupten zu können, drängten den Adel, seine Überlegenheit gegenüber den „Klienten“ auszuschöpfen: Rechtsbeugung, Unterdrückung und materielle Ausbeutung verwandelten die Eunomia in vielen Poleis zur „schlechten Ordnung“ (Dysnomia). Eindringlich klagte der athenische Dichter, Weise und Staatsmann Solon zu Beginn des 6. Jh.: Nicht die Götter, sondern Habgier und Willkür der „verworfenen Führer“ stürzen die Stadt insgesamt ins Verderben.

### 3.2.5 Krisenbewältigung durch Kolonisation (750–550 v. Chr.)

Eine Lösungsmöglichkeit für drei wichtige Problemkreise bot die Erschließung neuen Siedlungsraums durch die Gründung von Kolonien: Landmangel aufgrund der Überbevölkerung; Befriedigung politischen Ehrgeizes von Adeligen, die ihre Ziele in der Heimatgemeinde nicht erreichen konnten; Ausweitung der Geschäftsbeziehungen für neue Wirtschaftszweige in Handel und Gewerbe. Träger der zweiten griechischen Kolonisationsbewegung waren die am meisten entwickelten Städte wie Korinth, Chalkis auf Euböa, Milet in Kleinasien. Ihre Zielgebiete waren Regionen mit vertrauten klimatischen Bedingungen ohne festgefügte staatliche Machtstrukturen, die politisch wie wirtschaftlich eine hinreichend gesicherte Zukunft erwarten ließen. Schwerpunkte der Kolonisation wurden so Unteritalien und Sizilien, bereits im 5. Jh. als „Großgriechenland“ bezeichnet, Nordspanien, Südfrankreich sowie die Küsten des Schwarzen Meeres. Noch heute bedeutende Gründungen aus dieser Zeit sind Massilia (Marseille), Neapel, Syrakus, Byzanz (Konstantinopel/Istanbul). Gründer (Oikist) von Kolonien (Apoikie) waren Adelige, die sich im Auftrag der Mutterstadt (Metropolis) oder aus eigener Initiative an die Spitze auswanderungswilliger Bürger stellten. Beim Orakel von Delphi holte sich der Oikist gött-

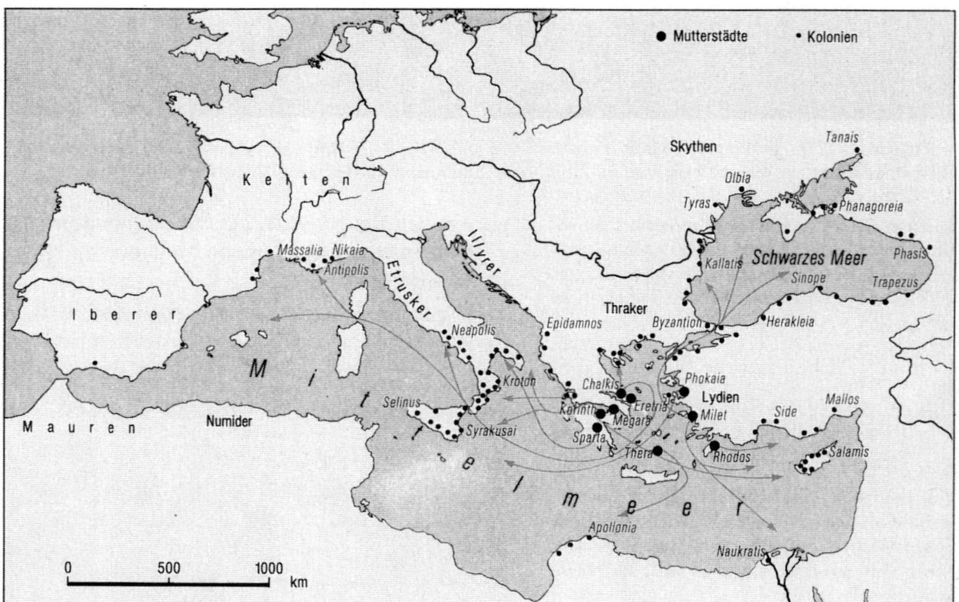


*Griechische Kolonisation (750 bis 550 v. Chr.).*

liche Zustimmung und Ratschläge. Er bestimmte das Zielgebiet, steckte dort die Stadtgrenzen ab, entschied über die Landverteilung unter die Kolonisten und über die innere Ordnung der neuen Polis. Ihm selbst fiel eine Sonderstellung zu. Nach seinem Tod wurde er als Heros kultisch verehrt.

Die Kolonie war eine autonome Polis. Sie war mit der Mutterstadt nur noch durch die gemeinsame Tradition ihrer Bürger verbunden. In Notzeiten war sie der selbstverständliche Adressat für Hilfegesuche. Diese Bewegung kam im Laufe des 6. Jh. zum Stillstand. Karthager und Etrusker im Westen, Ägypten und das Perserreich im Osten setzten ihr Grenzen.

Die Ausdehnung des griechischen Siedlungsraumes im 8.–6. Jh. führte zu einer umfassenden Hellenisierung des Mittelmeerraumes bis in seine Randzonen. Die Notwendigkeit, den Kolonien bei ihrer Gründung eine klare äußere und innere Struktur zu geben, führte zu verstärktem Nachdenken über die Grundsätze von Stadtentwicklung, Rechtsordnung und konstitutionellen Elementen einer Polis.

### 3.2.6 Krise und Reform: Solon in Athen (594 v. Chr.)

Eine in ganz Griechenland verbreitete wirtschaftliche und gesellschaftliche Krise läßt sich für die Polis der Athener am deutlichsten fassen: Die übliche Teilung des Landes unter alle Erben zerstückelte den Besitz in unrentable Kleinbetriebe. Der einzelne Landwirt war auf die Unterstützung eines ihm nahestehenden Großgrundbesitzers angewiesen. Rückforderungen und Zinsen stürzten den Bauern bei andauernder Unwirtschaftlichkeit seines Hofes bald in bleibende Abhängigkeit. Über die Verpfändung des Bodens hinaus erlaubte das Schuldrecht nicht nur die vollständige Abtretung des Landes, sondern sogar die Versklavung seines Eigentümers. Zudem hatten ökonomische Erfahrungen die Umstellung der Gutshöfe auf lukrativere Oliven- und Weinkulturen eingeleitet. Zusätzliche Anbauflächen waren hier zur Minderung des Risikos wichtig. Mit der Rodung von Wald, um Brennmaterial und neue Anbauflächen zu gewinnen, verband man nicht den Gedanken an die Zerstörung natürlicher Ressourcen oder des ökologischen Gleichgewichts. Fortschrittsbewußtsein herrschte vor. Einzelne Grundbesitzer trieben Verschuldung, Landkonzentration, Versklavung der Zahlungsunfähigen im Bewußtsein ihrer Stärke zur persönlichen Machtsteigerung voran. Die Bürgerschaft fühlte sich von einer adeligen Minderheit (Oligarchie) unterdrückt. Auch manche Adelsfamilie dürfte diesem Prozeß nicht entgangen sein. Andererseits gab es Aufsteiger, die durch Handel und Gewerbe reich wurden, denen aber der Weg in den Kreis der regimentsfähigen Eupatriden versperrt blieb. Sie fühlten sich im soziopolitischen Bereich zurückgesetzt. Ein Streit um die „Gestaltung des Staates“ brach aus. Gewaltsame Lösungsversuche drohten. Gemäßigte Kreise drängten auf Reformen und Kodifizierung der Rechtsgrundsätze.

Solon als ein Mann aus altem Adel mit anerkannten Verdiensten um die Stadt, aber aufgrund seiner Handelsgeschäfte nicht in die Ausbeutung der einfachen Landbevölkerung verstrickt, erschien als Vermittler (Diallaktes) geeignet. Er wurde für das Jahr 594 v. Chr. zum Archon mit besonderen Vollmachten gewählt.

Zur Beseitigung der aktuellen wirtschaftlichen Not verfügte Solon eine umfassende Schuldentilgung, für die Zukunft ein Verbot der Schuldknechtschaft und eine Höchstgrenze für das Eigentum an Land. Von den Agrarprodukten gab er allein Olivenöl zum Export frei. Damit begünstigte er die neuen gewinnbringenden Kulturen der größeren Grundbesitzer. Zugleich sicherte er aber auch die Versorgung der heimischen Bevölkerung mit Grundnahrungsmitteln. Gesetze zur Förderung von Handwerk und Handel sollten die wirtschaftliche Basis der Polis verbreitern. Eine Anpassung des Maß-, Gewichts-

und Münzsystems an das der bevorzugten Handelspartner verbesserte die allgemeinen Rahmenbedingungen für den Güteraustausch.

Ein nicht zu unterschätzendes Bindeglied zwischen Wirtschaft und Politik bildete die solonische Besitzklasseneinteilung. Die Zuerkennung politischer Rechte nach dem Umfang des landwirtschaftlichen Jahresertrags (1. Klasse: mindestens 500 Maß an trockenem oder flüssigem Erntegut; 2. Klasse: 300; 3. Klasse: 200; 4. Klasse: darunter) wurde ergänzt durch die entsprechenden Beträge an Geld oder sonstigem Einkommen. So gewannen die neuen Erwerbsmöglichkeiten die gleiche Anerkennung wie der im Adel traditionsreiche Grundbesitz.

Die bestehenden politischen Institutionen ergänzte Solon um zwei in der Forschung allerdings in ihrer Existenz und Zuständigkeit umstrittene neue: das Volksgericht (Heliaia) und den Rat der Vierhundert (Boulē). Zur Besetzung der Gerichtshöfe (Dikasterien) waren Bürger aller Besitzklassen zugelassen. Sie sollten als Berufungsinstanz zur Kontrolle der Beamten und der Rechtsprechung durch den Areopag dienen. Der Rat der Vierhundert bestand aus jährlich wechselnden je hundert Abgeordneten der oberen drei Besitzklassen aus den vier Phylen. Er sollte die von den Archonten und dem Areopag ausgehenden Beschlußvorlagen an die Volksversammlung beraten und erst nach einem Vorbeschluß (Proboúleuma) weiterleiten.

Zudem sollte jeder einzelne Bürger Verantwortung für die Polis übernehmen. Solon verlangte von jedem unter Strafandrohung bei Umsturzversuchen eine klare Stellungnahme für den Staat. Ebenso war jeder, der von einer Straftat erfuhr, aufgefordert, eine Klage gegen den Täter anzustrengen. Das war bisher nur dem unmittelbar Geschädigten vorbehalten. Wie von diesem allgemeinen Anklagerecht (Popularklage) Gebrauch gemacht wurde, war für Solon geradezu Gradmesser für die Identifizierung der Bürger mit ihrer Polis und damit für die Funktionsfähigkeit der Sozialordnung überhaupt. Das öffentliche Interesse der Polis trat in stärkere Konkurrenz zu den privaten Bezugssystemen. Dennoch: Nicht Demokratie, sondern Eunomie war Solons Ziel.

Die Gesetze wurden für jedermann sichtbar aufgestellt. Solon war sich bewußt, daß seine Reform sich erst in einem langwierigen Prozeß bewähren könnte. Er hatte manche aktuelle Hoffnung enttäuscht. Es fehlte nicht an Kritik. Um allzu schnellen Änderungen vorzubeugen, sollten die Satzungen 100 Jahre unangetastet bleiben.

### 3.2.7 Peisistratos und die Tyrannis (560–510 v. Chr.)

Solons Reformen brachten nur für kurze Zeit eine Beruhigung der Lage in Attika. Fortdauernde soziale Spannungen verbanden sich mit dem Machtstreben adeliger Führer. Schließlich konnte sich Peisistratos durchsetzen.

Äußere Zeichen seiner Tyrannis waren eine Leibwache und die Besetzung der Burg (Akropolis). Die Häupter konkurrierender Adelsfamilien verließen teils Athen, teils mußten sie Geiseln stellen. Eine wachsende Zahl fand sich aber mit dem Herrschaftsanspruch des Peisistratos ab und arbeitete mit ihm zusammen. Peisistratos ließ die gültige Rechtsordnung in Athen unangetastet, verlangte aber von der Bevölkerung – ganz im Gegensatz zum Geist der solonischen Reformen –, sich auf ihre Privatangelegenheiten zu konzentrieren. Die Ämter besetzte er mit seinen Gefolgsleuten. Der Areopag füllte sich mit seinen Anhängern. Selbstbewußtsein und Einflußmöglichkeiten des Adels dämpfte er, indem er ihm die Waffen als wichtigstes Statussymbol nahm. Die Besteuerung jeglichen Grundbesitzes demonstrierte jedem die Abhängigkeit von der übergeordneten Gewalt des Peisistratos. Die Nutzung dieser Einkünfte als Hilfsfonds für notleidende Bauern monopolisierte traditionelle Protektionsmöglichkeiten in der Hand des Tyrannen. Die Entsendung von „Demenrichtern" in die Landgemeinden Attikas drängte die vom Adel bestimmte Gerichtsbarkeit zurück. Der Ausbau der staatlichen Athena- und Dionysoskulte lockerte die Abhängigkeit der Bevölkerung von adeligen Familienkultstätten.

Eine längere Friedensperiode, Förderung von Landwirtschaft, Handel und Gewerbe, vielfältige Beschäftigungsmöglichkeiten durch ein umfangreiches öffentliches Bauprogramm ließen gewissen Wohlstand in allen Bevölkerungskreisen entstehen. Peisistratos und nach seinem Tod (527) seine Söhne Hippias und Hipparchos genossen Ansehen bei der Masse der Bürger.

Tyrannenherrschaften waren eine verbreitete Entwicklungsstufe im 7./6. Jh. auf dem Weg zur klassischen Polis. Gemeinsame Voraussetzungen waren einerseits Rivalitätskämpfe im Adel um eine beherrschende Stellung in der Heimatgemeinde, andererseits eine relativ breite Schicht von Bürgern, die durch Handel und Gewerbe zu Reichtum, aber nicht zu entsprechender Anerkennung in der Gesellschaft gelangt waren. Die Förderung dieser Personenkreise brachte dem Tyrannen eine tragfähige Gefolgschaft ein, allerdings nur auf begrenzte Zeit. Die dauerhafte Verweigerung politischen Einflusses führte zum Sturz der letztlich als illegitim empfundenen Tyrannis spätestens in der zweiten Generation. Eine Rückkehr zur unangefochtenen Aristokratie war danach aber auch nicht mehr möglich. Die Beurteilung der Tyrannis wird erschwert in der Überlieferung durch die Verzerrung in den späteren staatstheoretischen Schriften des 4. Jh., in der Forschung durch das Einfließen moderner Wertvorstellungen.

## 3.3 Die klassische Zeit (510–404 v. Chr.)

### 3.3.1 Die Isonomie des Kleisthenes

In Athen war Hipparchos 514 v. Chr. Opfer eines Attentats geworden. Hippias übte danach eine drückende Gewaltherrschaft aus. Kleisthenes aus der Familie der Alkmeoniden gelang es, mit Unterstützung des Spartanerkönigs Kleomenes Athen von dem Tyrannen zu befreien (510). Er hoffte, nun selbst die Führung übernehmen zu können, unterlag jedoch seinem Rivalen Isagoras. Kleisthenes legte daraufhin (507) ein Reformprogramm vor, das den athenischen Bürgern ganz neuen Spielraum bot, sich an den politischen Entscheidungsprozessen unabhängig von Bindungen an adelige Familien zu beteiligen.

Grundlage der neuen Ordnung war die Gliederung Attikas und Athens in 139 Demen, in der Regel ein kleines Dorf oder der Zusammenschluß mehrerer schwach bevölkerter Flecken. Sie erhielten eine politische Organisation: eigene Beamte, Priester, Gemeindeversammlung, Gerichtsbarkeit, Kult, die Führung der Bürgerliste. All das, was ein Bürger zur Integration in Staat und Gesellschaft benötigte, wurde hier von Staats wegen unabhängig von Adelsfamilien bereitgestellt. Der Demos trat an die Stelle der vom Adel kontrollierten Phratrie.

Diese Demen gruppierte Kleisthenes zu insgesamt zehn neuen Phylen: Er teilte Attika in drei Regionen: die Stadt Athen mit ihrer näheren Umgebung (Asty), das Küstenland (Paralia) und das Binnenland (Mesogeia). In jeder von ihnen faßte er die Demen zu zehn Abteilungen (Trittyen) zusammen. Aus den insgesamt 30 Trittyen bildete er in einem Losverfahren 10 neue lokale Phylen in der Art, daß sich jede aus je einer Trittye Stadt, Küsten- und Binnenland zusammensetzte. Jede Phyle sollte einen Querschnitt durch die verschiedenen Regionen der Polis darstellen, um partikulare Interessen zu überwinden.

Den solonischen Rat der Vierhundert löste Kleisthenes durch den Rat der Fünfhundert

(Boulē) ab. Er war ein Repräsentativorgan der gesamten Bürgerschaft. Die 50 Abgeordneten je Phyle wurden in den Demen proportional zu deren Bevölkerungszahl bestimmt. Die Mitglieder der Boulē wechselten jährlich. Sie waren den Wählern in den Demen persönlich vertraut, so daß lokale Interessen leicht in das Zentrum, Belange anderer Demen oder solche von überregionaler Bedeutung an die Basis transportiert werden konnten. Auch verhältnismäßig einfache Bürger knüpften über die Ratsmitgliedschaft ein Beziehungsnetz außerhalb ihrem unmittelbaren Heimatdemos. Das war bisher ein Kennzeichen des Adels gewesen. Über eigene Informations- und Hilfsquellen zu verfügen, bedeutete für den Bürger ein weiteres Stück Unabhängigkeit und neues Selbstbewußtsein. Adelige mußten sich nach der Reform des Kleisthenes auf neue Bedingungen ihrer politischen Handlungsfähigkeit einrichten: nicht mehr festgefügte Gefolgschaften, sondern die Überzeugungskraft bestimmten über Mehrheiten in Rat und Volksversammlung. Nicht mehr die Interessen des Adels waren der selbstverständliche Gegenstand politischer Entscheidungen, sondern auch die des Volkes. Damit war das gleiche Recht eines jeden Bürgers, am politischen Entscheidungsprozeß teilzuhaben, institutionell verankert (Isonomie). Der Weg zur Demokratie war geebnet.

Eine Sperre gegen überragende Macht in der Hand eines einzelnen sollte das Scherbengericht (Ostrakismos) sein. Mit mindestens 6000 Stimmen konnte die Volksversammlung einen angeblich der Tyrannis verdächtigen Politiker für zehn Jahre außer Landes schicken. Die Beispiele aus der Zeit des Themistokles und Perikles zeigen jedoch, daß das Verfahren eher geeignet war, Konkurrenten des bereits führenden Mannes aus dem Feld zu schlagen.

Das traditionsreiche Kollegium der neun Archonten wurde seit 487 v. Chr. nicht mehr durch Wahl, sondern durch Auslosung besetzt. Damit verlor es zwangsläufig an Ansehen und Attraktivität für ehrgeizige Nachwuchspolitiker. Das seit 501 v. Chr. existierende zehnköpfige Strategenkollegium übernahm jetzt das militärische Oberkommando von dem Archon Polemarchos. Das Strategenamt, durch Wahl besetzt, beliebig oft wiederholbar und neben militärischen auch mit politischen Kompetenzen ausgestattet, wurde zur Basis führender Politiker wie Themistokles, Kimon und Perikles.

### 3.3.2 Die athenische Demokratie

Die große Herausforderung der Perserkriege beschleunigte einerseits den Demokratisierungsprozeß mit der Einbeziehung der Theten als Flottenbesatzung in die Wehrstruktur der Polis. Andererseits führten die Siege von Marathon (490) und Salamis (480), die der Erfolgsbilanz des Areopags zugerechnet wurden, zu merklich gesteigertem Ansehen dieses vom Adel beherrschten Gremiums. Erst der „Sturz des Areopags" durch Ephialtes (461; s. S. 46) und die Verteilung seiner Kontrollfunktionen auf Rat, Volksversammlung und Volksgericht brachten den endgültigen Durchbruch zur Demokratie. Traditionsbewußte adelige Politik hatte ihren jahrhundertealten institutionellen Rückhalt verloren.

Die imperiale Politik Athens zur Zeit des Perikles verschaffte jedem Bürger die materiellen Voraussetzungen, seine politischen Rechte auch wahrnehmen zu können. Durch Zahlung von Entschädigungen (Diäten) erhielt jeder die Möglichkeit, im Rat der Fünfhundert, in den Volksgerichtshöfen und in der Volksversammlung mitzuwirken. Die früher verbreitete Meinung, die Begüterten und Gebildeten seien in den politischen Institutionen stärker vertreten gewesen, konnten die neuesten Forschungen widerlegen. Die noch gültigen Besitzklassenunterschiede verloren ihre praktische Bedeutung. Das war gewissermaßen der Schlußstein auf die moralischen Forderungen Solons und die strukturelle Reform des Kleisthenes.

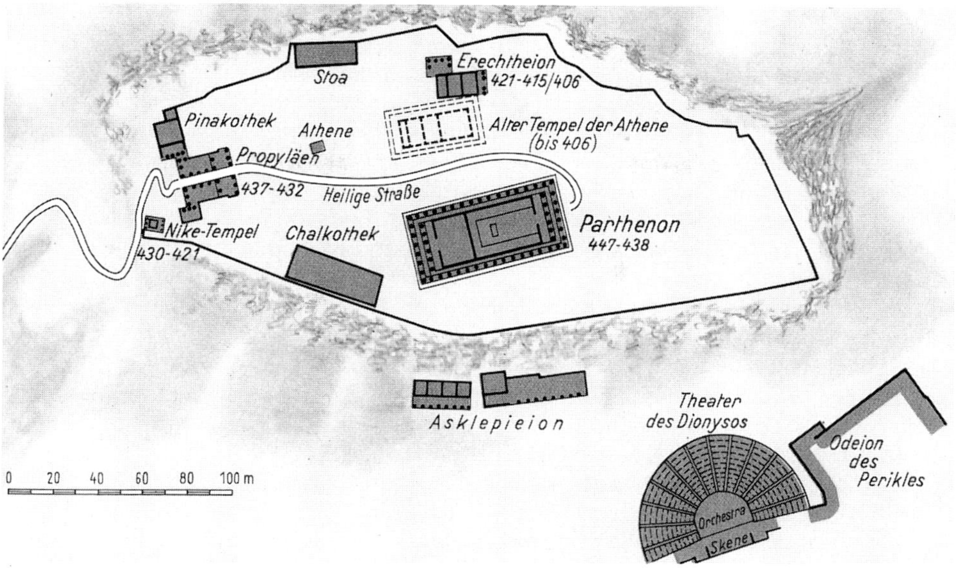


*Plan der Akropolis von Athen*

Der Geschichtsschreiber Thukydides läßt Perikles im Winter 431/0 v. Chr. ein selbstbewußtes Fazit ziehen: Frei von fremdem Einfluß haben die Athener eine für alle Griechen vorbildliche Verfassung (Politeia) geschaffen: die Demokratie. In ihr fallen die Entscheidungen nach dem Willen der Mehrheit. Dem Gesetz nach sind alle Bürger gleich. Rangunterschiede gibt es nicht nach Geburt oder Reichtum, wohl aber nach Verdienst und Leistung (Areté). Jeder kann in Freiheit seine Lebensform selbst bestimmen, allerdings nur im Rahmen der bestehenden Gesetze und mit Rücksicht auf die Schwachen. In einer solchen Verfassung gedeiht eine Einstellung, die bewunderswerte, für jeden spürbare Vorteile hervorbringt: Wohlstand, militärische Überlegenheit, Sicherheit und Ruhm. Die demokratische Lebensform ist aber auch anspruchsvoll. Sie fordert von jedem einzelnen Einsatzbereitschaft gleichrangig für die eigenen und staatlichen Belange. „Denn einzig bei uns heißt einer, der an den staatlichen Dingen gar keinen Anteil nimmt, nicht ein stiller Bürger, sondern ein schlechter" (Thukydides).

Zweifel an der vernünftigen Funktionsfähigkeit dieser demokratischen Ordnung stehen neben überzeugtem Lob. Verbindliche Entscheidungsbefugnis in allen Bereichen besaß allein die Volksversammlung. Redefreiheit (Isegoria) einerseits, das Fehlen organisierter politischer Parteien andererseits forderten von demjenigen, der sich in der Bürgerschaft durchsetzen wollte, Redekunst und Talent zur Selbstdarstellung. Die Demokratie bedurfte des Demagogen (Volksführer, zunächst nicht negativ besetzt). „Es war dem Namen nach eine Demokratie, in Wirklichkeit eine Herrschaft des Ersten Mannes" faßt Thukydides die Regierungswirklichkeit zur Zeit des Perikles zusammen. Sein überragendes Ansehen und seine Unbestechlichkeit hätten das Volk zu vernünftigen Beschlüssen geführt. Nicht nur Thukydides beklagte, daß danach der Konkurrenzkampf gleichrangiger Demagogen das Volk zu einer sprunghaften, am vordergründigen Vorteil orientierten Politik geführt habe.

### 3.3.3 Sparta: Eine Sonderentwicklung der Polis

Als Gegenbild zur attischen Demokratie wird vielfach die Entwicklung Spartas empfunden. Im Zuge der dorischen Wanderung waren Gruppen dieses Stammes in die fruchtbare Eurotasebene der peloponnesischen Landschaft Lakonien vorgedrungen. Nach ihrer zentralen Siedlung hießen sie Spartaner oder Lakedaimonier. Seine endgültige Ausdehnung erreichte der spartanische Staat nach der Eroberung der Landschaft Messenien im Südwesten der Peloponnes (1. Messenischer Krieg ca. 740–720; 2. Mess. Krieg Mitte des 7. Jh.). Auf die nördlichen Gebiete der Halbinsel dehnte Sparta seinen Einfluß in Form eines Bündnissystems aus (Peloponnesischer Bund ca. 550 v. Chr.). Lediglich die Stadt Argos im Nordosten entzog sich seiner Vorherrschaft. Sparta war militärisch die stärkste Macht Griechenlands und galt als unbestrittener „Prostates" (Anführer).

Die innere Ordnung Spartas bezeichneten die Griechen wegen ihrer festgefügten Form und Abgeschlossenheit nach außen als „Kosmos". In antiken und modernen Bewertungen wird positiv die Stabilität, negativ die Starrheit dieses Systems herausgestellt. Grundlage war die „Große Rhetra" (Satzung) aus dem 7. Jh. Die Verfassungsreform wurde dem König Lykurg zugeschrieben. Jeder spartanische Vollbürger erhielt ein Stück Land (Klaros), dessen Erträge es ihm ermöglichten, sich ganz den politischen Aufgaben zu widmen. Der in anderen Poleis dem Adel vorbehaltene Lebensstil war allen zugänglich. Vermögensklassen zur Abgrenzung von Wehrfähigkeit und politischen Rechten waren nicht erforderlich. Alle Spartiaten hatten gleichen Anteil am Staat (Homoioi = die Gleichen). Sparta besaß in archaischer Zeit die fortschrittlichste Politeia unter den Griechen.

An der Spitze der Polis standen traditionell zwei Könige. Ihre mythische Herkunft von Herakles verlieh ihnen besonderes Ansehen. Sie beriefen Rat und Volksversammlung, führten das Kommando im Krieg und vollzogen die staatlichen Opfer an die Götter. Die „Große Rhetra" schaffte zwar entgegen der sonstigen Entwicklung in Griechenland das Königtum in Sparta nicht ab, unterwarf es aber der Kontrolle durch die Spartiaten. Die Volksversammlung (Apella) mußte Vorhaben der Könige zustimmen. Die Apella ihrerseits unterlag der Kontrolle des Rates (Gerusia). Dieser bestand aus 28 von der Volksversammlung auf Lebenszeit gewählten Männern im Alter von mindestens 60 Jahren und den beiden Königen. Er war berechtigt, Volksbeschlüsse, die der spartanischen Grundordnung widersprachen, zu verwerfen. Damit war den Königen die Möglichkeit entzogen, mit demagogischen Mitteln sich verfassungswidrige Gewalt zu verschaffen. Es empfahl sich also, sich zunächst mit der Gerusia abzusprechen, ehe sie das Volk zur Abstimmung aufriefen.

Zusätzliche Kontrollfunktionen übernahmen die fünf Ephoren (Aufseher). Sie wurden jährlich von der Apella aus der gesamten Bürgerschaft gewählt. Sie begleiteten den kommandierenden König auf Kriegszügen, hatten Richterfunktionen, leiteten die Rechenschaftsabnahme der scheidenden Beamten, konnten nach Befragung der Götter sogar Könige suspendieren. Eigene Rechenschaftspflicht nach Ablauf der Amtszeit unterwarf auch sie der bürgerlichen Kontrolle.

Eine vom Staat organisierte Erziehung (Agogé) diente der kollektiven Vorbereitung der Spartiaten auf ihre bürgerlichen Aufgaben. Gehörte noch im 7. Jh. die Entfaltung geistiger und musischer Interessen dazu, so erzwang die sprunghaft gestiegene Zahl der unfreien Untertanen (Heloten = Gefangene) nach der Eroberung Messeniens eine immer stärkere Konzentration auf militärische Fähigkeiten. Kinder, Jugendliche und Erwachsene blieben zwischen dem 7. und dem 30. Lebensjahr in festen Gruppen kaserniert. Danach war zwar die Gründung einer Familie erwünscht; es bestanden jedoch die Männergesellschaften mit ihren gemeinsamen Mahlzeiten (Syssitien) fort. An ihnen teilzunehmen war untrennbar mit dem vollen Bürgerrecht verbunden.

Die militärische Ausrichtung des spartanischen Staates wirkte sich indirekt auch auf die Situation der Frauen aus. Wie nirgendwo sonst hatten sie die Funktion, kriegstüchtigen Nachwuchs zu gebären. So erklärt sich einerseits, daß auch sie einem sportlichen Trainingsprogramm unterworfen wurden in der Überzeugung, daß körperlich leistungsfähige Frauen auch gesunde Kinder bekommen würden; andererseits, daß es in Sparta keine Frauenverachtung gab. Die Mädchen wurden, anders als sonst in der griechisch-römischen Antike üblich, erst verheiratet, wenn sie körperlich voll entwickelt waren. Spartanische Frauen konnten über eigenen Grund und Boden verfügen. Auch bei politischen Entscheidungen übten sie indirekt keinen geringen Einfluß aus. Fremden erschien ihre für griechische Verhältnisse ungewöhnliche Selbstsicherheit sogar als Zügellosigkeit und „Weiberherrschaft“. Starb eine Frau im Kindbett, wurden ihr gleiche Ehren zuteil wie einem in der Schlacht gefallenen Spartiaten.

Entgegen der demographischen Entwicklung im übrigen Griechenland schmolz die Zahl der Spartiaten von ca. 10000 um 600 v. Chr. bis auf etwa 2000 im 4. Jh. zusammen. Der Verband der Homoioi war zur Oligarchie geschrumpft, die sich mit allen Mitteln gegen die mindestens hundertfache Überzahl der Unterdrückten zu behaupten versuchte.

Die dorischen Eroberer hatten die einheimische Bevölkerung versklavt (Heloten). Daraus resultierte ihre Rechtlosigkeit. Gefährliche Aufstände bestärkten die Spartaner in einer schonungslosen Überwachung der Heloten. Jeweils mehrere Familien bewirtschafteten den Klaros eines Spartiaten. Vom Ertrag erhielten sie die Hälfte. Das spornte ihre Einsatzbereitschaft an.

Die Periöken (= Umwohner) am Rande des lakedämonischen Staatsgebietes waren rechtlich freie Menschen. Ihre Siedlungen regierten sie in kommunaler Selbstverwaltung, aber nicht als autonome Polis. Sie stammten teils von den dorischen Einwanderern ab, teils waren sie unter den besiegten Achäern zu dieser bevorzugten Rechtsstellung ausersehen worden. Aus ihren militärischen Sicherungsfunktionen in Lakonien und Messenien leitete sich auch ihre Wehrpflicht bei äußeren Kriegen ab. Sie wirtschafteten selbständig und versorgten die Spartiaten mit den Gütern, die auf dem Klaros nicht zu gewinnen waren, wie z. B. Eisen zur Waffenherstellung. Trotz des dramatischen Schwundes an Vollbürgern blieben die Periöken dauerhaft von politischen Rechten ausgeschlossen.

### 3.3.4 Die Bedrohung der Griechen von außen: die Perserkriege

#### *3.3.4.1 Aufstieg und Organisation des Perserreiches*

Nach dem Sturz des Assyrerreiches (612) beherrschten für zwei Generationen vier Nachfolgestaaten Vorder- und Mittelasien. Von ihnen wurden schließlich die persischen Achämeniden zum Erben altorientalischer Weltherrschaftsansprüche. Unter ihrem König Kyros (558–530) unterwarfen sie zunächst die Meder (550), dann den Lyderkönig Kroisos (546), schließlich Babylon (539). Danach vereinigten sie Asien von der Mittelmeerküste bis zum Indus in einem „Weltreich“ von bisher ungekannten Ausmaßen. Kyros’ Sohn Kambyses (530–522) eroberte das Reich der Pharaonen in Ägypten (525). Darius (522–486) verlieh dem riesigen Vielvölkerstaat eine stabile innere Organisation.

Die Bezeichnung „Meder“ für die Perser in der griechischen Überlieferung symbolisiert die Einbeziehung von nichtpersischen Stämmen in das Reichsregiment und die Rücksichtnahme auf gewachsene Traditionen, insbesondere der Babylonier und Ägypter. In Personalunion konzentrierte der persische „Großkönig“ die Herrschaftstitel aller Länder auf sich. Das Reich gliederte sich in 20 Provinzen (Satrapien). Die Satrapen waren dem Großkönig rechenschaftspflichtig. Der Ausbau eines strategischen Straßennetzes (bes. die Königsstraße von Sardes nach Susa mit über 100 Poststationen), eines zentralen Verwaltungsapparates, die Einführung einer Reichswährung (Dareikos) und eines dem Entwicklungsstand der einzelnen Länder angepaßten Abgabensystems führten alle Machtmittel in der Hand des Königs zusammen. Selbst die ranghöchsten Adeligen verstanden sich als seine Sklaven. Die königliche Gewalt galt als von Gott verliehen. Ihren König zu schützen, betrachteten die Großen des Reiches als ihre vornehmste Aufgabe.

Die religiöse Lehre Zarathustras verpflichtete die Perser auf eine Wertordnung, die der Wahrheit eine besondere Stelle zuwies. Sich im Kampf zwischen den Mächten des Lichts und der Finsternis für den Herrn der Weisheit (Ahuramazda) gegen den Schöpfer des Bösen (Ahriman) mit aller Kraft einzusetzen, war der lebenslange Auftrag. Wer sich hier bewährte, erwarb die Aussicht auf ein ewiges Leben im Paradies. Der Sturz in den Abgrund drohte allen, die Wahrheit und Weisheit mißachteten.

### *3.3.4.2 Die Perserkriege (500–479 v. Chr.)*

Die griechische Staatenwelt und ihre Kultur hatten sich über Jahrhunderte hinweg ohne Bedrohung von außen entfalten können. Einem machtbewußten Nachbarn sahen sich die Griechen Westkleinasiens erst ausgesetzt, seit Kroisos (560–546) das Lyderreich beherrschte. Er unterwarf sie als erster regelmäßigen Tributzahlungen. Die Inseln blieben frei. Die Städte des Mutterlandes empfanden den König nicht als Bedrohung. Mit ihnen stand er insbesondere über seine Kontakte zum Heiligtum in Delphi sogar in guten Beziehungen. Die Perser griffen nicht in die bestehenden inneren Verhältnisse der griechischen Städte ein. Dort herrschten damals fast überall Tyrannen. Sie ließen sich dem persischen Herrschaftssystem problemlos einfügen. Zahlreiche Griechen traten in persische Dienste. Als qualifizierte Techniker, Ärzte, Handwerker, Söldnerführer gewannen sie Einfluß teilweise sogar direkt am königlichen Hof.

Doch die Bevölkerung der ionischen Städte war es gewöhnt, auch die Entwicklung gerade ihrer gemeinsamen fiktiven Mutterstadt Athen zu verfolgen. Hier hatte die Reform des Kleisthenes (507 v. Chr.) allen Bürgern mehr Freiheit ermöglicht. Daraus resultierte wachsende Unzufriedenheit in Kleinasien mit den vom Perserkönig gestützten Tyrannenherrschaften. Auch wirtschaftliche Einschränkungen hatten Unmut erregt. Dies wußte Aristagoras, selbst Tyrann in Milet, 500 v. Chr. zu einer breiten Aufstandsbewegung gegen Persien zu nutzen. Er proklamierte in seiner Heimatstadt eine demokratische Ordnung und zugleich die Unabhängigkeit vom Perserreich. Griechenstädte von Zypern bis zu den Meerengen verstanden das Signal. Sie solidarisierten sich mit Milet.

Im Mutterland nahm allein Athen die Herausforderung an und schickte zusammen mit der kleinen euböischen Stadt Eretria 20 Schiffe zu Hilfe. Der Vorstoß bis zur Satrapenresidenz Sardes mochte zunächst die Hoffnung wecken, nicht nur die Griechenstädte befreien, sondern auch die Perser weiter zurückdrängen zu können. Die persische Überlegenheit führte dann allerdings unaufhaltsam, wenn auch erst nach jahrelangem Ringen, zur vollständigen Niederlage der Griechen 494 v. Chr. und zur Zerstörung Milets. Dennoch trug der persische Kommandant Mardonios mit der Einrichtung von Demokratien dem Grund griechischer Unzufriedenheit Rechnung.

Darüber hinaus deutete Mardonios den Griechen des Mutterlandes eine freiheitliche Perspektive unter einer künftigen persischen Herrschaft an. Denn diese zu verwirklichen war das nächste Ziel des Mardonios und seines Königs Darius. Doch sein Vorstoß 492 v. Chr. scheiterte im Seesturm am Vorgebirge Athos in Nordgriechenland. Eine diplomatische Offensive war erfolgreicher. Abgesandte des Perserkönigs forderten überall in den Städten Griechenlands die freiwillige Unterwerfung durch die symbolische Übergabe ihres Landes in Form von Erde und Wasser. Nur wenige weigerten sich, unter ihnen Athen, Eretria und Sparta. So mancher adelige Herr in Mittel- und Nordgriechenland sah eine Möglichkeit, unter dem Schutz des Perserkönigs seine persönliche Herrschaft zu festigen.

Nach einem neuen strategischen Plan rückten die Perser 490 v. Chr. mit einer Flotte über die Ägäis nach Griechenland vor. Für Athen galt es, sich nicht nur gegen die Rache des Perserkönigs wegen der Unterstützung des ionischen Aufstandes militärisch zu behaupten. Vielmehr stand auch die freiheitliche Ordnung des Kleisthenes auf dem Spiel; denn die Perser führten den Peisistratiden Hippias mit sich, um ihn in Athen wiedereinzusetzen. Sie spekulierten nicht ohne Grund darauf, daß perserfreundliche Kräfte die militärischen Aktionen tatkräftig unterstützen oder sogar überflüssig machen könnten. Den Athenern fiel eine Schlüsselrolle für das Schicksal ganz Griechenlands zu. Deshalb hatte Themistokles bereits 492 v. Chr. auf einen entschlossenen Ausbau der Flotte gedrängt. Doch der aus persischem Hoheitsgebiet an den Meerengen nach Athen zurückgekehrte Miltiades setzte unter Berufung auf Kriegserfahrungen mit den Persern sein Konzept durch, dem Feind zu Lande entgegenzutreten.

Die Spartaner hatten zwar Truppen in Aussicht gestellt, schickten sie jedoch nicht, da sie angeblich von religiösen Vorschriften zu diesem Zeitpunkt daran gehindert wurden, vielleicht aber auch aus mangelndem Interesse an einer Unterstützung Athens gegen die Rückkehr der Peisistratiden. Der Sieg des Miltiades in der Ebene von Marathon 490 v. Chr. machte die persischen Eroberungspläne erneut zunichte.

Die Erkenntnis der Perser, erst nach neuen umfangreichen Vorbereitungen die Griechen unterwerfen zu können, dazu der Tod des Königs Darius 486 v. Chr. und anschließende Unruhen im Reich, besonders in Ägypten, verschafften Griechenland ein volles Jahrzehnt der Ruhe. In Athen konnte Themistokles seine konservativen Gegenspieler verdrängen. Er trieb den Ausbau der Flotte ebenso konsequent voran wie die Fortentwicklung der Isonomie. Die selbstbewußt gewordenen Athener waren nicht mehr ohne weiteres bereit, hinter dem „Vorsteher Griechenlands“, Sparta, zurückzutreten, als die Erneuerung der persischen Gefahr die Sammlung aller zur Abwehr bereiten Kräfte erforderte.

Weltherrschaftsvorstellungen ebenso wie Rache- und Beutegelüste hatten den neuen Perserkönig Xerxes (486–465 v. Chr.) dazu getrieben, denkbar umfangreiche Rüstungen im gesamten Reich anzuordnen. Der Rückgriff auf den Feldzugsplan des Mardonios von 492 v. Chr. ließ ihn Vorkehrungen gegen mögliche Unwägbarkeiten treffen: das damals so verhängnisvolle Vorgebirge Athos wurde durch den Bau eines Kanals entschärft, fünf strategische Nachschubbasen zwischen den Meerengen und Nordgriechenland sollten Heer und Flotte vor jeglichem Mangel bewahren. Geradezu weltpolitische Dimensionen gewannen die persischen Vorbereitungen in der Entsendung von Boten zu den phönikischen Karthagern nach Nordafrika, um diese zu einem gleichzeitigen Angriff auf die Westgriechen in Sizilien zu veranlassen, so daß Hilfe für das griechische Mutterland von dort möglichst ausblieb. Der Plan des Xerxes zielte nicht auf eine begrenzte Aktion gegen Athen. Er sollte dem König einen Platz unter den großen Eroberern im Hause der Achämeniden sichern.

Dieser Bedrohung traten die Griechen keineswegs geschlossen entgegen. Im Herbst 481 v. Chr. vereinigten sich vor allem Sparta und seine peloponnesischen Bundesgenossen sowie Athen und wenige weitere Städte zu einer „panhellenischen Symmachie“ (gesamtgriechisches Militärbündnis). Fast ganz Nord- und Mittelgriechenland blieb ihr fern. Aber auch in der Peloponnes befand sich mit Argos eine bedeutende „mederfreundliche“ Stadt.

*Die Vorstöße der Perser nach Griechenland bis zum Jahre 480 v. Chr.*

Den planmäßigen Vormarsch der Perser 480 v. Chr. vom Hellespont durch Thrakien, Makedonien und Thessalien versuchten die verbündeten Griechen, zu Lande unter dem Kommando des Spartanerkönigs Leonidas an den Thermopylen, zur See etwa auf gleicher Höhe beim Kap Artemision an der Nordspitze Euböas aufzuhalten. Das überlegene persische Landheer überwand trotz des legendären Widerstandes der Spartaner den Engpaß. Die Flotte konnte, wenn auch durch Kampf und Sturm geschwächt, nach Attika vorstoßen. Nun standen Athen und Themistokles im Brennpunkt. Dieser überließ die Stadt nach der Evakuierung ihrer Bevölkerung kampflos dem Perserkönig, verlockte aber zugleich den bereits siegessicheren Xerxes, die Kriegsentscheidung zur See in der Meerenge von Salamis zu suchen. Themistokles siegte an der Spitze der taktisch überlegenen athenischen Flotte. Xerxes floh nach Asien, ließ aber Mardonios als Kommandant des intakten Landheeres in Griechenland zurück. Die Gefahr war für die Griechen noch keineswegs gebannt. Themistokles drängte auf eine unverzügliche Gegenoffensive, konnte sich aber gegenüber den Spartanern nicht durchsetzen. Sie konzentrierten sich auf die Sicherung vor allem der Peloponnes. Erst die bedrohliche Aussicht, auch Athen könnte auf verlockende Angebote des Mardonios eingehen, ließ die Spartaner sich auf die gesamtgriechischen Interessen besinnen. Unter Aufbietung aller Kräfte besiegte der spartanische Regent Pausanias 479 v. Chr. bei Platää in Böotien auch das Landheer der Perser. Daraufhin zogen diese sich endgültig vom griechischen Festland zurück. Um die gleiche Zeit lief auf wiederholtes Drängen der Athener und von Abgesandten griechischer Städte Kleinasiens und der Ägäisinseln die Flotte der verbündeten Griechen unter dem Kommando des Spartanerkönigs Leotychidas zur Gegenoffensive aus. Persische See- und Landstreitkräfte wurden bei Samos am Vorgebirge Mykale im Herbst 479 v. Chr. besiegt.

Siegreich waren auch die Griechen Siziliens. Sie hatten unter dem Kommando des Tyrannen Gelon von Syrakus die Karthager 480 v. Chr. bei Himera geschlagen.

Der Perserkrieg galt den Griechen als epochales Ereignis. Dazu steht die umfassende Darstellung des griechischen Historikers Herodot, aber keinerlei persische Überlieferung zur Verfügung. Die Bewertung der Ereignisse in der modernen Forschung ist vielfach geprägt von Gegenwartsbezügen. Manche deuten die Abwehr der Perser als nationalen Freiheitskampf, andere leugnen einen prinzipiellen Gegensatz zwischen Griechen und Persern. Unbestritten ist das selbstbewußte Eingreifen Athens in die innergriechische Entwicklung als Folge der Perserkriege.

### 3.3.5 Athens Aufstieg im 5. Jh. v. Chr.: Demokratie und Machtpolitik

Entschlossen drängten die Athener jetzt auf die Befreiung aller Griechen von persischer Oberhoheit. Etwa 200 Städte trugen Athen die Führung an: Aristides vereidigte sie einzeln auf ein ewiges Bündnis. Sie sollten mit den Athenern gleiche Freunde und gleiche Feinde haben. Es bestand Konsens, daß der Kampf dem Perserkönig galt. Alle Verbündeten sollten gleichberechtigt Vertreter zur Bundesversammlung in Delos entsenden. Je nach Größe und Leistungsfähigkeit stellten sie Schiffe mit Besatzungen oder eine jährliche Abgabe (Phoros) zur Verfügung. Die Bundeskasse im Apolloheiligtum auf Delos wurde von zehn Schatzmeistern (Hellenotamiai) verwaltet.

Mit der Gründung des delisch-attischen Seebundes 477 v. Chr. begann eine neue Phase der griechisch-persischen Auseinandersetzung. Diesen Weg waren die Spartaner nicht mehr bereit mitzugehen. Sie zogen sich aus dem Krieg zurück in der Tradition, sich auf die Sicherung spartanischer Interessen vor allem auf der Peloponnes zu konzentrieren. Die führenden athenischen Politiker Themistokles, Xanthippos und Aristides sahen dagegen eine Möglichkeit, ihre Heimatstadt als Befreier aller Griechen noch stärker in den Vordergrund zu spielen. Die schon im gemeinsamen Bündnis gegen Persien schwelende Rivalität zwischen Athen und Sparta drohte sich zu verschärfen. Doch die aggressiven Kräfte wurden in beiden Städten zurückgedrängt. An die Stelle des Themistokles trat in Athen seit der Mitte der 70er Jahre Kimon, der Sohn des Miltiades. Er verglich Hellas mit einem Zweigespann, das einträchtig von Athen und Sparta gezogen werden müsse. Umgekehrt tolerierte Sparta Athens Machtanstieg, solange er nicht die eigenen Interessen beeinträchtigte.

Jahr für Jahr lief eine Flotte des Seebundes aus, um griechische Städte von persischen Besatzungen zu befreien, Seeräuber in der Ägäis auszuschalten, neue Siedlungsgebiete für athenische Bürger in Thrakien und an den Meerengen zu gewinnen. Höhepunkt war der Sieg Kimons an der Mündung des Eurymedon 466 v. Chr. an der Südküste Kleinasiens über persische Land- und Seestreitkräfte, die Xerxes noch einmal gegen Griechenland zusammengezogen hatte.

Längst hatte sich Athen daran gewöhnt, die Beiträge und Machtmittel der Verbündeten zum eigenen Vorteil zu beanspruchen. Solche, die das Bündnis verlassen wollten, wurden unter Hinweis auf dessen ewige Dauer niedergeworfen. Autonomie und Freiheit der Bundesgenossen traten hinter dem Machtwillen Athens zurück. Diese Entwicklung wirkte sich auch auf das athenisch-spartanische Verhältnis aus. Einerseits das Bewußtsein der Athener, jedem Gegner überlegen, andererseits der Anspruch Spartas, der Hüter griechischer Freiheit zu sein, führte dazu, die bisherigen wechselseitigen Rücksichtnahmen aufzugeben. Die Spartaner planten 465 v. Chr. zur Entlastung des von Athen bekämpften

Thasos eine Invasion in Attika; der Athener Ephialtes nannte Sparta in aller Öffentlichkeit eine feindliche Stadt.

Ephialtes' Ziel war es, über eine Veränderung der innenpolitischen Verhältnisse in Athen auch eine Revision der außenpolitischen Ziele zu erreichen. Kimons spartafreundliche Politik hatte ihren Rückhalt im Adelsrat des Areopag. Diesem nahm Ephialtes, unterstützt bereits von Perikles, jeglichen politischen Einfluß. Künftig bestimmte die Interessenlage des gesamten Volkes der Athener die Zielsetzungen der Politik. Neue Dimensionen eröffneten sich: Ein Signal war 461 v. Chr. der demonstrative Austritt Athens aus der formal noch immer bestehenden hellenischen Allianz von 481 v. Chr. unter Spartas Hegemonie. Statt dessen schlossen die Athener ein Bündnis mit Spartas peloponnesischem Rivalen Argos, nahmen ehemalige spartanische Verbündete (Megara, Ägina) in den Seebund auf und erkämpften sich Einfluß in traditionell Sparta zugewandten Landschaften wie Böotien und Achaia. Flottenexpeditionen um die Peloponnes in das Ionische Meer provozierten die Spartaner und ihre Bundesgenossen, vor allem Korinth. Gleichzeitig dazu setzten die Athener die Seebundsflotte gegen Persien in Zypern, Phönikien, in großem Stil zur Unterstützung einer Abfallbewegung vom Perserreich in Ägypten ein (460–454). Athen knüpfte freundschaftliche Beziehungen zu Griechenstädten in Unteritalien.

*Der Abschied des Kriegers. Vasenmalerei auf einem Mischkrug des Kleophonmalers (um 440 v. Chr.). Der Krieger mit attischem Helm, gesenkter Lanze und einem Schild mit großem Auge erhält von seiner jungen Frau die Schale mit dem Abschiedstrunk. Hinter ihr ein Greis mit weißem Haar, ganz rechts die Mutter oder Schwester des Kriegers.*

Initiator dieser machtbewußten und weiträumigen Außenpolitik war nach der Ermordung des Ephialtes (461) Perikles. Doch Rückschläge blieben nicht aus: Der Vorstoß nach Ägypten endete im Untergang von 200 Schiffen und ihren Besatzungen. Unwillige Bundesgenossen nutzten die Gelegenheit, sich von Athen zu lösen. Die Bundeskasse wurde von Delos nach Athen in Sicherheit gebracht (454). Athen mußte seine außenpolitischen Ziele beschränken, um eine unerträgliche Überforderung seiner Kräfte zu vermeiden. Ein Waffenstillstand mit Sparta 451 v. Chr. verschaffte ihm den erforderlichen Spielraum, zunächst den Seebund wieder zu festigen. Ein erfolgreicher Feldzug nach Zypern 450/449 v. Chr. demonstrierte Athens Überlegenheit auch wieder gegenüber dem Perserreich im östlichen Mittelmeer. Doch das Ziel der athenischen Politik war es nicht, dem Perserkönig an der Peripherie seines Reiches letztlich unergiebige Verluste zuzufügen. Perikles strebte nach der anerkannten Führungsposition für Athen unter allen Griechen. Deshalb mußte er den Perserkrieg beenden. Auch der Perserkönig war aufgrund der jüngsten Entwicklung dazu bereit. Gegenüber dem athenischen Abgesandten Kallias verpflichtete er sich in einem Vertrag 449 v. Chr. (Kalliasfrieden), mit der Flotte künftig nicht mehr in die Ägäis einzufahren und auch mit dem Landheer einen Sicherheitsabstand von der kleinasiatischen Küste einzuhalten. Die griechischen Städte in Asien und Europa sollten frei und autonom sein. Damit waren alle bei der Gründung des delisch-attischen Seebundes angestrebten Ziele nicht nur faktisch durchgesetzt, sondern auch vom Perserkönig offiziell anerkannt. Athen sicherte im Gegenzug bei Vertragstreue des Perserkönigs zu, dessen Gebiet nicht anzugreifen.

Unzufriedene Verbündete Athens konnten nun den Zweck des Seebundes als endgültig erfüllt ansehen und seine Auflösung fordern. Perikles suchte der Vorrangstellung Athens eine neue Legitimation zu verschaffen. Die gesamtgriechische Allianz gegen die Perser von 481 v. Chr. hatte vor der Schlacht von Plataä 479 v. Chr. den Eid geleistet, die vom Perserkönig zerstörten Heiligtümer in Griechenland erst dann wieder aufzubauen, wenn die notwendige Rache an den Persern vollzogen sei. Dieses Ziel erreicht zu haben, demonstrierte Perikles mit dem Abschluß des Kalliasfriedens. Das war das Verdienst allein Athens ohne Beteiligung Spartas. Die Gelübde von Plataä waren erfüllt. Dem Ende des Krieges sollte eine gesamtgriechische Friedensordnung folgen mit Athen als deren selbstverständlichem Hüter. Athen hätte damit sein Ziel, alleiniger Hegemon aller Griechen zu sein, verwirklicht.

All das wollte Perikles auf einem panhellenischen Friedenskongreß 448 v. Chr. in Athen bestätigen lassen. Der verständliche Widerstand Spartas ließ das Vorhaben jedoch scheitern. Seine Unterstützung abtrünniger Bundesgenossen mit einer Invasion in Attika brachte Athen sogar in höchste Bedrängnis. Ein auf 30 Jahre abgeschlossener Friede zwischen Athen und Sparta 446 v. Chr. verpflichtete beide Vertragspartner, sich künftig jeglicher Einmischung im jeweils anderen Bündnisbereich zu enthalten.

Nach den Friedensschlüssen mit Persien und Sparta war Athen militärisch von außen nicht mehr bedroht. Dennoch dachte Perikles nicht an die Auflösung des Seebundes oder auch nur an eine Minderung der Beitragszahlungen. Der Unzufriedenheit unter den Bundesgenossen traten die Athener mit immer unverhüllterem Imperialismus entgegen: Die allgegenwärtige Flotte hielt die Städte in Schach, athenische Beamte überwachten die innere Lage, Gerichtsverfahren mit politischem Hintergrund mußten in Athen entschieden werden. Vielfach siedelten athenische Bürger in großen geschlossenen Gruppen (Kleruchien) auf dem Gebiet von Bundesgenossen. Perikles ließ keinen Zweifel daran, daß die Verbündeten nicht mehr selbständig waren. Die Athener rechtfertigten ihre Herrschaft historisch aus ihren Verdiensten im Kampf gegen die Perser, noch mehr aber und ganz unverblümt mit dem naturgegebenen Streben des Menschen nach Ehre, Vorteil und nach dem Recht des Stärkeren zu verfahren. Den Einsatz der Beiträge für den repräsentativen Ausbau Athens (vor allem der Akropolis) betrachteten die Bundesgenossen als weithin sichtbares Zeichen ihrer Unterdrückung. Gleichzeitig erfüllte diese Verwendung der Bundesmittel in Athen selbst auch soziale Zwecke. Alle Einwohner fanden lukrative Beschäftigungsmöglichkeiten, jeder nach seinen Fähigkeiten. Politische und kulturelle Veranstaltungen wurden durch reichliche Zahlungen an die Teilnehmer unterstützt (Diäten). Die demokratische Beteiligung aller Bürger am Staatsleben war gesichert.

Das Programm zum Ausbau der Stadt war aber auch Anknüpfungspunkt für die Opposition gegen Perikles in Athen. Ihr Führer hieß Thukydides, der Sohn des Melesias. Er hielt es für unklug, den Bundesgenossen die Zweckentfremdung ihrer Beiträge so deutlich vor Augen zu stellen. In der Innenpolitik forderte er seine Standesgenossen auf, der Demagogie des Perikles Glanz und Großzügigkeit des Adels entgegenzustellen. Trotz gewisser Erfolge konnte sich Thukydides nicht durchsetzen. Perikles erschien den Athenern als Garant von Ruhm und Wohlstand. Die meisten hatten einen Lebensstandard erreicht, wie er bisher nur dem Adel vorbehalten gewesen war. Durch seine Politik fühlten sie sich als Mittelpunkt der damaligen Welt: Von ihnen gingen die wirklich wichtigen Entscheidungen in der Volksversammlung aus; Personen aus der gesamten griechischen Welt schmeichelten dem Demos der Athener; welche Güter auch immer die Athener nicht selbst produzierten, sie waren dennoch ganz selbstverständlich verfügbar. Jeder konnte die Weltgeltung Athens spüren und sich bei ihrem Aufbau beteiligt glauben. Ein unerschütterliches Selbstvertrauen hatte sich aufgebaut. Athen fühlte sich als die „Schule von Hellas". Den größten Anteil daran schrieben die Bürger Perikles zu, dem sie fast unbegrenztes Vertrauen entgegenbrachten.

### 3.3.6 Die griechische Katastrophe: Der Peloponnesische Krieg (431–404 v. Chr.) und seine Folgen

Die Friedensschlüsse Athens mit Persien sowie mit Sparta und seinen Bundesgenossen hatten zwar verhindert, daß die Vertragspartner gegeneinander Krieg führten. Ernste Krisen entstanden dennoch, als 440/39 v. Chr. der persische Satrap von Sardes und auch Sparta Neigung zeigten, in den Konflikt Athens mit seinem abtrünnigen Seebundsmitglied Samos einzugreifen. Auf der anderen Seite überzeugte Perikles die Athener nur mühsam von der Sinnlosigkeit militärischer Abenteuer in Ägypten, Sizilien, sogar gegen Karthago. Doch ab Mitte der 30er Jahre begann sich der Gedanke festzusetzen, daß der große Konflikt zwischen Athen und den Peloponnesiern auf Dauer nicht zu vermeiden sei. So nahm Athen ganz bewußt die Demütigung Korinths bei Verwicklungen um die Städte Korkyra und Potidaea in Kauf. Die Spannungen erhöhten sich noch durch die unverhältnismäßige Reaktion Athens, leichte Übergriffe einzelner Bürger Megaras mit dem existenzbedrohenden Ausschluß dieser Handelsstadt des peloponnesischen Bundes von allen Märkten Athens und des Seebundes zu ahnden. Korinth forderte im Herbst 432 v. Chr. auf einer Versammlung in Sparta den Beschluß, Athen habe den Friedensvertrag von 446 v. Chr. gebrochen. Sparta dürfe nicht weiter tatenlos der athenischen Aggression zusehen. Die Korinther drohten, andernfalls den Peloponnesischen Bund zu sprengen. Sie konnten sich durchsetzen. An Athen erging die ultimative Forderung, Potidaea freizulassen, den Beschluß gegen Megara aufzuheben und allen Bundesgenossen Selbstbestimmung zu gewähren. Zugleich versuchte Sparta, auf den Sturz des Perikles hinzuwirken. Auch in manchen Kreisen der athenischen Bevölkerung galt er als hauptsächlicher Kriegstreiber aufgrund persönlicher Interessen. Perikles behauptete sich mit dem Hinweis auf die Gefährdung der gesamten herrschaftlichen Position Athens bei einem Zurückweichen vor den Forderungen der Peloponnesier. Das Eingeständnis der Schwäche werde den unwilligen Bundesgenossen die Angst vor Athen nehmen; die Spartaner würden zu weiteren Forderungen ermuntert. Weniger der Gegensatz unmittelbar zwischen Athen und Sparta als vielmehr das Prestigedenken gegenüber ihren Bundesgenossen löste im Frühjahr 431 v. Chr. den Peloponnesischen Krieg aus. Thukydides, der Geschichtsschreiber dieser Zeit, bezeichnet ihn als die „bei weitem gewaltigste Erschütterung für die Hellenen".

Die Strategie des Perikles baute auf die Überlegenheit der Flotte: Sie sollte den Athenern den Nachschub sichern, die Feinde durch Landungen an beliebigen Stellen zermürben. Andererseits forderte er von den Athenern Opferbereitschaft. Erwartungsgemäß rückte das spartanische Landheer in Attika ein. Die Bewohner mußten Felder, Haus und Hof preisgeben und in die Festung Athen mit ihren „Langen Mauern" bis zum Piräus sich zusammendrängen. Perikles nahm bewußt die Verwüstung der Äcker, das Abholzen der Fruchtbäume und das Niederbrennen der Gehöfte in Kauf. Tatsächlich hinterließen die Spartaner nach fünf Invasionen in Attika einen Kahlschlag. Sowenig wie in anderen Kriegen hinderte der Gedanke, als Sieger nur ein zerstörtes Land zu gewinnen, den Gegner daran, den Feind durch die Strategie der „verbrannten Erde“ in die Knie zwingen zu wollen. Jenseits jeder Berechenbarkeit kostete eine Pestepidemie zwischen 430 und 427 v. Chr. etwa ein Drittel der athenischen Bevölkerung, auch Perikles (429), das Leben. Danach dehnten die Spartaner den Krieg sogar bis nach Nordgriechenland aus. Doch die hauptsächlichen Befürworter einer Ausweitung des Konflikts, der Spartaner Brasidas und der Athener Kleon, fielen im Kampf um Amphipolis 422 v. Chr. Der Weg war frei für den Nikiasfrieden (421), benannt nach dem athenischen Unterhändler, auf der Grundlage des beiderseitigen Besitzstandes bei Ausbruch des Krieges.

Dieser Ausgleich erwies sich als brüchig von Anfang an: Korinth und andere Bundesgenossen Spartas lehnten die Vereinbarungen als unzureichend ab. In Athen trieb Alkibiades, ein hochbegabter, aber gewissenloser Neffe des Perikles, die Bevölkerung durch großartige Versprechungen zur Wiederaufnahme des Krieges. Durch die Eroberung Siziliens und Karthagos sollte Athen die Macht gewinnen, Sparta als Rivalen im Mutterland zu erdrücken. Gegen den Widerstand des Nikias setzte Alkibiades die abenteuerliche Expedition nach Sizilien 415 v. Chr. durch. Sie endete in der völligen Katastrophe 413 v. Chr.

In der Endphase des Peloponnesischen Krieges ergriffen die Spartaner die Initiative. Sie besetzten die attische Festung Dekelea 413 v. Chr. als ständige Bedrohung für Athen. Außerdem gewannen sie durch ein Bündnis mit dem persischen Satrapen Tissaphernes 412 v. Chr. die Mittel, eine eigene schlagkräftige Flotte aufzubauen. Gewaltpolitik gegenüber Bundesgenossen, rivalisierende Demagogen und Verfassungsänderungen zersetzten die Widerstandskraft Athens von innen. Die Versorgungslage für die Bevölkerung spitzte sich zu. Der spartanische Flottenkommandant Lysander konnte nach einer Serie von Seeschlachten mit wechselndem Ausgang schließlich durch den Sieg über die athenische Flotte bei Aigospotamoi am Hellespont 405 v. Chr. den Krieg entscheiden. Die Blockade Athens durch König Agis von Dekelea aus, durch Lysander von der See her führte zum völligen Zusammenbruch 404 v. Chr. Sparta diktierte den Frieden: Athen mußte seine Befestigungsanlagen niederreißen, die Flotte bis auf 12 Schiffe ausliefern, den Seebund auflösen und in das Bündnis mit Sparta eintreten. Die Gewaltherrschaft von 30 „Tyrannen“ verdrängte vorübergehend die Demokratie.

Die Spartaner hatten den Griechenstädten bei Kriegsausbruch Autonomie und Freiheit versprochen. Statt dessen sicherte der siegreiche Lysander die spartanische Herrschaft überall durch die Einsetzung von Oligarchien. Ablehnung gegenüber der Hegemonie Spartas breitete sich aus. Sie organisierte sich in einem Bündnis der Städte Theben, Korinth, Argos und Athen. Ihre Allianz hatte kein gemeinsames konstruktives Ziel. Sie diente allein der Bekämpfung Spartas.

Der Peloponnesische Krieg hatte ungeheure volkswirtschaftliche Einbußen gebracht: Die Zerstörung der Kulturen in Attika, die Verwüstungen in ganz Griechenland, der Verlust der Sicherheit auf dem Meer, der Tod zahlloser Menschen in dem fast 30jährigen Krieg hatte viele die selbständige Existenz in allen Wirtschaftszweigen gekostet. Ein entwurzeltes Proletariat sammelte sich in den Städten oder zog das Land verunsichernd umher. Soziale Gräben verbreiterten sich. Speziell für Sparta entwickelte sich das unerträgliche Mißverhältnis zwischen Vollspartiaten und minderberechtigten Periöken und rechtlosen Heloten zu einem immer drängenderen Problem. Schuldentilgung, Neuverteilung des Landes waren die Forderungen, politische Umsturzversuche die Folge.

Weder Sparta noch sonst eine griechische Polis besaß die Kraft zu einer Neuordnung. Im Zusammenwirken mit Sparta verkündete der Perserkönig 386 v. Chr. den „Königsfrieden“: Er beanspruchte die kleinasiatischen Griechenstädte und verfügte die Autonomie aller anderen Poleis, um seinen Einfluß auf Griechenland und die politische Zersplitterung dort gleichzeitig zu sichern. Sparta war eine Überwachungsfunktion zugedacht. Doch es mißbrauchte seine Rolle in willkürlicher Auslegung der Autonomieklausel. Athen und Theben strebten durch Neugründung des Seebundes (377) bzw. des böotischen Bundes in erklärter Konfrontation zu Sparta nach Herrschaft in Griechenland. Der Sieg Thebens bei Leuktra in Böotien (371), die Auflösung des peloponnesischen Bundes und der Verlust Messeniens (370) setzten der spartanischen Großmachtstellung schlagartig ein Ende. Trotz aller Appelle, besonders des athenischen Publizisten Isokrates, sich der gesamtgriechischen Werte und Interessen zu entsinnen (panhellenischer Gedanke) und einen dauerhaften allgemeinen Frieden (Koine Eirene) zu schließen, blieb Griechenland politisch zerrissen. Es war nur noch eine Frage kurzer Zeit, bis eine auswärtige Macht die Führung übernehmen würde.

Der Zusammenbruch zunächst Athens (404), später im Kampf gegen Philipp II. von Makedonien (338) ganz Griechenlands rief in der Forschung die fast einmütige Bewertung der Epoche als politischen Niedergang hervor. Als hoffnungsvoller, aber wenig durchsetzungsfähiger Ansatz gilt das Konzept einer panhellenischen Friedensordnung.

## 3.4 Kultur und Wirtschaft im Zeitalter der Polis

### 3.4.1 Philosophie

Zum unvergänglichen Erbe der Griechen gehört die Philosophie. Das „Staunen" stand für Plato und Aristoteles, die bedeutendsten Philosophen der Antike, am Anfang jedes Forschens nach dem, „was sich für ewig unwandelbar verhält" (Plato, Staat). Homer und Hesiod suchten die Erklärung von Naturerscheinungen, Schicksalsschlägen, von Recht und Wahrheit und dem Lauf der Welt im Wirken der olympischen Götter und im Mythos. Das „vernünftige" Nachdenken (Logos) über die Bedingungen menschlichen Lebens, über die Prinzipien hinter dem augenscheinlichen Wechsel, die Suche nach einer rationalen Evolutionstheorie ohne die Einwirkung der Götter ging von den **ionischen Naturphilosophen** der kleinasiatischen Küste aus. Die Frage nach dem Grundstoff der Welt rückte in den Mittelpunkt.

Thales von Milet (Anfang 6. Jh.) entdeckte mathematische und natürliche Gesetzmäßigkeiten (Thaleskreis, Erklärung der Sonnenfinsternis vom 28. 5. 585). Aufgrund seiner zentralen Bedeutung für das Leben auf der Erde betrachtete er das Wasser als Urelement, als lebensschaffenden Baustoff. Pythagoras (Mitte 6. Jh.) vermutete hinter allen Formen der Materie und des Geistes eine bestimmte Zahlenharmonie, vergleichbar der Harmonie von Tönen in Abhängigkeit von der Saitenlänge bei Musikinstrumenten. „Nebenprodukte" solchen Nachdenkens waren in seiner Schule die Entdeckung unseres Sonnensystems und der Kugelform der Erde. Demokrit (Mitte 5. Jh.) sah die sinnlich wahrnehmbare Welt als das Ergebnis planvoller, immerwährender Mischung und Verbindung von unabänderlichen, nicht mehr teilbaren Materiebausteinen (Atomen).

Die Fülle von Theorien zur Erklärung der Welt ließ Zweifel an der objektiven Erkenntnisfähigkeit des Menschen aufkommen. Die **Sophisten** erblickten im einzelnen „Menschen das Maß aller Dinge" (Protagoras). Ihre rationalistische Kritik richtete sich gegen überkommene Werte in Moral, Rechtsauffassung und Religion und führte zu einer rational begründeten Ehtik. Das Recht galt nicht als von Natur aus gültig, sondern als Ausdruck menschlicher Interessen. Die Jugenderziehung der Sophisten setzte sich zum Ziel, durch umfassende Bildung und rhetorische Schulung „die schwächere Sache zur stärkeren" erheben zu können, was die Sophistik dem Vorwurf des Relativismus aussetzte.

*Links: Sokrates. Die griechischen Künstler haben bis in das 4. Jh. v. Chr. keine lebensgetreuen, sondern idealisierende Porträts geschaffen. So hat der Bildhauer Lysipp um 335 v. Chr. Sokrates in einer Bronzestatue so dargestellt, wie ihn Platon in einer Schrift „Das Gastmahl" geschildert hatte. Der hier abgebildete Kopf ist eine römische Kopie. – Rechts: Platon. Dieser Kopf gilt als das älteste Porträtbildnis, das uns aus Griechenland bekannt ist. Es zeigt den Philosophen vermutlich so, wie er tatsächlich ausgesehen hat. Das abgebildete Porträt zeigt eine römische Kopie nach dem Kopf einer Sitzfigur um 360 v. Chr.*

Während die Naturphilosophie nach Erklärungen der Weltordnung (Kosmos) gesucht hatte, strebte **Sokrates** (469–399) nach der Selbsterkenntnis des Menschen. Indem er vorgab, selbst nichts zu wissen, entlockte er seinen Schülern durch geschicktes Fragen bisher unbewußte Erkenntnis von Wahrheit und Tugenden (Mäeutik = Hebammenkunst). Durch sittlich gutes Handeln sollte der Mensch den in ihm ruhenden Seelenfrieden (Eudaimonia) erreichen. Sein entschiedenes Auftreten gegen die Sophisten und Mißstände in Staat und Gesellschaft führten zur Verurteilung des Sokrates (399), weil er die Götter mißachte (Asebie) und die Jugend verderbe.

Die Lehre des Sokrates kennen wir vor allem aus den Dialogen seines überragenden Schülers **Plato** (427–347; seine Schule: die Akademie). Im Zentrum seiner Erkenntnislehre stand die Idee als das sich gleichbleibende Urbild der vielfältigen Formen gleicher Gegenstände in der sinnlich wahrnehmbaren Erscheinungswelt. Die Idee sei in der Seele des Menschen angelegt und könne als das wirkliche Sein nur mit dem Verstand gewissermaßen in Erinnerung (Anamnesis) gerufen werden. In seiner berühmtesten Schrift, Politeia (Staat), entwickelte Plato die gültige Form des Staates der Gerechtigkeit. Er forderte die Herrschaft der Philosophen. Politische Macht und Philosophie gehörten in eine Hand. Nur so könne sich Gerechtigkeit durchsetzen, könne jeder das seinem Wesen Gebührende erwarten. Plato versuchte mehrfach, dieses Modell im Zusammenwirken mit den syrakusanischen Tyrannen zu verwirklichen.

Platos berühmtester Schüler war **Aristoteles** (384–322). Er gründete eine eigene Schule in Athen, die nach der Wandelhalle im Hain des Apollon „Peripatos“ genannt wurde. In der systematischen Verwertung umfangreichen eigenen Beobachtungsmaterials auf natur- und geisteswissenschaftlichen Gebieten wurde Aristoteles zum Begründer der modernen Wissenschaften. In der Philosophie überwand er den platonischen Dualismus von Sinnenwelt und Idee. Jeder Gegenstand vereinige in sich Materie (Hyle) und Form (Eidos). Ihr Zusammenwirken führe zu dem wirklichen Sein.

Aristoteles empfahl die Einhaltung der Mitte (Mesotes) als erstrebenswertes Ziel (z. B. Tapferkeit als Mitte zwischen den Extremen Feigheit und Tollkühnheit). Realitätsbezogener als Sokrates und Plato sah er die Erfüllung menschlichen Lebens nicht allein im sittlichen Handeln. Gute äußere Bedingungen wie Wohlstand, Frieden, Gesundheit gehörten ebenfalls dazu. Als ein auf die Gemeinschaft bezogenes Lebewesen (Zoon Politikon) könne der Mensch sie nur in der Polis verwirklichen. So galt sein besonderes Interesse auch der Staatslehre. Aus einer Sammlung von 158 Polisverfassungen ist allein die vom „Staat der Athener“ erhalten. In Überlegungen zur besten Verfassung (8 Bücher „Politika“) suchte er nicht die Utopie eines Idealstaates, sondern die beste auch mögliche Verfassung.

Naturwissenschaftliche Forschungen und philosophisches Gedankengut des Aristoteles wirkten nicht nur in der abendländischen Geistesgeschichte fort. Besondere Wertschätzung fanden sie bei den Arabern, durch deren Vermittlung sie teilweise erst wieder in unseren Kulturkreis zurückkehrten.

Die Frage nach der Lebensweise des Menschen wurde im **Hellenismus** zum Kernproblem der Philosophie. Zu den klassischen Schulen der Akademie und des Peripatos kamen im 4./3. Jh. die der Kyniker, Epikureer und Stoiker. Die Kyniker, berühmt durch Diogenes in der Tonne, sahen in der Bedürfnislosigkeit und Unabhängigkeit von politischen und gesellschaftlichen Bindungen die Verwirklichung menschlicher Freiheit. Ziel der Epikureer war das höchstmögliche Wohlbefinden in seelischer Ausgeglichenheit, vielfach jedoch als Genußleben mißverstanden. Sie suchten die Freundschaft in kleinen Zirkeln, ohne sich am Staatsleben aktiv zu beteiligen. Die stärkste Ausstrahlung – vor allem in der römischen Gesellschaft – ging von der Schule der Stoa aus. Zügelung der Leidenschaften, Pflichterfüllung, Menschlichkeit (Philanthropie), naturgemäßes Leben waren Forderungen an den stoischen „Weisen“. Daraus entstand ein hellenistisches Herrscherideal, das sich noch der römische Kaiser Marc Aurel (161–180 n. Chr.) zum Maßstab setzte.

### 3.4.2 Literatur

Am Anfang der griechischen Literatur steht das Meisterwerk der homerischen Epen. Eine lange mündliche Tradition zum Trojanischen Krieg und den Irrfahrten des Odysseus fand im 8. Jh. ihre dauerhafte Gestalt in Ilias und Odyssee unter dem Namen Homers. Etwa eine Generation später erklärte der böotische Dichter Hesiod in seiner „Theogonie“ das Entstehen der Welt in den Formen des Mythos. Dem realen Leben entnommen ist sein Lehrgedicht über die Landwirtschaft „Werke und Tage“, eine unschätzbare Quelle für die sozialen Verhältnisse in früharchaischer Zeit. Die Kolonisation, Auseinandersetzungen im Adel, der Kampf um die Tyrannis spiegeln sich in der frühgriechischen Lyrik des Archilochos, Alkaios, Theognis und der Dichterin Sappho aus Lesbos. Die Sorge um die Zukunft der städtischen Gemeinschaft klingt in Solons Gedichten an.

Nicht zuletzt wegen der literarischen Leistungen in allen möglichen Gattungen galten das 5. und 4 Jh. seit der Antike als die klassische Zeit Griechenlands. Pindars „Epinikien“ (Siegeslieder) auf die Sieger bei den großen panhellenischen Wettkämpfen sind Zeugnisse aristokratischen Lebensstils. Eine Schöpfung des demokratischen Athens waren die

Tragödie und die Komödie, vielleicht der Höhepunkt der klassischen Literatur. Noch heute werden die erhaltenen Dramen aufgeführt. Die Tragödie hatte eine gesellschaftspolitische Aufgabe. Die Welt des Mythos war Hintergrund für zeitlose Fragen der Moral, war aber auch Ausdrucksmittel einer entwicklungsfähigen Wertordnung und moderner Vorstellungen vom Verhältnis göttlichen Rechts zum menschlichen.

Jedes Jahr an den Großen Dionysien wurden drei Tragödien und ein Satyrspiel aufgeführt, die eigens dafür geschrieben sich in einem Dichterwettbewerb durchgesetzt hatten. Eine gesetzliche Privilegierung vom Anfang des 4. Jh. bestimmte, daß die Tragödien nur des Aischylos, Sophokles und Euripides beliebig wiederaufgeführt werden durften. Das führte zu einer frühen Kanonisierung dieser drei Dichter, von denen allein uns vollständige Tragödien erhalten sind (Aischylos und Sophokles je 7, Euripides 18). Aischylos (525–456) war Teilnehmer der Schlachten von Marathon (490) und Salamis (480). Zeichen des neuen Selbstbewußtseins in Athen war es, wenn er in der ältesten uns erhaltenen Tragödie („Die Perser", aufgeführt 472), die Schlacht von Salamis aus der Sicht des persischen Königshofes in Susa darstellt.

Etwa eine Generation jünger und mit dem Glanz des perikleischen Zeitalters untrennbar verbunden war Sophokles (496–406). Er selbst bekleidete höchste Staatsämter, vervollkommnete die Kunst der Tragödie und beteiligte sich durch eigene Schriften an der kunsttheoretischen Diskussion. Seine bekanntesten Tragödien sind: König Ödipus, Antigone, Elektra.

Kein anderer bestimmte die Entwicklung der Tragödie wie Euripides (485–406). Er löste sich von der Verbindlichkeit der religiösen Tradition des Mythos. Freier Wille und

*Das Theater von Epidauros (Anfang des 3. Jh. v. Chr. erbaut) wird bis heute für Aufführungen benutzt. Es hat 14 000 Plätze. Vor den Zuschauerrängen sieht man die runde „Orchestra", den Platz des Chores. Dahinter sind Überreste der Bühne zu erkennen.*

Verantwortlichkeit kennzeichnen seine Charaktere. Frauen sind in weit größerer Zahl als früher die Titelheldinnen, deren Persönlichkeit Euripides mit bemerkenswerter psychologischer Beobachtungsgabe gestaltete. Er gilt als „Aufklärer", Wegbereiter eines kritischen Rationalismus.

Von den Komödiendichtern der klassischen Zeit sind allein von Aristophanes (ca. 450–385) vollständige, noch heute beliebte Stücke erhalten (insgesamt 11). Er schrieb politische Komödie. In seinen Werken spiegeln sich die gesellschaftlichen und geistigen Umwälzungen seiner Zeit. Er kämpfte für Frieden und gegen die „zersetzende" sophistische Aufklärung. Während er vor dem Ende des Peloponnesischen Krieges (404) aktuelle politische Themen bevorzugte (z. B. „Der Friede" von 421; „Lysistrate" von 411 über eine Frauenverschwörung zur Erzwingung des Friedens), griff er in seinen letzten Komödien allgemeinere soziale Fragen auf (z. B. „Plutos" von 388 über die falsche Verteilung von Reichtum).

In der zweiten Hälfte des 5. Jh. entstanden die beiden Werke, die die Geschichtsschreibung bis zur Gegenwart bestimmt haben. Herodot (ca. 485–425) galt bereits in der Antike als „Vater der Geschichte", Thukydides (ca. 460–399) als Begründer der kritischen Historiographie. Beide wollten, im Unterschied zu den orientalischen Chroniken, nicht die bloße Aneinanderreihung von Ereignissen, sondern die kausalen Zusammenhänge zeigen. Eigene Reisen und kritische Würdigung der Zeugnisse anderer sollten die „Wahrheit" ermitteln. Herodots Thema ist die Auseinandersetzung zwischen Griechen und Persern in den Jahren 500–479 v. Chr. Seine Herkunft aus dem kleinasiatischen Halikarnassos gab ihm ein besonderes Gefühl für die historische Dimension dieses Konflikts und die Verdienste Athens in ihm. Lange Exkurse zu den Lydern, Persern, Skythen, Indern, vor allem auch Ägypten, liefern uns die umfassendste antike Darstellung zur Landeskunde und Geschichte dieser Regionen. Dabei nehmen zahlreiche Sagen, Anekdoten und Märchen breiten Raum ein. Obwohl das Eingreifen göttlicher Mächte in die Geschichte für Herodot selbstverständlich war, wandte er sich dennoch bewußt von der Heldensage des Mythos ab und dem „Geschehen unter Menschen" und der rationalen Erforschung der Beweggründe zu. Hier ergibt sich ein Zusammenhang mit der Vollendung der Demokratie in Athen. Die Geschichtsschreibung ermöglichte das für eine qualifizierte Teilnahme am Entscheidungsprozeß der Polis notwendige Verständnis für politische und historische Abläufe. Gerade die athenischen Verdienste im Kampf gegen die Perser lieferten die Rechtfertigung für die herrschaftliche Politik Athens in der zweiten Hälfte des 5. Jh.

Thukydides beschrieb den zum Niedergang der athenischen Macht führenden Peloponnesischen Krieg (431–404), einen von ihm selbst erlebten Zeitraum. Er glaubte, hier den Schlüssel zum Verständnis all der Verhaltensweisen zu finden, die sich beim Umgang der Menschen mit der Macht einstellen. Aufgrund der sich gleichbleibenden menschlichen Natur war Thukydides überzeugt, daß diese „gewaltigste Erschütterung" der Menschheitsgeschichte exemplarischen Charakter auch für künftige Situationen haben werde. Seine Unterscheidung zwischen Anlässen und tieferen Ursachen für historische Ereignisse wurde richtungweisend für die gesamte Geschichtswissenschaft.

Mehr noch als die Geschichtsschreibung war die Redekunst (Rhetorik) ein Ergebnis der attischen Demokratie. In der Volksversammlung oder vor Gericht eine Mehrheit zu gewinnen, erforderte rhetorische Fähigkeiten. Zeugnis davon geben uns noch heute die zahlreichen Schriften der attischen Redner des 4. Jh.: Lysias als Verfasser von Gerichtsreden, Demosthenes als Verfechter einer antimakedonischen Politik in Athen, sein makedonienfreundlicher Gegenspieler Aischines, Isokrates als Publizist politischer Flugschriften über die vergangene Größe Athens und die aktuelle Aufgabe einer panhellenischen Politik.

### 3.4.3 Kunst

Früheste und über die Jahrhunderte hinweg kontinuierliche Zeugnisse griechischer Kunst sind wohlgeformte und bemalte Vasen. Herausragende Produktionsstätten waren Korinth und Athen. In der Bemalung herrschten zunächst (ca. 1000–750) regelmäßige geometrische Muster vor (geometrischer Stil). Unter orientalischem Einfluß stellten sich weichere Formen ein. Pflanzen waren jetzt die Motive (Beginn um 725 in Korinth). Berühmt wurden dann die sog. „schwarzfigurigen", später „rotfigurigen" Vasen vor allem aus Athen (6./5. Jh.) mit der künstlerischen Gestaltung mythologischer Themen oder Szenen aus der zeitgenössischen Wirklichkeit wie Jagd oder kultische Prozessionen.

Die Wand- und Tafelmalerei ist bis auf geringe Reste verloren. Aus Beschreibungen ist bekannt, daß die Künstler des 5. Jh. (Polygnot, Apollodor) begannen, in Vierfarbentechnik und perspektivisch zu malen, diejenigen des 4. Jh. (Zeuxis, Apelles) es in der Illusionsmalerei zu wahrer Meisterschaft gebracht hatten. Ihre Gegenstände waren Heldentaten der Vergangenheit (z. B. Eroberung Trojas) oder der Zeitgeschichte (Schlacht von Marathon), in der hellenistischen Zeit zunehmend das Herrscherporträt (Alexanderbildnisse des Apelles).

Die Architektur entfaltete sich in öffentlichen Repräsentationsgebäuden. Etwa seit 600 v. Chr. war der normale Tempel ein Rechteck mit einem überdachten, aus massiven Wänden gebildeten Kern (cella), in dem die Statue der Gottheit stand und der Staatsschatz samt Weihegaben aufbewahrt wurde, und einer äußeren, ebenfalls überdachten Einfassung aus Säulen. Die Architekten verwandten weder Bogen noch Gewölbe, obwohl Babyloniern und Ägyptern beides bekannt gewesen war. Die Proportionen, z. B. zwischen der Höhe der Säulen und den Zwischenräumen, waren in bestimmten Zahlenverhältnis-

*Der Zeusaltar von Pergamon (um 180 v. Chr.), der sich heute im Pergamonmuseum in Berlin befindet.*

sen festgelegt. Die am besten erhaltenen Beispiele der archaischen Zeit (7. bis Mitte 5. Jh.) findet man in Sizilien (Selinus) und Süditalien (Paestum). Die berühmtesten Denkmäler der klassischen Baukunst sind der Parthenon und die Propyläen in Athen, entstanden bald nach der Mitte des 5. Jh. im Rahmen des perikleischen Bauprogramms. Die veränderten politischen und sozialen Verhältnisse im Hellenismus blieben nicht ohne Auswirkungen auch auf die Architektur. Einzelne Herrscher ließen profane und sakrale Anlagen von gigantischen Ausmaßen errichten: Der äußere Fries des großen Zeusaltars in Pergamon (2. Jh.) mißt 136 Meter. Der Koloß von Rhodos und der Leuchtturm von Pharos zählten zu den Weltwundern der Antike.

Am Beginn der griechischen Bildhauerkunst stehen in mykenischer und orientalischer Tradition geometrische Kleinplastiken von Tieren (Pferde, Vögel) und Menschen (Krieger, Wagenlenker). Sie wurden als Weihgeschenke vor allem in Olympia gefunden. Die archaische Großplastik, anfänglich aus Stein, ab etwa 550 v. Chr. auch im Bronzehohlgußverfahren hergestellt, beginnt um die Mitte des 7. Jh. Der ägyptische Einfluß ist zunächst unverkennbar. Die stehenden nackten Kouroi (Jünglinge) und bekleideten Koren (junge Mädchen) wurden spiegelsymmetrisch um die Mittelsenkrechte der Vorderseite gestaltet. Vorgestelltes linkes Bein, archaisches Lächeln, enganliegende Gliedmaßen und Kleidung sind charakteristische Merkmale (berühmtes Beispiel der „Apoll von Tenea“, 6. Jh.). Die Stand- und Spielbeinkonzeption verlieh den Statuen des 5. Jh. den Eindruck der Beweglichkeit. Ideale Proportionen der Körperteile bestimmten das Bild. Die Skulpturen des Zeustempels von Olympia, am Parthenon in Athen, die Werke des Phidias (Zeus von Olympia, Athena im Parthenon), Polyklet (Speerträger), Myron (Diskuswerfer) sind die wichtigsten Zeugnisse klassischer Bildhauerkunst. Von wenigen Ausnahmen abgesehen sind diese Werke nur durch Kopien späterer Zeit bekannt. Die Plastiken des 4. Jh. gewannen, durchaus einem gesellschaftlichen Trend folgend, mehr individuelle Züge. Weniger der Idealtyp als der einzelne mit seinen Gefühlen war der Gegenstand der Darstellung (Praxiteles: Aphrodite; Skopas: Venus von Milo). Könige, Politiker, Redner, Philosophen ehrte man durch porträtgetreue Statuen. Lysipp, der von Alexander d. Gr. bevorzugte Künstler, galt in der Antike als der Vollender der Bildhauerkunst. Kunstzentren des Hellenismus waren Rhodos (Nike v. Samothrake; Laokoongruppe) und Pergamon (Sterbender Gallier; Zeusaltar).

### 3.4.4 Wirtschaft

Die außerordentlich lückenhafte Überlieferung statistischer Angaben zu Bevölkerungszahlen, Betriebsgrößen, Löhnen und Preisen hat in der Forschung zu gegensätzlichen Urteilen über das griechische Wirtschaftsleben geführt: von der primtiven geschlossenen Hauswirtschaft (Oikos) bis hin zu den Formen industrieller Marktwirtschaft.

Die verschiedenen Erwerbszweige bewerteten schon die Zeitgenossen sehr unterschiedlich. Weitaus am besten entsprach die Landwirtschaft der Würde eines ehrenhaften Mannes. Der Gutshof war die ökonomische Grundlage des Adels. Angesehen war auch der Groß- und Fernhandel, der Luxusgüter und erforderliche Rohstoffe beschaffte sowie neue Kolonisationsgebiete erschloß. Der Kleinhandel dagegen grenzte an Betrügerei. Hier ging es anscheinend darum, Waren zu einem höheren Preis zu verkaufen, als sie wirklich wert waren. Nur gering geachtet waren die Handwerker (Banausen), auch wenn ihre Kunstwerke bewundert wurden. Am unteren Ende standen die Lohnarbeiter (Theten). Sie mußten ihre Arbeitskraft für andere einsetzen. Das war eines ehrenwerten Mannes nicht würdig.

*Arbeitswelt des Mannes: eine Eisengießerei. Attische Malerei nach 490 v. Chr. Hinter dem Ofen ein Junge, der den Blasebalg betätigt. Der Mann auf dem Schemel schürt das Feuer. Im Hintergrund Werkzeuge, rechts Teile einer Statue.*

Zentrale Bedeutung hatte die Landwirtschaft. Der Anbau von Getreide (Gerste, Roggen, Weizen), Hülsenfrüchten, Wein und Oliven, verschiedenen Obstsorten, dazu die Zucht von Rindern, Schafen und Ziegen sicherten über die Versorgung mit Grundnahrungsmitteln hinaus die Möglichkeit zu begrenztem Handel. Pferdezucht war eher ein Statussymbol des Adels. Wirklicher Großgrundbesitz war nicht verbreitet. Nach Schätzungen reichten 30–40 Hektar, um die höchste Ernteertragsklasse der 500-Scheffler in Athen zu erreichen.

Handwerkliche Arbeiten wurden in homerischer Zeit im Oikos erledigt. Als selbständige Spezialisten gab es Schmiede, Töpfer, Schiffsbauer. In der archaischen Zeit nahmen Arbeitsteilung und die Bereitschaft zu gewerblicher Tätigkeit erheblich zu. Ein durch die Kolonisation gewachsener Wirtschaftsraum und höheres Ansehen von Handel und Handwerk durch staatliche Förderung wie beispielsweise in der solonischen Gesetzgebung waren die Gründe. Über die Herstellung von Gebrauchsgütern hinaus entwickelte sich ein Kunstgewerbe mit besonderen Schwerpunkten in einzelnen Sparten und Städten. Milet war berühmt für seine Stoffe, Chios und Samos für ihre Metallwaren, Korinth und Athen für Keramik. Familienbetriebe waren die Regel. Eine Produktion im industriellen Maßstab ist nicht sehr wahrscheinlich.

Aufgrund der geographischen Lage der meisten griechischen Poleis wurde der Handel zur See abgewickelt. In enger Verbindung damit stand die Kolonisation. Die wichtigsten Mutterstädte (Korinth, Megara, Milet, Phokaia) hatten zugleich ausgeprägte Handelsinteressen. Ein geradezu panhellenischer Umschlagplatz war Naukratis in Ägypten. Die Pharaonen hatten ihn im eigenen Interesse zum Warenaustausch mit den Griechen gefördert. Umgekehrt waren zahlreiche griechische Städte auf den Getreideimport aus Ägypten und dem Schwarzmeergebiet angewiesen. 800000 Scheffel führte Athen jährlich ein. Das entsprach dem Bedarf von ca. 80000 Personen. Im 5. Jh. war Athen das wirtschaftliche Zentrum des östlichen Mittelmeeres. Mit seiner Kriegsflotte schüchterte es einerseits die Lieferanten wichtiger Bedarfsgüter wie Holz, Flachs, Edelmetall ein, und verdrängte andererseits Konkurrenten wie Korinth und Ägina. Der athenische Markt bot ein reiches Sortiment nicht nur einheimischer, sondern auch auswärtiger Erzeugnisse.

Doch Wohlstand, Macht und kulturelle Entfaltung gründeten sich auch auf eine bedenkenlose Ausbeutung der natürlichen Reserven. Die Binnenkolonisation in der Zeit des raschen Bevölkerungswachstums (8.–6. Jh.) führte zur Rodung großer Waldflächen, ihre landwirtschaftliche Nutzung zur Auslaugung des Bodens. Der Raubbau an hochwertigen Baumbeständen für die Aufrüstung der athenischen Flotte im 5. Jh. ließ ganze Landstriche verkarsten. Besonders die Bergzüge der kleinen Ägäisinseln wandelten sich zu braun verbrannten Hängen. Bestimmte Abbauverfahren der Metallvorkommen bezeichnete später der römische Schriftsteller Plinius als „Zusammenbruch der Natur“ (ruina naturae). Der große Bedarf an Marmor für die Repräsentationsbauten der klassischen Zeit, noch stärker in den hellenistischen Königreichen trieb die Steinbrüche tief in die Landschaft vor. Kein Geringerer als Plato vergleicht das attische Land seiner Zeit mit dem Knochengerüst eines Leibes, der von einer Krankheit verzehrt wurde.

Im Handel dienten lange Zeit Vieh und abgewogene (Edel-)Metallstücke als bevorzugte Tauschobjekte. Die Münzprägung begann nach dem heutigen Forschungsstand gegen Ende des 7. Jh. bei den kleinasiatischen Lydern. Sie wurde um die Wende vom 7. zum 6. Jh. von griechischen Poleis (z. B. Athen, Ägina, Korinth) als staatliches Hoheitsrecht übernommen. Durch die Einprägung des Stadtwappens (z. B. die Eule in Athen) garantierte die Polis den Edelmetallgehalt und das Gewicht der Münzen. Die Prägung von Geld, meist aus Silber, nur ausnahmsweise aus Gold, erleichterte den Warenaustausch und war zugleich Symbol staatlicher Selbständigkeit (Autonomie). Aber die Vielfalt der Gewichtssysteme und der hohe Wert der Einzelmünzen erschwerten ihren Einsatz. Das „Kleingeld“ für den täglichen Gebrauch fehlte zunächst vollkommen. Münzen vereinfachten die Bezahlung von Söldnern, Arbeitsleistungen, Steuern oder Strafen. Im 4. Jh. wurden in Athen alle materiellen Werte in Geld ausgedrückt.

Ein organisiertes Bankenwesen entwickelte sich daraus nicht. Dazu fehlten uns heute geläufige Einrichtungen wie Kontoführung, bargeldloser Zahlungsverkehr und Sicherheiten für Darlehensgeber. Zudem standen Geldgeschäfte in geringem Ansehen. Funktionen von Geldinstituten übernahmen traditionell die prominenten Tempel. Hier wurden wegen der relativen Sicherheit des Ortes selbst in Kriegszeiten Wertgegenstände deponiert. Doch ihr Umsatz blieb gering. Die inschriftlich erhaltenen Abrechnungen des Apollonheiligtums auf Delos weisen für Einzelkredite einen Höchstbetrag von 50 000 Drachmen, als Gesamtsumme für das Jahr 377 v. Chr. knapp 300 000 Drachmen (= 50 Talente) aus. (Zum Vergleich: eine Ziege oder ein Schaf kostete 12–15, ein Ackerpferd ca. 300 Drachmen, ein Tagelöhner erreichte ein Jahreseinkommen von ca. 150 Drachmen.) Private Bankgeschäfte entwickelten sich aus der Geldwechslertätigkeit, die sich zur Überbrückung der verschiedenen Gewichtssysteme verbreitet hatte. Der übliche Zinssatz betrug 10 %. Der Staat hielt sich mit Eingriffen in das Wirtschaftsleben zurück. Die griechische Polis kannte auch keine Ausgabenplanung in Form eines Staatshaushaltes. Direkte und regelmäßige Steuern auf Besitz oder Person der Bürger gab es höchstens in Ausnahmefällen. Eine wichtige Einnahmequelle waren Zölle, Erträge aus Bergwerken und freiwillige Leistungen (Liturgien) wohlhabender Bürger für den Staat wie z. B. beim Unterhalt der Kriegsschiffe oder bei der Ausstattung des Chores (Choregie) für die dramatischen Wettbewerbe.

Der Peloponnesische Krieg brachte auch im Wirtschaftsleben einen tiefen Einschnitt. Der fast 30 Jahre dauernde Konflikt mit seinen Verwüstungen und Menschenverlusten richtete unübersehbaren volkswirtschaftlichen Schaden an. Begrenzte Auseinandersetzungen während der Hegemonie des überforderten Sparta verhinderten die Erholung der Landwirtschaft. Nicht wenige büßten ihre selbständige Existenz ein. Ihnen verblieb vielfach nur die Wahl zwischen wirtschaftlicher Ungewißheit in der Stadt oder sich über Land ziehenden Banden arbeitsloser Proletarier anzuschließen. Die athenische Flotte garantierte nicht mehr die Sicherheit vor Seeräubern. Das gestiegene Risiko im Handel, die allgemeine Verunsicherung durch Kriege schlugen sich in Teuerung nieder. Schuldentilgung und Neuverteilung von Grund und Boden waren verbreitete Forderungen. Als möglicher Ausweg bot sich die Erschließung neuer Wirtschaftsräume durch Kolonisation an, diesmal im persisch beherrschten Kleinasien. Die Verwirklichung einer umfassenden Friedensordnung in Griechenland und eines panhellenischen Krieges gegen das Perserreich blieb jedoch erst den makedonischen Königen Philipp II. und Alexander d. Gr. vorbehalten.

## 3.5 Makedoniens Aufstieg und das Zeitalter des Hellenismus

### 3.5.1 König Philipp II. und Makedonien

Zur Zeit der dorischen Wanderung um 1000 v. Chr. bezogen die Makedonen ihr Siedlungsgebiet zwischen den Flüssen Haliakmon und Axios in Nordgriechenland. Sie bildeten kaum städtische Zentren. Ihr Territorium wurde von der königlichen Residenz (zunächst Aigai, später Pella) aus regiert. An der Spitze stand ein König, der in wichtigen Staatsangelegenheiten, etwa bei Entscheidungen über Krieg und Frieden oder bei der Thronfolge, die Zustimmung der Häupter mächtiger Fürstenfamilien und der Versammlung aller waffentragenden Makedonen (Heeresversammlung) suchte, wenn nicht sogar brauchte. Die Makedonen sprachen einen griechischen Dialekt. Sie galten den Griechen aber aufgrund ihrer sichtbar anderen kulturellen und staatlichen Entwicklung als wesensfremd. Unter dem Eindruck der Konflikte mit Philipp II. ordnete sie der attische Redner Demosthenes im 4. Jh. sogar den Barbaren zu. Dennoch suchte das Königshaus der Argeaden Anerkennung in der Welt des griechischen Adels: Es führte seinen Stammbaum über Herakles auf Zeus zurück; damit erreichte König Alexander I. im 5. Jh. v. Chr. seine nur Griechen vorbehaltene Zulassung zu den Olympischen Spielen. Archelaos I. (413–399) bemühte sich, in Straßenbau, Heerwesen, aber auch Kultur – der Tragödiendichter Euripides, Schüler Platos u. a. hielten sich zeitweise an seinem Hof auf –, den Standard der griechischen Poliswelt zu erreichen.

Sichere Grenzen, innere Stabilität und einen gewissen Wohlstand in städtischen Zentren stellte erst **König Philipp II.** her (359–336), obwohl er unter denkbar ungünstigen Bedingungen die Regierung übernommen hatte: Angesehene Fürstenhäuser versagten ihm die Gefolgschaft; Illyrer und Thraker bedrohten das Königreich von Norden und Osten; Städte Nordgriechenlands hatten sich, auch zum Nachteil Makedoniens, im Chalkidischen Bund organisiert; Athen mit seiner immer noch beachtlichen Flotte unterstützte sie. Doch bereits 356 v. Chr. hatte Philipp II. seine und Makedoniens Position nach innen und außen gefestigt. Zehn Jahre später hatte er soviel Einfluß und Ansehen auch in Griechenland gewonnen, daß der Athener Isokrates ihn in einem Sendschreiben aufforderte, Griechenland insgesamt eine Friedensordnung unter makedonischer Führung zu geben. Doch erst der Sieg Philipps 338 v. Chr. bei Chaeronea in Böotien über eine Allianz aller wichtigen Städte Mittel- und Südgriechenlands ebnete den Weg dazu. Im Korinthischen Bund verordnete er ganz Griechenland – mit Ausnahme Spartas – Frieden, gegenseitigen Beistand und die Anerkennung der makedonischen Führungsposition (Hegemonie). Um die Zustimmung der Besiegten zu gewinnen, stellte sich Philipp an die Spitze griechischer Interessen, die aber zugleich mit den eigenen zu vereinbaren waren: Ein Feldzug gegen das Perserreich sollte endlich die Rache für die Invasion des Xerxes von 480 v. Chr. vollziehen. Mitten in den Vorbereitungen dazu, gerade als er sich bei den Hochzeitsfeierlichkeiten seiner Tochter Kleopatra mit seinem Schwager, König Alexander von Epirus, der Öffentlichkeit auch als Führer der Hellenen präsentieren wollte, wurde Philipp 336 v. Chr. in Aigai, der traditionsreichen Residenz der Makedonenkönige, ermordet.

### 3.5.2 Alexander der Große

Philipps Sohn und Nachfolger **Alexander III. (d. Gr.)** war nicht frei vom Verdacht, am Komplott gegen seinen Vater beteiligt zu sein. Er war im Jahr 356 v. Chr. von Olympias, der Fürstentochter aus Epirus, geboren worden. Von den besten Lehrern, u. a. Aristoteles, erzogen, hatte ihn Philipp konsequent auf die Nachfolge vorbereitet. Doch die Trennung von Olympias und die Hochzeit Philipps 337 v. Chr. mit einer makedonischen Fürstentochter hatten auch Alexanders Stellung erschüttert. Mit unglaublicher Entschlossenheit und Brutalität ging er nach Philipps Tod gegen alle Konkurrenten und Opponenten in Makedonien und Griechenland vor. Im Kampf gegen die Stämme im Norden bis zur Donau gab er 335 v. Chr. eine eindrucksvolle Probe seiner militärischen Fähigkeiten, der Schnelligkeit und Unberechenbarkeit seiner Operationen sowie seines Ehrgeizes, in bisher unbekannte Regionen vorzustoßen.

*Alexanderschlacht. Mosaik aus einem Haus in Pompeji. Im Mittelpunkt Dareios III., der vor Alexander (ganz links im Bild) flieht.*

*Das Reich Alexanders des Großen*

Dies alles diente dem größeren Ziel, den von Philipp II. bereits eingeleiteten Krieg gegen das Perserreich vorzubereiten. In viel höherem Maße als sein Vater von griechischer Kultur geprägt, eröffnete er in der Tradition der homerischen Helden Agamemnon und Achill und im Bewußtsein des bei den Griechen lebendigen Rachegedankens 334 v. Chr. den Feldzug dort, wo vor knapp 150 Jahren Xerxes den Hellespont überquert hatte. Alexander stand ein schlagkräftiges Heer aus Philipps Regierungszeit zur Verfügung. Die etwa 30 000 Makedonen wurden ergänzt durch 7000 Griechen aus den Kontingenten des Korinthischen Bundes. Eine vergleichsweise schwache Flotte sollte die rückwärtigen Verbindungen zur See decken und den Kontakt zu Alexanders „Strategen für Europa", Antipater, halten. Der Angriff traf das Perserreich in einer Phase innerer Schwäche. König Darius III. hatte sich als Sproß einer Nebenlinie der Achämeniden erst nach mehrjährigen blutigen Thronwirren durchsetzen können. Satrapenaufstände und eine jahrzehntelange Abspaltung Ägyptens waren erst vor kurzer Zeit überwunden worden. Nach dem Sieg am Granikos 334 v. Chr. über die kleinasiatischen Satrapen des Perserkönigs stieß Alexander bei der Befreiung der griechischen Küstenstädte nur noch vereinzelt auf Widerstand. Heeresabteilungen unter dem Kommando Parmenions, des väterlichen Beraters Alexanders aus dem makedonischen Hochadel, nahmen gleichzeitig die Satrapenresidenzen im Binnenland ein. Ein erstes Winterlager bezog Alexander im phrygischen Gordion. Organisatorische Maßnahmen unter Berücksichtigung griechisch-makedonischer Zielsetzungen, aber auch persischer Traditionen ließen bereits erkennen, daß Alexander nicht einen zerstörerischen Eroberungsfeldzug, sondern eine dauerhafte Herrschaft im Sinne hatte. Die Lösung des „Gordischen Knotens" mit der Verheißung, Herr über Asien zu werden, bestärkte ihn.

Darius selbst unterlag an der Spitze des zahlenmäßig weit überlegenen Reichsheeres erstmals Alexander im Spätherbst 333 v. Chr. in der Schlacht bei Issos in Nordsyrien. Den

Makedonen fiel außer der gefüllten Kriegskasse der Perser die königliche Familie als Faustpfand in die Hände. Alexander kontrollierte danach die gesamte Ostküste des Mittelmeeres. Darius bot Frieden an. Er war bereit, ein hohes Lösegeld für seine Angehörigen zu zahlen und alles Land bis zur Euphratgrenze abzutreten. Alexander lehnte ab. Sein Ziel war die ungeteilte Weltherrschaft. Er suchte zunächst jedoch nicht die endgültige Entscheidung, indem er Darius nach Mesopotamien verfolgt und erneut zur Schlacht gestellt hätte. Er wandte sich über Syrien und Palästina 332 v. Chr. nach Ägypten, wo er als Nachfolger der Pharaonen und Befreier von den Persern gefeiert wurde. Hier gründete er die erste und berühmteste der insgesamt etwa 70 Alexanderstädte, Alexandria, das für Jahrhunderte zum Zentrum der griechischen Kultur wurde. Seine Begrüßung als Sohn des Zeus im Wüstenorakel der Oase Siwa begründete Alexanders Anspruch auf göttliche Verehrung (Apotheose).

Alexanders Sieg bei Gaugamela am Oberlauf des Tigris leitete den Zusammenbruch der Achämenidenherrschaft ein. Darius hatte alles Ansehen eingebüßt. Die Makedonen rückten kampflos in die Residenzen Babylon, Susa und Persepolis ein. Alexander setzte unverkennbare Zeichen: In Susa bestieg er den Achämenidenthron. In Persepolis ließ er als Rache für die Zerstörungen des Xerxes 480 v. Chr. in Griechenland den Königspalast in Flammen aufgehen. Der Rachefeldzug hatte 330 v. Chr. sein Ziel erreicht. Alexander hatte die Herrschaft im Perserreich übernommen.

Doch inzwischen hatte sich Alexander weitere Ziele gesteckt. In Konkurrenz zu Dionysos und Herakles wollte er an die Grenzen der bewohnten Welt (Oikumene), den Rand des Weltmeeres (Okeanos) vorstoßen. Rastlos hetzte er sein Heer sogar im Winter über den Hindukusch (Pamirgebirge) in den äußersten Nordosten des Perserreiches noch über das heutige Afghanistan hinaus. Nachdem hier der Widerstand seiner letzten Gegner gebrochen war, trieb ihn sein Verlangen (Pothos), den Okeanos zu erreichen, unter Geringschätzung aller geographischen und klimatischen Schwierigkeiten bis nach Indien in das Fünfstromland (Pandschab) hinein. Am Hydaspes besiegte er 326 v. Chr. in einer großen Schlacht den König Poros. Ihn und andere indische Fürsten verpflichtete er lediglich durch Treueversprechen zur Anerkennung der makedonischen Oberhoheit.

Das Heer hatte die Gewaltmärsche in immer weitere Ferne von Makedonien nicht jederzeit klaglos hingenommen. Jetzt in Indien, als Alexander wieder neuen Gerüchten über den Rand des Okeanos in einer völlig ungewissen Zukunft nachzugehen sich anschickte, zwangen die Soldaten ihren König zur Umkehr. Unter außerordentlichen Entbehrungen und Verlusten erreichte das Heer 324 v. Chr. wieder Mesopotamien. Alexander mußte erkennen, daß seine Herrschaft nach dem hastigen Vormarsch an die Grenzen der damals bekannten Welt keineswegs schon gefestigt war. Viele hatten sein Vertrauen enttäuscht, seine Anweisungen mißachtet, ihre Macht mißbraucht. Dennoch plante Alexander bereits die nächsten weiträumigen Unternehmungen: eine Flottenexpedition um die Arabische Halbinsel und anschließend einen Zug in den äußersten Westen bis an die Säulen des Herakles (Gibraltar). Mitten in den Vorbereitungen starb Alexander, 33 Jahre alt, am 10. Juni 323 v. Chr. in Babylon.

Das Feldherrngenie Alexanders und die militärischen Leistungen seines Heeres erregten zu allen Zeiten das Erstaunen der Menschen. Sich mit Alexander zu messen, beflügelte manchen römischen Imperator. Eine Legendenbildung in vielen Sprachen, Epochen und Kulturbereichen setzte ein. Doch Alexander betrachtete sich selbst nicht als bloßen Eroberer. Bereits nach dem Sieg von Issos stellte er den Bewohnern Asiens eine fürsorglichere Herrschaft in Aussicht als unter dem letzten Achämeniden. Nach dem Tod des Darius sah sich Alexander gleichrangig mit der griechisch-makedonischen Tradition auch in der persischen: Sein königliches Gewand setzte sich aus makedonischen und persischen

Herrschaftsinsignien zusammen. Neben seinen langjährigen Vertrauten beteiligte er Personen aus dem persischen Hochadel an der Reichsregierung. Er selbst heiratete die einheimische Fürstentochter Roxane und veranlaßte in der „Massenhochzeit“ von Susa seine Freunde und über 10000 seiner Soldaten, Perserinnen zur Frau zu nehmen. Den makedonischen Einheiten ordnete er persische Verbände zu. Bei einem großen Fest in Opis 324 v. Chr. verkündete er die Vision einer Verbrüderung aller Völker und einer die gesamte Menschheit umschließenden Friedensordnung. Als Sohn des Zeus verstand sich Alexander als Vollstrecker göttlichen Willens. Die Reaktion konservativer Makedonen blieb nicht aus. Die Anpassung an die Besiegten betrachteten sie als Demütigung der Sieger. Ihr König schien sich zum Barbaren zu wandeln. Der Versuch Alexanders, seine göttliche Verehrung (Apotheose) durchzusetzen und den persischen Kniefall (Proskynese) auch Makedonen und Griechen abzuverlangen, führte zu offenem Widerspruch, aber auch zu geheimen Verschwörungen. Zorn und Enttäuschung Alexanders entluden sich in Katastrophen, deren Opfer teils engste Vertraute wurden wie Parmenion, dessen Sohn Philotas oder Kleitos, der Alexander am Granikos das Leben gerettet hatte.

Auch rationale Elemente kennzeichnen Alexanders Vorgehen: Zur authentischen Aufzeichnung seiner Taten hatte er Kallisthenes, einen Verwandten des Aristoteles, mitgenommen. Gelehrte aller Fachgebiete begleiteten den Zug. Seinem ehemaligen Lehrer Aristoteles ließ er laufend Berichte und Forschungsmaterial übermitteln. Eine sprunghafte Erweiterung des Kenntnisstandes in der griechischen Welt war der Erfolg. Die Ausprägung der ungeheuren Edelmetallreserven der Perserkönige zu einer weiträumig anerkannten Reichswährung gab dem Wirtschaftsleben kräftige Impulse. Funktionsfähige Sozial- und Herrschaftsstrukturen blieben unangetastet. In der Person Alexanders liefen alle Machtlinien zusammen: Er war in Personalunion König der Makedonen, Hegemon der Griechen, König der Perser, Pharao der Ägypter, „Lehnsherr“ der indischen Fürsten.

Dennoch: Die Organisation des Weltreiches war unvollendet, als Alexander überraschend im Alter von 33 Jahren starb. Obwohl er schon bald als „der Große“ verehrt wurde, blieben Zweifel, ob selbst er eine seine persönliche Herrschaft überdauernde stabile Ordnung hätte schaffen können. Er hinterließ keinen regierungsfähigen Erben. Schon bald entbrannte der von ihm selbst noch auf dem Sterbebett prophezeite Kampf seiner Generäle um die Erhaltung des Reiches oder seine Aufteilung.

Die Beurteilung Alexanders in der Forschung reicht vom zielsicheren Vollstrecker einer neuen Weltordnung (Droysen) bis zum rücksichtslosen Abenteurer, der sich unter dem Deckmantel eines Rachekrieges gegen Persien materiellen Schwierigkeiten und Problemen der Anerkennung durch rastlosen Aktionismus zu entziehen suchte (Will). Der Vision, Alexander habe den traditionsreichen Kulturen von Hellas und dem Orient den Weg zu konstruktiver Verschmelzung gewiesen (Tarn), steht das Urteil gegenüber, er habe nur pragmatisch auf die jeweiligen Herausforderungen reagiert (Hampl).

### 3.5.3 Die Staatenwelt des Hellenismus

Alexander selbst hatte durch Übergabe des Siegelrings Perdikkas, seinen Stellvertreter im Heereskommando, als möglichen Nachfolger herausgestellt. Machtbewußte Statthalter wie Antigonos Monophthalmos (der Einäugige) in Kleinasien und Ptolemaios in Ägypten widersetzten sich ihm. Nach Mißerfolgen gegen sie wurde Perdikkas Opfer eines Attentats seiner eigenen Offiziere (321). Danach entbrannte ein jahrzehntelanger wechselvoller Kampf der „Diadochen“ (Nachfolger Alexanders).

Nach Erfolgen in Asien und Griechenland legte sich zunächst Antigonos selbstherrlich den Königstitel zu (306). Seine Rivalen Ptolemaios in Ägypten, Seleukos in Babylonien

u. a. folgten ihm wenig später. Damit war die Auflösung des Alexanderreiches besiegelt. Das hellenistische Staatensystem festigte sich: Die Dynastie des Antigonos in Makedonien (Antigoniden), des Seleukos (Seleukiden) im asiatischen Teil des Alexanderreiches, des Ptolemaios (Ptolemäer) in Ägypten. Daneben behaupteten sich eine Reihe mittlerer Mächte wie die Inselrepublik Rhodos oder das Königreich Pergamon. Die ehemals mächtigen Zentren Griechenlands, Athen und Sparta, mußten sich trotz zeitweiligen Aufbegehrens mit der makedonischen Vorherrschaft abfinden.

Wie kaum eine andere einzelne Persönlichkeit in der Weltgeschichte hatte Alexander d. Gr. den Impuls für eine neue Epoche gegeben. Den Begriff „Hellenismus" prägte der Historiker J. G. Droysen (1808–1884). An die Stelle der Polis trat als vorherrschende staatliche Organisationsform die großflächige Territorialmonarchie. Ein König, der sich als Schutzbefohlener oder gar als Sohn angesehener Gottheiten wie Apollon oder Dionysos kultisch verehren ließ, Quelle allen Rechts und Eigentümer seines Staatsgebietes war, stand an ihrer Spitze. Der dynastische Gedanke ermöglichte Frauen und Kindern der Herrscherfamilie großen Einfluß bis hin zur Thronfolge. Ein persönlich zusammengestellter Stab von „Freunden" beriet den König und besetzte die wichtigsten Positionen in Militär und Verwaltung. Die Bevölkerung blieb von der Politik ausgeschlossen. Residenzen waren der politische, wirtschaftliche, religiöse und kulturelle Mittelpunkt eines hierarchisch gegliederten Territoriums.

Alexandria in Ägypten wies in besonderem Maß typisch hellenistische Züge auf. Es war nicht nur Residenz, sondern auch Beispiel einer internationalen Großstadt, zur Zeit des Augustus mit ca. 1 Mill. Einwohnern. Als Exporthafen ägyptischer Produkte und Umschlagplatz von Waren aus Afrika und Asien beherbergte die Stadt Bevölkerungsgruppen unterschiedlicher Herkunft. Doch die Verkehrssprache war hier wie in der gesamten hellenistischen Welt das Griechische (Koine = allgemein verständliche Sprache). Das Museion mit seiner Bibliothek (beim Brand 47 v. Chr. 700 000 Papyrusrollen) war die kulturelle Institution überhaupt. Hier sammelten sich Dichter (Kallimachos, Theokrit) und Gelehrte aller Fachrichtungen, am berühmtesten Eratosthenes von Kyrene, der den Erdumfang berechnete, und Aristarch von Samos, der das heliozentrische System lehrte, nach dem die Sonne im Zentrum unseres Planetensystems steht. Archimedes, der vielleicht bedeutendste Physiker der Antike, lebte eine Zeitlang hier, ehe er nach Syrakus zurückkehrte. Zahlreiche andere Metropolen wie Athen, Syrakus, Ephesos waren Glieder einer ausgeprägten Städtekultur. Handelsbeziehungen im gesamten Mittelmeergebiet, darüber hinaus Karawanenstraßen ins Innere Afrikas oder die Entdeckung von Land- und Seewegen bis in den Fernen Osten trugen zu einer bisher ungekannten Weltoffenheit bei. Auch das religiöse Leben erfuhr aus der Verbindung griechischer und orientalischer Kulte vielfache Bereicherung.

Außerhalb der Städte blieben die Unterschiede zwischen der dünnen griechisch-makedonischen Oberschicht und der einheimischen Bevölkerung. Nationalitätenkonflikte entstanden daraus offenbar nicht. Unruhen brachen eher aus elementarer Not aus, wenn z. B. die ägyptischen Fellachen als Bebauer königlichen Bodens kaum das Existenzminimum erreichen konnten. Zivilisatorischer Fortschritt und Komfort in den Lebensbedingungen der Oberschicht können nicht darüber hinwegtäuschen, daß die Massen der Unterschichten in uns kaum vorstellbaren Hygiene- und Wohnverhältnissen lebten.

Mit ihrem riesigen Herrschaftsbereich von der Ostküste des Mittelmeeres bis zum Indus hatten die Seleukiden Probleme übernommen, die schon dem Perserreich der Achämeniden zu schaffen gemacht hatten: die Vielfalt der Bevölkerungsgruppen, zentrifugale Kräfte im Osten, der Schwerpunkt des Reiches in den griechisch-makedonisch geprägten Ländern des Westens. König Antiochos III. erreichte Ende des 3. Jh. durch einen mehrjährigen Feldzug auf den Spuren Alexanders d. Gr. bis nach Indien noch einmal eine vorübergehende Festigung seines gesamten Reiches. Doch vor allem das Volk der Parther, die späteren Konkurrenten der Römer, löste die Seleukidenherrschaft von Osten her immer mehr auf. Zuletzt auf Syrien beschränkt, überführte Pompeius das Gebiet als Provinz Syria in das Römische Reich (64).

Wesentlich geschlossener war von Anfang an das Königreich der Ptolemäer in Ägypten. Doch ihre Besitzungen in Palästina, Südkleinasien und an den Meerengen, durch die sie wirtschaftlich und militärstrategisch gegenüber den anderen Staaten der Ägäis jahrzehntelang einen Vorrang behaupten konnten, verwickelten sie in aufreibende Konflikte, besonders mit den Seleukiden. Zudem geriet die hellenistische Oberschicht seit dem Ende des 3. Jh. stärker unter den Druck der einheimischen Volksgruppen. Eine über viele Generationen stabile Dynastie sicherte Ägypten am längsten die formale Selbständigkeit. Erst Augustus gliederte es nach dem Tod der berühmten Kleopatra dem römischen Reich an (30).

Obwohl sie auf der Balkanhalbinsel die alteingesessene makedonische Dynastie fortsetzten, in Griechenland die Hegemonie über längst vertraute Stämme und Städte beanspruchten, mußten die Antigoniden als erste der Diadochen ihre Herrschaft aufgeben (168). Von Anfang an hatten sie in der Konkurrenz zu den griechischen Bünden der Ätoler und Achäer gestanden. Als das aufstrebende Römische Reich zu Beginn des 2. Jh. politisch und militärisch als Verteidiger so traditionsreicher Werte wie Autonomie und Freiheit für alle griechischen Städte mächtig in das hellenistische Staatengefüge eingriff, erwies sich die makedonische Dynastie diesem Druck nicht mehr gewachsen.

Etwas mehr als hundert Jahre nach der definitiven Auflösung des Alexanderreiches in ein System hellenistischer Monarchien hatte die Eingliederung dieser Staaten in das sich formende römische Weltreich begonnen. Die hellenistische „Weltkultur“ fand im Imperium Romanum einen neuen, dauerhaften Rahmen.

*Die Diadochenreiche. Die Karte zeigt die Ausdehnung der Herrschaftsgebiete, die Herkunft der wichtigsten Wirtschafts- und Handelsgüter (Seidenstraße!) und die Bedrohung der Diadochenreiche durch Kelten- und Parthereinfälle.*

**M 1 Homer, Odyssee 7,81 ff.**

*Homer (8. Jh. v. Chr.?), frühester europäischer Dichter; in der Antike als Schöpfer der Epen Ilias und Odyssee verehrt; Heimat wahrscheinlich Kleinasien; Hintergrund der Ilias ist der Trojanische Krieg, der Odyssee die Irrfahrten und Heimkehr des Odysseus von Troja nach Ithaka.*

Wie von der Sonne oder von dem Monde ging ein Glanz durch das hochbedachte Haus des großherzigen Alkinoos. Eherne Wände zogen sich hüben und drüben von der Schwelle hinein bis ins Innere, und ringsherum war ein Gesims von blauem Glasfluß. Goldene Türen verschlossen das feste Haus nach innen, und silberne Pfosten standen auf der ehernen Schwelle, ein silberner Türsturz war darüber und golden war der Türring. Goldene und silberne Hunde waren zur rechten und zur linken, die Hephaistos gefertigt hatte ... Drinnen aber waren Lehnstühle, an die Wand gelehnt hüben und drüben, von der Schwelle bis ins Innere, durchgehend. Darauf waren Decken, feine, gutgewebte, gebreitet, Arbeiten der Frauen. Da pflegten die Führer der Phäaken zu sitzen, wenn sie tranken und aßen ... und goldene Knaben standen auf gutgebauten Sockeln und hielten brennende Fackeln in den Händen und gaben die Nächte Licht im Hause den Schmausenden. Und es sind ihm fünfzig dienende Frauen in dem Hause: die einen mahlen auf der Mühle apfelfarbenes Korn, die anderen weben Gewänder und drehen Wolle auf der Spindel, sitzend, wie die Blätter der schlanken Pappel und von dem gutgeketteten Linnen träuft feuchtes Öl ... Draußen vor dem Hof aber ist ein großer Garten, nahe den Türen, vier Hufen groß, und um ihn ist auf beiden Seiten ein Zaun gezogen. Da wachsen große Bäume, kräftig sprossend; Birnen und Granaten und Apfelbäume mit glänzenden Früchten, und Feigen, süße, und Oliven, kräftig sprossend.

(Übers. W. Schadewaldt)

**M 2 Aristoteles, Politik 1,1252 a 1 ff.**

*Aristoteles (384–322 v. Chr.), der vielseitigste Gelehrte und Philosoph seiner Zeit, Schüler Platons; die „Politik" handelt in 8 Büchern über die verschiedenen Staatsverfassungen, Beschreibung des bestmöglichen Staates und die Bedeutung der Erziehung für die Gemeinschaft.*

Da wir sehen, daß jeder Staat eine Gemeinschaft ist und jede Gemeinschaft um eines Gutes willen besteht (denn alle Wesen tun alles um dessentwillen, was sie für gut halten), so ist es klar, daß zwar alle Gemeinschaften auf irgendein Gut zielen, am meisten aber und auf das unter allen bedeutendste Gut jene, die von allen Gemeinschaften die bedeutendste ist und alle übrigen in sich umschließt. Diese ist der sogenannte Staat und die staatliche Gemeinschaft ...

Endlich ist die aus mehreren Dörfern bestehende vollkommene Gemeinschaft der Staat. ... zunächst um des bloßen Lebens willen entstanden, dann aber um des vollkommenen Lebens willen bestehend. Darum existiert auch jeder Staat von Natur ...

Außerdem ist der Zweck und das Ziel das Beste ... Daraus ergibt sich, daß der Mensch zu den naturgemäßen Gebilden gehört und daß der Mensch von Natur ein staatenbildendes Lebewesen ist.

(Übers. O. Gigon)

**M 3 Zur Größe der Polis**

*Aristoteles, Politik 7,1326 a 36 ff.*

Außerdem gibt es ein bestimmtes Maß für die Größe eines Staates ... So ist auch ein Staat mit zuwenig Bürgern nicht autark (der Staat muß aber ein autarkes Gebilde sein), und ein allzu großer Staat ist zwar in den notwendigen Dingen autark, aber so wie ein Volksstamm, nicht wie ein Staat; in diesem Falle kann nämlich nicht leicht eine Verfassung Bestand haben. Denn wer wird der Feldherr eines übergroßen Heeres sein, oder wer ein Herold, wenn er nicht eine Stentorstimme besitzt? Welches die Grenze des Zuwachses ist, ist aus den Tatsachen leicht zu entnehmen. Die politischen Aufgaben verteilen sich auf Regierende und Regierte. Die Aufgabe des Regierenden ist, anzuordnen und zu entscheiden. Um aber gerecht zu urteilen und die Ämter dem Würdigsten geben zu können, müssen die Bürger einander nach ihren Qualitäten kennen. Wo dies nicht der Fall ist, da muß es um Regierung und Rechtsprechung schlecht bestellt sein... Es ist also klar, daß dies der beste Maßstab für einen Staat ist: die höchste Zahl der Einwohner, die noch überschaubar bleibt und ein Leben in Autarkie ermöglicht. Ähnliches gilt vom Gebiete. Was seine Qualität angeht, so wird jeder dasjenige loben, das sich am meisten selbst genügt (dies wird eines sein, das alle Produkte liefert; denn alles zu besitzen und nichts zu entbehren bedeutet eben Autarkie). Umfang und Größe sollen so sein, daß die Einwohner großzügig und maßvoll in Muße leben können.

(Übers. O. Gigon)

### M 4 Die Rolle von Mann und Frau

*Xenophon, Oikonomikos 7,18–22*

*Xenophon aus Athen (ca. 430–355 v. Chr.), Schüler des Sokrates, aus wohlhabender, konservativer Familie, Gutsbesitzer, Historiker, Heerführer; der „Oikonomikos" ist eine belehrende Schrift über die Arbeitsteilung auf einem Gut; ausführlich zur Stellung der Frau in der damaligen Zeit.*

Es scheint mir, daß die Götter, meine liebe Frau, dieses Gespann, das man das Weibliche und das Männliche nennt, in bester Voraussicht zusammengefügt haben, damit sie in Gemeinschaft einander nützlich sind. Zuerst einmal heiratet das Paar, um miteinander Kinder zu zeugen, damit das menschliche Geschlecht nicht ausstirbt. Dann wird durch diese Vereinigung erreicht, daß sie im Alter eine Stütze für

*Das Haus als Arbeitsplatz der Frau. Die Frau legt ein zusammengefaltetes Gewand in eine Truhe. Relief um 450 v. Chr.*

sich selbst besitzen. Weiterhin ist es bei den Menschen nicht wie bei den Tieren üblich, im Freien zu leben, sondern sie benötigen offensichtlich Obdach. Wenn die Menschen Vorräte unter dem Dach anlegen wollen, brauchen sie allerdings jemanden, der die Arbeit unter freiem Himmel verrichtet. Denn Pflügen, Säen, Pflanzen und auch Weiden sind Beschäftigungen im Freien. Aus diesen wird der Lebensunterhalt gewonnen. Sobald das nun unter Dach ist, ist wiederum jemand erforderlich, der es verwahrt und der solche Arbeiten verrichtet, die innerhalb des Hauses anfallen. Der Schutz des Daches ist notwendig bei der Versorgung der neugeborenen Kinder; unter einem Dach muß die Aufbereitung der Feldfrüchte stattfinden, ebenso die Herstellung der Kleidung aus Wolle. Da nun jede der beiden Tätigkeiten, diejenigen innerhalb als auch diejenigen im Freien der Ausführung und der Aufsicht bedürfen, hat Gott... von vornherein die körperliche Beschaffenheit entsprechend ausgestattet, und zwar, wie mir scheint, die der Frau für die Arbeiten und Besorgungen im

Innern, die des Mannes hingegen für die Tätigkeiten und Beaufsichtigungen außerhalb.

(Übers. B. Wagner-Hasel)

## M 5 Die Krise der Polis

*Solon, Gedicht 3*

*Solon (ca. 640–560 v. Chr.), Staatsmann und „Weiser" aus Athen, propagierte seine politischen Vorstellungen in zahlreichen Gedichten; in dieser Elegie prangert er die sozialen Mißstände an, die die „Eunomie" in die „Dysnomie" verkehrt haben.*

Unsere Stadt aber wird nach Zeus' Bestimmung niemals zugrunde gehen und nach dem Entschluß der seligen unsterblichen Götter; denn so hält die hochherzige Beschützerin, Tochter des starken Vaters, Pallas Athene, ihre Hände von oben darüber.

Sie selbst aber wollen die mächtigste Stadt durch ihre Torheit verderben, die Bürger, verlockt vom Reichtum, und der Volksführer ungerechter Sinn, denen schon bereitet ist, wegen ihrer großen Hybris viel Schmerzen zu leiden. Denn nicht verstehen sie es, das Zuviel zu zügeln, und nicht, die vorhandenen Freuden des Mahles in Ruhe auszuschmücken. Sondern sich zu bereichern streben sie, unrechtem Tun vertrauend, und weder heiliges Gut noch etwa auch staatliches schonend stehlen sie räuberisch, der eine hier, der andere dort, und hüten sich nicht vor den heiligen Grundfesten der Dike, die schweigend weiß, was geschieht und was vorher war, und die mit der Zeit ganz sicher kommt und Rache nehmen wird. Dies kommt bald über die ganze Stadt als unentrinnbares Elend, und schnell in schlimme Knechtschaft gerät sie, die inneren Streit und schlafenden Kampf aufweckt, der Vieler liebliche Jugendblüte vernichtet. Denn von feindlichen Kräften wird schnell die geliebte Stadt aufgerieben in Zusammenstößen, wie sie Ungerechten lieb sind. Dieses macht sich breit im Volke als Unglück, – und von den Armen kommen viele in fremdes Land, verkauft und mit schimpflichen Fesseln gebunden. So kommt das Unglück der Stadt jedem ins Haus; und die Türen am Hofe wollen es nicht mehr aufhalten, sondern über den hohen Zaun springt es hinüber, und findet gewiß, auch wenn einer flieht und sich im Winkel des Gemachs versteckt. Dies die Athener zu lehren, treibt mich mein Sinn, daß **Dysnomie** der Stadt viel Unglück bereitet, **Eunomie** aber alles wohlgeordnet und wie es sein soll, hervorbringt und schnell den Ungerechten Fesseln umlegt. Rauhes glättet sie, beendet Übersättigung, vermindert die Hybris und läßt vertrocknen die Verblendung wachsender Blüte, richtet gerade die krummen Rechtssprüche und hochmütiges Tun mildert sie, beendet die Taten der Zwietracht, beendet den Zorn schlimmen Streites; und es ist unter ihr alles im menschlichen Bezirk wie es sein soll und vernünftig.

(Übers. E. Siegmann)

## M 6 T. Tarkiainen, Die athenische Demokratie, München 1972, S. 83 f.

Bei einer kritischen Untersuchung von Solons Werk müssen also viele Punkte seiner „Verfassung", die man zweitausend Jahre hindurch vorbehaltlos als dazugehörig hingenommen hat, in Frage gestellt, unentschieden gelassen oder geradezu gestrichen werden. Was an sicheren Nachrichten oder auf relativ zuverlässigen Schlußfolgerungen Basierendes übrigbleibt, scheint die Hypothese zu stützen, daß Solon sich überhaupt kaum mit der formalen Struktur der staatlichen Organe befaßte, sondern den äußeren Rahmen der aristokratischen Verfassung fast unangetastet ließ. Mit Hilfe anderer, soeben erwähnter Mittel bewirkte er in den politischen Verhältnissen einen derartigen Umsturz, daß er, um mit Aristoteles zu sprechen, „die Oligarchie beseitigte, die allzu extrem gewesen war" (Politik, 1273 b).

Obgleich seine Leistung hochbedeutend war und – schon nach seinen eigenen Versen zu urteilen – unmittelbar leidenschaftliches Interesse weckte, ging man erst viele Generationen später daran, ein einheitliches Bild und eine Gesamtvorstellung davon zu formen. Hinweise auf Solon und namentlich auf seine politische Tätigkeit sind nämlich vor dem oligarchischen Umsturz 411 sehr selten. Gerade damals fingen offenbar gewisse politische Kreise Athens an, von einer solonischen „Verfassung der Vorväter", Patrios politeia, zu sprechen. Man befürwortete die Rückkehr zu ihr wegen ihres antidemokratischen Charakters.

**M 7 Bürgerliche Leistung**

*Herodot 5,78; Herodot (ca. 485–425 v. Chr.) aus Halikarnaß in Kleinasien, mit dem athenischen Staatsmann Perikles befreundet, als „Vater der Geschichte" bezeichnet, erster Historiker, der nicht den Mythos, sondern das „Geschehen unter Menschen" beschrieb; Schwerpunkt: der Konflikt zwischen Griechen und Persern am Anfang des 5. Jh. v. Chr.*

Die Athener waren stark geworden. Das bürgerliche Recht des freien Wortes für alle ist eben in jeder Hinsicht, wie es sich zeigt, etwas Wertvolles. Denn als die Athener von Tyrannen beherrscht wurden, waren sie keinem einzigen ihrer Nachbarn im Kriege überlegen; jetzt aber, wo sie frei von Tyrannen waren, standen sie weitaus an der Spitze. Daraus ersieht man, daß sie als Untertanen, wo sie sich für ihren Gebieter mühten, sich absichtlich feige und träge zeigten, während jetzt nach ihrer Befreiung ein jeder eifrig für sich selbst schaffte.

(Übers. J. Feix)

**M 8 P. Siewert, Die Trittyen Attikas und die Heeresreform des Kleisthenes, München 1982, S. 169**

Die Untersuchung erbrachte ein von den traditionellen Auffassungen wesentlich verschiedenes Bild von der kleisthenischen Phylenreform. Ihr Ziel war kaum die Zerschlagung lokaler Machtbasen der Aristokratie noch die Vermischung der Bürgerschaft noch die Begünstigung der Alkmeonidenanhänger, sondern vor allem die Bildung eines schlagkräftigen, schnell einberufenen Heeres, das die Angriffe von Nachbarstaaten und eine gewaltsame Rückkehr der Tyrannis verhindern konnte. Dazu wurden – wie in Krisensituationen griechischer Staaten durchaus üblich – zur Erhöhung der Verteidigungskraft den Wehrfähigen erhebliche politische Rechte zugestanden.

Der schon früher gelegentlich vertretene Charakter einer Heeresreform ergab sich vor allem aus der Rolle der Trittyen als Aushebungsbezirke je eines Lochos von ca. 300 Hopliten. Einer schnellen Mobilisierung dienten sowohl die Ausrichtung der Trittyen auf nach Athen führende Verkehrsverbindungen, die ermöglichten, daß die Demen-Aufgebote einer Trittys ohne Umwege als geschlossene Abteilung in Athen eintrafen, als auch die Regionengliederung, die den schnellen Einsatz der Asty-Aufgebote als strukturell vollständige Gesamtarmee erlaubte.

**M 9 Chr. Meier, Die Entstehung des Politischen bei den Griechen, Frankfurt/M. 1980, S. 147–149**

Mit der Entmachtung des Areopags wurde der herkömmliche Horizont des politischen Lebens durchbrochen. Ein wichtiger Widerpart der Volksversammlung fiel dahin. Plutarch schreibt, Ephialtes habe den Bürgern den Becher der Freiheit so voll geschenkt, daß sie sich daran berauschten. Neue Männer, neue Methoden, neue praktisch-politische Zielsetzungen wurden mächtig, neue Rücksichtslosigkeiten möglich. Die Wendung gegen Sparta, der Bau der Langen Mauern zum Piräus sollte der Stadt eine Machtpolitik ermöglichen, die dem Herkommen unter den Griechen widersprach. Innerhalb der Volksversammlung scheinen die untersten Schichten sich kräftiger geregt zu haben. Es entstand die Freiheit zu neuer, allein auf die Volksversammlung und den Rat der 500 gestützter

Politik. Die Volksversammlung wurde gleichsam emanzipiert. Das politische Dach, das der Areopag gebildet hatte, war eingerissen; der Schritt ins Freie getan.

Dadurch wirkte die Entmachtung des Areopags vermutlich viel einschneidender als etwa die Phylenreform des Kleisthenes. Diese hatte die Bürgerschaft innerhalb der überkommenen Ordnung neu und mächtig zur Geltung gebracht, indem sie ihr Möglichkeiten schuf, um sich in Opposition gegen Areopag und Beamte ständig zur Wehr zu setzen. Die Macht des Adels wurde begrenzt, die Adligen zu größerer Rücksicht auf das Volk veranlaßt. Es gab neue Spielregeln. Gleichwohl blieb der Adel die überlegene Führungsschicht. Jetzt dagegen büßte er diese Stellung ein. Wo vorher also gleichsam eine Opposition gestärkt worden war, wurde jetzt eine Regierungsform zerstört.

## M 10 Die demokratische Staatsform

*Aristoteles, Politik 6, 1317a 39–1318a 10*

Grundlage der demokratischen Staatsform ist die Freiheit; man pflegt nämlich zu behaupten, daß die Menschen nur in dieser Staatsform an der Freiheit teilhaben, und erklärt, daß danach jede Demokratie strebe. Zur Freiheit gehört aber erstens, daß man abwechselnd regiert und regiert wird. Denn die demokratische Gerechtigkeit besteht darin, daß man nicht der Würde, sondern der Zahl nach die Gleichheit walten läßt; wo diese Gerechtigkeit herrscht, da muß die Menge Herr sein, und was die Mehrzahl billigt, das muß das Gültige und das Gerechte sein. Man sagt nämlich, es sei gerecht, daß jeder Bürger das Gleiche habe. So sind denn in den Demokratien die Armen mächtiger als die Reichen. Denn sie sind zahlreicher, und maßgebend ist die Meinung der Mehrzahl. Dies ist also das eine Zeichen der Demokratie, das alle Demokraten als Wesenszug dieser Verfassung angeben. Ein anderes ist, daß man leben kann, wie man will. Sie sagen, dies eben sei die Leistung der Demokratie; denn nicht zu leben, wie man wolle, sei charakteristisch für Sklaven. Dies ist also die zweite Eigenschaft der Demokratie. Von daher kommt denn, daß man sich nicht regieren läßt, am besten von überhaupt niemandem, oder dann doch nur abwechslungsweise. Auch dies trägt also zur Freiheit im Sinne der Gleichheit bei.

Da nun dies vorausgesetzt wird und dies die Regierungsform ist, so ergibt sich das Folgende als demokratisch: alle Ämter werden aus allen besetzt, alle herrschen über jeden und jeder abwechslungsweise über alle. Ferner werden die Ämter durch Los besetzt, entweder alle oder doch jene, die nicht der Erfahrung und Kenntnisse bedürfen. Von der Vermögenseinschätzung hängen die Ämter entweder überhaupt nicht oder nur zu einem minimalen Grade ab. Keiner darf ein Amt zweimal bekleiden, oder nur wenige Male, abgesehen von den Kriegsämtern. Die Ämter sind alle kurzfristig, oder doch alle, bei denen es möglich ist. Richter sind alle und können aus allen entnommen werden und richten über alles oder doch über das meiste, Größte und Bedeutendste, wie über Rechenschaftsablagen, Verfassungsfragen und Privatverträge. Die Volksversammlung entscheidet über alles oder doch das Wichtigste, die Behörden dagegen über nichts oder nur ganz weniges. Von den Behörden ist der Rat die demokratischste, dort jedenfalls, wo nicht reichliches Tagegeld für jeden zur Verfügung steht. Wo aber dies der Fall ist, da werden auch dieser Behörde die Kompetenzen entzogen. Denn wo eine Volksversammlung in der Lage ist, reichlich Tagegelder zu geben, da zieht sie alle Entscheidungen an sich, wie wir schon in der vorangehenden Untersuchung gesagt haben. Ferner werden Tagegelder gewährt für alles, wenn möglich (für Volksversammlung, Gerichte, Behörden), oder doch wenigstens für Behörden, Gerichte, Rat und die wichtigsten Volksversammlungen.

(Übers. O. Gigon)

*Schulunterricht um 480 v. Chr.. Ein Schüler trägt Verse aus Homers „Kampf um Troja“ vor, ein zweiter spielt auf der Leier. Rechts ein Sklave, der die Schüler beaufsichtigt.*

**M 11 M. I. Finley, Antike und moderne Demokratie, dt. übers. Stuttgart 1980, S. 28f.**

„Ebenso wird keiner aus Armut“, so soll Perikles in einer Rede auf die Kriegsgefallenen gesagt haben (Thukydides 2,37,1), „wenn er für die Stadt etwas leisten könnte, durch die Unscheinbarkeit seines Namens daran gehindert“ ... Die Quellen lassen erkennen, daß in Wirklichkeit nur wenige von ihrem Rederecht in der Volksversammlung, die politische Narren nicht duldete, tatsächlich Gebrauch machten. In ihrem gesamten Verhalten zollte sie der politischen und technischen Kompetenz von Experten Anerkennung, und den Rahmen einer zur Wahl stehenden Alternativpolitik zu formulieren war zu allen Zeiten die Sache einiger weniger. Die politische Praxis unterschied sich jedoch grundsätzlich von jeder elitetheoretischen Sicht, wie sie Schumpeter formulierte: „Die demokratische Methode ist diejenige Ordnung der Institutionen zur Erreichung politischer Entscheidungen, bei welcher einzelne die Entscheidungsbefugnis vermittels eines Konkurrenzkampfes um die Stimmen des Volkes erwerben.“ Schumpeter verstand „Die Entscheidungsbefugnis“ ganz wörtlich: „Wer entscheidet, sind die Führer der politischen Parteien, nicht ‚das Volk‘.“

Nicht so in Athen. Nicht einmal Perikles besaß solche Macht. Als sein Einfluß auf dem Höhepunkt stand, konnte er auf dauerhafte Billigung seiner politischen Unternehmungen hoffen, die sich in der Abstimmung des Volkes in der Ekklesia äußern mußte, doch wurden seine Gesetzesvorschläge Woche für Woche ebendieser Versammlung vorgelegt, sie mußten sich gegen andere Ansichten durchsetzen, und das Volk besaß immer die Möglichkeit und hat gelegentlich durchaus davon Gebrauch gemacht, ihn und seine Politik im Stich zu lassen. Die Entscheidung lag bei der Volksversammlung, nicht bei ihm oder irgendeinem anderen führenden Politiker. Daß man die Notwendigkeit politischer Führung anerkannte, zog nicht den völligen Verzicht auf die Macht, die Entscheidung zu fällen, nach sich. Perikles wußte dies sehr wohl.

### M 12 Kritik an der Demokratie

*Ps. Xenophon, Staat der Athener I 1 ff. Eine unter Xenophons (vgl. M 4) Werken überlieferte Schrift von ca. 430 v. Chr.; der unbekannte Autor lehnt die athenische Demokratie strikt ab, hält sie innen- und außenpolitisch aber für so gut organisiert, daß ein Umsturz nicht zu erwarten ist.*

Was die Staatsform der Athener anlangt, kann ich es freilich nicht billigen, daß sie gerade für diese Staatsform sich entschieden haben; denn hiermit haben sie sich zugleich dafür entschieden, daß es die Gemeinen besser haben als die Edlen ... Zunächst muß ich aussprechen, daß mit Recht daselbst die Armen und das Volk berechtigt sind, den Vorzug vor den Vornehmen und den Reichen zu haben, und zwar deshalb, weil nur das Volk es ist, das die Schiffe treibt und dadurch der Stadt ihre Machtstellung verschafft ... wenigstens viel eher als das schwere Fußvolk und die Vornehmen und überhaupt die Edlen. Unter diesen Umständen erscheint es nur gerecht, daß allen bei der jetzt üblichen Losung sowohl wie der Wahl die Ämter offen stehen und daß es jedem von den Bürgern, wer da will, freisteht, öffentlich zu reden ... Es gilt aber für jedes Land, daß das bessere Element Gegner der Volksherrschaft ist; denn bei den Besseren ist Zuchtlosigkeit und Ungerechtigkeit am geringsten, gewissenhafter Eifer für das Gute und Edle am größten, beim Volk aber Mangel an Bildung und Selbstzucht am größten und Gemeinheit; denn sowohl die Armut verleitet sie viel eher zur Schlechtigkeit als auch der Mangel an Erziehung und Bildung – ... Das Volk hat es ja darauf abgesehen, nicht etwa in einem wohlgeordneten Staatswesen selbst geknechtet zu sein, sondern frei zu sein und zu herrschen, die Mißordnung aber kümmert es wenig; denn was du als das gerade Gegenteil eines wohlgeordneten Zustandes ansiehst, das Volk schöpft daraus seine Kraft und seine Freiheit. Wenn du aber nach gesetzlicher Wohlordnung ausschaust, so wirst du fürs erste zu sehen bekommen, daß die rechten Männer ihnen die Gesetze geben, die Gewalt ferner werden die Edlen über die Gemeinen haben und beraten werden die Edlen über die politischen Fragen und werden sinnlose Leute nicht zum Rate, zum Worte oder auch nur zu einer Versammlung zulassen;

(Übers. E. Kalinka)

### M 13 A. Giovannini u. G. Gottlieb, Thukydides und die Anfänge der athenischen Arche, Heidelberg 1980, S. 44 f.

Der delisch-attische Seebund ist eine Erfindung der neueren Forschung, die aus einer unglücklichen Kombination von Thuk. I 96 und Diod. XI 47,3 einerseits und Arist. Ath. Pol. 23,4 und Plut. Aristeides 25,1 andrerseits entstanden ist: Der Eid, von dem Aristoteles und Plutarch berichten, hat mit dem Hegemoniewechsel von 478/7 nichts zu tun; der Hegemoniewechsel hat sich, wie Thukydides ihn darstellt, ohne den Abschluß eines neuen Bündnisses vollzogen. Alles weist in dieselbe Richtung: die wörtliche Interpretation der Texte, insbesondere des Thukydides und Aristoteles; die Terminologie; die Darstellung der Ereignisse von 481 bis 477 bei Herodot und Thukydides; schließlich die Entwicklung und die Verfassung des attischen Reiches, wie wir sie aus Thukydides und anderen Quellen kennen. Die Versammlung, die dem Pausanias und dann dem Dorkis den Gehorsam verweigerte und den Athenern die Hegemonie anbot, ist die Versammlung des Hellenenbundes, die bereits 479 neue Mitglieder, darunter Inselgemeinden der östlichen Ägäis und ionische Städte, aufgenommen und damit die Notwendigkeit einer ständigen Flotte geschaffen hatte. Bis zum Beweis des Gegenteils sind die Synhedroi, die auf Delos über die Fortsetzung des Krieges unter Athens Hegemonie berieten, nichts anderes als dieselbe Versammlung des Hellenenbundes. Die Peloponnesier nahmen an diesen Sitzungen nicht mehr teil, weil sie an der Fortführung des Krieges nicht interessiert waren: aber ihre Haltung änderte nichts an den 481 begründeten und damals weiterbestehenden zwischenstaatlichen Rechtsverhältnissen... Das Bündnis, das die Hellenen Athen gegenüber verpflichtete und das Athen durch zweiseitige Verträge allmählich in ein Herrschaftsverhältnis verwandelte, das wir das attische Reich nennen, ist das Bündnis von 481. Ein anderes gab es nicht.

### M 14 Der Panhellenische Friedenskongreß

*Plutarch, Perikles 17*

*Plutarch (ca. 50–120 n. Chr.) aus Chäronea in Griechenland, Verfasser zahlreicher philosophischer Abhandlungen, außerdem von Biographien griechischer und römischer Staatsmänner, die er in einer Schlußbetrachtung jeweils miteinander vergleicht.*

Den Spartanern war die wachsende Macht Athens allgemach ein Dorn im Auge. Darum spornte Perikles die Athener an, den Kopf noch höher zu tragen, sich noch Größeres zuzutrauen. So brachte er den Antrag vor das Volk, es sollten alle Griechen, die in Europa und Asien wohnten, die kleinen wie die großen Staaten, eingeladen werden, Abgeordnete zu einem Kongreß nach Athen zu entsenden. Auf diesem Kongreß sollten folgende Gegenstände zur Beratung kommen: Als erstes der Neubau der griechischen Tempel, die von den Barbaren verbrannt worden waren, des weiteren die Opfer, welche man während der Perserkriege für Griechenland gelobt, den Göttern aber noch nicht dargebracht hatte, zum dritten die allgemeine Sicherheit zur See und die Möglichkeiten eines dauerhaften Friedens. So wurden denn zwanzig Männer, welche über fünfzig Jahre alt waren, ausgeschickt. Fünf von ihnen sollten die kleinasiatischen Ionier und Dorier, dazu die Inselgriechen von Lesbos bis Rhodos einladen, fünf andere bereisten den Hellespont und Thrakien bis hinauf nach Byzanz, eine Gruppe von weiteren fünf Abgesandten ging nach Boiotien, Phokis und der Peloponnes und von dort aus durch Lokris in die Nachbarstaaten bis nach Akarnanien und Ambrakia, die restlichen fünf nahmen ihren Weg über Euboia nach Oitaia und dem Malischen Golf und zogen dann weiter zu den Achaiern in der Phthiotis und den Thessaliern. Alle diese Völker suchten sie zu bereden, nach Athen zu kommen und teilzunehmen an den Beratungen über den Frieden und die gemeinsamen Interessen Griechenlands. Allein der Erfolg blieb ihnen versagt, der Staatenkongreß kam nicht zustande, weil ihm die Lakedaimonier, wie es heißt, Widerstand entgegensetzten, wie denn auch jener Antrag in der Peloponnes zuerst ab-

*Bildnis des Perikles (römische Kopie eines griechischen Originals)*

gewiesen wurde. Ich wollte diese Episode nicht unerwähnt lassen, weil sie ein Bild gibt von Perikles weitsichtigen, großgearteten Plänen.

(Übers. K. Ziegler)

**M 15 Athens Ideologie der Macht**

*Thukydides, Pelop. Krieg 1,76–77*

*Thukydides (ca. 460–400 v. Chr.) aus Athen, Politiker und Historiker, Begründer der wissenschaftlichen Geschichtsschreibung auch nach modernen Maßstäben, Vorbild zahlreicher antiker Historiker, Verfasser eines Werkes in 8 Büchern über die Zeit des Peloponnesischen Krieges mit dem Ziel, grundlegende Motive menschlicher Handlungsweise herauszustellen.*

„Wir (die Athener) folgen nur der menschlichen Natur, wenn wir eine Herrschaft, die sich uns anbot, angenommen haben und behalten wollen, besiegt von drei so starken Mächten wie Ehre, Furcht und Vorteil; wir sind ja auch nicht die ersten, die dies angefangen haben, sondern es ist immer so gewesen, daß der Mindere sich dem Mächtigeren fügen muß; auch glauben wir, dieses Reiches würdig zu sein, und auch ihr hieltet uns dafür, bis ihr jetzt, euren Vorteil berechnend mit der Gerechtigkeit kommt, der zuliebe noch nie jemand eine Gelegenheit zu gewaltsamer Bereicherung verschmäht und auf seinen Vorteil verzichtet hat. Ja, wir verdienen noch Lob, daß wir zwar der menschlichen Natur gemäß andere beherrschen, aber dabei gerechter bleiben, als wir unserer tatsächlichen Macht nach müßten ... Da prüft niemand, warum andere, die irgendwo ein Reich beherrschen und nicht so maßvoll gegen ihre Untertanen sind wie wir, von solchem Tadel frei sind; wer nämlich knechten kann, braucht nicht zu rechten. Aber sie sind gewohnt, mit uns auf gleichem Fuße zu verkehren, und wenn sie einmal zu ihrer Enttäuschung, wegen eines Rechtsanspruches oder der Macht, die uns die Herrschaft gibt, nur im mindesten zurücktreten müssen, sind sie nicht für das Viele dankbar, das wir ihnen nicht rauben, sondern die kleinere Beschränkung schmerzt sie mehr, als wenn wir von Anfang alles Recht hintangesetzt und unverhohlen zugegriffen hätten. In diesem Fall hätten sie nämlich selbst nicht bestritten, daß notwendig der Schwächere dem Überlegenen nachgeben muß. Aber es erscheint, daß erlittenes Unrecht die Menschen mehr empört als Gewalttat; jenes empfinden sie als Übergriff eines Gleichgestellten, dieses als eines Stärkeren hinzunehmenden Zwang."

(Übers. G. P. Landmann)

**M 16 Ps. Xenophon, Staat der Athener II 7–10** *(vgl. M 12)*

Wenn ich aber auch geringerer Vorteile gedenken soll, so haben sie dank der Seeherrschaft erstens Mittel zu Schlemmereien ausfindig gemacht, indem sie hier diesen, dort jenen sich zugesellten; und was es nur an Leckerei in Sizilien oder Italien oder auf Kypern oder in Ägypten oder in Lydien oder im Pontos oder in der Peloponnes oder sonstwo gibt, all dieses ist an einem Punkte zusammengeströmt dank der Seeherrschaft ... Was aber Opfer und Heiligtümer und Feste und Götterbezirke betrifft, so hat das Volk in der Erkenntnis, daß es nicht jedem einzelnen von den Armen möglich ist, aus eigenem zu opfern und zu schlemmen und Heiligtümer zu errichten und eine schöne und große Stadt zu bewohnen, ausfindig gemacht, durch welches Mittel diese Ergebnisse zustande kommen würden. Sie opfern demnach auf Gemeindekosten – nämlich der Staat – viele Opfertiere, das Volk aber ist es, das dabei schlemmt und die Opfertiere erlost. Und Turnhallen und Bäder und Auskleideräume haben die Reichen, wenigstens einige von ihnen, im Privatbesitz, das Volk aber baut sich selber zum Privatvergnügen viele Ringschulen, Auskleideräume, Badeanstalten, und mehr Genuß hat davon die Masse als die wohlbestallte Minderheit.

(Übers. E. Kalinka)

**M 17 Aufgaben und Ziele, Voraussetzungen und Arbeitsweise des Geschichtsschreibers:**

*Herodot, Proöm. (vgl. M 7)*

Herodotos von Halikarnassos gibt hier eine Darlegung seiner Forschungen, damit bei der Nachwelt nicht in Vergessenheit gerate, was unter Menschen einst geschehen ist; auch soll das Andenken an große und wunderbare Taten nicht erlöschen, die die Hellenen und die Barbaren getan haben, besonders aber soll man die Ursachen wissen, weshalb sie gegeneinander Kriege führten.

(Übers. J. Feix)

*Thukydides 1,20; 22 (vgl. M 15)*

(20) So also fand ich die Vorzeit, in mühsamer Untersuchung, da nicht jedem ersten besten Zeugnis zu trauen war. Denn die Menschen nehmen alle Nachrichten von Früherem, auch was im eigenen Lande geschah, gleich ungeprüft voneinander an.

(22) Was nun in Reden hüben und drüben vorgebracht wurde, während sie sich zum Kriege anschickten, und als sie schon drin waren, davon die wörtliche Genauigkeit wiederzugeben, war schwierig sowohl für mich, wo ich selber zuhörte, wie auch für meine Gewährsleute von anderwärts; nur wie meiner Meinung nach ein jeder in seiner Lage etwa sprechen mußte, so stehn die Reden da, in möglichst engem Anschluß an den Gesamtsinn des in Wirklichkeit Gesagten. Was aber tatsächlich geschah in dem Kriege, erlaube ich mir nicht nach Auskünften des ersten besten aufzuschreiben, auch nicht „nach meinem Dafürhalten", sondern bin Selbsterlebtem und Nachrichten von anderen mit aller erreichbaren Genauigkeit bis ins einzelne nachgegangen. Mühsam war diese Forschung, weil die Zeugen der einzelnen Ereignisse nicht dasselbe über dasselbe aussagten, sondern je nach Gunst oder Gedächtnis. Zum Zuhören wird vielleicht diese undichterische Darstellung minder ergötzlich scheinen; wer aber das Gewesene klar erkennen will und damit auch das Künftige, das wieder einmal, nach der menschlichen Natur, gleich oder ähnlich sein wird, der mag es so für nützlich halten, und das soll mir genug sein: zum dauernden Besitz, nicht als Prunkstück fürs einmalige Hören, ist es aufgeschrieben.

(Übers. G. P. Landmann)

*Polybios 12,25 b*

*Griechischer Politiker und Historiker (um 200–120 v. Chr.); Vertrauter führender römischer Staatsmänner; Darstellung des Aufstiegs Roms zur Weltherrschaft im universalhistorischen Zusammenhang.*

Die Aufgabe der Geschichte ist erstens, die tatsächlich gehaltenen Reden, welcher Art immer sie gewesen sein mögen, in Erfahrung zu bringen, zweitens den Grund zu erforschen, weshalb eine Handlung oder Meinungsäußerung Erfolg hatte oder nicht. Denn die einfache Mitteilung der Ereignisse allein ist vielleicht eine fesselnde Unterhaltung, Nutzen bringt sie nicht. Erst wenn man die Gründe und Ursachen hinzufügt, wird das Studium der Geschichte fruchtbringend. Denn wenn ähnliche Situationen der Vergangenheit zu der eigenen in Beziehung gesetzt werden, dann gibt einem das die Möglichkeit, sich vorausschauend ein Urteil über die Zukunft zu bilden, daher entweder auf der Hut zu sein oder, indem man sich das Verhalten der Vorfahren in entsprechender Lage zum Vorbild nimmt, mit größerer Zuversicht den Gefahren entgegenzusehen, die auf uns selbst zukommen.

(Übers. H. Drexler)

*Polybios 12,25 e*

In gleicher Weise ist auch die pragmatische Geschichtsschreibung dreiteilig. Der erste Teil ist das fleißige Studium schriftlicher Quellen und die Bereitstellung und Sichtung des aus ihnen gewonnenen Materials; der zweite befaßt sich mit den geographischen und topographischen Voraussetzungen des historischen Geschehens; man muß sich ein Bild machen von der Lage der

Städte, Flüsse, Häfen, von dem Gelände, überhaupt von den örtlichen Besonderheiten zu Lande wie zur See und von den Entfernungen zwischen den verschiedenen Punkten; der dritte hat die politischen Ereignisse zum Gegenstand. Da nun die Geschichtsschreibung von jeher in hohem Ansehen steht, widmen sich auch dieser Aufgabe viele mit Eifer, aber den meisten fehlt es dafür an allen Voraussetzungen: sie bringen nichts mit als Leichtfertigkeit, Dreistigkeit und Gewissenlosigkeit, da sie wie die Quacksalber nur an Geschäftsreklame denken, daher den Lesern immer nach dem Munde reden und mit den politischen Tagesströmungen schwimmen, um auf diese Weise zu Geld zu kommen.

(Übers. H. Drexler)

*Polybios 12,25*

Ein Historiker kann weder Kriegsereignisse sachgemäß darstellen, wenn er selbst keine Kriegserfahrung hat, noch innenpolitische Vorgänge, wenn er nie mit Staatsgeschäften und politischen Kämpfen etwas zu tun gehabt hat. Da also reine Buchgelehrte weder sachkundig noch anschaulich und lebendig zu schreiben vermögen, sind auch ihre Werke für den Leser ohne praktischen Wert.

(Übers. H. Drexler)

## M 18 Die Entwicklung des Geldes

*Aristoteles, Politik 1, 1257a 31ff. (vgl. M 2)*

Ein derartiger Tauschhandel... dient nur der Erfüllung der naturgemäßen Autarkie; aber allerdings entsteht folgerichtig aus ihm jene andere Kunst (des Gelderwerbs). Denn durch die Einfuhr dessen, was man entbehrte, und die Ausfuhr des Überschusses dehnte sich die Hilfeleistung über die Landesgrenzen hinaus aus, und so ergab sich mit Notwendigkeit die Verwendung von Geld. Denn nicht alle naturgemäß notwendigen Güter sind leicht zu transportieren. Also kam man überein, beim Tausch gegenseitig eine Sache zu nehmen und zu geben, die selbst nützlich und im täglichen Verkehr behilflich war, wie Eisen, Silber usw. Zuerst bestimmte man sie einfach nach Größe und Gewicht, schließlich drückte man ihr ein Zeichen auf, um sich das Abmessen zu ersparen. Denn die Prägung wurde als Zeichen der Quantität gesetzt. Als nun schon das Geld aus den Bedürfnissen des Tauschverkehrs geschaffen war, entstand die zweite Art der Erwerbskunst, die Kaufmannskunst, anfangs wohl nur ganz einfach, später kunstmäßiger aufgrund der Erfahrungen, woher und wie man Güter vertauschen müsse, um den größten Gewinn zu erzielen.

(Übers. O. Gigon)

## M 19 Alexanders Herrschaftsauffassung

*Curtius Rufus 8,8,10–13; 6,6,9–10*

*Römischer Historiker (1. Jh. n. Chr.?), Verfasser einer eher von brillanter Erzähltechnik als von historischer Kritik geprägten Darstellung des Alexanderzuges mit zunehmender Distanz zu dem Verhalten des Makedonenkönigs.*

Die Perser aber, die wir besiegt haben, stehen bei mir in hohem Ansehen! Für mich ist das untrüglichste Zeichen meiner Mäßigung, daß ich nicht einmal Besiegten hochmütig Befehle erteile. Ich bin nach Asien gekommen, nicht um die Völkerschaften hier von Grund auf auszurotten, auch nicht um aus der Hälfte der Welt eine Wüste zu machen, sondern um zu erreichen, daß jene, die ich im Kriege unterworfen habe, keine Reue über meinen Sieg empfinden. (11) Deshalb leisten sie zusammen mit euch Kriegsdienst, vergießen für eure Herrschaft ihr Blut, die, wenn sie hochmütig behandelt würden, rebelliert hätten. Es gibt keinen langen Besitz dessen, das wir mit dem Schwert behaupten; der Dank für Wohltaten dagegen dauert ewig. (12) Wenn wir Asien besitzen, nicht bloß durchziehen wollen, müssen wir unsere Milde ihnen zukommen lassen; deren Treue wird das Reich stabil und dauerhaft machen. Gewiß besitzen wir mehr, als wir fassen können. Zeichen unersättlicher Habgier wäre es, noch weiter füllen zu wollen, was schon überfließt. (13) Ihre Sitte übertrage ich sogar auf die Makedonen. Ich sehe nämlich bei vielen Völkern, was wir uns nicht scheuen sollten nachzuahmen. Anders kann ein so großes Reich nicht richtig regiert werden, als daß wir manches jenen geben, manches von denselben auch selbst lernen.

6,6,9 Dieses Verhalten, von Luxus und fremden Sitten infiziert, lehnten die altgedienten Soldaten Philipps, ein Vergnügungen gegenüber unerfahrenes Volk, offen ab, und im ganzen Lager herrschten das Gefühl und die Reden vor, daß man durch den Sieg mehr verloren habe als durch den Krieg gewonnen. In höchstem Maße seien sie selbst besiegt, die sich anderen und fremdländischen Sitten unterworfen hätten. Mit welchem Gesichtsausdruck würden sie einmal nach Hause zurückkehren, gleichsam als Gefangene? Ihr König schäme sich schon ihrer. Sie glichen eher Besiegten als Siegern, aus dem makedonischen Herrscher sei ein Satrap des Darius geworden.

(Übers. W. Hoben)

**M 20 Wolfgang Will, Alexander der Große. Geschichte Makedoniens Bd. 2, Stuttgart u. a. 1986, S. 191**

Eine weitere Chimäre, die über zwei Jahrtausende nichts von ihrer Wirksamkeit einbüßte, ist der große Kulturbringer Alexander. Die angeblich mehr als siebzig Städtegründungen, die griechische Sprache und Kultur im Orient verbreiten halfen, waren in ihrer Mehrzahl längst bestehende Siedlungen, die Alexander zu seiner höheren Ehre oder zum Dank an die Gottheit mit neuen Namen schmückte. Sie besaßen ausschließlich militärische Aufgaben, d. h. Kontrolle der Bevölkerung, Eintreibung von Tributen und Sicherung strategisch wichtiger Gebiete, gefährdeter Grenzen oder Nachschubwege. Mit dem Abzug der dort stationierten Söldner, soweit sie nicht bereits von der einheimischen Bevölkerung niedergemacht worden waren, verfielen die meisten oder nahmen ihren alten orientalischen Charakter wieder an. Unter dem von Alexander gegebenen Namen existierten nur zwei Städte bis ins nächste Jahrhundert. Wenn von ihnen das ägyptische Alexandria zu einer der Metropolen des Mittelmeerraumes aufstieg, ist dies zudem mehr Verdienst eines Kleomenes oder Ptolemaios.

Auch die so viel gerühmte Belebung der Wirtschaft durch Alexander erweist sich,

*Münzbild Alexanders des Großen*

soweit sie als langfristig angesehen wird, als Topos. Genauere Aussagen lassen sich hier, wo literarische Quellen fast gänzlich versagen, epigraphische und archäologische zu speziell sind, um Verallgemeinerungen zuzulassen, kaum machen. Ein temporärer Aufschwung ist bis zum Tode Alexanders ungeachtet einer größeren Getreideknappheit in Griechenland, namentlich in Athen, unverkennbar. Er beruhte freilich auf Beutegut, auf Plünderungen und Requirierung, die sich in der Kaufkraft der am Zug teilnehmenden Soldaten niederschlugen, und mußte spätestens zu Beginn des Lamischen Krieges abbrechen. Da nun auch die Söldner nach Griechenland zurückdrängten, brachen die alten sozialen Probleme wieder in aller Schärfe auf. Daß sie verdeckt, aber nicht gelöst waren, hatte der König selbst mit der Verkündung des Verbanntendekrets eingestehen müssen. Die Schwierigkeiten, die zu Beginn des 4. Jahrhunderts u. a. den Gedanken an einen Feldzug ins reiche Asien hatten aufkommen lassen, waren nach dessen Verwirklichung noch größer geworden. Nur eine verschwindende Minderheit von Griechen wagte später die Ansiedlung in Asien.

Wenn Alexander als „Geschäftsführer des Weltgeistes" einer angeblich überlegenen Kultur Bahn brach, die Epoche des sogenannten Hellenismus einleitete, so ist auch dies zwar allzu oft gerühmtes, doch zweifelhaftes Verdienst. Es beruhte auf der Zerstörung einer noch intakten anderen Kultur.

### M 21 Hellenistisches Weltbürgertum

*Plutarch, Moralia 329 B (vgl. M 14)*

Und in der Tat läßt sich die vielbewunderte Verfassung des Gründers der stoischen Schule, Zenon, in diesen einen Satz zusammenfassen, daß wir nicht mehr nach Städten und Völkern getrennt wohnen sollen, geschieden voneinander durch die verschiedenen Rechte, vielmehr sollen wir alle Menschen als unsere Mitbürger und Landsleute ansehen, und überall soll dieselbe Lebensart und Ordnung herrschen, wie unter den Schafen einer Herde, die gemeinsam an einer Stelle weiden. Als Zenon diese Verfassung in seinen Schriften niederlegte, hatte er sie sich nur als Traum oder Abbild einer nach philosophischen Gründen wohlgeordneten, auf die Gesetze gebauten Verfassung vorgestellt. Alexander aber hat das Wort in die Tat umgesetzt. Er kümmerte sich nicht um Aristoteles' Rat, über die Griechen als Heerführer, über die Barbaren als unumschränkter Gebieter zu herrschen und die einen wie vertraute Freunde, die anderen wie Tiere und Pflanzen zu behandeln; denn dadurch hätte er sein Reich ohne Zweifel mit inneren Kämpfen, mit Landesverweisungen und heimlichen Verschwörungen erfüllt. Er trug vielmehr das Bewußtsein in sich, von den Göttern gekommen zu sein als Ordner und Friedensstifter für die Welt. Führte er sie durch sein Wort nicht zur Einheit, so zwang er sie zusammen und versuchte, die Völker aus aller Welt in einem einzigen Staate zu vereinigen, als wenn er gleichsam in einem Becher der Freundschaft alle Lebensarten und Sitten, alle Hochzeitsbräuche und Gewohnheiten untereinandermischte. Nach seinem Befehl sollten alle die Erde als ihr Vaterland, sein Lager als ihre Burg und ihre Residenz, die Guten und Anständigen als ihre Verwandten, aber die Schurken als Fremdstämmige ansehen. Er verbot, Griechen und Barbaren nach Kriegsmantel und Lederschild, nach Dolch und Obergewand zu unterscheiden, denn an der Tugend erkenne man die Griechen, die Barbaren an ihrer Verworfenheit; Kleidung, Kost, Ehe und Gebräuche aber sollten sich nicht unterscheiden, weil alles dies durch das Blut und die Kinder vermischt sei.

(Übers. W. Ax)

# 4 Rom: Stadtstaat und Weltreich

*Die Wölfin säugt die Zwillinge Romulus und Remus. Die Gründungslegende der Stadt Rom war auch in der Spätzeit der Republik noch lebendig. (Münzbild um 130 v. Chr.).*

## Zeittafel

| | |
|---|---|
| 753 v. Chr. | Legendäres Gründungsjahr der Stadt Rom |
| 451 | Zwölftafelgesetze |
| 366 | Zulassung der Plebejer zum Konsulat |
| 287 | Hortensisches Gesetz: Gleichstellung der Plebiszite mit Beschlüssen des gesamten Volkes – Ende des Ständekampfes |
| 218–201 | 2. Punischer Krieg (gegen Hannibal) |
| 168 | Beginn der Weltherrschaft Roms |
| 146 | Zerstörung Karthagos und Korinths |
| 133 u. 123/2 | Reformversuche des Tiberius und Gaius Gracchus |
| 82–79 | Diktatur Sullas |
| 61 | 3. Triumph des Pompeius nach dem Sieg über König Mithridates von Pontus und der Neuordnung der Herrschaftsverhältnisse in Asien |
| 46–44 | Alleinherrschaft Caesars |
| 27 | Begründung der Prinzipatsordnung durch Augustus |
| 14 n. Chr. | Tod des Augustus |
| um 30 | Kreuzigung Jesu |
| 43 | Beginn der Eroberung Britanniens |
| 68 | Tod Neros. Ende der julisch-claudischen Dynastie |
| 117 | Größte Ausdehnung des Römischen Reiches unter Trajan |
| 161–180 | Marc Aurel, der Philosoph auf dem Kaiserthron; das Römische Reich im Abwehrkampf gegen Parther im Osten, Germanen im Westen |
| ab 235 | Soldatenkaiserzeit; Chaos nach innen |
| nach 250/303 | Christenverfolgungen des Decius/Diokletian |
| 284–305 | Kaiser Diokletian: Neue Konsolidierung durch spätrömischen Zwangsstaat |
| 306/312–337 | Kaiser Konstantin I. der Große |
| 313 | Toleranzedikt von Mailand erlaubt das Christentum |
| 391 | Kaiser Theodosius I. macht Christentum zur Staatsreligion |
| 395 | Endgültige Teilung in Ost- und Westrom |
| 476 | Ende des Weströmischen Reiches |
| 493–526 n. Chr. | Ostgotenreich unter Theoderich in Italien |

## 4.1 Die römische Frühzeit bis zum Ausgang des 4. Jh. v. Chr.

Rom stieg von einer kleinen Siedlung am Unterlauf des Tiber scheinbar unwiderstehlich zur Beherrscherin zunächst Italiens, dann des gesamten Mittelmeergebietes auf. Damit hatte es nach zeitgenössischem Verständnis die Weltherrschaft erreicht, die es über ein halbes Jahrtausend unangefochten behauptete. Antike Autoren sahen die Ursachen der Größe Roms unterschiedlich, einige, eher vordergründig, in der günstigen geographischen Lage zum Meer, andere in der ausgeglichenen Werte- und Sozialordnung, noch andere in der Integrationsfähigkeit des römischen Staates gegenüber den Unterworfenen.

Ein breites Fundament historischer Überlieferung aus Geschichtsschreibung, Biographien, Briefen, Reden, dazu zahllose Inschriften, Münzen und Papyri ermöglicht eine in vielen Bereichen zuverlässige Erforschung der römischen Geschichte. Doch für die Frühzeit Roms fehlen sichere Quellen. Livius und der Grieche Dionys von Halikarnassos, Zeitgenossen des Augustus, konnten bei ihrer Darstellung der Königszeit und frühen Republik selbst nur ausnahmsweise auf zuverlässige Aufzeichnungen zu herausragenden Ereignissen und verantwortlichen Personen in den von Priesterkollegien geführten Jahreskalendern (Fasten) zurückgreifen. Manche kontinuierlich gültige Rechtssätze und staatliche Einrichtungen boten weitere gesicherte Anhaltspunkte. Die moderne historische Forschung ist seit rund 200 Jahren bemüht, Ausschmückung von Glaubwürdigem zu trennen.

Die Legende verband die Urgeschichte Roms mit der griechischen Mythologie. Stammvater der später römischen Bevölkerung war der aus dem brennenden Troja flüchtende Aeneas, Sohn der Venus und Vater des Julus (Julisches Geschlecht Caesars und der ersten Kaiser). Viele Generationen später gründete Romulus nach den Berechnungen des Gelehrten Varro (1. Jh. v. Chr.) die Stadt Rom im Jahr 753 v. Chr. Die Ausgestaltung der staatlich-religiösen Ordnung wies die Überlieferung mit jeweiligen Schwerpunkten den nachfolgenden sechs weiteren Königen zu.

Die moderne historische Forschung geht vor allem aufgrund der Bodenfunde von einer früheisenzeitlichen Siedlung auf dem Esquilinhügel bereits im 10./9. Jh. v. Chr. aus. Im 8. Jh. wurden weitere Hügel und die Senke des späteren Forums einbezogen. Der sakrale Mittelpunkt war das Kapitol.

Die Bevölkerung Italiens hatte sich im ersten Viertel des letzten Jahrtausends v. Chr. grundlegend geändert. Von Norden drangen die indogermanischen Italiker ein. Von ihnen ließen sich die Latiner endgültig im Gebiet südlich der Tibermündung nieder. Andere, z. B. die Umbrer, blieben in Norditalien, die Sabiner in der Nachbarschaft der Latiner, die Samniten, Lukaner und Bruttier in Süditalien. Im 8. Jh. betraten die Völker italischen Boden, die dessen kulturelle Entwicklung maßgeblich bestimmten: Die Etrusker, möglicherweise aus Kleinasien kommend, gründeten Städte in der noch heute nach ihnen benannten Toskana, die Griechen kolonisierten die süditalische und sizilische Küste in einer Dichte, daß diese Region „Großgriechenland" genannt wurde (s. oben S. 34).

Die Zusammenfassung der verstreuten Siedlungen zur Stadt Rom dürfte unter etruskischem Einfluß im 7. Jh. erfolgt sein. Die Staatsleitung hatte ein König aus etruskischem Geschlecht. Etruskisch waren auch die Herrschaftszeichen wie Goldkranz, Purpurmantel, Amtssessel (sella curulis) sowie die Gehilfen (Liktoren) mit ihren Rutenbündeln (fasces) und Äxten als Zeichen der königlichen Strafgewalt. Der König führte das Heer, schloß Frieden und Verträge, als oberster Priester vertrat er die Stadt gegenüber den Göttern, opferte ihnen und suchte ihre Zustimmung durch die rituelle Auswertung der von ihnen gesandten Zeichen (z. B. Vogelflug: Auspizien).

Die Völker Italiens um 500 v. Chr.

Bei allen Handlungen stand dem König ein Rat der adeligen Familienoberhäupter zur Seite (Senat). Der Senat war durch die Ernennung eines „Zwischenkönigs“ (Interrex, zugehöriger Zeitraum: Interregnum) an der Bestellung des Nachfolgers beteiligt, allerdings wohl in den Grenzen des dynastischen Gedankens. Die Bürger versammelten sich nach den 30 Sippenverbänden (Kurien) geordnet wenigstens zweimal im Jahr, um über die Aufnahme neuer Familien in den Bürgerverband zu beschließen, um ggf. einen Kriegsbeschluß zu fassen.

Während in den griechischen Poleis das Königtum in einem evolutionären Prozeß abgelöst wurde, vertrieb der Adel in Rom den legendären letzten König Tarquinius Superbus als Gewalt- und Fremdherrscher, der Tradition nach 510 v. Chr. Auslöser war der Sage nach die Vergewaltigung der Lucretia durch den Sohn des Königs. Tatsächlich dürfte ein allgemeiner Rückgang der etruskischen Macht den Sturz der fremden Dynastie begünstigt haben. Wie sonst im Interregnum übernahmen jetzt die Oberhäupter der alteingesessenen Familien die politische Macht. Von ihrer familienrechtlichen Stellung her als Väter hießen sie „patres“, die ganze gesellschaftliche Gruppe „Patrizier“. Die exekutive Gewalt, die bisher der König ausgeübt hatte, übertrugen sie auf einen, später, wohl noch vor der Mitte des 5. Jh., auf zwei Personen aus ihren Reihen jeweils für ein Jahr. Sie führten zunächst den Titel „Prätor“, dann unverändert „Konsul“. Damit waren die grundlegenden Beschränkungen der römischen Magistratur im Vergleich zum König geschaffen:

Kollegialität und Annuität (annus = Jahr). Sie garantierten in der frühen Republik die freiheitliche Verfassungsordnung (libera res publica).

Die Masse der freien bäuerlichen und gewerbetreibenden Bevölkerung war den patrizischen Sippen (gentes) in einem Schutzverhältnis (clientela) zugeordnet. Diese Personen hießen Plebejer. Über Entstehung und juristische Qualität dieser sozialen Gliederung herrscht in der Forschung große Meinungsvielfalt. Ihre Bindung an patrizische Familien hinderte die Plebejer nicht, materiellen Wohlstand zu erwerben, der ihnen den Dienst als Schwerbewaffnete im Krieg ermöglichte. Daraus entstand ganz selbstverständlich der Anspruch auf sukzessive Gleichstellung mit den Patriziern (Ständekampf).

Einen wichtigen Erfolg in dem rund 200jährigen unblutigen Ständekampf errangen die Plebejer mit der Anerkennung der Heeresversammlung als auch in politischen Angelegenheiten ausschlaggebender Volksversammlung. Nicht mehr nach adeligen Sippenverbänden (Kurien), sondern nach militärischen Hundertschaften (Zenturien) und nach Maßgabe des Vermögens geordnet, wählte das zum Waffendienst fähige Volk (comitia centuriata) unter gleichberechtigter Teilnahme vor allem der wohlhabenden Plebejer die Magistrate, beschloß Gesetze und Verträge. In einem weiteren Schritt setzten die „Zenturiatskomitien" eine patrizische Zehnmännerkommission ein, die auf zwölf Tafeln das geltende Privat-, Straf- und Sakralrecht aufzeichnete (Zwölftafelgesetz 451 v. Chr.). Der Wortlaut der gültigen Normen war nun jedermann zugänglich. Unabhängig von seiner sozialen Stellung galten für jeden römischen Bürger dieselben Rechtsbestimmungen.

Mit der Vertreibung des letzten Königs setzte sich die junge römische Republik nicht nur der Feindschaft der Etrusker aus. Die mit Rom und den latinischen Städten konkurrierenden Stämme der Äquer und Volsker suchten, sich anstelle der Etrusker in der latinischen Ebene festzusetzen.

Später, im 4. Jh., kamen gefährliche Auseinandersetzungen mit den von Norden anrückenden Kelten und den italischen Samniten und Lukanern hinzu. Die außenpolitische Absicherung und die Expansion des patrizischen römischen Staates war nicht ohne den maßgeblichen Beitrag der Plebejer möglich gewesen. Der Fortgang des Ständekampfes mit dem Ziel plebejischer Beteiligung an der Staatsführung ist nur verständlich mit dem Blick auch auf die jeweils außenpolitische Not- oder Erfolgssituation des römischen Staates.

Einen ersten Schritt zu einer eigenen politischen Organisation hatten die Plebejer der Tradition nach bereits im Jahr 494 v. Chr. vollzogen: Volkstribune, deren Unverletzlichkeit (sacrosanctitas) die Plebs durch eine besondere Verpflichtung gegenüber den Göttern (lex sacrata) versicherte, sollten die plebejischen Bürger vor der Willkür eines patrizischen Beamten schützen, indem sie mit dem Wort „veto" (lat.: ich verbiete) einschritten (lat. intercessio; intercedere: dazwischentreten; daher: Interzessionsrecht) und sich zwischen den Magistrat bzw. seine Liktoren und den vermeintlich strafwürdigen Mitbürger drängten. Die Volkstribune konnten darüber hinaus Plebejerversammlungen (concilium plebis) einberufen, deren Beschlüsse (Plebiszite) aber nur den Charakter unverbindlicher Resolutionen hatten.

Zahl und Unentbehrlichkeit der Plebejer für den Gesamtstaat veranlaßten die Patrizier, in einem langen evolutionären Prozeß sich die gleichrangige Teilhabe der Oberhäupter führender Plebejerfamilien an der Staatsführung, der Sakralordnung und an zeremoniellen Privilegien abringen zu lassen. Leistungen für die Bürgerschaft als Soldaten, Heerführer und im zivilen Bereich als Volkstribune ließen den führenden Plebejern die Forderung, auch das Konsulat erreichen zu können, berechtigt erscheinen. Zugleich setzten sie damit die Maßstäbe, denen sich auch die Patrizier zur Bewertung ihrer Würdigkeit für die Staatsführung anpassen mußten: Nicht mehr die Zugehörigkeit zu einer patrizischen Familie und die Behauptung eines sakralrechtlichen Monopols auf die

Vertretung der res publica gegenüber den Göttern, sondern Einsatzwille und Taten für die Gemeinschaft rechtfertigten einen Führungsanspruch. So erreichten die angesehensten Plebejer 366 v. Chr. ihre Zulassung zum Konsulat und 25 Jahre später die wichtige Ergänzung, daß einer der beiden Konsuln Plebejer sein mußte. Zugang zu den höchsten Priesterkollegien der Pontifices und Auguren erhielten sie durch ein Gesetz im Jahr 300 v. Chr. Die gesamte Bevölkerung erhielt in demselben Jahr mit dem Provokationsrecht den entscheidenden Schutz ihrer Freiheitsrechte gegen magistratische Strafmaßnahmen durch die Möglichkeit, sich an die Volksversammlung als höchste Instanz zu wenden. Das Hortensische Gesetz (Lex Hortensia) 287 v. Chr. schließlich sicherte den Beschlüssen der Plebejerversammlung (concilium plebis) gleiche Verbindlichkeit wie denen der Versammlung des gesamten Volkes (comitia).

Die plebejische Oberschicht hatte über das Konsulat und die Aufnahme in den Senat die Eingliederung in die gesamtstaatliche Nobilität erreicht. Ihr war nun die uneingeschränkte Integration der Plebs in die Gesamtbürgerschaft gefolgt. Die kämpferische Dynamik plebejischer Politik hatte ihr Ziel erreicht. Die Plebs hörte auf, eine standesgebundene Interessengemeinschaft zu sein. Die Entwicklung zu einer patrizisch-plebejischen Nobilität war durch das Aufgehen der plebejischen Identität im römischen Gesamtvolk vervollständigt worden (populus Romanus).

## 4.2 Gesellschaft und Staat in der klassischen Republik (3./2. Jh. v. Chr.)

### 4.2.1 Das Ergebnis des Ständekampfes

Mit dem Hortensischen Gesetz des Jahres 287 v. Chr. war das Ende des 200jährigen Ständekampfes erreicht. Den Plebisziten der Plebejerversammlungen war dieselbe bindende Wirkung wie den Beschlüssen des Gesamtvolkes zugesprochen. Die Plebejer konnten nun ihre vor allem ökonomischen Forderungen, die in Landnot und Verschuldung begründet waren, selbst verbindlich entscheiden. Die Gewinne aus der erfolgreichen Außenpolitik ließen dies ohne direkte Einbußen für die patrizischen Geschlechter zu. Der Emanzipation der Plebs in ihrer Gesamtheit war die Gleichberechtigung ihrer prominenten Vertreter mit den patrizischen Familienoberhäuptern vorausgegangen. Gemeinsamen Zielen verpflichtet, hatte sich der Kreis des Adels um die plebejischen Aufsteiger erweitert. Keine Demokratisierung, sondern eine vergrößerte und stabilisierte Führungsschicht war das Ergebnis des Ständekampfes. Zwischen patrizischen und plebejischen Angehörigen dieser Nobilität gab es keine wesentlichen Unterschiede.

### 4.2.2 Die patrizisch-plebejische Führungsschicht

Gemeinsames äußeres Kennzeichnen der Führungsschicht (Nobilität) war ein gewisser Wohlstand aus umfangreichem Landbesitz. Doch das Streben der vermögenden Plebejer nach politischer Gleichstellung im Ständekampf hatte schon verdeutlicht, daß Reichtum nur Ausgangspunkt zu gesellschaftlicher Anerkennung sein konnte. Die Wertvorstellungen der Nobilität waren gesellschafts- und staatsbezogen. Ruhm (gloria) für den einzelnen war nur zu gewinnen über Leistungen für Staat und Gesellschaft, durch deren Stärkung gegenüber äußeren Konkurrenten (vor allem Kriegstaten = res gestae) und durch den Einsatz eigener Mittel (impensae) zum Wohlergehen der Bürgerschaft in den öffentlichen und persönlichen Bereichen. Einsatzbereitschaft (virtus) und Freigebigkeit (liberalitas) sicherten

*Bronzebüste eines Patriziers*

dem Nobilis Ehre (honor) und Rang (dignitas). Er übte Einfluß aus nicht aufgrund einer rechtlich definierten Gewalt (potestas), sondern aufgrund seines Ansehens in der Gesellschaft (auctoritas). Doch nach allgemeinem Konsens galt es, dies nicht mit allen Mitteln, sondern unter Beachtung ethischer Normen wie Gerechtigkeit (iustitia), Rücksichtnahme (pietas) und Verläßlichkeit (fides) selbst gegenüber Feinden zu erreichen. Ausdruck der Anerkennung und zugleich Auftrag, sich für die Bürgerschaft weiterhin einzusetzen, war die Berufung in die staatlichen Führungspositionen.

Die römische Nobilität war ihrem eigenen Verständnis nach ein Leistungs-, nicht Geburtsadel. Tatsächlich konzentrierte sich jedoch die Verantwortung für den Staat auf einen überschaubaren Kreis von Familien. Durch Heiraten, gleichzeitige Amtsführung oder freundschaftliche Bindungen und Absprachen organisierten sie den erforderlichen sozialen Einfluß, um die politische Entscheidungsfindung zu kontrollieren und zu gestalten. Politische Parteien gab es nicht. Grundsätzlich offen für Aufsteiger schafften es doch nur wenige „neue Männer“ (homines novi) auf Anhieb – meist in Anlehnung an ein etabliertes Geschlecht – in diesen Führungszirkel einzudringen. Nur 15 Männer erreichten in der Zeit von 366–63 v. Chr. das oberste Staatsamt „ohne Empfehlung der Ahnen“, doch „Unzähligen“ (Cicero) gelang der Einstieg in die unteren Ränge der Führungsschicht. Auf diesem Wege erneuerte sich die Nobilität, auch wenn Mitglieder so prominenter Geschlechter wie der Cornelier oder Fabier oder Caecilier unverhältnismäßig oft als Konsuln erscheinen, so daß der Dichter Naevius (3./2. Jh. v. Chr.) sagen konnte, den Caeciliern werde das Konsulat in die Wiege gelegt.

Letzte Demonstration der Leistungen eines Nobilis für die Gemeinschaft war die öffentliche Bestattung. Mit allen Ehrenzeichen der jeweils höchsten erreichten Ämter und Ehren ausgestattet, stellten Personen den Toten und die früheren Familienmitglieder dem auf dem Forum versammelten Volk nochmals vor Augen. In einer Lobrede (laudatio funebris) erinnerte der älteste Sohn an die Leistungen und moralischen Grundsätze des Verstorbenen und stellte ihn in die lange Reihe verdienter Vorfahren. Natürlich verband er damit zugleich die Erwartung, sich selbst dem Volk zu empfehlen. Die angesehensten Nobiles erhielten Gedenksteine auf dem Forum, deren Inschriften die Bürger beständig daran erinnerten, wem sie Sicherheit und Erfolg zu verdanken hatten.

### 4.2.3 Der Personalverband der römischen Bürgerschaft

Grundlage der Stellung eines Nobilis im Kreise seiner Standesgenossen und in Konkurrenz zu ihnen war eine möglichst weitverzweigte Anhängerschaft (Klientel) im gesamten Bürgerverband. Ein solches Bindungsverhältnis wurde begründet, indem der sozial Höhergestellte einen Schwächeren beispielsweise vor Gericht beriet oder verteidigte, ihm materielle Unterstützung zukommen ließ oder durch seinen persönlichen Einfluß als Beamter oder Feldherr Vergünstigungen erwies (beneficia), den Klienten ganz allgemein unter seinen persönlichen Schutz nahm. Dafür wendete der Nobilis einen beträchtlichen Teil seines Reichtums und seiner Tatkraft auf. Im Gegenzug erwartete der Patron, daß der Klient ihn nach Maßgabe seiner bescheideneren Möglichkeiten in der Politik bei Abstimmungen unterstützte, ihm durch vielfältige persönliche Dienstleistungen (officia) in der öffentlichen Selbstdarstellung, aber auch in möglichen Notsituationen zur Verfügung stand. Hierbei gab es keine verbindlich definierten Rechtsnormen. Das Klientelverhältnis ruhte auf gegenseitigem Vertrauen (fides). Es wurde der Blutsverwandtschaft vergleichbar über die Generationen hinweg vererbt, so daß die eingesessenen Adelsgeschlechter über ein dichtes Beziehungsnetz verfügten, das zu verstärken sich jede Generation neu verpflichtet fühlte. In diesem wichtigen Punkt sind Züge eines Geburtsadels erkennbar. Hier mithalten zu können, gehörte zu den größten Schwierigkeiten aufstrebender Geschlechter. Das Ansehen (gratia) eines Nobilis bemaß sich nach Umfang und Durchsetzungsvermögen seiner eigenen Klientel und nach seinen Verbindungen (amicitia, necessitudo) zu anderen Standesgenossen, die ihre Klientelen wechselseitig zur Verwirklichung politischer Ziele miteinander verbanden. Dieses Netz näherer und weiterer persönlicher Gefolgschaftsverbindungen durchzog in einem pyramidalen Aufbau die gesamte römische Gesellschaft von der Basis bis zur Spitze der patrizisch-plebejischen Nobilität.

### 4.2.4 Die Familie

Zentrum der Familie war der Familienvater (Paterfamilias). Er konnte im äußersten Fall über Leben und Tod aller Angehörigen der familia (d. h. seine Frau, minderjährige und erwachsene Kinder, Gesinde und Sklaven) bestimmen. Er allein verfügte über das Vermögen der Familie. Nur durch Tod oder besonderen Rechtsakt (Emanzipation = Entlassung aus der beherrschenden und zugleich beschützenden Hand – manus) wurde diese umfassende väterliche Gewalt (patria potestas) aufgehoben. Schon den klassischen römischen Juristen galt sie in dieser Strenge als eine Besonderheit der Römer. Streitfälle entschied der Hausvater; nur ausnahmsweise beriet er sich mit Verwandten und Freunden. Die soziale Entwicklung führte allmählich zu einer Auflockerung. Das barbarische Tötungsrecht galt spätestens ab der frühen Kaiserzeit als überlebt.

Zur Eheschließung war die Zustimmung des Hausvaters erforderlich. Die Brautleute heirateten zwar in einer feierlichen Zeremonie; ein formaler Rechtsakt war die Hochzeit jedoch nicht. Die Frau behielt ihren alten Familiennamen bei, trat aber sonst unter die Gewalt des Ehemannes, die der patria potestas entsprach. Als Ehefrau hatte sie eine geachtete Stellung. Ihre Bezeichnung „matrona" erscheint immer in ehrendem Zusammenhang. Im Gegensatz zur athenischen Frau war die Römerin im gesellschaftlichen Bereich verhältnismäßig eigenständig. Sie zeigte sich selbstverständlich in der Öffentlichkeit, nahm an Festen teil, ging ins Theater und in den Zirkus. Die Ehe konnte in klassischer Zeit (ab Ende 3. Jh. v. Chr.) von Mann und Frau gleichermaßen formlos ohne Angabe von Gründen wieder aufgelöst werden. Dies wurde erleichtert durch die strenge

*Kinder werden im Lesen unterrichtet. Dieses Relief wurde bei Neumagen an der Mosel gefunden.*

Gütertrennung der Ehepartner. Bei einer Scheidung erhielt die Frau ihre Mitgift ungeschmälert zurück. Sie konnte allerdings auch dann nicht vollkommen frei über ihr Vermögen verfügen. Sie stand unter der Vormundschaft eines nahen männlichen Verwandten, wenn der Vater nicht mehr lebte. Formalrechtlich mußte er sich mit ihren Geschäften einverstanden erklären. Tatsächlich handelten die Frauen wohl in der Regel selbständig. Da das Sorgerecht der gemeinsamen Kinder generell beim Mann verblieb, konnte dieser für den Unterhalt die Mitgift bis zur Hälfte in Anspruch nehmen.

Die Stellung der Frau im Personenrecht der Familie verbesserte sich in der klassischen Republik recht deutlich. Wenn ihr auch dauerhaft die Familiengewalt des Paterfamilias versagt blieb, verschwand allmählich die Unterordnung unter eheherrliche Gewalt oder Vormundschaft.

Über der Familie stand das Geschlecht/Sippe (gens). Sie leitete sich von einem häufig legendären Stammvater ab und bildete einen genossenschaftlich organisierten Verband aus mehreren Familien. Ursprünglich hatten diese wohl eine Siedlungsgemeinschaft gebildet und auch politische Funktionen erfüllt.

Auf Familie und Sippe baute auch das römische Namensystem auf. Dem Individualnamen (praenomen) folgte der des Geschlechts (nomen gentile), dann die Vatersangabe (Filiation), schließlich, vor allem in der Oberschicht, ein Beinamen (cognomen). (Beispiel: Marcus Tullius, der Sohn des Marcus, Cicero.)

### 4.2.5 Religion

Die Religion der Römer war eine Naturreligion. In Naturerscheinungen wie Wind, Blitz, Donner, Wasserquellen, Keimen der Saat u. a. glaubten sie, das Wirken göttlicher Kräfte (numina) zu erkennen. Erst unter dem Einfluß der Etrusker und vor allem der Griechen stellten sie göttliche Wesen bildlich dar. Entsprechend spielte der Mythos bei den Römern im Gegensatz zu den vielfältigen, nach menschlichen Verhaltensmustern vorgestellten Göttergeschichten der Griechen keine Rolle.

Im Bewußtsein, vom Wohlwollen göttlicher Mächte abhängig zu sein, erwies jeder Familienvater den Hausgöttern (Laren u. Penaten) gebührende Verehrung. Ebenso hielt man Sicherheit und Erfolg des Staates im Beistand der Götter begründet. Die Beamten erkundeten folgerichtig deren Zustimmung oder Ablehnung zu beabsichtigten Staatsakten. Sie deuteten Hinweise der Götter, die man in Blitz, Donner, Vogelflug oder sogar in den Eingeweiden der Opfertiere zu erkennen glaubte. Als Spezialisten für den genau formalisierten Ritus zogen sie Angehörige der jeweiligen Priesterkollegien, vor allem Auguren (Vogelschauer), hinzu. In besonderen Notsituationen erwarteten sie Anweisungen aus der Orakelsammlung der Sibyllinischen Bücher. Staatliche Größe und Beachtung der Götter sahen so prominente antike Autoren wie Polybios, Cicero und Sallust in einem direkten Zusammenhang. So wundert es nicht, daß dem angesehensten Priester, dem Pontifex Maximus, auch hohe politische Bedeutung zukam.

Durch Aufgeschlossenheit gegenüber fremden Göttern und Kulten hofften die Römer, auch deren Macht für sich gewinnen zu können. So war selbst der innerste Kreis der auf dem Kapitol verehrten Staatsgötter, Jupiter, Juno und Minerva, aus einer Verbindung altrömischer und etruskischer Gottheiten hervorgegangen. Mit dem Eindringen der orientalischen Mysterienreligionen riskierten sie allerdings unerwünschte Veränderungen ihrer Religiosität. Ein Senatsbeschluß (186 v. Chr.) sollte deshalb z. B. den mit dem griechischen Bacchuskult verbundenen Ausschweifungen Einhalt gebieten.

### 4.2.6 Recht

Aus den sittlich-religiösen Ordnungsvorstellungen (fas) entwickelte sich das römische Recht (ius). Als wichtigstes Grundgesetz für die gesamte weitere Entwicklung des öffentlichen und privaten Rechts galt bereits in der römischen Überlieferung das Zwölftafelgesetz von 451 v. Chr. Die Aufzeichnung und Veröffentlichung des geltenden Rechts war ein großer Schritt auf dem Weg zu Rechtsgleichheit und -sicherheit der römischen Bürger. Für einen geordneten Prozeßverlauf sorgten die zuständigen Beamten. Sie stellten die Rechtsnormen fest, die auf den jeweiligen Fall anzuwenden waren. Das Urteil fällte ein von ihnen bestellter privater Richter; die Staatsgewalt sollte unbelastet von dem möglicherweise berechtigten Unmut der Bürger wegen einer fehlerhaften Entscheidung bleiben. Unmittelbar gegen den Staat gerichtete Verbrechen, wie Hochverrat, oder schwere Delikte gegen Privatpersonen, wie Mord, wurden von Staats wegen, die Masse der Privatklagen auf Antrag des Geschädigten verfolgt.

Die Beamten paßten die Rechtsordnung laufend durch Edikte an die veränderten wirtschaftlichen und sozialen Bedingungen des sich ausweitenden römischen Staates an. Daneben ergänzte das Volk durch Gesetze (leges) in dauerhaft gültiger Form die Rechtsordnung.

### 4.2.7 Staatsvorstellung und Verfassung

Rom war ein Stadtstaat (Bezeichnung: res publica), unabhängig von der Ausdehnung seines Einflusses und seines von römischen Bürgern bewohnten Territoriums. Alles staatliche Leben sowie die politischen Rechte des einzelnen Bürgers blieben an die Stadt Rom gebunden. Cicero nennt drei wichtige Grundlagen für das römische Staatsverständnis: 1. Der Staat ist eine geordnete Gemeinschaft von Menschen. Diese bilden einen Personalverband, gegliedert in die 30 alten Kurien (Familien- und Geschlechterverbände) oder in 35 Tribus (Wohnbezirke) oder in nach Besitzverhältnissen zusammengestellte 193 Zenturien (Hundertschaften). 2. Die Gemeinschaft lebt in einer allgemein anerkannten Rechtsordnung, gegründet überwiegend auf traditionelle Verhaltensnormen (mos maiorum = Sitte der Vorfahren). Nur ausnahmsweise beschließt das Volk förmliche Rechtsvorschriften (leges), um die brüchig gewordene Tradition zu sichern, wenn das wünschenswert erschien. 3. Der Staat ist eine Interessengemeinschaft. Sie kann ihren Nutzen für die Bürger nur dann bestmöglich entfalten, wenn das ganze Volk aus seiner Gesamtheit die fähigsten und einsatzbereitesten Bürger sich zu Führern wählt.

An diese trat das römische Volk vorübergehend die Staatsgewalt ab. Sie hießen deshalb Magistratus (magis = mehr – als die übrigen Bürger); alle anderen Bürger waren „privati" (= beraubt), d. h. nicht mehr im Besitz der Staatsgewalt. Die Begrenzung der Amtszeit auf ein Jahr (Annuität), die Besetzung jedes Amtes mit mindestens zwei gleichgestellten Inhabern (Kollegialität) und das Recht des bedrohten einzelnen Bürgers, sich an die Volksversammlung zu wenden (Provokationsrecht), sicherten die Freiheit des römischen Volkes (libertas) gegen mögliche tyrannische Willkür der Magistrate.

Zunächst die Tradition, später (180 v. Chr.) Gesetze regelten die Abfolge der Ämterlaufbahn (cursus honorum; honos = [Ehren-]Amt). Die Staatsleitung lag bei den beiden Konsuln. Aufgrund ihrer umfassenden Gewalt (imperium) übten sie Macht aus im zivilen (Berufung von Senat und Volksversammlung sowie Strafgewalt) und militärischen Bereich (Heereskommando), und sie holten die notwendige Zustimmung der Götter ein (auspicia). Den Konsuln nachgeordnet, aber ebenfalls mit dem „Imperium" ausgestattet, standen die Prätoren an der Spitze der Rechtsprechung. Beiden als Hilfsbeamte zugeordnet, waren die Quästoren in der Stadt Rom zuständig für Staatskasse und -archiv, in den Provinzen Stellvertreter des Statthalters. Wichtige Funktionen übten die Volkstribune als ständige Erinnerung an die Ständekämpfe in der Kontrolle aller Beamten und im Schutz der Bürger aus. Die Zensoren überprüften alle 5 Jahre die Mitglieder der Senatsaristokratie auf ihre den traditionellen Wertvorstellungen entsprechende Lebensführung und nahmen für das gesamte Volk eine Steuereinschätzung vor. In Zeiten außergewöhnlicher Bedrohung von außen ernannte einer der beiden Konsuln einen Diktator auf höchstens 6 Monate mit unbeschränkter Befehlsgewalt.

Die Ämterlaufbahn war Voraussetzung für die Aufnahme in den Senat. Hier konnten die ehemaligen Magistrate eine lebenslange einflußreiche politische Tätigkeit entfalten. Der Senat beriet auf Anfrage die Beamten. Das hohe Ansehen (auctoritas) der hier versammelten erfahrenen Politiker verlieh den Senatsbeschlüssen (Senatus Consultum = SC) ein solches Gewicht, daß die Magistrate sich in der Regel danach richteten.

Die männlichen erwachsenen freien Bürger insgesamt bildeten die Volksversammlung. Sie fällte für den Staat verbindliche Entscheidungen bei Wahlen, Abstimmungen über Gesetze oder Krieg und Frieden. Deshalb nennen die antiken Schriftsteller Rom eine „freie Republik" (libera res publica). Tatsächlich war sie vom Adel geprägt. Der freien politischen Betätigung für den einzelnen Bürger waren enge Grenzen gezogen. Das Volk versammelte sich nicht auf eigenen Entschluß, sondern nur nach Einberufung durch einen Magistrat. Der Ausgang der Abstimmung ergab sich nicht im demokratischen Sinn aus der Mehrheit der Einzelstimmen, sondern nach Stimmabteilungen (Zenturien oder Tribus, in früher Zeit auch nach Kurien) mit jeweils sehr unterschiedlich vielen Einzelpersonen, aber gleichmäßig je einer Stimme für das Endergebnis. Die wichtigsten Entscheidungen fielen in den nach Zenturien geordneten Versammlungen. Hier besaßen die Begüterten klare Vorteile, die trotz ihres relativ geringen Bevölkerungsanteils die Mehrheit der Stimmabteilungen stellten. (Cicero: In der einzigen Zenturie für Besitzlose waren mehr Bürger eingeschrieben als in allen 80 Zenturien allein der ersten Vermögensklasse.) Die Rechtfertigung dafür war das vermeintlich stärkere Interesse der Besitzenden an einem ungefährdeten Staatswesen. Außerdem war der einfache Bürger durch sein Klientelverhältnis zu einer Nobilitätsfamilie an die politischen Vorstellungen seines

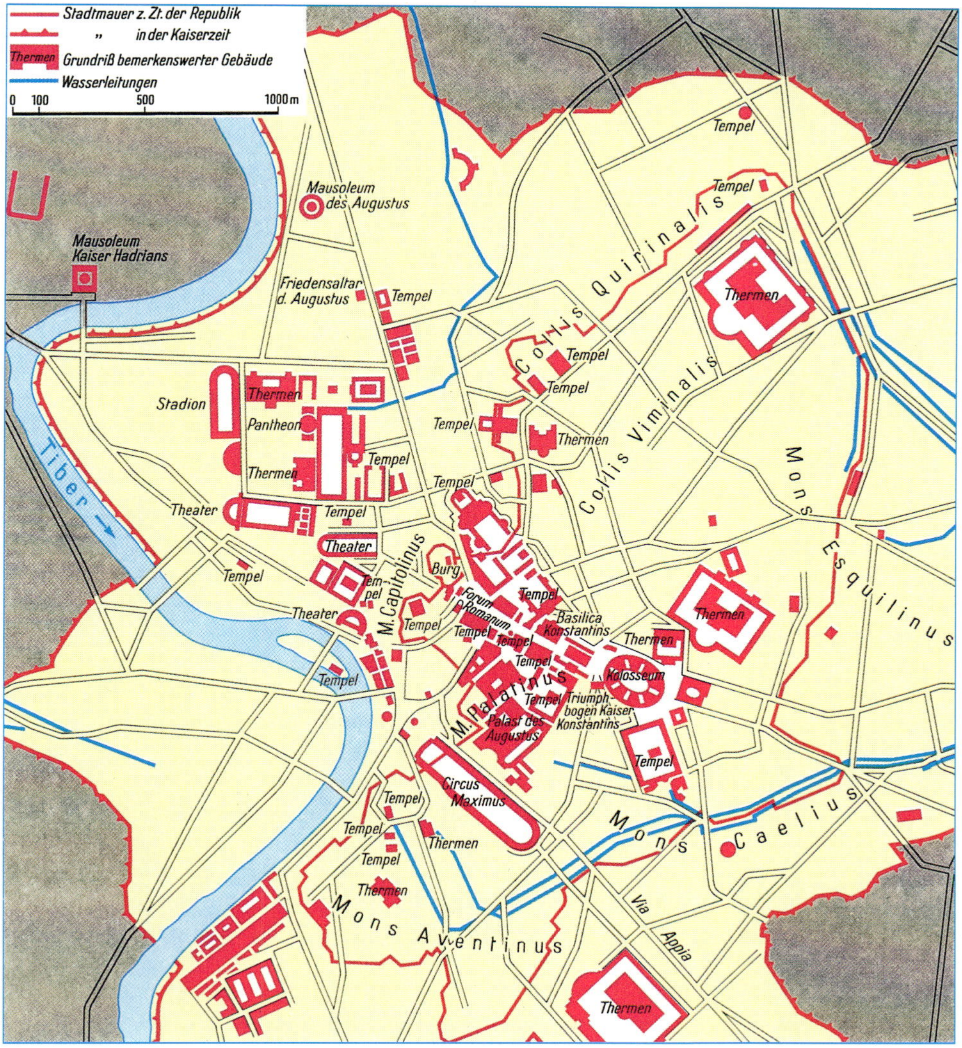


*Rom zur Kaiserzeit*

Patrons gebunden. Eine Debatte mit der Möglichkeit, die Beschlußvorlage noch abzuändern, gab es nicht.

Da die Magistrate sich kaum über die Beschlüsse des Senats hinwegzusetzen wagten, die Volksversammlung nicht unbeeinflußt von den Bindungen an die Nobilitätsfamilien abstimmten, fiel dem Senat, wenn er auch vom rechtlichen Standpunkt aus nur ein Beratungsorgan der Magistrate gewesen ist, die richtungweisende Funktion in der römischen Politik zu. Die Mechanismen dieser Ordnung funktionierten vor allem auf der Grundlage der Tradition (mos maiorum), dem solidarischen Standesbewußtsein der Nobilität (consensus omnium bonorum = Übereinstimmung der Gutgesinnten) und dem ständeübergreifenden Vertrauen in die Führungsqualität der Aristokratie (concordia ordinum = Eintracht der Stände). So leitete Cicero die Güte der römischen Verfassung von ihrer langwierigen behutsamen Entwicklung her im Gegensatz zu den konstitutionellen Reformschüben in den griechischen Poleis. Polybios sah in der aus monarchischen, aristokratischen und demokratischen Elementen gemischten Verfassung der römischen Republik sogar die tiefere Ursache für den Aufstieg Roms zur Weltherrschaft.

## 4.3 Rom und Italien

### 4.3.1 Die Expansion des römischen Einflusses

Das Zusammenwachsen der patrizisch-plebejischen Oberschicht und das Vertrauen, das sie bei der Masse der Bürger fand, insgesamt die Stabilität der römischen Gesellschafts- und Staatsordnung wurden durch die Notwendigkeit gefördert, sich gemeinsam in einer vielfältigen politischen Umgebung behaupten zu müssen. Bereits durch die Vertreibung des etruskischen Königs Tarquinius Superbus hatten sich die Römer von der Herrschaft eines fremden Volkes befreit. Endgültig allerdings setzten sie sich erst volle 100 Jahre später mit der Zerstörung der Stadt Veji 396 v. Chr. (nördlich von Rom) und der Aufteilung ihres Landbesitzes unter römische Bürger gegen die Etrusker durch. Aufgrund eines Vertrages (Foedus Cassianum 493 v. Chr.) besaßen sie seit den Anfängen der Republik einen deutlichen Vorrang unter den stammverwandten Latinern. Einen bleibenden Schock versetzten ihnen die Kelten, als sie 387 v. Chr. die Stadt Rom eroberten. Sie zogen sich anschließend zwar in ihre angestammten Gebiete südlich der Alpen zurück. Dennoch saß die Furcht vor ihnen tiefer als vor jedem anderen Gegner. Die Stadt wurde befestigt mit der „Servianischen", später dem König Servius Tullius zugeschriebenen Mauer. Erst die Auflösung des Latinerbundes und die Einbeziehung seiner meisten Städte in den römischen Staat (338 v. Chr.) sicherten die Führung Roms in Mittelitalien. Besonders der Bund der Samniten in Süditalien erwies sich als hartnäckiger Konkurrent. In einem zähen Konflikt (343–341; 326–304; 298–290 v. Chr.), in dessen Verlauf ein römisches Heer in den Caudinischen Pässen 321 v. Chr. sogar zum Zeichen seiner bedingungslosen Kapitulation den entehrenden Gang unter dem Joch hindurch auf sich nehmen mußte, blieben die Römer schließlich Sieger.

Mit den zahlreichen Griechenstädten in Unteritalien verbanden Rom schon früh kulturelle Kontakte (Zwölftafelgesetz, Religion) und zeitweilige gemeinsame Interessen im Kampf gegen die Etrusker, dann gegen die Samniten. Dennoch empfand die bedeutendste griechische Stadt, Tarent, es als unerwünschte Einmischung in Großgriechenland, als Rom, von dem griechischen Thurioi zu Hilfe gerufen, die Stadt gegen die italischen Lukaner unterstützte. Tarent fand mit König Pyrrhos von Epirus einen mächtigen Bundesgenossen und führte einen zehnjährigen Krieg mit Rom (282–272 v. Chr.). Zwei wegen ihrer Verluste sprichwörtliche „Pyrrhossiege" (280 v. Chr. bei Heraklea, 279 v. Chr. bei Ausculum), schließlich die Niederlage bei Benevent (275 v. Chr.) veranlaßten den König allerdings, sich aus dem Kampf mit Rom zurückzuziehen. Auf sich allein gestellt, mußten Tarent und seine Verbündeten aus Unteritalien sich den Römern unterwerfen. Damit hatten diese nach einer über 200jährigen wechselvollen Entwicklung ganz Italien in seinen antiken Grenzen von der Straße von Messina bis zum Nordabhang des Apennin unter ihre Kontrolle gebracht. Anerkennung für das aufstrebende Rom zeigte sich in freundschaftlichen Beziehungen auch zu führenden außeritalischen Staaten: Karthago, Massilia, das Ägypten der Ptolemäer.

### 4.3.2 Herrschaftsverständnis und Herrschaftsorganisation der Römer

Nach eigenem Verständnis führten die Römer nur dann Krieg, wenn ihnen nach erlittenem Unrecht die Gegner die angemessene Wiedergutmachung verweigert hatten (Idee des gerechten Krieges – bellum iustum). Dabei riefen sie die Götter als Schwurzeugen und höchste Schiedsinstanz an. Siege deuteten sie so als Unterstützung der Götter im Kampf gegen das Unrecht. Das prägte auch das römische Verständnis, selbst eine gerechte und maßvolle Herrschaft auszuüben.

Bis weit in das 4. Jh. hinein nahmen die Römer besiegte Feinde gleichberechtigt in ihren Bürgerverband auf und gliederten deren Gebiet dem eigenen an. Um einer Überfremdung zu entgehen, wurden später die Besiegten als selbständige Staaten vertraglich an Rom gebunden. Nicht wenige Städte ordneten sich sogar freiwillig den Römern unter, um in ihrem Schutz sich vor der Unterwerfung unter einen überlegenen anderen Nachbarn zu sichern. So organisierte Rom seine Herrschaft in Italien nicht als einen einheitlichen Territorialstaat, sondern als Föderation. Grundlegende Vertragsbestimmung war ein ewiges Militärbündnis zwischen Rom und jedem Bundesgenossen. Darüber hinaus galten jeweils spezielle Vereinbarungen.

Privilegiert waren die stammverwandten Latiner. Sie konnten rechtsgültige Ehen mit Römern schließen (conubium), staatlich geschützten Handel mit ihnen treiben (commercium), sogar nach Rom übersiedeln und damit das römische Bürgerrecht erwerben.

Die Gründung von Kolonien römischer Bürger in Italien und der Ausbau eines Straßennetzes intensivierten die Kontrolle und die Kommunikation mit den Bundesgenossen. Durch Heiratsverbindungen und Gastfreundschaften knüpften vor allem die Angehörigen der römischen und bundesgenössischen Aristokratie dauerhafte persönliche Kontakte. Gemeinsame Einsätze im Krieg und alltägliche Geschäftsbeziehungen förderten auch in der Masse der Bevölkerung eine Angleichung an den führenden römischen Staat. Äußerer Ausdruck dieses Romanisierungsprozesses war die Übernahme römischer Rechtsordnung, Münzprägung und der lateinischen Sprache. So stellte 188 v. Chr. die älteste griechische Polis in Italien, Kyme/Cumae, den förmlichen Antrag, Latein als Amtssprache übernehmen zu dürfen. Wenn der Geschichtsschreiber Polybios (2. Jh. v. Chr.) für die Mitte des 3. Jh. gemäß der offiziellen Gestellungsliste die ungeheure Zahl von 700 000 Fußsoldaten und 70 000 Berittenen als Rekrutierungsreservoir des von Rom geführten Bündnissystems nennt, gewinnt das seine wahre machtpolitische Bedeutung erst, wenn man berücksichtigt, daß er damit das Potential einer innerlich gefestigten italischen Wehrgemeinschaft beschreibt, nicht einer Anzahl von Vertragspartnern, für deren Zusammenhalt der Hegemon einen beträchtlichen Anteil seiner eigenen Wehrkraft reservieren mußte.

## 4.4 Der Aufstieg Roms zur Weltherrschaft (264–146 v. Chr.)

### 4.4.1 Rom oder Karthago – die Entscheidung im Westen

Mit seinem Vordringen an die Straße von Messina wurde Rom in die sich überschneidenden Interessenfelder der Griechen auf Sizilien, vor allem der Stadt Syrakus, und der Karthager hineingezogen. Die antiken Stimmen dazu reichen von dem einen Extrem, Rom sei nach dem Gewinn der Herrschaft über Italien einem Waldbrand vergleichbar unaufhaltsam über die Meerenge vorgedrungen (Florus), zu dem anderen, die imperiale Einkreisungspolitik Karthagos habe Rom zu einer entschlossenen Sicherung seiner Position gezwungen (Polybios). Eine eher geschichtsphilosophisch geprägte Kompromißformel im Sinne des Thukydides bietet Cassius Dio: Die Nachbarschaft zweier macht- und selbstbewußter Staaten wie Rom und Karthago entlade sich geradezu mit Naturnotwendigkeit in einem Konflikt um die Vorherrschaft. Kein zweiter Gegner schien den Römern die Stellung des eigenen Staates in der Welt und seine Entwicklung im Innern so mitzubestimmen wie Karthago: Seine Existenz versetzte sie in irrationale Angst und Schrecken, seine Zerstörung führte zu einem Dammbruch in die Krise von Staat und Gesellschaft.

Seit dem Beginn der Republik hatte es vertraglich geregelte Beziehungen zwischen beiden Staaten gegeben, in denen Karthago einen gewissen Vorrang in der Abgrenzung von Handelszonen für sich beanspruchte, aber auch Roms wachsende Herrschaft in Mittelitalien anerkannt war. Zuletzt hatten beide im Kampf gegen Pyrrhos zusammengewirkt. Das Hilfegesuch der kleinen sizilischen Stadt Messana (264 v. Chr.) gegen die erdrückende Bedrohung durch Syrakus und Karthago verwickelte Rom in einen unerwartet sich ausdehnenden Konflikt zunächst mit dem König Hieron II. von Syrakus, dann mit Karthago.

Um den Karthagern mit Erfolg entgegentreten zu können, entschlossen sich die Römer, eine Kriegsflotte aufzubauen. Siege ermunterten den römischen Konsul 256 v. Chr., den Krieg nach Nordafrika auszudehnen. Doch die anfangs erfolgreiche Expedition endete in der Katastrophe. Die Ermattungsstrategie des Karthagers Hamilkar in Sizilien brachte die Römer an den Rand der Erschöpfung. Erst der Einsatz einer neuen, aus Privatmitteln der Senatoren gebauten Flotte erzwang 241 v. Chr. bei den Ägatischen Inseln vor der sizilischen Westküste den römischen Sieg. Die Karthager baten um Frieden. Sie mußten zwar eine hohe Kriegskostenentschädigung von 3200 Talenten Silber (über 80 t) in 10 Jahresraten zahlen, die Besitzungen auf Sizilien und den Italien vorgelagerten Inseln aufgeben und sich auch künftig von dort fernhalten; aber Karthago blieb eine unabhängige und mit Rom gleichberechtigte Stadt. Beide sicherten sich wechselseitig die Respektierung ihrer Einflußgebiete zu. Als Karthago durch die Rebellion seiner Söldnertruppen in höchste innenpolitische Not geriet (238 v. Chr.), nutzten die Römer dessen Handlungsunfähigkeit, auch Sardinien und Korsika zu besetzen. Dieses imperialistische Vorgehen Roms schürte die Revanchegedanken insbesondere Hamilkars. Um dafür eine erfolgversprechende Basis zu gewinnen, begann er 237 v. Chr. mit der systematischen Unterwerfung der Iberischen Halbinsel.

Die siegreichen Römer sahen sich in den nächsten Jahren mit mehreren ernsten Problemen gleichzeitig konfrontiert: Zunächst unentschlossen, wie die neugewonnene Herrschaft gesichert werden sollte, dehnten sie das in Italien bewährte föderative System auf Sizilien, Sardinien und Korsika nicht aus. Sie wurden zu steuerpflichtigen Untertanengebieten (Provinzen). Hierhin entsandten die Römer ab 227 v. Chr. Prätoren als Statthalter, die militärische, richterliche und allgemein administrative Aufgaben zu erfüllen hatten. Die Einrichtung von Provinzen wurde die im westlichen Mittelmeergebiet übliche Form der Reichsorganisation.

Gleichzeitig bedrohten die Kelten nach Ablauf eines fast 50jährigen Waffenstillstandes die römische Herrschaft in Italien selbst. Auch nach dem Sieg bei Clastidium in der Poebene 222 v. Chr. mußte Rom erhebliche Kräfte zur Absicherung der neuen Bürgerkolonien in Cremona und Placentia einsetzen.

Dem Ausbau der karthagischen Position, speziell der Machtstellung der Familie des unversöhnlichen Hamilkar in Spanien, mußten die Römer unterdessen tatenlos zusehen. Hasdrubal, den Schwiegersohn und Nachfolger Hamilkars, konnten sie in einem Vertrag 226 v. Chr. lediglich dafür gewinnen, den Ebro als Grenze der beiderseitigen militärischen Operationen anzuerkennen. Damit war ein gemeinsames Vorgehen der Karthager und

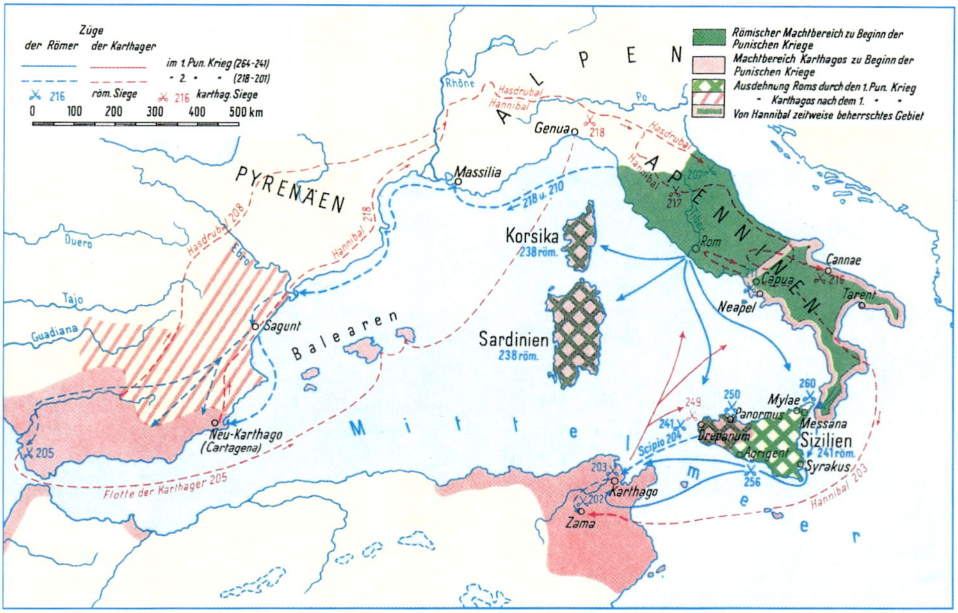


*Die Punischen Kriege*

Kelten vorerst ausgeschlossen. Sobald die Römer sich von der akuten Gefahr durch die Kelten befreit sahen, suchten sie die Grenzen der karthagischen Expansion enger zu ziehen, als dies der „Ebrovertrag" eingeräumt hatte. Der südlich des Ebro gelegenen Stadt Sagunt stellten sie 221 v. Chr. Schutz vor karthagischer Einmischung in Aussicht. Hannibal, der Sohn Hamilkars und im Alter von 25 Jahren gerade zum neuen Feldherrn in Spanien ernannt, betrachtete seinerseits einen Angriff auf die Stadt als unausweichlich, um den Römern die Basis für eine aggressive Politik in Spanien zu entziehen und um selbst durch die Machtmittel Sagunts gestärkt den Kampf gegen Rom und Italien beginnen zu können. Tatsächlich führte die Zerstörung Sagunts durch Hannibal zur Kriegserklärung der Römer vor dem karthagischen Senat (218 v. Chr.). Wenn auch die Überlieferung aus der Sicht des siegreichen Roms vor allem der Aggressivität Hannibals die Schuld an diesem Krieg zuschreibt, fehlt es nicht an Anhaltspunkten, daß die römische Politik zu diesem Zeitpunkt ganz bewußt das Risiko eines großen Konflikts mit Karthago einzugehen bereit war.

Hannibals überraschend schnelles Vordringen nach Italien durchkreuzte die römische Strategie, den Krieg in Spanien und Nordafrika zu führen. Die Römer erlitten vernichtende Niederlagen 217 v. Chr. am Trasimenischen See in Mittel- und 216 v. Chr. bei Cannae in Unteritalien. Der makedonische König Philipp V. und die Stadt Syrakus schlossen sich den Karthagern an. Noch wichtiger war es für Hannibal, daß die Stützen des römischen Bündnisses in Italien, Capua und Tarent, und in ihrem Gefolge noch viele andere Städte zu ihm überwechselten. Das von ihm propagierte politische Ziel, die Auflösung der italischen Wehrgemeinschaft und die Rückführung Roms auf eine Stadt von lokaler Bedeutung, schien 215 v. Chr. greifbar nahe.

Doch nur vier Jahre später hatten die Römer einen gründlichen Wandel der Situation erkämpft: Syrakus war gefallen, mit dem Ätolischen Bund in Griechenland ein wichtiger

Bundesgenosse gegen Makedonien gewonnen; die Rückeroberung und Zerstörung Capuas verdeutlichte allen abtrünnigen Bundesgenossen, daß Hannibal nicht in der Lage war, sie zu schützen.

Der römische Senat übertrug die militärische Kommandogewalt Jahr für Jahr auf bewährte Kräfte der Nobilität. Die Verlängerung der Amtsgewalten oder kontinuierliche Wiederwahl derselben Personen mißachtete zwar den Grundsatz der Annuität, erlaubte den Römern aber mehr Personen, als die Verfassung für Friedenszeiten vorsah, mit Befehlsgewalt auszustatten und so die Hannibal weit überlegenen Reserven der italischen Wehrgemeinschaft effektiv zu nutzen. Hannibal büßte einen Stützpunkt nach dem anderen ein. Er wurde schließlich mit seinem geschwächten Heer im äußersten Süden der italischen Stiefelspitze geradezu eingepfercht.

Ähnlich verlief der Krieg in Spanien. Hierhin hatten die Römer ungeachtet der bedrohlichen Lage in Italien noch im Winter 218 v. Chr. Truppen entsandt. Nach der Eroberung von Neukarthago (209 v. Chr.) verdrängte der junge Scipio, der 210 v. Chr. im Alter von 25 Jahren zum Oberbefehlshaber in Spanien ernannt worden war, die Karthager vollständig von der Iberischen Halbinsel.

Derselbe Scipio setzte als Konsul im Jahre 205 v. Chr. nach heftigen Debatten den Senatsbeschluß durch, Karthago direkt anzugreifen, obwohl Hannibal noch in Italien stand. Sein Sieg über den nach Afrika zurückberufenen Hannibal 202 v. Chr. bei Zama entschied den Krieg. Karthago bat um Frieden: Rom forderte eine dreimal so hohe Kriegskostenentschädigung (10 000 Talente) wie 40 Jahre zuvor. Die Kriegsflotte mußte zerstört werden. Das Staatsgebiet wurde auf den nordafrikanischen Besitz beschränkt. Kriege durfte Karthago, wenn überhaupt, nur mit römischer Zustimmung zur Selbstverteidigung führen. Ein Ausgleich der Verluste wie zuvor nach 237 v. Chr. in Spanien war damit ausgeschlossen. Karthago blieb als selbständiger Staat erhalten, aber unter interpretationsfähigen Eingriffsmöglichkeiten Roms. Eine zusätzliche Kontrolle übte der mit Rom verbündete Numiderkönig Massinissa aus, dessen Reich auf Kosten der Karthager vergrößert worden war. Spanien wurde römische Provinz (197 v. Chr.). Doch die spanischen Stämme, die mit den Römern für die Vertreibung der Karthager gekämpft hatten, waren von dem römischen Machtanspruch so enttäuscht, daß sie noch über 60 Jahre erbitterten Widerstand leisteten.

Obwohl Karthago keine wirkliche Gefahr mehr darstellte, sahen führende Senatoren, an ihrer Spitze der alte Cato, in der allmählichen wirtschaftlichen Erholung der Stadt eine erneute Bedrohung Roms. Als die Karthager Angriffe Massinissas ohne vorherige Rücksprache mit dem römischen Senat abwehrten, nahmen die Römer diesen formalen Bruch des Friedensvertrages zum Anlaß, Karthago den Krieg zu erklären und schließlich vollständig zu zerstören (146 v. Chr.).

Die tiefsitzende Furcht vor diesem Rivalen war damit endgültig gebannt. Rom sprach über das karthagische Land einen Fluch aus. Um den Boden dauerhaft unfruchtbar zu machen, wurde über Gärten und Felder Salz ausgestreut.

Doch so schnell wurden die Römer die Erinnerung an den Feind, der ihre Existenz in Italien bedroht hatte, nicht wieder los. Hannibals 15jähriges Wüten in Süditalien hatte nicht nur zahllose Menschen das Leben gekostet. Die gezielte Vernichtung von Tieren und Kulturen hatte das Land in eine Einöde verwandelt. Das war das Ergebnis der verbreiteten Strategie der „verbrannten Erde“, die auch den Römern nicht fremd war (Vorwurf eines Britannierfürsten: „Sie nennen es Frieden, wo sie eine Wüste schafften“, Tacitus). Doch auch hier hatte Hannibal neue Maßstäbe gesetzt. Die ökologischen Schäden waren so, daß sie nach dem Urteil des englischen Geschichtsforschers Arnold Toynbee noch jahrhundertelang nachwirkten.

### 4.4.2 Rom und die hellenistischen Staaten des Ostens

Der Sieg über Karthago hatte nicht nur die römische Vorherrschaft im westlichen Mittelmeer begründet. Das Eingreifen Philipps V. von Makedonien hatte darüber hinaus den politischen Horizont der Römer nach Osten erweitert. Hier bestand seit etwa hundert Jahren das hellenistische Staatensystem auf dem Boden des zerfallenen Alexanderreiches. Ein geheimes Abkommen zwischen Philipp V. und dem Seleukidenkönig Antiochos III. 203 v. Chr. zu Lasten des ägyptischen Ptolemäerreiches gefährdete auch wichtige Interessen der früheren Verbündeten Roms, des Ätolischen Bundes und des Königreichs Pergamon. Gestützt auf ihre Hilfegesuche sowie die von Rhodos und Athen erklärte der Senat trotz unverkennbarer Kriegsmüdigkeit im römischen Volk dem Makedonenkönig den Krieg (200 v. Chr.). Dieser Schritt war durch keine vertragliche Verpflichtung gedeckt. In dem Programm, Autonomie und Freiheit aller Griechen zu sichern, sahen die Römer dennoch eine Legitimation. Gleichzeitig erlaubte es ihnen, auch eigene Interessen in diesem Raum zu wahren.

Der entscheidende Sieg gelang 197 v. Chr. T. Quinctius Flamininus. Die Friedensregelung stellte ihn vor schwierige Probleme: Makedonien mußte stark genug bleiben, um die nördlichen Stämme der Illyrer und Thraker in Schach halten zu können, aber soweit geschwächt werden, daß es den Griechen nicht mehr als Gefahr erschien. Diese sollten frei und autonom sein, durften aber nicht völlig frei von römischen Militärstützpunkten wehrlos dem schon begehrlich wartenden Antiochos III. ausgeliefert werden. Spektakulär ließ Flamininus auf den panhellenischen Festspielen in Korinth 196 v. Chr. die Freiheit der vormals unter makedonischer Vorherrschaft stehenden Griechenstädte verkünden. Römische Besatzungen sollten allerdings in drei Schüsselstellungen verbleiben. Philipp mußte sich auf Makedonien beschränken. Dem Seleukidenkönig ließ Flamininus mitteilen, er müsse die Freiheit der kleinasiatischen Griechenstädte respektieren und sich von Europa fernhalten.

Angesichts der bisher freundschaftlichen Beziehungen zu Rom und eines von Erfolgen gestärkten Selbstbewußtseins sah Antiochos darin unzumutbare Forderungen. Ihnen fehlte nicht nur jede rechtliche Grundlage; sogar eigene vermeintliche Rechtsansprüche standen ihnen gegenüber. Trotz mehrfacher diplomatischer Verhandlungen zeichnete sich immer deutlicher der Weg in den Krieg ab. Nach dem römischen Sieg bei Magnesia in Kleinasien (190 v. Chr.) mußte Antiochos in dem Friedensschluß von 188 v. Chr. die ungeheure Kriegskostenentschädigung von insgesamt 15 000 Talenten Silber (ca. 400 t) leisten und den kleinasiatischen Besitz räumen, den die Römer an ihre Freunde in Pergamon und Rhodos weitergaben.

Anders als im Westen verzichtete Rom im östlichen Mittelmeer vorerst auf die Einrichtung von Provinzen, nahm aber in der völkerrechtlichen Ordnung der hellenistischen Staatenwelt schon einen bevorzugten Platz ein. Bei Streitigkeiten fiel dem römischen Senat ganz selbstverständlich die Rolle des Schiedsrichters zu. Herrschte Rom in Italien auf der Grundlage von unverbrüchlichen Verträgen, in den Provinzen über tributpflichtige Untertanen, so war jenseits der Adria die völkerrechtlich unverbindliche „Freundschaft" (amicitia) das Band zu den Partnern. Sie verpflichtete formal keine Seite zu irgendwelchen konkreten Leistungen, sondern war Ausdruck allein fürsorglicher Rücksichtnahme aufeinander, solange beide in ihren Entscheidungen unabhängig waren.

Der einseitige Machtanstieg Roms veränderte jedoch den Charakter der völkerrechtlichen Freundschaft grundlegend. Wegen ihrer Unbestimmtheit bot sie dem übermächtigen Rom, anders als gegenüber einem Bundesgenossen mit definierten Verpflichtungen, die Möglichkeit zu beinahe grenzenlosen Forderungen. Bei mangelnder Fügsamkeit konnte es die Freundschaft kündigen. Das bedeutete aber nicht einfach nur den Entzug des Wohlwollens, sondern in einer Situation, in der Rom die Politik aller Mittelmeerstaaten maßgeblich bestimmte, den Ausschluß aus der von Rom angeführten Völkergemeinschaft. Nicht neutrale Isolation, sondern bedingungslose Unterwerfung war die Konsequenz. Umgekehrt stand dem fügsamen Freund der Schutz Roms zur Verfügung. Die Bedrohung eines Freundes von dritter Seite wertete Rom als Angriff auf seinen Führungsanspruch in der Welt (maiestas). Die Interessenlage des römischen Staates wurde zur Grundlage jeder politischen Entscheidung. Die Unverbindlichkeit der völkerrechtlichen Freundschaft korrespondiert mit der Freiheitsparole als Grundlage der römischen Interventionspolitik im Osten. Auch sie gründete sich nicht auf Verpflichtungen gegenüber Bundesgenossen, sondern richtete sich nach flexiblen Interessensphären Roms in einem nach der Niederwerfung Karthagos erweiterten politischen Horizont. Für sich nahmen die römischen Senatoren in Anspruch, nach den Grundsätzen von Treue (fides), Maß (moderatio) und vor allem Gerechtigkeit (iustitia) zu verfahren. Doch selbst nach eigenem Urteil entgingen sie nicht der Versuchung, die Herrschaftsmöglichkeiten imperial zu nutzen. Unter Vernachlässigung ihrer hohen Moralansprüche führten sie eine „neue Verschlagenheit“ (nova sapientia, Livius) in die römische Politik ein.

Perseus, Sohn und Nachfolger König Philipps V. in Makedonien, versuchte, sich aus der bisherigen außenpolitischen Isolation zu befreien. Damit weckte er den Argwohn des Senats, er strebe zu Lasten Roms eine führende Rolle unter den hellenistischen Staaten an. In einem letzten Krieg wurde Makedonien niedergeworfen (171–168 v. Chr.), die Kö-

*Ausdehnung der römischen Herrschaft*

nigsherrschaft beseitigt, das Land in vier unabhängige, kaum lebensfähige Republiken geteilt. Pergamon und Rhodos waren den Römern zu lasche Partner und wurden gedemütigt. Einen Konflikt zwischen dem Seleukiden- und Ptolemäerkönig entschied Rom durch ein rigoroses Ultimatum nach seinen Interessen (vgl. S. 98). Bedenkenlos griffen Senatsgesandtschaften in die inneren Angelegenheiten befreundeter Städte und Staaten ein. Von einer völkerrechtlichen Ordnung auf der Grundlage der Gleichberechtigung konnte kaum noch die Rede sein. Der zeitgenössische Geschichtsschreiber Polybios betrachtete das Jahr 168 v. Chr. als die Vollendung der römischen Weltherrschaft.

### 4.4.3 Weltfriedensordnung oder Imperialismus?

Die Frage nach den Triebkräften der schließlich rasanten Expansion des römischen Stadtstaates zum Imperium Romanum stellten sich antike und moderne Autoren gleichermaßen. Vor allem Quellenaussagen des letzten vorchristlichen Jahrhunderts betonen die ideologische Rechtfertigung: Die Römer fühlten sich zur Herrschaft berufen, um überall in der Welt Frieden und Gerechtigkeit zum Sieg zu verhelfen, um Unrecht jede Aussicht auf Erfolg zu nehmen (Cicero, Sallust, Livius). Den Schutz der Schwachen gegen hochmütige Willkür betrachtete Vergil als den spezifischen Auftrag Roms. Dazu und in Anerkennung seiner Leistungen habe Jupiter Rom unbegrenzte Herrschaft (imperium sine fine) verliehen.

Diese Ideologie der Macht läßt sich in frühere Zeiten zurückverfolgen. Die Zensoren baten regelmäßig die Götter feierlich um Vergrößerung und Verbesserung des römischen Staates. So erregte es Aufsehen, als der jüngere Scipio Africanus, der Zerstörer Karthagos, 142 v. Chr. am Ende seiner Zensur die traditionsreiche Formel durch die Bitte um Erhaltung des Erreichten ersetzte. Bedenkt man die Grundlagen der Vorstellung vom „gerechten Krieg“, konnten die Römer aus den anhaltenden Erfolgen nur die Bestätigung ihrer moralischen Überlegenheit durch die Götter selbst ableiten.

Dennoch fehlen kritische Stimmen nicht vollständig, obwohl uns Überlieferung allein aus römischer Sicht vorliegt. Griechische Philosophen bestritten bei einem viel beachteten Auftritt 155 v. Chr. in Rom gerade die Gerechtigkeit als Richtlinie römischer Außenpolitik. König Mithridates von Pontus, der erfolgreichste Gegner römischer Herrschaft im letzten vorchristlichen Jahrhundert, erkannte in einer „tiefen Gier nach Herrschaft und Reichtum“ den einzig wahren Grund für die Kriege Roms. Cicero beklagte den Verfall der Moralvorstellungen römischer Befehlshaber nicht nur gegenüber Feinden und Untertanen, sondern auch gegenüber römischen Bürgern.

Moderne Überlegungen, ob der Begriff des Imperialismus, gekennzeichnet von zielstrebiger Mehrung politischer und wirtschaftlicher Macht sowie von dem Gefühl kultureller und rassischer Überlegenheit, auf die Motive der römischen Expansion übertragbar sei, führten zu keiner Übereinstimmung. Der Annexionspolitik und gezielten Verbreitung römischer Lebensweise in den rückständigen westlichen Provinzen stand lange Zeit die entsprechende Zurückhaltung im hellenisierten Osten gegenüber. Der bewußte Verzicht auf wirtschaftliche Ausbeutung Makedoniens nach 168 v. Chr., der Mangel an Handelsmonopolen, die zögernde Investitionsbereitschaft der römischen Oberschicht in den Provinzen sprechen gegen einen wirtschaftlich motivierten Imperialismus; der Neid auf die blühende Wirtschaft Karthagos als einer der Gründe für die Zerstörung der Stadt, die Einschätzung der Provinzen als Ausbeutungsobjekte zur Finanzierung von Wohlstand und Militär sind eher Zeichen dafür. Weitgehende Einigkeit besteht darin, dem römischen Sicherheits- und Prestigedenken eine zentrale Bedeutung beizumessen.

Die Erfahrungen aus dem Krieg gegen Hannibal in Italien hatten das Streben nach weiträumigen Sicherheitszonen verstärkt. Die Angehörigen der Nobilität sahen in der Vermehrung von Ansehen und Macht Roms die angemessene Form, selbst Ruhm (gloria) und Anerkennung (dignitas) zu gewinnen. Demonstrative Überlegenheit, nicht möglichst weitreichende Annexionen war das Ziel. Dem entspricht bei vielen Autoren die fast genüßliche Darstellung des „Tages von Eleusis" 168 v. Chr., als ein römischer Gesandter den siegreichen Seleukidenkönig Antiochos IV. vor Alexandria ultimativ aufforderte, aus Ägypten abzuziehen, und dessen Bitte um Bedenkzeit damit beantwortete, daß er mit dem Stock einen Kreis im Sand um den König zog und ihn im Sinne Roms zur Antwort zwang, ehe er den Kreis verließ. Der Hinweis „Ich bin ein römischer Bürger" (civis Romanus sum) sollte genügen, Schutz und Ehrerbietung zu sichern. Die Freistellung von jeglichen Steuern ab 167 v. Chr. verdeutlichte jedem Bürger die handgreiflichen Vorteile der imperialen Stellung Roms.

Ab der Mitte des 2. Jh. v. Chr. begannen die Römer, auch im Süden und Osten ihre unbestrittene Vorrangstellung in direkte Provinzialherrschaft umzuwandeln: 148/6 v. Chr. Makedonien und Griechenland, 146 v. Chr. das Gebiet Karthagos als Provinz Africa, 133 v. Chr. das Königreich Pergamon als Provinz Asia. Rom hatte die Fähigkeit zur selbstverantwortlichen Herrschaft bei den Städten und Königen durch ständige völkerrechtswidrige Eingriffe so weit ausgehöhlt, daß es sie letztlich unter direkte Verwaltung und militärische Kontrolle nehmen mußte.

### 4.4.4 Rom und die hellenistische Kultur

Der Philosoph und Historiker Poseidonios (2./1. Jh. v. Chr.) sah in der Anpassungsbereitschaft besonders der römischen Oberschicht an die kulturelle Tradition der Griechen die wesentliche Ursache für die Stabilität der römischen Herrschaft über die hellenistische Staatenwelt. Horaz dichtete in einem Brief an den Kaiser Augustus: „Das eroberte Griechenland bezwang den wilden Sieger und brachte die Künste in das ländlich ungebildete Latium." Römer lernten Griechisch, um im Umgang mit der Bevölkerung als Statthalter oder Geschäftspartner daraus Vorteile zu ziehen, noch häufiger aber, um die reichhaltige Literatur im Original zu lesen. Das wirkte sich auch auf das eigene Literaturschaffen aus. Der erste römische Dichter, Livius Andronicus (3. Jh. v. Chr.) übersetzte die Odyssee ins Lateinische und schrieb Dramen nach griechischem Vorbild. Die jüngere attische Komödie (4./3. Jh.) spiegelt sich in den zahlreichen noch heute erhaltenen Stücken von Plautus und Terenz aus dem 3./2. Jh. v. Chr. Die ersten römischen Geschichtsschreiber verfaßten ihre Werke sogar in griechischer Sprache, um die römische Politik auch den Besiegten verständlich zu erläutern. Der für die Verteidigung altrömischer Wertvorstellungen bekannte Sallust (1. Jh. v. Chr.) folgte in seinen Grundvorstellungen von der Geschichtsschreibung den griechischen Vorbildern Thukydides (5. Jh.) und Polybios (2. Jh.).

Die unbestritten erfolgreiche politische und juristische Praxis ergänzte die römische Oberschicht durch ihre Aufgeschlossenheit gegenüber den theoretischen Überlegungen der hellenistischen Philosophenschulen. Von ihnen gewann die Stoa mit ihrer den römischen Vorstellungen verwandten staatsbezogenen Ethik spürbaren Einfluß. Der jüngere Scipio zählte neben dem griechischen Geschichtsschreiber Polybios auch den Leiter der stoischen Schule, Panaitios aus Rhodos, zu seinem Freundeskreis.

Griechische Kulte veränderten das religiöse Leben in Rom. Sie waren entgegen der altrömischen Religion mit repräsentativen Festen und Spielen verbunden. Der einzelne wurde unmittelbar in die Form der Götterverehrung einbezogen. Das suchten die Menschen vor allem in der Krisensituation des Zweiten Punischen Krieges. Wenn das Eindringen der griechisch-orientalischen Mysterienreligionen auch durch den zunehmenden Strom von Fremden nach Italien begünstigt wurde, so kamen sie doch einer verbreiteten Stimmung im römischen Volk entgegen. Besonders der Kult des Dionysos (römisch: Bacchus) geriet in den Verdacht, daß mit den geheimen Ritualen auch Verbrechen verbunden seien. In einem berühmten Beschluß des Jahres 186 v. Chr. verbot der Senat römischen Bürgern und Bundesgenossen die Teilnahme daran. Auch sonst waren Züge nationalrömischer Reaktion unverkennbar. Die teils kritiklose Nachahmung griechischen Lebensstils erschien konservativen Römern, z. B. Cato, als Gefahr für die traditionellen Werte. Immerhin hatten sie sich auf dem Schlachtfeld und in der Diplomatie als überlegen erwiesen. Griechen hießen vielfach abschätzig „Graeculi" (Griechlein). Doch richtungweisend wurden Männer der Nobilität wie der jüngere Scipio, die griechische Vorbilder zur Entfaltung römischer Kultur und zur Ergänzung der eigenen Wertvorstellungen nutzten. Cicero und Caesar unternahmen ganz selbstverständlich Bildungsreisen nach Griechenland und Kleinasien. Von rhetorischen Fähigkeiten versprachen sie sich Vorteile für ihre Karriere in Rom bei Auftritten vor Gericht, Senat und Volksversammlung. Unverkennbar ist der griechische Einfluß auch in allen Bereichen der Kunst: Plastik, Malerei, Tempel- und Theaterbau. Griechische Künstler oder Kunstraub in großem Stil durch die römischen Eroberer ersetzten vielfach eigene Fähigkeiten. Maßstäbe setzten die Römer selbst dagegen in der Errichtung von Nutzbauten: Steinbrücken, Wasserleitungen, Fernstraßen.

Nicht ohne Wirkung blieb die selbständige Lebensweise der Frau im Hellenismus, ihre Teilhabe an Luxus und in den Herrscherhäusern sogar an der Regierung, auf die gesellschaftliche Stellung der Frau in Rom. Sicherlich machte es Eindruck, wenn einer griechischen Gesandtschaft zu Scipio auch Frauen angehörten. Ein berühmtes Beispiel weiblichen Heldentums war die Frau, durch deren Steinwurf der König Pyrrhos in Griechenland getötet wurde, gegen den die Römer einen aufreibenden Krieg geführt hatten. Privatrechtliche Gleichstellung, wirtschaftliche Unabhängigkeit und Bildung gehörten – selbstverständlich nach Alter und sozialer Schicht gestaffelt – zum Bild der hellenistischen Frau. Die Philosophenschulen akzeptierten sie als Schüler und Lehrer. Die vielfach in der Literatur gerühmten glücklichen Ehen basierten auf der gleichberechtigten Anerkennung des Seelenlebens auch der Frau.

Der klassische Tugendkatalog forderte von der Ehefrau (matrona) Keuschheit, Fügsamkeit, Freundlichkeit, Frömmigkeit, Zurückhaltung in der äußeren Erscheinung. Hinzu kam die Fähigkeit, dem Mann und seinem Geschlecht legitime Kinder zu gebären. Sie sollte Wolle spinnen, dem Haushalt und – in der Oberschicht – den Sklavinnen vorstehen. Dieses konservative Ideal der züchtigen Hausfrau blieb die ethische Richtschnur der Gesetzgebung. Die tatsächlichen Verhaltensweisen entfernten sich davon beträchtlich, so daß Rechtsnorm und Wirklichkeit immer weiter auseinanderklafften.

Im Jahr 195 v. Chr. gingen römische Frauen aus allen Schichten auf die Straße, um in Verbindung mit zwei Volkstribunen die Aufhebung eines Gesetzes aus dem Zweiten Punischen Krieg zu erreichen, das ihnen den Verzicht auf jeden Schmuck oder Kleiderluxus auferlegte. Der Konsul Cato machte für dieses Verlangen die Versuchungen aus der aufkommenden römischen Weltherrschaft und zersetzende Lebensformen der hellenistischen Welt verantwortlich. Bemerkenswert ist allerdings, daß er das in den Zusammenhang der gesellschaftlichen Situation insgesamt stellte und den Männern gleichermaßen Vorhaltungen machte. Andere Konservative verzichteten bei ihrer Kritik an der „Zügellosigkeit" der Frauen in einer Haltung von Doppelmoral auf gleichartige Vorwürfe gegenüber den Männern, obwohl deren Mißachtung altrömischer Moralgrundsätze in viel

*Wandmalerei aus der „Mysterienvilla" in Pompeji, 1. Jh. v. Chr., Ausschnitt. Dargestellt ist die Aufnahme einer Gläubigen in den Geheimbund der Dionysosanhänger.*

höherem Maße das Bild der Gesellschaft beeinflußte. Die gegen Cato und für die Bedürfnisse der Frauen eintretenden Volkstribunen setzten sich durch und wiesen ganz bewußt einer begrenzten Frauenemanzipation den Weg.

In der ausgehenden Republik waren wirtschaftlich unabhängige Frauen, solche, die selbständig vor Gericht auftraten, die die politische und geschäftliche Tätigkeit ihrer Ehemänner unterstützten, sogar Einfluß auf Senats- und Volksbeschlüsse nahmen, keine Einzelfälle mehr. Berühmten Männern gleich wurden vornehme Damen mit einer öffentlichen Leichenrede (laudatio funebris) geehrt. Vereinzelt gegen Ende der Republik, in der Kaiserzeit ganz selbstverständlich erschienen Porträts von Frauen aus der Umgebung der Machthaber auf Münzen. Dennoch: Auch die großen Frauenpersönlichkeiten wie Cornelia, die Tochter Scipios, des Siegers im Zweiten Punischen Krieg und Mutter der Reformer Ti. und C. Gracchus, oder Julia, die Tochter Caesars und Gattin des Pompeius, deren politischer Einfluß unbestritten und anerkannt war, gewannen ihr Gewicht über die Männer, zu denen sie in Beziehung standen. Die Frauen des Senatoren- und Ritterstandes spielten entsprechend dem Ansehen ihrer gesamten sozialen Schicht eine geachtete und selbständige Rolle im Gefüge der Klientelbindungen. Ähnlich hat man sich die einfacheren Römerinnen vorzustellen, die als Frauen der Soldaten, die die Welt erobert hatten, selbstbewußt geworden waren.

Gültig blieben jedoch bis in die Kaiserzeit hinein zwei Kernsätze römischer Juristen: „Frauen sind von allen staatlichen und öffentlichen Ämtern ausgeschlossen“ (Ulpian 3. Jh. n. Chr.) und: „In vielen Bestimmungen unseres Rechts ist die Stellung der Frauen schlechter als die der Männer“ (Papinian 3. Jh. n. Chr.). Je nachdem mochte die Auskunft: „Es erscheint als überaus unbillig, daß der Mann von seiner Frau Schamhaftigkeit fordert, die er selbst nicht übt“ (Ulpian) Hoffnung oder ohnmächtige Wut hervorrufen.

## 4.5 Weltherrschaft und Krise (133–27 v. Chr.)

Die Weltherrschaft mußte Rom mit einem tiefgreifenden Wandel in Staat und Gesellschaft bezahlen. Wenn überhaupt, dann begriff die Führungsschicht viel zu spät, daß ein aristokratisch geführter Stadtstaat mit der Regierung eines Weltreiches überfordert war.

### 4.5.1 Die Senatsaristokratie und der Machtanspruch des einzelnen

Die erfolgreiche Abwehr Hannibals, noch mehr der unaufhaltsame Aufstieg Roms zur Weltherrschaft hatte das Ansehen der Senatsaristokratie im römischen Volk weiter gestärkt. Wer Einfluß auf die Entscheidungen im Senat ausüben konnte, durfte sich zu den Regenten Roms und der ganzen Welt rechnen. Die Notlage des Zweiten Punischen Krieges hatte es erzwungen, einzelnen Magistraten die Kommandogewalt über mehrere Jahre hin zu verlängern. Diese Praxis bewährte sich auch bei den Feldzügen im Osten und in Spanien. Einzelne Angehörige der Nobilität gewannen durch ihre Erfolge nicht nur Ruhm, sondern dazu materielle Mittel im Überfluß, die sie für eigenen Luxus einsetzten, aber auch um Anhang bei Wahlen und wichtigen politischen Entscheidungen zu gewinnen. Führungspositionen, die diese Möglichkeiten boten, wurden deshalb mit allen Mitteln angestrebt. Die Senatsmehrheit versuchte, die traditionellen Werte (mos maiorum) durch Gesetze (leges) zu stützen. Die Solidarität der Senatsaristokratie ging in die Brüche: Überragenden Feldherren und Statthaltern der Weltmacht Rom, die sich durch erfolgreiche Kriege und in den Provinzen hatten hervortun und bereichern können, stand die große Zahl derer gegenüber, die diesen Sprung nicht geschafft hatten.

### 4.5.2 Wirtschaftliche Veränderungen

Zusätzliche Gefahr drohte von der Entwicklung der wirtschaftlichen Interessen: Die Einführung eines gegliederten Münzsystems sowie einer Silberwährung schon nach der Ausdehnung des römischen Einflusses über Italien einschließlich der griechischen Kolonien im Süden mit ihren fortschrittlichen Wirtschaftsformen spiegelt die wachsende Bedeutung von Handels- und Geldgeschäften. Konservative Kräfte in der Senatsaristokratie erreichten 218 v. Chr. eine gesetzliche Regelung, die für Senatoren allein die Landwirtschaft als standesgemäße Erwerbsgrundlage festlegte. Die politische und militärische Führungsschicht sollte ihre Entscheidungen möglichst frei von persönlichen wirtschaftlichen Interessen treffen. Ihr Streben konzentrierte sich demnach auf die Vergrößerung des Landbesitzes. Möglichkeit dazu bestand in der Bewirtschaftung des in Italien und außerhalb eroberten Staatslandes (ager publicus), oder Senatoren kauften das Land, häufig nicht ohne Druck auszuüben, von verschuldeten Kleinbauern auf.

Begünstigt wurde diese Entwicklung durch einen Strukturwandel in der Landwirtschaft. Betriebswirtschaftliche Erfahrungen in Sizilien, Nordafrika und dem Osten hatten gelehrt, daß der großflächige Anbau von Wein, Oliven, Obst, vor allem aber Viehzucht ungleich ertragreicher waren als die traditionelle Hauswirtschaft zur Selbstversorgung. Der Großbetrieb (latifundium) begann, die kleinen und mittleren Bauernhöfe zu verdrängen.

Ein Verlust an Eigenständigkeit in der Masse der römischen Bürger war die notwendige Folge. Die Zerstörungen des Zweiten Punischen Krieges in Italien, die anschließenden langwierigen Feldzüge in Griechenland, Kleinasien und Spanien hinderten die Kleinbauern und ihre Söhne, ihre Felder zu bestellen und trieben sie in den Ruin oder den Zwangsverkauf an einen kapitalkräftigen Interessenten. Das stürzte die ehemals gesicherte Mittelschicht nicht nur in materielle Not, sondern auch in eine Krise der Selbstachtung; denn eigener Landbesitz war die traditionelle Grundlage, die dem richtigen Römer (vir vere Romanus) Sicherheit und Ansehen verlieh. Die politische und militärische Basis des römischen Staates wurde geschwächt. Die Besitzlosen (proletarii) sammelten sich vor allem in der Hauptstadt. Hier konnten sie ihr Bürgerrecht gewinnbringend bei Abstimmungen in der Volksversammlung einsetzen. Hier kreuzten sich die Interessen machtbewußter Nobiles und des bedürftigen Stadtproletariats. Gesetze gegen Wählerbestechung, übertriebenen Luxus und Gewaltanwendung spiegeln den Strukturwandel besonders der stadtrömischen Bevölkerung wider.

Möglichkeiten zu unselbständiger Arbeit in Landwirtschaft und Gewerbe waren beschränkt. Durch die Massenversklavung ganzer Städte und Landstriche nach siegreichen Kriegen, die Belieferung von Sklavenmärkten durch Seeräuber und Banden gelangten Hunderttausende von Unfreien nach Sizilien und Italien. Aemilius Paulus, der Sieger über Perseus von Makedonien, führte 167 v. Chr. allein aus Epirus 150000 Menschen in die Sklaverei. Im Freihafen von Delos sollen täglich bis zu 10000 Sklaven als Handelsgut umgeschlagen worden sein. Da sie vom Heeresdienst freigestellt waren, aus eheähnlichen Verbindungen Nachwuchs lieferten und bei geringen Lebenshaltungskosten ständig verfügbar waren, wurden sie aus betriebswirtschaftlichen Gründen freien Römern vorgezogen. Vielfach waren Sklaven aus dem hellenistischen Osten den einheimischen Freien in Italien auch an Ausbildung überlegen, so daß ihre Beschäftigung trotz hoher Anschaffungskosten wünschenswert erschien.

Die Behandlung der Sklaven richtete sich nach ihren Einsatzgebieten. Unfreie Hirten wurden mit Brandmalen versehen wie ihre Tiere; unmenschliche Arbeitsbedingungen trieben die Sklaven in den Bergwerken in einen frühen Tod; Sklaven in Familien konnten

*Relief mit der Darstellung eines Bauern, der mit einem Rind und verschiedenen landwirtschaftlichen Produkten zum Markt zieht.*

nicht selten eine Vertrauensstellung gewinnen; Gesundheit und Einsatzbereitschaft teurer Spezialisten suchten ihre Besitzer durch pflegliche Behandlung zu erhalten. Umgekehrt waren sie bestrebt, sich das Wohlwollen ihres Herrn zu sichern, der sie rechtsgültig aus dem Sklavenstand ohne nennenswerte Beschränkungen in das römische Bürgerrecht freilassen konnte. Daraus erklärt sich, daß große Sklavenkriege in Sizilien (135–132 v. Chr.; 104–100 v. Chr.) und Italien (73–71 v. Chr.: Spartacusaufstand) nicht zu einem solidarischen Vorgehen aller Unfreien führten. Die Aufständischen zielten nicht auf eine Abschaffung der Sklaverei, sondern nur auf eine Umkehr der Verhältnisse zu ihren Gunsten.

### 4.5.3 Der Aufstieg des Ritterstandes

Die vielfältigen wirtschaftlichen Erfordernisse der Reichspolitik ließen unterhalb dem Senatorenstand den der Ritter (ordo equester) entstehen. Als selbständige Unternehmer führten sie alle möglichen Staatsaufträge aus (Heeresbelieferung, Straßenbau, Getreidebeschaffung). Als vom Senat bestellte Steuerpächter (publicani) trieben sie in den Provinzen die fälligen Abgaben und Zölle ein, bewirtschafteten auf eigene Rechnung Staatsdomänen und organisierten das Kreditwesen. Für die Reichsverwaltung waren sie unentbehrlich. In ihren Händen sammelte sich großer Reichtum. Ihr Einfluß in der Gesellschaft war beträchtlich. Politische Verantworung hätten sie aber nur über die Bewerbung um die senatorischen Ämter gewinnen können. Das hätte den Verzicht auf jegliche Tätigkeit außerhalb der Landwirtschaft vorausgesetzt. Hier begann sich ein Reservoir der Unzufriedenheit zu sammeln.

### 4.5.4 Die Benachteiligten: Bundesgenossen und Provinzbewohner

Die Bundesgenossen in Italien hatten wesentlichen Anteil am Aufbau der römischen Weltherrschaft, aber nicht an deren Vorteilen, beispielsweise bei der Verteilung von Beute und Siedlungsland. Römische Magistrate mißachteten ihre Autonomie. Am Ende eines erfolgreichen Romanisierungsprozesses fühlten sie sich wie Römer und strebten folgerichtig die gleichberechtigte Aufnahme in den römischen Staat an. Sie wurde ihnen beharrlich verweigert.

Das römische Herrschaftsverständnis verpflichtete einen Statthalter in den **Provinzen** darauf, die leibliche und materielle Sicherheit der Untertanen zu gewährleisten, das Land vor bewaffneten Konflikten zu schützen. Doch in der Regel gab er dem Interesse der ritterlichen Steuerpächter nach, von der Bevölkerung möglichst hohe Abgaben zur eigenen Bereicherung einzutreiben. Dies um so bereitwilliger, je mehr er selbst seine umfassende Befehlsgewalt in der Provinz dazu benutzte, sich weit über das zulässige Maß hinaus die eigenen Taschen zu füllen. Beschwerden wegen Erpressung (de repetundis) waren möglich, da Senatoren über die beklagten Statthalter zu Gericht saßen, aber wenig aussichtsreich.

Das römische Weltreich trieb in die Krise. So wie der ständeübergreifende Konsens in der römischen Gesellschaft und die Zustimmung der italischen Bundesgenossen zur Vorherrschaft Roms die res publica Romana in einem stabilen Gleichgewicht gehalten hatten, so schienen jetzt alle gesellschaftlichen und politischen Kräfte auseinanderzustreben. Dem Staat drohte eine Zerreißprobe. Autoren des letzten vorchristlichen Jahrhunderts sahen die Ursache dafür in dem Wegfall jeder Bedrohung Roms von außen, symbolisiert durch die Zerstörung Karthagos 146 v. Chr. Die römische Gesellschaft habe nicht mehr den Zwang verspürt, die bewährte Werteordnung weiter zu beachten. Luxusleben (luxuria), Habgier (avaritia), Standesdünkel (superbia) hätten vor allem die Führungsschicht zu Lasten von Staat und Gesellschaft mit allen Mitteln ausschließlich persönlichem Vorteil nachjagen lassen.

### 4.5.5 Die Reformversuche des Tiberius und Gaius Gracchus (133 und 123/2 v. Chr.)

Konkreter deckten die aus einer angesehenen Nobilitätsfamilie stammenden Brüder Tiberius und Gaius Gracchus die Mißstände auf und strebten als Volkstribune (133 bzw. 123/2 v. Chr.) in einem umfassenden Reformprogramm eine Lösung an: Tiberius Gracchus ließ an besitzlose Bürger Staatsland verteilen, das diejenigen Grundbesitzer zur Verfügung stellen sollten, die mehr als 1000 Joch (= Morgen = $^1/_4$ Hektar) davon in Besitz genommen hatten. Über die Wiederherstellung eines lebensfähigen Kleinbauerntums sollten so die für die imperialen Aufgaben erforderliche Wehrkraft zurückgewonnen, überhaupt die schädlichen Folgen der Proletarisierung beseitigt werden. Obwohl er zunächst auf eine starke Senatorengruppe zählen konnte, artikulierte sich die Opposition in dem Veto eines anderen Volkstribunen.

Da Ti. Gracchus überzeugt war, im Interesse des Volkes zu handeln, ließ er den opponierenden Kollegen durch Volksbeschluß absetzen, das Landverteilungsgesetz danach beschließen und – um dessen Durchsetzung sicherzustellen – sich selbst für eine zweite Amtszeit wählen. Damit verstieß er, seiner Meinung nach im Dienste eines höheren Ziels, gegen fundamentale Grundsätze der Staatsordnung: gegen das Prinzip von Kollegialität und Annuität. Er überging den traditionellen Anspruch des Senats, politische Vorhaben von Magistraten durch seine Zustimmung als mit der Tradition vereinbar zu legitimieren, ehe sie der Volksversammlung vorgelegt wurden. In einem Tumult wurde Ti. Gracchus unter dem Vorwurf, er strebe nach der Königsherrschaft, von einer Senatorengruppe erschlagen.

Zehn Jahre später griff C. Gracchus nicht nur die Reformpläne seines Bruders wieder auf, sondern erweiterte sie beträchtlich: Die bedürftige Stadtbevölkerung ließ er mit verbilligtem Getreide versorgen. Den bisher von der politischen Verantwortung ausgeschlossenen Rittern übertrug er die Besetzung der Gerichtshöfe, die Anklagen vor allem gegen Senatoren zu entscheiden hatten. Mit der Einführung einer geregelten Besteuerung der Provinz Asien, der reichsten des gesamten Imperiums, eröffnete er den ritterlichen Steuerpächtern ein wichtiges Aufgabenfeld, stellte zugleich aber die staatlichen Einkünfte auf ein gesichertes Fundament. Die bisher benachteiligten Bundesgenossen sollten in das römische Bürgerrecht aufgenommen werden. Die Agitation des Konsuls C. Fannius, die Beteiligung der Bundesgenossen an Wohlstand und politischer Mitbestimmung nicht zuzulassen, verfehlte ihr Ziel nicht. Die geplante Anlage von Bürgerkolonien außerhalb Italiens hätte die Landbeschaffung erleichtern und möglicherweise eine Integrationspolitik gegenüber den Provinzialen einleiten können. Demagogische Gegenvorschläge eines Tribunenkollegen in Zusammenarbeit mit der Senatsaristokratie entzogen C. Gracchus die Gefolgschaft. Als dieser sich – durchaus illegal – mit Gewalt zu behaupten suchte, fand auch er den Tod, nachdem der Senat in einem förmlichen Notstandsbeschluß („äußerster Senatsbeschluß" – Senatus Consultum Ultimum) die Konsuln zum Kampf gegen ihn ermächtigt hatte.

Die Brüder Ti. und C. Gracchus hatten sich zu Interessenvertretern der Gruppen unterhalb des Senatorenstandes aufgeschwungen, um die Regierung des Weltreiches auf eine breitere und gefestigte Basis zu stellen. Die notwendigen Beschlüsse ließen sie direkt durch die Volksversammlung unter Umgehung des Senats fassen. Dazu fühlten sie sich als Volkstribune berechtigt. Sie und ihre Nachahmer hießen deshalb auch „Popularen" (Volksfreunde). Die traditionsbewußte Nobilität betrachtete die Entscheidungsfindung im Senat als einzig legitimen Weg. Mit dem Hinweis auf die unverkennbaren Erfolge dieser senatorischen Politik hießen ihre Vertreter „Optimaten" (die Besten). Diese Spaltung trug nicht zu einer Demokratisierung, sondern zu einem weiteren Verlust an Geschlossenheit in der Führungsschicht bei.

### 4.5.6 C. Marius: Der Feldherr und sein Heer

Die konservativen Kräfte gingen zunächst gestärkt aus dem Scheitern der Gracchen hervor. Die Probleme wurden weiter verschleppt. Besonders die Aufhebung des Landverteilungsgesetzes verschärfte die Krise des römischen Heerwesens. C. Marius, ein Emporkömmling (homo novus) aus dem italischen Ritterstand, dessen militärische Kompetenz allseits unbestritten war, löste das Rekrutierungsproblem nicht durch den langwierigen Wiederaufbau eines materiell gesicherten Mittelstandes, sondern indem er entgegen der Tradition auf einen Besitznachweis für die Einstellung in die Legionen verzichtete. So konnte er jeden römischen Bürger, auch die Besitzlosen, zum Kriegsdienst anwerben. Anreiz sollten Beteiligung an der Beute und die Aussicht auf ein Stück Land nach Abschluß der Dienstzeit sein (**„Heeresreform" des Marius**). Die Verteilung von Land an Besitzlose wurde so in anderer Form wieder aufgenommen. Für die Versorgung der Veteranen war ihr Feldherr zuständig. Um dessen Durchsetzungsvermögen zu verstärken, waren sie bereit, ihr Stimmrecht in der Volksversammlung, ggf. sogar Gewalt, einzusetzen. Die Beziehung zwischen Feldherren und Soldaten gewann die Züge eines Klientelverhältnisses.

*Sulla auf dem Tribunal, vor ihm der kniende König Bocchus von Mauretanien, hinter ihm der gefesselte König Jugurtha von Numidien. Bild auf einer von Sullas Sohn Faustus geprägten Münze aus dem Jahr 56 v. Chr.*

Die Bindung war so stark, daß sie zur Durchsetzung eigener Interessen sich sogar gegen den Staat wenden konnte. Marius hatte den Weg geebnet für die Militärdiktatur, die über den Zusammenbruch der republikanischen Ordnung in die dauerhafte Alleinherrschaft der Kaiserzeit führte.

Der Aufstieg des Homo Novus Marius war begünstigt worden durch das Versagen von Vertretern der traditionellen Nobilität, das in scharfem Widerspruch zu dem gleichzeitig zur Schau gestellten Standesdünkel stand. König Jugurtha von Numidien hatte in seinem Krieg gegen Rom (112–105 v. Chr.) immer wieder Erfolge erzielen können, indem er führende Senatoren bestach oder krasse Fehler von Feldherren aus Optimatenfamilien ausnutzte. Durch schonungslose Propaganda und das Versprechen, den Krieg innerhalb kürzester Zeit zu beenden, erreichte Marius 107 v. Chr. das Konsulat, verbunden mit dem Oberbefehl gegen Jugurtha. Militärische Erfolge, letztlich aber die Gefangennahme des Königs durch den Quästor Sulla, führten zu Sieg (105 v. Chr.) und Triumph des Marius.

Im gleichen Jahr hatten ebenfalls optimatische Feldherren gegen die germanischen Kimbern und Teutonen bei Arausio (Orange) in Südfrankreich die schwerste Niederlage eines römischen Heeres seit Cannae 216 v. Chr. verursacht. Allein Marius traute das römische Volk jetzt zu, eine germanische Invasion Italiens abzuwehren. Gegen alle Tradition wurde Marius von 104 bis 100 v. Chr. fünfmal nacheinander Konsul. Seine Siege, 102 v. Chr. bei Aquae Sextiae über die Teutonen, 101 v. Chr. bei Vercellae über die Kimbern ließen ihn den Römern als Neugründer ihrer Stadt erscheinen. Doch dem Höhepunkt folgte sein jäher Sturz. Zur Durchsetzung von Ansprüchen seiner Gefolgschaft unter den Veteranen und der einfachen Bevölkerung verließ sich der Feldherr Marius in der Tagespolitik auf Männer, die den Ruhm des großen Siegers für eigene Interessen einspannten. Die von ihnen hervorgerufenen Unruhen mußte Marius als Vollstrecker des vom Senat gefaßten Notstandsbeschlusses blutig niederschlagen. Seine Anhänger fühlten sich verraten.

Im Jahre 91 v. Chr. suchte der aus einer traditionsreichen Familie stammende Volkstribun Livius Drusus, in einem umfassenden Reformprogramm die Gegensätze innerhalb der römischen Gesellschaft auszugleichen. Den Bundesgenossen stellte er die Überführung in das römische Bürgerrecht in Aussicht. Sein mysteriöser Tod stürzte diese in tiefe Enttäuschung. Vor allem die Landschaften Picenum und Samnium wollten nun ihr Ziel, die uneingeschränkte Aufnahme in den römischen Staat, nicht etwa die völlige Trennung von ihm, mit Gewalt durchsetzen. Am Ende eines erbitterten Kampfes (91–88 v. Chr.) stand die rechtliche Gleichstellung aller Bewohner Italiens. Die Eingliederung der ehemaligen Bundesgenossen in die römische Sozialordnung nahm allerdings noch viele Jahre in Anspruch; ihre Integration auch in die politische Führung Roms ließ noch länger auf sich warten.

### 4.5.7 Aufstieg und Diktatur Sullas

Da der Senat nicht mehr in der Lage war, die notwendigen Reformen geschlossen zu tragen, hatten einzelne Volkstribune, deren Familien durchaus fest in der Senatsaristokratie verwurzelt waren, die Initiative ergriffen. Diese Bereitschaft, sich gegen Senatsmehrheit und traditionelle Verhaltensmuster zu profilieren, nutzte der alte Marius. Er gewann im Jahr 88 v. Chr. den Volkstribunen Sulpicius Rufus dafür, ihm durch Volksbeschluß den Oberbefehl gegen den König Mithridates von Pontus in Kleinasien übertragen zu lassen. Dieser hatte sich zu einer ernsten Gefahr für die römische Herrschaft im gesamten östlichen Mittelmeergebiet entwickelt. Damit verdrängte Marius den amtierenden Konsul **L. Cornelius Sulla**. Dieser stammte aus einem alten Patriziergeschlecht, das aber seit rund 200 Jahren nicht mehr hervorgetreten war. Schon einmal hatte er hinter Marius zurückstehen müssen, als dieser Ruhm und Triumph aus dem Jugurthinischen Krieg für sich allein beansprucht hatte, obwohl Sulla mit der Gefangennahme des Königs Jugurtha den entscheidenden Beitrag dazu geleistet hatte. Dieses Mal beugte sich Sulla nicht. Er setzte erstmals das Druckmittel ein, dessen Bereitstellung maßgeblich Marius zu verdanken war: Sulla erzwang an der Spitze des ihm ergebenen Heeres seine Einsetzung als Oberkommandierenden gegen Mithridates und die Vertreibung seiner politischen Gegner.

Der Bürgerkrieg war Mittel zur Durchsetzung persönlicher Ziele geworden. Staat und Staatsinteresse mußten dahinter zurücktreten.

Nachdem Sulla Mithridates erfolgreich zurückgeworfen und zu einem Friedensschluß (85 v. Chr.) gezwungen hatte, wandte er sich gegen seine Feinde in Rom und Italien, die in seiner Abwesenheit dort die Macht ergriffen hatten. Nach seinem Sieg ließ er sich zum Diktator ernennen mit der umfassenden Vollmacht, dem Staat eine neue Rechtsordnung zu geben. Die Gefährdungen der res publica, die von dem Verlust an Übereinstimmung in der Oberschicht, d. h. dem Gegensatz von Popularen und Optimaten, von Senatoren- und Ritterstand, von dem Machtanspruch einzelner überragender Nobiles ausgingen, sollten eingedämmt werden. Sulla sicherte dem Senat die zentrale politische Funktion. Er begründete sie rechtlich und legitimierte sie durch die Beteiligung aller gesellschaftlichen Gruppen an seiner Zusammensetzung: Den Senat erweiterte er von 300 auf 600 Mitglieder, indem er angesehene Ritter nach entsprechender Begutachtung durch das Volk aufnahm. Dafür übertrug er die Besetzung der Gerichtshöfe vom Ritter- auf diesen erweiterten Senatorenstand. Die Ergänzung des Senats erfolgte in Zukunft nicht mehr durch die senatorischen Zensoren, sondern regelmäßig durch Aufnahme der 20 jährlich vom Volk gewählten Quästoren. Volkstribune durften sich nur noch nach vorheriger Zustimmung des Senats an die Volksversammlung wenden. Die Amtsinhaber waren vom weiteren Aufstieg in der Magistratur ausgeschlossen. Der unerwünschte populare Weg zur Entscheidungsfindung war damit abgeschnitten. Prätoren und Konsuln sollten nach Ablauf ihrer Amtszeit in der Stadt Rom eine einjährige Statthalterschaft in einer Provinz übernehmen. Damit wurden die höchsten Ämter tatsächlich auf zwei Jahre ausgedehnt, aber nicht lang genug, um ihren Inhabern an der Spitze eines Heeres eine Sonderstellung zu ermöglichen.

Die Neuordnung war begleitet von den berüchtigten „Proskriptionen“, der Ächtung der Gegner in Senatoren- und Ritterstand. Sulla legte zwar verabredungsgemäß, aber dennoch überraschend die Diktatur im Jahre 79 v. Chr. nieder, als er seinen Auftrag für erfüllt hielt.

### 4.5.8 Die ungewöhnliche Karriere des Cn. Pompeius Magnus

Bald zeigte sich, daß Sullas Gesetzgebung gegen den Trend der Zeit, auch gegen das von ihm selbst vorgeführte Beispiel gerichtet war. Die Senatsaristokratie ließ sich als tragfähiges solidarisches Fundament des Staates nicht wiederherstellen. Die Entmachtung des Volkstribunats stieß in allen gesellschaftlichen Gruppen auf heftige Ablehnung. Der offensichtlichste Widerspruch zeigte sich noch zu Lebzeiten Sullas in der Person des jungen **Pompeius**. Er hatte im Alter von 23 Jahren, auf Veteranen seines Vaters gestützt, Sulla tatkräftige Hilfe geleistet. Dafür hatte dieser ihn mit einem selbständigen Kommando und einem Triumph belohnt. An der Spitze seines Heeres ertrotzte sich Pompeius auch das Oberkommando gegen Sertorius in Spanien (77–71 v. Chr.). In unerschütterlichem Selbstbewußtsein kehrte er seine Sonderstellung hervor gegenüber jedem anderen Nobilis ebenso wie gegenüber deren traditionellen Verhaltensmustern. Nach einem zweiten Triumph begann er im Jahre 70 v. Chr., ohne ein reguläres Amt vorher, im Alter von 35 Jahren die Laufbahn an ihrer Spitze, dem Konsulat. Sein Kollege war M. Licinius Crassus aus einer alten Adelsfamilie, allgemein als der reichste Mann seiner Zeit angesehen. Er hatte im Jahr zuvor den Sklavenaufstand des Spartacus niedergeworfen.

Obwohl beide Konsuln durch Sulla gefördert worden waren, setzten sie durch eine Gerichtsreform zugunsten des Ritterstandes, vor allem aber durch die Wiederherstellung des Volkstribunats in seiner früheren Form wesentliche Teile der sullanischen Ordnung außer Kraft. Damit gewann Pompeius ein Instrument, seine Vorhaben ohne Zustimmung des Senats zu verwirklichen. Volkstribune verschafften ihm 67 und 66 v. Chr. umfassende Vollmachten gegen die Seeräuber und den König Mithridates. Beide Gegner beeinträchtigten nicht nur den Weltherrschaftsanspruch Roms, sondern störten für jedermann auch in Italien spürbar das Wirtschaftsleben und die Versorgung mit Lebensmitteln. Ihre schnelle und dauerhafte Niederwerfung bestätigte die außerordentlichen militärischen und organisatorischen Fähigkeiten des Pompeius. Danach fühlte er sich über jede mögliche Opposition so erhaben, daß er bei seiner Rückkehr aus dem Osten (Herbst 62 v. Chr.) erstmals auf den Druck seines Heeres verzichtete, um seine Ansprüche durchzusetzen. Um so tiefer war die Enttäuschung, als er die Widerstände im Senat gegen seine Neuordnung der Herrschaftsverhältnisse in Kleinasien und Syrien sowie gegen die Versorgung seiner Veteranen nicht überwinden konnte.

Anders als Pompeius hatte der Patrizier **L. Sergius Catilina**, nach dem Urteil des zeitgenössischen römischen Geschichtsschreibers Sallust durchaus ein typisches Beispiel, Konsequenzen aus den gesellschaftlichen Rahmenbedingungen gezogen. Ebenfalls von Sulla gefördert, hatte er unter hohem Kostenaufwand seine Karriere bis zum Amt des Prätors erfolgreich vorangetrieben. Tief verschuldet verfehlte er das Konsulat und das ersehnte Ziel einer großen Statthalterschaft, die er wie andere zur persönlichen Bereicherung zu nutzen gedachte. Besonders hart traf ihn dabei, daß er ausgerechnet **M. Tullius Cicero** unterlegen war. Dieser hatte sich als Homo Novus mit beharrlichem Einsatz vor Gericht und auf dem Forum, auch mit guten Beziehungen zum Ritterstand, schließlich als engagierter Verfechter der Sondervollmachten für Pompeius Ansehen und Gefolgschaft aufgebaut. In Ciceros Konsulat (63 v. Chr.) entschloß sich Catilina, seine und anderer Standesgenossen vermeintliche Benachteiligung bei der Ausbeutung der römischen Herrschaftsrechte durch einen Staatsstreich zu beenden. In dem Glauben, eine die Existenz des römischen Staates gefährdende Verschwörung aufgedeckt zu haben, ging Cicero mit allen, auch illegalen Mitteln gegen die Rädelsführer vor.

### 4.5.9 Caesar: Aufstieg – Bürgerkrieg – Alleinherrschaft

Mit Catilina hatte auch der aufstrebende C. Julius Caesar (geb. 100 v. Chr.) zeitweilig sympathisiert. Auf ihn war der unkonventionelle Aufstieg des Pompeius nicht ohne Eindruck geblieben. Er suchte eine Gelegenheit, sich wie dieser eine Sonderstellung zu verschaffen. Doch trotz der Protektion durch Crassus, den Konsul des Jahres 70 v. Chr., gelang das nicht. Er absolvierte die herkömmliche Ämterlaufbahn und versäumte es nicht, auf seine besondere patrizische Herkunft über Aeneas sogar von der göttlichen Venus hinzuweisen. Spektakuläre Gladiatorenspiele hoben ihn ebenso wie wohlinszenierte politische Auftritte in Senat und Volksversammlung von seinen gleichaltrigen Standesgenossen ab. Für das Jahr 59 v. Chr. zum Konsul gewählt, suchten traditionsbewußte Senatorenkreise, einen weiteren Aufstieg Caesars an der Spitze eines Heeres in den Provinzen zu verhindern.

*Münzbild: Aeneas trägt Anchises, in der rechten Hand das Palladium, das Zeichen für den ewigen Bestand der Stadt; Münzumschrift: Caesar*

Daraufhin ergriff er die Initiative, die gegenwärtig für sich allein ebenfalls nicht durchsetzungsfähigen Pompeius und Crassus mit sich in einer Geheimabsprache, „es solle nichts im Staat geschehen, was einem von den dreien mißfalle“ (Sueton), zu verbinden (Triumvirat). Caesars Handlungsfähigkeit als Konsul vor Senat und Volksversammlung, der Reichtum des Crassus und die einsatzbereiten Veteranen des Pompeius verschafften unter Mißachtung des Einspruchs opponierender Magistrate den Triumvirn die gewünschten Beschlüsse: Pompeius' Neuordnung des römischen Ostens sowie die Versorgung seiner Veteranen und Crassus' wirtschaftliche Interessen vor allem in der Provinz Asien wurden gesetzlich abgesichert. Am meisten gewann Caesar selbst. Er wurde für die nächsten Jahre Statthalter in den gallischen Provinzen mit Illyricum (Dalmatien). Damit hatte er das von ihm so sehnlich erstrebte Heereskommando mit der Möglichkeit zu einem großen Krieg, in dem seine Fähigkeiten glänzen könnten (Sallust), erreicht. Doch bei allen Beschlüssen hatte sich Caesar gesetzwidrig über den Widerstand der Opposition hinweggesetzt.

Seine Gegner warteten auf eine günstige Gelegenheit, um ihn aus Gallien abzuberufen und wegen seines illegalen Vorgehens während des Konsulats vor Gericht zu stellen. Zudem war der Zusammenhalt des Triumvirats durch alte Spannungen zwischen Pompeius und Crassus gefährdet. All das zwang Caesar dazu, auch in seiner Abwesenheit die stadtrömische Entwicklung genau zu verfolgen. Dennoch erreichte er sein Ziel, in weiträumigen Feldzügen das Römische Reich im Nordwesten bis an die äußersten Grenzen, den Ozean und den Rhein, vorzuschieben (58–50 v. Chr.). Expeditionen darüber hinaus nach Britannien und in das freie Germanien ließen den Ruhm des Entdeckers und Organisators des Ostens, Pompeius, immer mehr verblassen. Bei einem Treffen 56 v. Chr. in Luca vereinbarten die Triumvirn, daß Pompeius und Crassus nach einem gemeinsamen zweiten Konsulat 55 v. Chr. mit Spanien und Syrien Provinzen übernahmen, die ihre Gleichrangigkeit mit Caesar gewährleisten sollten. Dennoch zerbrach das Triumvirat. Crassus fiel im Krieg gegen das mit Rom konkurrierende Partherreich in Mesopotamien (53 v. Chr.). Der Tod der Julia, der Tochter Caesars und Gattin des Pompeius seit 59 v. Chr., führte zu einer Entfremdung zwischen den restlichen beiden. Bandenkämpfe, Versorgungsengpässe, Handlungsunfähigkeit gewählter Magistrate und Verschleppung von Neuwahlen hatten sich Anfang 52 v. Chr. in Rom zu einer so gefährlichen Lage summiert, daß schließlich gerade die Gegner der Triumvirn in der Übertragung einer Sondervollmacht auf Pompeius die Rettung sahen. Sie zogen ihn zu einem Zeitpunkt auf ihre Seite, als Caesar wegen des großen Gallieraufstandes unter der Führung des Arvernerfürsten Vercingetorix sein gesamtes Eroberungswerk gefährdet sah.

Caesars Absicht, im Anschluß an die gallische Statthalterschaft ein zweites Konsulat zu erreichen und sich so der gerichtlichen Verfolgung durch seine Gegner zu entziehen, widersetzten sich nun die Optimaten im – wenn auch zögernden – Einverständnis des Pompeius mit allen Mitteln. Sie konnten die Mehrheit des Senats schließlich so weit einschüchtern, daß Caesar durch den äußersten Notstandsbeschluß am 7. 1. 49 v. Chr. aufgefordert wurde, Statthalterschaft und Heer aufzugeben. Andernfalls gelte er als Staatsfeind. Caesar sah sich um die verdiente Anerkennung seiner Leistungen für den Staat und die Beachtung vom Volk beschlossener Privilegien gebracht. Indem er mit seinem kampferprobten und ihm ergebenen Heer den Rubikon, den Grenzfluß zwischen Italien und seiner Provinz, überschritt, eröffnete er den Bürgerkrieg. Nach erfolgreichen Feldzügen in Italien, Spanien und Griechenland siegte Caesar 48 v. Chr. bei Pharsalos in Thessalien über Pompeius, danach über dessen Anhänger in Nordafrika (46 v. Chr.) und Spanien (45 v. Chr.). Er stand nun vor der schwierigen Aufgabe, dem Staat, von dem er und auch Cicero, allerdings aus unterschiedlichen Gründen, sagten, er existiere gar nicht mehr, eine neue dauerhafte Ordnung zu geben. Ob Caesar hierfür ein Konzept besaß, ist in der Forschung umstritten.

Indem er die Milde (clementia) gegenüber seinen Gegnern zum Programm erhob, suchte er die Zustimmung aller („Mit Barmherzigkeit und Großmut wollen wir uns sichern; das sei unsere neue Art zu siegen“, Caesar). Doch beide Seiten wurden enttäuscht: Caesar wegen der geringen Kooperationsbereitschaft der Nobilität, diese wegen der Mißachtung der traditionellen Staatsvorstellung. Caesar minderte das Ansehen des Senats, indem er ihn mit seinen Anhängern auch aus den Provinzen auf 900 Mitglieder erweiterte, ihm die gewohnte Reverenz verweigerte und ihn als politisches Beratungsgremium überging. Magistraturen vergab er als Auszeichnung an verdiente Gefolgsleute. Politische Entscheidungen beriet er mit einem Kreis von Vertrauten, die außerhalb der traditionellen Beamtenkarriere standen. Ihre Umsetzung lag in den Händen einer von Caesar organisierten „Kanzlei“ unter weitgehender Zurückdrängung der alten politischen Elite des Senats. Eine nachhaltige Verbesserung der sozialen Lage für die Plebs suchte er durch Landverteilung und ihre Beschäftigung bei der Durchführung von Staatsaufträgen. Dafür reduzierte er die Zahl der Empfänger kostenlosen Getreides im stadtrömischen Proletariat ganz empfindlich. Reichspolitisch strebte er eine bessere Integration der Provinzen an, indem er durch klare Vorschriften die Willkür römischer Statthalter eindämmte, durch die Gründung von Kolonien und die Verleihung des Bürgerrechts an romanisierte Bevölkerungsgruppen den Ausgleich der Rechtsunterschiede zwischen Italien und den Provinzen einleitete. Eine bis heute wirksame Reform Caesars ist die Umstellung des Kalenders auf das Sonnenjahr (46 v. Chr.).

Um all dies in kürzester Zeit durchsetzen zu können, häufte Caesar immer mehr persönliche Macht an und ließ sich mit der römischen Tradition unverträgliche Ehren gefallen: Er vereinigte mit Konsulat und Diktatur, diese schließlich sogar auf Lebenszeit, die höchsten Ämter in seiner Hand. Senatsbeschlüsse rückten ihn in die Nähe der Götter. Münzen trugen sein eigenes Bild und verherrlichten seine Herkunft und Taten. Sein Streben nach der in Rom verpönten Königsherrschaft war unverkennbar. Selbst manchen seiner Anhänger erschien er immer mehr als unerträglicher Gewaltherrscher. Seine Veteranen und das Volk liebten ihn jedoch über alles.

An den Iden des März (15. März 44 v. Chr.) wurde Caesar Opfer eines Attentats von ca. 60 Verschwörern. Sie waren überzeugt, allein durch die Ermordung des „Tyrannen" den alten Freistaat wiederherzustellen. Tatsächlich war damit kein einziges Problem gelöst, aber derjenige tot, der vielleicht einen Ausweg aus der Krise hätte finden können. Es folgten 14 Jahre Bürgerkrieg.

### 4.5.10 Das zweite Triumvirat

Cicero wertete es als schweren Fehler der Verschwörer, nicht auch M. Antonius, den mächtigsten Helfer und Mitkonsul Caesars im Jahr 44 v. Chr., beseitigt zu haben. Die Verfechter der traditionellen Ordnung, unter ihnen an maßgeblicher Stelle Cicero, erwiesen sich seinem Machtstreben nicht gewachsen. Unerwartet mischte sich der erst 18jährige C. Octavius, der testamentarische Erbe und Adoptivsohn Caesars, in die Auseinandersetzungen ein. Versuche, sich mit Antonius zu verständigen, scheiterten. Er fand bei Caesars Veteranen in Italien Rückhalt und stärkte sein Ansehen als Sohn des „Vergöttlichten" bei der caesarfreundlichen Masse der römischen Bevölkerung. Damit waren die Kräfte der Caesarianer nicht nur gespalten; C. Octavius stellte sich sogar den Republikanern gegen den Konsul Antonius zur Verfügung, um dafür die Legitimation seines Heereskommandos durch den Senat zu erhalten. Vermittler war Cicero. Nach dem Sieg über Antonius bei Mutina im April 43 v. Chr. glaubte Cicero, den unerfahrenen Octavius zugunsten prominenter Caesarmörder beiseite schieben zu können. Das erwies sich als folgenschweres Fehlurteil.

An der Spitze seiner Truppen erzwang der junge Caesar für sich das Konsulat in Rom (19. August 43 v. Chr.). Durch die Ächtung der Caesarmörder und die Aufhebung der vom Senat gegen Antonius verhängten Sanktionen ebnete er den Weg zur Verständigung aller Caesarianer: Antonius, der junge Caesar und Lepidus, der ehemalige Reiteroberst (magister equitum) des Diktators Caesar, der Antonius wertvolle Unterstützung geleistet hatte, schlossen das zweite Triumvirat. Im Gegensatz zur privaten Absprache des ersten Dreibundes handelte es sich nun um eine gesetzlich in Rom bestätigte Verleihung umfassender Gewalt zur Neuordnung des Staates (Lex Titia vom 27. 11. 43 v. Chr.). Wie früher Sulla verfolgten die Triumvirn ihre Gegner, darunter auch Cicero, mit Proskriptionen. Im Herbst 42 v. Chr. schlugen sie die Caesarmörder Brutus und Cassius bei Philippi. Nach der Aufteilung der Zuständigkeitsbereiche – Antonius im Osten, Lepidus in Afrika, der junge Caesar im Westen – verstand letzterer es, seine Gegenwart in Rom und Italien zu nutzen trotz der äußerst schwierigen Aufgaben, z. B. der Veteranenversorgung. Im Jahr 36 v. Chr. schaltete er den „Seeräuberkönig" Sex. Pompeius, den Sohn des großen Pompeius, aus, der mit seiner Flotte die Versorgung Italiens empfindlich störte, zugleich auch den Triumvirn Lepidus, der die zeitweilige Bedrängnis des jungen Caesar für sich hatte nutzen wollen.

Fast zwangsläufig brach danach die bereits seit 41 v. Chr. schwelende Rivalität mit Antonius offen aus. Dessen enge Bindung an die Ptolemäerkönigin Kleopatra brüskierte den jungen Caesar als Bruder der bisherigen Gattin des Antonius, Octavia, persönlich. Das Verhalten des Antonius gab ihm aber auch die Möglichkeit, den Kampf gegen ihn als Entscheidung zwischen traditionellen römischen Werten und einer Orientalisierung des Reiches auszugeben. Der Sieg des jungen Caesar im Herbst 31 v. Chr. in der Seeschlacht bei Actium, im nächsten Jahr (1. August) vor den Toren von Alexandria beendete das Jahrhundert der Bürgerkriege. Überschwengliche Freude und Dankbarkeit der Menschen in Rom, Italien und dem ganzen Reich schlugen dem Sieger entgegen.

## 4.6 Augustus und die Begründung der Prinzipatsordnung (27 v. bis 14 n. Chr.)

### 4.6.1 Rechtliche und soziale Grundlagen

Durch das Beispiel seines Adoptivvaters gewarnt, strebte der junge Caesar eine behutsame Neuordnung des Staates an, die Platz ließ für seine eigene Sonderstellung, die aber zugleich die politischen Ansprüche der Senatsaristokratie sowie das Bedürfnis nach Sicherheit und Wohlergehen der Bevölkerung, auch in den Provinzen, berücksichtigte: In einer Senatssitzung am 13. Januar 27 v. Chr. legte er seine Sondervollmachten aus der Triumviratszeit nieder. Von Senat und Volk sollte die Staatsgewalt wieder ausgehen. Selbst blieb er Konsul und übernahm auf Drängen befreundeter Senatoren die Statthalterschaft in den gefährdeten Randprovinzen des Reiches. Hierfür erhielt er prokonsularische Gewalt, auf 10 Jahre begrenzt. Damit verbunden war das Kommando über nahezu alle Truppen.

Den Verzicht auf absolute Herrschaftsbefugnisse betrachtete der junge Caesar selbst als Verdienst, das ihm die bleibende Zustimmung der römischen Bürger zu seiner Vorrangstellung sicherte. Sie ruhte nach eigenem Urteil jetzt nicht mehr auf Vollmachten (potestas), sondern vor allem auf seinem Ansehen (auctoritas). In einem Staatsakt am 16. Januar 27 v. Chr. erkannten ihm Senat und Volk den Ehrentitel Augustus zu. Lorbeerbekränzte Türpfosten, die Verleihung der „Bürgerkrone“ und eines goldenen Ehrenschildes wiesen ihn als Sieger über die Feinde, Befreier der Bürger und Bewahrer der römischen Tugenden virtus (Tapferkeit), clementia (Milde), iustitia (Gerechtigkeit) und pietas (Frömmigkeit) aus.

Augustus selbst faßte in seinem Tatenbericht die tatsächlich monarchische Stellung mit dem Wort „princeps“ (der Erste) zusammen. Auf seine jährliche Wiederwahl als Konsul verzichtete er im J. 23 v. Chr. Statt dessen wurde seine prokonsularische Gewalt im Reichsgebiet erweitert. Zur Bewältigung seiner Aufgaben in der Stadt Rom übernahm er die Amtsgewalt der Volkstribune (tribunicia potestas). Indem er sie für sich persönlich vom Amt des Volkstribuns löste, ihre jährliche Wiederholung bis zu seinem Tode als Regierungsjahre zählte, wertete er sie als die den Princeps kennzeichnende Gewalt (Tacitus: „Diese Bezeichnung für die höchste Stellung hat Augustus gefunden, um nicht den Titel König oder Diktator annehmen zu müssen“). Im Jahre 12 v. Chr. wurde er oberster Priester (Pontifex Maximus).

Im Gegensatz zu seinem Adoptivvater Caesar lehnte Augustus die Diktatur und unbefristete Sonderämter ab. Er propagierte die Wiederherstellung der traditionellen Staatsordnung (res publica restituta). Doch nicht die restaurative Belebung der Tradition (mos maiorum, exempla), sondern die zeitgemäße Fortentwicklung durch neue Grundgesetze (leges novae) war sein Ziel. Das markanteste Beispiel lieferte er selbst. In der Kontinuität der republikanischen Rechtsordnung stehend, hatte er die Führung der res publica dennoch bewußt und für jedermann erkennbar umgestaltet. Im Zentrum aller sozialen Bezugssysteme stand der Princeps. Er war als 13facher Konsul und princeps senatus über 40 Jahre hin der unbestritten vornehmste Senator. Die tribunicia potestas machte ihn zum bevorzugten Interessenvertreter des Volkes, allerdings wie er selbst betonte, im Einvernehmen mit dem Senat. In geradezu programmatischer Freigebigkeit (liberalitas) setzte er eigene Mittel für die Bedürfnisse der Bürger ein. Als Oberkommandierender des gesamten Heeres war er der Patron aller Soldaten. Die Reichsbevölkerung ehrte ihn als ihren Retter nach den unerträglichen Zeiten von Bürgerkrieg und Ausplünderung. Alle erblickten in Augustus den Garanten einer fürsorglichen Alleinherrschaft. In den Provinzen verehrten sie ihn zusammen mit der Göttin Roma als Gott. In Rom gipfelte die Anerkennung aller sozialen Gruppen in dem Titel „Vater des Vaterlandes" (pater patriae) im Jahre 2 v. Chr. Augustus selbst betonte seine Ausnahmestellung durch eine außergewöhnliche Titulatur, in der sich Namen, Ämter und Ehren widerspiegelten: Imperator Caesar, Sohn des Vergöttlichten (Caesar), Augustus, Pontifex Maximus, 13mal Konsul, 17mal zum siegreichen Feldherrn ausgerufen, im 30. Jahr der tribunizischen Gewalt (auf das Jahr 7/8 n. Chr. bezogen).

### 4.6.2 Das augusteische Zeitalter

Augustus war sich im klaren, daß er Frieden und Wohlstand nicht allein trotz aller Machtfülle und Anerkennung vor der Wiederkehr zerstörerischen Verfalls bewahren könnte. Die Gesellschaft insgesamt brauchte Impulse, die moralische Kraft früherer Generationen zurückzugewinnen: Die in den Bürgerkriegen stark dezimierte Senatsaristokratie ergänzte er um zahlreiche Personen, vor allem aus der Führungsschicht der ehemaligen Bundesgenossen in Italien, die das neue Herrschaftssystem loyal mitzutragen und die traditionell anerkannten Wertvorstellungen zu propagieren die Gewähr boten.

Politik und Religion waren eng miteinander verbunden. In Elend und Not äußerte sich demnach die Vernachlässigung der Pflichten gegenüber den Göttern. Augustus und seine engsten Mitarbeiter wandten riesige Mittel auf, verfallene Tempel wieder aufzubauen. Der Princeps selbst rühmte sich in seinem Tatenbericht, allein im Jahr 28 v. Chr. im Auftrag des Senats 82 Tempel wiederhergestellt zu haben. Andere repräsentative Bauten wie der Friedensaltar (Ara Pacis) stellten jedem Römer seine Erfolge bei der Rückgewinnung von Frieden und Wohlstand im Einklang mit den Göttern vor Augen.

Dies den Zeitgenossen, aber auch späteren Generationen zu vermitteln und sie zur Unterstützung der augusteischen Erneuerung aufzurufen, setzten sich Dichter und Geschichtsschreiber, die sich dabei des Wohlwollens des Augustus sicher sein konnten, zum Ziel. Vergil (70–19 v. Chr.) propagierte in seinem Lehrgedicht über die Landwirtschaft (Georgica) den Ausbau einer Lebensordnung, die in gemeinsamer Arbeit und Sittenstrenge Staat und Gesellschaft Roms neue Kraft zuführen sollte. In seiner epischen Darstellung der mythologisch-legendären Anfänge der römischen Geschichte, der Aeneis, fügte er historische Durchblicke ein, die Augustus als Vollender einer römischen Weltfriedensordnung an die Seite der Götter stellten. Horaz (65–8 v. Chr.) führte mit seinen Satiren mitten in das tatsächliche Leben der Hauptstadtgesellschaft ein und prangerte übertriebenes Streben nach Geltung (ambitio), Neid, Geiz, Habsucht (avaritia) und Luxusleben (luxuria) an. Im erhabenen Stil seiner Oden pries er dann aber auch die von der göttlichen Kraft des Augustus erreichte Wende, rief die junge Generation auf, sich der augusteischen Erneuerung aufgeschlossen zu erweisen. Von Augustus beauftragt, bat er im Festlied zu den Säkularfeiern des Jahres 17 v. Chr. (carmen saeculare) die Götter, Rom, seine Bürger und die Erträgnisse des Landes zu schützen, die Gebete des Augustus für Stärke und Wohlstand des Reiches, feste Sittlichkeit der Jugend und friedliche Ruhe des Alters zu erfüllen.

*Kaiser Augustus als Feldherr, eine 2 m hohe Marmorstatue, die in Primaporta bei Rom gefunden wurde (um 20 v. Chr.). Die Darstellungen auf dem Panzer sollen die Taten des Kaisers verherrlichen. Unter Götterbildern auf der oberen Hälfte des Panzers werden die unterworfenen Völker symbolisiert: Ganz links eine Germanin, ganz rechts eine Keltin, zwischen beiden ein Parther, der einem römischen Feldherrn einen Legionsadler zurückgibt.*

Von Augustus durchaus geschätzt, aber ohne politischen Bezug war die Liebesdichtung des Tibull und Properz, die auf eine weitere Emanzipation der Frau innerhalb der Gesellschaft schließen lassen. Ovid erregte jedoch mit einem Teil seiner Gedichte offenbar das Mißfallen des alternden Augustus, mit dessen nach außen hin prüden Sittenvorstellungen sie nicht vereinbar waren.

Für Livius (59 v. Chr. – 17 n. Chr.) stand in seiner Darstellung der Geschichte Roms von der Gründung bis in die augusteische Zeit die traditionelle moralische Betrachtungsweise im Vordergrund, das Bewußtsein vor allem der Identität von Religion und Politik. Die Blütezeit von Literatur und Kunst trug wesentlich zum Glanz dieser Epoche als goldenes Zeitalter bis in die Gegenwart bei.

Doch auch den alltäglichen Sorgen der Menschen entzog sich Augustus nicht. Getreide- und Wasserversorgung stellte er auf neue organisatorische Grundlagen. Die Regulierung des Tibers und die Einrichtung einer schlagkräftigen Feuerwehrtruppe befreite die stadtrömische Bevölkerung von den bisher üblichen verheerenden Überschwemmungen und Feuersbrünsten. Zur Finanzierung dieser Maßnahmen reichten allerdings die bisherigen Einkünfte des Princeps nicht aus. Erstmals seit 167 v. Chr. mußten römische Bürger wieder regelmäßig Steuern zahlen. Die kaiserliche Finanzverwaltung umfaßte außer der traditionellen Staatskasse (aerarium Saturni) die neue kaiserliche Hauptkasse (fiscus Caesaris), dazu den Fonds zur Versorgung der entlassenen Soldaten (aerarium militare). Im kaiserlichen Haushalt nahm Ägypten eine besondere Stellung ein. Seine außerordentliche Wirtschaftskraft hatte Augustus zu seiner und seiner Nachfolger persönlichen Verfügung reserviert. Sie war die Basis kaiserlicher Freigebigkeit. Die Getreideproduktion Ägyptens sicherte die Grundversorgung Roms. Kein Senator durfte ohne ausdrückliche Genehmigung des Princeps das Land betreten.

### 4.6.3 Reichspolitik

Auch im Reich und darüber hinaus galt es für Augustus, stabile Verhältnisse zu schaffen. Wichtige Gebiete, wie Ägypten, der Balkanraum (Illyrien, Pannonien, Moesien), die Alpenregionen (Raetien, Noricum) und Zentralkleinasien wurden als Provinzen in das Imperium Romanum einbezogen. Augustus war damit der größte Eroberer der römischen Geschichte. Dennoch schloß er den Janustempel, der in Kriegszeiten offenstand, zum Zeichen des siegreich gewonnenen Friedens dreimal, öfter als in der gesamten Geschichte des römischen Staates zuvor. Das von Caesar vorgezeichnete Ziel einer römischen Expansion nach Britannien verfolgte Augustus nicht weiter, wohl aber die über den Rhein in das freie Germanien. Die Errichtung strategischer Stützpunkte in Xanten, Köln und Mainz, dazu die Entsendung der prominentesten Feldherren, seiner Stiefsöhne Drusus und Tiberius, führten jedoch nicht zu der erstrebten Herrschaft bis zur Elbe. Die gleichzeitigen schweren Belastungen aus dem Aufstand der erst kurz zuvor unterworfenen Donauvölker (6–9 n. Chr.) und aus der Niederlage des Quinctilius Varus im Teutoburger Wald gegen den Germanenfürsten Arminius (9 n. Chr.) zwangen Augustus, sich mit der Rheingrenze abzufinden. Im Südosten scheiterte eine Offensive nach Arabien (25–24 v. Chr.), ebenso wie im Süden gegen Nubien (24–22 v. Chr.). Gegenüber dem Partherreich in Mesopotamien und Persien konnten Tiberius (20 v. Chr.) und C. Caesar, Enkel und damals vorgesehener Nachfolger des Augustus (1 n. Chr.), Kompromisse mit einer gewissen Vorrangstellung Roms erzielen, die der Princeps als große Erfolge feiern ließ.

Augustus verstand das Imperium Romanum als einen einheitlichen Organismus, dessen Kopf Rom und Italien, dessen Glieder die Provinzen und abhängigen Klientelkönige bildeten. Sie alle hatten ihre spezifische Funktion, und ihnen allen galt die Fürsorge des

Princeps. Der Reichsgedanke löste die Vorstellung von der stadtstaatlichen res publica ab. Die augusteische Propaganda ging ganz selbstverständlich von der Vollendung römischer Weltherrschaft aus (orbis Romanus). Die Völker jenseits der Grenzen, auch das mächtige Partherreich, die Stämme bis hin nach Indien und in den unerreichbaren Weiten des heutigen Rußland bezeugten durch Gesandtschaften Augustus und Rom ihre Reverenz.

### 4.6.4 Die Nachfolge

Sollte die neue Ordnung ihren Gründer überdauern, mußte Augustus einen Nachfolger präsentieren, der sich aufgrund eigener Leistungen empfahl, der aber auch als privatrechtlicher Erbe des Augustus dessen Vermögen und Gefolgschaft für sich einsetzen konnte. Da Augustus keinen leiblichen Sohn hatte, kam den Ehemännern seiner einzigen Tochter Julia besondere Bedeutung zu. Hier ragte Augustus' gleichaltriger Freund Agrippa, erfolgreicher Feldherr, dreifacher Konsul und Mitinhaber der tribunizischen Gewalt, Vater von drei Söhnen und zwei Töchtern der Julia, hervor. Doch er starb im Alter von 50 Jahren, lange vor Augustus. Tiberius, sein Stief- und zugleich Schwiegersohn, erfüllte schließlich alle wesentlichen Bedingungen für einen reibungslosen Regierungswechsel: Aufgrund eigener ruhmreicher Taten war er zu den gleichen Vollmachten wie der Princeps aufgestiegen. Augustus hatte ihn im Jahr 4 n. Chr. als Sohn adoptiert und 13 n. Chr. als Haupterben eingesetzt.

Am Ende einer über vierzigjährigen Alleinverantwortung rühmte sich Augustus, Rom aus einer „Ziegel- in eine Marmorstadt" verwandelt zu haben, und dies sollte nicht nur vordergründig verstanden, sondern auch auf Staat und Gesellschaft übertragen werden. Brutalität und Machtmißbrauch des Augustus vor allem bei der Begründung seiner Herrschaft auf der einen Seite, die unverkennbare Konsolidierung des römischen Staates als Zentrum eines Weltreiches auf der anderen Seite haben bei antiken und modernen Betrachtern zu unterschiedlichen Gesamturteilen über den ersten Kaiser geführt. Bis in das 20. Jh. hinein unter dem Einfluß Th. Mommsens eher als Epigone des genialen Adoptivvaters Caesar gesehen, wird heute die staatsmännische Leistung des Augustus kaum noch in Frage gestellt, jedoch mit der Betonung unterschiedlicher Akzente: Der Entwicklung der staatsrechtlichen Stellung des Princeps, der soziologischen Grundlagen der neuen Ordnung oder der von Augustus propagierten Ideologie einer konstruktiven Erneuerung der res publica.

## 4.7 Das Römische Kaiserreich im 1. und 2. Jh. n. Chr.

### 4.7.1 Die Entwicklung des Kaisertums

Als Augustus am 19. August 14 n. Chr. starb, stellte niemand die Fortsetzung der von ihm geschaffenen Prinzipatsordnung in Frage. Frieden und Wohlstand waren nach hundert Jahren Bürgerkrieg dauerhaft zurückgekehrt. Mit Tiberius stand ein Nachfolger bereit, der zwar nicht über die Ausstrahlung des ersten Princeps verfügte, aber aufgrund seiner Leistungen und Einstellung eine gesicherte Zukunft verhieß. Obwohl er seine Herrschaft nicht grundsätzlich als unwiderruflich, sondern an eine Art demokratischer Legitimation gebunden betrachtete, obwohl er den Senat in seiner freien Entscheidungskompetenz bestärkte und zurückhaltender als Augustus in der Übernahme von Ehrentiteln war, setzte sich der dynastische Gedanke unaufhaltsam durch.

Der erst 25jährige Caligula, ein Urenkel des Augustus, folgte 37 n. Chr. dem hochbetagten und zum Schluß unbeliebten Tiberius, ohne von diesem empfohlen oder durch eigene Leistungen und Ämter ausgewiesen zu sein. Die Zugehörigkeit zur julisch-claudischen Kaiserfamilie und die militärische Gefolgschaft der kaiserlichen Garde (Prätorianer) reichten aus, um ihm auch die Anerkennung durch Senat und Volk von Rom zu sichern. Die von Augustus in einer langen Entwicklung aufgebauten typischen Herrschergewalten und die aus dem Vertrauen erwachsene auctoritas fielen Caligula und seinen Nachfolgern mit der Übernahme der kaiserlichen Stellung durch einen einzigen formalisierten Senatsbeschluß zu. Die Prinzipatsordnung des Augustus hatte sich als Institution etabliert. Die persönlichen Qualitäten ihres Inhabers traten dahinter zurück. Daraus erklärt sich auch, daß die geradezu wahnsinnige Despotie eines Caligula (37–41) oder Nero (54–68) zwar zum gewaltsamen Sturz des jeweiligen Herrschers führte, die Herrschaftsform aber nicht ernsthaft in Frage gestellt wurde. Einen richtungweisenden Gedanken verfolgte der kurzfristige Nachfolger Neros, Galba, indem er, da selbst alt und kinderlos, als Erben den angeblich Fähigsten der jüngeren Senatorengeneration adoptierte. In diesem Punkt glaubte er, Augustus, dessen Auswahl sich auf den engen Familienkreis beschränkt hatte, im Interesse des Staates übertroffen zu haben. Eine Stabilisierung brachte jedoch erst eine neue, die flavische Dynastie Vespasians (69–79) und seiner Söhne (79–96).

Deutlich wurde bei den rasch aufeinanderfolgenden Thronwechseln des Vierkaiserjahres 68/69 die eigentliche Machtgrundlage des Prinzipats: das Militär. Ihm hatte schon Augustus seinen Aufstieg zu verdanken. Doch entsprechend dem Rechtscharakter seiner Prinzipatsauffassung stand bisher die gültige Anerkennung des neuen Princeps dem Senat zu. Vespasian betrachtete als erster seine Ausrufung zum Kaiser durch die Heeresgruppen der östlichen Provinzen im Sommer 69 als Beginn seiner Herrschaft. Dennoch erkannte auch er den Beschluß von Senat und Volk Ende des Jahres 69 zur Übertragung der herrscherlichen Gewalt als die gesetzliche Grundlage seines Prinzipats an. Im Grundsatz blieb es bei dieser Praxis.

Die flavische Dynastie endete wie die julisch-claudische: Ihr letzter Vertreter, Domitian, wurde 96 als Gewaltherrscher mit göttlichem Anspruch (dominus ac deus) ermordet. In dem vielfach als die glücklichste Zeit des Kaiserreiches gepriesenen 2. Jh. bestimmten die Principes jeweils den ihrem Urteil nach Würdigsten und Tüchtigsten durch Adoption zum Nachfolger. Statt der autoritären Arroganz eines Tyrannen galten Leitbegriffe wie Mäßigung (moderatio), Zugänglichkeit (comitas), Freigebigkeit (munificentia), Nachsicht (mansuetudo), Menschlichkeit (humanitas), vor allem bürgerliche Aufgeschlossenheit (civilitas). Das Fehlen leiblicher Erben erleichterte die freie Wahl des Herrschers. Die Rückkehr zum dynastischen Prinzip durch Marc Aurel (161–180), den ersten der „Adoptivkaiser“, der einen Sohn hatte, führte erneut zur Despotie und löste eine fast hundertjährige Krise des Reiches im 3. Jh. aus.

### 4.7.2 Außenpolitik: Expansion und Grenzsicherung

Augustus hatte in seinem politischen Vermächtnis empfohlen, das Römische Reich nicht über die bestehenden Grenzen hinaus auszudehnen. Damit bestimmte er auch hier grundlegend die weitere Entwicklung. Das Imperium Romanum wurde zu einer Organisation, der die Bevölkerung Frieden, Sicherheit und Wohlstand zu verdanken glaubte. Aufstände in wichtigen Provinzen waren ebenso unbekannt wie eine wirkliche Bedrohung von außen. Ohne auf politische Einflußnahme jenseits zu verzichten, bildeten Rhein, Donau und Euphrat die Grenzen gegenüber feindlichen Völkern. Gründe für die Beschränkung waren vermutlich hohe Kosten und Rekrutierungsschwierigkeiten der Legionen. Auch konnte der Kaiser nicht anderen Heerführern große militärische Erfolge überlassen, ohne seine eigene Stellung als Patron des Heeres zu gefährden. Schließlich propagierte das seit Augustus besonders gepflegte Weltherrschaftsbewußtsein, daß sich dem römischen Befehl ohnehin keiner mehr entziehen könne.

Dennoch sind teils erhebliche Landgewinne zu verzeichnen, die sowohl einem gesteigerten Sicherheitsbedürfnis Roms als auch Profilierungsbestrebungen einzelner Kaiser zuzuschreiben sind. Claudius (41–54), ein vor seiner Thronbesteigung im Kaiserhaus verachteter Sonderling, überführte 42 das Königreich Mauretanien, 44 Judäa, 46 Thrakien in den Status von Provinzen und schloß damit endgültig den Ring römischer Herrschaft rund um das Mittelmeer. Ab 43 begann er die erfolgreiche Eroberung Britanniens, die unter seinen Nachfolgern bis nach Südschottland vorangetrieben wurde. Damit verfolgte Claudius ein bereits von Caesar vorgegebenes Ziel zur endgültigen Sicherung der gallischen Provinzen. Domitian (81–96) verkürzte mit der Einbeziehung des Winkels zwischen Mittelrhein und Donau die strategischen Verteidigungslinien im Nordosten und feierte den Erfolg als Unterwerfung Germaniens. Trajan (98–117), von seinem Vorgänger adoptiert, später als „optimus princeps“ gepriesen, suchte Ansehen für sich und das Reich in einer konsequenten Expansionspolitik: 106 das nördliche Arabien als wichtige Zwischenstation für den Gewürz- und Fernhandel, 107 Dakien (Siebenbürgen) mit reichen Bodenschätzen, 114 Armenien und 115 Mesopotamien zu Lasten des konkurrierenden Partherreiches, schließlich 117 die Demütigung der Parther selbst durch die Einsetzung eines römischen Klientelkönigs. Das Römische Reich hatte seine unwiderruflich größte Ausdehnung erreicht.

Trajans Nachfolger Hadrian (117–138) gab die Annexionen im Vorfeld des Partherreiches unverzüglich wieder auf. Für ihn hatte die Sicherung haltbarer Grenzen Vorrang. So ließen er und sein Adoptivsohn Antoninus Pius (138–161) die Ende des ersten Jahrhunderts begonnenen Grenzschutzanlagen (Limes) in Nordafrika, im Orient, entlang der Donau, in Nordbritannien verstärken. Durch zahlreiche Überreste am vertrautesten ist uns der obergermanisch-rätische Limes vom Mittelrhein über ca. 550 km bis in die Nähe von Regensburg. Er wurde von einer bloßen Grenzmarkierung zu einer massiven Grenzverteidigungslinie mit Graben, Wall, Wachttürmen und Kastellen ausgebaut.

Im letzten Drittel des 2. Jh. deutete sich eine neue Zeit an. Teilweise gleichzeitige Angriffe der Parther im Osten, der germanischen Markomannen im Westen erschütterten das Reich nachhaltig. Dieser Situation stand Marc Aurel (161–180) gegenüber, eher ein gebildeter Philosoph als eine robuste Soldatennatur. Dem Krieg zutiefst abgeneigt, verfaßte er seine an den sittlichen Normen der Stoa orientierten „Selbstbetrachtungen“ im Feldlager. Nach fast 20 Jahren unausgesetzter Kämpfe folgte ihm sein Sohn Commodus (180–192) an die Spitze des Reiches, das seinen Herrschaftsanspruch noch einmal hatte behaupten können.

### 4.7.3 Urbanisierung und Romanisierung

Wesentliche Grundlage für die dauerhafte Stabilität des römischen Weltreiches war, daß es gelang, die sozial und politisch führenden Schichten der Unterworfenen zur Mitverantwortung zu gewinnen. Die Mittel dazu waren aus der Romanisierung Italiens bekannt. Seit Augustus wurden sie konsequent auf das Reichsgebiet übertragen. Das Imperium Romanum sollte mehr sein als die Summe politisch und ökonomisch dem römischen Interesse verfügbarer Provinzen. Es sollte eine Einheit von Lebensform und Kultur werden. Zwei wichtige Veränderungen gegenüber der Zeit der Republik begün-

*Römische Grenzsicherung gegen die Germanen*

stigten diese Zielsetzung: 1. Die Statthalter verfügten zwar auch jetzt noch über umfassende Vollmachten, standen aber unter der strikten Kontrolle des Princeps, wie der erhaltene Briefwechsel des Statthalters Plinius d. J. mit dem Kaiser Trajan dokumentiert. Eine komfortable Besoldung nahm ihnen den Vorwand, zur Finanzierung des statthalterlichen Haushalts von den Provinzialen außerordentliche Leistungen einzufordern. Die Steuern zogen nicht mehr private Pächter (Publikanen), sondern ritterliche Prokuratoren im kaiserlichen Dienst ein. 2. Die Klagemöglichkeiten der Provinzbewohner wurden über die Institution der Provinziallandtage in einem solchen Maße verbessert, daß nun die senatorischen Statthalter ihre Abhängigkeit vom Urteil der Untertanen beklagten. Prozesse wegen erpresserischer Habgier gab es kaum noch.

Während im hellenisierten Osten schon eine lange Tradition kommunaler Selbstverwaltung bestand, ging die Erschließung der westlichen und nördlichen Provinzen durch

*Germania – nach dem Reichsverständnis Hadrians*

*Germania capta – nach der Eroberung Domitians*

die Gründung städtischer Zentren auf römische Initiative zurück. Sie waren einerseits Verwaltungs- und Gerichtsmittelpunkt für die Landbevölkerung, andererseits Partner der übergeordneten römischen Organe. Seit dem Städtegesetz Caesars waren sie nach dem Vorbild der italischen Munizipien einheitlich organisiert mit einem Stadtrat und einer gegliederten Magistratur aus Einheimischen. Der Standard römischer Zivilisation bestimmte ihr Erscheinungsbild in allen Regionen des Reiches: feste Häuser und Straßen mit Abwasserkanälen, Aquädukte, Bäder, Theater, Basiliken und ein zentraler Versammlungsplatz. Hier entfaltete sich römische Lebensweise, entwickelte sich das Interesse an griechisch-römischer Bildung. Die Angleichung der einheimischen an die römische Rechtsordnung, die Übernahme der lateinischen Sprache und römischer Kleidung drückte gleichermaßen den Einfluß der herrschenden Römer wie den Willen der Provinzialen aus, sich in eine römische Welt einzufügen.

Die Anpassungsbereitschaft der städtischen Führungsschichten belohnte der Kaiser mit der Verleihung des römischen Bürgerrechts. Damit gewannen sie die Chance, in dem größeren Rahmen des Imperium Romanum persönlich Anerkennung und Einfluß zu gewinnen. In einem weiteren Schritt konnte die Übernahme der gesamten Stadt in das römische Bürgerrecht folgen. Diese Entwicklung war mit der weitgehenden Preisgabe eigener Traditionen zugunsten der „Romanisierung“ verbunden. Der zeitgenössische römische Geschichtsschreiber Tacitus äußert sich einerseits kritisch: „So etwas hieß bei den Ahnungslosen Lebenskultur (humanitas), während es doch nur ein Bestandteil der Knechtschaft (servitus) war“ (Übers. R. Till). Andererseits läßt er den römischen Feldherrn Cerealis vor gallischen Stämmen den Nutzen hervorheben: „Werden nämlich ... die Römer aus dem Lande verjagt, was kann es dann anderes geben als gegenseitige Kriege aller Völkerschaften?“ (Übers. J. Borst).

Ein nicht zu unterschätzender Vermittler war das Militär. Die aus römischen Bürgern rekrutierten Legionen waren in den Provinzen an strategischen Schwerpunkten wie Mainz, Köln, Xanten stationiert. Ihre festen Lager wurden zum Ausgangspunkt auch großer ziviler Ansiedlungen. Römische Kolonisten, entlassene Soldaten und Geschäftsleute ließen sich in ihrer Nähe nieder. Ihre Lebensordnung strahlte auf die ganze Region aus.

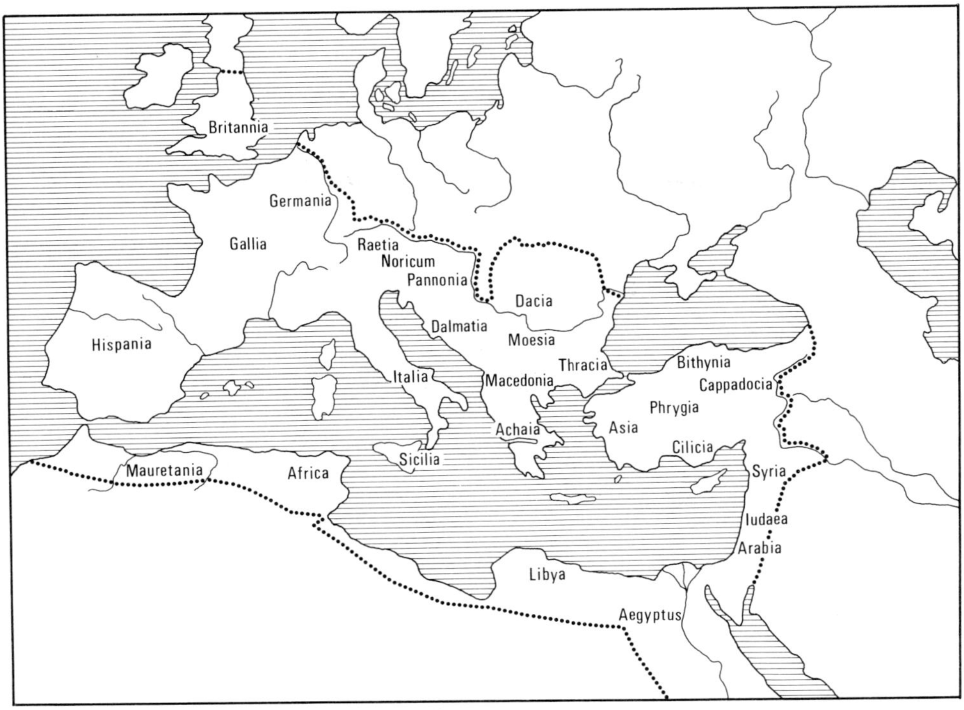

*Regionen und Provinzen im Römischen Reich*

Die Legionen wurden ergänzt durch Hilfstruppen (auxilia) aus Provinzialen, die gewöhnlich nach 25 Jahren Heeresdienst entlassen und vom Kaiser mit dem Bürgerrecht für sich und ihre Nachkommen belohnt wurden. Auch sie standen unter dem Kommando römischer Offiziere und waren auf kleinere und größere Kastelle entlang den Grenzen und im Landesinnern verteilt. Längst nicht immer mit militärischen Sicherungsaufgaben ausgelastet, waren sie im Ausbau des Straßen- und Wasserleitungsnetzes zur Verbesserung der Lebensbedingungen eingesetzt. Die lateinische Dienstsprache, der Kaiserkult, die Aussicht auf das römische Bürgerrecht, nicht zuletzt das Vertrauen, für die Verteidigung der römischen Herrschaft herangezogen zu werden, banden auch die Soldaten provinzialer Herkunft an das Römische Reich. Kaiser Hadrian vermittelte auf ausgedehnten Reisen in den Provinzen den im Imperium Romanum vereinigten Völkerschaften das Gefühl, nicht Untertanen, sondern Mitgestalter der Herrschaft zu sein. Dies klang um so glaubwürdiger, als Hadrian nach seinem Vorgänger Trajan bereits der zweite romanisierte Provinziale auf dem Kaiserthron war.

### 4.7.4 Gesellschaft und Wirtschaft

Die oberste soziale Schicht bildete in republikanischer Tradition der Senatorenstand (ordo senatorius). Seine Bedeutung lag nicht mehr darin, selbständig politische Beschlüsse zu fassen, sondern in der Umsetzung kaiserlicher Entscheidungen in der Reichsverwaltung, Kriegführung, Rechtsprechung. Hier blieb der Senatorenstand bis in die Mitte des 3. Jh. unentbehrlich. Die umfassendere kaiserliche Administration erforderte über die weiterhin bestehenden republikanischen Magistraturen hinaus zahlreiche neue Funktio-

*Von Läden gesäumte Straße in Pompeji*

nen, so daß sich die Laufbahn eines erfolgreichen Senators zu einem fast ununterbrochenen, langjährigen Staatsdienst entwickelte. Die Zugehörigkeit zum Senatorenstand war erblich. Dennoch mußte ihn der Kaiser ständig aus dem Ritterstand, in der Überlieferung als „Pflanzschule" (seminarium) des ordo senatorius bezeichnet, ergänzen. Zu Rittern ernannte der Princeps neben reichen Bürgern aus Italien aufstrebende romanisierte Provinzialen. Sie fühlten sich in besonderem Maße ihrem Förderer verbunden. So regenerierte sich der Senatorenstand zunehmend aus Reichsbewohnern, die ab der Mitte des 2. Jh. gegenüber den Senatoren italischer Herkunft überwogen. Die Ritter konnten in einer abwechslungsreichen Karriere von den Kommandostellen in den Hilfstruppen, über Funktionen in der kaiserlichen Finanzverwaltung und Kanzlei bis zum Statthalter in Ägypten oder Präfekten der kaiserlichen Garde in Rom aufsteigen. Die Funktionsträger aus Senatoren- und Ritterstand ermöglichten eine kontinuierliche und kompetente Administration des Reiches.

Rechnet man dieser Oberschicht noch die städtischen Beamten und Ratsherren (Dekurionen) hinzu, blieb sie dennoch eine verschwindend kleine Minderheit der gesamten Reichsbevölkerung (geschätzte Zahlen: wenige tausend Mitglieder des Senatorenstandes, einige zehntausend Ritter, über 100000 Dekurionen, zwischen 50–80 Mio. Reichsbewohner). Etwa ein Zehntel der Menschen lebte in den 1000–2000 Städten. Wenige wie Rom, Alexandria, Antiochia waren Weltstädte auch nach heutigem Maßstab. Die durchschnittlichen Klein- und Mittelstädte zählten zwischen 2000 und 15000 Einwohner.

Die Stadtbewohner hatten die Chance, sich in einem regen Wirtschaftsleben zu entfalten und ihre sozialen Belange in berufsständischen Organisationen zu vertreten. Bei einer hohen Spezialisierung war die Taberna mit ihrer typischen Verbindung von Kleinwerkstatt und Verkaufsladen die Regel. Hier arbeiteten der Meister, freie Lohnarbeiter und Sklaven gemeinsam. Eine Stadt wie Pompeji wies über 80 verschiedene Gewerbe auf.

Bei Produkten, für die eine konstant hohe Nachfrage zu erwarten war, ist die Tendenz zu größeren Betrieben faßbar: Bäckereien, Glas- und Textilwarenfabriken. Erhaltene Rechnungsbelege für eine Töpferei in Südfrankreich weisen einen Ausstoß von über 700000 Gefäßen für einen Zeitraum von 10–15 Jahren aus. Der Anteil der Frauen im gewerblichen Bereich war größer, als das lange Zeit angenommen wurde. Sie sind als Inhaberinnen von Werkstätten, Läden, Fabrikationsbetrieben z. B. von Bleiröhren oder Ziegeln bezeugt. Ebenso fanden Sklavinnen in vielen Handwerksberufen Beschäftigung, auch als Bedienstete im Haus. Gegen ihren Verkauf zur Prostitution schritt Hadrian gesetzlich ein.

Da die Transportkapazitäten mit 5–6 Zentner pro Ochsengespann zu Lande außerordentlich gering waren, die täglichen Wegstrecken kaum mehr als 20 km betrugen, die Kosten also sehr hoch waren, belieferten die Produzenten alltäglicher Bedarfsgüter in der Regel nur ihre nähere Umgebung. Von Staats wegen eingerichtete Märkte unterstützten den Warenaustausch. Dennoch ist auch der Fernhandel zur See bis nach Arabien, Indien, China und zur Ostsee zweifelsfrei belegt. Er lohnte sich nur für hochwertige Luxusgüter wie Edelsteine, Gewürze, Seide oder unentbehrliche Massengüter wie Getreide. Allein die Stadt Rom importierte jährlich ca. 150000 t aus Ägypten. Der Seetransport kostete nur etwa ein Sechzigstel von dem über Land.

Die Stadtbewohner waren Nutznießer einer ausgeprägten Spendenfreudigkeit einheimischer Herren der Oberschicht. Sie finanzierten zur Selbstdarstellung und Empfehlung bei Kaiser und Mitbürgern öffentliche Bauten (Theater, Bäder) und Sozialeinrichtungen und verteilten unmittelbar an die Bevölkerung Geldspenden. Besonders die Einwohner Roms profitierten von den Zuwendungen des Kaisers. Das kann jedoch nicht darüber hinwegtäuschen, daß sie unter der Verachtung durch die Oberschicht, unwürdigen Wohn- und Arbeitsbedingungen zu leiden hatten. Die Überbevölkerung führte zu überhöhten Mieten für baufällige „Mietskasernen“, die unter Mißachtung der kaiserlichen Vorschriften möglichst billig errichtet worden waren. Die vorbildliche Wasserversorgung von ca. 500 l pro Kopf und Tag in der Stadt Rom, weit mehr als die heutige Berechnungsgrundlage in europäischen Städten, stellten Aquädukte als Fernleitungen sicher. Die Verteilung durch Bleiröhren verursachte jedoch vielfältige Erkrankungen. Ein für antike Verhältnisse leistungsfähiges Abwassersystem verhinderte nicht die Entsorgung von Abfällen und Latrinen auf die Straßen. Dichtes Gedränge, Lärm und Rauch bestimmten das Straßenbild bei Tag und Nacht. Rücksichtslosigkeit, Kriminalität und Aggressionen gegen die vielen Griechen und Orientalen in Rom, die Juden in Alexandria riefen eine gewalttätigte Atmosphäre hervor.

Außerhalb der städtischen Zentren gab es neben der Landwirtschaft keine nennenswerten Erwerbsquellen. In abnehmender Zahl bewirtschafteten selbständige Kleinbauern die Äcker. Verbreitet war die „Villenwirtschaft“, mittelgroße Güter, die gut organisiert mit freien und unfreien Arbeitskräften für den Markt produzierten. Darüber hinaus ging die Entwicklung zum landwirtschaftlichen Großbetrieb (latifundium) weiter. Der kaiserzeitliche Agrarschriftsteller Columella sieht die Voraussetzung für rationelles Wirtschaften dann als erfüllt, wenn man die Ländereien nicht in einem Tagesritt umrunden kann, d. h. eine Fläche von wenigstens 2500 Hektar. Neben der lukrativen Viehzucht galt in Italien besonders Wein- und Olivenbau als ertragreich. Die großen Güter wurden zunehmend unter Kleinpächter, Kolonen, aufgeteilt. Sie verpflichteten sich zu Abgaben in Geld- und Naturalien sowie zu Arbeitsleistungen gegenüber den Gutsherrn.

Dieses Pachtsystem stand in Zusammenhang mit dem Rückgang der Sklaverei. Massenversklavungen, wie sie in der Republik nach siegreichen Feldzügen üblich gewesen waren, gab es nur noch vereinzelt. Eine wichtige Quelle blieben die von Sklavinnen geborenen Kinder. Den vornehmen Stadthaushalt kennzeichnete eine große Sklavenfamilie.

Ihre Lebensbedingungen als Lehrer, Hausdiener, Verwalter, Handwerker, Künstler übertrafen die der Freigeborenen am unteren Rand der Gesellschaft deutlich. Natürlich nicht typisch waren die einflußreichen und vermögenden Sklaven und Freigelassenen im kaiserlichen Dienst.

Die Humanisierung der Sklaverei durch kaiserliche Gesetzgebung und die nahezu sichere Aussicht auf Freilassung bis spätestens zum 30. Lebensjahr führten sogar dazu, daß sich freie Reichsbewohner selbst an reiche Patrone verkauften und sich dafür einen sicheren Lebensunterhalt einhandelten. Durch eine berufliche Ausbildung und die persönlichen Beziehungen zu einem einflußreichen Herrn konnten sie nicht selten nach der Freilassung einen besseren sozialen Standard erwarten als vor der Versklavung. Die Freigelassenen schuldeten ihrem Patron allerdings noch weiterhin Dienstleistungen.

Verelendete und unterdrückte soziale Schichten fanden sich vor allem auf dem Land. Hier gab es noch immer gefesselte Sklaven bei harter körperlicher Arbeit, aber auch geschätzte Spezialisten in der Pflege von Sonderkulturen. Das mit Abstand härteste Los traf die Arbeiter in den Bergwerken und Steinbrüchen. Ohne die Gruben verlassen zu können, waren sie in einem Wirtschaftszweig im Einsatz, der die erforderlichen Grundstoffe für die römische Zivilisation und Waffentechnik zur Verfügung stellte. Bedenkenlos nahm man dafür erosionsgeschädigte Bergabhänge, unnatürliche Landschaftsveränderungen und gefährliche Erdrutsche in Kauf. Der Geograph Plinius d. Ä. (1. Jh.) beschuldigte die Menschen, der „Mutter Erde die Eingeweide herauszureißen".

Staatliche Eingriffe in das Wirtschaftsleben beschränkten sich auf Krisenzeiten. Die Kaiser sorgten jedoch für wichtige Rahmenbedingungen: innere und äußere Stabilität des Imperium Romanum, ein fast 100 000 km umfassendes Netz breiter und befestigter Straßen, Sicherheit des Meeres und Ausbau leistungsfähiger Häfen. Die wohl wichtigste Voraussetzung war ein überall anerkanntes und stabiles Münzsystem. Die gängigsten Recheneinheiten waren der Silberdenar („Silberling" aus dem Neuen Testament) und der Sesterz. Für den Alltagsbedarf hatte der As die größte Bedeutung (Wertrelationen: 1 Denar = 4 Sesterze = 16 As). Über ihre Funktion als Zahlungsmittel hinaus dienten die Münzen durch ihre Bilder und Formeln (Legende) der Selbstdarstellung des Kaisertums: Sie feierten die Leistungen des Princeps, propagierten ideologische Ansprüche, richteten Appelle an Heer und Bevölkerung.

### 4.7.5 Kultur im römischen Kaiserreich

Kennzeichnend für das römische Kaiserreich sind nicht bahnbrechende technische Neuerungen, sondern systematische Zusammenfassung der älteren Kenntnisse und Erfahrungen in Landwirtschaft, Geographie, Medizin und Philosophie. So entstanden Sammelwerke, aus denen die Menschen bis zur Neuzeit ihr Wissen schöpften. Die noch heute erhaltenen und in den modernen Gesetzbüchern nachwirkenden juristischen Schriften der römischen Kaiserzeit sind keine theoretischen Überlegungen, sondern richtungweisende Entscheidungen von konkreten Einzelfällen.

Die Romanisierung des Westens stellte die lateinische Literatur auf eine breitere Basis. Prominente Beispiele dafür sind der aus Spanien stammende Philosoph Seneca (1. Jh.) und der Historiker Tacitus (1./2. Jh.) aus Südfrankreich. Die entscheidenden geistigen Anregungen gingen jedoch noch immer von der Literatur, Philosophie und Kunst des hellenisierten Ostens aus. Die griechische Sprache wurde nicht nur nicht durch die lateinische verdrängt, sondern selbst von den aus westlichen Provinzen stammenden Kaisern Hadrian und Marc Aurel in eigenen literarischen Werken benutzt.

Das religiöse Leben war gekennzeichnet von einer intensiven Verehrung gleichermaßen der traditionellen römischen Staatsgötter und der griechisch-orientalischen Gottheiten. Gerade die ethnisch nicht einheitlich zusammengesetzten Truppenkörper trugen zu ihrer Verbreitung im gesamten Reichsgebiet bei. Die staatliche Toleranz gegenüber fremden Kulten war bemerkenswert groß.

Nicht völlige Vereinheitlichung, sondern Koordination gewachsener Strukturen war die reichspolitische Linie der römischen Kaiser. Deren Leistungen sollten auch nicht an den wahnsinnigen Auswüchsen eines Caligula, sondern an der jahrhundertelangen politischen und wirtschaftlichen Stabilität eines Weltreichs gemessen werden. Man mag kritisch feststellen, daß die Sklaverei nicht aufgehoben, die Emanzipation der Frau nicht vollendet, ökologische Konzepte nicht entwickelt wurden. Daraus Forderungen an die damaligen Menschen abzuleiten, heißt aber, in anachronistischer Weise die Bewußtseinslage der Zeitgenossen verkennen und die eigene absolut setzen.

## 4.8 Die Krise des Imperium Romanum im 3. Jh.

Der Untergang des Römischen Reiches gilt bei manchen Historikern als das interessanteste Problem der Geschichte überhaupt. Aus welchen Gründen behauptete sich dieses mächtige Weltreich nicht länger gegen die äußeren Feinde? Wieso konnte Westrom anders als Ostrom nicht fortbestehen? Die klassische Darstellung des Briten Edward Gibbon „History of the Decline and Fall of the Roman Empire" (1776–88) sah im moralischen Verfall der Führungsschicht und im Eindringen des jenseitsgerichteten Christentums wichtige Ursachen. Der deutsche Soziologe Max Weber machte Ende des 19. Jhs. das Scheitern des Wirtschafts- und Sozialsystems in der Krise des 3. Jhs. für die „innere Selbstauflösung" verantwortlich. Andere führten die Kultur- und Rassenmischung, eine Bodenerschöpfung, eine Klimaveränderung mit Regenmangel, den Bevölkerungsrückgang mit Arbeitskräftemangel, die Nivellierung der sozialen Unterschiede oder sogar eine Bleivergiftung durch die Wasserleitungen an. Es ist die Aufgabe heutiger historischer Forschung, jeden vorgeschlagenen Faktor anhand der Quellen zu überprüfen und seine Wechselwirkung mit anderen abzuwägen. Dabei stellen sich monokausale Erklärungen, die nur einen Grund nennen, schnell als unhaltbar heraus. In der Kulturgeschichte hatte zudem erstaunlich vieles Bestand trotz des staatlichen Niedergangs Roms.

### 4.8.1 Severerdynastie (193–235), Soldatenkaiserzeit (235–284) und Tetrarchie des Diokletian (284–305)

Die Ermordung des Kaisers Commodus (192) durch eine römische Palastverschwörung rückte die Prätorianergarde in die ausschlaggebende Position, den Nachfolger zu bestimmen, dessen formelle Bestätigung dem Senat oblag. Sie erwählte sich nach einem schnell beiseite geschobenen Übergangskaiser den Kandidaten mit dem höchsten Geldgebot an die städtische Garnison. Doch die Provinzlegionen waren nicht gewillt, dieses Verfahren zu akzeptieren; das in Oberpannonien stationierte Donauheer konnte, weil es mit 3 Legionen das größte Kontingent im Imperium bildete, nach vierjährigem Kampf seinen Kommandeur und Provinzstatthalter durchsetzen. Noch 193 zog der gebürtige Afrikaner **Septimius Severus** in Rom ein und empfing die Anerkennung des Senats, nachdem dieser zuvor unter dem Eindruck der herannahenden Legionäre den nur 66 Tage amtierenden Vorgänger zum Tode verurteilt hatte.

*Prätorianer (2. Jh. n. Chr.). Dem Kaiser direkt unterstellte Elitetruppen. Seit 23 n. Chr. in einer Kaserne in Rom (castra praetoria) zusammengezogen.*

Als erste Sicherungsmaßnahme entließ der neue Kaiser die alte, meist aus Italikern bestehende Prätorianergarde und ersetzte sie durch ihm ergebene Provinzialen. Nach erfolgreichen Feldzügen gegen seine Rivalen und die Parther, deren Hauptstadt Ktesiphon er 198 eroberte, säuberte er den Senat von seinen Widersachern. Er übertrug Legionskommandos sowie neugebildete Provinzen (Mesopotamien, Numidien) erstmals Präfekten aus dem Ritterstand und erleichterte bewährten Soldaten unterer Dienstgrade den Aufstieg. Der Sold der Soldaten wurde verdoppelt und auch einfachen Legionären die Ehe erlaubt. Ein neuer, großer Triumphbogen auf dem Forum ehrte den erfolgreichen Princeps, der zur Nachfolgeregelung seine beiden Söhne zu Mitregenten erhob. Auf einem Britannienfeldzug verstarb Septimius Severus 211 in York nach seinen letzten Worten an die Söhne: „Vertragt euch, bereichert die Soldaten und verachtet alles andere!" Noch vor Jahresende sicherte sich jedoch Antoninus Caracalla durch Ermordung seines Bruders in den Armen der Mutter die alleinige Macht. Sein Name ist mit der 212 erlassenen **Constitutio Antoniniana** (das Dokument ist in der Forschung umstritten) verbunden, durch die fast alle freien Bewohner des Reiches das römische Bürgerrecht erhielten. Das Motiv dafür war die Hoffnung auf höhere Steuereinnahmen.

Die Severer hielten sich noch bis 235 an der Macht, auch wenn alle Regenten gewaltsam starben. Unter dieser Dynastie rückten Juristen in die Schlüsselpositionen am Kaiserhof ein: Die Rechtsgelehrten Papinian, Ulpian und Iulius Paulus befehligten sogar die Prätorianergarde. Das kaiserliche Edikt ersetzte seit den Adoptivkaisern völlig die senatorische Gesetzgebung, ein Juristenstab formulierte die kaiserlichen Antworten auf Rechtsanfragen (Reskripte). In dieser **Blütezeit des römischen Rechts** wurden die Entscheidungen in allen Rechtsgebieten gesammelt und auf systematische Grundsätze zurückgeführt. (Vgl. Byzanz, S. 189)

Die 22 **„Soldatenkaiser"** regierten während der folgenden 49 Jahre als reine Militärdiktatoren, die sich auf die von ihnen geführten Provinzarmeen stützten, und fielen meist auf Feldzügen oder von Mörderhand. Es war eine Periode des dauernden Bürgerkriegs. Aurelian (270–275) umgab Rom mit einer neuen, gewaltigen Stadtmauer, weil man einen Germaneneinfall fürchtete, und verzichtete zur Grenzverkürzung auf die schwer zu verteidigende Provinz Dakien. Er führte ferner den Staatskult für den Sonnengott (Sol Invictus) ein, der mit zahlreichen anderen Gottheiten identifizierbar war und als dessen irdischer Beauftragter sich der Kaiser fühlte. Er und seine Familie ließen sich mit einer Sonnenscheibe am Haupt darstellen, Vorbild für den Heiligenschein auf späteren christlichen Bildern.

Erst **Diokletian** (284–305) gelang es, dem Imperium wieder größere politische Stabilität zu geben. Aus Dalmatien stammend und der sozialen Herkunft nach der Sohn eines Freigelassenen, wurde der Gardeoffizier von seinen Kameraden auf einem Perserfeldzug in Nikomedien 284 zum Kaiser gewählt. Einen Konkurrenten stach er danach vor den Augen des Heeres nieder. Um den Ansprüchen der Provinzen im ausgedehnten Imperium nach Schutz vor äußeren Feinden und effizienter Verwaltung im Innern nachzukommen, erwies sich eine Teilung der Macht und der Verwaltungsaufgaben unter mehreren Regenten als zweckmäßig: Der sohnlose Diokletian behielt sich den Osten des Reiches vor und ernannte den ihm ergebenen Offizier und illyrischen Landsmann Maximian zum ranggleichen Mitkaiser für den Westen. Später adoptierten beide „Augusti" noch jeweils einen Unterkaiser („Caesar"), denen bestimmte Aufgaben zugewiesen wurden (293). Diese vier Herrscher, die **Tetrarchen**, stützten sich auf eine gegenüber der Severerzeit verdoppelte Streitmacht (ca. 500 000 Soldaten, d. h. 1 % der Reichsbevölkerung), um die innere und äußere Sicherheit zu gewährleisten. Als Residenzen dienten die grenznahen Städte York und Trier, Mailand, Sirmium und Nikomedia. Grenzsicherungen und Reichsstraßen zum schnellen Truppentransport wurden ausgebaut. Sowohl der erkrankte Diokletian als auch der dazu genötigte Maximian legten 305 ihre Ämter nieder, um ihren zu Augusti erhobenen Caesares ohne weitere Auseinandersetzungen die Nachfolge zu sichern. Neue Unterkaiser – wie ihre Vorgänger Illyrier niederer Herkunft – machten die Tetrarchie wieder vollständig. Diokletian zog sich in seinen vielbewunderten und großzügig angelegten Palast in Spalato (heute Split) nahe dem antiken Salonae zurück, wo er vermutlich 316 starb und zum Gott erhoben wurde.

*Die Tetrarchen (um 300 n. Chr.), Steinplastik am Markus-Dom in Venedig. Die Herrschergestalten deuten durch das Umarmen die Reichseinheit an.*

Als die Nachfolger ihn 308 noch einmal in die Politik zurückrufen wollten, lehnte er ab: „Kommt nur nach Salonae und bestaunt den Kohl, den ich dort eigenhändig züchte, dann werdet ihr mich mit einem solchen Ansinnen verschonen!"

### 4.8.2 Der Dominat als spätantike Herrschaftsform

Um eine dauerhafte Regierung zu sichern, trat über die Machtteilung hinaus eine neue Herrschaftsform an die Stelle des Prinzipats, der **Dominat** (dominus: Herr), wie man den **spätantiken Zwangsstaat** bezeichnet. Diokletian setzte ein umfangreiches Reformwerk um, dessen Hauptziel die Heeresversorgung war. Zwangsrekrutierung von Reichsangehörigen wurde ebenso üblich wie der Söldnerdienst von Barbaren, meist Germanen. Neben den Soldaten wurden die Beamten vermehrt, deren Dienst dem Kriegsdienst gleichgestellt und entsprechend organisiert war.

Die Verwaltung konzentrierte sich noch mehr in zentralen Reichsämtern und neuen Fachministerien (scrinia) auf Kosten der regionalen Selbstverwaltung. Unterhalb der vier den Tetrarchen zugeordneten Prätorianerpräfekten gingen die militärischen Kommandos in den verkleinerten und auf von 50 auf etwa 100, später 120 vermehrten Provinzen fast nur noch an zuverlässige Ritter; gleiches geschah in der davon abgetrennten Zivilverwaltung, der die Steuereintreibung zufiel. 12 Diözesen unter je einem ritterlichen Vicarius bildeten eine neue Zwischenebene der Verwaltung. Die neue Bürokratenkaste ersetzte langsam den alten Ritterstand. Die bisherigen Rechtsunterschiede zwischen den Provinzen, d. h. der Sonderstatus der senatorischen Provinzen und Ägyptens sowie die Grundsteuerfreiheit Italiens, wurden aufgehoben. Mit Hilfe zahlloser Agenten bespitzelte eine zentrale Überwachungsbehörde die Beamten und Bürger, deren Wohlverhalten die Androhung von Repressalien erzwang.

Eine ausgeklügelte **Religionspolitik** entwarf eine Herrschertheologie, indem sie die Tetrarchen mit Gottheiten verknüpfte, so Diokletian „Iovius“ mit dem als Stammvater aller Wesen aufgefaßten Jupiter, Maximian mit dessen Sohn Herkules. Ein festes Hofzeremoniell betonte ihre religiöse Weihe: Dem Kaiser gebührte die Anrede „Herr und Gott“ (dominus et deus), nach persischem Vorbild wurden der Fußfall (adoratio) und das purpurne, gold- und edelsteinbestickte Seidengewand mit edelsteingeschmückten Schuhen institutionell eingeführt. Riesige Paläste distanzierten das Volk vom unzugänglichen Herrscher. Um dem Imperium einen geistigen Halt zu geben, sollten Zwangsopfer für den überlieferten Götter- und Kaiserkult und ein Rückgriff auf die alte Romidee die Loyalität aller Reichsbewohner sichern. Gegen einheitsgefährdende Neuerungen wie Christentum oder Manichäerkult, der aus dem feindlichen Persien stammte, ging Diokletian mit strengen Verboten und Verfolgungen vor.

### 4.8.3 Die Reichs- und Wirtschaftskrise im 3. Jh.

#### *4.8.3.1 Kriege an den Grenzen und Sonderreichsbildungen*

Das 3. Jh. konfrontierte des Römische Reich mit neuen Gegnern an seinen Grenzen. Der stärkste und aggressivste davon war im Osten das nach dem Stammvater Sassan benannte, neupersische **Reich der Sassaniden** (224/7–642/51). Wiederholte Niederlagen der Parther gegen die Römer nutzte Ardaschir I., der Fürst von Persepolis, aus, um ihre Oberherrschaft im Iran abzuschütteln (224/7). Die sassanidische Dynastie stellte sich in die Tradition des persischen Achämenidenreiches, verfügte über eine einheitliche Staatskirche mit der Lehre Zarathustras (zoroastrischer Parsismus, vgl. S. 20), stellte eine zuverlässige Beamtenschaft auf und schuf eine ihr ergebene Schicht niedrigen Adels, die als offensive Panzerreiter eine schlagkräftige Waffengattung (Kataphrakten) bildete. Der „König der Könige von Iran und Nicht-Iran“, Schapur I. (241–272), beanspruchte den territorialen Umfang des alten Perserreiches, überrannte Armenien und Mesopotamien, verwüstete Syrien und Kleinasien und nahm schließlich den Kaiser Valerian (253–260) nach der Schlacht bei Edessa zur Schande der Römer gefangen.

Über die Donaugrenze stießen die freien Daker sowie die germanischen Markomannen und Goten tief ins Imperium hinein; am Rhein folgten die Franken und Alemannen, die bis Gallien und Oberitalien vordrangen. Obwohl die Römer das durch den obergermanisch-rätischen Limes geschützte Dekumatland um 265 endgültig aufgaben, behaupteten sie in blutreichen Verteidigungsschlachten weitgehend das Territorium. Sie ahmten die gepanzerte Kavallerie der Perser nach, siedelten in Grenznähe germanische Stämme an und verwendeten sie als verbündete Hilfstruppen (foederati).

Unter dem Druck auf das Zentrum machten sich zeitweilig einzelne Randterritorien selbständig, im Westen Gallien mit Spanien und Britannien unter dem ehemaligen Statthalter Postumus (257–268), im Osten Ägypten und das Reich der Handels- und Karawanenstadt Palmyra unter der arabischen Königin Zenobia (267–272). In Armenien, das zwischen Sassaniden und Römern umkämpft war, wurde nach der Taufe der Herrscherfamilie das Christentum Staatsreligion (301).

### *4.8.3.2 Die Wirtschaftskrise und ihre sozialen Folgen*

Die wirtschaftliche Blüte im Imperium währte bis zum Ende des 2. Jhs. Wiederholte Pestepidemien – vom Heer aus den Perserfeldzügen eingeschleppt – rafften seit 166 einen erheblichen Teil der Reichsbewohner hinweg und erzeugten in Verbindung mit dem steigenden Soldatenbedarf einen Arbeitskräftemangel. Die Wirtschaftskrise des 3. Jhs. zeichnete sich in der Inflation unter Commodus bereits ab. Zur Einnahmenerhöhung griffen die vielen regionalen Münzprägungen ständig zur Münzverschlechterung, die den realen Geldwert sinken und das Vertrauen in die Währung vollends schwinden ließ. Die Güterproduktion für den Markt sank.

Zunächst entzogen die Kriege an den Reichsgrenzen dem dortigen Wohlstand seine Grundlage, dann waren vom ganzen Reich die erhöhten Kosten des Militärbereichs aufzubringen, so daß **Steuererhöhungen** Stadt und Land belasteten. Das Privatvermögen der Dekurionenschicht wurde zur Garantie der fälligen Zahlungen ihrer civitates (Städte mit Umland) herangezogen, der Steuereinzug lag in ihrer Verantwortung. Hinzu kamen kostspielige Ehrenaufgaben (Leiturgien, lat. munera), Getreidespenden, Spiele, Bauverpflichtungen etc., die man früher gerne aus Prestigegründen übernommen hatte. Die Großgrundbesitzer in den Städten bemühten sich, die Abgaben ihrer Kolonen zu steigern und sich der städtischen Leiturgien zu entledigen. Als die kaiserliche Verwaltung daraufhin mit ihrer Zwangsverpflichtung reagierte, verlegten viele dauerhaft ihren Aufenthalt aus der Stadt auf ihre Güter, wo sie eine von Handel und Gemeindelasten abgeschlossene Produktionsautarkie anstrebten. Den Kolonen boten sie Schutz und Versorgung in Not (patrocinium) an, die Festigung der rechtlichen Bindung an den Boden wurde zur vorherrschenden Tendenz im Agrarbereich. Falls eine Zwangsrekrutierung ihrer Kolonen drohte, konnten die Großagrarier sie durch Ablösungszahlungen verhindern.

So verschärfte sich der Druck auf die sozialen Verhältnisse durch den Zwangsstaat. Zur langjährigen Wehrpflicht kam die Erblichkeit des Standes in den Soldatenfamilien. Viele städtische Handwerker und Kaufleute wurden zur billigen Arbeitsleistung (z. B. Brotlieferung) für den Militärbedarf gezwungen, die Steuerzahlungen gezielter kontrolliert und ein Teil in Naturalien statt in minderwertigen Münzen geleistet.

Die Machtübernahme Diokletians führte auch im Wirtschaftsleben zur **etatistischen (vom Staat gelenkten) Stabilisierung**. Seine Münzreform setzte die Wertrelation zwischen den Edelmetallen neu fest und zentralisierte die Münzausgabe. Er glich die Unterschiede der Steuerlast unter den Provinzen aus und machte das Steuersystem berechenbarer, indem die Verwaltung erste Jahresbudgets aufstellte. Der Grundbesitz in Verbindung mit der Zahl der Arbeitskräfte sowie der Ertrag von Gewerbetreibenden waren Grundlage der Steuerlast; nach ihrer Einschätzung für eine „Indiktion" von 15 (erst 5) Jahren trieb man sie ohne Rücksicht auf die erzielten Einkommen ein. Für Heer und Marine produzierten in staatlichen Textil- und Waffenfabriken Arbeiter, die lebenslang verpflichtet waren und deren Kinder den Beruf übernehmen mußten. Der Maximaltarif von 301 legte die Höchstpreise für ca. 1000 Güter und Dienstleisungen fest, um der Inflation entgegenzuwirken – allerdings erfolglos.

Im 4. Jh. setzten sich diese Entwicklungen fort. Kaiser Konstantin stabilisierte die Währung endlich dauerhaft durch die Ausgabe (309) einer neuen Goldmünze (solidus). Die Kolonen wurden vom Staat an die Scholle gebunden, sie durften ihr Land nicht mehr verlassen, um dem Abgabendruck zu entweichen. Damit war eine Vorstufe der mittelalterlichen Grundherrschaft entstanden; die Naturalwirtschaft drang vor, und die Beziehungen eines Gutshofes zum Umland wurden geringer. Teils eigneten sich die Grundherren Polizei- und Richterfunktionen an, teils wies der Kaiser sie ihnen durch ein Privileg zu. Der obersten, senatorischen Führungsschicht (potentes) gewährte er oft als Ersatz für ihren Machtverlust die Freiheit von Steuern und Leistungen (Immunität).

Die städtische Oberschicht hingegen drohte finanziell auszubluten. Doch ein Austritt aus dem erblich gemachten Dekurionenstand war verboten. Städtische Gewerbetreibende mußten beruflichen Vereinen (Kollegien) angehören, in denen die Berufstätigkeit erblich war und die das teilweise geringe Versorgungs- und Produktionsniveau zu garantieren hatten.

## 4.9 Christentum und antike Gesellschaft

### 4.9.1 Die Ausbreitung des Christentums im Römischen Reich

Nach der Kreuzigung Jesu wegen Hochverrats in Jerusalem (um 30) formierte sich dort eine Urgemeinde von Judenchristen, die in Erwartung der nahen Rückkehr des Messias lebte, in dem sie Gottes Sohn verehrten, und am jüdischen Gesetz festhielten. Eine enge Glaubensgemeinschaft unter der Leitung der engsten Jünger Jesu verband alle, zusätzlich verstärkt durch Gemeinbesitz und Güterverteilung nach dem Bedürfnisprinzip (Apg 4.32 ff.). Mit der vom Hellenisten Paulus aus Tarsos durchgesetzten „Heidenmission" der Apostel (um 48), die über den jüdischen Bereich hinausging, setzte sich die neue Weltreligion durch. Die Vertreibung der Juden in die „Diaspora" nach Niederwerfung eines antirömischen Aufstandes und der Zerstörung Jerusalems (70) begünstigte auch die Gründung von Christengemeinden im gesamten Mittelmeerraum.

Sie stieß im Römischen Reich auf eine Bevölkerung, die großenteils in einer religiösen Krise steckte und ein starkes Bedürfnis nach Erlösung von den Übeln der Welt verspürte, welches die traditionelle, öffentliche Götterverehrung kaum stillte. Durch die Zuwanderung aus den Ostprovinzen ergaben sich neue Angebote. Orientalische Offenbarungsreligionen und Mysterienkulte mit geheimnisvollen Riten, an denen nur die Eingeweihten (Mysten) teilnahmen, versprachen eine persönliche Nähe des Gottes, seelische Stärkung und ein besseres Leben nach dem Tod: Von griechischer Herkunft genossen die älteren eleusinischen Mysterien der Demeter hohes Ansehen, den orgiastischen Dionysosmysterien haftete allerdings etwas Anrüchiges an, was zunächst zu ihrem Verbot geführt hatte (186 v. Chr.); viele Frauen fühlten sich von den ägyptischen Isis-Osiris-Mysterien oder dem kleinasiatischen Fruchtbarkeitskult der Kybele angezogen, während der persische Mithraskult nur Männern offenstand und im Heer starke Verbreitung fand. Im 3. Jh. kam der von Aurelian geförderte Sonnenkult aus Syrien auf, welcher der zentralen Gottheit Allmacht zuschrieb (Henotheismus). Die Verehrung der alten Hauptgötter Juppiter, Juno, Mars, Minerva und des Herkules ließ nie nach, weil die traditionsbewußte, senatorische Oberschicht an ihr bis zum Verbot festhielt.

Das Christentum unterschied sich davon bei einigen Ähnlichkeiten (Reinigungstaufe als Initiationsritus, Gedächtnisopfermahl, Auferstehungsglaube) vor allem durch seinen strengen Monotheismus und die dem antiken Denken kaum begreifliche echte Menschwerdung eines leidenden Gottes. Das zentrale Gebot der Nächstenliebe fand in den städtischen Unterschichten mit bemerkenswerter Schnelligkeit Resonanz unter den Armen, Sklaven und besonders den Frauen, die in den frühchristlichen Gemeinden einander Zuspruch und Hilfe gaben und empfingen. Einzelne aus den vornehmeren Schichten gesellten sich mit wachsender Tendenz hinzu, so daß die christliche Gemeinde im 3. Jh. eine der allgemeinen annähernd ähnliche Sozialstruktur aufwies und schon über eigenen Grundbesitz verfügte.

Die einheitlichen Verkehrssprachen in den Städten – Griechisch im Osten, Latein im Westen – sowie die guten Verkehrsverbindungen im befriedeten und religiös toleranten Imperium begünstigten die Mission. Bereits am Anfang des 3. Jhs. war das Christentum im Osten auch auf dem Lande verbreitet, im Westen hielt sich die bäuerliche Naturverehrung bis ins 6. Jh. Mit dieser Ausdehnung fanden sich unter den Christen immer mehr gebildete Angehörige der Oberschicht, denen häufig Führungsaufgaben zufielen. Die frühe, einfache Hierarchie mit einem Bischof als Leiter der Gemeinden einer Stadt und weiteren Kirchenämtern (Ältere = Presbyter, Helfer = Diakone) verfestigte sich nach 150, als das Lehramt zur Auseinandersetzung mit philosophisch-heidnischer Kritik gezwungen wurde. Kollegiale Konferenzen (Synoden) der Bischöfe, die sich als apostolische Nachfolger verstanden, kanonisierten Glaube und Schrifttum. Diese **Kirchenorganisation** machte das Christentum den konkurrierenden Religionen überlegen. Metropoliten (Erzbischöfe) standen größeren Regionen oder Provinzen vor, aus ihnen ragten fünf führende Patriarchate heraus: im biblischen Jerusalem und in den Weltstädten Alexandria, Antiochia, Rom, später Konstantinopel, ein sechstes im sassanidischen Ktesiphon.

Eine Übersetzung des Alten Testaments ins Griechische (Septuaginta) entstand schon unter den alexandrinischen Gelehrten des 3. Jhs. v. Chr., die **lateinische Bibelübersetzung** des Hieronymus um 400. Der in Konstantinopel ausgebildete Arianer Wulfila († 382/83) übersetzte die Bibel ins Gotische und beeinflußte damit die Mission der Germanenstämme.

*Links: Betende. Darstellung auf einem koptischen Grabstein. – Kopten heißen die Christen in Ägypten und im heutigen Äthiopien. Sie bildeten früh eine eigene Kirche, die nicht dem Papst unterstand. – Rechts: Blick in eine Katakombe. Auf dem Fresko ist Jesus mit den Aposteln dargestellt, darunter Jonas, der vom Meerungeheuer ausgespieen wird, dann eine betende Frau, ganz unten drei Jünglinge.*

## 4.9.2 Christenverfolgungen durch den römischen Staat

Die im Imperium übliche Toleranz gegenüber fremden Religionen unterbrach zuerst Nero, als er nach dem Brand Roms (64) den Christen die Schuld zuwies und damit Verfolgungen auslöste, in denen auch die Apostel Petrus und Paulus das Martyrium erlitten haben sollen, wofür eindeutige, schriftliche Quellen jedoch fehlen wie für zahlreiche Ereignisse der frühchristlichen Geschichte.

Anders als noch die Urgemeinde, die das baldige Weltgericht erwartete, stellten die römischen Christen die soziale Ordnung unter der kaiserlichen, letztlich gottgegebenen Autorität nicht mehr in Frage. Sie trafen sich in Privathäusern zu ihren Meßfeiern und bestatteten ihre Toten aus Platznot in den unterirdischen Katakomben außerhalb der Stadt, wofür sie die üblichen Begräbnisvereine gründeten. Das Geheimnisvolle ihrer Treffen und Riten erzeugte in der übrigen Bevölkerung ein tiefes Mißtrauen gegenüber dem Unbekannten, so kam vielfach wegen der Eucharistie der merkwürdige Vorwurf des Kannibalismus auf. Auf der Suche nach Schuldigen für irgendwelche Mißstände entlud sich der entfesselte Mob gelegentlich an den Christen, was staatliche Behörden wohlwollend duldeten, um ein Ventil für soziale Spannungen zu schaffen. Vereinzelte Christenverfolgungen von Domitian bis zu den Severern sind so zu erklären. Die mutige Todesbereitschaft der Christen verwunderte die antiken Beobachter, ließ sie sogar einen kollektiven Selbstmordwillen vermuten. Der christliche Tertullian erklärte dagegen: „Das Blut der Christen ist ein Same... Gerade der hartnäckige Trotz, den ihr uns zum Vorwurf macht, ist der Lehrer..." (Apol. 50,13).

Eine gezielte, reichsweite Verfolgung der Christen durch die kaiserliche Politik setzte erst in der Mitte des 3. Jhs. ein, als die allgemeine Krise eine gemeinsame Religion als Integrationsklammer des auseinanderdriftenden Reiches ratsam erscheinen ließ. Deshalb ließ zuerst Kaiser Decius (249–251), um die Gunst der alten Götter zurückzugewinnen, alle Reichsbewohner ein Opfer für den Staatskult darbringen, an dem nur die Monotheisten nicht teilnehmen konnten. Es folgten mehrfache Christenverfolgungen, in denen Zehntausende von Gläubigen als Märtyrer (Zeugen) starben. Diokletian löste 303 die schärfste von allen aus, die nach seiner Abdankung besonders im Osten weiterging.

Natürlich gab es viele Christen, die dem Druck nicht standhielten und das verlangte Opfer darbrachten oder sich durch Bestechung eine Bescheinigung darüber besorgten. Unter welchen Bedingungen diesen (lapsi=Gestrauchelte) eine Rückkehr in die Gemeinden erlaubt war, bildete einen Streitpunkt unter den standhaften (stantes) Überlebenden der Verfolgungen. Mit der erfolgreichen Ausbreitung des Glaubens, die zahlreiche Staatsbeamte erfaßte, war dennoch insgesamt die Bereitschaft gewachsen, dem Staat sogar in Verwaltung und Heer loyal zu dienen, wenn er nur den Glauben respektierte. Manche Christen verweigerten allerdings den Militärdienst unter heidnischen Symbolen, wie sie die Soldaten auf ihren Waffen anbringen mußten, sie hielten den Kriegsdienst für unvereinbar mit der gebotenen Feindesliebe, zumal wenn er einem heidnischen Staat zugute kam. Schließlich arrangierten sich die Gemeinden zunehmend auch mit der Sklaverei als einem gottgegebenen Stand, die nur durch eine humane Behandlung zu mildern sei.

## 4.9.3 Die konstantinische Wende

Diokletians Hoffnungen auf einen Regierungswechsel ohne Nachfolgekämpfe scheiterten bereits 306, als das Heer in Britannien den beliebten Konstantin, einen unehelichen Sohn des verstorbenen „Augustus" Konstantius, zum Kaiser erhob. Den in Rom ausgerufenen Konkurrenten Maxentius schlug Konstantin 312 in der Schlacht bei der Mil-

*Vorder- und Rückseite einer Münze Konstantins des Großen. Der Helm des Kaisers trägt das Christus-Monogramm.*

vischen Brücke, während der seine Soldaten am Schild ein neuartiges Zeichen trugen, möglicherweise das Christusmonogramm. Bisher ein Anhänger des Sonnengottes, soll er vorher eine Vision gehabt haben, daß er im Zeichen des christlichen Gottes siegen werde. Dessen Verehrung nach dem Erfolg entsprach antiker Tradition, ohne daß Konstantin aber die heidnischen Kulte bereits aufgab. Beim Triumphzug in Rom unterließ er symbolisch den Gang auf das Kapitol, nahm als heidnischer Pontifex Maximus das Christentum in den kaiserlichen Schutz auf, stellte dessen Priester in der Abgabenfreiheit mit anderen Kulten gleich und gab beschlagnahmten Grundbesitz der Kirche zurück. Er ließ die Basilica Constantiniana auf dem Laterangelände errichten, die dem Kirchenbau architektonische Maßstäbe setzte, und stiftete über dem vermuteten Grab des Petrus am Vatikan eine Gedächtnisbasilika. Den Tempelbau führte er aber ebenso weiter, und die Vestalinnen taten ihren Dienst wie immer.

Der östliche Kaiser Galerius gestattete schon 311 allen Christen des Reiches die freie Religionsausübung. Sein Nachfolger Licinius und Konstantin einigten sich 313 im **Mailänder Toleranzedikt** (das Dokument ist in der Forschung umstritten) auf eine entsprechende Anerkennung (religio licita) und das Zugeständnis allgemeiner Rechtsfähigkeit der Kirche im Imperium. Das Heer trug nun eine Fahne mit Christusmonogramm, dieses zeigten seit 315 (nicht alle) konstantinische Münzprägungen; 321 führte er den „Sonn“tag statt des üblichen Samstags (= Saturntag) reichsweit als arbeitsfreien Ruhetag der Siebentagewoche ein, wobei noch offenblieb, ob zu Ehren des Sonnengottes oder des Auferstehungstages Christi. Vermutlich verband er auch den Geburtstag Jesu mit dem des Sonnengottes, dem 25. Dezember. Die schmähliche Kreuzigungsstrafe wurde abgeschafft, zum Schutz der Ehe der Ehebruch einer Frau mit dem Tode bestraft und die verbreitete Kindsaussetzung zurückgedrängt. Doch die kaiserlichen Gladiatorenschulen für die blutbehafteten Spiele blieben noch lange in Betrieb.

Um dem christlichen Glauben eine reichsweit führende Stellung zu verschaffen, war Konstantin um die Wahrung einer einheitlichen Theologie bemüht. Diese stellten innerchristliche Lehrstreitigkeiten in Frage, darunter besonders die **Lehre des Arius**, daß Christus nur gottähnlich, nicht wesensgleich mit dem Vater gewesen sei, wie der Kontrahent **Athanasius** lehrte. Nach dem Sieg über den Mitkaiser Licinius (324) herrschte Konstantin allein im Imperium. Auf dem von ihm einberufenen, ökumenischen **Konzil von Nicäa** in Bithynien (325) setzte er eine Entscheidung im Sinne des Athanasius durch, die dadurch das orthodoxe (rechtgläubige) Glaubensbekenntnis festlegte. Aus dem Westen waren ganze fünf Bischöfe bei ca. 300 Teilnehmern gekommen, und der altersschwache Bischof von Rom war nur durch Delegierte vertreten. Zwar konnte der Arianismus sich noch lange halten, doch wurde die Formel von Nicäa die bis heute gemeinsame Lehre der christlichen Konfessionen. Das Eingreifen in kirchliche Fragen stellte eine Vorstufe des byzantinischen **Cäsaropapismus** dar, der Vereinigung weltlicher und geistlicher Macht in einer Hand. Für den Kaiser zählte das Motto des Theologen Eusebios von Caesarea: Ein Gott, ein Reich, ein Kaiser.

Dennoch blieb die Institution des Mitkaisertums erhalten, indem Konstantin seine Söhne und Neffen zu „Caesares" machte, ihnen aber Präfekten mit voller militärischer und ziviler Kompetenz als Leiter des Heeres und der Beamtenschaft zur Seite stellte. Die Reichshauptstadt verlegte er von Rom in das neu gebaute **Konstantinopel** (326/330), wo der erste Christenkaiser auch nach seinem Tod 337 als „13. Apostel" begraben wurde. Erst auf dem Sterbebett ließ er sich taufen, um nach der Vergebung aller Sünden makellos in den Himmel zu gelangen – eine durchaus zeitübliche Denkweise.

### 4.9.4 Das Christentum als Staatsreligion und der Untergang Westroms

Damit war der Sieg des Christentums noch keineswegs gesichert. In der Politik führten der Zwang zur Machtaufteilung und das Streben nach Alleinherrschaft zu ständigen Konflikten. Der Arianismus des Ostens und die römische Orthodoxie bekämpften sich mit wechselndem Erfolg, andere regionale Abspaltungen traten hinzu. Langfristig hatte die antike Tradition der neuen Lehre nichts mehr entgegenzusetzen, sie wurde im Gegenteil vielfach von ihr in den Dienst gestellt, um die Christianisierung zu unterstützen. Die Volksfrömmigkeit übernahm viele antike Elemente in den Gottesdienst und in die Heiligenverehrung (antiker Isis- und Heroenkult), der Kirchenbau entwickelte aus der öffentlichen Markt- und Gerichtshalle die christliche Basilika. Die Literatur der griechischen und lateinischen Kirchenväter (Patristik) bemühte sich durch eine vorsichtige Rezeption der antiken Philosophie um eine Klärung theologischer Probleme. Laktanz und Prudentius repräsentierten mit antiker Gelehrsamkeit die frühchristliche, lateinische Dichtung.

Die spätantike, nichtchristliche Philosophie versuchte zwar, noch ein Wort mitzureden, und brachte neuplatonische oder skeptische Einwände gegen das Christentum vor. Symmachus, der hochgebildete Sprecher altrömischer Tradition im Senat, protestierte gegen die Entfernung des Victoria-Altars aus der römischen Kurie beim Kaiser – vergebens, weil der Mailänder Bischof Ambrosius diesen zur Härte ermahnte (382/4). Der Bischof des nordafrikanischen Hippo Regius, Augustinus (354–430), wurde zum überragenden Kirchenlehrer. Seine Lehre vom kommenden „Gottesstaat", der den im Verfall befindlichen „irdischen Staat" ablöse, erlaubte eine geschichtsphilosophische Deutung des sichtbaren Wandels.

Entscheidend wirkte Kaiser Theodosius I. (379–395) ein, als der Spanier 381 der Orthodoxie im gesamten Reich zum Sieg verhalf und somit die römische Lehre allgemein (katholisch) machte. Bei Duldung des Judentums erhob er das Christentum zur Staatsreligion, wonach die heidnischen Kulte unterdrückt und ihre Tempel zum Teil zerstört wurden (391). Die Teilnahme an heidnischen Feiern zog die Todesstrafe nach sich, aus den ehemals verfolgten Christen wurden nun selbst Verfolger. Nach Theodosius' Tod wurde die politische Teilung in Ost- und Westrom (395) durch seine Söhne endgültig, obschon die Beziehungen sehr eng blieben, die gleichen Gesetze und Münzen gültig waren und die Kaiser der Teilreiche häufig in den anderen Teil eingriffen.

Das Weströmische Reich ging im Zuge der Völkerwanderung (vgl. Kap. 5.2.) unter. Die Hunnen bedrängten seit 395 Ostrom und brachten die Westgoten im Donaugebiet in Bewegung nach Konstantinopel und Italien. Zur Abwehr zog der weströmische „Heermeister" Stilicho die römischen Truppen vom Rhein (405) und aus Britannien (407) ab, womit den Germanen der Weg nach Westeuropa offenstand. Als Epochenwende empfanden die Zeitgenossen die verheerende Plünderung der Stadt Rom durch die Westgoten unter Alarich (410), die anschließend als Föderaten nach Gallien abzogen. Als jedoch die Hunnen Mitteleuropa und Italien zu unterwerfen drohten, stellten sich ihnen die Römer und die verbündeten Germanen noch einmal gemeinsam entgegen. Der „Heermeister" von Gallien, Aëtius (433–454), schlug den Hunnenkönig Attila († 453) zurück in der Schlacht auf den Katalaunischen Feldern (451). Attilas folgender Romzug endete dank des Eingreifens Papst Leos I. für die Stadt glimpflich. Zwischen Aëtius und dem letzten theodosianischen Kaiser Valentinian III. entbrannte ein Machtkampf, in dem beide ermordet wurden. Der von einer Partei zu Hilfe gerufene germanische Vandalenkönig Geiserich ließ Rom 14 Tage lang erneut plündern (455).

*Das Innere der Basilika in Trier. Dieses Bauwerk stammt aus der Zeit, als Konstantin noch in Trier residierte. Die Basilika ist 56 m lang und 27 m breit. Sie wurde als Thronsaal gebaut und später zur christlichen Kirche umgewandelt.*

Im Donauraum erkämpften sich die Ostgoten nun eine führende Stellung, seit 471 geführt von König Theoderich. Von dort stammten auch die germanischen Skiren, die sich in den Dienst Westroms stellten. Für eine Landzuweisung beteiligten sie sich an einer Revolte des Heerführers Orestes gegen einen von Ostrom unterstützten Kaiser. Als die Belohnung ausblieb, setzte ihr Fürst Odoaker 476 den von Orestes eingesetzten, minderjährigen Kaiser Romulus Augustu(lu)s kurzerhand ab und machte sich zum König Italiens – zunächst mit Duldung Ostroms. Doch Konstantinopel beauftragte Theoderich, Odoaker zu beseitigen, was nach sechsjährigem Kampf in einem hinterlistig vollbrachten Mord an dessen Familie gelang (493). Das Föderatenheer rief Theoderich zum König der Goten und Römer aus. Der oströmische Kaiser erkannte ihn als untergeordneten Herrscher Westroms an (497), von dem er sich Druck auf den katholischen Papst im Glaubensstreit (Schisma) zwischen West- und Ostkirche versprach. Theoderich versuchte, in einer Gleichgewichtspolitik zwischen den Franken und Oströmern das ostgotische Reich auf italischem Boden mit der Hauptstadt Ravenna zu stabilisieren. Es beruhte auf einer verwaltungsmäßigen Trennung zwischen den allein wehrdienstpflichtigen arianischen Goten und den katholischen Römern, zwischen denen keine Ehen erlaubt waren. Nach Theoderichs Tod (526) jedoch fiel Italien zunächst an Byzanz zurück (540/552), bevor die germanischen Langobarden eindrangen (568).

### 4.9.5 Der Aufstieg des Papsttums zur politischen Macht

Anders als im griechischen Osten war im lateinischen Westen die herausgehobene Stellung des Bischofs von Rom schon aufgrund der Gemeindegröße in der Reichsmetropole und im Gedenken an Petrus und Paulus bald weitgehend anerkannt. Unter Papst Damasus I. – dem ersten, von dem statt Legenden eine sichere Quellenkenntnis vorliegt – begründete eine Synode (382) den römischen Führungsanspruch (Primat) in der Kirche gezielt mit Mt 16,18: Jesu Übergabe der Schlüsselgewalt an Petrus. Konzilsbeschlüsse sollten nur mit päpstlicher Zustimmung gelten. Der machtbewußte Damasus war zugleich ein Beispiel für die Versuchung der Macht, denn er war erst nach Tötung eines Rivalen in das Amt gelangt. Mit dem Ansehen des „Apostolischen Stuhles“ Petri stieg die Intensität der Kämpfe um seine Besetzung und die Korruption im römischen Klerus.

Im zerfallenden Westrom übernahm der Papst als Stadtbischof eine maßgebliche politische Rolle. Papst Leo I. (440–461), der Retter Roms vor den Hunnen, beanspruchte selbstbewußt als Nachfolger Petri die Vollgewalt über alle Bischöfe der gesamten Kirche in der Tradition römischer Weltherrschaft, was die östlichen Patriarchate ablehnten. Außerdem führte er ein herrscherliches Zeremoniell ein, womit sich die Fragen nach der Hierarchie in der katholischen Kirche und nach dem Verhältnis zur weltlichen Macht stellten. Gegen Ende des 5. Jhs. wurde die Bezeichnung „Papa“, die bisher allen Bischöfen zukam, auf den „Papst“ eingeschränkt.

Papst Gelasius (492–496) beanspruchte in einer im Mittelalter weiterwirkenden Zwei-Gewalten-Lehre den Vorrang der geistlichen Macht vor dem Kaisertum Ostroms. Der „letzte Römer“, Papst Gregor der Große (590–604), sicherte den kirchlichen Güterbesitz, das „Patrimonium Petri“, als Grundlage der Kirchenversorgung, Armenfürsorge und zugleich der weltlichen Macht des Papstes. So konnte er die Mittel zur Verteidigung gegen die Langobarden nutzen. Durch Stiftungen und Testamente vor allem von Ehelosen war die Kirche inzwischen zum größten Grundbesitzer Italiens geworden wie früher der Kaiser. Gregors Selbstauffassung als „Knecht der Knechte Gottes“ stand jedoch dem Weg zur päpstlichen Universalmonarchie entgegen.

## 4.10 Zur Rolle der Frau in Spätantike und frühem Christentum

Im Grundsatz blieb die antike Welt männlich dominiert, doch konnten die römischen Frauen der Spätantike weiteren Freiraum gewinnen (vgl. Kap. 4.4.4). Die syrischen Ehefrauen und Mütter von Severerkaisern griffen in die höchste Politik ein, so die Gattin des Septimius Severus, Iulia Domna, oder die Großmutter und die Mutter des minderjährigen Elagabal, was antike Autoren als „Weiberherrschaft“ abwerteten. Einmal wurde gar ein eigener Frauensenat einberufen, wenn er auch nur Fragen der Etikette erörterte. Zenobia, die exotische Kaiserin von Palmyra, wurde im Triumphzug nach Rom gebracht, wo sie anschließend ehrenvoll hofhalten durfte. Die ehemalige Stallmagd Helena, die Mutter Konstantins, erfuhr höchste Achtung. Sie stiftete auf ihrer Pilgerfahrt nach Jerusalem die Grabeskirche und schaffte die Palasttreppe des Pontius Pilatus nach Rom. Die jungfräuliche Kaiserin Pulcheria, Schwester Theodosius' II., war maßgeblich am Konzil von Chalkedon (451) beteiligt. Die ansatzweise emanzipierte Stellung der freien Frau seit der späten Republik blieb erhalten, ebenso die Rechtlosigkeit der Sklavinnen, wenn man von einer häufigeren Erlaubnis eines Ehelebens unter Sklaven absieht. Auch der christliche Staat duldete keine Ehe von Sklavinnen mit freien Männern, wohl aber das (monogame) Konkubinat, bei dem Kinder im Stand der Frau blieben.

Ein revolutionärer Umbruch schien sich noch für die frühen Christinnen anzubahnen. Die anfangs angestrebte Einebnung aller sozialen Unterschiede im Glauben wurde auch auf das Geschlecht bezogen (Gal 3,28). Paulus richtete Briefe und Grüße an Frauen und spricht von ihrer Missionstätigkeit in führender Stellung (Apg 18,1–3, 24–26). Anderenorts empfiehlt er jedoch der Frau eine untergeordnete Rolle in Gemeinde (am bekanntesten 1 Kor 14,34f.) und Familie. Diesen Widerspruch lösen manche Interpreten so auf, daß letzteres Hinzufügungen einer späteren Zeit sein könnten, als sich in den christlichen Gemeinden der Vorrang der Männer wie in der sonstigen Gesellschaft durchsetzte. Tatsächlich führte die Verfestigung der Organisation zum Ausschluß von Frauen aus leitenden Funktionen. Trotz dieser Zurückstufung errang der neue Glaube unter den Frauen die breiteste Unterstützung bis in die senatorische Oberschicht hinein. Das Frauenideal richtete sich auf die Gottesmutter Maria, deren Demut und Keuschheit als Sieg über Evas Sünde den Christinnen Jungfräulichkeit, Witwenschaft und Nonnenleben als erfüllende Nachfolge empfahl. Die Nächstenliebe gebot karitative Tätigkeiten an Armen und Kranken. Nach dem Mariendogma („Gottesgebärerin") des Konzils von Ephesus (431) räumte die Kirche dem Marienkult breiten Raum ein.

## 4.11 Zur antiken Geschichte von Technik und Umwelt

Die römische Technik vollbrachte in der Architektur ihre herausragenden Leistungen, die teilweise bis heute erhalten sind. In genau berechneten, kilometerlangen Leitungen führten die römischen Ingenieure Wasser, nötigenfalls über hohe Aquädukte, in die Römerstädte hinein, von denen viele zugleich über ein Kanalisationsnetz für die Abwässer verfügten. Eine Hypokausten-(Unterboden-)Heizung wärmte die komfortablen Privatwohnungen, in den öffentlichen Thermen war damit eine erstaunliche Badekultur möglich. Die riesigen Kaiserthermen Roms zeigen die meisterhafte Beherrschung der Gewöl-

*In Pompeji gefundener „Durchlauferhitzer". Der hohe Behälter (Deckel mit Scharnier) wurde mit Wasser gefüllt, das durch den Mantel der halbrunden Feuerstelle floß, die mit Holzkohle beheizt war. So kam das Wasser heiß aus dem Hahn.*

betechnik ebenso wie das Pantheon Hadrians, dessen Kuppel auch nicht vom jetzigen Petersdom übertroffen wurde. Das Reichsstraßensystem, die 19 km lange Aurelianische Mauer um Rom oder die antiken Tiberbrücken beweisen durch ihre Dauerhaftigkeit die weitentwickelte Baustoff- und Mauertechnik. Vitruv hielt im Buch „De architectura" das bautechnische Wissen der augusteischen Zeit fest und beschrieb den damals bekannten Maschinenpark: Leiter, Flaschenzug, Kran, Fuhrwerk, Blasebalg und Wurfmaschinen (zur Belagerung). In der Mühlentechnik verbreitete sich die Wassermühle, dagegen waren Windmühlen unbekannt.

Andere Bereiche stagnierten auf einem eher bescheidenen Niveau. Die Anbaumethoden blieben lange unverändert, die landwirtschaftlichen Geräte (Hakenpflug mit Metallteilen, Dreschschlitten und -flegel) ähnelten den noch heute in der „Dritten Welt" gebräuchlichen. Der im fortschrittlichen Gallien erfundene Mähwagen verbreitete sich nicht weiter. Doch neue Obstsorten (Kirsche, Pfirsich, Aprikose) wurden eingeführt und im Weinbau Verbesserungen an Rebmesser und Kelter vorgenommen. Warentransport zu Lande war langsam und teuer, weil die Zugtiere weder Hufeisen noch ein Halskummet trugen. Für die antike Wissenschaft stellte die Technik kein Tätigkeitsfeld dar, weil alles, was mit Handarbeit zu tun hatte, keine ehrenvolle Beschäftigung war. Vor allem fehlte eine effiziente Energiequelle, obwohl Druckluft und Dampf als Antrieb dem Mechaniker Heron von Alexandria (1. Jh. n. Chr.) bekannt waren. Manche erklären den mangelnden Erfindungsgeist etwa bei der Entwässerung im Bergbau mit dem Verfügen über billige menschliche Arbeitskräfte der Sklaven und Tagelöhner. Vespasian belohnte zwar den Erfinder einer Methode, kostengünstig Säulen zu transportieren, setzte sie aber nicht ein mit der Begründung: „Es muß möglich sein, daß ich der Bevölkerung zu essen gebe (Suet. Vesp. 18)." Holz diente als Baustoff (Werften) und in der prozeßaufwendigen Form von Holzkohle als Brennstoff. Dem enormen Raubbau fielen die Wälder des Apennin, Korsikas und der dalmatischen Küste zum Opfer. Der Verbrauch an Tieren für die quälerischen Hatzen in den Amphitheatern war stellenweise artgefährdend. Insgesamt scheint die antike Mentalität nicht allzu innovativ gewesen zu sein. Kaiser Trajan empfahl seinem Provinzstatthalter Plinius, das Problem eines von Abwässern stinkenden Flusses durch Überdecken mit Holzplanken zu lösen, statt dem Übel auf den Grund zu gehen (Plin. d. J., Ep. 10,98 f.).

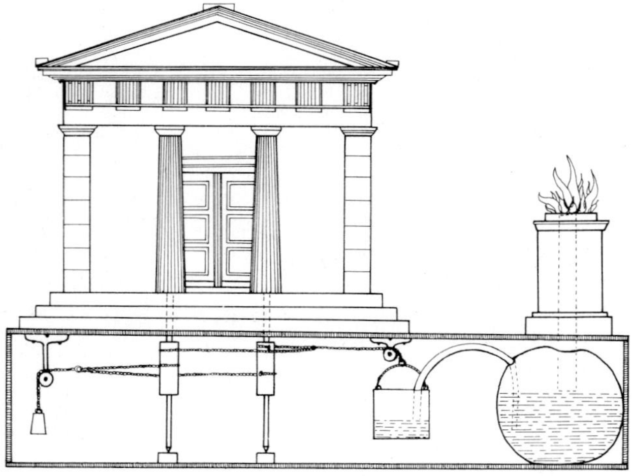

*Von Heron v. Alexandria beschriebene Vorrichtung zum Öffnen von Tempeltüren durch Entzünden eines Opferfeuers auf dem Altar.*

## Exemplarische Einführung in die Quellenarbeit

Die Aussagen im Darstellungsteil stützen sich auf Quellen und ihre Interpretationen, also auf die wissenschaftlichen Diskussionen über Aussagen aus den Quellen, auf den Stand der Forschung, z. T. auch auf Differenzen zwischen den Forschern.

Konkret: Es geht bei der folgenden Interpretation zweier Quellen (Cicero „Für Marcellus“, Sueton „Caesar“ vgl. S. 155, M 13 und M 14) um die Basis für die Behauptungen über Caesars Verhalten nach seinen Siegen über Pompeius (48 v. Chr.) und in Afrika (46 v. Chr.) gegenüber der res publica. Die Behauptungen im Darstellungsteil sind anhand der Quellen zu überprüfen. Es kann durchaus sein, daß der Leser bei der Überprüfung der Darstellung durch die Quellen zu anderen Schlüssen kommt als der Autor der Darstellung.

*Vorgehensweise bei der Interpretation von Quellen*
Bei der Untersuchung von Quellen hat sich folgendes Verfahren weitgehend durchgesetzt.

a) Äußere und innere Kritik
b) Analyse
c) Interpretation
d) Wertung

Die einzelnen Schritte lassen sich in Fragen an den Text umsetzen, die den Text aufschließen und für die Diskussion über die angesprochenen Sachverhalte nutzbar machen.

**zu a) Äußere und innere Kritik**
1. In welcher Form liegt mir der Text vor?
2. Liegt er ungekürzt oder mit Kürzungen vor?
3. Ist die Sprache der Quelle original oder ist die Quelle eine Übersetzung?
4. Sind mir alle Begriffe und Ausdrücke in der Quelle bekannt?
5. Welcher Textsorte ist die Quelle zuzuordnen? (Gesetzestext, Vertrag, Rede, Zeitungsbericht, Brief, Tagebuch, Memoiren?)
6. In welchem Verhältnis stehen berichtete und berichtende Zeit? Am Beispiel der beiden Quellen (M 13, M 14) soll nun versucht werden, den ersten Schritt nachzuvollziehen.

*Cicero:*
Den Angaben über den Text entnehme ich, daß die vorliegende Quelle ein Auszug aus dem Werk Ciceros „Pro Marcello“ darstellt. Weiter sehe ich an der Überschrift und an den Auslassungspunkten, daß die vorliegende Quelle noch einmal in sich gekürzt ist. Ich muß davon ausgehen, daß die Kürzungen – nach Meinung des Herausgebers – Unwichtiges betreffen und nicht die Gesamtaussage des Textes verfälschen. Es handelt sich bei der Quelle um eine Übersetzung aus dem Lateinischen. Da sie mir nur in der deutschen Form vorliegt, kann ich die Angemessenheit der Übersetzung nicht überprüfen. Ich muß mich also auf die nicht verfälschenden Kürzungen und auf die Angemessenheit der Übersetzung verlassen. Der vorliegende Text könnte ein Brief oder eine Rede sein, da Caesar

direkt angesprochen ist. Die Entscheidung, ob es sich um einen Brief oder eine Rede handelt, läßt sich nicht aus der Textuntersuchung treffen. Dagegen gibt die Überschrift „Pro Marcello“ einen Hinweis darauf, daß es sich um eine Rede handelt. Diese Erkenntnis kann ich einmal dadurch gewinnen, daß Briefe normalerweise keine Überschrift haben, die einen anderen meinen als den Schreiber oder den Angeschriebenen, zum anderen, wenn ich weiß, daß solche Überschriften Reden Ciceros bezeichnen. Ich entscheide mich in der Textsorte also für eine Rede, bei der Caesar offensichtlich anwesend war. Weiter muß ich davon ausgehen, daß – außer für den Fall einer fiktiven Rede – die Rede in den unmittelbaren Handlungszusammenhang hinein gesprochen worden ist. Das bedeutet, daß sie evtl. für den Fortgang des historischen Geschehens von Wichtigkeit ist.

Was ist aus der inneren und äußeren Kritik für die Bearbeitung der Quelle gewonnen?
1. Ich habe Vorbehalte gegenüber Kürzungen und Übersetzung angemeldet und habe mich dann auf die Quelle eingelassen.
2. Ich habe den Text als Rede identifiziert, wodurch mir deutlich geworden ist, daß der Inhalt einmal Caesar, zum anderen aber auch weiteren Zuhörern und damit der Öffentlichkeit bekannt sein kann. Damit kenne ich auch die Reichweite der Quelle.
3. Die Rede gehört in den historischen Handlungszusammenhang hinein. Damit stellt sich die Frage nach den Reaktionen Caesars und der Zuhörer auf die Rede.

*Sueton:*
Zu den Kürzungen und der Übersetzung gilt das in Ciceros Rede Gesagte. Dann weiter:
Bei der vorliegenden Quelle scheint es sich um eine Darstellung von Caesars Verhalten aus der Vergangenheit heraus zu handeln. (Caesars Tod wird vorausgesetzt.)

Es werden in diesem Text viele Begriffe genannt, die die Stellung Caesars bezeichnen (Konsul, Diktatur, oberstes Sittenrichteramt u. a.). Sueton macht eine Unterscheidung zwischen zwei Arten von Ehrungen, eine, die er offensichtlich dem „vernünftigen Maß menschlicher Würde“ zurechnet, eine andere, die er als dieses Maß überschreitend bezeichnet. Es wäre zu untersuchen, welche Bedeutung diesen Ehrungen im einzelnen zukommt, welche Tradition im römischen Staatsleben hinter diesen Ehrungen steht. Da Sueton ungefähr in der Zeit von 70–150 n. Chr. gelebt hat, stellt der vorliegende Text eine historische Darstellung dar, die veröffentlicht, der Öffentlichkeit zugänglich war. Sie sollte also einmal der Öffentlichkeit der Erscheinungszeit die Sicht Suetons auf Caesar vermitteln und damit das historische Bild Caesars prägen, zum andern ist sie für spätere Generationen eine Quelle, aus der diese – also auch wir – etwas über Caesar erfahren.

**zu b) Analyse**
1. Wer sagt wann in welcher Situation wem was in welcher Absicht und in welcher Form?
2. Was ist der Inhalt des Textes?

*Cicero:*
Cicero hält seine Rede „Pro Marcello“ in Anwesenheit Caesars im Senat. Caesar war nach seinen Siegen im Jahre 46 in Afrika nach Rom zurückgekehrt und hielt sich einige Monate bis zu seinem Feldzug in Spanien in Rom auf. Cicero spricht Caesar in der Wir-Form an. Er zählt sich und andere Anwesende zu den eigentlich Besiegten, die hätten sterben müssen. Diese Demutsgeste unterstützt Ciceros Behauptung, Caesar habe den Sieg selbst

besiegt. Er begleitet diese Aussage mit der für das römische Staatsleben wichtigen Feststellung, daß Caesar in Rom nie das Schwert gezogen habe. Er setzt Caesar damit gegen frühere Rechtsbrecher ab. Nach diesem Lob für Caesars Verhalten – vielleicht auch, um Caesar für das Folgende günstig zu stimmen – spricht Cicero nun Caesar die Kraft zur Erneuerung zu, die nach dem „Wüten des Krieges“ nötig ist, um – wie Cicero aufzählt – ein geordnetes Leben in Rom wieder zu ermöglichen. Cicero verlangt von Caesar eine Verfassung für den Staat, als dessen ersten Nutznießer er Caesar selbst bezeichnet, da Ruhe und Sicherheit durch die Verfassung hergestellt werden. Nach dieser Arbeit, die auch Kampf bedeutet, mag Caesar erklären, er habe lange genug gelebt. Cicero bezieht sich dabei auf einen bekannten Ausspruch Caesars. Cicero macht weiterhin deutlich, daß Caesar diesen Ausspruch aber auch erst dann mit Berechtigung machen könne, wenn er die gestellte Aufgabe erfüllt habe. Am Ende spricht Cicero diesen Gedanken noch einmal an, indem er Caesars große Taten aufzählt, die aber ohne die von Cicero erwarteten „Maßnahmen und Anordnungen“ zur „festen Grundlage“ für die Stadt Caesars Namen ohne „festen Wohnsitz“ lassen werden. Aus der Quelle geht hervor, daß Cicero mit anderen (Senatoren) zusammen die Milde Caesars genossen hat und nun versucht, Caesar zu einer Neuordnung des städtischen Lebens als seiner Pflicht zu drängen. Das Lob zu Beginn wie auch die Kompetenzzuschreibung und das Vorstellen der großen Aufgabe klingen unterwürfig und könnten durch den Abstand des Redners zum Angesprochenen diesen für die Aufgabe gewinnen wollen. Wenn dies richtig ist, dann liegt die Folgerung nahe, daß Caesar zu etwas gebracht werden sollte, zu dem er nach Meinung Ciceros wohl nicht bereit war.

Die Fragen sind, soweit möglich, in der vorliegenden Analyse geklärt worden, und die Antworten stehen für die Interpretation zu Verfügung.

*Sueton:*
Der Schriftsteller Sueton (ca. 70 n. Chr. – ca. 150 n. Chr.) schreibt lange nach dem Tod Caesars über dessen Verhalten nach den Bürgerkriegen. Er schreibt für das Publikum seiner Zeit. Insofern erfahren wir aus dieser Quelle etwas über die Sicht Suetons und die Diskussion zum Zeitpunkt der Veröffentlichung. Für uns Heutige ist der Ausschnitt aus Suetons Werk auch eine Quelle zu Caesar, wobei wir uns des Zeitabstandes bewußt bleiben müssen. Sueton „beginnt“ den vorliegenden Text mit der Behauptung, das Urteil, Caesar „habe seine Herrschergewalt mißbraucht und darum den gewaltsamen Tod mit Recht erlitten“, sei gerechtfertigt. Sueton begründet seine Meinung damit, Caesar habe sich nicht damit „begnügt“, „zahlreiche“ Ehrungen anzunehmen, sondern auch solche Ehrungen angenommen, „welche jedes vernünftige Maß menschlicher Würde überschritten“. Im einzelnen ordnet Sueton die Ehrungen jeweils einem der beiden Blöcke zu.

Nach der Kürzung betont Sueton Caesars Willkür bei der Vergabe „aller“ Ehrenstellen. Schließlich belegt Sueton seine Meinung zu Caesars Überheblichkeit, indem er Äußerungen Caesars über die Republik, zu Sulla und zu seiner Stellung als Gesetzgeber zitiert. Die Absicht Suetons ist klar: er will das Urteil, Caesar sei zu Recht ermordet worden, stützen. Welche Rolle diese Aussage Suetons in der Veröffentlichungszeit spielt, läßt sich nicht entscheiden. Tritt Sueton mit seinem Urteil anderen Urteilen über Caesar entgegen oder bestätigt er sie? Ist Suetons Beitrag auch als – historisch verfremdende – politische Stellungnahme zu werten (Warnung vor Überheblichkeit). Wir erfahren aus dieser Quelle Suetons Meinung, aber auch – das ist für uns wichtig – Fakten, welche Ehrungen Caesar erhalten hat und wie er über die Republik gedacht hat. Den Fakten, die Sueton mitteilt, müssen wir aber kritisch gegenüberstehen, weil sie – unter Weglassung von gegenläufigen Meinungen und Zitaten – auch montiert sein können.

**Zu c) Interpretation**

Jede Interpretation geht einer bestimmten Fragestellung nach. Nach der Analyse einer Quelle steht das Material der Interpretation offen. Quellenmaterial stellt einen Teil der historischen Wirklichkeit dar. Die Fragestellung, die der Untersuchende auswählt oder die ihm aufgegeben ist, kann unterschiedliche Teile oder Aussagen der Quelle als unterschiedlich relevant erscheinen lassen. Ciceros Text kann u. a. unter folgenden Fragestellungen interpretiert werden:

1. Wie ist das Verhältnis Ciceros zu Caesar?
2. Welche Vorstellungen zu einer Neuordnung des Staates hat Cicero?
3. Welche Probleme stellen sich der res publica?
4. Welche Taten hat Caesar vollbracht?
5. Welche Folgen hatte der Bürgerkrieg für Rom?
6. Besteht Cicero auf der Wiederherstellung der republikanischen Verfassung?

Suetons Text steht u. a. für folgende Fragestellungen zur Verfügung:

1. Welche Meinung zu Caesar hat Sueton?
2. Welche Ehrungen hat Caesar angenommen?
3. Worin sieht Sueton die Gründe für Caesars gewaltsamen Tod?
4. Welche Rolle spielt Suetons Meinung in seiner Zeit bzw. für die historische Forschung?

Die Interpretation wird um so besser, je mehr historisches Material zu Hilfe genommen werden kann. So wird Caesars Stellung nach Sueton deutlicher, wenn man weiß, in welcher Tradition die einzelnen Ehrungen stehen und welche Bedeutung sie haben. Noch deutlicher wird dies, wenn man die Ehrungen, die Augustus erfahren hat, mit denen für Caesar vergleicht. Oder: Ciceros Rede läßt sich besser, d. h. umfassender interpretieren, wenn man weiß, daß der Anlaß der Rede „Pro Marcello" die Begnadigung (51 v. Chr.) von Caesars früherem Gegner, dem Consul Marcellus, war. Das heißt, historisches Wissen baut sich auf Quellenkenntnis, Quellenvergleich, Prüfung der historischen Literatur und der Formulierung des Wissens auf. Als ein Beispiel für eine umfassende Interpretation sei hier die Interpretation der Cicero-Quelle durch Chr. Meier wiedergegeben. (Man beachte, was Chr. Meier über die gegebene Quelle (vgl. M 13) hinaus an Informationen [in M 13 gekürzt] gibt):

Eine Quelle besitzen wir allerdings, die uns über die Erwartungen mindestens Ciceros, aber vermutlich auch der meisten Senatoren, wenn nicht sogar breitester Kreise der Bürgerschaft orientiert. Das ist die Rede, die Cicero in diesen Monaten im Senat hielt, als Caesar einem seiner schärfsten Gegner, dem Consul von 51 Marcus Claudius Marcellus, die Rückkehr nach Rom gestattet hatte. Nach Dank und Lob – damals sagte er, daß Caesar noch seinen Sieg besiegt habe – kommt Cicero dort auf die Aufgaben zu sprechen, die sich Caesar nun stellten. Der hatte dem Senat Mitteilung von einem geplanten Anschlag auf sein Leben gemacht; angeblich war ein gedungener Mörder bei ihm aufgegriffen worden. Später wurde Antonius damit in Verbindung gebracht; es könnte durchaus sein, daß die Unzufriedenheit mit Caesars in vieler Hinsicht maßvoller Politik hinter den Plänen stand.

Nun kommt Cicero auf Caesars Äußerung zurück, wonach er für sich genug gelebt habe, und widerspricht: Für die Vaterstadt sei es ganz gewiß noch zu wenig. Alles sei wieder aufzurichten, was der Krieg notwendigerweise niedergestreckt habe: „Gerichte sind zu bilden, Treu und Glauben wieder zu beleben, die allseits wuchernde Willkür in Schranken zu weisen, Nachwuchs muß wieder hervorgebracht werden, alles, was schon aufgelöst auseinander geflossen ist, muß durch strenge Gesetze wieder zusammengebunden werden." Die Republik ist erschüttert in dem, was ihre Würde, ihr Recht ausmacht, und in dem, was die Gewähr ihrer Stabilität bietet. Nicht einmal die Grundlagen sind geschaffen, die Caesar, wie Cicero ihm zuspricht, im Sinn hat. Nur er kann die Wunden heilen, die der Krieg schlug.

Cicero hält Caesar vor, er habe zwar mehr Ruhm als irgendein anderer, aber eben deswegen sei es für ihn nicht genug, wenn noch soviel zu tun übrig sei. „Wenn du nach deinem Sieg das Gemeinwesen in dem Zustand hinterläßt, in dem es sich befindet, mußt du in Sorge sein, daß dein göttliches Leistungsvermögen mehr Staunen als Ruhm nach sich ziehen wird." Dann würde sein Name weit und breit umherschweifen, aber keinen dauerhaften Ort haben. Dies ist vielmehr nur möglich, wenn Caesar seine Pflicht gegenüber seinen Bürgern, seiner Vaterstadt und dem ganzen Menschengeschlecht erfüllt. Ciceros Erwartung bezieht sich also auf die Wiederherstellung eines geordneten, rechtmäßigen Lebens nach den Erschütterungen des Krieges. Über eine eventuelle Veränderung verliert er kein Wort. Modifikationen wird er nicht ausgeschlossen haben. Welches Caesars zukünftige Stellung sein soll, läßt er offen. Der lateinische Fachausdruck für eine solche Aufgabe, rem publicam constituere, hatte einst dazu gedient, den Auftrag an Sulla zu umschreiben. Und Cicero hatte in seinem Buch „Über das Gemeinwesen" von 54 v. Chr. auch schon angedeutet, daß in Notlagen nur ein Dictator helfen könnte. Er hatte freilich gemeint, daß der sich hinterher wieder in den Kreis der Principes einfügte.

Aber deutlich bringt Cicero auch seine Zweifel vor: daß Caesar wieder nur an sich denke. Wenn er das „ganze Menschengeschlecht" zitiert, hört es sich an, wie wenn er von Caesars Gedanken am Rubicon gehört hätte. Es ist nicht ausgeschlossen. Aber man braucht nicht damit zu rechnen; denn jeder wußte, daß Caesars Krieg alle in Mitleidenschaft gezogen hatte. Wie sollte er nun nicht für das Wohl aller die Verantwortung haben? Um so bemerkenswerter ist es daher, daß Cicero annimmt, Caesar könne für die Aufgabe, die sich ihm stellte, nur durch den Hinweis auf den Ruhm gewonnen werden, den er erntete, wenn er sie löste, und verlor, wenn er sie verfehlte.

Offensichtlich setzte er nicht viel Hoffnung darauf, daß Caesar seiner Forderung nachkäme. In seinen Briefen aus jenen Monaten finden wir ihn Caesar rühmen, daß der von Tag zu Tag mehr zu Billigkeit und Vernunft zurückkehre, daß er zugänglicher werde. Er fürchtet ihn nicht. Zwar lasse er sich durch seine Spione alle Äußerungen Ciceros – wie diejenigen anderer – vorlegen, aber er habe ein so feines Gespür, daß er Ciceros Aussprüche von denen, die ihm untergeschoben würden, unterscheiden könne. Einmal findet Cicero, daß Caesar noch das Erfreulichste sei; alles andere sei schwer erträglich.

Aber eine res publica sei das nicht, worin man lebe, und ob Caesar daran etwas ändern werde, sei ganz unsicher. „Wenn er das Gemeinwesen so haben will, wie vielleicht auch er es will und wie wir es alle wünschen müssen, so hat er doch nicht, was er tun könnte; so tief hat er sich mit vielen eingelassen." Auch Caesar weiß nicht, was sein wird; denn er hängt von den Verhältnissen ab. Er sei auch gar nicht Herr seiner Entschlüsse, heißt es. Denn vieles müsse der Sieger nach dem Willen derer tun, die ihm den Sieg verschafft haben, auch wenn er es nicht will. Ein anderes Mal schreibt Cicero, Caesar frage nicht mal die Seinen um Rat. Nur mußte er ihnen eben zu Willen sein. Cicero pflegte damals beste Beziehungen zu Caesars engsten Vertrauten; aber über dessen Pläne weiß er nichts zu berichten. Es ist ihm alles unklar und unsicher. Er leidet unter der völligen Ungewißheit.

Caesar scheint also alles offengelassen zu haben. Wir haben allen Grund zu der Annahme, daß er den Erwartungen auf eine Wiederherstellung der alten Republik nie widersprochen hat. Aber ebenso wahrscheinlich ist zugleich, daß er sich über seine eigenen Absichten – von Einzelheiten abgesehen – zugleich ausgeschwiegen hat; auch gegenüber seinen engsten Vertrauten.

Wohl ist für ihn der Ausspruch bezeugt: „Nichts ist die res publica; ein bloßer Name ohne Körper und Gestalt." Aber das hat er vermutlich im Affekt gesagt. Und wir finden übrigens ganz ähnliche Äußerungen bei Cicero, der schon 54 v. Chr. feststellte, daß das Gemeinwesen „nicht nur allen Saft, alles Blut, sondern selbst die Farbe und die frühere Gestalt verloren" habe. Nur daß solche Bemerkungen bei Cicero voller Bedauern stecken. Jedenfalls aber darf man Caesars Worte, welche noch dazu ein Gegner bezeugt, schon deswegen nicht auf die Goldwaage legen, weil res publica damals nicht einfach Republik, sondern auch rechtliche Ordnung und Gemeinwesen im allgemeinsten Sinn bedeutete. Wenn Caesar die Republik verneint haben sollte, so konnte er doch die rechtliche Ordnung und das Gemeinwesen nicht negieren. Im Gegenteil: Cicero etwa achtete sorgfältig darauf, daß Caesar nicht den Eindruck bekäme, er hielte den bestehenden Zustand nicht für eine res publica.

Freilich hat Caesar auch festgestellt, Sulla habe das Alphabet nicht gekannt, da er die Dictatur niedergelegt habe. Und in der Tat spricht wenig dafür, daß Caesar ihn nachahmen wollte. Aber das hatte auch damit zu tun, daß in der Tat alles an ihm hing. Falls ihm etwas zustoße, werde die res publica keine Ruhe haben und nur noch schlimmere Bürgerkriege erleben, pflegte er zu sagen. Dies wiederum war dadurch bedingt, daß er es mindestens so rasch nicht fertigbrachte, die Dinge in eine Ordnung zu bringen, in der es ohne ihn gegangen wäre. Eben diese Schwierigkeit könnte ihm schwer zugesetzt haben.

Aber wie dem auch sei, die römische Gesellschaft war jedenfalls dringend daran interessiert, daß wieder eine verläßliche Ordnung entstand. Wohl wird sie bereit gewesen sein, Caesar das Seine zuzusprechen; es blieb gar nichts anderes übrig. Aber sie erwartete doch, daß, wenn schon nicht die alte Ordnung, so wenigstens eine Art von Rechtlichkeit konstituiert würde. Es mußte Sicherheiten, Verantwortlichkeiten, Kompetenzen geben.

Cicero formuliert später zum Beispiel den Wunsch nach ruhigen Verhältnissen und „irgendeinem, wenn nicht guten, so doch wenigstens feststehenden Zustand des Gemeinwesens". Das scheint sich schon von der alten Republik zu entfernen, schließt aber noch „ehrenvolle Sorgen und Betätigungen" ein. Andernfalls könne das Leben nicht mehr viel bieten. Zur „ehrenvollen Betätigung" jedoch mußte gehören, daß eine Chance bestand, Erfolg innerhalb der politischen Auseinandersetzung zu erkämpfen, ihn also nicht der Gnade und Willkür eines anderen zu verdanken. Er schreibt damals: „Wenn Dignitas ist, recht über das Gemeinwesen zu denken und den Beifall der Guten zu gewinnen für das, was man denkt, habe ich meine Dignitas bewahrt." Dafür sprach etwa auch, daß die morgendliche Visite, die bei allen Adligen stattzufinden pflegte, bei ihm besonders stark besucht war. „Wenn sie aber darin liegt, daß Du, was Du denkst, entweder in die Tat umsetzen oder wenigstens in freier Rede vertreten kannst, dann ist uns nicht eine Spur von Dignitas übriggeblieben, und es ist schon eine Leistung, wenn wir uns selbst so regieren, daß wir das, was teils schon ist, teils droht, maßvoll ertragen."

Schließlich sei zur Auseinandersetzung mit den Aussagen des Darstellungsteils noch auf die Historikerdarstellung von Chr. Meier und W. Will im Quellenteil verwiesen.

**Zu d) Wertung**

Ziel und Abschluß jeder Quelleninterpretation ist die Wertung, plastischer gesagt die Auswertung. Es kann aber nicht *die* Auswertung einer Quelle geben, oder nur *eine* Auswertung. Die Auswertung der Quelle ist die Antwort auf die Fragestellung, unter der die Interpretation begonnen wurde. In unserem Beispiel hatte Christian Meyer seine Auswertung unter die Frage gestellt: „Was erwartet Cicero von Caesar nach seiner Rückkehr?" Die Auswertung der Quelle fand Antworten auf die Frage. Dieselbe Quelle wäre auch unter anderen Fragestellungen zu bearbeiten:

– Wie haben sich die politischen Vorstellungen Ciceros im Laufe der Zeit entwickelt?
– In welchem persönlichen Verhältnis stehen Cicero und Caesar zueinander?
– Welche Angelegenheiten eines Staates sind nach Cicero in eine Ordnung zu bringen?
– Welcher Stilmittel bedient sich Cicero in seinen Reden?

So kann eine Quelle unterschiedlich befragt werden; je nach Fragestellung gibt sie unterschiedliche Antworten. Die Zuverlässigkeit der Antwort hängt wesentlich von den Vorarbeiten zu der Wertung, also von der Quellenkritik und von der Analyse ab.

Im Verlauf der Interpretation kann sich durch die Wechselbeziehung zwischen Kritik und Analyse auf der einen Seite und der Fragestellung auf der anderen Seite die Fragestellung verändern, d.h., man muß in jedem Moment der Interpretation bereit sein, die Fragestellung zu überprüfen und sie notfalls zu ändern. Ob sie dann für die eigene Untersuchung noch Sinn behält, ist im Interpretationsverlauf jeweils neu festzustellen.

Bisher war von Wertung im Sinne von Auswertung die Rede. Ist die Auswertung der Quelle im oben beschriebenen Sinne zu einem (vorläufigen) Abschluß gekommen, kann ich den Prozeß der Wertung der Quelle für meine Fragestellung noch einmal zusammenfassen.

Ich kann aber auch die Grenzen des Wertes der vorliegenden Quellen formulieren. So wird es nicht sehr schwerfallen, bei der Sueton-Quelle (M 14) einige Grenzen aufzuzeigen, z.B. solche, die durch den Zeitabstand bedingt sind, die dadurch auch noch deutlicher werden, daß Sueton ein eindeutiges Interesse, den Mord an Caesar zu rechtfertigen, verfolgt. Eine nur auf diese Quelle gestützte Behauptung zum Verhältnis Caesars zum Senat hätte daher nur eine sehr begrenzte Reichweite. Die Formulierung der Grenzen einer Quelle macht dem Interpretierenden auch deutlich, daß er über die Quelle hinaus nichts behaupten oder spekulieren darf.

Schließlich gehört zur Wertung auch die eigene Stellungnahme – nicht zu der Quelle, nicht zu der Wertigkeit der Quelle für die gegebene Fragestellung – sondern zu dem erarbeiteten historischen Sachverhalt. Das ist eine in der Schule mit guten Gründen gestellte Aufgabe. Sie führt zum eigentlich historischen Lernen. In der Begegnung des historisch Arbeitenden mit einem in der Vergangenheit liegenden Sachverhalt, hier mit dem Verhältnis Caesars zum Senat, treffen zwei geschichtlich bedingte Standpunkte aufeinander, unterschiedliche historische Erfahrungen und unterschiedliche Wertesysteme. Im historischen Urteil gehen beide eine Einheit ein. Der historisch Arbeitende bringt in sein Urteil immer auch sein Wertesystem ein, darf aber nicht primär von diesem Wertesystem her einen geschichtlichen Vorgang beurteilen, denn dann hat er ihn nicht verstanden. Verstehen heißt, daß er sich mit dem Vorgang verbindet, ihn aus den damals herrschenden Voraussetzungen herleiten kann. Er muß sich mit dem geschichtlichen Vorgang vertraut machen, in von daher zu beurteilen suchen und wird dann z.B. zusätzlich, weil er Zeit nicht überspringen kann, aus der Perspektive seines Wertesystems seine Fremdheit, moralische Distanz usw. formulieren.

**M 1 Die staatsbezogene Werteordnung der römischen Nobilität**

*Plinius d. Ä., Naturgeschichte 7,139–140*

*Plinius d. Ä. (23–79 n. Chr.) aus Oberitalien, Opfer seines Forscherdrangs beim großen Vesuvausbruch; Verfasser einer „Naturgeschichte", eines nach Sachgruppen gegliederten Überblicks über das Wissen seiner Zeit mit einem Vorrang der Naturwissenschaften.*

Quintus Metellus hat in der Rede zur letzten Ehrung seines Vaters Lucius Metellus, der Pontifex, zweimal Konsul, Diktator, Kommandeur der Reiterei, Mitglied einer Fünfzehnmännerkommission zur Landanweisung gewesen war, der als erster Elefanten aus dem Ersten Punischen Krieg bei seinem Triumph mitführte, überliefert, sein Vater habe die zehn wichtigsten und höchsten Ziele, nach denen verständige Männer ihr Leben lang strebten, vollkommen erreicht: Sein Wunsch sei nämlich gewesen: als Kämpfer der erste zu sein, bester Redner, tapferster Feldherr, daß unter seiner Führung die bedeutendsten Taten vollbracht würden, höchste Anerkennung zu genießen, umfassenden Sachverstand zu besitzen, als der angesehenste Senator zu gelten, zu viel Geld auf anständige Weise zu kommen, viele Kinder zu hinterlassen und der berühmteste Mann in der Bürgerschaft zu sein. Dies sei ihm zuteil geworden ...

(Übers. R. Till)

*Statue eines Redners (von einem etruskischen Bildhauer)*

**M 2 Griechische Polis und römische res publica**

*Ernst Meyer, Römischer Staat und Staatsgedanke, 2. Aufl., Zürich 1961, S. 250f.*

Wie beim griechischen Staat, mit dem Rom ... in seinen Grundlagen übereinstimmt, geht auch der römische Staatsbegriff vom Volke aus; populus Romanus, „das römische Volk", ist die offizielle Bezeichnung des römischen Staates nach innen und außen. Das äußert sich besonders darin, daß der Geltungsbereich des römischen Rechts an den personalen Bereich der römischen Bürger, nicht den territorialen Bereich des römischen Territoriums gebunden war... Wesentlich ist aber nun, daß römisches Volk und römischer Staat nicht einfach dasselbe sind. Darin unterscheidet sich die römische Staatsauffassung entscheidend von der griechischen, für die der Staat nichts anderes ist als die personale Gemeinschaft der „Staatsbürger".

„Staat" heißt auf Lateinisch res publica, also „die Sache des Volkes" ... besser gesagt „die Gesamtheit der Angelegenheiten und Interessen des gesamten Volkes"; „Staat" ist also im römischen Sinne ein abstrakter Begriff. Das hat sehr weitreichende und historisch ungemein wirksame Folgen. Es ist nämlich bei dieser Staatsauffassung theoretisch gleichgültig, wer diesem Volk angehört und wie groß dieses Staatsvolk ist... So hat Rom immer neue Bevölkerungsgruppen in das „römische Volk“ aufnehmen und immer weiter wachsen können zur weltbeherrschenden Macht, was einem griechischen Stadtstaat ohne radikale Umwandlung seines ganzen Wesens nie möglich gewesen wäre.

**M 3 Römische und griechische Volksversammlung**

*Cicero, Für Flaccus 15–16*

*Cicero, römischer Politiker, Redner und Schriftsteller (106–43 v. Chr.), gilt als Vollender lateinischer Prosa; er nahm in einer Vielzahl noch heute erhaltener Schriften Stellung zu philosophischen und tagespolitischen Fragen. Sein Ansehen in der Senatsaristokratie war bei Freunden und Gegnern unbestritten.*

... diese Männer von ehedem lehnten es in ihrer Weisheit und Besonnenheit ab, daß einer beliebigen Versammlung der Menge irgendwelche Bedeutung zukäme; was die Plebiszite und Beschlüsse des Gesamtvolkes betrifft, so verlangen sie, daß man... alle Bürger nach Tribus und Zenturien, nach Ständen, Steuerklassen und Altersstufen ordne, daß man sich die Antragsteller anhöre und den Gesetzesvorschlag viele Tage lang veröffentliche und kundgebe und sich erst dann durch die Abstimmung für Ja oder Nein entscheide... (16) Das alte Griechenland, das einst durch seinen Reichtum, seine Machtstellung und sein Ansehen in hoher Blüte stand, ist durch **ein** Übel zerrüttet worden: durch die grenzenlosen Befugnisse und die Zügellosigkeit der Volksversammlungen. Die unerfahrenen, gänzlich ahnungslosen und unwissenden Leute nahmen im Theater Platz: schon beschlossen sie unnötige Kriege, schon stellten sie aufwieglerische Gesellen an die Spitze der Regierung, schon schickten sie ihre verdientesten Mitbürger in die Verbannung.

(Übers. M. Fuhrmann)

*Kopie einer um 50 v. Chr. entstandenen Porträtbüste des Marcus Tullius Cicero*

**M 4 Der Gedanke des „gerechten Krieges“**

*Livius 1,32*

*Livius, römischer Geschichtsschreiber (59 v. Chr. bis 17 n. Chr.), mit dem Kaiser Augustus befreundet, Verfasser einer umfassenden Darstellung der Geschichte Roms in 142 Büchern von der Gründung der Stadt bis zum Jahr 9 v. Chr.; als Bewunderer altrömischer Wertvorstellungen bedauert er nach dem glanzvollen Aufstieg Roms seinen inneren Verfall, hofft aber auf die Erneuerung durch Augustus.*

Wenn der Gesandte an die Grenze des Volkes kommt, von dem man Buße verlangt, spricht er, den Kopf mit einer wollenen Binde umschlungen: „Höre, Jupiter,... Ich bin ein öffentlicher Gesandter des römischen Volkes. Ich bin gerecht und Gott wohlgefällig ausgeschickt, und meine Worte verdienen Glauben.“ An dieser Stelle nennt er seine Forderungen. Dann bittet er Jupiter zum Zeugen. „Wenn ich ungerecht und sündhaft verlange, daß man mir... jene Menschen und Sachen ausliefert, so lasse es nicht zu, daß ich mein Vaterland jemals wieder betrete." ... „Höre, Jupiter... und ihr himmlischen Götter alle... Ich rufe euch als Zeugen, daß jenes Volk... unlauter ist und nicht tut, was recht ist..." ...

Meistens begab sich der Bundespriester an jene Grenze, in der Hand eine eisenbeschlagene oder blutige, vorn angebrannte Lanze und sprach: „Die Völker der Altlatiner und ihre Männer haben sich gegen das römische Volk der Quiriten gestellt und sich gegen sie vergangen. Das römische Volk der Quiriten hat den Krieg mit den Altlatinern bestimmt, und der Senat des römischen Quiritenvolkes erkennt dies an, pflichtet ihm bei und hat beschlossen, daß mit den Altlatinern der Kriegszustand besteht. Deshalb also erkläre ich und das römische Volk den altlatinischen Vätern den Krieg und beginne ihn." Nach diesen Worten schleuderte er die Lanze in ihr Gebiet.

In dieser Weise forderte man damals von den Latinern Genugtuung und sagte ihnen den Krieg an. Diese Sitte ging auf die Nachkommen über.

(Übers. J. Feix)

### M 5 Römische Herrschaftsauffassung

*Livius 8, 13,10–16 (vgl. M 4)*

Camillus berief den Senat zur Beratung über die latinischen Städte und sprach: „Versammelte Väter, was durch Krieg und Waffengewalt in Latium zu erreichen war, das haben wir durch die Güte der Götter und die Tapferkeit der Soldaten zu Ende geführt... Alle latinischen Städte sind entweder mit Gewalt eingenommen oder zur Kapitulation gezwungen worden... Es bleibt noch die Beratung, da sie schon öfter durch Rebellionen uns in Schrecken versetzt haben, wie wir sie in dauerndem Frieden ruhig halten können. Die unsterblichen Götter haben euch in dieser Sache solche Entscheidungsfreiheit gegeben, daß sie in eure Hände gelegt haben, ob Latium künftig noch fortbestehen soll oder nicht. So könnt ihr im Hinblick auf die Latiner auf Dauer Frieden erreichen entweder, indem ihr grausam wütet, oder indem ihr Milde walten laßt. Wollt ihr grausam gegen die vorgehen, die sich ausgeliefert haben und die besiegt sind? Es steht frei, ganz Latium zu zerstören, eine weite Einöde aus dem zu machen, von wo ihr oft in vielen großen Kriegen hervorragende Bundestruppen bezogen habt; wollt ihr nach dem Beispiel der Vorfahren den römischen Staat stärken, indem ihr die Besiegten in die Bürgerschaft aufnehmt? Hier besteht reichlich Möglichkeit, sich höchst ruhmreich zu vergrößern. Gewiß ist das die bei weitem stabilste Herrschaft, über die die Untertanen Freude empfinden."

(Übers. W. Hoben)

### M 6 Der Romanisierungsprozeß in den Führungsschichten der italischen Bundesgenossenstädte

*H. Galsterer, Herrschaft und Verwaltung im republikanischen Italien, München 1976, S. 13f.*

Der Aufstieg Roms bei gleichzeitiger Stagnation oder gar einem Rückgang des politischen Gewichts seiner Bundesgenossen... ließ dieses Verhältnis aus dem Gleichgewicht geraten. Die Bedeutung Roms nahm unaufhaltsam zu, nicht nur von dem Flächenmaß des Staates aus gesehen, sondern auch politisch, wirtschaftlich und damit an Prestige... Bei der starken sozialen Komponente der römischen Herrschaftsausübung geriet die städtische (= der Bundesgenossenstädte) Aristokratie immer mehr in einen Interessenkonflikt: Auf der einen Seite stand die noch immer starke Verwurzelung in den Interessen ihrer Heimatgemeinde. Andererseits waren die verschiedenen Sozialsysteme Italiens bis zum 1. Jhdt.... zunehmend durch ein einziges ersetzt worden, dessen Spitze die senatorische Aristokratie Roms darstellte.

Die Ausrichtung auf den Bezugspunkt Rom und die römische Führungsschicht ließ den Impetus (= Bestreben) der lokalen

Aristokraten, sich ausschließlich und nachdrücklich den Belangen ihrer Städte zu widmen, immer mehr erlahmen. Rom wurde mehr und mehr das Zentrum, das allein Prestige verlieh.

Neben dem bewußten Ausdehnen der römischen Kompetenzen (vor allem im militärischen Bereich) war es also auch das Zurückweichen der Italiker, das Rom in der Republik zu seiner immer ausgeprägteren zentralen Leitungsfunktion kommen ließ. Der schon in der Republik einsetzende Niedergang der Eigenstaatlichkeit... beruht vor allem darauf, daß sich für die Initiative der städtischen Oberschichten in Rom und dem ständig expandierenden Reich neue und bessere Entfaltungsmöglichkeiten boten.

### M 7 Die Zerstörung Karthagos 146 v. Chr.

*Polybios 36,9 (vgl. S. 75)*

Über die Karthager zu der Zeit, als die Römer sie endgültig besiegten, ... wurden viele einander widersprechende Ansichten geäußert... Manche billigten das Verhalten der Römer: sie hätten klug und verständig ihre Machtinteressen wahrgenommen. Daß sie der ständigen Bedrohung ein Ende machten und die Stadt, die ihnen so oft die Hegemonie streitig gemacht hatte und sie ihnen immer noch, wenn die Umstände für sie günstig waren, streitig machen konnte, vernichteten und damit die Herrschaft Roms sicherten, zeuge von politischer Vernunft und Weitblick. Andere nahmen den entgegengesetzten Standpunkt ein: Sie hätten nicht an den Grundsätzen festgehalten, mit denen sie die Hegemonie errungen hätten, und wären mehr und mehr zu der Herrschsucht der Athener und Spartaner entartet... Früher hätten sie mit allen nur so lange Krieg geführt, bis sie den Gegner besiegt und zu dem Eingeständnis gebracht hätten, man müsse den Römern gehorchen und ihre Befehle befolgen. Jetzt aber hätten sie, im Perseuskrieg, eine erste Probe ihrer eigentlichen Gesinnung gegeben, als sie das makedonische Reich mit Stumpf und Stiel ausrotteten, vollständig aber diese Gesinnung enthüllt durch ihre Entscheidung über Karthago. Denn ohne ein unverzeihliches Unrecht von ihnen erlitten zu haben, wären sie hart und erbarmungslos mit den Karthagern verfahren, obwohl diese doch auf alles eingingen und es auf sich nehmen wollten, jedem römischen Befehl zu gehorchen.

Wieder andere sagten, die Römer seien im ganzen ein zivilisiertes Volk, nähmen für sich in Anspruch und rühmten sich, ihre Kriege anständig und ritterlich zu führen... Jetzt aber, in dem ganzen Krieg gegen die Karthager, seien sie immer nur mit Trug und List vorgegangen, indem sie Schritt für Schritt jedesmal durch ein Angebot falsche Hoffnungen weckten, ihre wahren Absichten aber wohlweislich verbargen, bis sie ihnen jede Aussicht auf Hilfe von ihren Bundesgenossen genommen hatten. Das sei haargenau das Intrigenspiel eines Despoten.

(Übers. H. Drexler)

### M 8 Ist der moderne Begriff des „Imperialismus" auf die römische Außenpolitik anwendbar?

*R. Werner, Imperialismus und römische Ostpolitik im 2. Jh. v. Chr., in: Aufstieg und Niedergang der römischen Welt Bd. I 1, Berlin 1972, S. 538*

Die... referierten Zeugnisse, und zwar die außerrömischen wie die römischen, verwandeln, gelegentlich mit beachtlicher Polemik, die von Cicero und Caesar vertretene ideelle Kriegsmotivierung in eine rein materielle, indem sie als die eigentlichen Ursachen und Triebkräfte der römischen Expansion Habsucht... und Herrschsucht... unterstellen und damit die von den Römern geführten Kriege nicht als Rechtsexekutionen, sondern als Eroberungskriege zum wirtschaftlichen und politischen Vorteil und Nutzen des Staates ansprechen, sie also aus Staatsraison... geführt sein lassen... Obwohl die klassi-

*Ein römisches Kriegsschiff bei der Landung (von einem Relief aus Praeneste)*

schen Sprachen kein Wort für den Begriff des Imperialismus besitzen ... entsprechen die aufgezeigten Elemente genau dem, was oben als Imperialismus definiert werden konnte, womit zugleich dem methodischen Postulat nach Anwendung eines modernen Begriffs auf antike Verhältnisse Genüge getan wurde.

*H. Gesche, Rom – Welteroberer und Weltorganisator, München 1981, S. 99f.*

Der Vorwurf des Imperialismus trifft mit dem spätrepublikanischen römischen Staat sicher nicht einen ganz Unschuldigen. Nur: Viel mehr als Genugtuung, damit moralischer Entrüstung Ausdruck verliehen zu haben, bringt das nicht. Inhaltlich charakterisiert der Begriff die römischen Begebenheiten nur bedingt; als Wertmaßstab ist er fragwürdig und eine Erklärung der römischen Reichsbildung liefert er ohnehin nicht. Statt Erkenntnis zu vermitteln, verleitet der Imperial-Ismus ... dazu, a-historische und oftmals zudem noch ideologisch gefärbte und verzerrende Schematisierung mit historischer Analyse zu verwechseln: vergangenen Epochen werden unzeitgemäße Denkkategorien übergestülpt, und Geschichte wird nicht bewältigt, sondern zugunsten einer in arroganter Selbstüberschätzung für allgemein gültig und stimmig gehaltenen modernen Theorie vergewaltigt. Um dieses Risiko im Falle Roms zu vermeiden, sollte man zukünftig besser davon absehen, seiner Politik das begriffliche Korsett „Imperialismus" anpassen zu wollen.

### M 9 Frauen in Rom

*Livius 34, 2,8–3; 5,7–13; 7,1–13*

*Ein Gesetz (Lex Oppia) aus der Notzeit des Zweiten Punischen Krieges hatte den römischen Frauen verboten, Gold und Purpur zu besitzen sowie mit einem bespannten Wagen zu fahren. Dieses Gesetz soll, nachdem sich die Lage für Rom entscheidend gebessert hat, im Konsulat des älteren Cato 195 v. Chr. abgeschafft werden. Während Cato moralischen Verfall im Verhalten der Frauen, aber auch der Männer kritisiert, treten Volkstribune für eine begrenzte Emanzipation der Frauen ein.*

Ich (= Cato) bin gerade erst, nicht ohne zu erröten, mitten durch den Zug der Frauen auf das Forum gelangt. Wenn mich aber nicht die Achtung mehr vor der Würde und dem Ehrgefühl einzelner als vor allen zurückgehalten hätte ... hätte ich gesagt: „Was ist das für eine Sitte, aus dem Haus zu laufen, die Straßen zu belagern und fremde Männer anzusprechen! Konntet ihr nicht jede zu Hause die eigenen Männer genau um dasselbe bitten? ... Indessen hättet ihr euch nicht einmal zu Hause darum kümmern dürfen, welche Gesetze hier beantragt oder aufgehoben werden, wenn der Anstand die Frauen dazu brächte, die Grenzen ihres Rechts nicht zu überschreiten." Unsere Vorfahren haben gewollt, die Frauen sollten kein Rechtsgeschäft, nicht einmal ein privates, ohne Genehmigung des Vormunds abschließen und sollten unter der Vormundschaft ihrer Väter, Brüder oder Männer stehen. Wir ... dulden jetzt sogar, daß sie ihre Hand nach dem Staat ausstrecken und sich auch schon auf das Forum und in die Volksversammlungen und Abstimmungen drängen ... Freiheit in allen Dingen begehren sie, eher noch Hemmungslosigkeit, wenn wir es beim wahren Namen nennen wollen.

Denn was werden sie nicht versuchen, wenn sie das hier erzwungen haben? Geht einmal alle rechtlichen Bestimmungen über die Frauen durch, mit denen unsere Vorfahren ihre Hemmungslosigkeit in Fesseln gelegt und mit denen sie sie den Männern unterworfen haben. Obwohl sie durch all dies eingeschränkt sind, könnt ihr sie doch kaum in Schranken halten. Nun? Wenn ihr duldet, daß sie einzelne rechtliche Bestimmungen in Frage stellen und euch abtrotzen und daß sie am Ende den Männern gleichgestellt sind, glaubt ihr, daß ihr sie dann noch ertragen könnt? Sobald sie angefangen haben, gleichberechtigt zu sein, werden sie euch auf der Stelle über.

(*Es spricht der Volkstribun L. Valerius, der Befürworter einer Abschaffung des Oppischen Gesetzes.*)
Was haben denn die Frauen eigentlich Neuartiges damit getan, daß sie in einer Sache, die sie angeht, in großer Zahl auf die Straße gegangen sind? Sind sie vor dieser Zeit niemals an die Öffentlichkeit getreten? ... Hör zu, wie oft sie das getan ha-

*Römisches Ehepaar. Doppelbildnis von einem Grabmal.*

ben, und zwar immer zum Vorteil des Staates! Schon im Anfang unter der Regierung des Romulus, als das Kapitol von den Sabinern genommen worden war und mitten auf dem Forum in einer regelrechten Schlacht gekämpft wurde, ist da nicht dadurch, daß die Frauen sich zwischen die beiden Heere warfen, der Kampf geschlichtet worden? Nun? Als nach der Vertreibung der Könige die Legionen der Volsker unter der Führung von Marcius Coriolanus beim 5. Meilenstein ihr Lager aufgeschlagen hatten, haben da nicht die Frauen diesen Heereszug, der diese Stadt vernichtet hätte, zur Umkehr veranlaßt? Als die Stadt schon von den Galliern eingenommen war, haben da nicht die Frauen das Gold, womit die Stadt losgekauft wurde, nach einhelligem Entschluß für die Allgemeinheit aufgebracht? Und im letzten Krieg, um nicht nur auf alte Dinge zurückzugreifen, haben da nicht, als Geld nötig war, die Gelder der Witwen der Staatskasse geholfen? ... Während sich bei Dingen, die alle, Männer und Frauen, in gleicher Weise angingen, niemand gewundert hat, daß sie es getan haben, wieso wundern wir uns dann darüber, daß sie es in einer Sache getan haben, die sie ganz speziell angeht? Was haben sie denn getan? Wir sind weiß Gott überheblich, wenn wir uns darüber entrüsten, daß ehrenwerte Frauen sich mit einer Bitte an uns wenden, während die Herren die Bitten ihrer Sklaven nicht zurückweisen.

Wir Männer werden Purpur tragen, in unseren Staats- und Priesterämtern mit der verbrämten Toga gekleidet; unsere Kinder werden purpurverbrämte Togen haben ... Werden wir lediglich den Frauen den Gebrauch des Purpurs verbieten? ... Weder Staats- noch Priesterämter noch militärische Auszeichnungen oder Beute können ihnen zuteil werden. Hübsches Aussehen, Schmuck und Kleidung, das sind die Kennzeichen der Frauen, darüber freuen sie sich und sind stolz, das haben unsere Vorfahren die „Welt der Frauen" genannt ... Natürlich, wenn ihr das Oppische Gesetz aufhebt, wird es nicht mehr in eurem Ermessen liegen, wenn ihr etwas verbieten wolltet, was jetzt das Gesetz verbietet. Über Töchter, Frauen und Schwestern würden dann einige weniger Gewalt haben. – Niemals hört die Abhängigkeit der Frauen auf, solange einer ihrer männlichen Angehörigen lebt ...

Sie wollen lieber, daß ihre Ausstattung in eurem Ermessen liegt. Ihr solltet Gewalt über sie haben und ihre Interessen vertreten und sie nicht in Abhängigkeit halten, und ihr solltet lieber wollen, daß man euch Väter oder Männer nennt als Herren.

(Übers. H. J. Hillen)

**M 10 J. Molthagen, Rückwirkungen der römischen Expansion. Der Übergang von der Republik zum Prinzipat – eine Revolution?**

*In: I. Geiss und R. Tamchina, Ansichten einer künftigen Geschichtswissenschaft, München 1974, S. 41 f.*

Durch sie (die Kriege Roms gegen Karthago und die hellenistischen Staaten) wurden große Wirtschaftsräume für römischen Handel zugänglich, durch sie gelangten ungeheure Geldmittel in die Hände der führenden Schichten Roms und standen Massen von Sklaven als billige Arbeitskräfte zur Verfügung. Ferner machten sie es den kleinen Bauern, die das Gros der römischen Legionen stellten und somit die Hauptlast der Kriege zu tragen hatten, zunehmend schwerer, sich gegenüber den wirtschaftlich ohnehin stärkeren Großgrundbesitzern zu behaupten. Mit den ökonomischen Veränderungen gingen Wandlungen im sozialen Gefüge der römischen Bürgerschaft einher. So ist besonders auf die Herausbildung der Ritter als einer eigenen sozialen Schicht hinzuweisen, deren Mitglieder aufgrund ihrer wirtschaftlichen Macht einen steigenden Einfluß auf die römische Politik ausübten. Eine zweite wesentliche Neuerung bedeutete die Entstehung eines ländlichen – und besonders in Rom – eines städtischen Proletariats,

*Links: Porträtbüste des Pompeius (um 50 v. Chr.). – Rechts: Porträtbüste des Julius Caesar (um 20 v. Chr.).*

das sich vornehmlich aus verarmten Bauern rekrutierte. Nimmt man alle angeführten Aspekte zusammen, so zeigen sie, daß die Rückwirkungen der Expansion die politischen, wirtschaftlichen und sozialen Grundlagen der römischen Politik wenn schon nicht zerstörten, so doch in gefährlicher Weise aushöhlten...

Andererseits ist, wie Chr. Meier gezeigt hat, auch die eigentümliche Tatsache, daß sich während der späten Republik die alte stadtstaatlich-aristokratische Verfassung Roms so lange behaupten konnte, ja daß sie von keiner Seite ernsthaft in Frage gestellt wurde, durch die Folgen der Expansion bedingt. Denn die beispiellosen äußeren Erfolge Roms hatten nicht nur das Ansehen der Senatsaristokratie gefestigt und ihre Machtgrundlage verbreitert, sondern auch die Möglichkeit geschaffen, die Ansprüche und Forderungen aller Schichten aus den eroberten Gebieten zu erfüllen. So brauchten Konflikte in der Gesellschaft, wie sie durch die Herausbildung des Ritterstandes und die Proletarisierung der kleinen Bauern angelegt waren, nicht offen ausgetragen zu werden... Rom entwickelte sich zu einem „Gefälligkeitsstaat", der auf Kosten der Provinzen lebte. Daher ergab sich für seine Bürger keine zwingende Notwendigkeit, die bestehenden Verhältnisse zu verändern.

**M 11 H. Schneider, Sozialer Konflikt in der Antike: Die späte römische Republik**

*in: Geschichte in Wissenschaft und Unterricht 27, 1976, S. 608f.*

Es gibt kaum eine These, die die Realität der römischen Politik so verkennt wie die, die Republik habe in der Zeit zwischen 150 und 50 v. Chr. über bedeutende finanzielle Mittel verfügt. Ciceros Feststellung, die Staatskasse sei leer, „aerarium nullum est", trifft nicht nur auf das Jahr 56 zu, sondern auch auf die vorangegangenen Jahrzehnte... Da die Praemissen der Thesen Molthagens (s. M 10) sich als nicht haltbar erwiesen, ist auch kaum seiner Schlußfolgerung zuzustimmen, daß nämlich der Konflikt zwischen den einzelnen sozialen Gruppen „nicht offen ausgetragen zu werden" brauchte. Der Konflikt zwischen der plebs einerseits und den Besitzenden und Senatoren andererseits um die Realisierung der sozialen Forderungen der plebs wurde im Gegenteil mit großer Härte ausgetragen, für die das erhebliche Ausmaß an politischer Gewalttätigkeit und die Aktivität der Massen deutliche Indizien sind. Seit 133 waren die Massen nicht nur am politischen Entscheidungsprozeß beteiligt, sondern sie übten auf den Senat und die Magistrate durch Demonstrationen, Massenaufmärsche und Unruhen einen starken Druck aus, der sich in entscheidenden Phasen der politischen Entwicklung so verschärfen konnte, daß die Massen Entscheidungen in ihrem Sinne durchsetzen konnten. Die Aktivität der Massen ist ein integraler Bestandteil der Politik der späten Republik; ohne die Bereitschaft der plebs, für ihre sozialen Ziele einzutreten, wären die popularen Gesetze der Zeit zwischen 133 und 49 v. Chr. nicht durchsetzbar gewesen, hätte der Widerstand des Senats gegen die populare Gesetzgebung nicht zeitweise gebrochen werden können. Man kann durchaus von einem offenen politischen Konflikt zwischen verschiedenen sozialen Gruppen in der späten Republik sprechen.

**M 12 Sallust, Jugurthinischer Krieg 41**

*Sallust, 86–35 v. Chr., Politiker und Anhänger Caesars, nach dessen Ermordung Geschichtsschreiber; Verfasser von Monographien über die Verschwörung des Catilina (63 v. Chr.) und den Krieg der Römer gegen den König Jugurtha von Numidien (111–105 v. Chr.) sowie einer zeitgeschichtlichen Darstellung der Jahre 78–67 v. Chr.; Sallust wollte an charakteristischen Beispielen den Verfallsprozeß der römischen Gesellschaft verdeutlichen.*

Übrigens war das Unwesen der Parteien im Volk und Adel mit all ihren üblen Gewohnheiten erst vor wenigen Jahren in Rom entstanden, eine Folge des müßigen Lebens und des Überflusses an allen Gütern, die die Menschen am höchsten achten. Denn bis zur Zerstörung Karthagos führten Volk und Senat von Rom gemeinschaftlich die Staatsgeschäfte ohne Haß und Leidenschaft, und es gab keinen Wettstreit um Rang und Herrschaft unter den Bürgern; Furcht vor dem Feind hielt die Bürgerschaft in Zucht und Sitte. Sobald aber dies Grauen nicht mehr das Herz bedrückte, da begann freilich ein ungebundenes und übermütiges Treiben, wie es das Glück gern im Gefolge hat. So wurde es mit der Ruhe, die sie sich in bösen Zeiten gewünscht hatten, jetzt nur noch schlimmer und drückender, seitdem man sie besaß. Denn der Adel begann seine Machtstellung, das Volk seine Freiheit in Willkür ausarten zu lassen, jeder suchte für sich zu nehmen, zu raffen und zu rauben. So wurde alles in zwei Parteien auseinandergerissen, der Staat aber, der einst beider Gemeingut war, wurde elend zerfleischt. Übrigens hatte der Adel durch seinen festen Parteiverband das Übergewicht, das Volk aber, bei seiner Masse völlig zersplittert, konnte weniger ausrichten. Nach der willkürlichen Entscheidung einiger Leute wurde in Krieg und Frieden Politik gemacht, in ihrer Hand lagen auch Staatsschatz, Provinzen, Ämter, Ehren und Triumphe; das Volk wurde von Kriegsdienst und Armut bedrückt, die Kriegsbeute rissen die Feldherren mit einigen Freunden an sich; inzwischen wurden die Eltern oder kleinen Kinder der Soldaten von Haus und Hof vertrieben, wenn sie einen mächtigen Nachbar hatten. So drang mit der Macht eine Habgier ein, die maßlos und unersättlich war; sie entweihte und zerstörte alles, nichts achtete sie, nichts war ihr heilig, bis sie sich selber ins Verderben stürzte. Sobald sich nämlich im Adel Männer fanden, die wahren Ruhm einer ungerechten Machtstellung vorzogen, geriet die Bürgerschaft in Unruhe, und es entstand allmählich – dem Aufruhr der Elemente vergleichbar – eine Spaltung aller Bürger.

(Übers. W. Schöne)

## M 13 Cicero, Für Marcellus 12. 17. 23. 27–29

*Vgl. M3; Dankrede Ciceros an Caesar vom September 46 v. Chr. für die Begnadigung des früheren Konsuls M. Claudius Marcellus; Caesars Versöhnungspolitik ließ Cicero auf eine würdige Erneuerung der Republik hoffen.*

Du hast offenbar den Sieg selbst besiegt, indem du den Besiegten, was schon dein war, zurückgabst ... dein Gnadenurteil hat uns geschont: ... Gesehen haben wir, daß dein Sieg sich auf die Schlachtfelder beschränkte – in unserer Stadt haben wir nie ein blank gezogenes Schwert gesehen.

Nur du kannst all das erneuern, C. Caesar, was, wie du siehst, das Wüten des Krieges zwangsläufig zerrüttet und zugrunde gerichtet hat: du mußt die Rechtsprechung in Gang bringen, den Kredit wiederherstellen, den Ausschweifungen begegnen, die Aufzucht von Kindern fördern und alles, was sich in dem jetzigen Zerfall aufgelöst hat, durch strenge Gesetze neu zu binden suchen ...

Dieser Teil steht dir also noch bevor, diese Aufgabe bleibt dir noch, und dafür mußt du noch kämpfen: daß der Staat von dir eine Verfassung erhält und du zu den ersten gehörst, die sich ihrer in tiefster Ruhe und Sicherheit erfreuen; dann magst du, wenn du willst, nachdem du für das Vaterland deine Pflicht getan hast und in der Fülle der Jahre an deine natürliche Grenze gelangt bist, erklären, du habest lange genug gelebt... Gewiß werden unsere Nachkommen staunen, wenn sie von all deinen Befehlshaberstellen und Provinzen, vom Rhein, vom Ozean und vom Nil, von den unzähligen Schlachten und unglaublichen Siegen, von deinen Bauwerken, Festspielen und Triumphen hören oder lesen. Wenn aber diese Stadt nicht durch deine Maßnahmen und Anordnungen eine feste Grundlage erhält, dann wird dein Name zwar weit und breit durch die Lande schwirren, doch einen festen Wohnsitz und eine dauerhafte Heimstatt kann er nicht finden.

(Übers. M. Fuhrmann)

## M 14 Sueton, Caesar 76–77

*Sueton, etwa 70–140 n. Chr., Verfasser von Biographien römischer Herrscher von Caesar bis Domitian; als Leiter der kaiserlichen Kanzlei unter Hadrian hatte er Zugang zu Archiven und Urkundenmaterial. Neben Skandalgeschichten bietet er seriöse, oft einzigartige Überlieferung. Sueton beeinflußte die biographische Literatur bis ins Mittelalter (vgl. Einhards Leben Karls d. Gr.).*

Doch seine (Caesars) übrigen Handlungen und Reden belasteten ihn schwer genug, um das Urteil zu rechtfertigen, er habe seine Herrschergewalt mißbraucht und den gewaltsamen Tod mit Recht erlitten. Doch er begnügte sich nicht damit, die ihm angetragenen, überaus zahlreichen Ehrungen anzunehmen, nämlich die stete Wiederwahl zum Konsul, die Diktatur auf Lebenszeit, das oberste Sittenrichteramt, dazu den Vornamen „Imperator", den Beinamen „Vater des Vaterlandes", die Aufstellung seines Standbildes unter den Königen...; sondern er ließ es auch geschehen, daß man ihm Ehren zuerkannte, welche jedes vernünftige Maß menschlicher Würde überschritten: den goldenen Sessel im Senat und bei Gericht, einen Götterwagen mit einer Tragbahre darauf für seine bei der Prozession im Zirkus mit den Götterbildern aufgeführte Statue, Tempel, Altäre, Aufstellung seines Bildes neben den Götterbildern, einen Platz an der für die Götter bestimmten Festtafel... Alle Ehrenstellen nahm und vergab Caesar ganz willkürlich...

Gleichgroße Beweise von seiner Überheblichkeit gab Caesar... in Äußerungen, die er in aller Öffentlichkeit getan hatte: „Die Republik ist ein Nichts, ein bloßer Name ohne Körper und greifbare Gestalt." – „Sulla hat das ABC der Politik nicht gekannt, sonst hätte er die Diktatur nicht niedergelegt." – „Die Leute müssen jetzt mit mehr Überlegung mit mir sprechen und, was ich sage, als Gesetz betrachten!"

(Übers. W. Heinemann)

**M 15 Chr. Meier, Caesar, Köln 1982, S. 556. 573**

Alle seine Maßnahmen, so praktisch, so folgenreich sie sein mochten, lassen sich durchaus verstehen, wenn man annimmt, daß er nur an seine Etablierung als Sieger, also an sich, seine Parteigänger sowie an den Ausbau und die Bewährung seiner Wirkungsmöglichkeiten, gedacht hat. Und nichts, was wir sehen können, spricht dafür, daß er eine Monarchie einrichten wollte. Alles ließe sich schon erklären, wenn es ihm nur darum gegangen wäre, selbst als Alleinherrscher zu wirken. Diese Unterscheidung ist insofern keineswegs spitzfindig, als er zweifellos primär an seiner Macht und seinen Möglichkeiten interessiert und sein Interesse für Institutionen beschränkt war...

Wenn Caesar wirklich etwas Neues gewußt hätte, so hatte er es nicht mitgeteilt. Und so fruchtbar sein Wirken in vielen Einzelheiten war, im Ganzen hatte er nur zerstört. Er hatte keine neue Ordnung gewiesen, sondern lediglich die alte mit dem Bürgerkrieg und der Etablierung seines Sieges belastet. So hat er den Niedergang der überkommenen Institutionen stark beschleunigt.

**M 16 W. Will, Julius Caesar, Stuttgart 1992, S. 213f.**

Das Wechselspiel zwischen Konsulat und Diktatur... konnte auf Dauer nicht befriedigen. Die Häufung der Ämter und ihre Perpetuierung zeigten jedoch, daß Caesar nicht zu neuen Wegen fand. Den Streit, ob er eine Monarchie mit dem Titel eines rex und dem Diadem als Herrschafts-Insignie, möglicherweise in einer Verschmelzung altrömischer Vorstellungen mit denen des hellenistischen Gottkönigtums, errichten wollte, kann nur entscheiden, wer Caesar in den Kopf zu blicken vermag. Er erwog wohl die verschiedenen Möglichkeiten, ließ aber nicht erkennen, ob und in welcher Form er den Königstitel beanspruchte. Seine Haltung blieb unklar, Reaktionen von Senat und Volk waren nur schwer vorauszusehen. Der Diktator verbot seiner Klientel, den Titel eines rex für ihn zu beantragen, da, wie er sagte, auf diesem der Fluch der Vorfahren ruhe...

Im Gegensatz zu seinen Erklärungen assoziierte Caesar mit seiner Kleidung durchaus den Gedanken an das Königtum. Er präsentierte sich mit weiten purpurnen Gewändern und trug in der Tradition der Könige von Alba, als deren Nachkommen er sich verstand, hohe purpurne Stiefel. Vermutlich erhoffte er sich zumindest vom Volk eine allmähliche Zustimmung zum Königtum.

**M 17 Augustus, Tatenbericht 1**

*Der erste römische Kaiser verfaßte einen Rechenschaftsbericht seiner politischen Wirksamkeit vom Jahr 44 v. Chr. bis 14 n. Chr. Der Text ist uns im wesentlichen bekannt von einer Inschrift, die 1555 an der Außenwand des Augusta-Roma-Tempels in Ankara entdeckt wurde (daher: Monumentum Ancyranum).*

Mit neunzehn Jahren habe ich aus privater Initiative und aus eigenen Mitteln ein Heer aufgestellt, mit dem ich dem Staatswesen, das durch die Gewaltherrschaft einer politischen Machtgruppe unterdrückt wurde, die Freiheit wiedergab.

(Übers. M. Giebel)

*Die sogenannte Gemma Augustea. Augustus thront neben der Göttin Roma, darüber der Steinbock als sein Geburtsgestirn. Auf dem Triumphwagen Tiberius, daneben vermutlich Germanicus. In der unteren Bildhälfte Errichtung eines Siegesmals.*

**M 18 Augustus, Tatenbericht 34–35**

In meinem sechsten und siebten Konsulat (28/27 v. Chr.) habe ich, nachdem ich die Flammen der Bürgerkriege gelöscht hatte und mit der einmütigen Zustimmung der gesamten Bevölkerung in den Besitz der staatlichen Allgewalt gelangt war, das Gemeinwesen aus meiner Machtbefugnis wieder der Ermessensfreiheit des Senats und des römischen Volkes überantwortet. Für dieses mein Verdienst wurde mir auf Beschluß des Senats der Name Augustus gegeben. Die Türpfosten meines Hauses wurden auf staatlichen Beschluß mit Lorbeer geschmückt, und ein Bürgerkranz wurde über meinem Tor angebracht. Ein goldener Schild wurde in der Curia Julia aufgestellt, den mir der Senat und das römische Volk geweiht haben wegen meiner Tapferkeit und Milde, meiner Gerechtigkeit und Hingabe, wie es die Aufschrift auf diesem Schild bezeugt. Seit dieser Zeit überragte ich alle übrigen an Autorität, an Amtsgewalt aber besaß ich nicht mehr als die anderen, die auch ich im Amt zu Kollegen hatte.

Als ich mein 13. Konsulat (2 v. Chr.) verwaltete, gaben mir der Senat, der Ritterstand und das römische Volk einmütig den Titel „Vater des Vaterlandes".

(Übers. M. Giebel)

**M 19 Geschichtsschreibung in der Kaiserzeit**

*Cassius Dio 53, 19,1–6*

*Um 150–235 n. Chr., aus Kleinasien, Angehöriger der senatorischen Führungsschicht, Verfasser einer römischen Geschichte in 80 Büchern von der Gründung der Stadt bis zu seinem eigenen zweiten Konsulat an der Seite des Kaisers im J. 229. Trotz unverkennbarer Sympathien für die monarchische Regierungsform gehört das Werk zu den wichtigsten Quellen für das Verständnis der Geschichte Roms.*

So wurde damals die Verfassung in eine bessere und größere Sicherheit gewährende Form umgewandelt... Doch können die späteren Ereignisse (d. h. Prinzipatszeit) nicht auf die gleiche Weise wie die vorausliegenden (d. h. Republik) berichtet werden. Denn früher wurden bekanntlich sämtliche Vorkommnisse, und mochten sie sich selbst in weiter Ferne zutragen, vor den Senat und das Volk gebracht. Und so erfuhren alle davon, und viele berichteten schriftlich darüber, wodurch sich die Wahrheit über den Ablauf der Dinge, auch wenn Furcht und Gunst, Freundschaft und Feindschaft noch so sehr die Darstellungen einiger verfärbten, bis zu einem gewissen Grade wenigstens bei den anderen Geschichtsschreibern, welche die nämlichen Gegenstände behandelten, sowie in den öffentlichen Aufzeichnungen feststellen ließ. Doch seit jener Zeit begann man die meisten Ereignisse heimlich und verborgen zu behandeln, und wenn trotzdem einige Dinge zufällig in die Öffentlichkeit drangen, so finden sie keinen Glauben, weil man sie jedenfalls auf ihren Wahrheitsgehalt nicht prüfen kann; denn man argwöhnt, daß sich alle Worte und Taten nur nach den Wünschen der jeweiligen Machthaber und ihrer Anhänger richten. Und so schwatzt man von vielen Dingen, die sich gar nicht zutrugen, während man von anderem, was sich bestimmt ereignet, nichts weiß; jedenfalls laufen fast alle Geschehnisse in einer Version um, die sich mit den Tatsachen nicht deckt. Hinzu kommt noch, daß die Ausdehnung des Reiches und die Fülle der Vorkommnisse ein genaues Wissen über die Dinge außerhalb erschweren. So trägt sich zum Beispiel in Rom viel und nicht weniger in dem von ihm abhängigen Gebiet zu, und was den Feind anlangt, geschehen dort stets und beinahe täglich gewichtige Dinge; von all dem aber kann, abgesehen von den unmittelbar Beteiligten, kein Mensch leichthin den genauen Hergang erfahren, die Masse des Volkes aber bekommt überhaupt nichts zu hören. Infolgedessen werde auch ich alle nun folgenden Ereignisse, soweit sie besprochen werden müssen, im Einklang mit dem, was etwa veröffentlicht wurde, darbieten und keine Rücksicht darauf nehmen, ob sich die Dinge in Wahrheit so oder auf andere Weise abspielten. Ergänzend soll indessen auch meine persönliche Ansicht nach Möglichkeit hinzutreten, soweit ich eben imstande war, aus der großen Fülle des Gelesenen, Gehörten und Selbsterlebten ein Urteil abzuleiten, das sich von dem allgemeinen Gerede unterscheidet.

(Übers. O. Veh)

### M 20 Von der Republik zum Prinzipat

*Tacitus, Annalen 1,1,1; 1,2,1–2*

*Etwa 55–120 n. Chr., Aufstieg in die höchsten senatorischen Ämter, allgemein als größter römischer Geschichtsschreiber bezeichnet, stellte Tacitus in kritischer Distanz zur Prinzipatsordnung die Zeit vom Tod des Augustus (14) bis zum Ende Neros (68) in den „Annalen", die vom Vierkaiserjahr (69) bis zu Domitians Ermordung (96) in den „Historien" dar.*

Nicht Cinnas, nicht Sullas Gewaltherrschaft war von Dauer, und des Pompeius und Crassus politische Macht ging schnell auf Caesar, des Lepidus und des Antonius militärische Gewalt auf Augustus über, der das ganze, durch die Bürgerkriege erschöpfte Staatswesen unter dem Namen Princeps in seine herrschende Hand nahm.

Als es nach dem Tod des Brutus und Cassius keine republikanische Heeresmacht mehr gab, als Pompeius bei Sizilien überwältigt war und nach der Ausschaltung des Lepidus und dem Selbstmord des Antonius auch der Partei Caesars kein anderer Führer blieb als Octavianus, da legte dieser den Titel Triumvir ab, wollte nur als Konsul gelten und sich zum Schutze des Volkes mit der Vollmacht des Tribunen begnügen. Sobald er dann die Soldaten durch Geschenke, das Volk durch eine Getreidespende, alle durch den verführerischen Reiz des Friedens gewonnen hatte, schob er sich allmählich empor und zog die Befugnisse des Senats, der Behörden, des Gesetzgebers an sich, ohne daß sich jemand widersetzte; denn die mutigsten Männer waren Kämpfen oder der Ächtung zum Opfer gefallen, während die übrigen Adeligen, je mehr einer zur Unterwürfigkeit bereit war, durch Reichtum und Ehrenstellen nach oben gelangten und als Günstlinge der neuen Verhältnisse die Sicherheit der Gegenwart den Gefahren der Vergangenheit vorzogen. Auch die Provinzen waren jener Ordnung der Dinge nicht abgeneigt. Verleidet war ihnen Senats- und Volksherrschaft wegen der Machtkämpfe der führenden Männer und der Habsucht der Beamten; schwach war der Schutz der Gesetze, die durch Eigenmächtigkeit, politische Umtriebe, vor allem durch Bestechung unwirksam gemacht wurden.

(Übers. E. Heller)

### M 21 Romanisierung in den Provinzen

*Tacitus, Agricola 21*

*Im „Agricola" beschreibt Tacitus das Leben seines Schwiegervaters Julius Agricola, als vorbildlicher Statthalter in Britannien erfolgreich in der Ausdehnung und Organisation der römischen Herrschaft, aber auch dem Neid des Kaisers Domitian ausgesetzt.*

Der folgende Winter wurde mit überaus heilsamen Maßnahmen verbracht. Denn um die verstreuten und rohen und darum leicht zum Krieg geneigten Menschen an Ruhe und Muße durch Genüsse zu gewöhnen, ermunterte er sie persönlich, unterstützte sie öffentlich, daß sie Tempel, Märkte, Häuser errichten sollten, wobei er die Raschen lobte und die Trägen schalt: so war Wetteifer um die Ehre an die Stelle des Zwanges getreten. Dann ließ er die Söhne der Fürsten in den freien Künsten bilden ..., so daß die, welche eben noch die römische Sprache abwiesen, jetzt Beredsamkeit begehrten. In der Folge kam sogar unser Aussehen zu Ehren, und die Toga wurde häufig. Und allmählich ging man zu Annehmlichkeiten und Ausartungen über, zu Säulenhallen, Bädern und erlesenen Festgelagen.

(Übers. K. Büchner)

## M 22 Friede und Wohlstand im Kaiserreich

*Aelius Aristides, Romrede 92 ff.*
*Griechischer Redner (2. Jh. n. Chr.); seine Lobrede auf Rom ist ein wichtiges Zeitdokument für die Funktion des Imperium Romanum als weltweite Friedensordnung.*

92–93: Alle in früherer Zeit, auch diejenigen, welche einen sehr großen Teil der Erde beherrschten, herrschten gleichwie über nackte Körper lediglich über die Völker, ihr aber habt das ganze Reich angefüllt mit Städten und Kostbarkeiten. Wann gab es denn so viele Städte im Binnenland und am Meer, oder wann wurden sie so mit allem ausgerüstet?

97: Wie bei einem Festtag hat der ganze Erdkreis sein altes Gewand, das Eisen, abgelegt und sich dem Schmuck und sämtlichen Freuden zugewandt, um sie zu genießen. Jeder andere Streit ist den Städten fremd geworden, sie alle beherrscht nur dieser eine Ehrgeiz, daß jede von ihnen möglichst schön und einladend erscheine. Überall gibt es Gymnasien, Brunnen, Vorhallen, Tempel, Werkstätten und Schulen.

101: Was Homer sagte, „aber die Erde ist allen Menschen gemeinsam"; wurde von euch tatsächlich wahr gemacht. Ihr habt den ganzen Erdkreis vermessen, Flüsse überspannt mit Brücken verschiedener Art, Berge durchstochen, um Fahrwege anzulegen, in menschenleeren Gegenden Poststationen eingerichtet und überall eine kultivierte und geordnete Lebensweise eingeführt ...

104: Früher verwüsteten die Menschen auch die Erde, geradeso als ob sie ihre Eltern verstümmeln wollten; ... Nun aber ist dem Erdkreis selbst und seinen Bewohnern eine allgemeine und jedem erkennbare Sicherheit geschenkt. Sie scheinen mir völlig davon befreit zu sein, Schlimmes zu erleiden, während sie andererseits mannigfache Gelegenheit erhalten haben, um gut regiert zu werden; denn die Götter, wie es scheint, sehen auf euch herab, erhalten gnädig euer Reich und verleihen euch die Gunst, es beständig zu besitzen.

(Übers. R. Klein)

*Der Pont du Gard bei Nîmes, der über einen Nebenfluß der Rhône führt. Das Bauwerk ist 269 m lang, 49 m hoch. Auf der obersten Bogenreihe verlief die mit Steinplatten abgedeckte Rinne der Wasserleitung, die insgesamt 20 km lang war und der Stadt Nîmes (damals hieß sie Nemausus) täglich 40 000 cbm Wasser lieferte (um 20 v. Chr.). Der Pont du Gard ist der besterhaltene Aquädukt („Wasserleitungsbrücke") aus der Römerzeit und zeigt zugleich die wirtschaftliche Entwicklung der Provinzstädte.*

*Der Soldatenkaiser Valerian mußte sich 260 n. Chr. nach einer Niederlage dem König des Neupersischen Reiches ergeben.*

**M 23 Moderne Kritik**

*K. Christ, Geschichte der römischen Kaiserzeit, München 1988, S. 456*

Der Prozeß der römischen Kolonisation und Urbanisierung insgesamt wurde lange Zeit gleichsam nur innerhalb römischer Perspektiven gesehen. Die Betrachter ließen sich dabei einerseits durch die kluge Auswahl militärischer Stützpunkte mit besonders hoher Überwachungs- und Defensivqualität faszinieren, andererseits durch die Vielfalt der über den ganzen Mittelmeerraum und dessen weite Vorfelder verstreuten Zellen städtischen Lebens, in denen gleichsam Integrationszentren der überlegenen hellenistisch-römischen Zivilisation gesehen wurden. In der Gegenwart mehren sich indessen die Stimmen, die hier sehr viel kritischer urteilen. Es wird darauf hingewiesen, daß der Prozeß häufig identisch war mit einer brutalen Okkupation der wertvollsten Anbauflächen, mit der Vertreibung der Besitzer, die ihr bisheriges Eigentum allenfalls noch als Pächter bewirtschaften konnten, sowie mit der Aneignung von Häusern, Vieh, Gerät und beweglicher Habe aller Art. Trotz vieler Gemeinsamkeiten in Planung, Vermessung, Ausstattung und Architektur römischer Städte, Gemeinsamkeiten auch in ihrer inneren Struktur und Verwaltung, trotz eindeutiger starker Impulse einzelner principes ist es fraglich, ob, langfristig gesehen, eine einheitliche Urbanisierungspolitik und ein einheitliches Raumordnungssystem existierten. In Britannien gab es ganze vier Kolonien und ein Municipium, in Niedergermanien war die Situation ähnlich, und auch in Gallien wurden längst nicht alle zentralen Orte der civitates in den Rang eines Municipium erhoben. Während in der Provinz Noricum neun Städte lagen, existierten in Dalmatien rund 60, um von den Konzentrationen städtischer Einheiten in einzelnen Gebieten Spaniens, Nordafrikas und Kleinasiens zu schweigen.

**M 24 Alltag im Rom der Kaiserzeit**

*Juvenal, Satire 3*

*Römischer Satirendichter (1./2. Jh. n Chr.) aus der italischen Landschaft Campanien; seine 16 Satiren sind gekennzeichnet von Empörung über die sittliche Verkommen-*

*heit, die er täglich in Rom erlebte, und aus der er keinen Ausweg sah.*

Römische Bürger, ich kann ein vergriechtes Rom nicht ertragen. Aber von diesem Dreck – wie wenige sind wirklich Griechen? Lange schon hat in den Tiber sich Syriens Orontes ergossen; mit sich brachte er ihre Sprache und Moral, ... auch ihre heimischen Tamburine und die Huren, die sich beim Circus anbieten müssen ...

Führe doch in Rom einen Zeugen vor ...: zuerst wird man nach seinem Vermögen fragen, zuallerletzt nach seiner Moral. „Wie viele Sklaven füttert er? Wie viele Morgen Land besitzt er? Wie zahlreich und wie groß ist sein silbernes Tafelgeschirr, wenn er speist?" Soviel Geld einer im Kasten hat, soviel Wertschätzung genießt er ...

Nur schwer kommt einer empor, dessen Fähigkeiten die Beschränktheit seiner Mittel im Wege steht, aber in Rom ist dieser Versuch noch schwieriger: viel Geld kostet eine schäbige Wohnung, viel Geld kostet es, Sklaven den Bauch zu füllen, und selbst eine bescheidene Mahlzeit kostet viel Geld.

Kein Mensch fürchtet jemals Hauseinsturz im kühlen Praeneste oder in Volsinii auf seinen Waldeshängen noch im bescheidenen Gabii oder in Tibur, hoch über dem Abhang. Wir aber wohnen in einer Stadt, die zum großen Teil auf schwachen Stützbalken ruht, denn so hemmt der Hausverwalter den Zusammenbruch, und wenn er alte klaffende Risse ausgebessert hat, heißt er uns ruhig schlafen, während beständig Einsturz droht. Dort solle man wohnen, wo es keine Brände gibt, wo man sich nachts nicht fürchten muß ... im dritten Stock qualmt's schon, du aber weißt es nicht. Denn wenn am Fuße der Treppe das Durcheinander beginnt, wird als letzter der Feuer fangen, den nur die Dachziegel vor dem Regen schützen ...

Hier sterben viele, weil Schlaflosigkeit sie krank gemacht hat; denn in welcher Mietwohnung kann man schlafen? Sehr reich muß man sein, um in Rom schlafen zu können. Das ist die Hauptursache des Übels: Wagen biegen in scharfer Wendung um die Straßenecken, die Treiber schimpfen laut, wenn ihre Herde nicht weiter kann ... Wenn ein Reicher einen Besuch abstatten will, so macht ihm die Menge Platz: schnell wird er auf den Schultern riesengroßer Liburner dahergetragen, und im Innern seiner Sänfte kann er unterwegs lesen, schreiben oder schlafen, denn wenn man das Fenster der Sänfte schließt, so regt dies zum Schlafen an. Trotzdem wird er vor uns ankommen, denn so sehr wir uns auch beeilen, so steht uns doch eine Menschenmenge im Wege, während ein dichter Haufen uns von hinten drängt; einer stößt mich mit dem Ellenbogen, ein anderer mit einer harten Latte; mit einem Balken haut mir an den Schädel der eine, mit einem Ölfaß ein anderer. Mit Schlamm beschmutzt sind meine Beine, bald bekomme ich Fußtritte von allen Seiten, und der Nagel eines Soldatenstiefels bleibt mir in den Zehen stecken. Und sieh nur, mit wieviel Rauch die Überreichung des Essens zum Mitnehmen vor sich geht ... Man zerreißt sich die gerade geflickte Tunika: auf dem Karren, der dir entgegenkommt, schwankt

*Römische Glasgefäße. Von links nach rechts: Eine Badeflasche mit Bronzekette (um 200 n. Chr.), eine kleine Henkelkanne (1. Jh. n. Chr.) und eine große Kanne (2. Jh. n. Chr.).*

gefährlich ein langer Fichtenstamm, auf einem anderen Wagen führt man Pinienholz, das hochgetürmt bebt und die Passanten bedroht. Wenn nämlich ein mit ligurischen Marmorblöcken beladener Karren umkippt und seine Ladung auf die dichte Menschenmenge sich ergießt, was bleibt da noch vom Körper übrig? Wer könnte die Glieder, die Gebeine heraussuchen? Völlig zerquetscht verschwindet die Leiche wie die verhauchte Seele...

Betrachte jetzt noch andere, verschiedenartige Gefahren der Nacht: wie hoch die Häuser sind, von denen dir ein Dachziegel auf den Schädel fällt, wie oft man leckes oder gesprungenes Gefäß aus dem Fenster wirft, mit welcher Wucht sie auf dem Pflaster ihre Spuren hinterlassen oder es zerbrechen. Für leichtsinnig magst du gelten oder als einer, der sich vor plötzlichem Unfall nicht vorsehen will, wenn du zum Diner ausgehst, ohne dein Testament gemacht zu haben. So viele Gefahren bedrohen dich, wie beleuchtete Fenster offenstehen, unter denen du vorbeigehst. Begnüge dich also mit der kläglichen Hoffnung, daß man wenigstens nur den Inhalt flacher Becken auf dich ausleert... Aber das ist nicht die einzige Gefahr, vor der du dich fürchten mußt. Denn der Räuber stellt sich ein, wenn alle Häuser verschlossen, alle Läden mit Ketten gesichert, schweigen. Manchmal treibt auch der bewaffnete Straßenräuber sein Handwerk...

(Übers. H. C. Schnur)

## M 25 G. Alföldy, Römische Sozialgeschichte, 3. Aufl., Wiesbaden 1984, S. 124–126

Zusammenfassend läßt sich die Sozialstruktur der sog. Prinzipatsepoche am ehesten in der Form einer Pyramide darstellen, die zwar weder die äußerst ungleiche Zahlenstärke einzelner Schichten widerspiegelt noch den ständigen Wandel der Gesellschaft innerhalb der ersten beiden Jahrhunderte der Kaiserzeit zum Ausdruck zu bringen vermag, die aber dennoch einige besonders wichtige Merkmale der sozialen Hierarchie veranschaulicht. Da die Kriterien für die Existenz eines eigenständigen Mittelstandes nicht vorhanden waren, läßt sich behaupten, daß sich die Gesellschaft in zwei – ungleich große – Hauptgruppen, in Oberschichten und Unterschichten, gliederte... Die meisten Angehörigen der gehobenen sozialen Schichten, die durch ihren Besitz, ihre Machtfunktionen und ihr Ansehen über den gewöhnlichen Massen standen, wurden nach klaren hierarchischen Kriterien in einzelnen ordines, d. h. in geschlossenen, korporativ verfaßten gesellschaftlichen Einheiten mit spezifischen Vermögenssätzen, Funktionen und Rangmerkmalen, zusammengefaßt. Diese Organisationsformen lassen sich angesichts ihrer charakteristischen Merkmale als Stände betrachten. In ihnen wurde also die Elite der Gesellschaft, ohne irgendwelche Unterscheidung zwischen städtischen und ländlichen Oberschichten, vereint...

Die Unterschichten bestanden aus stark heterogenen Gruppen der Bevölkerungsmassen von Stadt und Land. Im Gegensatz zu den privilegierten ordines sind sie keinesfalls als Stände zu definieren. Ohne mit diesem Begriff unbedingt einander überlagernde soziale Gruppen zu meinen, können wir am ehesten wohl von einzelnen Schichten sprechen, die vor allem aufgrund ihrer wirtschaftlichen Tätigkeit entweder in der Stadt oder auf dem Lande, ferner nach rechtlichen Kriterien als ingenui (Freigeborene), liberti (Freigelassene) oder servi (Sklaven) signifikante Merkmale aufwiesen (...) Eindeutige horizontal verlaufende soziale Trennlinien gab es innerhalb der niederen Bevölkerung nicht...

Angesichts der hier beschriebenen Gliederung wäre die römische Gesellschaftsordnung in den beiden ersten Jahrhunderten der Kaiserzeit, (...) am ehesten durch den Begriff der Stände-Schichten-Struktur zu erfassen. Dagegen wäre der Begriff der Klasse für die Definition dieser Sozialordnung kaum geeignet.

## M 26 Die Teilung des Römischen Reiches

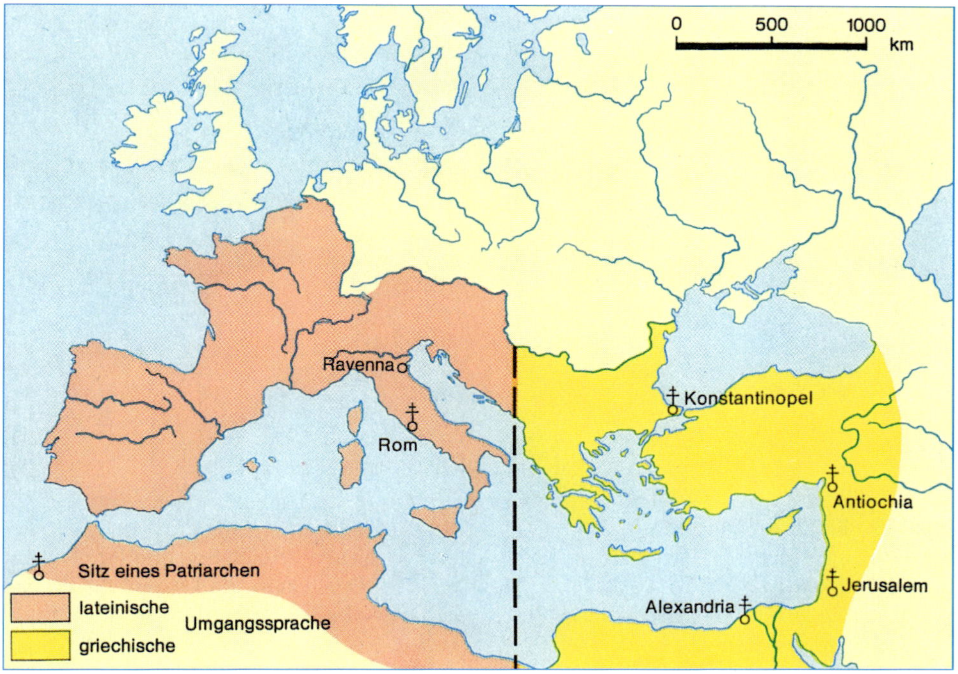


## M 27 Teilung und Verwaltung des Reiches unter Diocletian

*Sextus Aurelius Victor, römischer Staatsbeamter und Verfasser einer Geschichte „Über die Kaiser" (4. Jh., nach 360):*

Zu Diocletianus schauten sie alle wie zu einem Vater oder wie zu einem mächtigen Gotte auf... Da die Last der Kriege immer heftiger und drückender wurde, teilten sie gleichsam das Reich: Constantius wurde alles Land jenseits der Alpen, das zu Gallien gehört, anvertraut, Afrika und Italien dem Herculius; Illyrien und die Küsten bis an die Meerengen des Schwarzen Meeres dem Galerius, alles übrige blieb bei Diocletianus. Von dieser Zeit ab wurde einem Teile Italiens die Bürde ungeheurer Steuern auferlegt... und eine neue Abgabe gesetzlich eingeführt; wenn diese zu jenen Zeiten noch erträglich war, da sie ein gewisses Maß einhielt, so hat sie sich doch zu meiner Zeit zum wahren Verderben ausgewachsen...

Nicht geringerer Eifer wurde verwandt auf die innere Verwaltung – die Gesetzgebung war vom Geiste der Gerechtigkeit beherrscht – und der verderbliche Stand der geheimen Polizeispione (frumentarii) – das sind etwa die gleichen Leute wie die heutigen kaiserlichen Revisionskommissare (agentes in rebus) – wurde abgeschafft. Schienen diese ursprünglich zur Aufspürung und Anzeige von etwaigen Unruhen in den Provinzen eingesetzt zu sein, so plünderten sie jetzt alles in schändlichster Weise aus: Anschuldigungen wurden ruchlos ersonnen und überall Terror verbreitet, besonders gegenüber den Einwohnern weit abgelegener Gebiete... Die alten Religionsgebräuche wurden mit der größten Gewissenhaftigkeit eingehalten...

Quelle: Krieger, Materialien für den Geschichtsunterricht, Bd II, a.a.O., S. 389f.

*Die phrygische Göttermutter Kybele.*

*Der persische Lichtgott Mithras.*

*Das ägyptische Himmelsgötterpaar Isis und Serapis.*

**M 28 Kritik an Diocletian**

*Lactantius, christlicher lateinischer Autor aus Nordafrika, als Erzieher von Konstantin d. Gr. angestellt in Trier (nach 300); „Von den Todesarten der Verfolger":*

Diocletianus, groß im Erfinden von Verbrechen und im Anstiften von Unheil, konnte bei dem allgemeinen Verderben, das er verbreitete, auch von Gott die Hand nicht zurückhalten. Zwei Eigenschaften wirkten bei ihm zusammen, um den Erdkreis zu verderben: seine Habsucht und seine Furchtsamkeit. Er teilte das gesamte Reich in vier Teile und nahm drei Mitregenten an. Die Heere wurden vervielfältigt; jeder trachtete, eine weit größere Anzahl Soldaten zu besitzen, als die früheren Herrscher zur Zeit der Alleinherrschaft gehabt hatten. So sehr stieg allmählich die Zahl der Empfänger über die Zahl der Geber, daß bei der Maßlosigkeit der Auflagen die Kräfte der Landleute sich erschöpften, die Ländereien verlassen wurden und die Saatfelder sich in Wald verwandelten. Und um alles mit Schrecken zu erfüllen, wurden auch die Provinzen in Stücke geteilt. Statthalter in Menge mit zahlreichen Unterbeamten übten den Druck ihrer Herrschaft aus über jedes Gebiet und fast schon über jede Stadt. Dazu kam noch eine Menge von Rechnungsbeamten (rationales), Verwaltungsbeamten (magistri) und Stellvertretern der Praefekten, und bei all diesen gab es gar selten Verhandlungen in bürgerlichen Rechtssachen, sondern nur Verurteilungen und Einzug von Gütern. Die Betreibungen unzähliger Gegenstände wiederholten sich nicht nur häufig, sondern dauerten ständig an, und bei ihrer Durchführung kam es zu unerträglichen Ungerechtigkeiten. Doch das hätte man noch ertragen können, was zum Unterhalt der Soldaten notwendig ist. Aber Diocletianus wollte zugleich in unersättlicher Habsucht seine Schatzkammern nie vermindert sehen, sondern unaufhörlich raffte er auf außerordentlichem Wege Schätze und Spenden (largitiones) zusammen, um das, was er hinterlegt hatte, unversehrt und ungeschmälert zu bewahren. Durch mannigfache Ungerechtigkeiten hatte er eine ungeheure Teuerung hervorgerufen, und nun unternahm er es, den Preis der Verkaufswaren durch Gesetz zu bestimmen. Jetzt kam es wegen geringfügiger und unbedeutender Dinge zu vielem Blutvergießen. Aus Furcht brachte man nichts Verkäufliches mehr auf den Markt, und die Teuerung nahm in weit schlimmerem Grade zu, bis die Notwendigkeit selbst das Gesetz nach dem Untergange vieler außer Gebrauch setzte. Zur Habsucht gesellte sich eine grenzenlose Bausucht und eine nicht minder schrankenlose Ausplünderung der Provinzen, von denen Werkleute, Künstler, Lastwagen und alles zur Herstellung der Bauten Erforderliche zu stellen waren. Hier gab es Gerichtshallen zu errichten, hier eine Rennbahn, hier eine Münzstätte, hier eine Waffenwerkstätte, hier ein Haus für die Gemahlin, hier für die Tochter...

Indes wurde das Unglück und der Jammer erst allgemein durch (neue) Steuerveranlagung (census), die gleichzeitig für alle Provinzen und Gemeinden angeordnet wurde. Die Menge der Steuerbeamten ergoß sich überallhin und brachte alles in Aufruhr. Es waren Bilder des Schreckens wie beim Einfall von Feinden und Wegführen von Gefangenen. Die Äcker wurden schollenweise abgemessen, Weinstöcke und Bäume gezählt, jede Art von Haustieren verzeichnet, die Kopfzahl der Bewohner vermerkt. In den Städten wurde städtische und ländliche Bevölkerung zusammengedrängt; alle Plätze waren mit Scharen von Gesinde überfüllt. Jeglicher war mit Kindern und Sklaven zur Stelle...

Quelle: Krieger, Bd. II, a.a.O., S. 390f.

### M 29 Bindung der Dekurionen

*Codex Theodosianus, 313 n. Chr.:*

Keiner, der richterliche Gewalt hat, soll versuchen, irgendein Ratsmitglied (curialis) von seinen Pflichten gegenüber der Gemeinde freizustellen oder jemanden nach eigenem Ermessen von der Zugehörigkeit zum Stadtrate (curia) zu befreien. Sollte nämlich jemand derart durch unglückliche Umstände finanziell ruiniert sein, daß er unterstützt werden muß, so gehört es sich, dies zu unserer Kenntnis zu bringen, auf daß ihm für eine gewisse Zeit Befreiung von seinen Pflichten der Gemeinde gegenüber gewährt werde.

### M 30 Bindung der Kolonen an die Scholle

*Codex Theodosianus, 332 n. Chr.:*

Bei wem auch immer ein Kolone, der einem anderen gehört (iuris alieni), aufgefunden wird, der soll diesen nicht nur an seinen alten Platz, woher er stammt, zurückbringen, sondern soll auch für ihn die Kopfsteuer für die entsprechende Zeit (wo er bei ihm war) erstatten. Die Kolonen selbst, die auf Flucht sinnen, soll man, wie es Sklaven zukommt, mit eisernen Fesseln binden, damit sie gezwungen werden, die Pflichten, die ihnen als Freien zukommen, infolge ihrer Verurteilung zum Sklavenstande zu erfüllen.

### M 31 Veröden der Städte

*Codex Theodosianus, 400 n. Chr.:*

Die Gemeinden sind verlassen von ihrem diensttuenden Personal und haben den einstigen Glanz ihres Ruhmes verloren, seitdem in der Tat zahlreiche Mitglieder dieser Gilden den Dienst der Städte verlassen haben und das Leben auf dem Lande vorgezogen haben, indem sie ihre Zuflucht in der Einöde und den abseits von den Straßen gelegenen Gegenden gesucht haben. Doch wir machen solchen Winkelzügen durch die Autorität dieses Gesetzes ein Ende, so daß sie, wo in der Welt sie auch aufgefunden werden, zu ihren Pflichten zurückgerufen werden sollen, ohne sich auf irgendeine Ausnahme berufen zu können...

*Der Codex Theodosianus sammelte alle kaiserlichen Konstitutionen seit Konstantin d. Gr. (veröffentlicht 438 n. Chr.) – eine Vorstufe des Codex Iustinianus.*

Quelle: Krieger, Bd. II, a.a.O., S. 393f.

### M 32 Aus dem Edikt des Diocletianus über Höchstpreise

Die beiden Augusti und die beiden Caesares... tun kund:

... Wer ist so abgestumpft und

menschlichem Fühlen entfremdet, daß ihm unbekannt bleiben könnte, ja, daß er überhaupt nicht bemerkt hätte, daß bei den Waren, die entweder im Großhandel oder im täglichen Handelsverkehr der Städte umgesetzt werden, eine solche Willkür der Preise eingerissen ist, daß die schrankenlose Profitgier weder durch die reichlichen Vorräte noch durch die Fruchtbarkeit der Jahresernten gemildert wurde?

Wer wüßte nicht, daß... bisweilen beim Kauf eines einzigen Gegenstandes der Soldat seiner Sonderzulage (donativum) und seines Soldes beraubt wird? Und daß alles, was der ganze Erdkreis aufbringt, um unsere Heere zu erhalten, dem abscheulichen Gewerbe dieser Räuber zur Beute wird? ... Durch all das... mit vollem Recht veranlaßt,... haben wir uns entschlossen, für die Handelswaren zwar nicht feste Preise zu bestimmen,... aber doch ein (Höchst-)Maß zu setzen, auf daß, wenn eine Teuerung irgendwo mit Macht hereinbrechen sollte – mögen die Götter ein solches Unglück abwenden! – die Gewinnsucht... durch die Begrenzungen, die in unserm Statut festgesetzt sind, und durch die Schranken eines mäßigenden Gesetzes gezügelt werde. Es ist also unser Wille, daß die Preise, die in der unten angefügten Liste verzeichnet sind, in unserem ganzen Reiche eingehalten werden; und jedermann soll davon Kenntnis nehmen, daß die Freiheit, sie willkürlich zu überschreiten, ihm beschnitten ist; damit soll in keiner Weise der glückliche Zustand billiger Preise an den Plätzen, wo offensichtlich Überschuß an Waren besteht, behindert werden... Wer sich gegen die Ordnung dieses Statutes in frecher Verwegenheit stellt, soll – so ist es mein Wille – einem Gerichtsverfahren auf Leben und Tod unterworfen werden... Unter gleicher Gefahr wird stehen, wer aus Kauflust auf die habgierigen Forderungen des Verkäufers – entgegen diesem Erlaß – eingeht. Aber auch der wird von einer solchen Strafe nicht verschont bleiben, der im Besitz von Waren, die zum Lebensunterhalt und Verbrauch notwendig sind, diese, nach der Regelung durch dieses Statut, dem Handel entziehen zu dürfen glaubt...

Welche Preise beim Verkauf der einzelnen Waren von niemandem überschritten werden dürfen, wird unten angegeben:

| *Getreide:* | | *Weine:* | |
|---|---|---|---|
| Weizen | 100 | Picener | 30 |
| Gerste | 100 | Falerner | 30 |
| Roggen | 60 | Landwein | 8 |
| Hafer | 30 | Wermutwein | 20 |
| Linsen | 100 | | |
| Leinsamen | 150 | | |

| *Öle u. a.:* | |
|---|---|
| Olivenöl (1. Abfluß) | 40 |
| Olivenöl (2. Abfluß) | 24 |
| Olivenöl (3. Sorte) | 12 |
| Essig | 6 |
| Honig (1. Qualität) | 40 |
| Honig (2. Qualität) | 20 |

| *Fleisch:* | |
|---|---|
| Schweinefleisch | 12 |
| Rindfleisch | 8 |
| Ziegen- oder Hammelfleisch | 8 |
| Geräucherte Schweinewürste | 16 |
| Geräucherte Rindswürste | 10 |

| *Arbeitslöhne:* | |
|---|---|
| Landarbeiter mit Verpflegung tgl. | 25 |
| Maurer mit Verpflegung tgl. | 50 |
| Anstreicher *(pictor parictarius)* tgl. | 75 |
| Stubenmaler *(pictor imaginarius)* tgl. | 150 |
| Barbier je Person | 2 |
| Schreiber für 100 Zeilen beste Schrift | 25 |
| Schreiber für 100 Zeilen gewöhnl. Schrift | 20 |
| Erzieher je Schüler mtl. | 50 |
| Elementarlehrer je Schüler mtl. | 50 |
| Rechenlehrer *(calculator)* je Schüler mtl. | 75 |
| Sprachlehrer für Griechisch oder Latein *(grammaticus)* u. Geometrielehrer je Schüler mtl. | 200 |
| Rhetoriklehrer *(orator sive sophista)* je Schüler mtl. | 250 |

*Der auf das Jahr 301 n. Chr. datierte Erlaß ist, abgesehen von der Präambel, aus zahlreichen lateinischen und griechischen Inschriftfragmenten rekonstruiert. Es ist unsicher, ob er für das ganze Reich verbindlich war; nach der Abdankung des Diocletianus (305 n. Chr.) wurde er als unwirksam aufgehoben.*

*Das Edikt nennt Preise für etwa 1000 Waren oder Arbeitsleistungen. Die Preise sind angegeben in Denaren, die damals aus Kupfer geprägt waren. Hohlmaß für trockene Waren ist der castrensis modius (17,5 l), für flüssige Waren der italische sextarius (0,547 l).*

*Fleisch ist berechnet nach italischen Pfunden (327 g).*

*Die Preise liegen, wie gleichzeitige ägyptische Papyri zeigen, z. T. erheblich unter dem Marktpreis.*

Quelle: Krieger, Bd. II, a. a. O., S. 391 f.

## M 33 Die Ausbreitung des Christentums

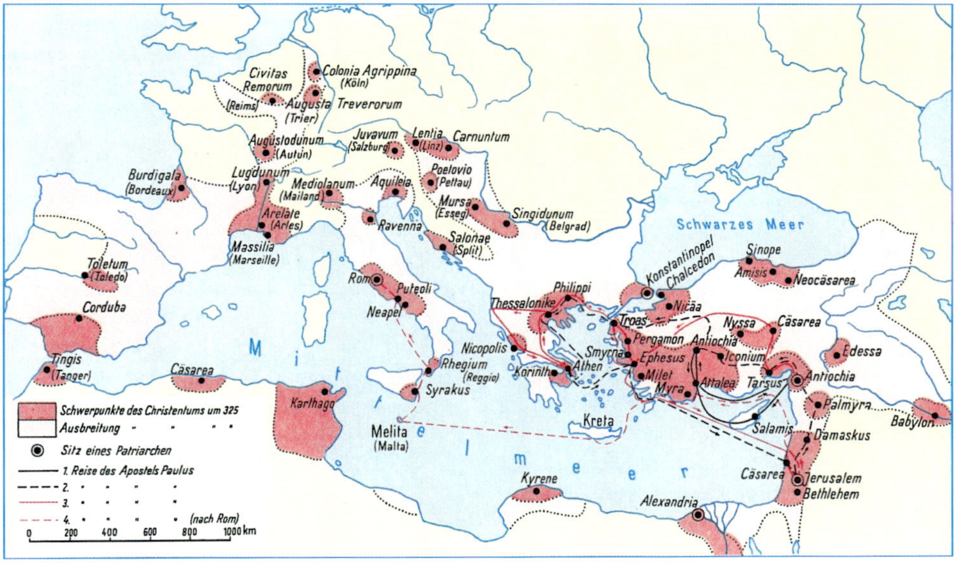


## M 34 Heidnische Verdächtigungen der Christen

*Minucius Felix, „Octavius", 2. oder 3. Jahrhundert. Die vielleicht älteste lat. christliche Schrift verteidigt das Christentum gegen Behauptungen, die zitiert werden:*

Es sind das Leute, welche aus der untersten Hefe des Volkes Unwissende und leichtgläubige Weiber, die ja schon wegen der Schwäche ihres Geschlechts leicht zu gewinnen sind, sammeln und eine ruchlose Verschwörerbande bilden. Sie verbrüdert sich in nächtlichen Zusammenkünften und bei feierlichem Fasten und unmenschlichen Gelagen, nicht etwa durch eine heilige Zeremonie, sondern durch ein unsühnbares Verbrechen, ein duckmäuseriges und lichtscheues Volk, stumm in der Öffentlichkeit, nur in den Winkeln gesprächig. Die Tempel verachten sie als Grabmäler, die Götter verfemen sie, über die Opfer lachen sie. Sie bemitleiden, selbst bemitleidenswert, wenn man so sagen darf, die Priester, verschmähen die Ehrenstellen und Purpur-

*Relief auf einem Sarkophag aus der Domitillakatakombe in Rom (4. Jh. n. Chr.). Die griechischen Buchstaben X (Chi) und P (Rho) sind das Zeichen für Christus.*

kleider, obwohl sie selbst fast nicht fähig sind, ihre Blöße zu bedecken ...

Sie erkennen sich an geheimen Merkmalen und Zeichen und lieben sich gegenseitig fast, bevor sie sich kennen. Allenthalben üben sie auch unter sich sozusagen eine Art von Sinnlichkeitskult; unterschiedslos nennen sie sich Brüder und Schwestern: So wird sogar die gewöhnliche Unzucht durch diesen heiligen Namen zur Blutschande. So prahlt ihr gehalt- und sinnloser Aberglauben noch mit Schandtaten ...

Quelle: Krieger, Bd. II, a. a. O., S. 397

### M 35 Der Altar der Victoria

*Symmachus, 3. Relation. 382 n. Chr. hatte Kaiser Gratianus den Altar der Victoria, der seit Augustus im Sitzungssaale des Senates gestanden hatte, dann von Constantius entfernt, aber von Julianus wieder zurückgeführt war, erneut entfernen lassen. Eine Gesandtschaft der heidnischen Senatspartei, die um Zurückführung des Altars bat, war auf Betreiben des Bischofs Ambrosius von Mailand nicht vorgelassen worden. Nach dem Tode des Gratianus machte der Senat 384 n. Chr. einen neuen Versuch bei Kaiser Valentinianus II. in Mailand; Symmachus, der Stadtpräfekt Roms, war der Verfasser der Bittschrift. Selbst die christlichen Ratgeber des jungen Kaisers schienen der Bitte geneigt, allein der schriftliche Einspruch des Ambrosius veranlaßte den Kaiser, die Bitte abzuschlagen.*

... Wir suchen um den religiösen Zustand nach, der dem Gemeinwesen lange förderlich gewesen ist ... Ein jeder hat seinen eigenen Brauch, seinen eigenen Gottesdienst. Nicht einerlei Götterdienst hat den Städten der göttliche Geist zu Schutz und Schirm zugewiesen. Wie die Seelen bei der Geburt den Menschen, so werden den Völkern schicksalbestimmte Schutzgottheiten zugeteilt. Dazu kommt Nutzen und Frommen; das vor allem beweist dem Menschen die Götter. Denn da alles Erkennen im Dunkel befangen ist: woher besser als aus der Überlieferung und den Denkmalen günstigen Geschicks kommt das Wissen um Götter? Wenn weiter lange Dauer der Religion Autorität gibt, dann muß man diesen vielen Jahrhunderten die Treue halten, und wir müssen unsern Vätern folgen, die zu ihrem Heil den ihrigen gefolgt sind. Wir wollen denken, Roma stehe jetzt bei uns und wende sich mit diesen Worten an Euch: „Ihr auserwählten Kaiser, Väter des Vaterlandes, habt Scheu vor meinen Jahren, in die mich frommer gottesdienstlicher Brauch geführt hat. Ich will die heiligen Begehungen der Vorfahren behalten, denn es braucht mich nicht zu reuen. Ich will nach meinem Brauch leben, denn ich bin frei. Dieser Götterdienst hat den Erdkreis unter meine Gesetze gebracht, diese heiligen Handlungen haben Hannibal von den Mauern, vom Kapitol die Senonen zurückgeworfen. Dazu bin ich also gerettet und erhalten, daß ich mich im hohen Alter zurechtweisen lassen muß? Ich werde sehen, welchen Wert das hat, was man glaubt einführen zu müssen; doch verspätet und demütigend ist die Zurechtweisung des Alters.“ So bitten wir denn um Frieden für die Götter der Vorfahren, für die angestammten Götter. Billigerweise hält man für Eines jenes Unbekannte, das alle verehren. Es sind die gleichen Sterne, zu denen wir aufschauen, gemeinsam ist der Himmel, eine und dieselbe Welt hüllt uns ein; welchen Unterschied macht es, mit welcher Denkart jeder die Wahrheit sucht? Auf einem einzigen Weg kann man nicht zu diesem großen Geheimnis gelangen ... Die geheimnisumwitterte hilfreiche Macht aller Bekenntnisse möge Eurer Gnaden Segen verleihen und besonders die schirmende Hut, die einst Euren Ahnen half! Euch möge sie beschützen, von uns möge sie verehrt werden! ...

*Ambrosius, Brief 17,7; 13 f. Einspruch des Bischofs Ambrosius beim Kaiser:*

In militärischen Dingen muß das Urteil eines schlachterprobten Mannes eingeholt, sein Rat befolgt werden. Geht es aber um die Religion, so gedenke an Gott! Es geschieht niemandem Eintrag, wenn der allmächtige Gott ihm vorgeht ... Wird jedoch anders beschlossen, so können wir Bischöfe das nicht gleichmütig hinnehmen und darüber hinwegsehen; dann magst Du zur Kirche kommen, aber Du wirst dort keinen Priester finden, oder nur einen resistenten. Was willst Du ihm antworten, wenn er Dir sagt: „Deine Gaben will die Kirche nicht, weil Du die Tempel der Heiden mit Geschenken geziert hast? ... “

Quelle: Arend, Geschichte in Quellen 1, S. 759 f.

## M 36 Kaiser und Papst – zwei Gewalten

*Papst Gelasius, Brief 12 an Kaiser Anastasios (494 n. Chr.)*

... Zwei sind es nämlich, erhabener Kaiser, durch die an oberster Stelle diese Welt regiert wird: die geheiligte Autorität der Bischöfe und die kaiserliche Gewalt (potestas). Von diesen beiden ist die Last der Priester um so schwerer, als sie auch selbst für die Könige der Menschen vor Gottes Gericht Rechnung abzulegen haben. Denn Ihr wißt es, allergnädigster Sohn: Wohl überragt Ihr an Würde das ganze Menschengeschlecht; dennoch beugt Ihr fromm den Nacken vor den Amtswaltern der göttlichen Dinge und erwartet von ihnen die Mittel zum Seelenheil. Ebenso erkennt Ihr, daß Ihr beim Empfang der himmlischen Sakramente, wenn sie geziemend ausgespendet werden, nach geheiligter Ordnung eher der demütig Nehmende, nicht aber der Befehlende seid. In diesen Dingen seid Ihr demnach vom Urteil der Priester abhängig und dürft sie nicht Eurem Willen unterjochen wollen. Wenn nämlich im Bereich der staatsrechtlichen Ordnung auch die Vorsteher der Religion willig anerkennen, daß Euch die kaiserliche Herrschaft durch göttliche Anordnung übertragen ist und deshalb auch sie Euren Gesetzen Gehorsam zu leisten haben, um nicht etwa in weltlichen Dingen Eurer einzig maßgeblichen Befehlsgewalt entgegen zu sein, wie freudig, so frage ich Euch, muß man dann denen gehorsam sein, die zur Ausspendung der schauervollen Mysterien gesetzt sind? Darum: gleichwie auf den Bischöfen schwere Verantwortung lastet, wenn sie im Dienste der Gottheit schweigen, wo sie reden sollten, so bedeutet es für die Hörenden schwere Gefahr, wenn sie (was Gott verhüte) hochmütig werden, so sie gehorchen sollten. Und wenn sich schon allen Priestern insgesamt, falls sie der göttlichen Dinge würdig walten, die Herzen der Gläubigen demütig hingeben müssen, um wieviel mehr ist dann dem Bischof jenes Stuhles Beipflichtung zu zollen, welchen die höchste Gottheit erwählte, alle Bischöfe zu überragen, und welchen auch in der Folgezeit die gesamte Kirche immerdar in kindlicher Verehrung gefeiert hat ...

Quelle: Arend, a.a.O., S. 820

# 5 Der Übergang zum Mittelalter

*Der „Sonnenwagen von Trundholm" (Sealand, Dänemark). Der 57 cm lange Bronzewagen aus der Zeit um 1400–1200 v. Chr. diente kultischen Zwecken. Nationalmuseum Kopenhagen.*

## Zeittafel

### Die Germanen

| | |
|---|---|
| **500 v. Chr.** | Eisenverarbeitung, Anfänge von Handwerk und Waffentechnik im germanischen Siedlungsraum |
| **113–101 v. Chr.** | Einfall der Kimbern und Teutonen nach Italien |
| **9 n. Chr.** | Schlacht im „Teutoburger Wald": Der Rhein bleibt Reichsgrenze. |
| **3. Jh.** | Erste Germaneneinfälle im Westen. Aufnahme geschlossener Germanenverbände in die römische Armee |
| 375 | Hunneneinfall: Beginn der germanischen Völkerwanderung |
| 410 | Rom von Westgoten geplündert |
| 476 | Kaiser Romulus („Augustulus") durch den Germanen Odoaker im Auftrag Ostroms gestürzt: Ende des Weströmischen Reichs. Gründung germanischer Nachfolgestaaten |
| 429–534 | Vandalenreich in Afrika |
| 419–711 | Westgotenreiche in Aquitanien (Gallien) und Spanien |
| 443–534 | Burgunderreich |

Die gegenwärtige Umgangssprache benutzt zur Charakterisierung rückständiger oder unhaltbarer Zustände gern das Wort vom „finsteren Mittelalter“. Erscheinungen wie Intoleranz, Unbildung, Aberglaube gelten als typisch für eine Epoche, die immerhin ca. 1000 Jahre dauerte und den geographischen Raum Europas, Teile Asiens und Nordafrikas umfaßte.

Der Begriff „Mittelalter“ hat seinen Ursprung in der Frühen Neuzeit vor 1700, als Gelehrte („Humanisten“) die Zeit zwischen dem Ende der Antike und ihrer Wiederentdeckung abwertend als „mittlere Zeit“ oder „dunkles Zeitalter“ einstuften. Die folgenden Jahrhunderte kamen zu einer differenzierteren Sichtweise des Mittelalters. Das Wort selbst bürgerte sich in Geschichtswissenschaft und allgemeinem Sprachgebrauch ein.

Andere Akzente setzt der Begriff „Feudalismus“: Er geht auf das vorrevolutionäre Frankreich des 18. Jh. zurück, wo er zum Kampfbegriff des aufsteigenden Bürgertums gegen die sozialen und politischen Verhältnisse im Absolutismus wurde. Im Geschichtsbild des Marxismus wurde Feudalismus eine Stufe der aufsteigenden Leiter der Weltgeschichte zum Endziel des Kommunismus. Sein Interesse galt besonders den sozialen und politischen Elementen, die den Ausbruch der bürgerlichen Revolutionen der Neuzeit vorbereiteten. Im strengen Wortsinn bezeichnet Feudalismus das Lehnswesen, d. h. die rechtlichen Beziehungen zwischen Fürsten und Adel (lat. feudum = Lehen). Feudale Strukturen finden sich auch außerhalb Europas im Vorfeld zentralisierter Hochkulturen oder nach deren Zusammenbruch, wenn Dienste von Vasallen mangels Geld durch die Verleihung von „Land und Leuten“ entlohnt wurden.

Der Epochenbegriff des europäischen Mittelalters greift über nationalstaatliche Grenzen hinweg und bezeichnet das Geschehen in einem weitgespannten Kulturraum romanischer, germanischer und slawischer Völker, deren verbindendes Element das Christentum wurde. Als angrenzende Machtzentren wirkten das aus dem römischen Imperium hervorgegangene Byzanz und die arabisch-islamische Welt ins europäische Mittelalter hinein.

Wie keine andere Institution verkörperte die (römische) Kirche diese Epoche. Aus der Antike kommend, wo sie sich seit 391 als Staatsreligion durchgesetzt hatte, prägte sie die germanischen und slawischen Nachfolgestaaten des römischen Imperiums. Sie wirkte als Kultur- und Traditionsvermittler (Klöster), Wirtschaftsfaktor (Grundbesitz) und Herrschaftsträger (Bischöfe, Papsttum). Daß die im Christentum wirkenden Kräfte nicht immer in die gleiche Richtung zielten, zeigen die vielfältigen Ketzerbewegungen, die weltliche Ansprüche der Kirche von innen in Frage stellten. Europas Expansion in Übersee (1492/98) und die Spaltung der europäischen Universalkirche durch die Reformation ab 1517 zeigten auch das Ende des Mittelalters an.

*Eine Seite aus dem „Codex argenteus“ (Silbernes Buch). Die gotische Handschrift aus dem 6. Jh. ist mit goldenen und silbernen Buchstaben auf purpurgefärbtem Pergament geschrieben. Sie enthält Teile der Bibelübersetzung des gotischen Missionsbischofs Wulfila (ca. 311–383)*

Als innere Gliederung und Abgrenzung des Mittelalters von Antike und Neuzeit lassen sich drei Epochen grob unterscheiden:

**Das Frühmittelalter** (ca. 5.–10. Jh.) Das Europa der Völkerwanderung, gemessen an vorausgegangenen Hochkulturen sowie an Indien und China, war noch eine „barbarische" Randerscheinung. Aber im Verlauf eines halben Jahrtausends formierten sich Grundlagen Europas aus antiken und germanischen Elementen.

**Das Hochmittelalter** (ca. 11.–13. Jh.) Das Jahr 1000 kann als Wendemarke des europäischen Mittelalters gelten. Vielfältige Bevölkerungsbewegungen und Invasionen waren abgeklungen, ihre zerstörerischen Auswirkungen überwunden. Die Christianisierung Europas war fast vollendet. Der Fernhandel intensivierte sich, die Stadt und die damit verbundene Geldwirtschaft traten als wirtschaftlicher und politischer Faktor hervor. Leistungssteigerung in der Landwirtschaft, Landesausbau und Stadtentwicklung führten zu Bevölkerungszuwachs.

**Das Spätmittelalter** (ca. 14.–15. Jh.) Parallel zu Rückschlägen (Große Pest 1347–1351) und Verfallserscheinungen (in der Kirche) entwickelten sich in der Kultur der italienischen Renaissance und in wegweisenden Erfindungen (Buchdruck, mechanische Uhr) bereits neuzeitliche Elemente. Diese Phase mündete in die Expansion Europas in Übersee, die die europäische Vorherrschaft ermöglichte und in der Neuzeit zum ersten Male ein umfassendes Weltsystem begründete – 1492 Entdeckung Amerikas, 1498 Seeweg nach Indien.

## 5.1 Wirtschaft und Gesellschaft der Germanen

Die europäischen Völker sind, von wenigen Ausnahmen abgesehen, aus einer gemeinsamen indoeuropäischen Sprachgruppe hervorgegangen. Der Ursprung der Indoeuropäer ist vermutlich zwischen Mitteleuropa und Südrußland zu suchen. Da ein Kerngebiet archäologisch nicht zu umreißen ist, läßt sich von einem einheitlichen indoeuropäischen »Urvolk« kaum sprechen. Die Aufsplitterung der indoeuropäischen Einzelsprachen begann ca. 2000 v. Chr. und brachte in Nordeuropa Völkergruppen wie die Kelten, Germanen und Slawen hervor. Auch innerhalb dieser Gruppen gab es eine Vielfalt, deren Einordnung und Bezeichnung der Wissenschaft bis heute Probleme bereitet. Mit Blick auf „die" Germanen schreibt H. Döbler:

„So decken die vielfältigen Namen keine Völker, die Jahrhunderte lang unverrückbar auf eigener Scholle gesessen hätten, bis sie nach Westen und Süden aufbrachen, sondern lose Verbände von Kultgemeinschaften, die sich in den ersten Jahrhunderten unserer Zeitrechnung zu ‚Germanen' profilieren, ehe sie im römischen Imperium ihre Reiche gründen und zu Völkern des Abendlandes werden." (Die Germanen, 1975)

Die ältesten Berichte über die Germanen stammen von Pytheas von Massilia, der um 340 v. Chr. bis in den Norden Europas vorgedrungen war, als die Herausbildung einer von anderen Völkern abgrenzbaren Sprache bereits fortgeschritten war. Es dauerte jedoch noch ca. zwei Jahrhunderte, bis germanische Stämme in den Horizont der Antike traten und sich im ersten vorchristlichen Jahrhundert von den Kelten (Gallier) im Nordwesten zu unterscheiden begannen.

Die Folgen des Zusammentreffens waren überwiegend negativ: Die Völker aus dem Norden wurden seit den Einfällen der Kimbern und Teutonen nach Italien (113–101 v. Chr.) zu den Angstgegnern der Römer, die dem Druck der „Barbaren" auf ihre Grenzen in der Folgezeit standhalten mußten. Das Kulturgefälle zwischen dem Römischen Reich und „Germanien" spiegelt sich in der Quellenlage wider.

*Römische Soldaten überfallen ein germanisches Dorf. Relief auf der Marc-Aurel-Säule.*

Sichtweisen, Begriffe und Absichten römischer Autoren (Caesar, Tacitus) prägten lange das Bild von den Lebensverhältnissen der germanischen Stämme. Der germanische Kulturkreis hatte dem zunächst nichts entgegenzusetzen. Die Schrift beschränkte sich vor der Völkerwanderungszeit auf Runeninschriften meist magischen Inhalts, die ersten historischen Schriften stammen aus dem 6. nachchristlichen Jahrhundert. Die heutigen Kenntnisse über die Germanen resultieren aus der Interpretation antiker Quellen sowie aus archäologischen und sprachwissenschaftlichen Forschungen. Insgesamt repräsentierten die alten Germanen nur eine spezifische Variante gesellschaftlich-politischer Organisation, deren Grundstruktur sich auch sonst bei allen Völkern auf der Stufe extensiver Landwirtschaft wiederfindet.

Wirtschaft und Gesellschaft der Germanen waren fast ausschließlich agrarisch geprägt. Das wichtigste Ackergerät, der aus dem Mittelmeerraum stammende Hakenpflug, war für schwere Böden und feuchtes Klima wenig geeignet, so daß der Ackerbau hinter der Viehhaltung an Bedeutung zurücktrat. Vieh repräsentierte den Reichtum seines Besitzers und galt als Vergleichsmaßstab im Tauschhandel. Die Verwendung des Pferdes als leistungsfähiges Zugtier kam erst nach der Erfindung des Kummets (Zuggeschirr) und des Hufeisens im Übergang zum Hochmittelalter in Gebrauch. Menschen oder Rinder zogen den germanischen Pflug, der die quadratisch angelegten Felder kreuzweise aufritzte.

Der germanische Bauer nutzte seinen Boden mit geringem Aufwand (extensiv), dies führte zu rascher Erschöpfung der Bodenqualität, so daß von Zeit zu Zeit neue Gebiete durch (Brand-)Rodung erschlossen werden mußten. Der Zwang zur Mobilität ließ eine über viele Generationen gehende Bewirtschaftung von festen Höfen nicht zu. Die geringe Siedlungsdichte von 2–3 Menschen pro $km^2$, verteilt auf „Siedlungsinseln" inmitten weiträumiger Waldgebiete, begünstigte diese Bewegung: sie erschloß das Land.

Arbeitsteilung und Spezialisierung befanden sich auf einem niedrigen Niveau. Das Handwerk war zum größten Teil noch in die für den Eigenbedarf produzierende Hauswirtschaft eingebunden. Auf einer höheren Produktionsstufe arbeiteten Fein- und Grobschmiede, deren Arbeit und Werkzeug mit magischen Vorstellungen verbunden waren. Vermutlich arbeiteten manche Schmiede als wandernde Handwerker ohne ortsfeste Werkstatt. Überreste des Abbaus und der Verhüttung von Eisenerzen zeigen, daß der Rohstoff Eisen im Land selbst gewonnen werden konnte. Die technischen Kenntnisse der Eisenverarbeitung gründeten auf engen Kontakten zu den Kelten im Süden und Westen.

Der Fernhandel entwickelte sich auf einer ins erste vorchristliche Jahrtausend zurückgehenden Grundlage, als Bernstein in einem solchen Umfang von Nord nach Süd exportiert wurde, daß man heute von „Bernsteinstraßen" sprechen kann. Im Handel mit Kelten und Römern boten Germanen Bernstein, Pelze, Wachs, Honig, Federn u. a. Rohstoffe. Sie erhielten dafür Gebrauchsgegenstände, Luxusgüter und Schmuck, die in die Hände der germanischen Oberschicht gelangten und dort – besonders im Grenzgebiet – eine Orientierung am provinzial-römischen Lebensstil bewirkten. Besonders die römischen Rheinlande sowie das „Zehntland" (lat. agri decumates), der Landzwickel zwischen Rhein und oberer Donau, öffneten sich im Schutz des Limes der römischen Zivilisation. Die hier stationierte Armee lebte fast 200 Jahre in Koexistenz mit angrenzenden germanischen Stämmen. Infrastruktur, Handel, Gewerbe und Kultur konnten sich ungestört entwickeln, bis der „Alamannensturm" (213–260) auf die Grenze dieser Phase des Kulturaustausches ein abruptes Ende setzte.

Archäologische Untersuchungen weisen die Existenz eines germanischen Adels nach, dessen mächtigste Vertreter, die politischen Führer der Stämme, in der Völkerwanderungszeit noch an Macht gewannen. Insgesamt war der Adel noch kein stabiler und exklusiver Geburtsstand, sondern personell den wechselnden Machtverhältnissen einer Zeit kriegerischer Eroberungen und Reichsgründungen unterworfen.

Die Herrschaft des Adels beruhte auf der Verfügung über Land und Menschen, die als minderfreie oder unfreie Bauern zu Arbeit und Abgaben verpflichtet waren. Auch gab es Sklaven, Freigelassene und Menschen, die aus einer Notlage heraus zum Mittel der Selbstverknechtung gegriffen hatten. Die freien Bauern bildeten die Mehrheit der Bevölkerung; als Waffentragende nahmen sie an der Ratsversammlung, dem Thing, teil.

Insgesamt waren die germanischen Stämme, wie die meisten Völker, aristokratisch geprägt. Der Adel lenkte die Geschicke des Stammes. Diese Dominanz wird nicht nur auf materieller Stärke beruht haben, sondern auch auf sakralen Vorstellungen: Die angebliche Abstammung von Göttern verband sich mit der Annahme besonderer Seelenkraft, die im „Heil" (Charisma) eines Adelsgeschlechts oder eines Königs (bei den Ostgermanen) zum Ausdruck kam.

In einer Gesellschaft ohne staatliche Institutionen konnte der einzelne Frieden und Rechtsschutz nur durch Zugehörigkeit zu einem Personenverband gewinnen. Die Blutsverwandten bildeten die „Sippe", die Friede nach innen und außen gewähren sollte. Die Zugehörigkeit zum Haus eines „Herrn" bedeutete für die Frau, die Kinder und das Gesinde, Schutz zu genießen, aber gleichzeitig auch der Verfügungsgewalt („munt") des Hausherrn zu unterliegen.

Die Gefolgschaft, ein kriegerischer Bund waffenfähiger Männer, basierte auf einem Treueverhältnis zwischen Herrn und freiem Mann; im Treueeid gelobte der Mann Rat und Hilfe, der Herr Schutz und Unterhalt zu leisten. Anders als die Gemeinschaftsbindungen in Sippe und Haus beinhaltete das Gefolgschaftswesen aktive Elemente von Kampf und Unruhe.

Übergeordnete politische Handlungseinheiten waren die Stämme. Ursprünglich Abstammungsgemeinschaften, die in geographisch isolierten Gebieten („Siedlungskammern") lebten, kannten sie, besonders in Zeiten der Wanderung, innere Veränderungen – Abspaltungen, Zuwanderungen oder auch Auflösungen.

Die Nachbarn der Germanen im Süden und Westen waren die Kelten (lat. Galli). Der Herrschaftsbereich dieses ebenfalls in Stämmen lebenden Volkes erstreckte sich über die Britischen Inseln, Gallien, Spanien, Oberitalien und Mitteleuropa bis nach Kleinasien. Aller, Elbe, Isar, Main, Neckar, Rhein und Weser sind Flußnamen keltischen Ursprungs. In den Jahren zwischen 58 und 51 v. Chr. eroberte Caesar Gallien und vereinnahmte die Gebiete westlich des Rheins für das römische Imperium. Caesars Bericht über die Gallier teilt das Sozialgefüge dieses Volkes in drei Klassen: die Druiden (Priester), Ritter (grundbesitzender Adel) und das Volk (Ackerbauern, Handwerker).

Anders als die Germanen verfügten die Kelten über Kultur- und Handelszentren mit traditionellen Beziehungen zum Mittelmeerraum. Die von einem Wall umgebenen keltischen Stadtanlagen, auf günstigen Berghöhen gelegen, bezeichneten die Römer als „oppida". Hier, aber mehr noch in neugegründeten Städten mit römischer Infrastruktur und Verwaltung, vollzog sich nach der Unterwerfung der Wandel zu einer römisch-keltischen Kultur, die über die nordöstliche Reichsgrenze, den befestigten Limes, ins freie germanische Gebiet ausstrahlte. In der Völkerwanderung wurden die romanisierten Kelten (Romanen) von den Franken unterworfen (um 500) und als zivilisatorisches Fundament dem aufsteigenden Frankenreich einverleibt.

## 5.2 Völkerwanderung

Während sich im deutschen Sprachgebrauch der eher verharmlosende Begriff „Völkerwanderung" für die dramatische Zeit des Umbruchs zwischen Antike und Mittelalter eingebürgert hat, sprechen Franzosen und Engländer aus der Sicht des bedrängten Imperiums von „Invasion des barbares", bzw. „Invasion of the barbarians". Tatsächlich war ganz Europa von Griechenland bis an die Küsten des Atlantiks zum Feld kriegerischer Auseinandersetzungen und Eroberungen von „Barbaren" geworden.

Die Völkerwanderung stellt keinen Einzelfall in der menschlichen Geschichte dar. Seit der Seßhaftwerdung hatte es immer wieder Wanderbewegungen ganzer Völker gegeben, z. B. den „Seevölkersturm" um 1200 v. Chr. (vgl. S. 19); China hatte die Große Mauer, das längste Bauwerk der Menschheit erbaut, um das Land gegen die Hsing-nu, Vorfahren der Hunnen, zu schützen. Die Ursachen der vielfältigen Wanderbewegungen lagen zunächst in der unterschiedlichen Lebensweise von nomadisierenden Hirtenvölkern und seßhaften Ackerbaukulturen. Land- und Existenznot, Klimaschwankungen, die expansive Politik kriegerischer Nachbarn sowie Nachrichten über den inneren Zustand der Hochkulturen gaben im Einzelfall den Anlaß für den Aufbruch ganzer Völker.

In Europa waren seit der Mitte des 3. Jh. bereits Vorboten der Katastrophe sichtbar gewesen. 256–270 n. Chr. hatte eine erste Welle germanischer Stammeswanderungen die Aufgabe der Limesgrenze bewirkt, die Alamannen besiedelten das Dekumatland und erhielten politisches Gewicht im innerrömischen Kräftespiel.

Mit dem Einfall der aus Innerasien abgedrängten (West-)Hunnen begann 375 n. Chr. die große germanische Völkerwanderung, die sich im 6. Jh. in eine südslawische fortsetzte. Die Eroberungsbewegung des asiatischen Reitervolkes unterwarf die Ostgoten und drängte die Westgoten ins Römische Reich. Der Abzug der römischen Truppen vom Rhein (405) und aus Britannien (407) begünstigte den endgültigen Einbruch der Germanen in Gallien (406). Spektakulärer Höhepunkt der sich überstürzenden Ereignisse wurde die Plünderung Roms durch die Westgoten (410). Die Etablierung eines Großreiches

*Die Völkerwanderung*

der Hunnen vom Kaukasus bis zum Rhein mündete in den großen Hunnenzug unter Attila nach Gallien und Italien (451/452). Weitere germanische Völker zogen nach Westen (Wandalen, Burgunder, Sueben) und gründeten eigene Herrschaftsbereiche, meist unter formaler Anerkennung römischer Oberhoheit. Der Zusammenbruch des Hunnenreiches (453) bedeutete keine Rettung für Westrom. 455 erfolgte eine weitere Plünderung der Stadt Rom durch die Wandalen, 476 setzte Odoaker, ein germanischer Offizier, den letzten weströmischen Kaiser Romulus ab.

*Bischof Orientius von Auch in Aquitanien (Frankreich) gab ca. 430 ein Bild der Stimmungslage im untergehenden Reich:*

„Müde erwartet alles das greisenhafte Ende der Welt, und schon läuft ab die Zeit am letzten Tage. Siehe, wie rasch der Tod die ganze Welt bezwungen und welch starke Völker die Wucht des Krieges zu Boden geworfen hat!... Nicht dichter Wald, nicht die Unwirtlichkeit eines hohen Gebirges, nicht die reißenden Strudel mächtiger Flüsse, nicht feste Burgen, nicht Städte im Schutze ihrer Mauern, nicht das weglose Meer, nicht die Öde der Wildnis... waren imstande, die barbarischen Horden zu hintergehen... Ganz Gallien rauchte als einziger Scheiterhaufen..." (Aus: J. Fischer, Die Völkerwanderung im Urteil der zeitgen. kirchl. Schriftsteller Galliens unter Einbeziehung des hl. Augustinus, Heidelberg 1948).

Die militärische und politische Verfassung Westroms hatte diesen Verfall begünstigt. Die ursprüngliche Strategie der Grenzsicherung war gewesen, fremde, unruhige Völker dem Reich durch einen Vertrag anzugliedern. Die föderierten Völker (lat. foedus = Bündnis) sollten das Reich als Sicherheitsvorfeld umsäumen. Im 4. Jh. waren diese fremden, meist germanischen Grenztruppen jedoch zum Hauptkontingent des römischen Heeres geworden. Obendrein wurde die militärische Gewalt nicht mehr vom Kaiser selbst ausgeübt, sondern von germanischen „Heermeistern" (= Generälen) und Offizieren; deren Loyalität zum Reich konnte das politische Unvermögen der Kaiser freilich nicht ausgleichen.

*Germanische Nachfolgereiche zur Zeit Theoderichs (ca. 456–526)*

Es erleichterte die Lage Roms kaum, daß die Handlungen der Invasoren weder von gesamtgermanischen Zielen noch von antirömischen Gefühlen bestimmt waren. Ihr Interesse richtete sich nicht auf die Zerschlagung des Römischen Reiches, sondern darauf, sich einen materiell gesicherten Platz im Reich zu erkämpfen. Mit dieser Erwartung durchzogen germanische Stämme das Reichsgebiet und erzwangen ihre Niederlassung als Foederaten, d.h. juristisch als kaiserliche Soldaten, deren Versorgung durch Überlassung von Land und Leuten gesichert werden sollte. Dieses Prinzip der „Hospitalität" (lat. hospes = Gast) führte angesichts von Schwächung und Auflösung der Zentralgewalt zur Herausbildung germanischer Teil- und Nachfolgereiche innerhalb des Imperiums.

Angesichts der kulturellen und zahlenmäßigen Unterlegenheit widersetzten sich die germanischen Stämme einer Assimilation (Angleichung). Ihrem Abgrenzungsstreben kam entgegen, daß sie im Gegensatz zur römisch-katholischen Bevölkerung ihrer Herrschaftsgebiete arianische Christen waren. Das Festhalten an dieser Glaubensrichtung brachte sie in eine doppelte Frontstellung – gegen die unterworfene katholische Bevölkerung wie gegen den expandierenden Ostteil des Reiches (Byzanz), das sich als Vertreter des rechten Glaubens und Träger einer neuen Reichseinheit

*Westgotische Vogelfibel (5. Jh.) aus Bronze mit Glas- und Steineinlagen*

sah. Gewinner des ständig wechselnden Kräftespiels in Westeuropa wurden die Franken. Sie nahmen 486 den rest-römischen Bereich Galliens in Besitz, wechselten 499 zum katholischen Christentum über und traten nach der Niederwerfung der Langobarden (774) die Nachfolge des weströmischen Kaiserreiches an (800 Kaiserkrönung Karls).

**Germanische Völkerwanderung und Nachfolgestaaten auf dem Boden des Weströmischen Reiches**

| Volk/Herkunft | Wohngebiete bis 375/ Religion | Wanderungen/ Zwischenaufenthalte, nach 375 | Staatsgründung: Nachfolgestaat/ Hauptstadt | Übertritt zum Katholizismus | Ende/Folgen/ Nachwirkungen |
|---|---|---|---|---|---|
| **Ostgoten** Skandinavien (Südschweden) («Gotland») | Weichselmündung ca. 50 v. Chr.; Südrußland (nach 150 n. Chr.). Trennung Ost-/ Westgoten (269): Arianisch | Vasallen der Hunnen (375–454); in Pannonien angesiedelt (457); Abzug zum Balkan (469) Sturz Odoakers (490/93) | Ostgotenreich in Italien und Nebenländern/Ravenna (493–540), zunächst unter Theoderich dem Großen (493–526) | Blieben bis zuletzt arianisch: keine Assimilierung | Von Ostrom unterworfen. Gotenkriege (536–53): Untergang in Italien (553); Reste (von vor 375) auf der Krim (bis 16. Jh.) |
| **Westgoten** Skandinavien (wie Ostgoten) | Wie Ostgoten: Trennung (269): nördl. und südl. der unteren Donau (332/48): Arianisch. | Flucht vor Hunnen ins Römische Reich (376): Foederati in Thrakien/ Moesien (382), zweite Flucht vor Mennen: In Griechenland (396) und vor Konstantinopel: Teilweise von Oströmern massakriert (400): Überlebende nach Westrom abgelenkt: In Italien (401): Rückzug Roms vom Rhein (405) und aus Britannien (407), Rom geplündert (410); in Südgallien (412), Spanien (416); um für Westrom Wandalen zu vertreiben | 1. Westgotenreich/ Toulouse in Südwestgallien (418–507): Niederlagen gegen Franken (507, 534): 2. Westgotenreich in Spanien/Toledo (554–711); Suebenreich erobert (585) | 589: 1. Phase der Assimilierung, Romanisierung (Spanisch) | Bürgerkrieg (709): Invasion der Araber (711): Zusammenbruch des Westgotenreiches (711/12) |
| **Wandalen** (Vermutlich) Skandinavien (Südschweden) | Schlesien (1. Jh. n. Chr.); an Theis (ca. 270); unter Druck der Westgoten nach Pannonien – im Römischen Reich (334) | Abzug nach Westen (ca. 400), verstärkt durch Alanen: Überschritten Rhein bei Mainz (406/7): Durch Gallien nach Spanien (409): Arianisch. Von Westgoten vertrieben (429) | Wandalenreich um Karthago (429–534), unter Geiserich: Rom geplündert (455): („Wandalismus“) | Blieben arianisch: keine Assimilierung | Von Ostrom durch Belisar erobert (534); nach Aufständen (550) Überlebende deportiert |
| **Franken** Westliches freies Germanien | Rechts und links des Mittel- und Niederrheins, teilweise als Foederati in römischen Grenzgebieten (291 ff.); Germanische Stammesreligion | Zunächst nur zögernde Expansion; Eroberung Galliens (481 ff.) | Frankenreich unter Chlodwig (481–511): Merowinger (bis 751); mehrere, wechselnde Hauptstädte, u. a. früh schon Paris: Weitere Expansion, u. a. gegen andere Nachfolgestaaten – 1. Westgotenreich (507, 534), 2. Burgunderreich (534) | 499: Assimilierung, Romanisierung (Französisch), östl. der Sprachengrenze: Deutsch | Frankreich, fortgesetzt von Karolingern: Karolingerreich (751–888): Kaiserkrönung Karls (800): Renovatio imperii |
| **Langobarden** (nach eigener Überlieferung) aus Südschweden | Auswanderung (ca. 100 v. Chr.). an Elbmündung (um Chr. Geb.); Abzug nach Süden (vor 166); Germanische Stammesreligion | Expansion nach Südosten (ca. 400); nördl. von Noricum (ca. 490); arianisch (500); zerschlugen mit Awaren Gepidenreich (567): Von Awaren aus Pannonien abgedrängt | Einfall nach Italien (568): Langobardenreich/Pavia (568), aber nur in Teilen Italiens: In 35 Herzogtümer zerfallen (574) | 590–680: Assimilierung, Romanisierung (Italienisch), aber politische Konflikte zum Papst in Rom blieben | Von Franken unterworfen (754, 774): Im Frankenreich (bis 888); lombardischer Nachfolgestaat: Lombardei, Lombarden |

aus: I. Geiss: Geschichte im Überblick. Reinbek 1986, S. 492 f.

## 5.3 Byzanz

*Die Hagia Sophia in Konstantinopel war lange Zeit das prächtigste christliche Gotteshaus. Die Türken machten daraus nach Einnahme der Stadt eine Moschee und errichteten Minarette.*

## Zeittafel

### Byzanz

| | |
|---|---|
| 330 | Konstantinopel: Hauptstadt des Römischen Reiches |
| 395 | Teilung des Römischen Reiches |
| 527–565 | Kaiser Justinian I.: Versuch der Restauration des Reiches |
| 730–843 | Innere Unruhen: „Bilderstreit" zwischen Ikonoklasmus und Bilderverehrung |
| 1054 | Schisma zwischen römischer und orthodoxer Kirche |
| 1071 | Vernichtende Niederlage bei Mantzikert gegen die seldschukischen Türken: Niedergang des Byzantinischen Reiches (bis 1453) |
| 1095–1291 | Kreuzzüge und Kreuzfahrersstaaten im Heiligen Land |
| 1204 | 4. Kreuzzug: Konstantinopel von Kreuzfahrerheer erobert |
| 1372 | Byzanz ist erstmals den Osmanen tributpflichtig |
| 1453 | Einnahme Konstantinopels durch die Osmanen: Ende von Byzanz |

## Konstantinopel: Kaiserpalast und Stadtplan

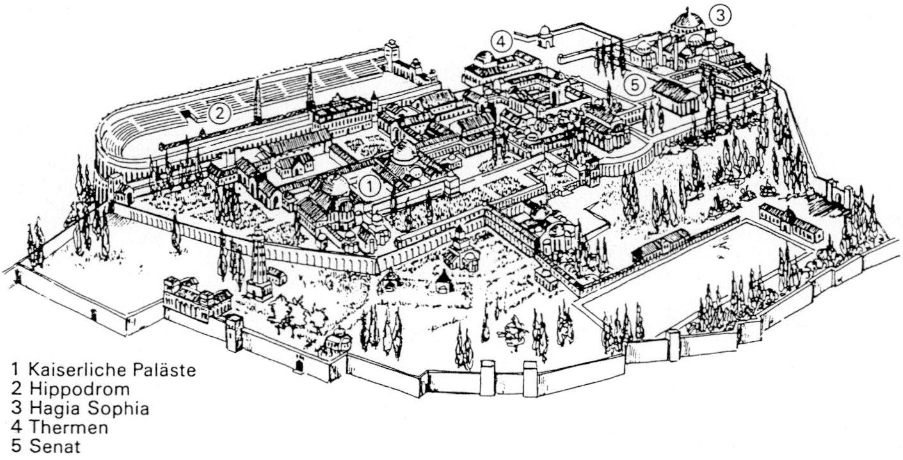


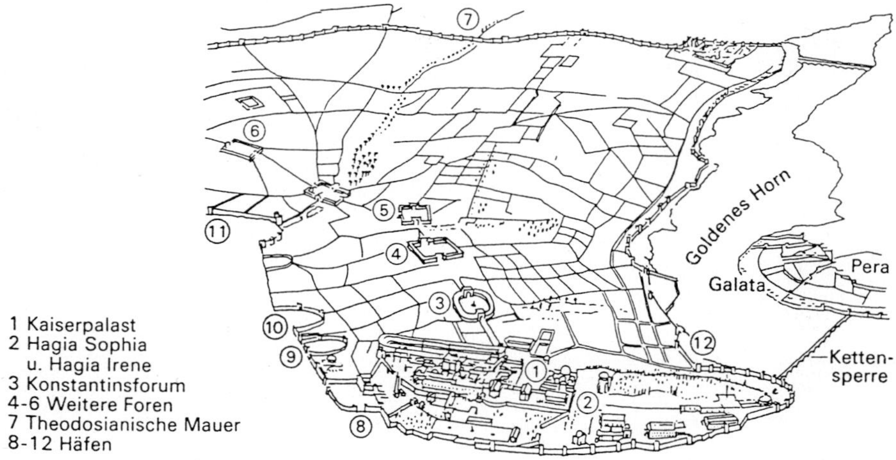


*Konstantinopel war lange die bedeutendste Metropole des Mittelalters. Die Stadt diente als Warenumschlagplatz im Fernhandel und war Residenz der byzantinischen Kaiser. Im Hippodrom entluden sich die politischen und sozialen Konflikte der „Parteien“. Die „Kirche der Heiligen Weisheit“ (Hagia Sophia) beeinflußte mit ihrem Kuppelbau die Architektur der Moscheen.*

Seit dem Ende des Weströmischen Reiches (476) betrachtete sich Ostrom mit der Hauptstadt Konstantinopel (griech. Byzanz) als einzige Fortsetzung des Imperiums. An der Schnittstelle zwischen Europa und Asien konzentrierte es sich anfangs auf die Wiederherstellung der Reichseinheit und endete nach 1000 Jahren äußerer und innerer Konflikte als Stadtstaat im Belagerungskampf gegen die Türken (1453).

Der Versuch, das alte Reich in seinem ursprünglichen Ausmaß zu restaurieren, gelang Kaiser Justinian (527–565) nur teilweise: Teile Spaniens und ganz Gallien blieben in westgotischem bzw fränkischem Besitz. Die mit der Expansion verbundene große wirtschaftliche Kraftanstrengung sowie die Bedrohung durch Slawen, Awaren und Perser machten den Erfolg jedoch zunichte. Von dauerhafter Wirkung war die 529 veröffentlichte, 554 auch im Westen eingeführte Sammlung römischer Kaisergesetze (Codex Justinianus), die als Römisches Recht bis in die Neuzeit das europäische Rechtswesen prägten.

Byzanz hielt am spätantiken Kaisertum fest. Sein besonderes Kennzeichen war die weitgehende Identität von Staat und Kirche. Im weltlichen Bereich galt der Kaiser als „Autokrat" (Alleinherrscher), war jedoch bis zur Jahrtausendwende in ein kompliziertes Kräftespiel zwischen Senat, Heer und Volk eingebunden. Das Volk artikulierte sich in „Zirkusparteien" im Hippodrom (Rennbahn), wo der Herrscher den schwankenden Stimmungen und Rivalitäten der hauptstädtischen Massen ausgesetzt war.

Nach dem Einbruch des Islam ab 635 konsolidierte Kaiser Herakleios I. (610–641) Byzanz auf der Taurus-Linie im Osten durch eine Reform, die aus Provinzen militärische Gestellungsbezirke (Themen) schuf: Im Frieden diente das Land den dort ansässigen Bauern-Soldaten (Stratioten) als Lebensgrundlage, im Kriegsfall standen sie dem Herrscher als geschlossener Truppenteil zur Verfügung. Dieses System der Wehrbauern begründete den Wiederaufstieg von Byzanz um 1000.

*Das Byzantinische Reich vom 10. bis 12. Jahrhundert*

Das 8. und 9. Jh. war von einem Konflikt religionspolitischer Art gekennzeichnet: Leon III. (717–741) verbot die Anbetung und Verehrung religiöser Bilder und beschwor damit eine schwere innere Krise herauf. Er reagierte auf den Bilderkult des volkstümlichen Christentums, der sich in abgöttischer Verehrung und Wunderglauben äußerte. Die Vernichtung von Heiligenbildern, der Ikonoklasmus (griech. eikon = Bild, klasmos = Zerstörung), traf auf erbitterten Widerstand im Volk und im einflußreichen Mönchtum, das auch wirtschaftlich als Hersteller der Bilder betroffen war. Die Gründe, gegen die Bilder vorzugehen, mögen religiöser, aber auch außenpolitischer Art gewesen sein; Leon III. versprach sich verbesserte Beziehungen zum arabisch-islamischen Nachbarreich, in dem jeder Bilderkult verpönt war. Der Konflikt endete 843 mit dem Sieg der Bilderverehrer. Um 1000 war Byzanz eine etablierte Großmacht mit Missionserfolgen bei den Serben, Bulgaren und Russen.

Den Niedergang eröffnete der Verfall der einst erfolgreichen „Themenordnung“: Großgrundbesitzer erhielten Staatsland, um dem Herrscher von dorther im Bedarfsfall Soldaten zur Verfügung zu stellen. Eine Feudalisierung begann, bei der sich der Adel zwischen Staatsspitze und Soldaten schob, der Weg zum Söldnerheer war vorgezeichnet. Das Ergebnis war die militärische Katastrophe im Kampf gegen die türkischen Seldschuken bei Mantzikert (1071), als sich die hochbezahlte Warägergarde (Waräger=Wikinger aus Schweden) weigerte, in kritischer Situation zu kämpfen. Der Hilferuf des byzantinischen Kaisers an den Westen (1085) und die Kreuzzüge waren die Folge (1095–1291).

Ab 1204 beherrschten Kreuzfahrer Konstantinopel und sein Umland („Lateinisches Kaiserreich“). Seine Wiederstellung (1261) gelang nur als Kleinstaat, der den Türken tributpflichtig wurde (1372) und als isolierter Stadtstaat der osmanischen Artillerie schließlich erlag (1453).

Das byzantinische Reich hatte in vieler Hinsicht eine folgenreiche Wirkung: Die Hauptstadt Konstantinopel war die größte Metropole des Mittelalters, die Währung, der Goldsolidus, war von 324 bis ca. 1080 die stabilste des europäischen und asiatischen Raumes. Die christliche Religion wirkte auf dem Balkan und nach Rußland, wo ab 1453 der Großfürst von Moskau („Drittes Rom“) die Nachfolge des byzantinischen Staates beanspruchte. Der Zusammenbruch von Byzanz begünstigte den türkischen Vormarsch nach Mitteleuropa (1529 und 1683 Türken vor Wien) und forcierte in Westeuropa die Suche neuer Handelswege nach Indien.

**Aus der Sammlung römischer Kaisergesetze (Codex Justinianus)**

– In den Fällen, wo wir kein geschriebenes Recht besitzen, muß man beachten, was durch Sitte und lange Gewohnheit eingeführt ist.

– Alle Völker, die nach Gesetzen und nach Gewohnheitsrecht geleitet werden, leben teilweise nach ihrem eigenen nationalen Recht, teils nach Rechtsvorschriften, die allen Menschen gemeinsam sind. Denn das Recht, das sich jedes Volk selbst bestimmt hat, ist sein eigenes nationales Recht und als *ius civile* zu bezeichnen, gewissermaßen das eigene Recht eben dieses Staates. Was aber die natürliche Vernunft unter allen Menschen als Recht bestimmt hat, das wird bei allen in gleicher Weise beachtet, und man nennt dies das Allnationenrecht *(ius gentium)*, weil von diesem Recht gewissermaßen alle Völker Gebrauch machen.

– Bei Kauf und Verkauf ist offensichtlich, daß Willenseinigung vorliegen muß: sonst ist der Kauf nicht abgeschlossen, wenn die Beteiligten beim Kauf selbst im Willen nicht übereinstimmen, oder im Preis oder in irgendeinem anderen Punkt.

– Ein Verbrechen wird begangen mit Absicht, im Affekt oder fahrlässig.

– Eine Strafe wird nicht verhängt, außer wenn sie im Gesetz oder in irgendeiner Rechtsvorschrift für diese Straftat besonders angedroht ist.

– Wegen bloßer Gedanken wird niemand bestraft.

– Selbst wenn jemand vorbringt, er habe von dem Bestehen der Zollvorschriften nichts gewußt, so ist er doch in die Zollstrafe zu nehmen, wie der göttliche Hadrianus bestimmt hat.

– Auf bloße Verdachtsmomente hin jemanden zu verurteilen, geht nicht an, wie der gottgewordene Traianus... anwies: es sei besser, wenn einmal die Tat eines Schuldigen ungesühnt bleibt, als wenn man einen Unschuldigen verurteilt.

– Jemanden zu verurteilen, ohne ihn gehört zu haben, verbietet die Rücksicht auf die Billigkeit.

– Die Strafe wird verhängt zwecks Besserung der Menschen.

– Zu ermäßigen ist die Strafe dessen, der in einem Streit mehr aus Fahrlässigkeit als in böser Absicht einen anderen getötet hat.

– Der Geisteskranke, der einen Verwandten aufsteigender Linie getötet hat, bleibt ohne Strafe... Seine Geisteskrankheit ist für ihn Strafe genug. Doch ist er besonders sorgfältig zu bewachen oder auch in Fesseln zu legen.

– Das ergangene Urteil muß als Wahrheit angenommen werden.

– Nicht alles, was das Recht erlaubt, ist auch moralisch einwandfrei.

# 6 Das Frühmittelalter und die Grundlinien der Geschichte des europäischen Mittelalters

*Belagerung einer befestigten Stadt durch fränkische Truppen. Karolingische Buchmalerei aus dem „Goldenen Psalter". Die Miniatur stellt vermutlich eine Belagerung Jerusalems dar, vermittelt aber zugleich eine gute Vorstellung von der abendländischen Kriegführung im 9. Jahrhundert.*

## 6.1 Die Anfänge des Mittelalters

### Zeittafel

| | |
|---|---|
| 2. Jh. n. Chr. | Höhepunkt römischer Zivilisation |
| 375–476 | Untergang des Weströmischen Reiches in der germanischen Völkerwanderung |
| 395 | Teilung des Römischen Reiches; Ostrom (Byzanz) bleibt bis ca. 1071 (Niederlage gegen Seldschuken) zivilisatorisch führend in Europa |
| ab 411 | Germanische Nachfolgereiche auf dem Boden des Imperium Romanum; kultureller Niedergang |
| 476 | Ende Westroms |

| | |
|---|---|
| **ab 486** | Aufstieg des Frankenreiches |
| **seit 622** | Islam und arabische Expansion |
| **732** | Abwehr der Araber zwischen Tours und Poitiers durch die Franken |
| **ab 787** | Wikingerzüge; Verheerung Nordwesteuropas |
| **896–900** | Landnahme der Ungarn – Einfälle bis Spanien |
| **um 1000** | Größere Königreiche in Skandinavien und Osteuropa |
| **1054** | Großes Schisma (Kirchenspaltung) zwischen Rom und Byzanz |

Nach dem Zusammenbruch des Weströmischen Reiches in den Stürmen der germanischen Völkerwanderung versank das früher römische Gebiet in Jahrhunderte des Chaos und der Dezentralisierung: In den von Rom neuzivilisierten Gebieten, aber auch in Italien, standen die Zersplitterung der Macht und ein langfristiger Bevölkerungsrückgang in krassem Gegensatz zum Höhepunkt der antiken Zivilisation des 2. Jh. n. Chr. Der Kollaps der römischen Reichsstrukturen endete in der Auflösung einer geordneten Verwaltung, im fast totalen Verlust der Schriftlichkeit, im Absturz auf ein halbbarbarisches Kulturniveau und im Zerfall der Städte und Straßen. Europa fiel zurück auf eine rein agrarisch bestimmte Zivilisationsstufe. Außerhalb des lateinischen Westens blieb allerdings der große Zivilisationsschwerpunkt Ostrom bzw. Byzanz im Südosten erhalten. Byzanz behauptete noch 600 Jahre lang seine zivilisatorische Ausstrahlung, erlosch aber allmählich nach der Niederlage im Jahre 1071 gegen die seldschukischen Türken. Von da an trat der lateinische Westen aus dem Schatten von Byzanz und bereitete seinen eigenen Aufstieg zum späteren weltbeherrschenden Macht- und Zivilisationszentrum der Neuzeit vor.

Die Trümmer des früheren Weströmischen Reiches bildeten durch Zersplitterung ein Machtvakuum, das, wie häufig in der Geschichte, Invasionen von außen anzog: Araber fielen aus dem Mittelmeerraum und von Spanien bis ins Zentrum des heutigen Frankreichs ein, wo sie Karl Martell erstmals 732 in der Schlacht zwischen Tours und Poitiers schlug und über die Pyrenäen zurückwarf. 889 setzten sich nordafrikanische Sarazenen an der Riviera fest und terrorisierten für fast ein Jahrhundert die Umgebung mit Raubzügen bis in die spätere Schweiz hinein.

Ab 787 verheerten die Normannen/Wikinger aus Skandinavien über die Nordsee Nordwesteuropa. Mit ihren schnellen Drachenschiffen drangen sie auf den Flüssen des Kontinents bis tief ins Landesinnere vor. Da sie schwerbewaffnet und zu Wasser äußerst mobil waren, blieben sie militärisch lange Zeit führend in Europa. Historisch bilden sie eine Grundlage des späteren Rittertums, vor allem mit ihrer schweren Bewaffnung. Ein Jahrhundert später beunruhigten die Ungarn, nach ihrer Landnahme im heutigen Ungarn 896–900, mit ihren verheerenden Zügen das lateinische Europa bis nach Spanien.

Dennoch entwickelten sich aus den Wirren des Frühmittelalters, u. a. zur Abwehr der Invasoren von außen, Städte als Zentren des lokalen Gewerbes und des Fernhandels sowie germanische Nachfolgestaaten auf dem Boden des Weströmischen Reiches. In ihnen regenerierte sich die mittelalterliche Kultur allmählich aus den Trümmern der untergegangenen Antike, wenn auch sehr langsam. Einige germanische Nachfolgestaaten auf weströmischem Boden erwiesen sich als hinreichend langlebig, um Ansätze zu den späteren Nationalmonarchien des Hochmittelalters zu bilden. Die Erinnerung an germanische Eroberer schwingt noch heute in den Namen europäischer Nationen oder Regionen mit – Franken, Burgunder, Langobarden, Angeln, Sachsen. In dem Namen Katalonien (Gothalania) sind z. B. die Namen der Goten und Alanen (iranisches Reitervolk, das mit den Vandalen nach Spanien kam) enthalten.

So reichen die Grundlagen der meisten europäischen Nationen bis ins turbulente Frühmittelalter zurück. Nach westlichem Vorbild bildeten sich später um 1000 in Skandinavien und bei den Westslawen aus zahlreichen Fürstentümern bzw. Kleinkönigtümern größere Königreiche, als Grundlage für heutige Nationalstaaten – wie Dänemark, Schweden, Norwegen, Böhmen, Polen, Ungarn. Sie alle traten in die damals modernste Form der Staatlichkeit durch Übernahme des römischen Christentums ein, im wesentlichen um das Jahr 1000.

Östlich einer Linie, die von Finnland über die baltischen Provinzen, Litauen, Polen und Kroatien reichte, nahmen süd- und ostslawische Völker das orthodoxe Christentum an, angeführt vom Patriarchen in Konstantinopel. Die römisch-lateinischen und griechisch-orthodoxen Teile Europas durchliefen im Laufe der Jahrhunderte ganz unterschiedliche Entwicklungen, kirchlich bestimmt von der großen Kirchenspaltung (Schisma) zwischen Rom und Byzanz von 1054. Die kirchliche, kulturelle, ethnische und nationale Vielfalt Europas prägte seine Identität, schuf aber auch Unterschiede, die immer wieder zu Spannungen und Konflikten führten, wie jetzt wieder in Ost- und Südosteuropa nach dem Sturz des Kommunismus.

## 6.2 Der Aufstieg des Frankenreichs

### Zeittafel

| | |
|---|---|
| 482–511 | Chlodwig König der Franken, Herrschaft der Merowinger bis 751 |
| 486–537 | Expansion der Franken: gallo-römischer Reststaat (486), Westgoten und Thüringer (531), Burgunder (534), Alemannen, Bayern (537) unterworfen |
| 499 | Übertritt der Franken zum römischen Christentum |
| 687 | Karolinger sind Hausmeier im Gesamtreich |
| 732 | Abwehrsieg der Franken unter Karl Martell gegen Araber zwischen Tours und Poitiers |
| 751 | Karolinger Könige im Frankenreich |
| 772–803 | Zweite Expansionsphase: Sachsen (772), Langobarden (775), Awaren (796–803) unterworfen |
| 800 | Kaiserkrönung Karls in Rom: Erneuerung des (West-)Römischen Reichs |
| 843 | Vertrag von Verdun: Teilung des Karolingerreichs: Westfranken, Lotharingen (mit Kaiserkrone), Ostfranken |

Als größtes und stabilstes germanisches Nachfolgereich auf westeuropäischem Boden zieht das Frankenreich zu Recht besondere Aufmerksamkeit auf sich. Auf seinem Höhepunkt unter Karl dem Großen (768–814) umfaßte es neben Gebieten, die einst zu Westrom gehört hatten, auch östlich des Rheins und nördlich der Donau Teile des einst freien Germanien, das stets außerhalb des Römischen Reiches geblieben war. Als stärkste Macht des lateinischen Europa erhob es den Anspruch, das (West)Römische Reich wiederherzustellen (Restauratio Imperii). In seinem Auseinanderbrechen bald nach Karl dem Großen setzte es die Königreiche Ost- und Westfranken frei, Vorstufen zu Deutschland (911) und Frankreich (987). Zugleich prägte es das christlich gebliebene Italien bis knapp südlich von Rom, bis zur Rückeroberung Süditaliens und Verdrängung der Araber ab 1015.

Chlodwig, aus dem Geschlecht der Merowinger stammender König im Raum von Tournai, besiegte 486/7 mit anderen fränkischen Kleinkönigen den römischen Statthalter Syagrius und vernichtete den letzten Rest römischer Herrschaft in Gallien. Anschließend begann er systematisch, seine Kampfgefährten zu beseitigen und ein fränkisches Großreich zu errichten. In der Wahl seiner Mittel war Chlodwig nicht zimperlich, wie Gregor von Tours, Bischof aus gallo-romanischem Geschlecht und Verfasser der „Historia Francorum" (538/9 bis 594), zu berichten weiß. In den folgenden Jahren dehnte Chlodwig sein Reich weiter aus: 496 besiegte er die nach Gallien eindringenden Alemannen und brachte sie in lose Abhängigkeit; 507 schlug er die Westgoten bei Vouillé und begann, Aquitanien (Südwestgallien) in sein Reich einzugliedern.

Seit 561 nahmen Spannungen zwischen Krone und rivalisierendem Adel immer mehr zu. In den Kerngebieten lag nach einem Jahrhundert die reale Macht bei den adligen Verwaltern der königlichen Güter, den Hausmeiern (lat. maior domus). Fortan sanken die Merowinger zu „Schattenkönigen" herab. Pippin II. (der Mittlere, 679–714) und sein Sohn Karl (714–741), beide Hausmeier aus dem austrischen (= ostfränkischen) Adelsgeschlecht der Karolinger, schlossen das Frankenreich 687 und 724 in seinen Kern- und Randgebieten erneut zusammen. 732 wehrte Karl die Araber in der Schlacht bei Tours und Poitier ab und drängte sie hinter die Pyrenäen zurück. Der Sieg brachte ihm den ehrenden Beinamen „Martell" (= der Hammer) ein.

751 riskierten die Karolinger den Staatsstreich: Mit Hilfe des Papstes machte sich der Hausmeier Pippin III. (der Kurze), ein Sohn Karl Martells, zum fränkischen König. Dem letzten Merowinger ließ er das lange Haupthaar, Zeichen seiner königlichen Würde, abschneiden und schickte ihn ins Kloster – eine damals gängige Methode, Gegner, die man aus politischen Gründen nicht umbringen konnte, für immer ruhig zu stellen. Seine räumlich größte Ausdehnung erreichte das Frankenreich in einer dritten Expansionswelle unter Pippins Sohn Karl (768–814): Ab 772 unterwarf Karl die noch heidnischen Sachsen, die in regelmäßigen Raubzügen das Frankenreich heimsuchten. Die Sachsenkriege dauerten 32 Jahre und tobten mit größter Härte. Massenhinrichtungen und Zwangsdeportationen brachen den Widerstand der sächsischen Unterschichten, die sich hartnäckig gegen die Christianisierung wehrten. Nach Eroberung des Langobardenreiches (774) und Absetzung des Bayernherzogs Tassilo (788) sowie dem Sieg über das Awarenreich (795) stand Karl im Jahre 800 auf dem Höhepunkt seiner Macht, schon zu Lebzeiten „der Große" genannt. Das Frankenreich war nun, neben Byzanz und dem Kalifat der Araber, zur dritten „Welt"macht aufgestiegen. Karls Anspruch auf die (west)römische Kaiserkrone war die Folge, allerdings in Spannung zu Byzanz.

## 6.3 Kirche und Legitimierung der Macht

Anfangs hatten die Merowinger ihr Königtum durch politische Willensentscheidungen des Stammesadels begründet. Wahl und Einsetzung ins Amt erfolgten mit Schilderhebung und Einkleidung nach germanischem Brauch. Bald qualifizierte jedoch nur noch die Zugehörigkeit zum königlichen Geschlecht zur Herrschaft. Das Prestige der Herrscherfamilie oder das Ansehen einzelner Führer gaben bei der Wahlentscheidung den Ausschlag. Mit der Eroberung des Reiches des Syagrius unterwarfen sich die Franken eine ihnen kulturell überlegene Bevölkerung. Die Kirche, in den höheren Ämtern durchsetzt vom senatorischen Adel des römischen Gallien, hatte in den Wirren der Völkerwanderung und

*Das Frankenreich zur Zeit Karls des Großen*

nach dem Zusammenbruch des Weströmischen Reiches lateinische Kultur und städtisches Leben bewahrt. So war es eher ein Akt politischer Klugheit, daß sich Chlodwig mit seinem Gefolge 499 taufen ließ. Er vermied so eine religiöse Spaltung seines Reiches, gewann die Kirche mit ihrer straffen Organisation und die verwaltungstechnische Kompetenz des gallo-romanischen Adels. Bischöfe waren fortan seine wichtigsten Helfer bei der Regierung, die Kirche wurde zum konstitutiven Element der fränkischen Herrschaft (Reichskirche).

Das Bündnis von Kirche und Staat bewährte sich 751 beim Dynastiewechsel von den Merowingern zu den Karolingern: Um den Griff nach der Königswürde vor oppositionellen fränkischen Adelsgruppen zu rechtfertigen, holte sich Pippin die Bestätigung durch den Papst. Die fränkischen Großen wählten ihn zum König. Abschließend salbte ihn ein Bischof nach dem Brauch der Könige des alten Testaments mit heiligem Öl, um mit diesem sakralen Akt die alte Legitimation der Merowinger zu übertrumpfen. Seit 756 trug Pippin den Titel „dei gratia rex Francorum“ (Von Gottes Gnaden König der Franken). Gleichzeitig half er dem Papst gegen die vordringenden Langobarden. Umfangreiche Landschenkungen um Rom und Ravenna begründeten 754 den Kirchenstaat, der in winzigen Resten noch heute als Vatikanstaat existiert.

Die Kaiserkrönung des Jahres 800 bildete den Höhepunkt der Zusammenarbeit zwischen Kirche und König, deutete aber schon späteres Konfliktpotential an: Von Papst Leo III. zu Hilfe gerufen, half Karl der Große ihm gegen eine Verschwörung des römischen Stadtadels. Beim anschließenden Weihnachtsgottesdienst krönte der Papst Karl nach byzantinischem Ritus. Krönung, Akklamation durch das „Volk“ von Rom und Huldigung (adoratio) bildeten seit Diokletian die Grundformen der Kaiserkrönung. Zwar akzeptierte Karl den neuen Kaisertitel, da er den konkreten Machtverhältnissen entsprach, nicht einverstanden jedoch war er mit der Rolle des Papstes. Für ihn war das Kaiseramt eine direkt von Gott gegebene Herrschaft, der Papst war nicht Vermittler oder gar Kaisermacher. Unter der starken Herrschaft Karls konnten die Kirche bzw. der Papst weitergehende Ansprüche aber noch nicht durchsetzen.

## 6.4 Strukturprobleme und Zerfall des Frankenreichs

Als größter germanischer Nachfolgestaat zeigte das Frankenreich, schon wegen seines Umfangs, besonders deutlich die innere Problematik eines feudalen Großreiches: Einerseits wurde es klassisches Beispiel für den frühmittelalterlichen Feudalismus schlechthin. Andererseits traten auch früh übliche Konflikte zwischen der Zentralmacht (Krone) und Sonderinteressen des Adels auf. Versuche der Krone zur Zentralisierung der Macht scheiterten schon wegen der beschränkten Kommunikationsmittel der Zeit, denn die reale Macht lag in den Provinzen und Gauen vor Ort beim feudalen Adel.

Von größter Bedeutung für die Ausübung der Macht war in der älteren Geschichte die persönliche Anwesenheit des Königs: Ständig war Karl auf Reisen und durchzog sein gesamtes Reichsgebiet, um direkt Recht zu sprechen, Verfügungen zu erlassen und Gesandte zu empfangen. Rast machte er auf königlichen Pfalzen oder Königshöfen. Karl wurde der klassische Repräsentant des frühmittelalterlichen Wander- oder Reisekönigtums, später fortgesetzt vor allem von den deutschen Königen des Mittelalters. Mit ihm reiste sein gesamter Hof, der oft Hunderte von Personen umfaßte. Für die Organisation dieser Reisen waren vor allem die Inhaber der Hofämter verantwortlich (ministerii), wie Seneschall und Mundschenk.

Die Verwaltung der Finanzen lag in den Händen des Kämmerers. Zur Hofhaltung des Königs gehörte die Hofkapelle, meist gebildete Geistliche aus den Klöstern. Sie führten als Notare den gesamten Schriftverkehr und berieten den König. Kern des Schriftverkehrs waren die „Kapitularien“, nach „Kapiteln“ eingeteilte Herrschererlasse, die Boten in allen Teilen des Reiches den Amtsträgern zustellten. Eine wichtige Funktion hatten königliche Ratgeber (consiliarii), die politische Entscheidungen vorbereiteten.

Auf den Pfalzen fanden Hoftage (Beratungen mit den Großen des Landes) statt sowie allgemeine Reichsversammlungen, zu denen alle königlichen Amtsträger und das Heer gerufen wurden. Wichtigste Vertreter des Königs außerhalb des Hofes waren die Grafen. Sie fungierten in ihren Grafschaften als oberste Verwaltungsbeamte, Gerichtsherren und militärische Führer. Markgrafen in den „Marken“ (militarisierten Grenzbezirken) genossen weitgehende Befugnisse. So konnten sie selbständig ein Heer aufstellen, um möglichst schnell auf Angriffe reagieren zu können.

Das „Grafschaftssystem“, als Gegengewicht zum örtlichen Adel gedacht, konnte sich jedoch nie voll durchsetzen. Schon 614 hatte der Hochadel erzwungen, daß nur Adelige aus der jeweiligen Region das Grafenamt bekleiden durften, so daß die Grafen schnell eigene oder regionale Interessen vertraten. Dagegen setzte Karl das Amt des Königsboten (missi dominici) zur Kontrolle der Grafen. Doch auch dieses Machtinstrument zur Zentralisierung unterlief der Hochadel bald wieder. Spätestens seit 802 hatten die Großen des Reiches durchgesetzt, daß nur noch hohe Amtsträger (Bischöfe, Äbte, Grafen) Königsboten sein durften. Die herrschende Schicht des Adels sollte sich selbst kontrollieren. Fiel die starke Herrscherpersönlichkeit im Zentrum weg, so war das Reich auf Dauer nicht zusammenzuhalten.

Wie häufig kommen innere und äußere Faktoren zusammen, die das Auseinanderbrechen des Frankenreiches erklären: Es war für seine Zeit zu groß und zu heterogen, so daß regionale Kräfte nach Karl dem Großen wieder Auftrieb erhielten. Hinzu kam das germanische Erbrecht, das nach dem Tod eines Königs die Teilung des Reiches unter seine Söhne vorsah. Die Söhne Ludwigs des Frommen wollten die Art der Aufteilung des Reiches nicht akzeptieren – ein jahrzehntelanger Bürgerkrieg war die Folge. Die innere Schwächung des Reiches nutzten Normannen, Wikinger und Dänen nach Karls Tod zu permanenten Überfällen aus. Mit ihren Plünderungszügen beschleunigten sie den Zerfall der Zentralgewalt in regionale Machtzentren. In mehreren Teilungsschüben zerbrach das Frankenreich endgültig 888. Als Produkte der Spaltung in West- und Ostfranken entstanden früher (911) oder später (987) die Königreiche Deutschland und Frankreich.

*Reiterstatuette Karls des Großen aus dem Schatz der Kathedrale von Metz (Bronze, 9. Jahrhundert)*

## 6.5 Feudalismus: Lehenswesen und Grundherrschaft

Der mittelalterliche Feudalismus entstand aus dem Zerfall der politischen Zentralmacht, dem Rückgang ökonomischer Aktivitäten und dem Mangel an Geld zur Aufbringung öffentlicher Lasten (Steuern) und Leistungen (Bezahlung für Kriegs- und Verwaltungsdienst). Das mittelalterliche Lehenswesen bildete sich aus der Kombination spätantiker Ansätze seit dem Niedergang des Römischen Reiches mit der erobernden Landnahme, vor allem durch die Franken. Das neue Großreich ließ sich jedoch nicht mehr wie ein germanisches Kleinkönigtum durch den König und seine Gefolgsleute regieren. Um fähige Männer zur Verwaltung und zum Kriegsdienst zu gewinnen, mußte der König ihre materielle Versorgung sicherstellen. Geld, wie zur Besoldung des heutigen Beamtenapparates, stand ihm nicht zur Verfügung. Die einzigen Quellen des Reichtums waren Land und die Menschen, die es bearbeiteten. So dienten „Land und Leute“ (Otto Brunner) als Bezahlung für eine ihm ergebene Gefolgschaft.

Tendenzen zum Lehenswesen verstärkten die Heeresreformen unter Karl Martell und Karl dem Großen: Bestand im fränkischen Reich nach germanischer Tradition anfangs noch die allgemeine Wehrpflicht aller freien und waffenfähigen Männer, so machten die militärischen Erfordernisse des fränkischen Großreiches eine Umgestaltung notwendig. Die alljährlichen Kriegszüge bedeuteten für die weniger begüterten freien germanischen Bauern und Krieger eine große Doppelbelastung: Sie sollten für ihren König kämpfen und ihr Feld bestellen. Karl der Große setzte durch, daß nur noch die an den Kriegszügen teilnehmen mußten, die über einen Hof ausreichender Größe verfügten. Ärmere konnten sich zusammenschließen und einen einzigen Mann ausrüsten (Gestellungsverband). Wegen der Größe des Reiches und dem Bedürfnis nach stärkerer Kampfkraft wurde gleichzeitig die mobilere Reiterei stärker ausgebaut. Die Ausrüstung eines schwerbewaffneten Reiters (Ritter) konnten nur noch Vasallen, die über ein ausreichend großes Lehen verfügten, aufbringen.

Das Lehenswesen hatte mehrere Wurzeln. Zunächst das persönliche Element aus der Sphäre des römischen Privatrechts, der Vasallität (aus dem keltischen Wort „gwas“ für Knecht wurde das lateinische „vassus“ oder vasallus). Ein Vasall war ein Mann, der sich in wirtschaftlicher Not einem Herrn auf Lebzeiten unterstellte. Er gelobte, ihm zu dienen und gehorsam zu sein, dafür wurde er vom Herrn versorgt. Besiegelt wurde der Akt der Unterwerfung (Kommendation) durch den Handgang: Der Vasall legte seine gefalteten Hände in die des Herrn. Symbolisch bietet er damit seine Hände zur Fesselung an, ein Verknechtungsritus, der auf die niedrige soziale Stellung des Vasallen hindeutet. Ethisch und sozial aufgewertet wurde die Vasallität im Lehenswesen durch die Treuepflicht der germanischen Gefolgschaft. In der germanischen Völkerwanderung unterstellten sich Gefolgsherren mit ihren Kriegern freiwillig einem König und gelobten ihm, ihn treu mit „Rat und Tat“ zu unterstützen. Der König sicherte dafür die soziale Stellung des Gefolgsherrn. Nach der Theorie war der König der größte Grundbesitzer im Reich, und er vergab an eine überschaubare Gruppe von Vasallen, die Kronvasallen, ein Lehen, in einem feierlichen Akt der „Commendatio“.

Die romanische Vasallität mit ihrem starken Element der Unterwerfung verschmolz mit dem germanischen Prinzip gegenseitiger Treue zum Lehenswesen, das so für Adelige und Freie akzeptabel war. Während die Verbindung von Vasallität und Gefolgschaftswesen das personelle Verhältnis beschrieb, bildete das „beneficium feudum“, das dem Gefolgsherrn zur Nutzung überlassene Land oder auch ein Amt, die materielle Basis des Lehenswesens.

*„Handgang". Darstellung aus dem „Sachsenspiegel", dem ältesten deutschsprachigen Rechtsbuch (entstanden um 1224).*

Das theoretisch so schlichte Lehenssystem, beruhend auf der Grundherrschaft über unfreie (hörige, leibeigene) Bauern, konnte sich in der Praxis jedoch außerordentlich komplizieren: Klöster, in England auch Colleges der Universitäten Oxford und Cambridge, später Städte oder einzelne Patrizier konnten Grundherrschaft ausüben, fügten sich damit auch ins Lehenssystem ein. Ausgedehnter Streubesitz ließ klar umrissene politische Einheiten oft gar nicht aufkommen. Politisch explosiv konnten sogenannte Doppelvasallitäten werden, also der Fall, daß ein Vasall gleichzeitig mehreren Herren diente.

Tiefgreifende Konsequenzen hatte die unterschiedliche Handhabung des Feudalrechts in den beiden benachbarten Königreichen Frankreich und Deutschland, trotz ihrer gemeinsamen historischen Ausgangsbasis im Frankenreich: In Frankreich gelang es den Königen, ungefähr ab 1180, ausgehend vom Besitz der Hauptstadt Paris und ihres Umlandes (Ile-de-France) als stabilen Kern ihrer Krongüter, einen straffen und expandierenden Zentralstaat aufzubauen, indem die Krone u. a. rigoros das Instrument des Lehensrechts handhabte und erledigte Lehen einzog und zum Krongut schlug, also nicht wieder austeilte. Dagegen gelang es dem Hochadel der Kronvasallen in Deutschland, ihre Lehen erblich zu machen und in territorialen Eigenbesitz umzuwandeln. Sie errangen so, später auch der übrige Adel, als fürstliche Territorialherren die Autonomie, mit dem Westfälischen Frieden 1648 sogar die Souveränität im modernen Sinne. Zentralisierung in Frankreich, Zersplitterung von Herrschaft in Deutschland sind ohne Kenntnis des Lehensrechts und seiner unterschiedlichen Anwendung im Mittelalter nicht zu verstehen.

Mit dem Rückfall Europas auf eine rein agrarische Kulturstufe (Re-Agrarisierung) im Niedergang des Römischen bzw. Untergang des Weströmischen Reiches ging im Frühmittelalter ein Rückgang auch der landwirtschaftlichen Produktion einher. Die Position des Bauern blieb weitgehend unverändert. Im allgemeinen Bevölkerungsrückgang blieb er, schon zur Sicherung eines Minimums an landwirtschaftlicher Produktion, am Boden gebunden: Der spätrömische Kolone glich sich ungefähr an den Status des Landsklaven an. Hinzu kamen der hörige Teil der von den germanischen Eroberern unterworfenen Provinzialbevölkerung und ehemals freie Bauern der Eroberer: Bis um 1000 ist der Schlüsselbegriff „servus et ancilla" in Texten und Dokumenten der Zeit als „Sklave und Sklavin" zu übersetzen, danach mit „Knecht und Magd", ohne daß der praktische Unterschied für die Betroffenen groß gewesen wäre. Die Benediktinerklöster wurden ihrerseits Zentren auch der landwirtschaftlichen Produktion, Grundherren über leibeigene Bauern, oft verteilt über ausgedehnten Streubesitz, und eine Art regionaler Mustergüter.

Mit der Bindung des Lehenswesens an das Aufkommen des Panzerreiters (Ritter), erstmals unter Karl Martell, schälte sich als Faustregel heraus – mindestens ein Dorf zum Unterhalt für einen Ritter. Dafür waren die meist leibeigenen Bauern von der Wehrpflicht freigestellt. Allerdings hatten sie bei den häufigen lokalen Fehden und größeren Kriegen am meisten zu leiden, weil die (meist zahlenmäßig kleinen) Heere mit Vorliebe zum für die ältere Geschichte traditionellen Mittel der Kriegsführung griffen, das Land planmäßig und systematisch zu verwüsten, zu „verheeren", um so den jeweiligen Feind an seiner ökonomischen Grundlage zu treffen. Erst recht plünderten und brandschatzten die Invasoren das Land – Araber, Wikinger und Ungarn.

## 6.6 Grundlinien der Geschichte des Mittelalters, ca. 1000–1492/98

### Zeittafel

| | |
|---|---|
| ab 955 | Ende der Bedrohung Kerneuropas durch Invasionen: Bevölkerungsanstieg, Wirtschaftswachstum, kultureller Aufschwung |
| ab 987 | Beginn des mittelalterlichen Landesausbaus im Pariser Becken |
| ab ca. 1300 | Klimaverschlechterung in Europa (Mißernten) |
| ab 1315 | allmähliche Aufhebung der Leibeigenschaft beginnt in Frankreich |
| 1337/39–1453 | Hundertjähriger Krieg zwischen England und Frankreich |
| 1348/49 | Höhepunkt der Großen Pest in Europa |
| 1358 | Bauernunruhen (Jacquerie) in Frankreich |
| 1381 | Wat Tyler-Aufstand in England; Reste der Leibeigenschaft in England verschwinden |
| 1524/25 | Deutscher Bauernkrieg |

Erst seit 955, dem Sieg der vereinten Deutschen über die Ungarn bei Augsburg, kannte das lateinische Kerneuropa keine Invasion mehr von außen. Kriege waren, abgesehen vom Einfall der Mongolen (1241) und den Türkenkriegen, fortan binneneuropäische Konflikte – bis 1941. Die Folgen waren dramatisch: Eine seit dem Niedergang des Römischen Reiches auf Jahrhunderte nicht mehr gekannte Sicherheit nach außen brachte eine gewisse Stabilisierung nach innen. Bald schloß sich ein allgemeines Wachstum von Wirtschaft und Bevölkerung an. Im Prinzip hielt es ein ganzes Jahrtausend an, bis heute, allen Schwankungen durch Kriege, Große Pest und Wirtschaftskrisen zum Trotz. Sofort gewann die agrarische Produktion neuen Auftrieb, weil sie sich wieder lohnte, besonders für Bauern im Umland der wachsenden alten wie neuen Städte. Der interkontinentale Fernhandel mit Indien und China erreichte wieder Europa und regte die gewerbliche Produktion an. Münzgeld wurde wieder verfügbar und ermöglichte die Rückkehr von Handel gegen bares Geld auf überall entstehenden neuen wie wachsenden älteren Märkten.

Am deutlichsten wird der Prozeß in und um Paris mit dem symbolischen Datum 987: Damals wurde Paris, nach dem Aussterben auch der westfränkischen Karolinger, endgültig Hauptstadt des mittelalterlichen Frankreich (Francia). Zur gleichen Zeit begann im Pariser Becken (= Ile-de-France) der sog. mittelalterliche Landesausbau als damals intensivste Form der agrarischen Produktion im europäischen Mittelalter. Bauern des Umlandes verkauften auf den freien Märkten des ständig wachsenden Paris ihre Eigenerzeugnisse – auf eigene Rechnung und gegen das inzwischen, seit dem Wiederaufkommen des Fernhandels, wieder verfügbare Geld. Über die Jahrhunderte sparten sie offenbar so viel Geld oder wur-

| | 500 | 650 | 1000 | 1340 | 1400 |
|---|---|---|---|---|---|
| Italien | 4 | 2,5 | 5 | 10 | 7,5 |
| Iberische Halbinsel | 4 | 3,5 | 7 | 10 | 7 |
| Frankreich – Niederlande | 5 | 3 | 6 | 19 | 12 |
| Britische Inseln | 0,5 | 0,5 | 2 | 5 | 3 |
| Deutschland – Skandinavien | 3,5 | 2 | 4 | 11,5 | 7,5 |
| West- und Mitteleuropa insgesamt | 9 | 5,5 | 12 | 35,5 | 22,5 |
| Osten insgesamt | 5,5 | 3,5 | 9,5 | 13 | 9,5 |
| Europa insgesamt | 27,5 | 18 | 38,5 | 73,5 | 51 |
| (3) | | | | | |

*Geschätzte Bevölkerung in Europa – in Millionen*

den so wohlhabend, daß sich französische Kronbauern, also historisch zunächst in der Ile-de-France, ab 1315 durch eine einmalige Zahlung an den König freikaufen konnten.

Hier zeigt sich erstmals der Zusammenhang zwischen agrarischer Produktion, freien Märkten, persönlicher Freiheit und bürgerlichem Rechts- und Nationalstaat, denn der französische König benötigte das Geld zum Aufbau einer zentralen Bürokratie für die größte und stärkste Nationalmonarchie seit dem Hochmittelalter bis zur Frühen Neuzeit. Zunehmend freiwerdende Bauern, sozial beherrscht vom Adel, das Stadtbürgertum und in England auch der niedere Landadel bildeten die soziale Grundlage der mittelalterlichen Nationalmonarchien.

Was sich in und um Paris ab 987 im Großen abspielte, wiederholte sich später mehr oder minder im gesamten lateinischen Westen: Vom Pariser Becken aus breitete sich der mittelalterliche Landesausbau nach allen Richtungen aus, nach Osten über Deutschland. Die Klöster der Zisterzienser und Prämonstrazenser wurden Vorreiter des Landesausbaus. Überall profitierten Bauern in Stadtnähe am meisten vom allgemeinen Wirtschaftsaufschwung seit ca. 1000, zur Hebung ihres Wohlstandes wie ihrer persönlichen Stellung.

Der mittelalterliche Landesausbau veränderte die Landschaft Europas vermutlich tiefgreifender als irgendein Vorgang bis zum Kommen der Industriellen Revolution: Die typische Mischung von Feld-, Wald- und Wiesenlandschaft entstand damals erst, vor allem durch ausgedehnte Waldrodungen und Entsumpfung der Wasserläufe, deren Täler meist als Weiden- und Wiesenflächen dienten. Die agrarische Produktion stieß durch Erschließung bislang unbebauten Landes buchstäblich bis zu natürlichen Grenzen vor: Die Eindeichung der Nordseeküste von Flandern über Holland und Friesland bis nach Dänemark begann nach 1000. Zugleich wurden Flamen und Holländer die großen Pioniere und Experten für Entsumpfung bis zur Neuzeit. In den Alpen schufen Bergbauern erst nach 1000 die heute als traditionell geltende Almwirtschaft, indem sie fruchtbare Erde in Körben auf ihren Rücken emportrugen, um manchmal extrem kleine, ebene Flächen im Hochgebirge als Sommerweiden für ihr Vieh zu nutzen. Der allgemeine Wohlstand stieg derart, daß für einige Jahrhunderte größere Hungersnöte zu regionalen Ausnahmen wurden.

Eine Kette von Katastrophen stürzte Europa dann jedoch in eine langanhaltende Krisensituation, allerdings ohne den allgemeinen Entwicklungsgang zu brechen. Am Anfang stand eine fühlbare Klimaverschlechterung nach 1300. Sie führte zu schweren Mißernten (1313–17) und ersten ausgedehnten Hungersnöten. Unmittelbare Folgen waren ein massiver Bevölkerungsrückgang und die Aufgabe von wenig ertragreichen Böden, die oft wieder sich selbst überlassen blieben und erneut Wald wurden. So entstanden „Wüstungen“, preisgegebene frühere Dörfer und Siedlungen, an die oft nur noch Flurnamen oder örtliche Sagen erinnern.

Die nächste große Krise war die Große Pest. Die Beulenpest kam ursprünglich von der Wüste Gobi 1338 nach China. Über die Wege des interkontinentalen Fernhandels zu Lande (Seidenstraße) und zu Wasser (Indischer Ozean, Mittelmeer) erreichte sie 1347 Italien und breitete sich von dort auf fast ganz Europa aus. 1348/49 bildete den Höhepunkt der Großen Pest. Obwohl die Pest in den überfüllten und unhygienischen Städten den günstigsten Nährboden fand, war die Landbevölkerung von örtlich begrenzt auftretenden Hungersnöten gesundheitlich und physisch derart geschwächt, daß auch sie stark unter der Großen Pest litt.

Schwere innere Krisen im Gefolge von Niederlagen in großen Kriegen vollendeten das Bild historischer Voraussetzungen der beiden größten Bauernunruhen im Spätmittelalter, der Jacquerie in England 1358 und des Wat Tyler-Aufstandes in England 1381. In beiden Fällen waren Niederlagen Frankreichs bzw. Englands im Hundertjährigen Krieg (1337/39–1453) Auslöser der Bauernaufstände. Sie konzentrierten sich im weiteren Umland der Hauptstädte Paris und London, wurden also von relativ wohlhabenden Bauern getragen. Forderungen waren vor allem die generelle Beseitigung der Reste der Leibeigenschaft, nachdem das individuelle Freikaufen leibeigener Bauern schon begonnen hatte. Landlose Tagelöhner dagegen hatten nur ihre Arbeitskraft zu verkaufen, deren Wert allerdings durch die großen Bevölkerungsverluste der Pest für den Rest des Jahrhunderts gestiegen war. Beide Bauernaufstände scheiterten, ebenso wie später ein ungarischer Bauernaufstand 1514 und der Deutsche Bauernkrieg 1524/25. Aber in England verschwanden nach 1381 faktisch die Reste der Leibeigenschaft, und in Frankreich setzte sich die Tendenz zum Freikaufen der Leibeigenen fort, so daß bis zur Französischen Revolution nur noch Überreste feudaler Abhängigkeiten übrigblieben, die allerdings im Zeitalter der Aufklärung um so aufreizender wirkten.

# 7 Islam und Arabische Welt

*Innenhof der Harem-i-Sharif-Moschee in Mekka mit dem Heiligtum der Ka'ba, einem würfelförmigen Bau, in dem ein schwarzer Meteorit eingemauert ist.*

## Zeittafel

| | |
|---|---|
| um 570–632 | Mohammed |
| 622 | Hidschra: Auswanderung Mohammeds von Ka'ba nach Medina (= Beginn der muslimischen Zeitrechnung) |
| 632–661 | Die vier „rechtgeleiteten" Kalifen Abu Bakr (–634), Omar (–644), Othman (–656) und Ali (–661). |
| 634–650 | Erste Expansionsphase: Eroberung Syriens, Palästinas, Iraqs, Ägyptens, Persiens |
| 657/ 61 | Spaltung des Islam in Charidschiten, Schiiten und Sunniten |
| 661–750 | Herrschaft der Omaijaden-Kalifen: Sitz des Kalifats wird nach Damaskus verlegt; weitere Expansion |
| 680 | Schlacht bei Kerbela: Tod Husain ibn Alis |
| 732 | Niederlage gegen die Franken in der Schlacht bei Tours und Poitiers |
| 740/7 | Niederlagen gegen Byzanz |
| 750–1258 | Herrschaft der Abbasiden-Kalifen: Sitz des Kalifats wird 763 nach Bagdad verlegt |
| 756–1031 | Emirat (seit 929: Kalifat) von Cordoba |
| 786–809 | Regierungszeit des Kalifen Harun ar-Raschid |
| 909–1171 | Gegenkalifat der Fatimiden |
| 1055/71/76 | Seldschuken erobern Bagdad, Jerusalem und Damaskus |
| 1097/98 | Staatsgründung der Rum-Seldschuken |
| 1096–1291 | Kreuzzüge |
| 1258 | Mongolen erobern Bagdad: Ende des abbasidischen Kalifats |

## 7.1 Entstehung und Verbreitung des Islam

Mit der Teilung des Römischen Reiches im Jahre 395 zerbrach auch die politische Einheit des Mittelmeerraumes. Nach dem Untergang Westroms im Jahre 476 besaß Byzanz im 6. und im ersten Drittel des 7. Jahrhunderts die politische und kulturelle Vorherrschaft in der Region. Das 7. Jahrhundert stand dagegen ganz im Zeichen des raschen Aufstiegs des arabisch-islamischen Reiches, das sich zur neuen Großmacht am südlichen Rand des Mittelmeeres entwickelte. Durch die Ausdehnung des islamischen Großreiches nach Persien, Syrien, Irak und Ägypten verschmolzen diese alten Zivilisationen mit der arabischen zu einer neuen islamischen Kultur, die auch das europäische Mittelalter vielfältig beeinflußte.

### 7.1.1 Das vorislamische Arabien

In der Antike war die Arabische Halbinsel meist wechselnden Einflüssen verschiedener Großmächte unterworfen, so daß sie politisch, wirtschaftlich und kulturell keine größere Eigenständigkeit erlangte. Lediglich im Süden der Halbinsel, im Jemen, existierte eine alte Bewässerungskultur als Grundlage wohlhabender Stadtstaaten, die von Landwirtschaft und Handel lebten. Ökonomisches Zentrum war der etwa 600 Meter lange Damm bei Marib, der große Gebiete mit Wasser versorgte. Saba, der politische Mittelpunkt der südarabischen Stadtstaaten, kontrollierte lange Zeit die parallel zum Roten Meer verlaufende *Weihrauchstraße*, über die Duftstoffe und Gewürze aus Indien sowie Edelmetalle und Sklaven aus Afrika bis nach Gaza an der Mittelmeerküste kamen. Wegen seiner wirtschaftlichen Bedeutung spielte der Jemen als Streitobjekt zwischen den beiden Großmächten Byzanz und dem persischen Sassanidenreich eine zentrale Rolle. Keine der beiden Mächte konnte sich jedoch dauerhaft in Südarabien behaupten.

Die Vegetation der Arabischen Halbinsel war durch karg bewachsene Halbwüstengebiete und Trockensteppen geprägt, die die beiden großen Sandwüsten, *Nafud* im Norden, *Rub 'al Khali* im Süden, umgaben. Die zahlenmäßig größte Bevölkerungsgruppe stellten deshalb Beduinen (arab.: Nomade), die von der Viehzucht lebten und mit Kamelen auch Gebiete extremen Klimas durchwanderten. Die gemäßigten Zonen und die Oasen bewohnten seßhafte Ackerbauern. Die Menschen in den wenigen größeren Städten betrieben ebenfalls Landwirtschaft, waren Händler oder Kaufleute.

Viehzüchtende Beduinen und seßhafte Stadtbewohner waren in Stämmen und innerhalb der Stämme in Sippen organisiert, ohne übergreifende politische Zusammenschlüsse. Die nomadische Lebensweise, verbunden mit einem ständigen Bevölkerungsüberschuß, führte zwischen den von *Scheichs* geleiteten Beduinenstämmen zu permanenten Auseinandersetzungen um Weidegründe und Wasserstellen. In Dürrezeiten fielen beduinische Stämme zudem häufig in Oasen ein oder verübten Überfälle (arab.: *ghazwa* = Razzia) auf Handelskarawanen. Zu den gemeinsamen Kult- und Rechtsbräuchen der Beduinen gehörten neben einer alljährlichen Waffenstillstandszeit, die Gelegenheit zu Wallfahrten bot, auch die Pflicht zur Gastfreundschaft und zur Blutrache von Sippenangehörigen.

In den arabischen Städten waren die politischen und rechtlichen Strukturen bereits weiter entwickelt. Mekka, das im 6. Jahrhundert aufgrund seiner günstigen Lage nahe der *Weihrauchstraße* und seiner neutralen Haltung im persisch-byzantinischen Konflikt zu einem bedeutenden Wirtschaftszentrum geworden war, trug bereits Züge einer Stadtrepublik, beherrscht von dem in der Umgebung ansässigen Stamm der Qurais.

Zur Zeit Mohammeds wurden noch zahlreiche Gottheiten verehrt. Besonders Steinkulte waren allgemein verbreitet. Die Ka'ba in Mekka, ein würfelförmiger Bau, an dessen einer Seite ein Meteorit, der „schwarze Stein", eingelassen war, bildete das Ziel vieler Pilger. Traditionelle Glaubensvorstellungen verloren im ausgehenden 6. Jahrhundert bereits an Bedeutung, seitdem mit der jüdischen und christlichen Religion monotheistische Tendenzen in die Gedankenwelt der arabischen Stämme eindrangen. Einzelne Beduinenstämme im Westen der Halbinsel waren zum Judentum übergetreten. Auch hatte sich bereits in vorislamischer Zeit mit dem Wort *Allah* (arab.: *al-Ilah* = der Gott) eine allgemeine Bezeichnung für eine oberste Gottheit herausgebildet, an die Mohammed mit seiner Vorstellung von Allah als einzigem und allmächtigem Gott anknüpfen konnte.

### 7.1.2 Mohammed: Religionsstifter und Staatsgründer

Mohammed, um 570 im Mekka geboren, kam aus einem weniger bedeutenden Zweig des Stammes der Qurais. Nach dem Tode seiner Eltern wuchs er bei einem Onkel auf und fand Anstellung bei der reichen Kaufmannswitwe Hadiga, die er später auch heiratete. Als Karawanenführer unternahm Mohammed weite Reisen bis nach Palästina und Syrien, wo er mit dem Judentum und dem östlichen Christentum in Berührung kam.

Um 610 trat der etwa vierzigjährige Mohammed mit seiner neuen Lehre, dem *Islam* (= Ergebung in Gottes Willen), an die Öffentlichkeit. Seiner wachsenden Anhängerschaft verkündete er, nicht eigene Gedanken vorzutragen, sondern lediglich ihm Wort für Wort vorformulierte Weisungen *Allahs* wiederzugeben, den Mohammed als einzigen, allmächtigen und gerechten Gott, Schöpfer der Welt und der Menschen charakterisierte. Mohammed betonte, daß nur derjenige am Tage des bevorstehenden Jüngsten Gerichts ins Paradies eingehen könne, der nach den Gesetzen Allahs gelebt habe.

Die starke Anziehungskraft der von Mohammed verkündeten Religion beruhte auf ihrer Einfachheit. Mohammed knüpfte zwar an die jüdische und christliche Religion an, im Unterschied zur christlichen Trinitätslehre basiert der Islam allerdings auf einem strengen Monotheismus. Mohammed verstand sich deshalb nicht als Begründer einer neuen Religion, sondern als Erneuerer der Religion Abrahams, des auf der Offenbarung eines einzigen Gottes beruhenden ursprünglichen Glaubens, von dem die Juden und Christen, da sie ihre heiligen Schriften verfälscht hätten, abgewichen seien. Als gravierendster Fehler des Neuen Testaments galt für Mohammed (wie für die Juden) die Anerkennung Jesu Christi als Gottes Sohn. Der Islam dagegen sieht in Jesus Christus und den übrigen Propheten des Alten Testaments nur Vorläufer Mohammeds, der als letzter Prophet das „Siegel Allahs" darstellt. In diesem Sinne beansprucht der *Koran* (= das Vorzutragende) mit seinen Mohammed in Versform offenbarten göttlichen Weisungen, Korrektiv der heiligen Bücher der Juden und Christen zu sein.

Mohammed verkündete fünf Grundpflichten der Muslime (= *fünf Säulen* des Islam): 1. Bekenntnis zum islamischen Glauben: „Es gibt keinen Gott außer Allah, und Mohammed ist der Gesandte Allahs." 2. Das rituelle Pflichtgebet, das täglich fünfmal in Richtung Mekka gesprochen werden muß. 3. Das Fasten im neunten Monat des islamischen Jahres, dem *Ramadan*. 4. Das Geben von Almosen an Arme und Bedürftige. 5. Die Pilgerfahrt nach Mekka, die jeder Muslim mindestens einmal im Leben unternehmen soll.

Mohammed stieß in seiner Heimatstadt Mekka zunächst auf religiös und wirtschaftlich motivierten Widerstand großer Teile der etablierten Kaufmannschaft, die von den Pilgerfahrten zur Ka'ba profitierten. Daher mußte er 622 mit seinen Anhängern in die Stadt Jathrib übersiedeln, der er den Namen Medina (= Stadt des Gesandten Gottes) gab. Mit dem Umzug nach Medina (arab.: *hidschra* = Loslösung) beginnt die islamische

*Der Erzengel Gabriel erscheint Mohammed und beruft ihn zum Propheten Allahs (Buchmalerei aus Raschid Ad-Dins „Universalgeschichte“).*

Zeitrechnung. Durch sein Charisma stieg Mohammed rasch zum allgemein anerkannten politischen und religiösen Oberhaupt der Stadt auf. Von Medina aus gewann er die Stämme des Umlandes für seine Religion. Als Begründer eines neuen Glaubens nahm Mohammed auch Einfluß auf die Werte und sozialen Normen der arabischen Gesellschaft. Er konnte u. a. den unter den Beduinen verbreiteten Brauch der Blutrache einschränken und die Zahl der Ehefrauen auf vier begrenzen.

Nach jahrelangen kriegerischen Auseinandersetzungen konnte Mohammed 630 als Sieger nach Mekka zurückkehren, wo er die alten polytheistischen Kulte abschaffte und die traditionellen Heiligtümer im Sinne der neuen Religion umfunktionalisierte. Seitdem ist die Ka'ba, von Mohammed als eine Gründung Abrahams und seines Sohnes Ismael hervorgehoben, wichtigstes islamisches Heiligtum.

### 7.1.3 Die islamische Expansion

Im Unterschied zu den anderen großen Religionsstiftern war Mohammed religiöser Führer und Staatsorganisator zugleich. Als er 632 starb, beherrschten die islamischen Beduinenheere nahezu die gesamte Arabische Halbinsel. In den militärischen Auseinandersetzungen mit Mekka hatte Mohammed den *Gihad* (= Bemühen oder Einsatz um der Sache Gottes willen) zur Pflicht für die Muslime erhoben und dem Islam damit die entscheidende Antriebskraft zur weiteren Expansion verschafft. Der *Gihad,* häufig ungenau als „Heiliger Krieg“ übersetzt, war nicht zwangsläufig mit dem Einsatz von Waffengewalt verbunden.

Interne Auseinandersetzungen um die Nachfolge Mohammeds (= Kalifat) blieben ohne große Auswirkungen auf die weitere Ausdehnung des arabisch-islamischen Reiches. Getragen von den Beduinenheeren, die die Eroberung vorantrieben, und den arabischen Kaufleuten mit ihren Kamelkarawanen, die die eroberten Gebiete für den Islam erschlossen, griff die neue religiös-politische Bewegung mit atemberaubender Schnelligkeit über sein arabisches Ursprungsland hinaus. Nach Siegen gegen Byzanz nahmen die arabischen Heere 635 Damaskus ein, 638 Jerusalem, 642 Ägypten und das christliche Alexandria, eine der großen Stätten spätantiker Bildung. Zwischen 636 und 651 eroberten sie das persische Sassanidenreich, 644 Libyen, 697 Karthago. Seit der Mitte des 7. Jahrhunderts kontrollierten die Muslime mit ihrer Flotte auch weite Teile des südöstlichen Mittelmeers. 711 erreichten die islamischen Heere im Osten das untere Indusgebiet, und im Westen setzten sie unter dem Feldherrn Tarik nach Gibraltar (arab.: *Gabal Tariq* = Berg des Tarik) über. Im Anschluß an die Schlacht von Jerez de la Frontera eroberten die Muslime das christliche Spanien. Einbrüche in das Frankenreich folgten, wurden aber von Karl Martell 732 in der Entscheidungsschlacht von Tours und Poitiers und in jahrelangen Kämpfen danach abgewehrt. Ebenfalls erfolglos für die Muslime verliefen Belagerungen Konstantinopels 674–78 und 717–18. Ihren Anspruch, das *Imperium Romanum* zu beerben, konnten sie nicht einlösen. Dafür gehörten Korsika und Sardinien seit dem 9. Jahrhundert für ein Vierteljahrtausend zum islamischen Bereich.

Die christliche Religion verlor damit etwa die Hälfte ihres Einflußbereichs an den Islam, der sich 100 Jahre nach dem Tode Mohammeds vom Indusgebiet im Osten über die Arabische Halbinsel und Nordafrika bis an die Nordgrenze Spaniens erstreckte und damit drei Erdteile miteinander verband. Der Islam betrieb nur teilweise eine Zwangsmission der unterworfenen Völker, wie sie für die mittelalterliche Christianisierung weiter Teile Europas charakteristisch war. Juden und Christen als Besitzer eigener Offenbarungsschriften durften nach der militärischen Unterwerfung ihre „Buch"religion weiter ausüben. Sie erhielten den Status von Schutzbefohlenen und hatten dafür die *Kopfsteuer* zu zahlen, eine spezielle Abgabe für Nichtmuslime. Größere Bevölkerungsgruppen in den besiegten Ländern traten freiwillig zum Islam über. Sie schlossen sich in einem Klientelverhältnis (arab.: *mawali*) entweder einem Stamm oder einer Sippe an und führ-

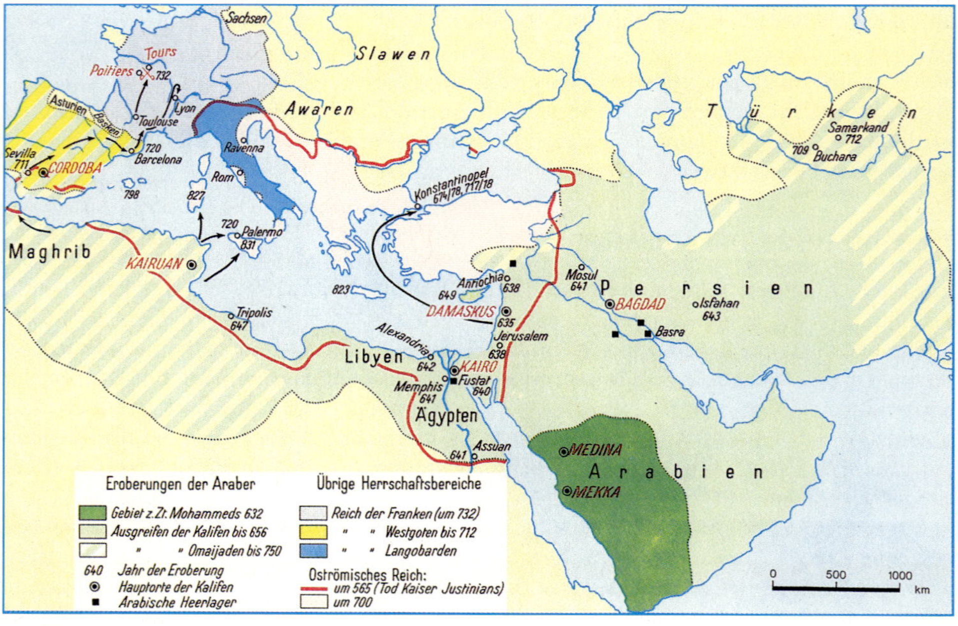


*Die Ausbreitung des Islam bis ca. 750 n. Chr.*

ten auch deren Namen. Die große Anzahl der Konversionen ließ aber immer wieder Konflikte innerhalb der islamischen Bevölkerung ausbrechen, da die Araber die Neumuslime nicht als gleichberechtigt anerkannten.

Zwischen den drei um das Mittelmeer gelegenen Machtbereichen, dem lateinischen Westen, dem orthodoxen Byzanz und dem islamischen Kalifat bestand nach Abschluß der islamischen Expansionsphase im 8. Jahrhundert eine Art von politisch-militärischem Gleichgewichtszustand, der allerdings immer seine neuralgischen Punkte und Zonen hatte. So waren die heiligen Stätten der Christenheit in islamischer Hand, wodurch Pilgerfahrten ins Heilige Land zeitweise erschwert wurden.

Die in der europäischen Geschichte allenfalls mit der Ausdehnung des *Imperium Romanum* vergleichbare Expansion einer Zivilisation hatte für das Ursprungsland des Islam, die Arabische Halbinsel, ambivalente Wirkungen. Während die arabische Sprache und Schrift durch die Krieger und Kaufleute in die eroberten Gebiete getragen wurden und hier Grundlage einer gemeinsamen islamischen Kultur bildeten, verlor die Arabische Halbinsel innerhalb des islamischen Riesenreiches rasch wieder an Bedeutung. Die mit den Kriegszügen verbundene hohe Mobilität der arabischen Bevölkerung führte zu starken Bevölkerungsverlusten, so daß das ursprüngliche Zentrum des Islam immer mehr zur Peripherie herabsank.

### 7.1.4 Sunna und Schia: Die Spaltung des Islam

Nach dem Tode Mohammeds im Jahre 632 brachen Konflikte um seine Nachfolge aus. Erster Nachfolger Mohammeds im geistlichen wie im weltlichen Amt wurde sein Schwiegervater Abu Bakr (632–634), der sich gegen Mohammeds Schwiegersohn Ali durchsetzen konnte. Die Nachfolger Mohammeds führten den Titel *Kalif* (= Nachfolger). Unter Abu Bakr und insbesondere unter dessen Nachfolger Omar (634–644) wurden die arabischen Stämme durch weitere Eroberungszüge geeint. Geistliche und weltliche Herrschaft wurden konsolidiert, der Islam begann Weltreligion zu werden. Um die religiöse Einheit zu sichern, ließ Abu Bakr die Offenbarungen Mohammeds im *Koran* sammeln.

Nach der Ermordung Omars wurde Othman aus der zum Stamm der Quraischiten gehörenden Sippe der Omaijaden zum Kalifen gewählt. Unmittelbar nach seiner Wahl besetzte Othman alle höheren Staatsstellen mit Angehörigen seiner Familie. Dagegen erhob sich im Kreis der alten Gefährten Mohammeds Widerstand, da die Omaijaden, die die alte quraischitische Aristokratie Mekkas repräsentierten, Mohammed lange Zeit bekämpft hatten. Offenbar auf Initiative Alis, des Schwiegersohns des Propheten, wurde Othman im Jahre 656 ermordet. Die darauffolgende Wahl Alis zum vierten Kalifen führte zur Spaltung des Islam, die bis heute fortbesteht. Alis Anhänger, die *Schiiten* (Schi'at Ali = Partei Alis), stammen vorwiegend aus dem irakischen und iranischen Raum. Da sie glauben, daß Mohammed selbst Ali zu seinem Nachfolger bestimmt habe, fordern die Schiiten, daß der Kalif (nach schiitischem Sprachgebrauch: der *Imam*) ein direkter Nachkomme des Propheten sein müsse. Die *Sunniten* (Sunna = gewohnte Handlungsweise, Überlieferung) halten dagegen die Wahl Alis zum Kalifen für ein Verlassen der rechtmäßigen Tradition. Gegenwärtig gehören etwa 90 Prozent der muslimischen Bevölkerung der sunnitischen und etwa 10 Prozent der schiitischen Glaubensrichtung an, die durch stark sozialrevolutionäre Elemente geprägt ist. Die heutige Islamische Republik Iran ist schiitisch.

Der Statthalter von Syrien, Muawija, der ebenfalls der Omaijaden-Sippe angehörte, erhob sich gegen Ali als Bluträcher. Im Verlaufe des innerarabischen Bürgerkriegs ließ sich Muawija im Jahre 658 zum Gegenkalifen ausrufen. Nach der Ermordung Alis 661 war Muawija I. zwar alleiniger Kalif, die *Schia* blieb jedoch politisch-religiöse Oppositionspartei mit einem eigenen geistlichen Oberhaupt (Imam), das als durch seine Abstammung legitimiert und geheiligt eine dem christlichen Papst vergleichbare Autorität besaß. Als verfolgte Minderheit konnten die Schiiten ihre Religion über längere Zeiträume nur im geheimen ausüben. Der letzte Imam zog sich zudem gegen Ende des 9. Jahrhunderts in die „Verborgenheit" zurück. Nach dem Glauben der Schiiten wird er erst am Ende der Zeiten als *Mahdi* wiederkommen und Gottes Herrschaft in einem Reich der Gerechtigkeit neu begründen. Solange der Imam verborgen bleibt, nehmen von ihm inspirierte Rechtsgelehrte die geistliche Führung der Schiiten wahr.

Im Gegensatz zu seinem älteren Bruder Hasan, der auf seine Kalifatsansprüche verzichtet hatte, versuchte Husain, Alis zweiter Sohn und damit ein Enkel Mohammeds, nach dem Tode Muawijas I. seine Ansprüche durchzusetzen. Als er daraufhin im Jahre 680 in der Schlacht bei Kerbela fiel, wurde Husain zur zentralen Gestalt der *Schia*. Seit seiner Beisetzung in der Nähe Kerbelas wird von den Schiiten an Husains Todestag alljährlich seinem Martyrium gedacht.

### 7.1.5 Die Herrschaft der Omaijaden und Abbasiden

Unter Muawija I. (661–680) wurde das Kalifenamt in der Familie der Omaijaden erblich. Der neue Kalif machte zudem seine bisherige Residenz Damaskus zur neuen Hauptstadt des Kalifats und verlagerte damit den politischen Mittelpunkt des Islam von der Arabischen Halbinsel nach Syrien. Nach dem Tode Muawijas I. brach ein erneuter Bürgerkrieg aus, als sich Ibn az-Zubair zum Gegenkalifen mit Sitz in Mekka ausrufen ließ und damit versuchte, die Bedeutung Arabiens im islamischen Reich zu restaurieren. Erst unter der Herrschaft des Kalifen Abdalmalik (685–705) konnte die Stadt Mekka im Jahre 692 eingenommen werden. Ibn az-Zubair wurde im Kampf getötet.

Unter der Omaijadenherrschaft (661–750) erreichte das islamische Reich seine größte Ausdehnung. Nach dem Krisenjahrzehnt des Bürgerkrieges stellte Abdalmalik die Souveränität des Staates wieder her, indem er die Verwaltung arabisierte und zentralisierte und das Münzwesen zu einer bi-metallenen Währung vereinheitlichte: Im ehemals byzantinischen Westen galt der Golddinar, im ehemals persischen Osten der Silberdirham als Zahlungsmittel.

Das Ende der islamischen Expansion nach der Niederlage gegen das Frankenreich (732) und einer unentschiedenen Schlacht gegen das ebenfalls expandierende China in Zentralasien (751), verbunden mit der schiitischen Kritik an der Verweltlichung der omaijadischen Herrschaft und dem ungelösten Problem der Integration der Nichtaraber in den neuen Vielvölkerstaat, führten schließlich zum Niedergang der Omaijadendynastie. Oppositionsströmungen gegen die Omaijadenherrschaft sammelten sich unter Abul Abbas, der ebenfalls einem Zweig der Quraischiten entstammte. Nach einem dreijährigen Bürgerkrieg, der *abbasidischen Revolution*, wurde der letzte Omaijadenkalif im Jahre 750 besiegt. Bis auf Abd ar-Rahman, der sich nach Spanien retten konnte, wurden alle Omaijaden ermordet.

Unter den Abbasiden (749–1258), die nun für ein halbes Jahrtausend regierten, wurde das am Tigris neugegründete Bagdad Hauptstadt und Mittelpunkt des islamischen Reiches. Nicht nur äußerst verkehrsgünstig, sondern auch am Schnittpunkt der westlichen (ex-byzantinischen) und östlichen (persischen) Reichshälften gelegen, symbolisierte das kreisrunde Bagdad den universellen Herrschaftsanspruch der Abbasidenkalifen. Insbesondere unter Harun ar-Raschid (780–809) erlebte das arabisch-islamische Reich die Zeit seiner höchsten kulturellen Blüte. Von den Abbasidenkalifen als multinationaler

*Der Felsendom in Jerusalem, das zweithöchste Heiligtum der Moslems, wurde an der Stelle errichtet, wo sich der jüdische Tempel befunden hatte. Der Bau wurde vom Kalifen Abdalmalik im Jahre 688 in Auftrag gegeben, um die Stellung Mekkas zu schwächen, das von 683 bis 692 Sitz des Gegenkalifen Ibn az-Zubair war.*

Zentralstaat organisiert, waren nunmehr nichtarabische Völker, vor allem Perser, in wachsendem Maße an der Verwaltung des Reiches beteiligt. Kulturelle Einflüsse der Sassaniden führten dazu, daß sich die Kalifen in ihrer Stellung immer mehr an den Großkönigen altorientalischen Stils orientierten.

Die politische Macht der Abbasidenkalifen ging seit der zweiten Hälfte des neunten Jahrhunderts zurück. Ihre aus türkischen Söldnern bestehende Leibgarde, die Mamluken, gewann – ähnlich wie die Prätorianer der römischen Kaiserzeit – immer mehr Einfluß auf die Reichspolitik. An der Peripherie des Reiches gründeten mehrere Provinzstatthalter zudem eigene Dynastien, die den Abbasidenherrschern die Kalifenwürde streitig machten. Insbesondere die schiitischen *Fatimiden* in Ägypten errichteten von 909 bis 1171 ein eigenes Reich und Kalifat. Die politische Schwäche des islamischen Reiches hatte jedoch keinen Einfluß auf die kulturelle Blütezeit, im Gegenteil: In Kairo entstand ein Zentrum der Wissenschaft und Kultur, das es durchaus mit Bagdad aufnehmen konnte.

Seit der Mitte des 10. Jahrhunderts waren die Abbasidenkalifen nur noch Schattenherrscher. Die schiitisch-iranische Dynastie der Bujiden übernahm nach der Eroberung des Zweistromlandes für ein Jahrhundert das Amt des *Emirs der Emire* und kontrollierte als „Schützer des Kalifen" die Verwaltung des gesamten Reiches. 1055 wurden die Bujiden von der sunnitisch-türkischen Dynastie der Seldschuken abgelöst. Als schließlich die Mongolen 1256 ins Zweistromland eindrangen, kam 1258 das Ende des Kalifats von Bagdad.

*Das Innere der Moschee von Cordoba (Spanien). Mit dem Bau der nach Mekka zweitgrößten Moschee wurde im Jahr 780 begonnen.*

### 7.1.6 Das Emirat/Kalifat von Cordoba, 752/929–1031

Nach der *abbasidischen Revolution* im Jahre 750 hatte sich der Omaijade Abd ar-Rahman nach Spanien retten können und begründete hier das Emirat von Cordoba. Den Omaijaden gelang es nach und nach, die rivalisierenden islamischen Gruppierungen in Spanien zu einigen und sie unter die Herrschaft der Zentralregierung in Cordoba zu bringen. Das islamische Spanien erkannte die Oberhoheit des abbasidischen Kalifats nicht mehr an, blieb jedoch wirtschaftlich und kulturell mit dem Rest des islamischen Reiches verbunden.

Die spanischen Omaijaden erlebten unter Abd ar-Rahman III. (912–961) ihre Blütezeit. Er konnte seinen Einfluß auch auf die mittlerweile im Norden entstandenen christlichen Kleinstaaten ausdehnen, die ihn als Lehnsherrn akzeptieren mußten. Nachdem sich die *Fatimiden* in Ägypten zu Kalifen erklärt hatten, führte Abd ar-Rahman III. im Jahre 929 auch für die spanischen Omaijaden den Kalifentitel ein.

Unter den Nachfolgern Abd ar-Rahmans III. verlor die Zentralregierung in Cordoba an Macht. Als die Dynastie der Omaijaden im Jahre 1031 erlosch, zerfiel das muslimische Spanien in zahlreiche Fürstentümer. Ähnlich wie im Osten des islamischen Reiches folgte der politischen Schwäche zunächst jedoch weder ein wirtschaftlicher noch ein kultureller Niedergang. Neben Cordoba entwickelten sich u. a. auch Sevilla, Granada und Valencia zu bedeutenden Kulturzentren.

Der spanischen Reconquista ab 1064 fiel es relativ leicht, sich gegen die einzelnen regionalen Herrscher durchzusetzen, wenngleich es den marokkanischen Almoraviden (1086–1145) und Almohaden (1145–1223)für kurze Zeit noch einmal gelang, die politische Einheit Mittel- und Südspaniens unter islamischer Herrschaft wiederherzustellen. Das Nasridenkönigreich Granada behauptete sich gegen die christliche Reconquista am längsten, bis 1492, allerdings zuletzt schon als Vasallenstaat Kastiliens.

## 7.2 Islamische Wissenschaft und Kultur

Auf der Grundlage der arabischen Sprache und Schrift entwickelte der Islam in kurzer Zeit eine eigene Kultur. Indem die Werke griechischer, persischer und indischer Dichter und Wissenschaftler ins Arabische übersetzt wurden, trafen verschiedenartige Einflüsse zusammen, die einen *geistigen Gärungsprozeß* (Watt) bewirkten. Aus der Assimilation fremden Bildungsgutes entstanden schnell eigene wirtschaftliche und kulturelle Leistungen der Araber. Im Unterschied zum christlichen Abendland des Mittelalters, das von der Spätantike vor allem theologische und philosophische Elemente, das hierarchische Prinzip und Grundsätze aus der Verwaltungspraxis übernommen hatte, gab die Antike der arabisch-islamischen Staatenwelt wichtige Impulse im Bereich der praktischen Wissenschaften, vor allem in der Medizin, Geographie, Mathematik und Technik. Gerade in den Naturwissenschaften war der Orient dem Abendland jahrhundertelang weit überlegen, weil die Araber die Methode des Beobachtens und systematischen Experimentierens fortführten und zahlreiche Erfindungen machten.

Unter Harun ar-Raschid und seinem Sohn Al-Mamun (813–33) wurden Sprachgelehrte nach Bagdad geholt, die im „Haus der Weisheit" altgriechische Handschriften übersetzten und so dafür sorgten, daß die Werke der griechischen Philosophen, Historiker, Mediziner und Naturwissenschaftler erhalten blieben. U. a. in Bagdad, Kairo, Toledo und Cordoba gab es hervorragend ausgestattete Universitäten mit Laboratorien, Observatorien und Bibliotheken.

Arabischen Mathematikern gelang die Lösung von Gleichungen dritten Grades, sie führten u. a. den Tangens in die Trigonometrie ein und wendeten die Algebra im Bereich der Geometrie an. Auch in der Astronomie waren arabische Wissenschaftler führend. In Bagdad und Kairo bestanden berühmte Schulen der Astronomie. Hier wurden zahllose Entdeckungen gemacht und präzise Instrumente zur Beobachtung und Berechnung der Himmelskörper entwickelt. Arabische Astronomen stellten genaue Tabellen der Sternbewegungen auf und berechneten exakt die Neigung der Ekliptik. Abul Wefa entdeckte um 900 bereits die Veränderlichkeit der größten Mondbreite und die dritte Anomalie des Mondes, Variation genannt, die im Westen Tycho Brahe erst 1601 herausfand.

Wegen der großen Ausdehnung des islamischen Reiches und des regen Handelsverkehrs zwischen den verschiedenen Teilen und den angrenzenden Provinzen besaßen die Araber auch umfassende geographische Kenntnisse. Geographen bereisten das gesamte Kalifenreich und verfaßten neben ausführlichen Reiseberichten auch geographische Werke im engeren Sinne. Der wohl berühmteste arabische Geograph war der im 12. Jahrhundert in Spanien geborene Idrisi. Für mehr als drei-

*In der Bibliothek einer Moschee (persische Buchmalerei)*

hundert Jahre bildeten seine Karten und Beschreibungen die Vorlagen abendländischer Kartographen.

Ausgehend von den Schriften des Hippokrates und anderer griechischer Wissenschaftler brachten berühmte arabische Mediziner die Kenntnisse auch auf diesem Gebiet rasch voran. U. a. Rhazes (*850) und Avicenna (*980) schrieben anhand eigener Untersuchungen und Experimente Abhandlungen über verschiedene Krankheiten und Möglichkeiten der Heilung. Ihre Werke wurden ins Lateinische übersetzt und blieben z. T. bis

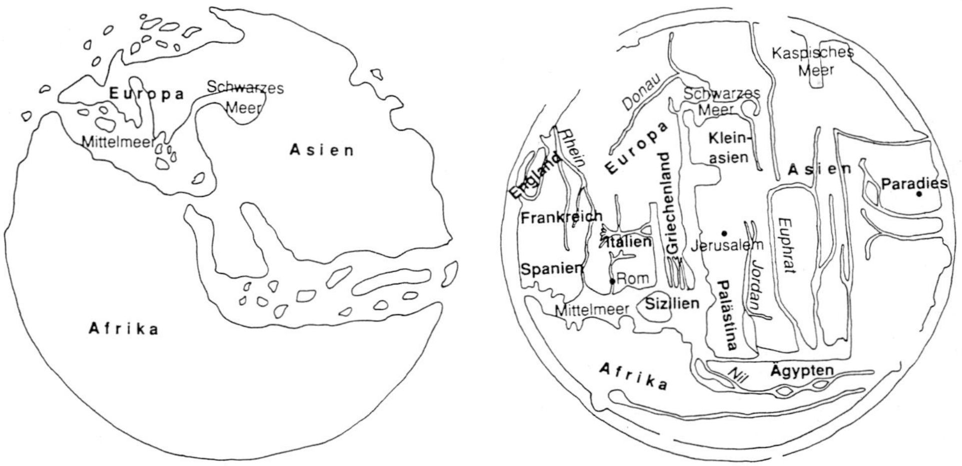


*Links: die Weltkarte des arabischen Geographen Idrisi (12. Jahrhundert) rechts: die Weltkarte aus dem Kloster Ebstorf (um 1250).*

*Das Astrolabium, ein nautisches Instrument, das zur Bestimmung der Winkelhöhe eines Sterns über dem Horizont diente. Bereits im Altertum erfunden, wurde es durch die Araber wesentlich weiterentwickelt.*

ins 17. Jahrhundert Lehrstoff an den europäischen Universitäten. Albukassis von Cordoba erfand im ausgehenden 11. Jahrhundert zahlreiche chirurgische Instrumente, die erst seit dem 15. Jahrhundert im übrigen Europa bekannt und nachgeahmt wurden. Arabische Wissenschaftler prägten nachhaltig die Heilmittelkunde und entwickelten sie weiter zur Pharmazeutik.

Besonders umfangreiche Kenntnisse erwarben arabische Wissenschaftler auf dem Gebiet der Chemie. In ihren Laboratorien wurden so wichtige Substanzen wie Scheidewasser, Schwefel- und Salpetersäure sowie Alkohol entdeckt. Auch das Destillationsverfahren ist entwickelt worden von arabischen Chemikern. Von der praktischen Anwendung der chemischen Kenntnisse profitierten u. a. die Färbereien. Von den Chinesen übernahmen die Araber durch Kriegsgefangene nach 751 die Papiererzeugung, ersetzten aber den Grundstoff Seide durch Baumwolle.

Entscheidend für das Eindringen wissenschaftlicher Kenntnisse und kultureller Einflüsse des Islam in die Welt des europäischen Mittelalters wurde die Eroberung Spaniens und Siziliens durch die Muslime sowie das Zusammentreffen beider Kulturkreise während der Zeit der Kreuzzüge. Besonders in Spanien verschmolzen islamische, christliche und jüdische Kultur miteinander.

1130 wurde in Toledo mit der systematischen Übersetzung arabischer Texte ins Lateinische begonnen. So gelangten die Werke hervorragender arabischer Wissenschaftler und Dichter in das Bewußtsein der christlichen Zeitgenossen. Überdies wurde eine Brücke zur griechischen Antike geschlagen, da auch die bislang noch nicht rezipierten und im Original z. T. verlorengegangenen Schriften von Hippokrates, Aristoteles, Euklid, Archimedes etc. von spanischen Juden aus Cordoba nach Paris gebracht wurden und so den lateinischen Westen erreichten. Erst um 1250 gelang Wilhelm von Moerbeke die Übersetzung griechischer Texte ohne Zwischenstufe direkt ins Lateinische.

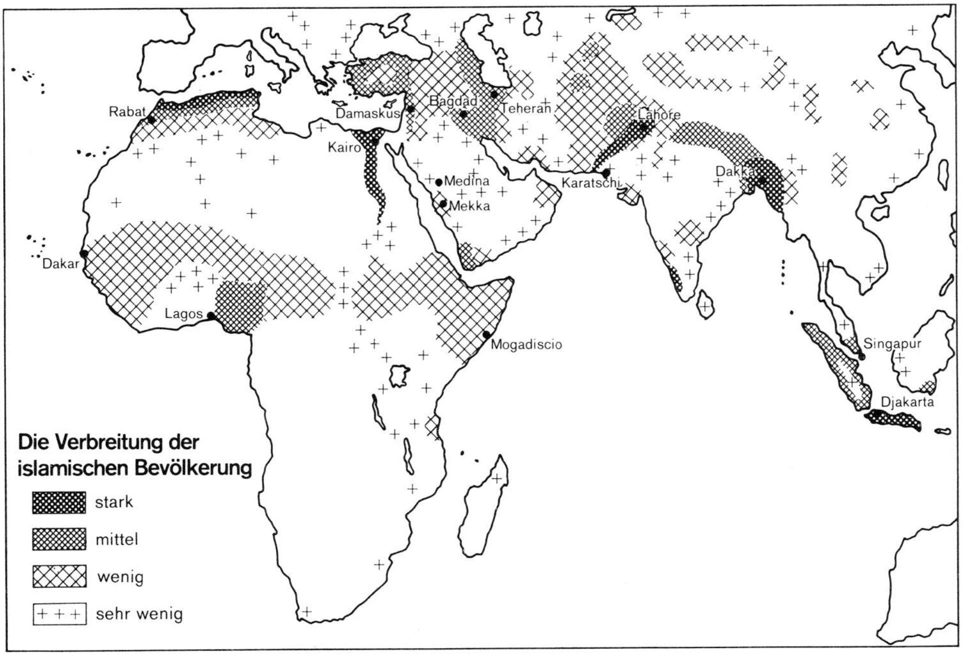


*Die heutige Verbreitung der islamischen Bevölkerung (unter Berücksichtigung der Bevölkerungsdichte)*

## M 1 Auszüge aus dem Koran

*Die 114 Suren des Korans wurden zwischen 610 und 632 von Mohammed verkündet. Nachdem die einzelnen Teile des Korans vom Kalifen Abu Bakr gesammelt worden waren, wurde um 653 vom Kalifen Othman die Redaktion veranlaßt.*

*a) Islamische Theologie:*

(112. Sure, 1–4) Sag: Er ist Gott, ein Einziger, Gott, durch und durch. Er hat weder gezeugt noch ist er gezeugt worden. Und keiner ist ihm ebenbürtig.

(4. Sure, 171) Ihr Leute der Schrift![1] Treibt es in eurer Religion nicht zu weit und sagt gegen Gott nichts aus als die Wahrheit! Christus Jesus, der Sohn der Maria, ist nur der Gesandte Gottes und sein Wort, das er der Maria entboten hat, und Geist von ihm. Darum glaubt an Gott und seine Gesandten und sagt nicht (von Gott, daß er in einem) drei (sei)![2] Hört auf (so etwas zu sagen)! Das ist besser für euch. Gott ist nur ein einziger Gott. Gepriesen sei er! (Er ist darüber erhaben) ein Kind zu haben. Ihm gehört (vielmehr alles), was im Himmel und auf der Erde ist. Und Gott genügt als Sachwalter.

*b) Verhältnis zwischen Männern und Frauen:*

(4. Sure, 3 u. 4) Und wenn ihr fürchtet, in Sachen der (eurer Obhut anvertrauten weiblichen) Waisen nicht recht zu tun, dann heiratet, was euch an Frauen gut ansteht, (ein jeder) zwei, drei oder vier. Wenn ihr aber fürchtet, (so viele) nicht gerecht zu (be)handeln, dann (nur) eine, oder was ihr (an Sklavinnen) besitzt! So könnt ihr am ehesten vermeiden, unrecht zu tun.[3] Und gebt den Frauen ihre Morgengabe als Geschenk (so daß sie frei darüber verfügen können)! Wenn sie euch aber freiwillig etwas davon überlassen, könnt ihr es unbedenklich (für euch selber) verbrauchen.

(4. Sure, 32) Und wünscht euch nicht das, womit Gott die einen von euch vor den anderen ausgezeichnet hat! Den Männern steht ein (bestimmter) Anteil zu von dem, was sie erworben haben. Ebenso den Frauen. Und bittet Gott (um etwas) von seiner Huld (statt einander zu beneiden)! Gott weiß über alles Bescheid.

(4. Sure, 34 u. 35) Die Männer stehen über den Frauen, weil Gott sie (von Natur vor diesen) ausgezeichnet hat und wegen der Ausgaben, die sie von ihrem Vermögen (als Morgengabe für die Frauen?) gemacht haben.[4] Und die rechtschaffenen Frauen sind (Gott) demütig ergeben und geben acht auf das, was (den Außenstehenden) verborgen ist, weil Gott (darauf) acht gibt (d. h. weil Gott darum besorgt ist, daß es nicht an die Öffentlichkeit kommt). Und wenn ihr fürchtet, daß (irgendwelche) Frauen sich auflehnen, dann vermahnt sie, meidet sie im Ehebett und schlagt sie![5] Wenn sie euch (daraufhin wieder) gehorchen, dann unternehmt (weiter) nichts gegen sie! Gott ist erhaben und groß. (35) Und wenn ihr fürchtet, daß es zwischen einem Ehepaar zu einem (ernsthaften) Zerwürfnis kommt, dann bestellt einen Schiedsrichter aus seiner und einen aus ihrer Familie (um so zu vermitteln). Wenn die beiden sich (dann) aussöhnen wollen, wird Gott ihnen zu ihrem (weiteren) Zusammenleben (in der Ehe) Gelingen geben. Er weiß Bescheid und ist wohl (darüber) unterrichtet (was ihr tut).

(4. Sure, 124) Diejenigen aber, die handeln, wie es recht ist, (gleichviel ob) männlich oder weiblich, und dabei gläubig sind, werden (dereinst) in das Paradies eingehen...

(Zitiert nach: Der Koran. Übersetzung von Rudi Paret, Stuttgart 1979, S. 439, 77, 60, 63/ 64 u. 73)

1 Der Vers wendet sich an die Angehörigen der christlichen Religion.
2 Gemeint ist hiermit die christliche Trinitätslehre.
3 Moderne Muslime leiten aus der Vorschrift, die Frauen gleichermaßen gerecht zu behandeln, die Einehe ab.
4 Angesprochen ist hiermit die physische Überlegenheit des Mannes und seine Pflicht, als Haushaltsvorstand für seine Frau(en) zu sorgen.

5 Das Züchtigungsrecht des Mannes wird von modernen Korankommentatoren als eine zeitbezogene Bestimmung (7. Jh.) interpretiert.

**M 2 Asaf A. A. Fyzee (pakistanischer Jurist, geb. 1899) über die Interpretation des Koran:**

Die Botschaft des Islams wurde vor 1400 Jahren auf die Welt herabgesandt. Muß sie neu interpretiert werden? Ist sie nicht für die ganze Welt und für alle Zeiten gedacht? Die Antwort auf beide Fragen fällt positiv aus. Auch wenn eine Botschaft wahr ist und in einem gewissen Sinne ewig, so ist es wegen eben dieser Prämissen entscheidend, sie in Übereinstimmung mit der Wissenschaft, Philosophie, Psychologie, Metaphysik und Theologie der modernen Welt zu verstehen.

Keine Sprache bleibt statisch... Ich möchte den Koran verstehen, wie er von den Arabern in der Zeit des Propheten verstanden wurde, um ihn neu zu interpretieren und ihn meinen Lebensbedingungen anzupassen und daran zu glauben, sofern er mich als Mann des zwanzigsten Jahrhunderts meint. Ich kann nicht aufgefordert werden, in der Wüste zu leben, sie auf dem Kamelrücken zu durchqueren, Heuschrecken zu essen, in Blutrache zu schwelgen, einen Bart und Mantel zu tragen und eine pseudoarabische Mentalität zu kultivieren. Ich muß zwischen dichterischer und tatsächlicher Wahrheit unterscheiden. Ich muß zwischen der Schale und dem Kern der Religion unterscheiden, zwischen Gesetz und Legende. Ich muß die Botschaft des Islams als ein moderner Mensch verstehen und annehmen, nicht wie einer, der vor Jahrhunderten gelebt hat. Ich respektiere Autorität, kann es in Gewissensangelegenheiten nicht ohne die Frage nach dem ‚Wie' tun.

Der Islam beruht auf dem Koran, der Koran muß in seinem historischen Kontext und nach chronologischen Prinzipien interpretiert werden.

(aus: Tellenbach, Silvia, Re-Islamisierung, in: Geschichte lernen, H. 7, Jan. 1989, S. 55.)

**M 3 Die christliche Religion der Byzantiner aus islamischer Sicht:**

Dann haben wir uns den Oströmern zugewandt und gefunden, daß sie Ärzte, Philosophen und Astronomen sind. Sie sind mit den Prinzipien der Musik vertraut, können Goldwaagen herstellen und wissen über das Bücherwesen Bescheid. (...)

Trotz alledem glauben sie, daß es drei Götter gibt, zwei geheime und einen sichtbaren, so wie eine Lampe Öl, Docht und Ölbehälter haben muß. So ist es (ihrer Meinung nach) auch mit der Substanz der Götter. Sie nehmen an, daß ein Geschöpf Schöpfer, ein Sklave Herr, etwas Neugeschaffenes ein Uranfänglich-Unerschaffenes wurde, aber dann mit einer Dornenkrone auf dem Haupt ans Kreuz geschlagen und getötet wurde und nach seinem Tode verschwand, danach jedoch sich selbst wieder ins Leben rief. Er soll es selbst seinen Sklaven ermöglicht haben, ihn aufzugreifen und gefangenzunehmen, und ihnen die Macht gegeben haben, ihn zu kreuzigen und zu töten. (...)

Hätten wir nicht mit eigenen Augen gesehen und mit eigenen Ohren gehört, würden wir es nicht für wahr halten. Wir würden nicht glauben, daß ein Volk von Religionsphilosophen, Ärzten, Astronomen, Diplomaten, Arithmetikern, Sekretären und Meistern in jeder Disziplin sagen könne, daß ein Mensch, der wie sie selber gesehen haben, gegessen, getrunken, uriniert, sich entleert, gehungert, gedürstet, sich gekleidet, sich entblößt, zugenommen und abgenommen hat und der dann, wie sie annehmen, ans Kreuz geschlagen und getötet worden ist, Herr und Schöpfer sei und fürsorglicher Gott, uranfänglich nicht neugeschaffen, der die Lebenden sterben läßt und die Toten wieder ins Leben ruft und nach Belieben viel, viel mehr für die Welt erschaffen kann, und daß sie sich dann noch seiner Kreuzigung und Tötung rühmen, wie es die Juden tun.

(aus: Rosenthal, Franz, Das Fortleben der Antike im Islam, Zürich 1965, S. 66f.)

**M 4 Auszug aus Einhard, Das Leben Karls des Großen:**

„Den Ruhm seiner Herrschaft hat er (Karl d. Große) noch erhöht durch die freundschaftliche Verbindung mit mehreren Königen und Völkerschaften. (...) Mit dem Perserkönig Harun[1], der mit Ausnahme Indiens fast das ganze Morgenland beherrschte, stand er in so freundschaftlichem Einvernehmen, daß dieser seine Huld der Freundschaft aller Könige und Fürsten des ganzen Erdkreises vorzog und ihn allein hoch ehren und beschenken zu müssen glaubte; als daher seine (Karls) Gesandten, die er mit Gaben zu dem heiligen Grabe unsers Herrn und Heilands und zum Orte seiner Auferstehung geschickt hatte, auch zu Harun kamen und ihm den Wunsch ihres Herrn eröffneten, so ließ er nicht bloß das zu, um was man ihn bat, sondern bewilligte auch, daß jene heilige und heilbringende Stätte seinem Machtbereich zugewiesen würde. Und als die Gesandten heimkehrten, so gesellte er ihnen seine eigenen bei und überschickte dem König neben Kleidern und Wohlgerüchen und andern Kostbarkeiten des Morgenlands noch ungemein reiche Geschenke, nachdem er wenige Jahre vorher ihm auf seine Bitte den einzigen Elefanten, den er damals besaß, geschickt hatte."

(aus: Einhard, Das Leben Karls des Großen, Kap. 16, in: Quellen zur Karolingischen Reichsgeschichte, Erster Teil (Freiherr vom Stein-Gedächtnisausgabe, Bd. V), Darmstadt 1955, S. 185/ 6.)

1 Gemeint ist der Abbasiden-Kalif Harun ar-Raschid (R 786–809).

**M 5 Aus dem Bericht des Ibn Gulgul (944–1000):**

„'Abd-ar-Rahman b.Muhammad an-Nasir[1], de(r) damalige(.) Herrscher von Spanien, ... führte eine Korrespondenz mit König Romanos[2], dem Herrscher von Konstantinopel, wie ich glaube, im Jahr 337/948–49, und dieser sandte ihm sehr wertvolle Geschenke, darunter das Buch des Dioskurides[3], geschrieben in altgriechisch, mit wunderbaren byzantinischen Illustrationen für die Pflanzen. (...) In seinem Brief an an-Nasir schrieb Romanos, daß man aus dem Buch des Dioskurides nur dann Nutzen ziehen kann, wenn es jemand gebe, der griechisch gut verstehe und die individuellen Heilmittel kenne. ‚Wenn du in deinem Reich einen solchen Mann hast, kannst du, König, aus dem Buch den richtigen Nutzen ziehen.' ...
Seinerzeit gab es keinen spanischen Christen in Cordoba, der altgriechisch lesen konnte. So blieb das Buch griechisch, wie es war, in der Schatzkammer 'Abd-ar-Rahman an-Nasirs liegen und wurde nicht ins Arabische übersetzt. ...

Als an-Nasir dann an König Romanos ein Antwortschreiben richtete, bat er ihn, ihm jemand, der griechisch und lateinisch spräche, zu schicken, um für ihn Sklaven im Übersetzen zu unterrichten. König Romanos schickte daraufhin einen Mönch namens Nikolaus zu an-Nasir. Er kam in Cordoba im Jahre 340/951–52 an. Damals gab es dort Ärzte, die an wissenschaftlicher Forschung interessiert waren und sich eine Übersetzung der unbekannten Drogen aus dem Buch des Dioskurides wünschten. Hasdaj b.Sabrut al-Isra'ili war derjenige, der am meisten an wissenschaftlicher Forschung und an solch einer Übersetzung interessiert war. ... Der Mönch Nikolaus wurde von ihm außerordentlich geschätzt und war sehr vertraut mit ihm. Er erläuterte die unbekannten Drogennamen im Werk des Dioskurides. ... Zu den damaligen Ärzten, die an einer besseren Identifizierung der individuellen Bezeichnungen für die Drogen in dem Werk interessiert waren, gehörten Muhammad, der unter dem Namen as-Saggar bekannt war, ein gewisser al-Basbasi, Abu 'Utman al-Hazzaz, der den Spitznamen al-Jabisah führte, Muhammad b.Sa'id at-Tabib, 'Abd-ar-Rahman b.Ishaq b.Haitam und Abu 'Abdallah as-Siqilli, der griechisch sprach und die individuellen Heilmittel kannte. ...

Alle diese Leute lebten zur gleichen Zeit

wie der Mönch Nikolaus. Ich habe sie und auch den Mönch Nikolaus schon zur Zeit von an-Nasir gekannt und mit ihnen zur Zeit von al-Mustansir al-Hakam[4] verkehrt. Zu Anfang von dessen Regierung ist der Mönch Nikolaus dann gestorben. Durch die Forschungen dieser Männer über die Drogennamen des Werkes des Dioskurides hat man ... eine sichere Kenntnis der individuellen Heilmittel besonders im andalusischen Cordoba erhalten ...«

(aus: Rosenthal, Franz, Das Fortleben der Antike im Islam, Zürich 1965, S. 266/ 67)

1 Abdarrahman III. von Cordoba (R 912–61), der im Jahre 929 den Kalifentitel annahm.
2 Romanos I. Lakapenos, byzantinischer Kaiser (R 920–44).
3 bedeutender griech. Arzt im 1. Jh. n. Chr., Verfasser einer Arzneimittellehre, die für mehr als eineinhalb Jahrtausende eine wichtige Grundlage der Medizin bildete.
4 al-Hakam II. von Cordoba (R 61-76).

**M 6 Bericht eines arabischen Arztes über Behandlungsweisen fränkischer Mediziner:**

„Sie führten mir einen Ritter vor, der einen Abszeß am Bein hatte, und eine Frau, die an Auszehrung litt. Dem Ritter machte ich ein erweichendes Pflaster, und der Abszeß öffnete und besserte sich; der Frau verschrieb ich eine Diät und führte ihrer Säftemischung Feuchtigkeit zu. Da kam ein fränkischer Arzt daher und sagte: ‚Der weiß doch überhaupt nicht, wie sie zu behandeln sind!', wandte sich an den Ritter und fragte ihn: ‚Was willst du lieber: mit einem Bein leben oder mit beiden Beinen tot sein?' Der antwortete: ‚Lieber mit einem Bein leben!' Da sagte er: ‚Holt mir einen kräftigen Ritter und ein scharfes Beil!' Ritter und Beil kamen, ich stand dabei. Er legte das Bein auf einen Holzblock und sagte zu dem Ritter: ‚Gib dem Bein einen tüchtigen Hieb, der es abtrennt.' Er schlug, unter meinen Augen, einmal zu, und da das Bein nicht abgetrennt war, ein zweites Mal: das Mark des Beines spritzte weg, und der Ritter starb sofort. Hierauf untersuchte er die Frau und sagte: ‚Die da hat einen Dämon im Kopf, der sich in sie verliebt hat. Schert ihr die Haare.' Sie schoren sie, und sie aß wieder von ihren gewohnten Speisen, Knoblauch und Senf, wodurch die Auszehrung sich verschlimmerte. ‚Der Teufel steckt in ihrem Kopf', urteilte er, nahm ein Rasiermesser und schnitt ihr kreuzförmig über den Kopf, entfernte die Haut in der Mitte, bis der Schädelknochen freilag, und rieb ihn mit Salz ein: die Frau starb augenblicklich. Da fragte ich: ‚Habt ihr mich noch nötig?' Sie verneinten, und ich ging weg, nachdem ich von ihrer Heilkunde gelernt hatte, was ich vorher nicht wußte. Ich sah von ihrer Heilkunst aber auch das Gegenteil. Der König von Jerusalem hatte unter seinen Rittern einen Schatzmeister namens Barnād (Bernhard) – Allāh verfluche ihn. Einmal trat ihn ein Pferd ans Bein. Sein Bein begann daraufhin zu eitern und war an vierzehn verschiedenen Stellen offen. Jedesmal wenn sich eine Stelle geschlossen hatte, öffnete sich eine andere. Ich aber wünschte sein Verderben. Da kam ein fränkischer Arzt zu ihm. Er beseitigte die bisher gebrauchten Salben und begann, alles mit saurem Essig zu waschen. Da schloß sich die Wunde, der Ritter gesundete und war wieder wie ein Teufel."

(aus: Usama ibn Munquid, Memoiren, dt. Übersetzung in: Gabrieli, Francesco, Die Kreuzzüge aus arabischer Sicht, Zürich u. München 1973, S. 118 f.)

# 8 Das Heilige Römische Reich Deutscher Nation

*Die Kaiserkrone, angefertigt um 1000. Die acht rundbogigen Goldplatten sind mit Edelsteinen, Perlen und Bildern geschmückt. Auf dem Bügel in lateinischer Sprache die Inschrift: „Konrad von Gottes Gnaden römischer Kaiser“.*

Mit dem Untergang des Weströmischen Reiches bildeten sich im lateinischen Westeuropa zwei Hierarchien heraus, die geistlich-kirchliche und die weltlich-politische. Nachdem im Jahre 962 der Kaiser, nun in der Person des deutschen Königs Otto I., endgültig an die Spitze der weltlichen Hierarchie zurückgekehrt war, kam es schon ein Jahrhundert später zum Konflikt zwischen geistlicher und weltlicher Macht um die Suprematie. Der Investiturstreit (1075–1122) gewann grundsätzliche Bedeutung für die weitere Entwicklung im lateinischen Europa, da er die Trennung von geistlicher und weltlicher Sphäre vorbereitete. In der Stauferzeit lebte der Konflikt zwischen Kaiser und Papst noch einmal in aller Schärfe auf. Auch die Kreuzzugsbewegung wurde massiv von den Auseinandersetzungen zwischen geistlicher und weltlicher Macht beeinflußt.

## 8.1 Deutsche Könige – Römische Kaiser

### Zeittafel

888 Endgültige Teilung des Karolingerreiches in fünf selbständige Königreiche: Westfranken, Ostfranken, Hoch- und Niederburgund und Italien
911 Tod Ludwigs des Kindes: ostfränkische Linie der Karolinger erloschen
921 Vertrag von Bonn zwischen Heinrich I. und dem westfränkischen Karolingerkönig Karl d. Einfältigen: gegenseitige Anerkennung der Unabhängigkeit beider Reiche
925 Angliederung Lothringens an das deutsche Reich
929 Hausordnung Heinrichs I.: Sohn Otto als Nachfolger gewählt
955 Schlacht bei Augsburg: Sieg der Deutschen über die Ungarn
962 Kaiserkrönung Ottos I. in Rom
987 Ende der Karolinger in Westfranken: Hugo Capet, Graf von Paris, wird König der Francia

Im 9. Jahrhundert waren der östliche und der westliche Teil des fränkischen Reiches auseinandergewachsen und hatten sich zu eigenen Königreichen entwickelt. Während in Westfranken Graf Hugo Capet von Paris im Jahre 987 zum König erhoben wurde und damit die Karolinger endgültig ablöste, war die karolingische Linie in Ostfranken schon 911 ausgestorben. Hier wurde der Frankenherzog Konrad, der durch seine Nähe zum *Regnum Francorum* für die Wahl zum ostfränkischen König besonders prädestiniert schien, im November 911 im oberfränkischen Forchheim von Vertretern der vier ostfränkischen Stämme der Franken, Sachsen, Bayern und Schwaben zum neuen König gewählt.

Das deutsche Königtum seit Konrad I. (911–918) war ein Wahlkönigtum auf der Basis von Stammesherzogtümern, die sich zur militärischen Abwehr von Invasionen (Slawen, Ungarn) herausgebildet hatten. Der neue König orientierte sich am karolingischen Vorbild und versuchte, die Macht der Stammesherzöge zu beschneiden. Da es allerdings weder Konrad I. noch seine Nachfolger schafften, die Stammesgewalten dauerhaft in den Dienst des Königtums zu stellen, prägte der Konflikt zwischen Zentralgewalt und Partikulargewalten in der Folgezeit das Verhältnis zwischen Königen und Stammesherzögen. Daraus ergab sich für die Könige die Notwendigkeit, eine enge Zusammenarbeit mit den Bischöfen zu suchen, da ihnen übertragene Herrschaftsrechte nach ihrem Tode wieder an die Krone zurückfielen.

*Die Stammesherzogtümer im deutschen Reich*

Nachdem es Konrad I. nicht gelungen war, sich gegenüber den Stammesherzögen durchzusetzen, verfolgte sein Nachfolger, der Sachsenherzog Heinrich, eine realistischere Politik und erkannte die Stammesgewalten an. Heinrich I. (919–936) konnte dadurch erreichen, daß ihm die Herzöge Huldigung und Vasalleneid leisteten. Formal waren damit die Stammesgewalten durch das Mittel des Lehnsrechts an den Herrscher gebunden, drängten sich zugleich aber als mächtige Zwischeninstanzen zwischen Könige und Grafen, die ursprünglich als regionale Repräsentanten der königlichen Zentralgewalt eingesetzt worden waren. Die Könige waren in besonderem Maße auf die Treue und Unterstützung der Herzöge angewiesen, um das Reich regieren zu können. In der Wahl des Sachsen Heinrichs I. spiegelte sich auch die prinzipielle Gleichrangigkeit der vier Stämme, wenn auch Sachsen und Franken zunächst die Kernlandschaften des deutschen Königtums bildeten. Im Jahre 925 kam zudem Lothringen, das sich 911 bei der Wahl Konrads I. vom ostfränkischen Reich gelöst und sich dem westfränkischen Reich angeschlossen hatte, zum deutschen Reich hinzu.

**Deutsche Herrscher (Könige und Kaiser), 911–1254**

| | |
|---|---|
| *Franken, 911–918* | |
| Konrad I. | 911–918 |
| *Sachsen (Ottonen), 919–1024* | |
| Heinrich I. | 919–936 |
| Otto I. (d. Große) | 936/62–973 |
| Otto II. | 973–983 |
| Otto III. | 983–1002 |
| Heinrich II. | 1002–1024 |
| *Salier, 1024–1125* | |
| Konrad II. | 1024–1039 |
| Heinrich III. | 1039–1056 |
| Heinrich IV. | 1056–1106 |
| Heinrich V. | 1106–1125 |
| Lothar III. von Supplinburg | 1125–1137 |
| *Staufer, 1138–1254* | |
| Konrad III. | 1138–1152 |
| Friedrich I. (Barbarossa) | 1152–1190 |
| Heinrich VI. | 1190–1197 |
| Philipp | 1198–1208 |
| *Welfen, 1208–1218* | |
| Otto IV. | 1208–1215 |
| *Staufer* | |
| Friedrich II. | 1215–1250 |
| Konrad IV. | 1250–1254 |

(nach: I. Geiss, Geschichte im Überblick. Daten und Zusammenhänge der Weltgeschichte, Reinbek 1986, S. 458 f.)

Durch seine vermittelnde Politik den Herzögen gegenüber gelang es Heinrich I., sie für die Wahl seines Sohnes Otto zu gewinnen (Hausordnung von 929). Der hier beschrittene Weg des Herrschers, bereits zu Lebzeiten einen Sohn zum Nachfolger zu designieren und damit weitere Söhne von der Königsherrschaft auszuschließen, war eine wichtige Voraussetzung zur Unteilbarkeit des Reiches und Installierung stabiler Herrschaftsstrukturen. Das Mitkönigtum des Thronfolgers seit Heinrich I. erwies sich als wichtiges Kontinuitätselement. Das Reich galt nicht mehr als Eigentum der jeweiligen Königsfamilie, das sie nach Belieben teilen und verteilen konnte, sondern gewann einen vom Herrscher unabhängigen und unterscheidbaren Charakter. Auch konnte Heinrich I. die Unteilbarkeit des Reiches nach außen in Grenzkonflikten gegen Dänen und Ungarn sowie gegen den westfränkischen König Karl den Einfältigen (Vertrag von Bonn 921) durchsetzen.

Nach dem Tode seines Vaters wurde Otto I. (der Große) in Aachen zum König gewählt und gekrönt. Krönungsort und Krönungsritual demonstrierten ein bewußtes Anknüpfen an karolingische Traditionen: Indem Otto I. den Thron in der Aachener Pfalzkapelle bestieg, kündigte er seinen Anspruch auf die Nachfolge Karls des Großen an. In der Designation durch seinen Vater, in der Wahl durch den von den Stammesherzögen geführten Adel und in der Salbung und Krönung durch die Erzbischöfe von Mainz und Köln verschmolzen so unterschiedliche Elemente wie Erbrecht, Wahlrecht und Gottesgnadentum miteinander und konstituierten den spezifischen Charakter des deutschen Königtums. Das Reich der Deutschen gewann seit Anfang des 10. Jahrhunderts in der zeitgenössischen Historiographie als *Regnum Teutonicorum* langsam auch begriffliche Gestalt.

Den strukturellen Konflikt zwischen Krone und Stammesgewalten versuchte Otto zunächst mit Hilfe der Familienpolitik zu lösen. Er strebte die Neuordnung des Reiches dadurch an, daß er freigewordene Stammesherzogtümer an enge Familienmitglieder ausgab, in der Hoffnung, damit die Stammesherzogtümer zu Amtsherzogtümern umbilden zu können. Die Mitglieder des Herrscherhauses verwuchsen jedoch schnell mit den Stämmen und betonten die Autonomie ihrer Territorien gegenüber Bestrebungen königlicher Einflußnahme. Die unterschiedlichen Interessen eskalierten 953/54 im Liudolfinischen Aufstand, in dem Otto seinem Sohn Liudolf, dem Herzog von Schwaben, und seinem Bruder Heinrich, dem Herzog von Bayern, gegenüberstand. Der König konnte den Konflikt zwar zu seinen Gunsten entscheiden, Familienpolitik als Mittel zur Stärkung der Königsmacht war jedoch offenkundig gescheitert.

In einem neuen Anlauf setzte Otto nunmehr auf die Reichskirche, indem er die Institution der Hofkapelle, d. i. die Gemeinschaft der Hofgeistlichkeit, ausbaute und daraus ein großes Reservoir an loyalen Bischöfen gewann, die er mit königlichen Hoheitsrechten ausstattete (Reichskirchensystem). Otto stärkte seine Stellung gegenüber den Bischöfen, indem er durchsetzte, daß die Gewählten ihr Bistum erst dann in Besitz nehmen durften, nachdem sie vom König Ring und Stab als Symbole ihres Amtes erhalten hatten. Die ehemaligen Kapelläne verwalteten im Auftrag des Königs auch weltliche Ämter und bildeten dadurch ein wirksames Gegengewicht zu den Stammesherzogtümern. Den Typus des im Auftrage der Königsmacht agierenden Reichsbischofs verkörperte zuerst und am eindrucksvollsten Brun, der Bruder Ottos. Brun, von seinem Biographen Ruotger *Archidux* genannt, wobei dieser die Wörter *archiepiscopus* (= Erzbischof) und *dux* (= Herzog) miteinander verschmolz, war Kanzler des Reiches, Erzbischof von Köln und wurde von seinem Bruder während des Liudolfinischen Aufstandes mit der Leitung des lothringischen Herzogtums betraut.

Unmittelbar nach seiner Herrschaftsübernahme hatte Otto I. die östlich der Elbe gelegenen Gebiete zu Grenzmarken unter den Markgrafen Gero und Hermann Billung ausgebaut. Die Grenzmarken dienten der Verteidigung des Reiches, waren aber zugleich

*Otto I. mit seiner Familie. Die zeitgenössische Elfenbeinschnitzerei, um 963 als Buchdeckel gestaltet, zeigt den Kaiser, seine Frau Adelheid und Otto II. (als Kind) zu Füßen Christi, Marias und des heiligen Mauritius. Im oberen Bildabschnitt zwei Engel.*

auch Ausgangspunkte zur Christianisierung und weiteren Eroberung des Ostens. Nach seinem Sieg gegen ein ungarisches Invasionsheer auf dem Lechfeld bei Augsburg im Jahre 955 und dem erfolgreichen Kampf gegen die Wenden im gleichen Jahre war Otto zum mächtigsten Herrscher im lateinischen Europa (=Abendland) aufgestiegen. Als Otto I. im Jahre 961 von Papst Johannes XII. um Hilfe gegen den lombardischen König Berengar ersucht wurde, griff er zugunsten des Papstes ein und wurde am 2. Februar 962 von Johannes XII. zum Kaiser gekrönt. Wie Karl der Große verstand sich Otto als Erneuerer des römischen Kaisertums. Der neue Kaiser war dennoch nicht Herr des ganzen Abendlandes; das neue Imperium Romanum beruhte primär auf dem deutschen Königtum, hinzu kamen Oberitalien, Burgund (ab 1033) und später Böhmen (1085/1198).

Die byzantinischen Herrscher verweigerten dem westlichen Kaisertum zunächst die Anerkennung. Erst nach der dynastischen Verbindung zwischen dem bereits als Mitregent eingesetzten Otto II. mit der byzantinischen Prinzessin Theophanu (972) wurde das Kaisertum der Ottonen von Byzanz akzeptiert. Das neue Kaisertum blieb fortan mit dem deutschen Königtum verknüpft. Die Krönungszeremonie in Rom durch den Papst zwang die neugewählten deutschen Könige zum Zug nach Italien und führte damit fast zwangsläufig zu Auseinandersetzungen mit den lombardischen Städten. Der Griff nach der römisch-deutschen Kaiserkrone war zugleich auch immer mit dem Versuch der deutschen Herrscher verbunden, von den Reichtümern Mailands und anderer oberitalienischer Städte durch Erhebung von Steuern und anderer Abgaben zu profitieren.

## 8.2 Papst und Kaiser im Investiturstreit

### Zeittafel

| | |
|---|---|
| 910 | Cluniazensische Reformen |
| 1054 | Trennung von Ost- und Westkirche (Schisma) |
| 1059 | Lateransynode |
| 1073–1085 | Gregor VII. |
| 1075 | Dictatus Papae, Fastensynode, Konflikt um Mailänder Erzbischof (endgültiger Beginn des Investiturstreits) |
| 1077 | Gang Heinrichs IV. nach Canossa |
| 1084 | Kaiserkrönung Heinrichs IV. durch Gegenpapst Clemens III. in Rom |
| 1122 | Wormser Konkordat: Kompromiß Kaiser–Papst |

Nach der Erneuerung des Kaisertums durch Otto I. blieb das Verhältnis zwischen Papst und Kaiser als Repräsentanten der geistlich-kirchlichen und der weltlich-politischen Hierarchie zunächst ungeklärt. Die Nachfolger des Apostels Petrus betonten zwar die geistliche Vorrangstellung, auch über die Kaiser, aber ihre politische Schwäche in Rom zwang die Päpste immer wieder zu Hilferufen an die Inhaber der kaiserlichen Macht. Die faktische Suprematie des Kaisers erwies sich noch im Jahre 1046, als Heinrich III. auf der Synode von Sutri gleich drei rivalisierende Päpste, die aus römischen Adelsfamilien stammten, absetzte und dafür seinen Vertrauten, den deutschen Reichsbischof Suidger von Bamberg, einsetzte. Diesem folgten mehrere deutsche Päpste, ebenfalls von Heinrich III. bestimmt.

Der Tiefpunkt des Papsttums provozierte jedoch die Forderung nach einer umfassenden Kirchenreform, um den Papst unabhängig von weltlichen Einflüssen zu machen. Starken Einfluß erlangte die vom burgundischen Kloster Cluny ausgegangene Reformbewegung (910), die bereits viele Benediktinerklöster erfaßt hatte. Von Heinrich III. bestärkt, förderten Papst Leo IX. (1049–1054) und seine Nachfolger die Kirchenreform: Ihre Kernpunkte waren das Verbot der Laieninvestitur (= Einsetzung von Geistlichen durch weltliche Autoritäten) und Simonie (= Käuflichkeit geistlicher Ämter), die Durchsetzung des Zölibats (= Ehelosigkeit aller Priester nach dem Vorbild der Mönche), Unabhängigkeit der Papstwahl von politischen Machtfaktoren sowie die straffere Unterordnung der Kirche unter den Papst. Die Kirchenreform zielte insgesamt auf die Ausschaltung der Laien bei der Regelung innerkirchlicher Angelegenheiten. Wesentliche Inhalte dieser Reform wurden auf der Lateransynode in Rom 1059 beschlossen. Das hier verkündete Papstwahldekret bestimmte das Kardinalskollegium zum für die Papstwahl allein zuständigen Gremium. Die Reformpäpste verstanden sich als unumschränkte Oberhäupter einer streng hierarchisierten Kirche. Der päpstliche Hof, die Kurie, wurde zu einer effektiv arbeitenden Behörde ausgebaut, die die neue Stellung der Päpste offensiv unterstützte. Im Jahre 1054 trennte sich das Reformpapsttum von der Ostkirche (Schisma), da deren Vertreter nicht bereit waren, den Primat der römischen Bischöfe anzuerkennen. Die Annäherung der normannischen Herrscher Richard von Aversa und Robert Guiscard an das Reformpapsttum verschaffte diesem zudem einen größeren Handlungsspielraum gegenüber den deutschen Königen.

*Otto III. überreicht Adalbert von Prag den Bischofsstab und setzt ihn damit in sein Amt ein (= Investitur). (Relief auf der Bronzetür des Doms von Gnesen, 12. Jahrhundert.)*

Seit seiner Wahl zum Papst trieb Gregor VII. (1073–1085) die Reformen unnachgiebig weiter voran. Den Widerstand mehrerer reformunwilliger deutscher Reichsbischöfe gegen den Zölibat beantwortete Gregor mit ihrer Suspendierung. Schließlich kam es zum offenen Konflikt mit dem deutschen König Heinrich IV., der in der Tradition Ottos I. die Bischöfe in die Reichsverwaltung einbezogen hatte und vom Verbot der Laieninvestitur besonders getroffen wurde. Im Mittelpunkt der Auseinandersetzung stand die von den Reformpäpsten betonte *Libertas ecclesiae*, die Freiheit der römischen Kirche, ihre eigenen Angelegenheiten selbst zu regeln. In den 27 Leitsätzen seiner Programmschrift *Dictatus Papae* aus dem Jahre 1075 vertrat Gregor VII. u. a. die Auffassung, daß Päpste mit ihrer kanonischen Ordination „unzweifelhaft heilig" würden, daß nur der Papst Bischöfe ein- und absetzen dürfe, und daß dem Papst sogar das Recht zustehe, Kaiser abzusetzen. Heinrich IV. beharrte indes darauf, freigewordene Bischofsstühle mit Kandidaten seiner Wahl zu besetzen. Als der König 1075 in der zum Reich gehörenden Stadt Mailand gegen den Willen der Mailänder Bürgerschaft einen Deutschen zum neuen Erzbischof bestimmte, traf er auf massiven Widerstand Gregors VII. Da Heinrich IV. nach dem Vorbild seines Vaters den Papst daraufhin für abgesetzt erklärte, reagierte Gregor VII. ebenfalls in scharfer Form. Auf der Fastensynode 1076 belegte er den deutschen König mit dem Kirchenbann und hob die dem Herrscher geleisteten Treueeide auf.

Heinrichs Stellung in Deutschland war von einer starken Opposition aus weltlichen und geistlichen Fürsten bedroht, die ihn ultimativ aufforderten, sich binnen Jahresfrist vom päpstlichen Bann zu lösen, andernfalls werde man einen neuen König wählen. Heinrich IV. war deshalb gezwungen, sich Gregor VII. zu unterwerfen und um Aufhebung des Bannes zu bitten. Im Januar 1077 mußte der deutsche König drei Tage lang als Büßer vor der Apenninenburg Canossa warten, bis ihm Gregor die Absolution erteilte. Heinrich hatte damit zwar seine politische Handlungsfähigkeit wiedergewonnen, der innere Konflikt mit den oppositionellen deutschen Fürsten, die trotz der von Heinrich IV. erreichten

Lösung vom Kirchenbann einen Gegenkönig gewählt hatten, dauerte noch längere Zeit an. Als Heinrich im Jahre 1080 ein zweites Mal von Gregor VII. gebannt wurde, zog der deutsche König nach Italien, eroberte Rom, setzte einen Gegenpapst ein und ließ sich von diesem zum Kaiser krönen (1084). Weitere Kämpfe mit dem Lombardischen Städtebund banden Heinrich allerdings für mehrere Jahre in Oberitalien, so daß das Papsttum entscheidenden Einfluß auf die Kreuzzugsbewegung gewinnen und damit auch seinen politischen Führungsanspruch in Europa untermauern konnte.

Das Wormser Konkordat (1122) beendete den Investiturstreit, bedeutete zugleich aber auch das Ende des ottonisch-salischen Reichskirchensystems. Die Kompromißformel unterschied zwischen den geistlichen und weltlichen Aufgabenbereichen der Bischöfe. Papst und König wirkten nun gemeinsam an der Einsetzung der Bischöfe mit. Der König verzichtete auf die Investitur mit den geistlichen Symbolen Ring und Stab und akzeptierte damit, daß die Bischöfe in seiner Anwesenheit in ihre geistlichen Aufgaben durch kanonische Wahl und kirchliche Weihe eingesetzt wurden. Der König seinerseits übertrug den Bischöfen die weltlichen Rechte mit der Übergabe des Zepters und erhielt dafür das Treueversprechen der Eingesetzten. Analoge Lösungen hatten zuvor bereits Frankreich und England gefunden.

Während der Regierungszeit der Staufer lebte der Grundsatzkampf zwischen weltlicher und geistlicher Macht wieder auf. Friedrich I. hob die Unabhängigkeit seines auf Gottes Gnaden und Fürstenwahl gegründeten Kaisertums hervor und definierte die Kaiserkrone als ein *divinum beneficium*.

Als logische Konsequenz der Entwicklungen, die im christlichen Europa zur Herausbildung einer geistlichen und weltlichen Doppelhierarchie geführt hatten, beeinflußte der Investiturstreit langfristig den Trennungsprozeß zwischen Kirche und Staat. Im Zeitalter von Reformation und Gegenreformation und unter den Einflüssen der Aufklärung setzte sich dieser Prozeß dann unumkehrbar durch.

*Heinrich IV. bittet die Markgräfin Mathilde von Tuszien, eine Parteigängerin des Papstes, und den Abt Hugo von Cluny um Fürsprache bei Papst Gregor VII. Der Markgräfin gehörte die Burg Canossa, auf der sich Gregor VII. im Januar 1077 aufhielt. (Buchmalerei aus dem „Leben der Mathilde", entstanden um 1114.)*

## 8.3 Reichspolitik in der Stauferzeit

### Zeittafel

| | |
|---|---|
| 1079 | die Staufer erlangen die schwäbische Herzogswürde |
| 1155 | Kaiserkrönung Friedrichs I. (Barbarossa) |
| 1158 | Reichstag von Roncaglia |
| 1176 | Niederlage Friedrichs I. gegen den 2. Lombardenbund in Legnano |
| 1178 | Reichstag zu Speyer: Anklage Heinrichs des Löwen |
| 1214 | Schlacht bei Bouvines: Sieg Frankreichs über eine englisch-welfische Koalition |
| 1220 | Kaiserkrönung Friedrichs II. in Rom |
| 1220 | „Confoederatio cum principibus ecclesiasticis“ |
| 1231 | „Statutum in favorem principum“ |
| 1250/54–1273 | Interregnum |

Auch wenn die Ottonen und Salier im 10. und 11. Jahrhundert durch die Designation ihrer Söhne stabile Dynastien geschaffen hatten, so blieb der grundsätzliche Charakter des deutschen Königtums als Mischung aus Wahl- und Erbrecht bestehen. Die Beteiligung des Volkes galt weiterhin als konstitutives Element der Königswahl, wenngleich der „populus“ de facto aus den „principes“ bestand. Mit der Wahl Lothars von Supplinburg (1125–1137), der dem kinderlos gebliebenen Salier Heinrich V. folgte, trat im 12. Jahrhundert jedoch das Wahlkönigtum stärker in den Vordergrund. Entscheidend hierfür war die gewachsene Macht der Reichsfürsten. Die Einzelstimmen der Fürsten (Kur) gewannen an Gewicht, auch den Wahlversprechungen der Kandidaten kam nun eine besondere Bedeutung zu.

Nach den Ottonen und Saliern und dem Zwischenspiel Lothars von Supplinburg gelangten die Staufer, ein junges schwäbisches Adelsgeschlecht, das seinen Familienbesitz durch eine geschickte Heiratspolitik erweitert und 1079 die schwäbische Herzogswürde erlangt hatte, durch die Wahl Konrads III. in den Besitz des Königtitels. Auf Konrad III. (1138–1152) folgte mit Friedrich I. (Barbarossa), der von 1152 bis 1190 regierte, der wohl bedeutendste Stauferherrscher. Friedrich I. verfolgte eine konsequente Erwerbspolitik, die auf die Bildung familieneigener geschlossener „Königslandschaften“ zielte. Bei der Durchsetzung seiner Herrschaft stützte sich Friedrich I. auf die Ministerialen, die, ursprünglich unfrei, zu Angehörigen des Geburtsadels aufstiegen. Friedrich I. erreichte zunächst einen Ausgleich mit den Welfen, ihm gelang zudem die Beilegung weiterer Fehden und Spannungen zwischen verschiedenen deutschen Fürstenhäusern. Nach seiner Kaiserkrönung (1155) wandte sich Friedrich I. Oberitalien zu und versuchte hier, die Reichshoheit wiederherzustellen. Sein eigentliches Ziel war es, den Fiskus am Ertrag der reichsten und wirtschaftlich modernsten europäischen Region zu beteiligen. Nach dem Sieg gegen Mailand verlangte Friedrich I. auf dem Reichstag von Roncaglia (1158) die Rückerstattung der dem Reich in den Jahrzehnten zuvor entfremdeten Regalien. Zur Durchsetzung seiner Rekuperationspolitik unternahm Friedrich I. in der Folgezeit weitere Italienzüge, wobei er im Jahre 1162 Mailand, die Anführerin der oppositionellen Lombardenstädte, zerstören ließ.

*Kaiser Friedrich I. (ca. 1122–1190), nach seinem roten Bartwuchs „Barbarossa“ genannt, zwischen seinen Söhnen Heinrich VI. (links), der von 1190–1197 als Kaiser regierte, und Friedrich, Herzog von Schwaben (rechts). Außer der Kaiserkrone sind weitere Insignien (Herrschaftszeichen) des Heiligen Römischen Reiches zu erkennen: der Reichsapfel und das Zepter. (Buchmalerei aus dem 12. Jh.)*

Die Italienpolitik Friedrichs I. provozierte eine geschlossene Front aus Kurie, lombardischen Städten und dem sizilianischen Königreich. Um seine eigene Stellung zu stärken, unterstützte der Stauferkaiser nach dem Tod Papst Hadrians IV. (1159) mehrere Gegenpäpste des neugewählten Alexander III. (1159–1181); dadurch brach in der Kirche ein 18 Jahre andauerndes Schisma aus. Die Auseinandersetzungen um die Vorherrschaft in Italien, die die politischen und militärischen Kräfte Friedrich Barbarossas für zwei Jahrzehnte banden, endeten schließlich mit Kompromißverträgen zwischen den Kontrahenten.

Da Heinrich der Löwe dem Kaiser militärischen Beistand verweigert und dadurch zur Niederlage Friedrichs I. gegen den 2. Lombardenbund bei Legnano (1176) beigetragen hatte, unterstützte Friedrich I. die auf dem Reichstag zu Speyer (1178) vom Kölner Erzbischof gegen Heinrich vorgebrachte Klage. Der gegen Heinrich wegen Landfriedensbruchs angestrengte Prozeß führte schließlich 1180 zur Verurteilung des Löwen und zur Auflösung seines Länderkomplexes.

Wie Karl d. Große und Otto I. verstand sich Friedrich I. als Nachfolger der antiken Kaiser und damit als Inhaber einer gottesunmittelbaren universellen Macht, der sich die übrigen Könige Europas, in den kaiserlichen Schriften als „Kleinkönige“ oder „Provinzkönige“ bezeichnet, unterzuordnen hatten.

Auf dem Höhepunkt seiner Macht starb Friedrich I. während eines Kreuzzuges. Sein Sohn Heinrich VI. (1190–1197) setzte die Erbansprüche seiner Frau Konstanze in Sizilien durch und regierte damit ein Reich, das sich zwischen Ostsee und Mittelmeer erstreckte. Der frühe Tod Heinrichs VI. führte zum Thronstreit zwischen Staufern und Welfen. Erst der Sieg Frankreichs bei Bouvines über ein englisch-welfisches Koalitionsheer (1214) schuf die Voraussetzung dafür, daß Heinrichs Sohn Friedrich, der bereits Ende 1196 in Deutschland zum König gewählt worden war, sein Amt auch faktisch antreten konnte. Mit Friedrich II. bestieg eine Persönlichkeit den Thron, die vielfältige Bewunderung sowohl ihrer Zeitgenossen als auch der Historiker hervorgerufen hat. In seinem Denken hatte der durch einen außerordentlichen Wissensdrang geprägte Herrscher das Mittelalter bereits hinter sich gelassen.

Da Friedrich II. in Sizilien residierte, sank Deutschland zu einem Nebenland des Imperiums herab. Die deutschen Fürsten gewannen dadurch auf Kosten der Zentralgewalt weiter an Macht. Die von Friedrich II. 1220 den geistlichen („Confoederatio cum principibus ecclesiasticis") und 1231 den weltlichen Fürsten („Statutum in favorem principum") verbrieften Privilegien beinhalteten den Verzicht der Krone auf wichtige Hoheitsrechte, stärkten die Stellung der Fürsten als Inhaber der partikularen Gewalt und sanktionierten die territoriale Aufsplitterung Deutschlands. Die Entwicklungsperspektiven der Städte als Modernisierungsträger wurden zugunsten der den Fürsten gewährten Rechte beschnitten. In seinem eigentlichen Herrschaftsbereich, im Königreich Sizilien, setzte Friedrich II. allerdings die Stärkung der königlichen Zentralgewalt durch. Sein Staat beruhte auf einem ausgeklügelten Steuersystem und einer straffen Beamtenhierarchie. Das *Liber Augustalis*, ein modernes Gesetzbuch, bildete die Grundlage für ein einheitliches Rechtssystem, das die Selbsthilfe verbot und die Verfolgung von Verbrechen zur Sache des Staates machte.

Nach dem endgültigen Scheitern der Staufer (1250/1268) bestand in Deutschland ein Machtvakuum. In dieser königslosen Zeit (Interregnum 1254–1273) erstarkten die Landesfürsten noch mehr, auch profitierten im Spätmittelalter die Städtebünde und der Deutsche Ritterorden vom Machtverfall der Zentralgewalt. Zudem behielten die Päpste großen Einfluß auf die deutsche Politik.

Erst Rudolf I. von Habsburg (dt. König 1273–1291) schuf durch seine Hausmachtpolitik (Vermehrung des erblichen Familienbesitzes um ein Kerngebiet) wieder ein notdürftig gefestigtes Königtum, das jedoch noch unter verschiedenen Dynastien wechselte.

Der Luxemburger Karl IV. residierte in Böhmen. Er regelte die Königswahl neu in der Goldenen Bulle (1356, mit Erweiterungen gültig bis 1806). Die drei Erzbischöfe von Köln, Mainz und Trier und die vier weltlichen Reichsfürsten von Pfalz bei Rhein, Böhmen, Brandenburg und Sachsen wurden allein wahlberechtigte Kurfürsten nach dem Mehrheitsprinzip. Die Territorien wurden im Erbfall unteilbar und gingen an den ältesten Sohn (Primogenitur). Dieses Vorbild übernahmen bald alle weltlichen Fürsten. Sie sorgten für den Landfrieden im Kampf gegen das alte Fehderecht des Adels. In ihren neuen Residenzstädten verwalteten Hofräte und Kanzleien mit Juristen (Universitätsstudium) nach vereinheitlichten Grundsätzen den Flächen- bzw. Territorialstaat.

Das Reich verfiel zunehmend in Machtlosigkeit. Erst die Habsburgerkaiser (seit 1438) zeigten neue Initiativen (Reichskammergericht).

## 8.4 Kreuzzugsbewegung und Kreuzfahrerstaaten, 1096–1291

### Zeittafel

| | |
|---|---|
| 1071 | Schlacht bei Mantzikert: Sieg der Seldschuken über Byzanz |
| 1077/85 | Seldschuken erobern Jerusalem und Antiochia: Hilferuf aus Byzanz an den Westen |
| 1095 | Papst Urban II. ruft zum Kreuzzug auf |
| 1096–99 | 1. Kreuzzug: Judenverfolgung im Rheinland, Eroberung Palästinas, Gründung von Kreuzfahrerstaaten in Edessa (1098–1144) und Antiochia (1098–1268) |
| 1100 | Gründung des Königreichs Jerusalem |
| 1147–48 | 2. Kreuzzug (erfolglos) als Reaktion auf die Eroberung Edessas durch die Seldschuken (1144) |
| 1147 | Wendenkreuzzug im Rahmen der deutschen Ostkolonisation |
| 1187 | Eroberung Jerusalems durch Saladin |
| 1189–92 | 3. Kreuzzug: Eroberung Akkons und Zyperns; Rückeroberung Jerusalems scheitert |
| 1199–1204 | 4. Kreuzzug: Venezianer lenken die Kreuzfahrer nach Byzanz um; Eroberung der Stadt und Gründung des Lateinischen Kaiserreichs (bis 1261) |
| 1208–44 | Ketzerkreuzzug gegen die Albigenser (Katharer) in Südfrankreich |
| 1212 | Kinderkreuzzug |
| 1217–21 | 5. Kreuzzug: Eroberung von Damiette (Ägypten) |
| 1227–29 | Kreuzzug Friedrichs II.: Vertrag von Jaffa (1229) sichert Christen den Zugang zu den Heiligen Stätten (bis 1244) |
| 1231–34 | Kreuzzug des Grafen von Oldenburg und des Erzbischofs von Bremen gegen die Stedinger Bauern |
| 1244 | Schlacht bei Gaza: Niederlage der Kreuzritter; Jerusalem endgültig unter muslimischer Herrschaft (bis 1917) |
| 1248–54 | 6. Kreuzzug (= 1. Kreuzzug Ludwigs IX. von Frankreich) scheitert in Ägypten |
| 1268 | Mamluken erobern Antiochia |
| 1270 | 7. Kreuzzug (= 2. Kreuzzug Ludwigs IX.): Fehlschlag; Ludwig IX. stirbt vor Tunis |
| 1291 | Mamluken erobern Akkon; Ende der Kreuzfahrerstaaten |

Unterstützt von den Reformpäpsten, die nicht nur die politische Vormachtstellung beanspruchten, sondern sich auch als religiöse Vorkämpfer gegen die Heiden verstanden, hatte das lateinische Europa seit dem ausgehenden 11. Jahrhundert mit der Erweiterung der christlichen Einflußsphäre begonnen. Neben der Reconquista (ab 1064) auf der Iberischen Halbinsel und der Eroberung des sarazenischen Sizilien durch die Normannen (1090) nahmen die Päpste Einfluß vor allem auf die Kreuzzugsbewegung.

Die aus Asien stammenden islamisierten Seldschuken hatten 1077 Jerusalem besetzt und bedrängten nach der Eroberung Antiochias (1085) das byzantinische Reich. Nachdem Kaiser Alexios I. Komnenos das christliche Abendland um Hilfe angerufen hatte,

*Papst Urban II. predigt den Kreuzzug (Holzschnitt 1482).*

forderte Papst Urban II. im November des Jahres 1095 auf dem Konzil von Clermont-Ferrand die Gläubigen dazu auf, die Heiligen Stätten des Christentums zu befreien. Wer sich an dem Unternehmen beteiligte, sollte Ablaß von den kirchlichen Bußen bekommen. Die Kreuzzugsbewegung knüpfte damit einerseits an Traditionen der Wallfahrt ins Heilige Land, andererseits an die Vorstellung vom Heiligen Krieg gegen die Ungläubigen an, wie er bereits in Spanien und Sizilien praktiziert wurde.

Der Aufruf Urbans II. zeigte große Wirkung. Noch im Winter 1095/96 brachen die ersten Kreuzfahrer („Kreuzzug der Armen") auf. Bei ihrem Zug durch die Rheinlande kam es u. a. in Worms, Mainz und Köln zu grausamen Ausschreitungen gegen die Juden, die man als „Hostienschänder" und „Feinde Christi" verfolgte. Die Kreuzfahrer gaben vor, zunächst die Ungläubigen im eigenen Land vernichten zu wollen. Ähnliche Pogrome ereigneten sich auch bei späteren Kreuzzügen. Bevor der Kreuzzug der Armen das Heilige Land erreichte, wurde er in Kleinasien von den Seldschuken nahezu vollständig vernichtet. Der Kreuzzug der Ritter, der sich im August 1096 u. a. unter Führung der Adligen Gottfried von Bouillon, Boemund von Tarent und Raimund von Toulouse formierte, war erfolgreicher, da er in das relative Machtvakuum des niedergehenden Abbasiden-Kalifats stieß, das die Seldschuken nur teilweise ausfüllten. Auf dem Weg nach Jerusalem wurden in Edessa und Antiochia feudale Kreuzfah-

*Jesus führt die Kreuzritter. Die Ritter fühlten sich als Gottesstreiter in einem Heiligen Krieg. Die Teilnahme Jesu Christi an der Schlacht war die Garantie für den Sieg. Vgl. Offenbarung 2, 16. (engl. Miniatur, Anfang des 14. Jahrhunderts).*

rerstaaten errichtet. Die Eroberung Jerusalems gelang nach längerer Belagerung am 15. 7. 1099, artete aber zu einem furchtbaren Blutbad unter der muslimischen und jüdischen Bevölkerung aus. Gottfried von Bouillon, der sich „Vogt des Heiligen Grabes" nannte, wurde erster christlicher Herrscher in Jerusalem.

Den im Heiligen Land gegründeten geistlichen Ritterorden (Johanniter: 1099/1113, Templer: 1118, Deutscher Orden: 1199), die ihre ursprünglichen karitativen Aufgaben der Krankenpflege stets beibehielten, fiel eine wichtige Funktion bei der Verteidigung der Kreuzfahrerstaaten zu.

Der erste Kreuzzug wurde hauptsächlich von französischen und normannischen Rittern getragen, von denen sich viele aus der räumlichen Enge ihrer Heimat befreien und (größeren) eigenen Landbesitz in Palästina erwerben wollten. Die inneren Konflikte (Fehdewesen) in den Herkunftsländern der Kreuzritter und die Abenteuerlust besonders der jüngeren Söhne des niederen Adels konnten nunmehr nach außen abgeleitet werden. Daher traten zumindest bei den Rittern die religiösen Motive rasch in den Hintergrund. Die ursprüngliche Absicht, dem bedrängten Byzanz zu helfen, verkehrte sich in ihr Gegenteil: Teilnehmer des 4. Kreuzzuges (1199–1204) überfielen auf Veranlassung der Venezianer, die damit einen unliebsamen Handelskonkurrenten im östlichen Mittelmeer ausschalten wollten, Konstantinopel und gründeten das Lateinische Königreich (1204–1261).

Die Erfolge des ersten Kreuzzuges konnten nicht wiederholt werden. Spätere Kreuzzüge waren nur noch Reaktionen auf muslimische Angriffe gegen die von den Kreuzfahrern eroberten Gebiete, konnten aber die Existenz der Kreuzfahrerstaaten nicht dauerhaft sichern. Bereits 1144 fiel die Grafschaft Edessa wieder in muslimische Hand. 1187 eroberte der ägyptische Sultan Saladin Jerusalem. Es gelang dem Stauferkaiser Friedrich II. zwar, Jerusalem und die wichtigsten Heiligen Stätten für die Zeit von 1229 bis 1244 auf friedlichem Wege zurückzuerlangen (Vertrag von Jaffa: 1229), danach ging Jerusa-

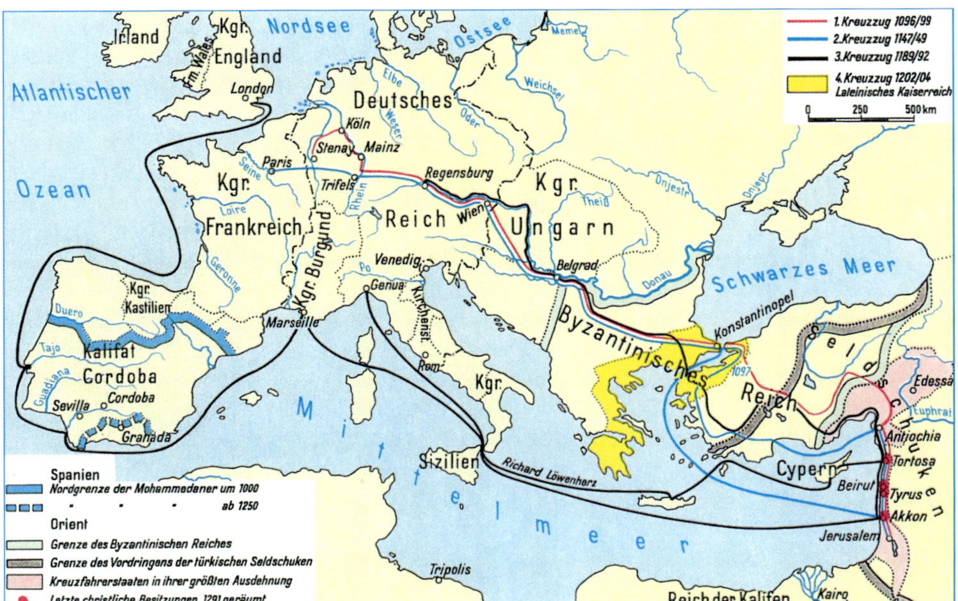


*Die Kreuzzüge*

lem allerdings endgültig verloren. Zwischen 1265 und 1291 wurden auch die übrigen Kreuzfahrerstaaten von den Muslimen zurückerobert, zuletzt Akkon (1291). Damit war die Zeit der Kreuzzüge beendet.

Seit dem 12. Jahrhundert galten auch Unternehmungen gegen Ketzer, Aufständische und politische Gegner des Papstes als Kreuzzüge. 1147 führten sächsische Fürsten im Verlaufe der deutschen Ostkolonisation einen Kreuzzug gegen die heidnischen Wenden durch, 1208 rief Papst Innozenz III. zum Kreuzzug gegen die südfranzösischen Albigenser (Katharer) auf. Auch der Krieg des Bremer Erzbischofs Gerhard II. gegen die freien Stedinger Bauern (1231–1234) wurde als „Kreuzzug“ deklariert.

Die Kreuzfahrerstaaten leisteten auch einen Beitrag zum Austausch zwischen abendländischer und islamischer Kultur. Aber noch nachhaltiger waren die Kontakte zwischen Christen, Juden und Muslimen in Spanien und Sizilien. Die Handelsbeziehungen zwischen dem Westen und dem Vorderen Orient erhielten durch die Kreuzzüge einen großen Auftrieb. Hiervon profitierten in besonderem Maße die oberitalienischen und südfranzösischen Hafenstädte (Genua, Pisa, Venedig, Marseille), die u. a. den Handel mit Gewürzen, Farbstoffen und Textilien aus dem Orient kontrollierten.

Die enormen Verluste des französischen Adels als Ergebnis der Kreuzzüge stärkten auf lange Sicht das französische Königtum. Als besonders gravierende Folge der Kreuzzüge erwies sich die dauerhafte Schwächung des byzantinischen Reichs durch die Kreuzfahrer, das seine Funktion als christlicher Vorposten am Bosporus nicht mehr wahrnehmen konnte.

## 8.5 Deutsche Ostkolonisation und Deutscher Orden

Im 12. Jahrhundert, auf dem Höhepunkt seiner Machtstellung, wandte das mittelalterliche Deutschland seine Aufmerksamkeit wieder dem Osten zu. In europäischer Perspektive erweist sich die neuerliche Ostexpansion als deutsche Variante des mittelalterlichen Landesausbaus aus Frankreich (Ile-de-France) und der Ausbreitung des Städtewesens samt Ratsverfassung aus Italien. Beide Bewegungen drangen von Deutschland aus in den slawischen Osten ein: „deutsche“ Landwirtschaft, „deutsches“ Stadtrecht, „deutsche“ Bürger und Bergleute betrieben die Erschließung der dünnbesiedelten Gebiete. So weitete sich das Territorium des Deutschen Reiches, durch eine aktive Siedlungspolitik gestützt, nach Osten aus. Nach den österreichischen Türkenkriegen (1522–1699) kam die Ansiedlung deutscher Kolonisten in Teilen Südosteuropas hinzu. Frühe Ansätze einer ostelbischen Expansion unter Heinrich I. und Otto I., die die Elbslawen teilweise unterworfen hatten, waren nach der Niederlage Ottos II. gegen die Sarazenen bei Cotrone (982) im nachfolgenden Großen Slawensturm (983) wieder zusammengebrochen. Schon nicht mehr unter kaiserlicher Leitung begann 1134 eine neue Phase der Ostkolonisation mit Gründung der Nordmark unter dem Askanier Albrecht dem Bären, getragen von Fürsten, Klöstern (Zisterzienserorden) und Städten. Die Ostkolonisation wurde erleichtert durch die Zersplitterung der elbslawischen Stämme, die es nie zu einer politischen Einigung gebracht hatten, und durch den Zerfall des polnischen Staates (ab 1138).

Besonders eifrig betrieb Heinrich der Löwe als Herzog von Sachsen und Bayern die deutsche Ostexpansion, um seine eigene Machtstellung im Reich zu stärken. Nachdem er die Abodriten im Norden unterworfen hatte, zielte er auf die lehensrechtliche Unterordnung der slawischen Fürsten im späteren Mecklenburg und Pommern und eröffnete

*Die deutsche Ostkolonisation*

so die friedliche Germanisierung dieser Länder. Die Marken Brandenburg und Meißen blieben dagegen heftig umstritten. Um die Eroberung des Gebietes zwischen Elbe und Oder voranzutreiben, führten norddeutsche Fürsten 1147, als Ersatz für die Teilnahme am 2. Kreuzzug, einen militärisch und missionarisch wenig erfolgreichen Kreuzzug gegen die Wenden. In den inneren Wirren unterstellte sich 1157 ein Fürst der polnischen Piasten in Schlesien der Lehensoberhoheit des deutschen Königreiches. Nach dem großen Mongolensturm (1241) riefen die Piastenfürsten deutsche Siedler zum Wiederaufbau ins Land. Wie in vergleichbaren Expansionsbewegungen folgte auch in Osteuropa der militärischen Eroberung und politischen Herrschaftsausübung die systematische, weitgehend friedliche Ansiedlung deutscher Bauern und Bürger. Sie ließen sich neben den Slawen nieder, die sich nur in geschlossenen Rückzugsgebieten (Spreewald, Oberlausitz) als Minderheiten hielten.

Zur Ostkolonisation gehört auch die Ausbreitung der Hansestädte am Südrand der Ostsee, von Lübeck bis Reval, sowie die Gründung des Deutschen Ordensstaates. Der Deutsche Ritterorden, 1190 bei der Belagerung von Akkon von Lübecker und Bremer Kaufleuten als Krankenpflegerorden für die deutschen Kreuzzugsteilnehmer gegründet, hielt die Verbindung zur Hanse und wurde ihr Mitglied.

Über Ungarn kam der Deutsche Ritterorden 1226/30 zur unteren Weichsel, wo er als Grenzwache für den Piastenfürsten Konrad von Masowien gegen die einfallenden Pruzzen kämpfte. Der Hochmeister des Ordens, Hermann von Salza, hatte sich im März 1226 von Kaiser Friedrich II. in der Goldbulle von Rimini weitgehende Souveränitätsrechte für die vom Orden neueroberten Gebiete ausstellen lassen. Von seinem Stützpunkt Thorn aus unterwarf der Orden in schweren Kämpfen zunächst die Pruzzen im späteren Ostpreußen. Der Frieden von Christburg (1249) ermöglichte die fortan friedliche Durchdringung Ostpreußens durch die deutschen Eroberer. Nach einer Niederlage gegen die Litauer hatte sich der von Bremen aus gegründete Deutsche Schwertbruderorden bereits 1237 dem Deutschen Orden unterstellt. Sein Staatsgebiet umfaßte seitdem das spätere Ost- und Westpreußen im Süden und, von Litauen getrennt, Kurland, Livland und Estland im Norden. 1242 legte eine schwere Niederlage gegen das nordrussische Nowgorod unter Alexander Newski zugleich auch im Nordosten Europas die Grenze zwischen lateinischem Westen und orthodoxem Osten fest. Der Ordensstaat war straff zentralisiert, an der Spitze der gewählte Hochmeister mit Sitz auf der Marienburg. Von mächtigen Burgen aus beherrschte der Orden das Land.

In Konkurrenz zu Brandenburg eroberte der Deutsche Orden 1309 das inzwischen überwiegend von Deutschen bewohnte Danzig und das slawische Herzogtum Pommerellen. Polen war damit von der Ostsee abgedrängt und für seinen Außenhandel von Danzig abhängig. Nachdem sich Polen 1320 wieder als Königreich konstituiert hatte, strebte es die Rückgewinnung Danzigs an, erst durch Prozesse beim Papst, dann im Bündnis mit dem Großfürstentum Litauen durch die Personalunion von 1386. In der Schlacht bei Tannenberg 1410 wurde der Deutsche Orden besiegt. Mitentscheidend für die Niederlage war, daß innerhalb des Ordens Ritterbünde und Städte, und hier vor allem Danzig, die unter dem strengen Regiment des Ordens litten, dem Orden die Gefolgschaft verweigerten. Die Ständekämpfe mit dem Preußischen Bund, einem Zusammenschluß aus landsässigem Adel und Städten, und erneute kriegerische Auseinandersetzungen mit Polen (1454–1466) besiegelten das Schicksal des Deutschen Ordens. Im 2. Thorner Frieden (1466) verlor der Orden das Ermland an Polen und mußte die Lehensoberhoheit des Königs von Polen für seinen Reststaat anerkennen. 1525 trat der Hochmeister des Ordens zur Reformation über und machte sich zum Herzog von Preußen, während der nördliche Staatsteil noch beim Orden blieb, bis er sich 1559 zum Herzogtum Kurland umwandelte.

Die deutsche Ostkolonisation war stets ambivalent – friedlich und kriegerisch. Daher eignete sie sich seit dem 19. Jahrhundert besonders zum ideologischen Mißbrauch, denn es war leicht, eine der beiden Komponenten zu verabsolutieren und agitatorisch zu instrumentalisieren. Namentlich der Deutsche Orden diente lange den Deutschen positiv, den Polen negativ als Symbol deutscher Herrschaft. Während die Polen auch heute noch auf die blutige Unterdrückung und die Ausbeutung durch den Deutschen Ritterorden verweisen („Kreuzritter“ gilt in Polen als Schimpfwort), heben die Deutschen die Kultivierung des Landes, die effektive Verwaltung und die kulturellen Leistungen des Ordens hervor. Heute gilt es, durch nüchterne Kenntnisnahme der historischen Fakten eine gemeinsame Interpretation der deutsch-polnischen Geschichte unter europäischen Horizonten zu erreichen.

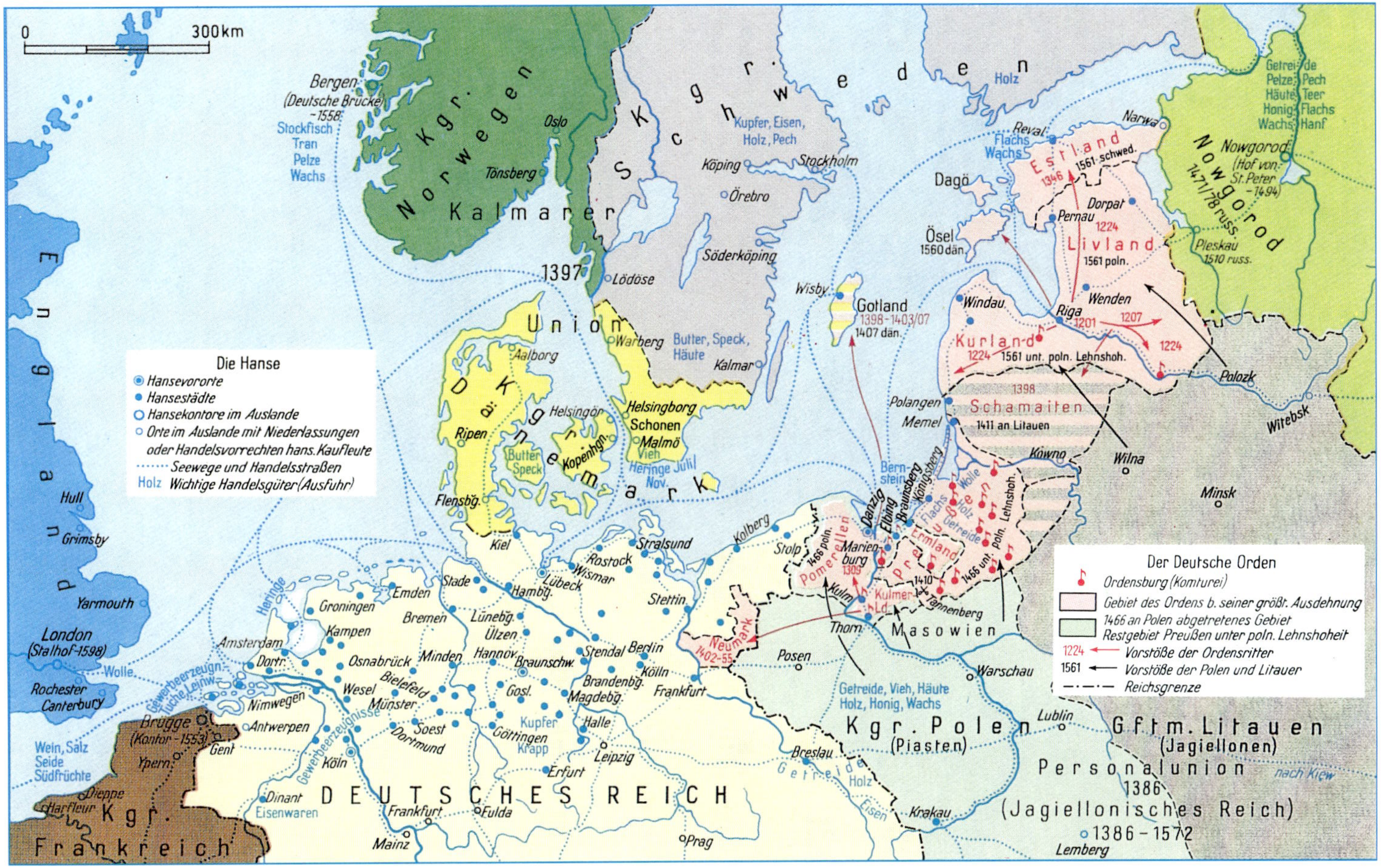




Der Deutsche Orden und die Hanse

# Materialien

## Der Investiturstreit

### M 1 Dictatus Papae (1075)

*Aus den kirchenrechtlichen Leitsätzen Papst Gregors VII.:*

1. Einzig und allein von Gott ist die römische Kirche gegründet.
2. Nur der römische Papst trägt zu Recht den Titel des universalen Papstes.
3. Er ganz allein kann Bischöfe absetzen und auch wieder einsetzen.
8. Nur er verfügt über die kaiserlichen Insignien.
9. Alle Fürsten haben die Füße einzig und allein des Papstes zu küssen.
10. Nur sein Name darf in der Kirche genannt werden.
11. In der ganzen Welt gilt nur dieser Papsttitel.
12. Der Papst kann Kaiser absetzen.
18. Sein Entscheid kann von niemanden aufgehoben werden, er selbst aber kann Urteile aller anderen Instanzen aufheben.
19. Über ihn besitzt niemand richterliche Gewalt.
22. Die römische Kirche hat nie geirrt und wird nach dem Zeugnis der heiligen Schrift auch in Ewigkeit nicht irren.
24. Auf seinen Befehl hin und mit seiner Erlaubnis dürfen Untergebene [gegen ihre Vorgesetzten] Klage erheben.
25. Auch ohne Beschluß einer Synode kann er Bischöfe ein- und absetzen.
27. Er kann Untertanen vom Treueeid gegen unbillige [Herrscher] entbinden.

Aus: Herbert Krieger, Das Mittelalter, a.a.O., S. 191

### M 2 Brief Heinrichs IV. vom 27. März 1076

*Dieses Schreiben war nicht für den Papst bestimmt, sondern wurde in Deutschland verbreitet, um die Absetzung Gregors VII. zu rechtfertigen.*

Heinrich nicht durch Anmaßung, sondern durch Gottes gerechte Anordnung König, an Hildebrand, nicht mehr den Papst, sondern den falschen Mönch.

Diese Anrede hast du nämlich für die von dir angerichtete Verwirrung verdient, der du keinen Stand der Kirche davon ausgenommen hast, ihn der Verwirrung statt der gebührenden Stellung, des Fluchs statt des Segens teilhaftig zu machen.

Um nämlich aus vielem nur einiges Wenige und Wichtige zur Sprache zu bringen: Du scheutest dich nicht nur nicht, die Lenker der heiligen Kirche, nämlich Erzbischöfe, Bischöfe und Priester, die doch Gesalbte des Herrn sind, anzutasten, nein, wie Knechte, die nicht wissen, was ihr Herr tut, zertratest du sie unter deinen Füßen und gewannst dir dabei die Zustimmung aus dem Munde des Pöbels. Sie alle erachtest du als unwissend, dich allein aber als allwissend; doch dieses Wissen bemühtest du dich nicht zum Aufbau, sondern zur Zerstörung zu verwenden...

Und wir haben dies alles ertragen, während wir uns bemühten, die Stellung des apostolischen Stuhles zu wahren. Aber du hast unsere Demut für Furcht gehalten und dich daher nicht gescheut, dich sogar gegen die uns von Gott verliehene königliche Gewalt zu erheben; du hast zu drohen gewagt, du würdest sie uns nehmen, als ob wir von dir das Königtum empfangen hätten, als ob in deiner und nicht in Gottes Hand Königs- und Kaiserherrschaft lägen.

Dieser unser Herr Jesus Christus hat uns zum Königtum, dich aber nicht zur geistlichen Herrschaft berufen. Du nämlich bist auf folgenden Stufen emporgestiegen:

durch List – was das Mönchsgelübde verabscheut – bist du zu Geld gekommen, durch Geld zu Gunst, durch Gunst zum Schwert, durch das Schwert zum Sitze des Friedens, und vom Sitz des Friedens aus hast du den Frieden gestört; die Untergebenen hast du gegen die Vorgesetzten bewaffnet, unsere Bischöfe, die Gott berief, hast du den Laien widerrechtlich übereignet, so daß diese Laien nun diejenigen absetzen und verurteilen, die ihrerseits die Laien aus der Hand Gottes durch Handauflegung der Bischöfe empfangen hatten, um sie zu belehren.

Auch mich, der ich, – wenn auch unwürdig unter Gesalbten – zum Königtum gesalbt worden bin, hast du angetastet, mich, von dem die Überlieferung der heiligen Väter lehrt, daß ich nur von Gott gerichtet werden darf, und versichert, daß ich wegen keines Verbrechens abgesetzt werden darf, ich wiche denn vom Glauben ab, was ferne sei ... Selbst der wahre Papst, der heilige Petrus, ruft aus: „Fürchtet Gott und ehret den König"; du aber entehrst mich, weil du Gott, der mich eingesetzt hat, nicht fürchtest.

Daher nahm der heilige Petrus an der Stelle, an der er selbst den Engel vom Himmel, falls dieser etwas anderes verkündete, nicht schonte, auch dich nicht aus, der auf Erden etwas anderes lehrt. Er sagt nämlich [Gal. 1,8]: „Wenn irgendeiner, ich oder ein Engel vom Himmel, euch ein anderes Evangelium verkündete, als wir verkündigt haben, dann sei er verflucht." So steige du denn, der du durch diesen Fluch und das Urteil aller unserer Bischöfe und unser eigenes verdammt bist, herab, verlasse den apostolischen Stuhl, den du dir angemaßt hast. Ein anderer steige auf den Thron des heiligen Petrus, einer, der Gewalttat nicht mit Frömmigkeit bemäntelt, sondern die reine Lehre des heiligen Petrus lehrt. Ich, Heinrich, durch die Gnade Gottes König, sage dir zusammen mit allen meinen Bischöfen: Steige herab, steige herab!

Aus: Herbert Krieger, Das Mittelalter, a.a.O., S.131 f.

### M 3 Das Wormser Konkordat, 23. September 1122

*Aus der Urkunde Kaiser Heinrichs V.:*

Im Namen der Heiligen und Unteilbaren Dreieinigkeit. Ich, Heinrich, von Gottes Gnaden erlauchter Kaiser der Römer, überlasse aus Liebe zu Gott und zur heiligen römischen Kirche und zu dem Herrn Papste Calixtus und um meines Seelenheils willen Gott und seinen heiligen Aposteln Petrus und Paulus und der heiligen katholischen Kirche jede Investitur mit Ring und Stab und gestatte, daß in allen Kirchen meines Königreiches und Kaiserreiches die Wahl auf kanonische Weise stattfinde und die Weihe frei sei. Die Besitzungen und die Regalien des heiligen Petrus, die vom Beginn dieses Streites bis auf den heutigen Tag, sei es zu meines Vaters oder auch zu meiner Zeit, weggenommen wurden, stell ich, soweit ich sie habe, derselben heiligen römischen Kirche wieder zu. [ ]

Auch gebe ich wahren Frieden dem Herrn Papst Calixtus und der heiligen römischen Kirche und allen, die auf seiner Seite stehen oder gestanden haben. Und worin die heilige römische Kirche Hilfe verlangen wird, werde ich ihr getreulich helfen und, worüber sie Klage vor mich bringt, ihr Recht verschaffen, wie es sich gebührt.

Aus: Herbert Krieger, Das Mittelalter, a.a.O., S. 135

## Reichspolitik in der Stauferzeit

### M 4 Rückerstattung der Regalien auf dem Reichstag zu Roncaglia (1158)

*Aus einem Bericht („Gesta Friderici") des Geschichtsschreibers Rahewin (gest. um 1177) über das Leben Friedrichs I.:*

Hierauf stellte der Kaiser eine sorgfältige Untersuchung über die Gerechtsame des Reiches und die Regalien an, die dem Reiche schon seit langem teils durch freche Übergriffe, teils durch die Lässigkeit der Könige verlorengegangen waren. Die Bischöfe, Großen und Städte, allen voran

Mailand, gaben die Regalien einstimmig in die Hand des Fürsten zurück, da sie keine Entschuldigung zu ihrer Rechtfertigung vorzubringen wußten. Auf die Frage, was dieses Recht in sich schließe, erkannten sie dem Reiche zu: Herzogtümer, Markgrafschaften, Grafschaften, Konsulate, Münzrechte, Zölle, Fodrum, Steuern, Hafenrechte, Geleite, Mühlen, Fischrechte, Brücken und alle Nutzung der Flußläufe, außerdem jährlich nicht bloß eine Land-, sondern auch auch eine Kopfsteuer zu entrichten.

Nachdem dies alles dem Fiskus zuerkannt worden war, zeigte der Kaiser gegen die früheren Inhaber damit seine Freigebigkeit, daß er jemand, der seine Besitzung oder Gerechtsame durch echte Urkunde als königliche Schenkung nachweisen konnte, sie als kaiserliches Lehen im Namen des Reiches auch fürderhin beließ. Von jenen aber, die sich die Regalien angemaßt hatten, fielen jährlich ungefähr dreißigtausend Pfund öffentlicher Einkünfte an ...

Sämtliche Städte verpflichteten sich durch Eid und stellten nach dem Ermessen des Kaisers Bürgen, daß sie dies alles in Treue und ohne Hinterlist annehmen und sich daran halten würden. Es wurde auch ein allgemeiner Frieden beschworen: Keine Stadt solle eine andere und kein Mann einen anderen befehden, außer er habe vom Fürsten selbst dazu den Auftrag. [J. Bühler]

Aus: W. Lautemann (Hrsg.), Geschichte in Quellen, Bd.II, a.a.O., S. 407

## M 5 Rundschreiben Friedrichs I. wegen des Aufstandes in der Lombardei, Ende des Jahres 1167

Friedrich, von Gottes Gnaden Kaiser der Römer und immer Augustus, sendet seinem geliebten Bischof Albert von Freising seine Gnade und alles Gute.

Wir sind der Überzeugung, daß du in deiner Treue bis in dein Innerstes Schmerz empfindest und verstört bist über diese so ganz und gar entsetzliche Tatsache, über die alle Himmel staunen und der Erdkreis erzittert. Alle Elemente empören sich angesichts eines so verbrecherischen Verrats, einer Untat, die so nach Sühne schreit, vor dem Gerücht gottlosester Treulosigkeit, die einige lombardische Städte, Mailand, Placentia, Cremona, Bergamo, Brissia, Parma, Mantua, dazu die Markgrafschaft Verona, gegen unsere Majestät, gegen unseres Reiches Ehre ohne Grund, ohne jede Schuld unsererseits begangen haben. Und nicht allein gegen unsere Person erhebt sich ihr Aufstand, sondern sie versuchen, nach dem Sturze unserer Herrschaft das Reich der Deutschen, das mit so viel Mühe und so viel Aufwand und dem Blute so vieler Fürsten und ausgezeichneter Männer errichtet ist, und das bis heute festgehalten ist, abzuschütteln und zu stürzen, und sie sagen: „Wir wollen nicht, daß dieser unser König ist, und wir wollen nicht, daß die Deutschen über unsere Leute herrschen." Aber bei Gott, lieber wollen wir einen ehrlichen Tod unter den Feinden [finden], als daß wir erdulden, wie zu unseren Lebzeiten das Reich zerstört wird und wir unseren Nachkommen solch ein Durcheinander und derartige Verluste hinterlassen.

Aus: W. Lautemann (Hrsg.), Geschichte in Quellen, Bd. II, a.a.O., S. 422

## M 6 Privileg Friedrichs II. zugunsten der deutschen Reichsfürsten, 1232

*(Statutum in favorem principum)*

1. Zuerst setzen wir fest, daß keine neue Burg oder Stadt auf geistlichem Gebiet oder aus Veranlassung der Vogtei durch uns oder durch irgend sonst jemand unter irgendeinen Vorwand errichtet werden darf.
2. Daß neue Märkte die alten in keiner Weise hindern sollen.
3. Daß niemand gezwungen werden soll, wider seinen Willen einen Markt zu besuchen.
5. Daß in unsern neuen Städten die Bannmeile beseitigt werde.
6. Jeder einzelne unter den Fürsten soll der Freiheiten, Gerichtsbarkeiten, Grafschaften und Zehnten, seien sie

ihm eigen oder zu Lehen gegeben, gemäß der Gewohnheit seines Landes ruhig genießen.

7. Die Zentgrafen sollen die Zehnten vom *Landesherrn (dominus terrae)* oder von dem empfangen, welcher vom Landesherrn damit belehnt worden ist.

12. Die Eigenleute der Fürsten, Edlen, adligen Dienstmannen (Ministerialen) und der Kirchen sollen in unseren Städten keine Aufnahme finden.

14. Das Geleitsrecht der Fürsten durch ihr Land, das sie als Lehen von uns innehaben, darf weder durch uns noch durch die Unseren behindert oder beeinträchtigt werden.

17. Wir wollen keine neue Münze im Lande irgendeines Fürsten schlagen lassen, durch welche eine Münze des betreffendes Fürsten verschleudert werden könnte.

Aus: Grundzüge der Geschichte II, Quellenband I, a.a.O., S. 191

**M 7 Friedrich II. gründet die Universität Neapel (1224)**

Wir verordnen, daß zu Neapel ... die Künste jeder Art gelehrt und die Studien betrieben werden sollen, damit die der Wissenschaft Beflissenen im Königreiche selbst finden, was ihr Verlangen befriedigt ... Überdies wollen wir wissenschaftlich gebildete Männer in unseren Dienst berufen ..., und jenen, die sich durch eifriges Studium ausgezeichnet haben, die Handhabung des Rechtes und der Gerechtigkeit anvertrauen.

Aus der Zahl der Doktoren aber entsenden wir dorthin [es folgen die Namen] ..., als Professoren des Zivilrechtes [es folgen die Namen] ... Wir befehlen also ... euch allen, die ihr die Provinzen regiert ..., daß ihr dies alles öffentlich bekannt macht und bei Strafe befehlt ..., daß kein Scholar das Königreich verlasse, um zu lesen,und daß im Königreiche niemand es wage, anderswo zu lernen oder zu lehren ... In besagter Stadt werden Doktoren und Magister für jede Fakultät vorhanden sein ...

Darlehen werden den Scholaren gegeben werden von denen, die dazu bestimmt sind, der Notwendigkeit entsprechend, indem die Bücher zum Pfande gegeben und leihweise zurückgegeben werden, nachdem die Scholaren Bürgen für sie gestellt haben.

Aus: W. Lautemann (Hrsg.), Geschichte in Quellen, Bd. II, a.a.O., S. 584

## Die Kreuzzüge

**M 8 Auszug aus der Kreuzzugspredigt Papst Urbans II. im November 1095 in Clermont-Ferrand**

„Ihr Volk der Franken, ihr Volk nördlich der Alpen, ihr seid, wie viele eure Taten erhellen, Gottes geliebtes und auserwähltes Volk, herausgehoben aus allen Völkern durch die Lage des Landes, die Katholizität des Glaubens und die Hochschätzung für die heilige Kirche. An euch richtet sich unsere Rede, an euch ergeht unsere Mahnung; wir wollen euch wissen lassen, welcher traurige Anlaß uns in euer Gebiet geführt, welche Not uns hierher gezogen hat; sie betrifft euch und alle Gläubigen. Aus dem Land Jerusalem und der Stadt Konstantinopel kam schlimme Nachricht und drang schon oft an unser Ohr: Das Volk im Perserreich, ein fremdes Volk, ein ganz gottfernes Volk, eine Brut von ziellosem Gemüt und ohne Vertrauen auf Gott (Psalm 77, 8), hat die Länder der dortigen Christen besetzt, durch Mord, Raub und Brand entvölkert und die Gefangenen teils in sein Land abgeführt, teils elend umgebracht; es hat die Kirchen Gottes gründlich zerstört oder für seinen Kult beschlagnahmt. Sie beflecken die Altäre mit ihren Abscheulichkeiten und stürzen sie um; sie beschneiden die Christen und gießen das Blut der Beschneidung auf die Altäre oder in die Taufbecken. Denen, die sie schändlich mißhandeln und töten wollen, schlitzen sie den Bauch auf, ziehen den Anfang der Gedärme heraus, binden ihn um einen Pfahl und treiben sie mit Geißelhieben solange rundherum, bis die Eingeweide ganz herausgezogen sind und sie am Boden zusammenbrechen. ... Schon haben sie das Griechenreich verstümmelt und sich ein Gebiet einverleibt, das zu durchwandern zwei Monate Reise nicht hinreichen.

Wem anders obliegt nun die Aufgabe, diese Schmach zu rächen, dieses Land zu befreien, als euch? Euch verlieh Gott mehr als den übrigen Völkern ausgezeichneten Waffenruhm, hohen Mut, körperliche Gewandtheit und die Kraft, den Scheitel eurer Widersacher zu beugen. ... Ihr überaus tapferen Ritter, ihr Sprößlinge unbesiegter Ahnen, entartet nicht, sondern denkt an die Tatkraft eurer Vorfahren! Wenn euch zärtliche Liebe zu Kindern, Verwandten und Gattinnen festhält, dann bedenkt, was der Herr im Evangelium sagt: Wer Vater oder Mutter mehr als mich liebt, ist meiner nicht wert (Matthäus 10, 37); jeder, der sein Haus, Vater, Mutter, Gemahlin, Kinder oder Äcker um meines Namens willen verläßt, wird Hundertfältiges erhalten und ewiges Leben haben (Matthäus 19, 29).

Kein Besitz, keine Haussorge soll euch fesseln. Denn dieses Land, in dem ihr wohnt, ist allenthalben von Meeren und Gebirgszügen umschlossen und von euch beängstigend dicht bevölkert. Es fließt nicht vor Fülle und Wohlstand über und liefert seinen Bauern kaum die bloße Nahrung. Daher kommt es, daß ihr euch gegenseitig beißt und bekämpft, gegeneinander Krieg führt und euch meist gegenseitig verletzt und tötet. Aufhören soll unter euch der Haß, schweigen soll der Zank, ruhen soll der Krieg, einschlafen soll aller Meinungs- und Rechtsstreit! Tretet den Weg zum Heiligen Grab an, nehmt das Land dort dem gottlosen Volk, macht es euch untertan! Gott gab dieses Land in den Besitz der Söhne Israels; die Bibel sagt, daß dort Milch und Honig fließen (2. Buch Moses 3, 8). Jerusalem ist der Mittelpunkt der Erde, das fruchtbarste aller Länder, als wäre es ein zweites Paradies der Wonne. Der Erlöser der Menschheit hat es durch seine Ankunft verherrlicht, durch seinen Lebenswandel geschmückt, durch seine Leiden geweiht, durch sein Sterben erlöst, durch sein Grab ausgezeichnet. Diese Königsstadt also, in der Erdmitte gelegen, wird jetzt von ihren Feinden gefangengehalten und von denen, die Gott nicht kennen, dem Heidentum versklavt. Sie erbittet und ersehnt Befreiung, sie erfleht unablässig eure Hilfe. ... Schlagt also diesen Weg ein zur Vergebung eurer Sünden; nie verwelkender Ruhm ist euch im Himmelreich gewiß."

Aus: Borst, Arno, Lebensformen im Mittelalter, Frankfurt/M.-Berlin-Wien 1979, S. 318–20

### M 9 Zwei Gedichte auf die Eroberung Jerusalems im Jahre 1099

*a) Lateinisches Gedicht:*

Von Blut viel Ströme fließen,
indem wir ohn' Verdrießen
das Volk des Irrtums spießen –
Jerusalem frohlocke!

Des Tempels Pflastersteine
bedeckt sind vom Gebeine
der Toten allgemeine –
Jerusalem, frohlocke!

Stoßt sie in Feuersgluten!
Oh, jauchzet auf, ihr Guten,
dieweil die Bösen bluten –
Jerusalem, frohlocke!

Aus: Wollschläger, H., Die bewaffneten Wallfahrten gen Jerusalem. Geschichte der Kreuzzüge, Zürich 1973, S. 11

*b) Arabisches Gedicht:*

Wir haben in Massen unser Blut vermischt mit unseren Tränen. Keiner von
uns ist noch imstand, den Feind zurückzuschlagen, der uns bedroht.

Traurig sind die Waffen für den Mann, der Tränen vergießt, während der
Krieg alles in Brand steckt mit funkelnden Schwertern.

Ach, ihr Söhne Mohammeds, wie viele Schlachten stehen euch noch bevor,
in denen die Häupter der Helden zu den Füßen ihrer Rosse liegen werden.

Ihr wollt doch ein Alter erreichen im Schoß von Sicherheit und Wohlbeha-
gen. Ihr wünscht euch ein süßes, lachendes Leben wie die Blumen auf der
Wiese.

O daß so viel Blut geflossen, daß man so viel Frauen nichts hat gelassen,
ihre Scham zu schützen als die Fläche ihrer Hände.
Zwischen dem Stoß der Lanzen und der Schwerter ist der Schreck so
furchtbar, daß das Antlitz der Kinder weiß wird vor Angst.

Aus: Heer, F., Mittelalter. Vom Jahr 1000 bis 1350, 2 Bde., München 1983 (= Kindlers Kulturgeschichte Europas Bde. 9 u. 10), hier: Bd. 9, S. 364 f.

# 9 Die Grundlegung moderner Staaten im Mittelalter

*Europa um 1250*

## Zeittafel

| | |
|---|---|
| 711 | Muslims (Araber, Berber) erobern Westgotenreich in Spanien |
| 800 | Kaiserkrönung Karls in Rom: Imperium Romanum |
| 882 | Gründung der Kiewer Rus |
| 955 | Schlacht auf dem Lechfeld bei Augsburg: Ungarn von Deutschen geschlagen |
| 962 | Kaiserkrönung Ottos I. in Rom: Imperium Romanum |
| 966 | Übertritt Polens zum römisch-lateinischen Katholizismus |
| 987 | Capetinger-Dynastie in Frankreich (bis 1323): Paris Hauptstadt: Bauern der Ile-de-France produzieren für den städtischen Markt gegen Geld. |
| 988/ 89 | Übertritt der Kiewer Rus zur griechisch-byzantinischen Orthodoxie |
| 1000 | Übertritt Ungarns zum römisch-lateinischen Katholizismus |
| 1064 | Systematische iberische Reconquista (bis 1492) |
| 1066 | Normannische Eroberung Englands |
| 1095 | Kreuzzüge (bis 1291) |
| 1240 | Kiew von Mongolen erobert: Tatarenherrschaft über Rußland (bis 1480) |
| 1337/39 | Hundertjähriger Krieg (bis 1453) |

Außerhalb des mittelalterlichen Reiches, mit dem Teile Italiens verbunden waren, entstanden im Laufe des europäischen Mittelalters die Grundlagen der modernen Staaten, namentlich seit der Epochenwende um 1000. Ausgehend vom lateinischen Westen (Portugal, Spanien, England, Frankreich) griff die Staatenbildung auf den Osten (Polen, Rußland, Ungarn) und Norden (Skandinavien) über. Daneben hielt sich noch immer Byzanz, allerdings mit schwindender Bedeutung und Ausstrahlung, bis zur Eroberung Konstantinopels durch die osmanischen Türken 1453.

Alle werdenden Großnationen Europas hatten unterschiedliche „nationale" historische Grunderfahrungen, die unterschiedliche „nationale" Identitäten und unterschiedliche, meist zu einer anderen Nation gegensätzliche, rivalisierende Geschichtsbilder hervorbrachten: muslimische Herrschaft in Spanien (Conquista) und christliche Reconquista, Normannische Eroberung Englands, Kreuzzüge, Hundertjähriger Krieg, Tatarenherrschaft in Rußland und ihre Abschüttelung, Übertritt zum Christentum. Eine allen gemeinsame Grundvoraussetzung war die Ausbreitung des Christentums in seinen für Europa damals wichtigsten Varianten – des lateinisch-römischen Katholizismus im Westen, der griechische Orthodoxie im Osten. Übertritt zum Christentum kam dem Anschluß an das damals für Europa höchste Niveau ökonomischer, sozialer und politischer Entwicklung gleich, denn das Christentum repräsentierte ein letztes Stück antik-orientalischer Hochkultur. Symbol für die Erlangung „nationaler" Souveränität durch den Zusammenschluß kleinerer Einheiten zu Groß-Staaten war der Titel des Königs oder ein entsprechender Titel – Großfürst in der alten Kiewer Rus, Khan bei den turk-mongolischen Reitervölkern, die bis nach Europa gekommen waren.

Die Kenntnis der frühen Staatswerdung in West und Ost wird unentbehrlich zum Verständnis des späteren Europäischen Systems in der Neuzeit. In der historischen Wirkung ergibt sich eine etwas andere chronologische Reihenfolge als in den sonst üblichen Geschichtsbüchern: Alle Nationen bildeten sich in komplizierten und langwierigen Prozessen heraus und fügen sich zur strukturellen Vielfalt Europas zusammen. Am Anfang standen die frühen Nationalmonarchien, die stilprägend für die späteren der Neuzeit wurden. Spanien, Portugal, England und Frankreich, ferner Skandinavien, Polen und Rußland.

## 9.1 Spanien / Portugal, 711–1492

### Zeittafel

| | |
|---|---|
| 711 | Ende des Westgotenreiches: Spanien von Muslims erobert (Conquista) |
| 756/ 929 | Emirat/Kalifat von Cordoba |
| 1031 | Kalifat von Cordoba zerfallen: Zersplitterung in 31 Nachfolgekönigreiche |
| 1064 | Kreuzzug gegen Muslims: Reconquista (bis 1492) |
| 1095 | Portugal wird kastilische Markgrafschaft: Burgunderdynastie (bis 1383) |
| 1139 | Königreich Portugal (bis 1910) |
| 1248 | Abschluß der Reconquista in Portugal: Heutige Grenzen Portugals erreicht |
| 1469 | Personalunion Kastilien-Aragon |
| 1492 | Eroberung Granadas: Abschluß der Reconquista |

Bei der Eroberung Spaniens durch die muslimischen Araber 711 hatten einzelne christliche Herrschaften in den Rückzugsgebieten des Nordens, im unfruchtbaren Bergland Galiziens und Asturiens, ihre Selbständigkeit gegen die muslimischen Angreifer behauptet. Aus ihnen entstanden im spanischen Norden erste christliche Fürstentümer, dann Königreiche, deren Widerstand gegen den islamisch gewordenen Süden die Geschichte auf der spanischen Halbinsel für die nächsten Jahrhunderte bestimmte.

Der Süden und auch das Zentrum Spaniens standen seit 756 unter der Herrschaft des Emirats von Cordoba, eines muslimischen Fürstentums, das später zum Kalifat (Kalif = höchster Titel für geistliches und weltliches Oberhaupt im Islam) erhoben wurde (929). Cordoba, die Hauptstadt des muslimischen Südens, repräsentierte einen glänzenden Höhepunkt fortschrittlicher islamischer Hochkultur auf spanischem Boden. Erst der Zerfall des Kalifats 1031, ausgelöst durch rivalisierende Machtkämpfe unter den Muslims, ließ das islamische Spanien in 31 miteinander konkurrierende Kleinkönigreiche (Taifa) zersplittern und öffnete der christlichen Reconquista, der Rückeroberung der an die Muslime verlorenen Gebiete durch die Christen, ab 1064 den Weg.

Die Reconquista war die spanische Variante im Westen zu den später beginnenden Kreuzzügen nach Osten ins Heilige Land. Sie wurde zugleich zum großen nationstiftenden Erlebnis mit tiefgreifenden Nachwirkungen auf vielen Gebieten. Zur Abwehr des christlichen Vorstoßes, der bis zum Fluß Tajo mit Toledo im Zentrum der spanischen Halbinsel reichte, riefen die spanischen Muslime 1086 die Hilfe der mächtigen marokkanischen Almoraviden an, einer islamischen Reformbewegung, die zu einer herrschenden Dynastie aufgestiegen war. Sie wurde später durch eine neue Dynastie, die noch radikalere Reformsekte der Almohaden, abgelöst, die den Christen Spaniens den Heiligen Krieg erklärten. Während der Kämpfe zwischen Muslims und Christen kristallisierten sich im Nordwesten Spaniens zwei Markgrafschaften heraus, Kastilien (ca. 931) und Portugal (1095), die zu eigenständigen Königreichen aufstiegen – Kastilien („Burgenland") 1035, Portugal 1139.

Nach dem entscheidenden Sieg der vereinigten christlichen Königreiche über die Almohaden bei Navas de Tolosa (1212), einer südspanischen Stadt, begann die Vorherrschaft Kastiliens in Spanien, noch weiter gefestigt durch die Vereinigung mit dem Königreich Léon (1230). Die Reconquista hatte bereits fast ihr Ziel erreicht – die Balearen (1235), Cordoba (1236), Valencia (1238), Sevilla (1248), Cadiz im äußersten Süden (1250) wurden erobert.

Ein großer Maurenaufstand in den jüngst eroberten Gebieten (1264) erzwang noch einmal eine längere Pause der spanischen Reconquista und gab der letzten verbliebenen muslimischen Herrschaft in Spanien, dem Königreich Granada im Süden, noch eine über 200jährige Schonfrist. Erst die Vereinigung von Kastilien und Aragon durch die Heirat der spanischen Majestäten Isabella von Kastilien und Ferdinand von Aragon 1469 schuf die Basis zum Abschluß der christlichen Reconquista: Nach 5jähriger Belagerung beendete der Fall von Granada 1492 die Herrschaft der Muslime in Spanien. Damit war die entscheidende Etappe zur Konsolidierung Spaniens als Nationalmonarchie erreicht. Sie wurde Ausgangsbasis für die noch im selben Jahr beginnende Expansion in Übersee, die untrennbar mit dem Namen des genuesischen Seefahrers Columbus verknüpft ist.

Portugal hatte sich während der Kämpfe mit den Muslims aus dem entstehenden Spanien als eigenständiges Königreich ausgegliedert. Mit der Eroberung der Algarve, einer historischen Landschaft im Süden des Landes, schloß es 1248 früh seine Reconquista ab und erreichte somit als erster europäischer Nationalstaat seine heutigen Grenzen. Nach dem Erlöschen der Burgunder-Dynastie (1383), die über mehr als drei Jahrhunderte in Portugal herrschte, wehrte es die Erbansprüche Kastiliens erfolgreich ab und behauptete, militärisch unterstützt von England, seine Unabhängigkeit. Unter der neuen Avis-Dynastie (seit 1385), einem Königsgeschlecht, das sich nach einem der geistlichen Ritterorden Portugals benannte, festigte Portugal seine gewonnene Machtstellung: Durch eine Koalition der traditionellen und neuen Eliten, Adels-, Handels- und Schiffahrtsbürgertum, konzentriert in Lissabon, entfaltete es eine neue Dynamik, die ab 1415 mit der Eroberung des muslimischen Ceuta im nördlichen Marokko nach Afrika übergriff. Damit begann, unterstützt vom Handelskapital, technischen Kenntnissen und Personal aus Italien, besonders Genua, auch die spätere Expansion Europas in Übersee.

## 9.2 England

### Zeittafel

| | |
|---|---|
| 407 | Ende der weströmischen Herrschaft in Britannien |
| 449 | Angeln, Sachsen, Jüten beginnen Eroberung des romanischen und christlichen Britannien |
| 601 | Germanische Nachfolgestaaten werden christlich; Erzbistum Canterbury |
| 829 | Wessex bedeutendster Staat der Insel |
| 1013/14 | England von Dänen erobert |
| 1066 | Normannische Eroberung unter Wilhelm dem Eroberer: Straffer normannischer Feudalstaat |
| 1169 | Beginn der anglonormannischen Eroberung Irlands |
| 1214 | Niederlage bei Bouvines gegen Frankreich |
| 1215 | Magna Charta |
| 1337/39 | Hundertjähriger Krieg (bis 1453) |
| 1455 | Rosenkriege (bis 1485): Bürgerkriege |

Ausgangsbasis der historischen Entwicklung zum mittelalterlichen England wurde die Räumung Britanniens durch Westrom (407), da die römischen Legionäre zur Verteidigung des Reiches in Italien benötigt wurden. Nach ihrem Abzug fielen aus Schottland und Irland keltische Stämme der Pikten und Skoten sowie germanische Angeln, Sachsen und Jüten aus dem Osten über die Nordsee in das schutzlos gewordene Land ein. Im Dreieckskampf mit den romanisierten und christlichen Briten setzten sich schließlich die germanischen Angreifer durch und eroberten den Kern Englands. Aus zahlreichen lokalen Herrschaftsbereichen der siegreichen Germanen bildeten sich bis zur Mitte des siebten Jahrhunderts kleinere Teilkönigtümer heraus, deren Namen sich heute teilweise noch als Grafschaften erhalten haben (u. a. Essex, Sussex, Wessex, Kent). In langwierigen Kämpfen kristallisierten sich wechselnde Schwerpunkte der Macht unter diesen Teilkönigtümern heraus, bis Wessex ganz England vereinigte. Unterbrochen wurde diese Herrschaft durch den Einfall der Dänen, die England in einem ersten Versuch zu großen Teilen (870), in einem zweiten Anlauf vollständig eroberten (1013/14). Die dänische Herrscherdynastie hielt sich aber nur wenige Jahre auf dem Thron. Nach einem Zwischenspiel unter Eduard dem Bekenner, der erneut aus dem Hause Wessex (1042–1066) stammte, unterlag dessen Nachfolger Harold 1066 in der Schlacht von Hastings den aus der französischen Normandie in England einfallenden Normannen unter Herzog Wilhelm. Die Normannische Eroberung stabilisierte auf Dauer die politische Zusammenfassung Englands.

Die Herrschaft französischer Normannen schuf die bis dahin straffste Version des Feudalismus. Ein gesamtenglisches Grundbuch („Domesday Book", 1086) zu Zwecken der Besteuerung („danegeld"), der Treueid von Salisbury, der untere Lehensträger unmittelbar auf den König verpflichtete, und das „homagium ligium" von 1166 (Untervasallen durften sich vom unmittelbaren Lehnsherrn nicht gegen den König gebrauchen lassen) bezeichneten eine neue Stufe der politischen Zentralisierung im feudalen Europa.

Eine Verzahnung mit dem Kontinent erwuchs aus der Doppelvasallität: der englische König war zugleich als Herzog der Normandie auch französischer Kronvasall. Die Situation komplizierte sich unter König Heinrich II. (1154–89), da dessen Herrschaftsbereich, durch Heirat beträchtlich erweitert, weite Teile des nördlichen und westlichen Frankreich umspannte. In Konflikten mit der französischen Krone unterlag England in der Schlacht bei Bouvines (bei Lille) 1214. Die normale innere Reaktion auf eine schwere Niederlage führte in England zur Magna Charta (1215), einem Vertragsdokument, in dem englische Barone dem König in 61 Artikeln Rechte abrangen, die zum Ausgangspunkt für die weitere Verfassungsentwicklung Englands wurden. Gleichzeitig wehrte Heinrich II. den Versuch anglonormannischer Barone ab, durch Eroberung Irlands (ab 1169) einen neuen unabhängigen, gar rivalisierenden Machtkern außerhalb Englands zu schaffen, indem er sich selbst zum Oberherrn Irlands erklärte (1171). Das war der Beginn von Englands Engagement in Irland, das in seinen Auswirkungen bis zum Bürgerkrieg in Nordirland/Ulster durchschlägt.

Im Hundertjährigen Krieg (1337/39–1453) riskierte England einen zweiten Anlauf zur kontinentalen Machtstellung in und über Frankreich. Gerade im Hundertjährigen Krieg bildeten sich wesentliche Elemente eines englischen Nationalbewußtseins, ähnlich wie auch auf der Gegenseite in Frankreich. Zur Finanzierung der Kriege gegen Frankreich und das mit ihm verbündeten Schottland stieg das englische Parlament ab 1295 (Model Parliament) zum alleinigen öffentlichen Geldgeber für die Krone auf und steigerte somit über das Steuerbewilligungsrecht seinen Einfluß in der Politik. Die endgültige Niederlage gegen Frankreich (1453) stürzte England in das Chaos der Feudalanarchie, in die Rosenkriege (1455–85) zwischen rivalisierenden englischen Adelshäusern. Die Häuser York und Lancaster trugen Rosen in ihren Familienwappen, daher die Bezeichnung Rosenkriege. Aus ihnen ging England, eine Generation nach Frankreich und nach langen blutigen Kämpfen, unter der neuen Tudordynastie (1485–1603) als endgültig geschlossene Nationalmonarchie hervor.

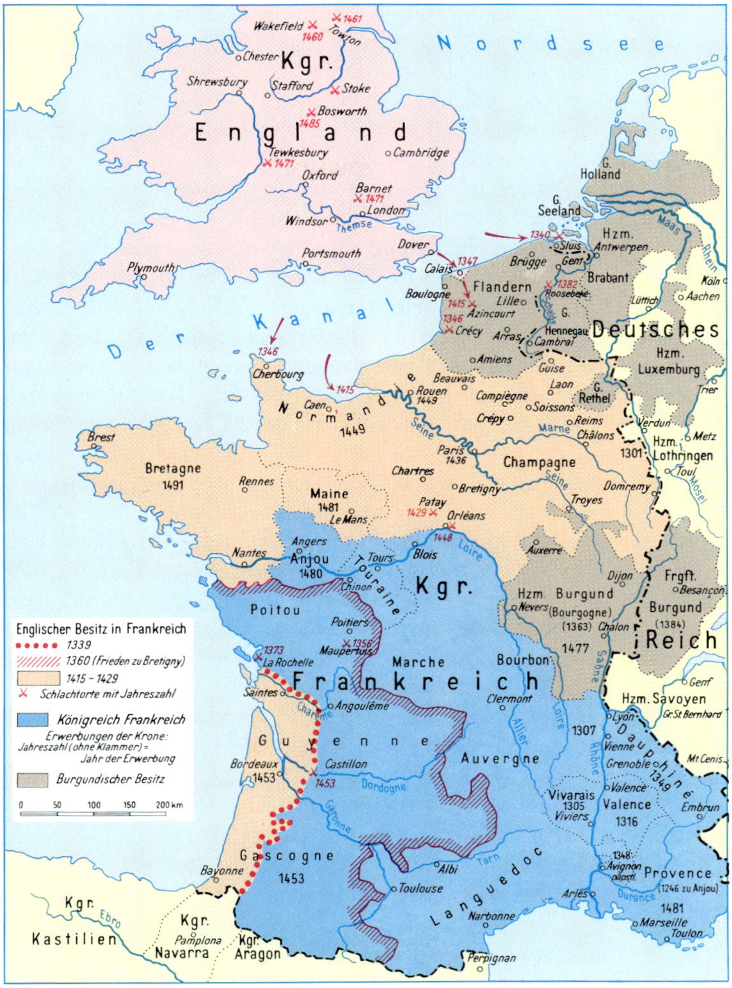


*Frankreich, England und Burgund im Spätmittelalter.*

## 9.3 Frankreich

### Zeittafel

987 Capetinger in Westfranken: Anfänge Frankreichs
1095 Kreuzzüge mit starker französischer Beteiligung
1180 Philipp II. August König (bis 1223): Zentralisation
1214 Sieg bei Bouvines über England: Frankreich auf Jahrhunderte einzige Großmacht Europas
1229 Albigenserkriege (seit 1209): Provence kommt zu Frankreich, faktisch als unterworfenes Untertanenland
1309 Papst in Avignon unter französischer Herrschaft: „Babylonische Gefangenschaft" der Kirche in Avignon
1337/ 39 Hundertjähriger Krieg (bis 1453)
1453 Sieg Frankreichs im Hundertjährigen Krieg. Ausbau der Zentralisierung

Das mittelalterliche Frankreich entstand, ebenso wie das mittelalterliche Deutschland, aus der Teilung des fränkischen Reiches (843) nach dem Tode Karls des Großen. Aus dem östlichen Teil des Kaiserreiches bildete sich nach dem Aussterben der Karolinger 911 das deutsche Königreich, knapp ein Jahrhundert später, 987, entstand das mittelalterliche Frankreich nach dem Erlöschen der Karolinger in Westfranken (Francia). Zunächst war Frankreich nicht mehr als ein äußerst lockerer Zusammenschluß feudaler Territorien, die nur nominell ein noch lange Zeit schwaches Königtum zusammenhielt. Frankreich entwickelte sich daher vom Kron- und Hausbesitz der aus dem Geschlecht der Capetinger stammenden Könige, dem Kronland der Ile-de-France um Paris und Orléans.

Paris als endgültige Hauptstadt Frankreichs hatte, ähnlich wie London, eine sozioökonomische Wirkung, mit Ausstrahlungen weit über Frankreich hinaus: Die (leibeigenen) Bauern der Ile-de-France produzierten für den wachsenden städtischen Markt gegen Geld und intensivierten dadurch die agrarische Produktion. Die Ergebnisse waren vielfältig: 1) Der mittelalterliche Landesausbau breitete sich vom Pariser Becken in allen Richtungen in Europa aus; 2) Leibeigene Bauern, die für Geld für den städtischen Markt produzierten, strebten nach persönlicher Freiheit, so daß sich von der Ile de France aus die Leibeigenschaft als feudale Institution schrittweise auflöste: Kronbauern aus der Ile de France erhielten erstmals 1315 die Möglichkeit zum Verlassen der Leibeigenschaft durch Freikauf; 3) Paris und das Pariser Becken wurden zum ökonomischen und sozialen Kern einer dynamischen Machtentfaltung, vorangetrieben durch Zentralisierung und Wachstum der Bevölkerung, der agrarischen wie der gewerblichen Produktion. Gelenkt von der Krone, bildeten frei werdende Bauern und städtisches Bürgertum die soziale Grundlage der neuen mittelalterlichen Nationalmonarchien.

Hier liegt die exemplarische Bedeutung des mittelalterlichen Frankreich für Europa: Frankreich löste das deutsch-römische Reich als erstes Machtzentrum des abendländischen Europa ab und stieg seit dem Sieg von Bouvines über England 1214 zur ersten und lange Zeit einzigen Großmacht Europas auf. Davor lagen erste Phasen der Zentralisierung unter Ludwig VII. (seit 1147), vor allem unter Philipp II. August (1180–1223), der unter Ausnutzung der stetig steigenden Finanzkraft Frankreichs über die Engländer siegte, ferner der Beginn der Kreuzzüge, die zum ersten großen nationstiftenden Erlebnis wurden.

Eine der härtesten Formen militärischer Ausbreitung auf der Schwelle zum Großmachtstatus bildeten die Albigenserkriege (1209–1229). Die Albigenser waren eine religiöse Großsekte, die über ganz Europa, vor allem aber im südlichen Frankreich um die Stadt Albi verbreitet war. Ihre Glaubensvorstellungen widersprachen denen der Kirche, und ihre Aufrufe zu radikaler Askese und Weltentsagung fanden Zehntausende von Anhängern. Der französischen Krone bot sich damit die Gelegenheit, unter Ausnutzung kirchlich-religiöser Motive in einem grausamen Kreuzzug den bis dahin unabhängigen Süden Frankreichs ihrem Herrschaftsbereich einzuverleiben. Die Grafschaft Toulouse wurde Teil des französischen Königreichs. Unter Philipp IV. dem Schönen (1285–1314) erlebte das mittelalterliche Frankreich den äußeren Höhepunkt seiner Machtstellung. Zur Finanzierung der staatlichen Zentralisierung und Bürokratisierung enteignete die Krone nacheinander reiche Sondergruppen – lombardische (= oberitalienische) und jüdische Kaufleute (1306), die ein erstes Mal aus Frankreich vertrieben wurden, und den Templerorden (1307), einen geistlichen Ritterorden, der durch Schenkungen von Land sowie Beteiligung am Fernhandel reich geworden war. Die Besteuerung des Klerus (1294) führte zum Konflikt mit dem Papst, in der Folge geriet das römische Papsttum in die Abhängigkeit Frankreichs; durch die Residenz in Avignon, die „Babylonische Gefangenschaft“ der Kirche (1309–1377) wurde die katholische Kirche gewissermaßen unter „nationale“ französische Kontrolle genommen. Die Bedrohung der Machtstellung der römischen Kirche hielt durch das Große Abendländische Schisma (1378–1417) an, als ein französischer Gegenpapst zum römischen Papst in Avignon blieb.

Inzwischen hatte der Hundertjährige Krieg (1337/39–1453) Frankreich in eine tiefe Existenzkrise gestürzt, aus der letztlich die Nationalmonarchie gestärkt hervorging. Am Ende standen Sondersteuern zur Finanzierung eines stehenden Heeres („gabelle“-Salzsteuer, „taille“-Kopfsteuer), die sich langfristig als dauerhafte Belastungen für die Monarchie bis zur Französischen Revolution erwiesen, weil sich der Adel als privilegierter Stand selbst aus der Steuerlast herausnahm. Mittelfristig aber hatte die Krone so stark an Macht gewonnen, daß Frankreich mit seinem Einfall in Italien 1494 – König Karl VIII. beanspruchte das damalige Königreich Neapel als Erbe – erstmals über seine eigentlichen Grenzen hinausgriff.

## 9.4 Rußland

### Zeittafel

860/2 Gründung Kiews, Nowgorods durch Waräger
882 Kiewer Rus: Vereinigung Kiew-Nowgorod als Großfürstentum unter Rurik
988 Kiewer Rus wird griechisch-orthodox
1054 Seniorat in Rußland: Zersplitterung der Kiewer Rus
1147 Moskau als Grenzstadt gegründet
1240 Mongolen erobern Kiew
1242 Goldene Horde (bis 1502): Tributsoberherrschaft der Tataren über Rußland (bis 1480)
1328 Moskau Großfürstentum: Ivan I. mit Eintreibung des Tatarentributs betraut
1380 Sieg Moskaus über Tataren auf dem Kulikowe Polje
1463 „Sammlung der russischen Erde“: Vereinigung russischer Teilfürstentümer unter Moskaus Führung als politische Strategie
1480 Ende des Tatarentributs. Moskau endgültig unabhängig

Das mittelalterliche Rußland entstand aus der anfänglichen Schutzherrschaft aus Schweden stammender Waräger (Wikinger), die als Kaufmannskrieger über finnische Stämme im Norden, ostslawische Stämme im Süden Rußlands herrschten. Die Gründung von Kiew (ca. 860) und Nowgorod (862) war nur Auftakt zur Vereinigung dieser Stämme im Großfürstentum Kiew (882) unter Rurik und seinen Nachkommen. So leitet sich der Name Rußlands vom damals im Osten geläufigen Namen „Rus“ für die Waräger ab. Ökonomisches Hauptziel der Kiewer Rus war die Verbindung des Fernhandels zwischen Ostsee und Schwarzem Meer bis Konstantinopel über das russische Seen- und Flüssesystem. Aus Konstantinopel kam ein Jahrhundert später das Christentum 988. Der Anschluß Rußlands an das griechisch-byzantinische Kulturzentrum bedeutete nach innen einen entscheidenden Schritt zur proto-nationalen Vereinheitlichung, auch wenn sich die ursprüngliche Waräger-Elite als herrschende Aristokratie (Bojaren = nichtregierende Nachfahren Ruriks) noch lange von den slawischen Bauern abhob.

Bei der Weite des Landes, damals in der Hauptsache durch Wasserwege erschlossen, wechselte die mittelalterliche Kiewer Rus besonders häufig zwischen Perioden politischer

Zusammenfassung einerseits und Bürgerkriegen sowie staatlichen Spaltungen (972–89; 1016–1036; 1068–1113) andererseits. Im Grunde war die Kiewer Rus nur ein lockerer Zusammenschluß von Fürstentümern, deren Zentrum, der Großfürst von Kiew, je nach den Zeitumständen in seiner Machtfülle schwankte. Eine russische Spezialität zur Lösung der für jedes politische System schwierigen Nachfolgeregelung war das Seniorat (1054), wonach der älteste Bruder den Großfürstentitel erhielt. Die Folge dieser Erbteilungen war der rasche Zerfall der Kiewer Rus, u.a. beschleunigt durch für die Kiewer Rus fortan typische Onkel-Neffen-Konflikte.

Besonders stark traf Rußland der Einfall der Mongolen. In ihrer Zersplitterung unterlagen die russischen Fürstentümer einzeln ihren militärischen Angriffen: Kiew fiel 1240, Nowgorod behauptete sich zwar 1241, verpflichtete sich aber zu Tributszahlungen, die unter der Herrschaft der Goldenen Horde (1242–1502), dem Eigennamen für das Reich der Mongolen (Tataren) in Südrußland, bis 1480 anhielten. Unter der Tributsoberherrschaft der Tataren behielten die russischen Teilfürstentümer eine weitgehende innere Autonomie, wurden jedoch durch die Tatarenherrschaft vom übrigen Europa weitgehend abgetrennt und in ihrer Entwicklung zurückgeworfen, schon weil die Tataren an der Beherrschung des russischen Fernhandels interessiert waren. Schlüssel zur weiteren Entwicklung Rußlands wurde die Frage, wo der Sitz des Metropoliten der russischen Kirche und des weiterhin existierenden Großfürsten als Zentrum politischer und geistlicher Macht war. 1326 verlegte der Metropolit seinen Sitz von Wladimir in Westrußland nach Moskau. Zwei Jahre später setzten die Tataren Iwan I. Kalita („der

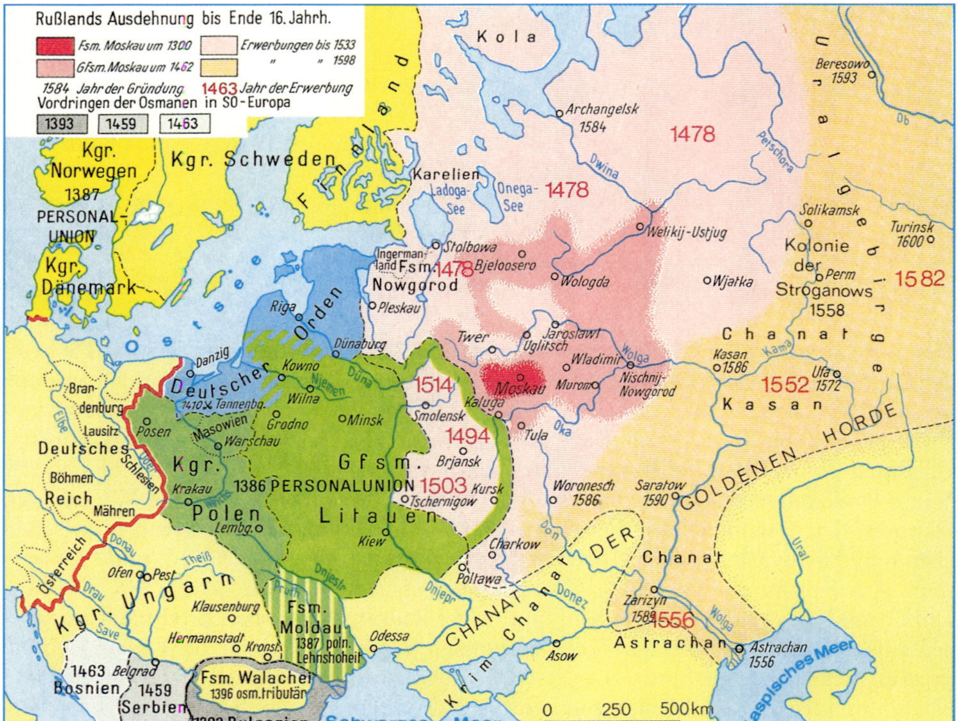


*Osteuropa und Rußland im Spätmittelalter*

Geldbeutel“) als Großfürsten in Moskau ein und betrauten ihn mit dem Eintreiben des Tatarentributs der russischen Fürstentümer. Somit waren die Spitzen der politischen und kirchlichen Macht in Moskau vereint. Vom Tatarentribut zweigte der Moskauer Großfürst genügend Finanzmittel als Provision ab, um Moskau schrittweise zum neuen Machtzentrum Rußlands am Rande der Tataren-Tributsoberherrschaft aufzubauen, so daß es schon ein halbes Jahrhundert später den Kampf zur Brechung der Tatarenherrschaft aufnehmen konnte. Nach einem ersten Anfangssieg 1378 über die von der Großen Pest 1347–51 besonders geschwächte Goldene Horde erfocht Moskau auf dem „Schnepfenfeld“ (am Don) 1380 den entscheidenden Sieg. Dennoch dauerte es noch einmal ein ganzes Jahrhundert, bis Moskau die Zahlung des Tatarentributs endgültig einstellte und damit wirklich souverän war.

In der Zwischenzeit hatte die Eroberung Konstantinopels durch die Türken 1453 Moskau zum einzig übriggebliebenen Machtzentrum der griechischen Orthodoxie gemacht. Als neuer Hort orthodoxer Religiösität trat Moskau fortan mit dem Anspruch auf, das „Dritte Rom“ zu sein. Es umgab sich mit einem heilsgeschichtlichen Mythos, der sich seit Iwan IV. (1533/47–1582) auch in der Annahme des seit 1453 vakanten orthodoxen Kaisertitels als „Zar“ (1547) niederschlug: Die Rettung der verderbten Welt würde von den orthodoxen Ostslawen kommen.

## 9.5 Polen, 966–1572

### Zeittafel

| | |
|---|---|
| 966 | Christianisierung Polens unter Herzog Mieszko I. |
| 1000 | Erzbistum Gnesen: Polen kirchlich unabhängig von Deutschland |
| 1025 | Polen erstmals Königreich |
| 1138 | Seniorat in Polen: Zerfall der Piasten-Dynastie in neun Herzogtümer (bis 1320) |
| 1230 | Deutscher Orden an der unteren Weichsel |
| 1241 | Mongoleneinfall: Niederlage Polens (und des Deutschen Ordens) bei Liegnitz: Polen verwüstet |
| 1320 | Polen wieder Königreich, Krakau neue Hauptstadt (bis 1596) |
| 1333 | Kasimir III. der Große (bis 1370): Ausbau Polens |
| 1374 | Privileg von Kaschau: Vorherrschaft des Adels in Polen |
| 1386 | Personalunion Polen-Litauen: Polen größter Flächenstaat Europas: Jagiellonen-Dynastie (bis 1572) |
| 1410 | Schlacht bei Tannenberg (poln.: Grunwald): Sieg über Deutschen Orden |
| 1466 | 2. Thorner Frieden: Ordensstaat lehensabhängig von Polen (bis 1657/60) |
| 1505 | Konstitution von Radom: Adel („Schlachta“) erringt Monopol der Macht |
| 1572 | Jagiellonen ausgestorben: Polen Wahlmonarchie/Adelsmonarchie (bis 1795) |

Erst der Sieg der Deutschen über die Ungarn (955), die auf ihren Streif- und Raubzügen ganz Europa durchquerten, gab den westslawischen Polen den Freiraum zu einer ersten staatlichen Zusammenfassung: Polen begann unter Führung der Piasten, einer einheimischen Dynastie, als Herzog-/Fürstentum ca. 960 mit Posen als erster Hauptstadt. Der entscheidende Schritt zur damals modernsten Staatlichkeit war 966 der Übertritt zum Christentum. Mit der Zugehörigkeit zur römischen Kirche setzten sich die Polen von den

Russen im Osten ab, die zwar wenig später (988) ebenfalls das Christentum annahmen, aber in der von Byzanz ausgehenden griechisch-orthodoxen Form. So entstanden Unterschiede zwischen Polen und Russen, die teilweise noch bis heute weiterwirken, z. B. im Gebrauch unterschiedlicher Schriftsysteme – lateinisches bzw. kyrillisches Alphabet. Die Gründung des Erzbistums Gnesen 1000 unter Otto III. bedeutete kirchenpolitisch einen weiteren Schritt zur Souveränität. Nach vorübergehender Eroberung Kiews (1024) legte sich Boleslaw Chobry („der Tapfere") den Königstitel zu (1025). Dazwischen scheiterte der Versuch, nach Westen bis zur Elbe zu expandieren, an einer ersten Koalition Deutschland-Rußland (1004–1013). Im zweiten Anlauf gelang eine etwas festere Fundierung des polnischen Königtums (1076), aber Polen geriet bald in den Strudel einer doppelten Existenzkrise. Die Übernahme des russischen Seniorats-Prinzips (1138) hatte in Polen dieselbe Konsequenz wie zuvor in Rußland. Polens politische Einheit zerfiel in insgesamt neun Piasten-Fürstentümer. In das polnische Machtvakuum strömten verschiedene Kräfte ein – vom Norden die heidnischen baltischen Pruzzen, zu ihrer Abwehr im Nordwesten der Deutsche Ritterorden an der unteren Weichsel vom Westen (1230), bald darauf die Mongolen vom Osten, die bis nach Schlesien vorstießen, wo sie ein polnisch-deutsches Ritterheer in der Schlacht bei Liegnitz schlugen (1241).

Nach fast zwei Jahrhunderten politischer Zersplitterung gründete sich Polen als Königreich 1320 neu, mit Krakau als zweiter Hauptstadt. Unter Kasimir III. (1333–1370) erhielt das mittelalterliche Polen seine Prägung. Nach seinem Tod erlebte Polen eine erneute Phase der inneren Schwäche, ausgedrückt in der vorübergehenden Personalunion mit Ungarn (1370–82): In der Abwesenheit der Krone riß der Adel, vorbereitet durch die lange Periode politischer Zersplitterung (1138–1320), die politische Macht im Privileg von Kaschau (1374) an sich: Ludwig I. von Ungarn/Polen garantierte darin dem polnischen Adel Wahlrecht für Königswahl, Steuerfreiheit und weitere politische Vorrechte. Die Krise Polens wurde durch die Personalunion Polen-Litauen 1386 nur scheinbar gelöst: Über Nacht wurde der neue Unionsstaat zwar der größte Flächenstaat Europas, von der Ostsee bis fast zum Schwarzen Meer. Aber auch im „Goldenen Zeitalter" äußerer Machtfülle ging die innere Schwächung Polens weiter. In der Konstitution von Radom (1505), einer Stadt in Ostpolen, sicherte sich der Reichstag („Sejm") die alleinige Zuständigkeit für die „nationale" Gesetzgebung. Da aber der Adel allein den Reichstag besetzte, legte das Machtmonopol des Adels die Grundlage zur späteren Adelsherrschaft und Adelsanarchie. Nach dem Aussterben der Jagiellonen (1572), der polnischen Königsdynastie, die fast 200 Jahre herrschte, war Polen zugleich Adelsrepublik und Wahlmonarchie: „rzeczpospolita" war seitdem der offizielle Titel für den souveränen Staat Polen.

# 10 Die geistige Welt des Mittelalters

*Klösterliche Schreibstube. Der Mönch in der Mitte hält ein Tintenfaß. Die Elfenbeinschnitzerei aus dem 9./10. Jahrhundert stammt vermutlich aus Trier.*

## Zeittafel

| | |
|---|---|
| **ab 529 n. Chr.** | Benediktiner kopieren antike Schriften |
| **um 800** | karolingische „Renaissance“ |
| **um 960** | ottonische „Renaissance“ |
| **ab 1095** | Kreuzzüge: Einfluß arabischer Kultur |
| **um 1100** | Wiederentdeckung des Aristoteles in Europa: Entstehung der Scholastik |
| **1122** | Dialektisches Denken: Abäelards „Sic et non“ |
| **1225–1274** | Thomas von Aquin |

## 10.1 Frühmittelalter: Rudimentäre Schriftlichkeit und Orientierung an der Antike

Aus den materiellen Bedingungen, den sozialen und ökonomischen Verhältnissen erklärt sich unschwer die Art des geistigen Lebens im Mittelalter: Das Niveau der Schriftlichkeit war zunächst noch sehr niedrig. Daher kommt der schlechte Ruf des Mittelalters als „finsteres“: Im Frühmittelalter, rund bis vor 1000, gibt es in der Tat noch so wenige schriftliche Zeugnisse, daß wir über weite Strecken im dunkeln tappen. So gesehen, ist „finsteres Mittelalter“ berechtigt. Es war das, was im Englischen „Dark Ages“ heißt – Epochen, über die wir wenig wissen, aus Mangel an schriftlichen Quellen. Nach dem Untergang des Römischen Reiches war das Frühmittelalter erneut nahezu ausschließlich ländlich geprägt und eine fast total analphabetische Gesellschaft. Ungefähr bis 1000 hatten Kleriker und Mönche fast das Monopol, Lesen und Schreiben zu können, weshalb „clerc" im Englischen nicht zufällig das Wort für „Schreiber", später „Angestellter" wurde. Nur die Juden repräsentierten eine eigenständige Kontinuität antiker Schriftlichkeit, aber weitgehend exklusiv für sich. Im Abbruch antiker Traditionen brach auch die Gelehrsamkeit zusammen. Nur Klöster und Kirchen bewahrten wenigstens noch ein Minimum bruchstückhafter Bildung. Zu den Pflichten der Mönche des 529 gegründeten Benediktinerordens gehörte es, jeden Tag alte Autoren zu kopieren, auch mitten im kalten Winter. In einer Zeit, in der bis ca. 1000 selbst bedeutende Herrscher wie Karl der Große Analphabet waren, beschränkte sich geistiges Leben daher auf die dünne Schicht der Kleriker. Hauptbeschäftigung war die Bewahrung und Exegese (Auslegung) der antiken Autoren und der Kirchenväter, um sie tunlichst in Einklang mit der Bibel zu bringen. Mönchische Schreiber überlieferten auch die wenigen historischen Nachrichten aus den „dark ages".

Anknüpfung, auch in der Baukunst, an die bewunderte Antike brachte immer neue Wellen von modernen Historikern später so genannten „Renaissancen" hervor, besonders, wenn sich Herrscher politisch und ideologisch auf das untergegangene Römische Reich (Imperium Romanum) beriefen – karolingische Renaissance unter Karl dem Großen, ottonische Renaissance unter Otto I. Der „romanische" Baustil (wieder eine moderne, nachträgliche Bezeichnung) läßt gut erkennen, wie eng sich die Baumeister (natürlich alles Kleriker) an antike, in diesem Fall römische Vorbilder anlehnten: Solider als die Römer, deren Baudenkmäler nach Jahrhunderten teilweise noch intakt waren und benutzt wurden, wie in Trier, hätte man ohnehin nicht bauen können. Und Gotteshäuser sollten schließlich für die Ewigkeit gebaut sein. Kunst ging, wie sonst in der Welt, auch im lateinischen Mittelalter ganz im Dienst an der Religion auf.

## 10.2 Das Hochmittelalter nach 1000: Emanzipation von Byzanz und neue Einflüsse aus dem Osten

Wichtigster prägender Einfluß im Frühmittelalter blieb auf Jahrhunderte das kulturelle vorläufig noch überlegene Byzanz, das sich ohnehin als die einzig fortlebende legitime Fortsetzung des Imperium Romanum und seiner Kultur empfahl. Erst mit der epochalen Wende um 1000 wurde geistiges Leben allmählich inhaltlich reicher und formal vielfältiger. Wesentliche Anregungen kamen weiterhin von außen: Während seit der Schlacht von Mantzikert 1071, als die seldschukischen Türken über Byzanz siegten, der Einfluß von Byzanz langsam zurückging, verschaffte sich der lateinische Westen mit den Kreuzzügen direkten Zugang zum kulturell höherstehenden Mittleren Osten und übernahm von ihm eine Fülle von Anregungen.

Teilweise hatten die Araber in ihrem Kalifat antikes Erbe der Griechen bewahrt und weiterentwickelt, vor allem die Schriften der alten Griechen, und hier besonders die Werke des Aristoteles. Zum erheblichen Teil gaben sie und die Perser Kulturtechniken und Neuerungen aus dem Osten nach dem Westen weiter – u. a. Kompaß, Papier, Buchdruck, Zuckerrohr und Baumwolle samt ihrer Verarbeitung, Schießpulver aus China; die sog. arabischen Zahlen mitsamt der für die Moderne Welt entscheidenden „Null" kamen aus Indien. Neben den Arabern spielten Juden eine ausschlaggebende Rolle in der Vermittlung und Entwicklung neuer Produktionsformen und geistiger Anregungen.

Die Anregungen aus dem Osten durch die Kreuzzüge sind so vielfältig, daß knappe

Stichworte genügen müssen: Die Übernahme des muslimischen Spitzbogens ermöglichte den entscheidenden Schritt zum ersten neuen Baustil des Westens seit der Romanik, nämlich der Gotik. Die ritterliche und höfische Kultur übernahm wesentliche Merkmale, die uns selbstverständlich europäisch vorkommen, aus dem Osten, z. B. die Gesangskultur (Ritter- und Minnesang), Rose und Lilie (Wappen der Könige von Frankreich), das Schachspiel (ursprünglich aus Indien, über Persien in den Nahen Osten gekommen). Hinzu kommen die Ritterorden, als Antwort auf muslimische Kampfgemeinschaften (ribat = befestigtes Wehrkloster), mit ihren wallenden weißen Mänteln (= Burnus der Wüstenkrieger) und den Wappen auf den Schildern, auch die Windmühle, die „arabischen" Zahlen sowie viele Luxuswaren, die der interkontinentale Fernhandel herbeischaffte. Im allgemeinen Anwachsen des Wohlstandes wurden, über die Jahrhunderte, bis in die Neuzeit und Gegenwart hinein, einst exklusive Artikel, z. B. Medizinalpflanzen, zum Allgemeingut des Massenkonsums – Zucker, Gewürze, Spinat, Rhabarber, Seide, Tee, Porzellan, Papier aus China, Baumwollstoffe aus Indien.

Besonders gut läßt sich der hohe Stellenwert ausländischer Einflüsse auf die geistige Welt des Mittelalters an den verschlungenen Wegen ablesen, auf denen die Werke des großen griechischen Philosophen Aristoteles nach dem teilweisen Zusammenbruch der Antike auch im griechischen Osten Jahrhunderte später wieder in den lateinischen Westen gelangten. Seitdem das Christentum 391 endgültig Staatsreligion im Römischen Reich geworden war, hatte die Kirche nach Möglichkeit alle Schriften der „heidnischen" Griechen vernichtet. Die Schließung der Platonischen Akademie, der berühmten antiken Philosophenschule, in Athen 529 vertrieb die letzten „heidnischen" Philosophen, die sog. Neuplatoniker. Sie wanderten ins Neu-persische Reich der Sassaniden aus, wo sie die antiken Traditionen pflegen konnten. Nach der Eroberung Syriens (635), Ägyptens und Persiens (641/51) durch die muslimischen Araber sammelten die arabischen Herrscher (Kalifen) eifrig antike Schriften und ließen sie in Damaskus systematisch übersetzen, erst ins Aramäische (Syrische), von da ins Arabische. So gelangten Aristoteles Werke auch ins maurisch-muslimische Spanien, wo die Juden zeitweise eine glänzende Stellung hatten. Von der damals bedeutendsten Universität, Cordoba, brachten sie bald nach Beginn der systematischen Rückeroberung Spaniens durch die Christen (Reconquista 1064–1492) die Werke des Aristoteles um 1100 nach Paris. Der wiedergewonnene Aristoteles legte erst die theoretischen, weil geistig-intellektuellen Grundlagen zum späteren Aufstieg des lateinischen Westens.

Abgesehen von der kaiserlichen Universität in Bologna, hatte Paris, die Hauptstadt der ersten und größten Nationalmonarchie Europas, auch die erste richtigte Universität im lateinischen Westen, die Sorbonne. Mittelalterliche Universitäten waren kirchliche Einrichtungen, heute noch an den klosterartigen Colleges und den Talaren der Studenten, Dozenten und Professoren in Oxford und Cambridge zu erkennen. Die Universitäten institutionalisierten und symbolisierten das anfängliche Bildungsmonopol der Kirche. Aber in ihrem Wachsen sprengten sie allmählich die anfängliche Beschränkung auf kirchliche Lehrinhalte: Wichtigstes und prestigereichstes Fach blieb zwar die Theologie, gefolgt von der Philosophie, aber die Lehre der Medizin (unter Verwertung arabischer und jüdischer Schriften) und Rechtslehre (im wesentlichen Kirchenrecht und Römisches Recht) qualifizierten zur Ausübung fortan bürgerlicher Berufe. Mit der Säkularisierung (Verweltlichung) eines Teils der akademischen Fächer in ihrer praktischen Ausübung kündigte sich, im Rückblick, schon die spätere Säkularisierung der Universitäten wie des gesamten Lebens im Westen in der Neuzeit an.

Die Wiederentdeckung des Aristoteles in Paris um 1100 mündete in das erste eigenständige Wissenschaftssystem des lateinischen Mittelalters, die Scholastik. Ihr Name leitet sich von lateinisch „schola“ ab, den Domschulen an den Bischofskirchen, Vorschulen für die späteren Universitäten. Rationaler Kern der Scholastik war der Versuch, die Kenntnisse der Antike, zusammengefaßt und symbolisiert vom wiederentdeckten Aristoteles, ins kirchliche Weltverständnis der Bibel einzubauen, beides mit den inzwischen aus der Antike und dem Orient zusammenfließenden neuen Wissensstand zu vereinbaren: Die Werke vor allem des Thomas von Aquin (ca. 1225–1274) wurden für diesen zentralen Aspekt repräsentativ – „Summa“ als Zusammenfassung und Systematisierung des zeitgenössischen Wissens, was der große Aristoteles einst für die griechische Antike geleistet hatte.

Mindestens ebenso wichtig wurde die neue Form des Denkens, die Dialektik, mit ihrer Konsequenz für die Form der geistigen Auseinandersetzung, die gelehrte Disputation. Dialektik ist die Lehre, daß alles in der Welt voller Gegensätze ist: jedes Ja enthält in sich schon die Gegenthese des Nein, formuliert zum ersten Mal im Werk des Philosophen Abaëlard „Sic et Non“ (1122). Dialektik wurde fortan typisch für die westliche Denkungsart in Gegensätzen, die in faustischem Drang zu immer Neuem führt – bis hin zur Selbstzerstörung. Disputation war das gelehrte Streitgespräch zwischen nur zwei Kontrahenten – These und Gegenthese. Im Spätmittelalter erstarrte die Scholastik zum sterilen Zitieren von Autoritäten und Gegenautoritäten (Bibel, Klassiker, Kirchenväter). Moderne Fortsetzungen sind die öde Marx-Engels-Lenin-Scholastik im untergegangenen Kommunismus und in ihm nahestehenden marxistischen Gruppen.

Die beginnende Säkularisierung zeigte sich auch in der Literatur: Hatte sonst das Latein das Monopol als sprachliches Ausdrucksmittel, so kamen allmählich, mit der langsamen Verbreitung der Bildung, auch einheimische Sprachen zum Zuge, anfangs oft vermischt mit dem Lateinischen. Ein Schritt zur Säkularisierung war die Wahl des Stoffes für die neue hochmittelalterliche Literatur. Nicht mehr die Religion wurde primär behandelt, sondern die eigene Existenz, wenn auch historisch verfremdet durch Rückgriff auf mythischgewordene Stoffe – Artus-Sage aus dem keltisch-bretonischen Kulturkreis am nordwestlichen Rande Europas, Rolands- und Nibelungenlied. Sie alle enthielten weitgehend mündlich überlieferte Stoffe aus der Geschichte des „finsteren“ Frühmittelalters, aber versetzt durch Formen der eigenen Zeit, z. B. das Rittertum. „König“ Artus war Führer der christlich-romanisierten Kelten, die unter Artus eine Generation lang dem Druck der heidnischen Angelsachsen insgesamt erfolgreich standhielten. Mit seinen schwerbewaffneten Paladinen/Gefolgsmänner repräsentiert „König“ Artus zugleich ein Stück spätrömischer Kontinuität. Roland, Markgraf der Bretonischen Mark, und berühmtester Kronvasall (Paladin) Karls des Großen, verkörperte den Dienst am erneuerten Imperium Romanum und den Kampf gegen den Islam in Spanien. Die Nibelungen erzählten den Untergang der Burgunder, in dichterischer Freiheit verrückt nach Pannonien (Ungarn). In der historischen Realität waren die Burgunder den Hunnen Attilas 434 in ihrem Reich um Worms unterlegen und ins heutige Burgund ausgewichen, wo sie ihren historischen Namen hinterließen.

Mit der weiteren Bevölkerungszunahme und Ausweitung der Schriftlichkeit und Bildung dominierten die einheimischen Sprachen in Verwaltung und Literatur allmählich so sehr, daß sich zuletzt, abgesehen von der römischen Kirche, nur noch die Spitzen der Wissenschaft und Literatur, die Humanisten, des Lateins als Umgangssprache bedienten, mit Ausläufern bis in die humanistischen Gymnasien und entsprechenden Schulen, z. B. in England, die Latein und Griechisch bis ins 20. Jahrhundert pflegten. Mit der Emanzipation von der Kirche und dem Latein wuchsen die großen Nationalsprachen für Verwaltung, Politik, Literatur und Wissenschaft heran, die das Gesicht des modernen Europa prägten.

# 11 Stadt im Mittelalter

*Aus der bebilderten Handschrift des Hamburger Stadtrechts (1497). Im Vordergrund Kaufleute und Seefahrer vor dem Haus des Zollschreibers. Im Hafen verschiedene Schiffstypen: Koggen, Flußkähne, Jollen.*

## Zeittafel

| | |
|---|---|
| ca. 500 bis 1000 | Städte behaupten sich als ex-römische Rumpfstädte; nur wenige Neugründungen |
| 1000–1100 | Städte in Italien (Venedig; Lombardei mit Mailand; Toskana mit Florenz; Genua, Venedig), Flandern (Brügge, Gent) und Nordostfrankreich (Champagne) steigen zu den bedeutendsten europäischen Handels- und Wirtschaftszentren auf; Entstehung von Zünften |
| 1015/1045 | Entstehung erster Schwureinungen (coniurationes) in Benevent (Süditalien, 1015) und Mailand (1045) |
| 1066 | Huy, Stadt in Belgien an der Maas, erhält als erste europäische Stadt nördlich der Alpen vom Stadtherrn in einer Handfeste (Privileg) begrenzte kommunale Freiheiten |
| 1074 | Aufstand (coniuratio) der Kölner Kaufleute gegen Erzbischof Anno; coniurationes ebenfalls in Worms (1073), Cambrai (1077), Lüttich (1110) zur Erringung bürgerlicher Freiheiten |
| seit 1120 | Phase der planmäßigen Stadtgründungen („städtisches Gründungsfieber"); erste deutsche Gründungsstadt: Freiburg i. Br. 1120; Stadtgründungen im Zuge der deutschen Ostsiedlung |
| 1161 | Gründung einer Genossenschaft nach Gotland fahrender Kaufleute (Vorstufe zur Hanse) |
| um 1200 | Venedig, bedeutendste See- und Handelsmacht Europas und Drehscheibe des Handels zwischen Europa und Asien, auf dem Höhepunkt seiner Macht |
| bis 1250 | Bereits ca. 150 Städte haben in Deutschland ein eigenes Stadtregiment (kommunale Autonomie): Basel, Straßburg, Soest, Worms, Rostock etc. |
| 1358 | Übergang von der „Kaufmanns-" zur „Städtehanse" formalisiert |
| 14. Jh. | Bürgerkämpfe: Zünfte kämpfen um Sitz und Stimme im Stadtrat |
| 14./15. Jh. | Aufstieg von Banken, Finanzkapital und Handelsgesellschaften; 1380: in Oberdeutschland entsteht die größte deutsche Handelsgesellschaft des Mittelalters, die Große Ravensburger Handelsgesellschaft (bis 1530); 2. Hälfte 15. Jh. Aufstieg der Fugger und Welser |
| 1598 | Schließung der Hanseniederlassung („Stalhof") in London |

## 11.1 Einleitung

Seit etwa 5000 Jahren leben Menschen in Städten. Als Siedlungs- und Lebensform liegen die Ursprünge städtischer Kultur im Vorderen Orient. Neben den Alten Kulturen in Mesopotamien – dem Gebiet des heutigen Irak –, Ägypten und Indien brachte vor allem China seit 1500 v. Chr. Städte hervor, die mit ihren Millionen von Einwohnern heutigen Großstädten durchaus vergleichbar sind. Erst viel später, an der Jahrtausendwende um Christi Geburt, wird mit Rom erstmals auch in Europa eine Stadt in ihrer Einwohnerzahl die Millionengrenze erreichen.

Heute ist die Stadt ein weltweites Phänomen. Der Anteil der Städter an der Weltbevölkerung nimmt ständig zu. Lebte um die Mitte unseres Jahrhunderts ein Fünftel aller Menschen in Städten, so heute bereits die Hälfte und in absehbarer Zeit wohl die Mehrheit. Manche Wissenschaftler behaupten, die Welt der Zukunft werde aus einer einzigen zusammenhängenden Stadt bestehen.

Angesichts der riesigen Zeiträume, seit denen Städte bestehen, und der vielfältigen Wandlungsformen, die sie in Geschichte und Gegenwart durchlaufen haben, stellt sich die Frage, worin das Besondere gerade der mittelalterlichen europäischen Städte zu suchen ist. Was kennzeichnet die Stadt des europäischen bzw. deutschen Mittelalters, daß wir uns so ausführlich mit ihr beschäftigen?

Die meisten Städte in Deutschland, aber auch in Europa, haben noch einen mittelalterlichen Kern, der mehr oder weniger sichtbar ist, manchmal gar noch erhalten (Stade, Nürnberg, Augsburg). Im Gegensatz zur Stadt der Antike oder den uns vertrauten Städten der Moderne zeichnet sich die Stadt des Mittelalters durch ihre rechtliche Sonderstellung vom sie umgebenden Umland aus. Die Stadtmauer, weithin sichtbar durch ihre hohen Türme, diente nicht allein Verteidigungszwecken. Sie umschloß und begründete auch einen Sonderbezirk eigenen Rechts, in dessen Zentrum die Gemeinde persönlich freier Bürger lebte. Die Zugehörigkeit zur Bürgergemeinde beendete persönliche Abhängigkeitsverhältnisse wie Leibeigenschaft und Hörigkeit für die Mehrheit der auf dem Lande lebenden Bevölkerung.

Stadt im Mittelalter – das war deshalb eine revolutionäre Neuerung, ein spannendes Experiment, bei dem Bürger versuchten, ihre politischen und wirtschaftlichen Angelegenheiten durch den Rat in Eigenregie oder Autonomie selbst zu verwalten. Das Rathaus, meist neben der Marktkirche gelegen, gehört deshalb zum unverzichtbaren Erkennungszeichen mittelalterlicher Städte. Zu deren typischen Erscheinungsbild gehört ferner der Marktplatz, der als Ort des Warenaustausches auf das wirtschaftliche Erwerbsstreben mittelalterlicher Bürger verweist. Ohne die produktiven Leistungen von Handwerkern und Kaufleuten, die Gewerbe- und Handelserzeugnisse herstellten und auf dem Markt austauschten, ist das Leben und Treiben in den mittelalterlichen europäischen Städten unvorstellbar.

So scheint die eingehende Beschäftigung mit der mittelalterlichen europäischen Stadt gerechtfertigt: Als Ort, an dem Menschen auf engstem Raum zusammenleben, bietet sie den Schauplatz gesellschaftlicher Problemlagen, die nicht erst in unserer Zeit eine besondere Brisanz gewonnen haben.

## 11.2 Die Entstehung der mittelalterlichen Stadt und die Herausbildung der Bürgergemeinde

Mittelalterliche Städte waren Orte des Handwerks und des Handels, bevorrechtete Gemeinschaften, die mit dem freien Bürger in ihrer Mitte über bestimmte Privilegien verfügten – das Recht, Markt zu halten oder Münzen zu prägen usw. Betrachten wir zunächst, wo die Ausgangspunkte mittelalterlicher Stadtentwicklung und städtischer Siedlungen zu suchen sind.

Als die Stadt des Mittelalters im 11. und 12. Jahrhundert ihre charakteristische Gestalt gewann, gab es auch nördlich der Alpen schon unterschiedliche Anknüpfungspunkte: Im ehemaligen römischen Grenzgebiet zwischen Rhein und Donau waren es Reste von Römerstädten, die um des Schutzes ihrer Mauern wegen in den unsicheren Zeiten des Frühmittelalters allmählich wieder zu Siedlungsplätzen aufstiegen. Trier, Köln, Bonn, Mainz, Regensburg und Salzburg gehen auf ursprünglich römische Gründungen zurück. Wie schon Tacitus in der „Germania“ berichtete, hatten die Germanen keine Städte. Als das Weströmische Reich unterging (476), harrten die Bischöfe zum größten Teil in den verwüsteten Römerstädten aus und wuchsen in die Funktion von Stadtherren. So wurden die Römerstädte als Bischofssitze Kristallisationskerne früher Städte, gruppiert um Bischofskirche und Bischofshof. Die Geschicke dieser Städte lagen vorerst in bischöflicher Hand. Für eine Selbstverwaltung oder Selbstregierung der dort siedelnden Bevölkerung blieb zunächst kein Platz – diesen Freiraum mußten sich die Bürger erst später langsam erkämpfen.

Einen zweiten Ansatzpunkt zur Entstehung städtischer Siedlungskomplexe boten im rechtsrheinischen Raum seit der Karolingerzeit Pfalzen, Burgen und Klöster, an die sich Kaufmannssiedlungen anlagerten. Dies galt vor allem für die späteren Städte Magdeburg und Erfurt, in denen bereits um 800 ständig Kaufleute und Handwerker gewohnt haben dürften.

Als im 9. und 10. Jahrhundert mit der territorialen Ausdehnung des Reiches nach Osten auch die Christianisierung der eroberten Gebiete erfolgte, wurde die von der Kaufmannssiedlung umgebene Burg häufig zugleich Sitz eines Bischofs bzw. eines Erzbischofs, dem andere Bistümer unterstellt wurden. Mit Münster, Osnabrück, Hildesheim, Paderborn, Bremen und Hamburg entstanden so auch im ehemals „römerfreien" Deutschland Anfänge städtischer Siedlungen, mit Märkten in ihrer Mitte und einem Bischof an ihrer Spitze. Zwar war die Gründung eines Marktes ursprünglich ein königliches Privileg, aber in der Praxis waren es geistliche und weltliche Feudalherren, auf die im 9. und 10. Jahrhundert das Recht überging, einen Markt zu gründen, Münzen zu prägen und Zölle zu erheben.

Ebenfalls eine wichtige Funktion im allmählichen Prozeß mittelalterlicher Stadtwerdung kam den Handelsplätzen des fränkisch-friesischen Fernhandels zu, die zwischen dem 7. und 9. Jahrhundert im Bereich der Nord- und Ostseeküste entstanden waren. Zu diesen Orten gehört u. a. Dorestad am Niederrhein, Haithabu bei Schleswig. Viele dieser Handelsplätze, die man mit einem Fachwort „Wike" nennt, sind heute untergegangen. Im Namen der Stadt Braunschweig ist der Ausdruck „Wik" noch erhalten. Entscheidend für die Entstehung der mittelalterlichen Stadt war, daß in diesen Handelsplätzen erstmals eine neue Schicht des Fernhandelskaufmanns begegnet, die sich in ihrer Lebensweise und rechtlichen Stellung sowie durch besondere Privilegien deutlich von der unfreien Landbevölkerung abhob. Anfänglich waren Fernkaufleute meist Juden, vor allem in den ehemals römischen Bischofsstädten. Sie verfügten über Freizügigkeit und Unabhängigkeit. Um sich auf ihren oft weiten und gefährlichen Reisen zu schützen, bildeten sie Fahrgemeinschaften (Hansen), bei denen die Kaufleute sich durch Schwur zu gegenseitiger Hilfe verpflichteten. Als persönlich Freie unter dem Schutz des Königs lebend, schlossen sie sich in ihren Wiken zu sog. „Gilden" zusammen, Schutzbrüderschaften, die Ausdruck ihres Zusammengehörigkeitsgefühls waren und fehlende Verwandtschaftsbindungen ersetzen sollten.

Wo sich im Laufe der Zeit solche Fernhändlersiedlungen an Bischofsitze oder Burgen anlehnten – in der Regel dort, wo die geographische Lage handels- und verkehrsgünstig war –, kam es später zum Zusammenstoß zweier Welten: Waren die Kaufleute gewöhnt, ihre Interessen genossenschaftlich, in gemeinsamer Abstimmung, durchzusetzen, so stand dagegen die herrschaftlich organisierte Burg oder der Sitz des Bischofs.

Exemplarisch läßt sich dies an den Auseinandersetzungen zwischen Kaufleuten und bischöflichem Stadtherrn im rheinischen Köln des 11. Jahrhunderts zeigen. Zu Beginn des Investiturstreits brach hier 1074 ein Aufstand der Fernhändler gegen Erzbischof Anno los, als dieser eigenmächtig eines der kaufmännischen Schiffe hatte beschlagnahmen lassen. Zwar konnte der Erzbischof – zeitweilig geflohen – den Widerstand niederschlagen, aber der Schwurverband der Kölner Bürger, der sich gebildet hatte, um dem erzbischöflichen Stadtherrn Rechte und Freiheiten abzuringen, ließ sich auf Dauer nicht mehr aus der Welt schaffen. Im Jahre 1112 errang die Kölner Bürgerschaft vom Bischof erstmals eigene Rechte: Gerichtsbarkeit, Finanzverwaltung und Verteidigung der Stadtmauer gingen in die Hände der Bürgerschaft über.

Die „coniuratio“ – so lautet der zeitgenössische Begriff für die mittelalterliche Schwureinung – hat die Entstehung der Stadtgemeinde als eines sich selbst verwaltenden Bürgerverbandes zweifellos entscheidend gefördert. Als Bündnis gegen die bischöflichen Stadtherren geschlossen, begegnen solche Eidverbrüderungen in Worms (1073) ebenso wie in Trier, Speyer (1101), Mainz oder in dem damals zum Reich gehörenden Cambrai. Die ersten Schwureinungen entstanden aber in Italien – in Benevent (1015) und Mailand (1045).

Vielfach verliefen Auseinandersetzungen zwischen Stadtherr und Bürgerschaft relativ friedlich – wie in Magdeburg und Halberstadt. Im Ergebnis förderten die Schwureinungen die allmähliche Übernahme der Ratsverfassung aus Italien, in der Räte als Vertreter der Bürgerschaft ehemals stadtherrliche Rechte in Selbstverwaltung ausübten.

Hier wie auf anderem Gebiet zeigt sich, wie bedeutsam der Einfluß Italiens bei der Entwicklung der Städtelandschaften nördlich der Alpen war. Die Ratsverfassung hatte sich in Italien herausgebildet und trat nun ihren Siegeszug nördlich der Alpen an.

Auf eine Zeit, in der sich Stadt und Bürgergemeinde aus den verschiedenartigsten Vorstufen und Ansätzen bis ungefähr 1150 herausgebildet hatten, folgte eine Phase der Stadtgründungen: Neugegründete Städte, aber auch schon bestehende Orte erhielten von weltlichen und geistlichen Herren von vornherein bedeutende Rechte – Stadtrechte.

## 11.3 Die Ausbreitung des Städtewesens

Ihren eigentlichen Aufschwung nahm die Entwicklung des Städtewesens in Mitteleuropa seit dem beginnenden 12. Jahrhundert, als das Königtum, Herzöge und Bischöfe, geistliche und weltliche Herren systematisch darangingen, Städte in großer Zahl zu gründen. Es ist zu Recht für diese Zeit von einem ansteckenden „städtischen Gründungsfieber“ gesprochen worden, beginnend in Deutschland mit Freiburg (um 1120), dessen Gründungsurkunde in vielerlei Hinsicht aufschlußreich ist für diese frühe Phase der Stadtgeschichte. Wie das Stiftungsdokument belegt, war die Stadterhebung an die Vergabe verschiedener Privilegien gekoppelt, die der Herzog von Zähringen als Stadtherr seinen Bürgern zusicherte.

Im Zentrum stand zunächst die Erlaubnis, einen Marktort zu gründen. Jeder Kaufmann erhielt ein Stück Grund und Boden zum Bau eines eigenen Hauses. Der Stifter garantierte, für Frieden und Sicherheit der Marktbesucher zu sorgen, Zölle zu erheben, freie Vererbbarkeit des Besitzes, Wahl eines eigenen Stadtrichters und persönliche Freiheit für jeden, der länger als ein Jahr und einen Tag in der Stadt wohnte, ohne von seinem Feudalherrn als Eigentum reklamiert zu werden. Dies waren die wichtigsten Rechte freier Stadtbürger am Anfang einer rasch sich vergrößernden Zahl von Stadtgründungen.

Auf Freiburg folgte die Gründung anderer bedeutender deutscher Städte – Lübeck (1143/1159), München (1158) und Leipzig (zwischen 1160 und 1170). Zumeist bestand das Hauptanliegen des Stadtgründers in der Schaffung eines wirtschaftlichen Mittelpunktes. Deshalb liegen die Städte häufig in verkehrsgünstiger Lage, an Flußübergängen, Brücken oder Burgplätzen. Die Städte versprachen ihrem Gründer wirtschaftliche Vorteile durch Belebung des Handels und der Wirtschaft in der Region, finanzielle Vorteile durch Steuern und Abgaben. Zudem erfüllten Städte militärische und politische Funktionen, da sie als befestigte Plätze der territorialen Arrondierung und Konsolidierung der sich langsam herausbildenden Landesherrschaft der Fürsten dienten. Kein Wunder, daß die Zahl der Städte sprunghaft anstieg.

Nachdem zuerst Westeuropa, vor allem in Flandern und Brabant, vom Verstädterungsprozeß erfaßt wurde, folgte seit dem hohen und späten Mittelalter auch das östliche Mitteleuropa, Südosteuropa und Skandinavien. Vornehmlich war es die deutsche Ostsiedlung, die im Gebiet der elb- und ostseeslawischen Stämme, in Polen, im Baltikum, in Böhmen und Mähren sowie in Ungarn zu zahlreichen Stadtgründungen führte. Darunter befanden sich auf deutschem Boden so bedeutende Städte wie Berlin, Dresden, Greifswald, Rostock, Stralsund, Stettin, Breslau, Danzig und Königsberg.

Zieht man am Ende des Mittelalters, um 1500, Bilanz über die neu entstandenen und gegründeten Städte in Mitteleuropa, so ergibt sich, daß deren Zahl in knapp 500 Jahren von ca. 200 auf rund 4000 Städte angestiegen ist. Davon entfällt die Hochzeit der Städtegründungen auf ein einziges Jahrhundert: Zwischen 1200 und 1300 versechsfachte sich die Zahl der Stadtgründungen von 500 auf 3000 Städte! Der Löwenanteil unter den heutigen mitteleuropäischen Städten ist damit mittelalterlichen Ursprungs.

Angesichts solch beeindruckender Zahlen wird verständlich, daß es nach Einwohnerzahl und politischem Einfluß natürlich Unterschiede zwischen diesen Städten geben mußte. Mächtige Freie Reichsstädte wie Köln oder Nürnberg, die politisch autonom waren, unterschieden sich im Grad ihrer politischen Freiheit beträchtlich von sog. Landstädten, die als Ausdruck ihrer Abhängigkeit vom Landesherrn Steuern und Abgaben leisten mußten oder anderen Reglementierungen unterworfen blieben.

Erheblich sind schließlich auch die Unterschiede in der Einwohnerzahl. Als „Großstädte“ im Mittelalter gelten Städte mit mehr als 10000 Einwohnern. Im ganzen Mittelalter bis zum 18. Jahrhundert war die größte Stadt Deutschlands stets Köln, um 1500 vielleicht mit rund 40000 Einwohnern. Über 20000 Einwohner hatten im 15. Jahrhundert Lübeck, Danzig, Hamburg, Nürnberg, Augsburg und Magdeburg. Andere berühmte Städte wie Regensburg, Frankfurt, Mainz oder Braunschweig hatten zwischen 10000 und 20000 Einwohner. Als „Mittelsstädte“ galten Städte mit einer Einwohnerzahl zwischen 3000 und 10000. Die meisten der etwa 4000 Städte insgesamt hatten weniger als 4000 Einwohner.

*Schiffe auf dem Rhein vor der Stadt Köln im Jahre 1531 (rechts der noch unvollendete Dom).*

Diese Größenordnungen verdeutlichen nicht nur, welcher Unterschied zwischen mittelalterlichen und modernen Großstädten besteht. Sie zeigen zugleich, wie sehr die mittelalterliche europäische Stadt in Größe und Einwohnerzahl hinter den damaligen arabischen, orientalischen und asiatischen Städten zurückblieb. Hatten die größten Städte des christlichen Europa, Mailand und Paris, vielleicht 200 000 Einwohner, so erreichten sie dennoch nie die Dimensionen der Hauptstädte des islamischen Herrschaftsgebietes in Europa: Palermo mit 300 000 und Cordoba mit 500 000 Einwohnern! Noch größer ist der Unterschied zu den großen orientalischen Metropolen, wie Konstantinopel und Bagdad, mit jeweils mehr als einer Million Einwohnern oder dem fernöstlichen China, das mit Peking über die fortgeschrittenste Stadtkultur der Welt verfügte.

Berühmt ist die Geschichte des venezianischen Kaufmanns Marco Polo (1254–1324), der am Ende des 13. Jahrhunderts von Handelsreisen aus China zurückkehrte. Als er in der Heimat von der Größe und dem Reichtum der asiatischen Städte berichtete, hielten seine Zeitgenossen ihn für verrückt. Nichts könnte eindrücklicher als diese Episode das mangelnde Wissen und den Rückstand des mittelalterlichen Europa gegenüber anderen Teilen der Welt dokumentieren.

Dennoch: Die Stadt des europäischen Mittelalters war ein Bezirk eigenen Rechts, dessen Bürger nach Selbstverwaltung und eigenverantwortlicher Regierung (= Autonomie) strebten. Das unterschied sie von den asiatischen Städten und verlieh ihr, weltgeschichtlich betrachtet, einzigartige Bedeutung.

## 11.4 Die gesellschaftliche Ordnung der Stadt

### 11.4.1 Vorbemerkung

Die Bevölkerung der mittelalterlichen Stadt war sozial und politisch außerordentlich vielfältig zusammengesetzt. So besitzen heute auftauchende Probleme in unseren Städten – wie die wachsende Distanz zwischen Armut und Reichtum oder die zunehmenden Schwierigkeiten im Umgang verschiedenster Gruppen miteinander – eine lange Tradition.

Schon die mittelalterliche Stadtgesellschaft kannte, in sehr viel stärkerem Maße als gegenwärtig, die Armut als Massenphänomen. Auch die Stadt des Mittelalters unterschied zwischen sozialen Gruppen. Sie besaß eine gesellschaftliche Ordnung mit strengen Hierarchien und Distanzen, mit einer schmalen Schicht von Privilegierten an ihrer Spitze, einer breiteren Mittelschicht von Handwerkern und einer ungewöhnlich großen Zahl von mittellosen und armen Stadtbewohnern am unteren Ende der sozialen Skala. Schließlich gab es Unterschiede rechtlicher Natur unter den Städtern, die wiederum trennend auf das Sozialgefüge der innerstädtischen Bevölkerung einwirkten. Insgesamt blieb die Stadt stets regiert von einer Oligarchie (= Herrschaft der Wenigen), meist bestehend aus dem Patriziat, seit dem Spätmittelalter oft auch erweitert durch Handwerker, organisiert in Zünften oder Gilden.

### 11.4.2 Bürger – Einwohner – Zuwanderer

Entscheidendes Kriterium für die rechtliche und soziale Stellung der Menschen in einer mittelalterlichen Stadt ist die Frage nach dem Besitz bzw. Vermögen des Einzelnen. Sie gibt Antwort auf die nächste Frage: Wer war Bürger einer Stadt im Rechtssinn?

Entgegen einem geläufigen Mißverständnis waren längst nicht alle Einwohner einer Stadt „Bürger". Der Bürgerbegriff des Mittelalters ist ein klar definierter, normativer Rechtsbegriff. Nur wer Aufnahme in die Bürgergemeinde – und damit das Bürgerrecht –

erlangte, konnte für sich diesen Rechtstitel beanspruchen. In der Regel waren dazu der Besitz eines Hauses und Grundstückes sowie berufliche Selbständigkeit erforderlich. So wurden im mittelalterlichen Worms neu aufgenommene Bürger eidlich dazu verpflichtet, binnen Jahresfrist ein eigenes Haus zu erwerben. Andernorts mochten Vermögensnachweise nötig sein, manchmal auch die Zahlung eines einmaligen Bürgergeldes zur Aufnahme in die Bürgergemeinde ausreichen.

Der Anteil der Bürger unter den Stadtbewohnern ist schwer zu beziffern und schwankt von Ort zu Ort. Häufig waren mehr als 50 % der Einwohner vom Bürgerrecht ausgeschlossen, im Nördlingen des 16. Jahrhunderts gehörten nur 20 % zur Vollbürgergemeinde. Sehr viel größer war der Anteil der Bürger in Nürnberg. Um 1450 kamen dort auf 20000 Bürger 5900 Nicht-Bürger oder Fremde. Im allgemeinen dürfte die Zahl der zur Bürgergemeinde gehörenden Einwohner einer Stadt jedoch weit geringer gewesen sein, obwohl die Vorteile des Bürgerstandes erheblich waren: Nur der vollberechtigte Bürger durfte städtische Verwaltungsämter bekleiden, genoß Vorteile bei Steuern und Zöllen und hatte bei Krankheit und Not Anspruch auf das städtische Fürsorgewesen. Zudem besaß der Bürger einen eigenen Gerichtsstand. Bei auswärtigen Rechtsstreitigkeiten übernahm die Stadt den Rechtsschutz ihres Bürgers.

Zu den Rechten kamen Pflichten. Die vollberechtigten Bürger leisteten, in einigen Städten jährlich, den Bürgereid – eine Fortführung des Eides im früheren Schwurverband. Man versprach die Befolgung der städtischen Gesetze, die Einhaltung der Steuerpflicht und die persönliche Bewaffnungs- und Wehrpflicht, die auch den Dienst auf der Stadtmauer umfaßte. Bei Feuer und Bränden mußten Bürger Löscharbeiten leisten.

Neben diesen vollberechtigten Bürgern in der Stadt gab es Einwohner, die weder beruflich selbständig waren noch Grundbesitz hatten – Teile der Handwerker, Knechte, Gesellen, Mägde, Dienstboten, Tagelöhner, Besitzlose. Diese nicht selten beträchtliche Gruppe besaß nicht das Bürgerrecht und galt als minderberechtigt. Der Aufenthalt in der Stadt war ihnen in der Regel auf Widerruf gestattet, aber in Gefahrenzeiten, bei Bedrohung der Stadt von außen, konnten sie wichtig werden: Gleich zwei Mal (1388, 1428) ließ der Rat in Nürnberg die Einwohner oder – wie sie auch hießen – „Beisassen" schwören, der Stadt treu und gehorsam zu sein.

Eine weitere Sondergruppe unter den Bewohnern der Stadt bildeten Personen, die von vornherein vom Bürgerrecht ausgeschlossen blieben: Kleriker, Juden und „Ausländer"; für sie war in der Regel auch nicht das städtische Gericht zuständig.

Das Wachstum der Städte des Mittelalters beruhte in erster Linie auf Zuzug vom Lande oder aus kleineren Randsiedlungen; noch immer war die Sterblichkeit aufgrund schlechter hygienischer Verhältnisse zu groß, als daß Städte aus eigener Kraft sich hätten entwickeln können. Wie verhielt die Stadt sich gegenüber solchen neu hinzuwandernden Personen?

Der Grundsatz, daß Stadtluft frei macht, wurde zeitlich und regional höchst unterschiedlich gehandhabt. Auch bei Leibeigenen und Hörigen, die ihrem Grundherrn entlaufen und in die Stadt geflohen waren, entschied über ihre Aufnahme in der städtischen Frühphase der Stadtherr, später der Rat als oberstes Organ der Stadt. Die Aufnahme erfolgte durch Ableisten des Bürgereides: auch hier war als materielle Voraussetzung für die Aufnahme in die Bürgerschaft der Erwerb von Grundbesitz oder Zahlung des Bürgergeldes vorgeschrieben. Wer diese Voraussetzungen nicht erbringen konnte bzw. bei wem die Aufnahme aus vielleicht politischen Gründen gegenüber dem Herrn, dem der Betroffene entlaufen war, zu riskant schien, der konnte gleichwohl in der Stadt als Einwohner oder Beisasse verbleiben. Manchmal kam es auch zu erheblichen Vergünstigungen für Zuwanderer: 1436 ließ der Mainzer Rat an Türen und Toren der Stadt eine Steuertilgung von 10 Jahren für jeden Neubürger verkünden.

*Tanz vornehmer Bürger im Tanzhaus am Weinmarkt zu Augsburg. Gemälde aus dem 15. Jhd.*

### 11.4.3 Das Patriziat

So wie Grundbesitz und Vermögen Auswirkungen auf den rechtlichen und politischen Status des einzelnen Stadtbewohners hatten, gilt dies vielleicht noch stärker für seine soziale Stellung in der städtischen Gesellschaft. Im Groben lassen sich eine Oberschicht, Mittel- und Unterschicht unterscheiden, oft mit weiteren Unterteilungen.

Die hauchdünne Oberschicht in den Städten des Mittelalters bildete das Patriziat, das in Gesellschaft und Politik den Ton angab. Es war ein exklusiver Verband (Oligarchie) weniger alteingesessener Familien, die selbst in den größten Städten nie mehr als 50 bis 100 Familien überstieg. Ihre Vermögen, die erst dem Fernhandel, dann dem Grundbesitz entstammten, bildeten ihre materielle Basis. Der Begriff „Patriziat" bezieht sich ursprünglich auf die römische Verfassung und verweist darauf, daß die eigentliche Bestimmung dieses kleinen Kreises von Familien in der städtischen Politik zu suchen ist. In der Tat stellten die Patrizier über Jahrhunderte den Rat und die Bürgermeister in den Städten. Sie allein waren – ähnlich wie im 19. Jahrhundert die Vertreter in den Honoratiorenparlamenten – aufgrund ihres wirtschaftlichen Vermögens in der Lage, solchen ehrenamtlichen Tätigkeiten nachzugehen. In Trier etwa mußte jeder, der Ratsherr werden wollte, den finanziellen Nachweis erbringen, mindestens ein Jahr lang ohne berufliche Einkünfte leben zu können („Abkömmlichkeit").

So waren es die Patrizier, die in den Städten den Rat bildeten, die Verteidigung organisierten, die wirtschaftliche Ordnung kontrollierten, Markt und Münze überwachten, Preise und Zölle regelten. Das unübertrefflich anschauliche Schlagwort vom „Kölschen

Klüngel", erst später geprägt, bezieht sich auf eben diese Tatsache, daß die größte mittelalterliche deutsche Stadt von einer Handvoll meist miteinander verschwägerter Familien beherrscht wurde. In den meisten anderen Städten war die Situation ähnlich.

Die abgehobene, nach unten abgeschlossene Stellung des Patriziats spiegelte sich auch in seiner Lebensführung wider. Ebenso wie die weitere Oberschicht der Stadt, reichere Tuchhändler und Gewerbetreibende, lebten die Patrizier häufig in großen, vielfach steinernen Häusern, die nur in bestimmten Stadtvierteln, häufig im Zentrum, lagen. Um ihre adelsgleiche Position in der Stadt zu dokumentieren, führten sie ritterliche Wappen und ließen sich – wie in Nürnberg seit 1276 – mit dem Titel „Herr" anreden. Bei Streitigkeiten mit anderen Städten kämpften sie – anders als die übrigen zu Fuß kämpfenden Spieß-Bürger – mit Schild und Helm auf dem Pferde. Ihre Heiratskreise waren eng begrenzt, Hochzeiten mit Standesniedrigeren so gut wie ausgeschlossen. Großen Wert legte man auf kirchliche Repräsentation, wofür die Stiftungen von Altären und Kapellen, häufig auch großzügige Spenden an die Armen der Stadt Zeugnis ablegen. Bei all dem kam es darauf an, die „kleinen Unterschiede" aufrechtzuerhalten. In einer Frankfurter Kleiderordnung des 15. Jahrhunderts wird deshalb angeordnet, daß nur Frauen von Patriziern – nicht aber Handwerkerfrauen – ihre Kleider mit Zobel, Marder oder Buntpelzen ausstatten dürfen.

### 11.4.4 Handwerk und Zunft

Das wirtschaftliche Rückgrat in den mittelalterlichen Städten bildeten die Handwerker, kleine Kaufleute und Krämer, die meist der Mittelschicht angehörten.

Wer als Besucher eine mittelalterliche Stadt durchwanderte, wurde von ihrem handwerklichen Charakter durch Augenschein belehrt: Die meisten Häuser wurden gewerblich benutzt, im Untergeschoß befand sich der Ladenraum mit der dazugehörigen Werkstatt. Überdies trugen die Straßen Gewerbenamen, da die Handwerker eines Gewerbes – wie heute noch in orientalischen Städten – in geschlossenen Straßenbezirken arbeiteten. So waren es die Handwerker, die das Bild der mittelalterlichen Stadt prägten und häufig bis zu 50 % der Gesamteinwohnerschaft ausmachten.

Beträchtlich war der Grad der Spezialisierung, den das Handwerk in den Städten erreichte. Im Spätmittelalter konnte die Zahl der Handwerkerberufe in größeren Orten bis zu 200 emporschnellen; Nürnberg zählte 1363 immerhin 1217 Meister in 50 verschiedenen Berufsgruppen. Hinzu kamen technische Neuerungen und Verbesserungen, die das mittelalterliche Handwerk kennzeichneten; im Textilbereich z. B. die Einführung des Horizontalwebstuhls aus dem Orient oder das 1278 erstmals erwähnte Spinnrad, das die Verarbeitung der Schafswolle erleichterte.

Heute neigt man leicht dazu, das alte Handwerk zu idealisieren. In Wirklichkeit konnten die Vermögensunterschiede unter den Handwerksarten beträchtlich sein. Handwerker, die kostbare Rohstoffe verarbeiteten wie Edelmetalle, Pelze oder wertvolle Textilien, standen in der Regel am oberen Ende der Einkommensskala einer Stadt, zumal wenn sie selbst noch im Handel tätig waren. Sehr viel geringer im Vergleich zu den Einkommen von Goldschmieden und Kürschnern war das der Leinweber und Schneider, die fast immer zu den ärmeren Handwerksberufen in der Stadt zählten. In materieller Hinsicht schwer hatten es gleichfalls die zahlreichen Gesellen, Lehrlinge, Gehilfen, die im Haushalt des Meisters lebten und häufig ohne Aussicht auf Gründung eines eigenen Betriebes waren.

Armut unter Handwerkern war in den Städten des Mittelalters keine Seltenheit. In Köln erklärten 1470 zwei Drittel der Handwerker, sie seien außerstande, die Kopfsteuer

*Ladenstraße in einer mittelalterlichen Stadt (Handschrift „Le Gouverment des Princes", Mitte 15. Jhd.).*

von 1 Gulden zu zahlen. Auch wenn die Kölner Bürger übertrieben hätten, so widerspricht das Beispiel doch der Idylle vom behaglichen Handwerkerleben.

Um ihre Interessen besser durchsetzen zu können, schlossen sich Handwerksmeister des gleichen Gewerbes seit dem 12. Jahrhundert zu Zünften zusammen, Zwangsvereinigungen, denen jeder Gewerbetreibende beizutreten hatte. Wollte jemand ein Handwerk in der Stadt ausüben, war die Aufnahme in eine Zunft erforderlich.

Die Aufgaben der Zünfte waren zunächst wirtschaftlicher Natur. In der „Morgensprache", der Meisterversammlung der Zunfthandwerker, wurden Preise und Qualität der Waren bestimmt, die Zahl der Meisterbetriebe festgelegt oder die Dauer der Ausbildungszeit geregelt, die bei Lehrlingen und Gesellen bis zu 9 Jahren betrug. Als im Spätmittelalter mit zunehmender Konkurrenz die Zahl offenstehender Meisterstellen zurückging, bedeutete das für viele Gesellen trotz aller wirtschaftlicher Anstrengungen lebenslange Abhängigkeit und schlechtbezahlte Arbeit im Betrieb des Meisters, weil Handwerkerzünfte – wie man heute sagt – „Kartell- und Aufsichtsfunktionen" für sich im Bereich mittelalterlicher Stadtwirtschaft beanspruchten.

Andererseits waren Zünfte mehr als bloße Arbeitsorganisationen. Sie wurden ebenso tätig im sozialen Bereich. Sie unterstützten in Not geratene Handwerksgenossen, kümmerten sich um alte und kranke Zunftmitglieder und gaben ihnen das letzte Geleit.

Wie jede Gemeinschaft im Mittelalter ist auch die Zunft ohne ihre tiefe religiöse Verankerung nur unzureichend charakterisiert. So stifteten Zünfte Messen für die Verstorbenen oder errichteten Altäre für den Zunftheiligen, den das jeweilige Handwerk verehrte. Mit einem Wort: Es war der ganze Mensch, den die Zunft an sich zu binden versuchte: neben der Arbeitskraft des Mitglieds auch seine Religiösität, seine „Moral", seine „Ehre". So überrascht es nicht, daß unehelich Geborene im Mittelalter niemals die Chance zur Aufnahme in eine Zunft erhielten.

### 11.4.5 Armut und Krankheit

Die Zahl der Personen, die in der mittelalterlichen Stadt über kein ausreichend gesichertes Einkommen verfügten, war, verglichen mit heutigen Verhältnissen, ungewöhnlich hoch; in der Regel lag die Größe der Unterschichten zwischen 40 % und 80 % der gesamten Stadtbevölkerung. Dazu gehörten die zahlreichen Mägde, Knechte (Gesellen), Hilfsarbeiter und Tagelöhner ebenso wie die eigentliche Stadtarmut: die Obdachlosen und Bettler, zu denen in Krisenzeiten durchschnittlich fast jeder zehnte Stadtbewohner gehörte.

Für die verbreitete Not in den Städten gibt es zahllose Zeugnisse: In Lübeck lebten 1460 rund ein Viertel aller Hausbewohner auf Gängen, in Kellern und Hinterhäusern unter schier unvorstellbar schlechten hygienischen Bedingungen; in Augsburg wurden 50 Jahre später 50 % aller Einwohner aus Armutsgründen von der Steuer befreit; aus Braunschweig, Frankfurt und Rostock sind ähnliche Zahlen überliefert, die für die Mehrheit der Bevölkerung ein Leben am Rande des Existenzminimums bedeuteten.

Der Schritt von der Bedürftigkeit in die totale Armut war nicht selten klein; er konnte verschiedene Ursachen haben: Krankheit, Gebrechen, Verlust des verdienenden Ehemanns, Arbeitsunfähigkeit aufgrund des Alters.

Wie aber reagierte die mittelalterliche Stadt auf das Problem der Armut? Im Grunde genommen blieben die Hilfsbedürftigen in mittelalterlichen Städten – neben den karitativen Aufwendungen der Kirche – ganz und gar auf die Spendenbereitschaft vermögender Bürger angewiesen. Da nur die wenigsten Einwohner in der Lage waren, sich vorsorglich, für das künftige Alter oder bei möglicher Krankheit, einen Pflegeplatz im Spital zu sichern, blieb den meisten Armen als Ausweg nur Betteln und das Almosenwesen. So wurden in Braunschweig jährlich zweimal Armenspenden ausgeteilt. Häufig wurden die Stadtarmen aus dem Erbe reicher Bürger versorgt, die durch mildtätige Gabe auf Sündenerlaß und das fürbittende Gebet der Beschenkten hofften. In Nürnberg wurden in der Osterzeit zu Beginn des 16. Jahrhunderts täglich bis zu 5 000 Arme aus solchen Stiftungen ernährt.

*Eine Bettlerfamilie wandert in die Stadt (Holzschnitt, Nürnberg 1510).*

Als im Spätmittelalter die Zahl der Bettler in den Städten bedrohlich anwuchs, ergriffen Rat und Verwaltung der Städte zum Teil scharfe Maßnahmen. In Braunschweig erging bereits vor 1400 der Befehl an die Bettler, während der Erntezeit Zwangsarbeit auf den Feldern zu leisten. Aus Göttingen ist ein Ratsbeschluß aus dem Jahre 1419 überliefert, der Fremden das Betteln in der Stadt ausdrücklich verbot. In Nürnberg wurde seit 1370 ein Abzeichen für die einheimischen Bettler eingeführt.

Mehr und mehr ging die Sorge um die Armen jetzt in die Hände von angestellten städtischen Armenpflegern über, sog. Bettelvögten, die die wirklich Bedürftigen einer Stadt von den arbeitsscheuen und betrügerischen Bettlern zu unterscheiden hatten. Bettelordnungen, die aus Augsburg (1342/3), Nürnberg (1370), Wien (1442),

Köln (1446) oder Straßburg (1464) überliefert sind, beschrieben die Formen unrechtmäßiger Bettelei ausführlich und stellten sie unter schwere Strafen. Wer Krankheit vortäuschte oder zu Unrecht vorgab, ein ausgeraubter Pilger zu sein, konnte häufig mit empfindlichen Körperstrafen rechnen. Aus heutiger Sicht waren das ohnmächtige Versuche, ein Problem zu meistern, das die mittelalterliche Stadtgesellschaft zunehmend als Bedrohung empfand.

Neben der Armut war Krankheit eine zweite große Herausforderung für die Städte des Mittelalters. Die Krankenpflege oblag in erster Linie den städtischen Spitälern, die seit dem 13. Jahrhundert, aus privaten Stiftungen hervorgehend, vermehrt entstanden. Besonders eindrucksvolle Hospitalbauten des 13. Jahrhunderts finden sich in Goslar (1254), Freiburg (1254), Frankfurt (1283) und Lübeck (1286). Meist übernahmen Laienbruderschaften und Orden (Orden des Heiligen Geistes, z. B. in Mainz; geistliche Ritterorden: Deutscher Orden, Johanniter) die Betreuung der Kranken, wobei die religiöse Unterweisung, wie Beichte und Abendmahl, zur Pflege dazugehörte. Zum Teil gab es in den mittelalterlichen Spitälern auch schon angestellte Ärzte, die chirurgische Eingriffe – am häufigsten: Amputationen – durchführten.

Um Leben und Tod ging es für die mittelalterlichen Städte mit den großen ansteckenden Krankheiten, vor allem Lepra und Pest. Zur Isolierung der Kranken errichtete man seit dem 13. Jahrhundert in vermehrter Zahl Unterkünfte für die Leprakranken, sog. Leprosorien, und in Pestzeiten Pesthäuser, die sich ebenfalls außerhalb der Stadt befanden. In Frankfurt lag das Leprosorium ca. 2 km vor der Stadt, direkt am Mainufer, wo sich die Kranken („Gute Leute") in der Isolierung selbst ernährten. Dieser „Gutleuthof" bestand als landwirtschaftlicher Betrieb noch bis nach 1945.

Die Entdeckung der Leprakrankheit war aus heutiger Betrachtung von einem schrecklichen Ritual begleitet: Der Kranke wurde – nach einer sog. „Lepraschau" – für aussätzig erklärt, und die Kirche hielt ihm eine Totenmesse, an der er knieend vor der Kirche teilnehmen mußte. Als Kennzeichen mußte er – wie der Pestkranke – forthin eine Rassel oder Glocke tragen, um sich bei Begegnungen mit Gesunden, bei Betteleien etwa, rechtzeitig bemerkbar zu machen. Da jede therapeutische Möglichkeit fehlte, erwartete diese Kranken im Mittelalter ein aussichtsloses Schicksal.

## 11.5 Bürgerkämpfe als Ausdruck politischer und sozialer Ungleichheit

Politische und soziale Ungleichheit erzeugt Spannungen und Konflikte. War die erste Phase mittelalterlicher Stadtentwicklung häufig vom gemeinsamen Kampf der Bürger gegen den Stadtherrn bestimmt, so rückte seit dem 14. Jahrhundert die Frage nach der Machtverteilung im Innern mit um so mehr Brisanz in den Vordergrund. Bis zu dieser Zeit waren es allein die Patrizier, die die Ratsstühle besetzten und damit praktisch allein die Stadt regierten. Jetzt forderten auch die von der politischen Herrschaft ausgeschlossenen Handwerker und Zünfte ihre Ansprüche ein. Ihr Ziel war, die patrizische Vorherrschaft zu beenden, den Kreis der ratsfähigen Familien zu erweitern und dadurch Teilhabe am Stadtregiment zu erlangen.

Es ist erstaunlich, wie fast gleichzeitig überall in den meisten großen und mittleren Städten seit dem 14. Jahrhundert solche Aufruhrbewegungen zu beobachten sind. Ob in Magdeburg (1330), Zürich (1336), Augsburg (1368), Köln (1369–70), Lübeck (1380, 1384), Stettin (1420) oder Bremen (1426) – überall brachten Handwerk und Zunft ihre Beschwerden vor und suchten, manchmal gewaltsam, Eingang in den Rat zu erlangen. Besonders grausam waren die Kämpfe in Braunschweig.

*Rat und „Zünftliche Regierung" der Stadt Augsburg. Auf dem Kissen in der Mitte des Saales liegt die Bibel, die bei Eidesleistungen herangezogen wurde, rechts daneben befinden sich die Schlüssel für die Truhe mit den Dokumenten und der Stadtkasse. Am Tisch sitzen zwei Protokollführer. (Buchmalerei von Jörg Breu im Ratsbuch der Stadt Augsburg, erste Hälfte des 16. Jhd.)*

Dort kam es 1374 zu einem Aufstand von Handwerkern und weiteren Teilen der Bevölkerung, der in der Stadtchronistik die „Große Schicht" (Schicht = nd., Geschichte, Geschehnis) hieß. Anlaß war eine Steuererhebung, auf die hin eine Volksmenge zusammenlief, deren Zorn sich bald gegen den Rat richtete. In blutigen Auseinandersetzungen wurden sechs Ratsmitglieder getötet; zwei weitere Angehörige der Geschlechter wurden Tage später enthauptet, der Rest der Ratsmitglieder war bereits geflohen.

In Braunschweig wurde daraufhin ein neuer Rat gewählt, anfangs nur aus Handwerkern, später auch in Zusammenarbeit mit den zurückgekehrten Geschlechtern. So wurde die Alleinherrschaft der Patrizier gebrochen und ein Kompromiß zwischen Patriziat und Handwerkern gefunden, der sich ähnlich auch in vielen anderen Städten beobachten läßt. In Augsburg stellten, um ein anschauliches Beispiel für diese Arbeitsteilung anzuführen, nach dem Handwerkeraufstand von 1368 Patrizier und Zünfte jeweils einen Bürgermeister, die gemeinsam die Stadtgeschäfte führten.

Die Kämpfe um Macht und Verfassung in den mittelalterlichen Städten werden häufig als „Zunftkämpfe" bezeichnet, deren Ziel eine „demokratische" Stadtregierung gewesen sei. Tatsächlich jedoch besaßen auch nach den Unruhen nur die angeseheneren Handwerksmeister – wie etwa die Kölner Weber – Mitsprache im Stadtregiment. Die Oligarchie wurde nur nach unten erweitert. Zudem nahmen an den Auseinandersetzungen häufig auch andere Gruppen, etwa die nichtpatrizischen Kaufleute teil, so daß man heute eher von „Bürgerkämpfen" spricht, um die städtischen Unruhen des 14. und 15. Jahrhunderts zu beschreiben. Es war gleichwohl ein epochales Ergebnis dieser Bürgerkämpfe, daß jetzt erstmals in der Geschichte auch Handwerker zu Führungsschichten aufsteigen konnten. In den Hansestädten Hamburg, Lübeck und Bremen behielt das Patriziat die alleinige Macht – bis 1918.

## 11.6 Die Frau in der mittelalterlichen Stadt

Die Gesellschaft des Mittelalters war, wie fast überall in der Welt seit dem Aufkommen der Hochkulturen, von Männern dominiert, patriarchalisch. Die Frauen sollen sich unterordnen, so lehrte es seit Jahrhunderten schon die Kirche, für die das weibliche Geschlecht in besonderem Maße Schuld am paradiesischen Sündenfall trug. Die praktischen Auswirkungen solch kirchlicher Grundsätze waren zum Teil verheerend: Als „Sünderin" durfte die Frau die Kommunion nur mit bedecktem Haupt empfangen; vor Gericht war ihre Aussage soviel – oder sowenig – wert wie die eines unmündigen Kindes.

Auch in der Stadt des Mittelalters war die Situation der Frau von vielerlei Einschränkungen gekennzeichnet. So war es eine nie in Frage gestellte Selbstverständlichkeit, daß der Mann alleiniger Vorstand des Hauses war. Ihm unterstanden – einschließlich der Frau und der Kinder – alle Hausgenossen; und er verfügte über das sog. Züchtigungsrecht, konnte also handgreiflich – in Maßen zwar, wie man empfahl – auch gegen seine Frau vorgehen. Das Bürgerrecht blieb den Frauen meist versagt, von politischer Tätigkeit waren sie grundsätzlich ausgeschlossen. In keiner Stadt des Mittelalters läßt sich eine Frau in Rat oder Verwaltung finden. Politische Wirksamkeit war Privileg des Mannes.

Auf wirtschaftlichem Gebiet dagegen spielten Frauen eine so bedeutende Rolle, daß Fortschritte in Richtung auf mehr Gleichberechtigung unausweichlich blieben. Insofern hat die Stadt des Mittelalters die Stellung der Frau langfristig verbessert; das läßt sich an manchen ihrer Tätigkeitsbereiche – nicht an allen – verfolgen.

Zunächst war auch die Städterin des Mittelalters in erster Linie Hausfrau und Mutter. Ihr oblag die Sorge um das Haus, die Erziehung der Kinder, die Versorgung des Viehs und die Arbeit im Garten. Da anders als heute die meisten Familien sehr viel stärker auf Selbstversorgung angewiesen waren, kamen Hausbäckerei, -schlachterei und -brauerei als weitere Aufgaben der Ehefrau hinzu. Daneben spannen und stickten viele Frauen, um den Verdienst der Familie zu verbessern. Im ganzen gesehen war die Ehe in erster Linie ein wirtschaftliches Zweckbündnis. Liebesheiraten waren selten, die Auswahl der Partner erfolgte meist durch die Familien und gehorchte wirtschaftlichen Gesichtspunkten. Das Heiratsalter von Frauen war relativ niedrig und lag im Durchschnitt zwischen 16 und 20 Jahren.

Frau im Mittelalter zu sein, das bedeutete darüber hinaus andauernde Schwangerschaft. 15–20 Schwangerschaften im Laufe einer Ehe galten als normal. Die Sterblichkeitsrate der Neugeborenen oder der im frühen Alter verstorbenen Kinder war dagegen hoch, 50 % und mehr. Angesichts so schwieriger Lebensumstände betätigten sich Frauen auch außerhalb des Hauses wirtschaftlich.

Vor allem in größeren Städten des Mittelalters begegnen – in der oberen Schicht – vereinzelt Kauffrauen, die selbständig Handelsgeschäfte führten oder im Kontor des Mannes halfen. So gehörte zu den reichsten Regensburger Einwohnern am Anfang des 15. Jahrhunderts eine Kauffrau mit Namen Margarete Runtinger. Vermutlich gab es ähnliche Fälle von erfolgreichen Geschäftsfrauen auch in anderen Städten. Gritgen van der Burg, eine Kölner Patrizierfrau, besaß um 1500 immerhin 13 der schönsten Häuser in der Rheinstadt.

Verbreiteter noch war die berufliche Tätigkeit von Frauen aus der Mittel- und Unterschicht. In Frankfurt hat man insgesamt 65 Berufe gezählt, die Frauen ausübten, von der Hut- und Handschuhmacherei über die Feinbäckerei bis zum Geldwechselgeschäft.

Da die Ehemänner in der Regel sehr viel älter waren als ihre Frauen, gab es häufiger Fälle von verwitweten Meisterfrauen in der Stadt. Beim Tod des Mannes übernahmen sie dann häufig den Meisterbetrieb in eigener Regie – freilich unter der Auflage der Zunft, innerhalb einer bestimmten Zeit erneut zu heiraten. Aus Hildesheim wird im Jahre 1406 von der Witwe eines Leinewebermeisters berichtet, die sich gegen die befohlene Wiederverheiratung sperrte und damit den Protest der Zunft heraufbeschwor. Schließlich einigte man sich nach langem Rechtsstreit auf einen Kompromiß: Die Witwe erhielt zwar keine volle Meisterstelle, durfte aber immerhin kleinere Aufträge entgegennehmen.

Selbständig von Frauen getragene Zünfte waren in der Stadt des Mittelalters eher die Ausnahme. In Köln bestand die Zunft der Garnmacherinnen, der Goldspinnerinnen und der Seidenmacherinnen, deren „Kölnisches Garn" ein gefragter Massenartikel war. Allein unter den Seidenmacherinnen gab es zwischen 1347 und 1506 116 von Frauen ge-

*Mitarbeitende Ehefrau eines Handwerkers (links). Tagelöhnerehepaar in seiner Lebenswelt (rechts). (Miniaturen von Jean Bourdichon, 15. Jhd.)*

führte Gewerbebetriebe in Köln. Eine derartig selbständige weibliche Berufstätigkeit bestand außer in Köln nur noch in Paris.

Die meisten arbeitstätigen Frauen entstammten der Unterschicht, alleinstehende Frauen, die sich als Trödlerinnen, Wäscherinnen, Baderinnen oder als Mägde ihren Lebensunterhalt verdienten. Obwohl viele Städte einen beträchtlichen Frauenüberschuß kannten, war ihr Anteil unter der Stadtarmut dennoch überdurchschnittlich hoch, weil Frauen erheblich weniger als Männer verdienten. Die Lübecker Armensiedlungen mit ihren Buden und Kellern waren zum größten Teil von Frauen bewohnt. In Frankfurt verzeichnete ein Steuerbuch von 1410 rund 25 % mehr Frauen unter den Armen als Männer. In Dresden lagen 1452 die Löhne der Mägde um die Hälfte niedriger als die der Knechte. Unstreitig ist so manche Frau zur Prostitution gezwungen worden, andererseits weit seltener, als manche „reißerische" Darstellung über das Leben mittelalterlicher Frauen heute vermuten läßt. In Wahrheit bot die Stadt des Mittelalters Frauen eine reiche Palette beruflicher Tätigkeiten. Das eröffnete Chancen zu mehr Selbständigkeit und Unabhängigkeit.

## 11.7 Jüdisches Leben in der mittelalterlichen Stadt

Die Offenheit und Liberalität einer Gesellschaft erkennt man am Umgang mit ihren Außenseitern. Dazu gehörten in der mittelalterlichen Stadt namentlich die Juden. Ihre Geschichte steht beispielhaft für eine religiöse Minderheit, deren Leben sich in einer christlich geprägten Umwelt zwischen zeitweiliger Anerkennung und schärfster Verfolgung bewegte. Juden wurden aus England (1290), Frankreich (1394), Spanien (1492) und Portugal (1497) vertrieben.

Schätzungen zufolge beherbergten im hohen und späten Mittelalter rund ein Drittel aller deutschen Städte Juden. Bedeutende Judengemeinden – wie in Regensburg, Nürnberg, Frankfurt oder Köln – konnten 1000 bis 3000 Mitglieder erreichen. Andere mittelalterliche Städte dagegen wiesen manchmal nicht mehr als 10 jüdische Familien auf.

Die Judensiedlungen befanden sich häufig am Rande der mittelalterlichen Stadt, in eigenen Gassen und Vierteln, die durch eine Reihe typischer Bauten gekennzeichnet waren. Hier lag die Synagoge als Ort, an dem die jüdischen Männer sich jeden Morgen zum Gebet versammelten. Hier befand sich das Judenbad, in dem jede verheiratete jüdische Frau einmal im Monat die „miqwe", das rituelle Bad, vollziehen mußte. Noch heute weitgehend erhalten ist das Frauenbad in Speyer. Charakteristisch für die mittelalterliche städtische Judensiedlung war die Bäckerei, die das „ungesäuerte Brot" (= „mazzen") herstellte und die Schlachterei, in der der jüdische Metzger – nach den Vorschriften des Talmud – die rituelle Schlachtung der Tiere vornahm. Die jüdischen Jungen besuchten in der Regel die Rabbinerschule, die in das Studium des Talmud einführte; dagegen lag der Friedhof, auf dem die Juden ihre Toten einsegneten, häufig außerhalb der mittelalterlichen Stadt. Die jüdische Religion und ihre damit verbundenen Bräuche förderten eine eigenständige Kultur und Lebensweise unter den Juden, hinter denen die christliche Stadtgemeinde in mancher Hinsicht – in Fragen der Bildung oder ihres inneren Zusammenhalts – fraglos zurückblieb.

Wie hat die christliche Stadtgemeinde auf ihre jüdischen Mitbewohner reagiert? Zwar gab es Phasen relativ friedlichen Zusammenlebens zwischen beiden Religionen in der mittelalterlichen Stadt, doch litten die Juden – seit dem späten 10. Jahrhundert, seit den Kreuzzügen – zunehmend unter empfindlichen Einschränkungen. So waren die Juden vom Bürgerrecht ausgeschlossen, und ebenso blieb ihnen – als Nicht-Christen – der Zugang zu den Zünften versagt. Die meisten Juden verlegten sich deshalb auf den Handel und in erster Linie auf Geldgeschäfte, die den Christen aufgrund des kanonischen Zinsverbots der Kirche untersagt waren. Manche Juden erwarben so – bei Zinsen, die im Mittelalter gewöhnlich recht hoch lagen – erhebliche Reichtümer. In Köln, Trier und Nürnberg waren Juden kenntnisreiche und angesehene Geschäftsleute, die mit geistlichen und weltlichen Herren Kreditgeschäfte abschlossen. Auf Dauer entstanden so Sozialneid und Feindschaft unter den Christen, die Juden wurden in Krisenzeiten zu Sündenböcken gestempelt.

Im 13. Jahrhundert verstärkte sich die Außenseiterstellung der Juden. Auf dem 4. Laterankonzil von 1215 verfügte Papst Innozenz III., daß Juden getrennt von Christen zu wohnen und ein besonderes Erkennungszeichen an ihrer Kleidung (gelber Fleck) zu tragen hätten. Dafür sollten sie andererseits unbehelligt bleiben. Häufig wurden die Judensiedlungen jetzt mit Mauern umgeben, deren Tore des Nachts – charakteristisch für das mittelalterliche Judenghetto – verschlossen blieben.

In unsicheren Zeiten steigerte sich die Ausgrenzung der Juden zu offener Feindseligkeit. Die Juden wurden verfolgt, wenn Pest oder andere Seuchen zu einer Art Massenhysterie führten. Unerklärliche Phänomene oder angebliche Greueltaten wie Brunnenvergiftung, Hostienschändung oder Ritualmorde an Christenkindern, die den Juden angehängt wurden, schufen ein Klima, in dem es zu spontanen, aber auch zu politisch geschickt inszenierten Judenverfolgungen, später sog. Pogromen, kam: Namentlich in der Passionszeit zu Ostern, wenn Prediger der Bettelorden, vor allem Franziskaner und Dominikaner, die Stadtarmut zu antijüdischen Ausschreitungen anstachelten, waren Juden gefährdet.

Die größten Judenpogrome in mittelalterlichen Städten fanden im Gefolge der Pest-

*Diskussion zwischen christlichen und jüdischen Gelehrten (Holzschnitt um 1500).*

katastrophe um die Mitte des 14. Jahrhunderts statt, z. B. in Basel, Frankfurt, Würzburg und Nürnberg. In vielerlei Hinsicht typisch sind Vorgänge in Straßburg. Als sich dort 1349 die Nachricht vom Kommen der Pest verbreitete, waren es zuerst die Juden, die man der Brunnenvergiftung bezichtigte und durch Folterung zu Geständnissen zwingen wollte. Da der Rat der Stadt die Juden zu schützen versuchte, wurde er kurzerhand von der aufgebrachten Menge abgesetzt. Die Judengasse wurde erst abgesperrt, dann drang man gewaltsam in sie ein und vernichtete die gesamte Straßburger Judengemeinde. Rund 2000 Juden wurden an einem einzigen Tag getötet. Zweifellos waren es wirtschaftliche Gründe, die das brutale Vorgehen der Straßburger Einwohner zusätzlich anheizten; wie die Quellen berichten, war die Bevölkerung Straßburgs mehrheitlich bei den Juden verschuldet.

Ähnliche Pogrome sind auch aus anderen Städten bekannt. In Nürnberg wurde im Dezember 1349 etwa ein Drittel der dortigen Judengemeinde, ca. 600 Personen, ausgelöscht. Damit erlebten die Judengemeinden Deutschlands nach den religiösen Ausschreitungen während der Kreuzzugszeit 1096 v. a. in den rheinischen Bischofsstädten eine zweite Welle von Verfolgungen, die diesmal klar von wirtschaftlichen Motiven mitbestimmt waren.

Zwar ließen sich nach den Pogromen des späten Mittelalters schon bald danach erneut Juden in den Städten nieder, doch nahm ihre Diskriminierung allenfalls zu. Manche Städte – wie etwa Worms – gestatteten den Juden nur noch den Aufenthalt auf Widerruf, in anderen – wie in Köln 1424, Minden 1442, Nürnberg 1498/99 – kam es schon kurze Zeit später zu erneuten Ausweisungen von jüdischen Mitbewohnern. Die hervorragende kulturelle und wirtschaftliche Rolle der Juden in den mittelalterlichen Städten erlosch so allmählich weitgehend auch im Reich.

## 11.8 Umweltprobleme in der mittelalterlichen Stadt

Der mittelalterliche Stadtbewohner nahm seine Umwelt anders wahr als wir heutigen Menschen. Natur – das war in damaliger Zeit noch längst kein schützenswertes Gut; das war in erster Linie die fortwährende Bedrohung durch Hungersnöte, Überschwemmungen, Seuchenzüge, Pest und Krankheiten. Dennoch entstanden in der mittelalterlichen Stadt aufgrund des engen Zusammenlebens vieler Menschen erstmalig Probleme, die dem Umweltbereich angehörten.

Zunächst geriet – wie so häufig – das Offensichtliche ins Blickfeld: das Problem der verschmutzten Straßen. Wohl in jeder mittelalterlichen Stadtordnung, die das innere Leben in den Städten zu regeln versuchte, fand sich auch ein Paragraph zu diesem Punkt.

Entweder wurde das Entleeren von Nachttöpfen auf den Straßen verboten oder das freie Herumlaufen von Schweinen in den Gassen der Ackerbürgerstädte angeprangert. Im Straßburger Stadtrecht, um 1200 erlassen, wurde bestimmt, daß niemand Mist vor sein Haus lagern dürfte, ohne ihn sogleich wegzufahren; in Hannover erließ der Rat die Vorschrift, Schweineställe nur noch an bestimmten Plätzen – nicht mehr vor Häusern und unter Fenstern – zu errichten. Allenthalben wurde so das Bemühen der Städte sichtbar, für mehr Sauberkeit in den Straßen zu sorgen.

In der Kölner Stadtverwaltung arbeiteten – um 1370 – zwei Wegemeister, die für die Instandhaltung von Straßen und Plätzen verantwortlich zeichneten. Wenig später – in Augsburg – begann man bereits damit, die bis dahin unbefestigten, morastigen Wege zu pflastern. All das waren unzweifelhaft Fortschritte in Richtung auf ein gepflegteres Stadtbild.

Besonders schwierig blieb in der mittelalterlichen Stadt die Abfall- und Abwasserbeseitigung. In der Regel befanden sich dafür unter den städtischen Privathäusern Latrinenschächte und Abfallgruben. Das berüchtigte Ausschütten auf die Straße war wohl eher die Ausnahme. Von Zeit zu Zeit erneuerten die mittelalterlichen Stadtordnungen ihre Vorschriften über die Räumung solcher Abortanlagen. Manche Städte – wie Köln, Frankfurt, München – hatten für die Grubenräumung eigens angestellte Bedienstete, im Nürnberger Volksmund hießen sie „Pappenheimer".

Trotz allen Bemühungen schafften es die mittelalterlichen Städte nicht, die Abfallbeseitigung ausreichend zu sichern. So war es eine geläufige Praxis, einmal gesammelte private und gewerbliche Abfälle ohne jedes Bedenken in die Flüsse einzuleiten. Die Säuren und Beizen der Nürnberger Metallhandwerker landeten so in der Pegnitz, während der Lech in Augsburg in aller Regelmäßigkeit zur Abfallbeseitigung der ansässigen Färbereien herhalten mußte.

Auch übersahen die mittelalterlichen Städter bei ihren Entsorgungsversuchen vollkommen, in welch unmittelbarer Nähe die Latrinen und Gruben zu den Trinkwasserbrunnen standen. So kam es, weil die Kloaken häufig unzureichend verschalt waren, zu Grundwasserverunreinigungen, die wiederum Krankheiten verursachten. Dieser unheilvolle Kreislauf blieb den mittelalterlichen Städtern weitgehend verborgen.

Ein Umweltproblem ganz anderer Art bildete die seit dem späten Mittelalter immer sichtbarer werdende Übernutzung der Wälder, die auf den großen Holzbedarf der Städte zurückging. Holz war der wichtigste Rohstoff des Mittelalters, zum Bau von Häusern wie als Werkstoff für die städtischen Handwerker (Böttger, Wagenmacher, Gerber, etc.). Seit dem 14. und 15. Jahrhundert verschlangen vor allem die sich sprunghaft entwickelnden Bergwerke und die Eisen- und Kupferverhüttung riesige Mengen von Holz als Energieträger. Die Lüneburger Salzbergwerke verbrauchten soviel Holz, daß es zur Vernichtung des umliegenden Waldes kam – daraus entstand die Lüneburger Heide.

Schon früh – im 14. Jahrhundert – griffen die Städte zu Gegenmaßnahmen. In Erfurt wurde 1359 das Fällen bestimmter Bäume im Stadtwald untersagt; anderswo stellte man Forstknechte und Bannwarte ein, die die Holznutzung zu überwachen hatten. Ausdrücklich verboten war in Freiburg die Verwertung kostbaren Bauholzes, und eingeschränkt wurde ferner die häufige, für die Wälder so schädliche Schweinemast.

Vorreiter beim Schutz und bei der Pflege des Waldes war die Reichsstadt Nürnberg, in der es seit der Mitte des 14. Jahrhunderts zu regelrechten Aufforstungen des Stadtwaldes kam. Erstmals wurden hier Tannensamen ausgesät und später auch Laubbäume gepflanzt. Nürnberg entwickelte sich damals zum bedeutendsten Lieferanten von Waldsamen in Europa. Die Sorge um den Wald ist also keine moderne Erfindung; schon die mittelalterliche Stadt entwickelte Ansätze zu einer geregelten Forstwirtschaft.

## 11.9 Handel und Wirtschaft

Die Ausbreitung der Stadt und die Urbanisierung des mitteleuropäischen Gebietes sind in enger Wechselwirkung mit der Entwicklung von Handel und Wirtschaft zu sehen. Beide Vorgänge bedingten einander, beeinflußten sich wechselseitig und standen in einem unauflöslichen Zusammenhang. Die Stadt verdankte nicht selten dem Kaufmann ihre Existenz, aber der Kaufmann brauchte für Handel, Gewerbe und Finanzen die Stadt.

Im lateinischen Europa stiegen Norditalien, Flandern und Nordostfrankreich im hohen und späten Mittelalter zu bedeutenden Handels- und Wirtschaftszentren auf. Ihr Reichtum – vor allem der Wohlstand Flanderns – beruhte in erster Linie auf der Tuchproduktion, die in ganz Europa Abnehmer fand und während der Champagnemessen im nordfranzösischen Troyes oder Provins bis ins 14. Jahrhundert hinein Kaufleute aus allen Ländern anzog. Danach übernahm Brügge die Rolle der nordfranzösischen Messestädte und entwickelte sich zu einem bedeutenden Umschlagplatz, an dem italienische Kaufleute auch die begehrten Waren des Orients, Gewürze aus Indien und Seide aus China, für viel Geld anboten. Über das Rheinland, vor allem über die Kölner Kaufleute, die auf den Messen der Champagne vertreten waren, dürften die Kenntnisse des von den Italienern entwickelten Geld- und Finanzwesens in den mitteleuropäischen Raum weitergegeben worden sein.

Typische Organisationsform des Fernhandels, der nach und nach das gesamte mittelalterliche Europa erschloß, waren sog. „Hansen", ursprünglich Zusammenschlüsse von Kaufleuten aus Sicherheitsgründen, um gemeinsam einen bestimmten Ort anzufahren, ob zu Lande oder zu Wasser. Im Laufe der Zeit entwickelten sich für diese Gemeinschaften eigene Rechts- und Verhaltensformen. Der älteste Zusammenschluß einer deutschen Kaufmannsgemeinschaft ist die niederrheinische Hanse in London, zu der sich später eine Hamburger und Lübecker Kaufmannsvereinigung gesellte. Diese deutschen Hansen in London vereinigten sich 1281. Allmählich ging der Kaufmann nicht mehr selbst auf Reisen, sondern ließ seine Geschäfte durch Bevollmächtigte oder Beauftragte an den verschiedensten Messen und Handelsorten ausführen. Die Tätigkeit des Fernhandelskaufmanns verlagerte sich also von der Straße und dem Handelsplatz in das Kontor (= Handelsniederlassung). Nachweise einer solchen „modernen" schriftlichen Kaufmannstätigkeit liegen für den deutschen Raum seit dem Ende des 13. Jahrhunderts mit Kaufmannsbüchern vor.

Neben Hansen entwickelte sich eine andere Organisationsform für den Handel: die Handelsgesellschaften. Ihre Struktur war von Fall zu Fall unterschiedlich. In der Regel beteiligten sich mehrere Kaufleute mit finanziellen Einlagen an einem Handelsgeschäft, um so ein beträchtliches Kapital aufzubringen, aber auch das Risiko für den einzelnen Kaufmann zu senken. Die Durchführung des Geschäfts blieb einzelnen überlassen, während die Aufteilung des Gewinns anteilig nach den jeweils eingezahlten Einlagen vorgenommen wurde. Die Beteiligung an Handelsgesellschaften, die am Gewinn orientiert waren, stand grundsätzlich allen offen, die Kapital einsetzen wollten. Durch Anhäufung von großem Handelskapital, wie im 15. Jahrhundert bei der Ravensburger Handelsgesellschaft in Süddeutschland, wuchs auch der politische Einfluß der Kaufleute. Die politische Macht des Grundadels erhielt durch die wirtschaftliche Macht der großen Handelshäuser Konkurrenz. Die Frage nach dem zu erzielenden Gewinn bestimmte in den Städten zunehmend das Denken. Schon bald wurden Klagen laut, daß oberster Herr in dieser Zeit das Geld sei. (Rex summus sit in isto tempore nummus.)

Seit dem 14. und 15. Jahrhundert begannen Kaufleute, sich an der gewerblichen Produktion zu beteiligen, indem sie Handwerkern Rohstoffe lieferten und die fertigen Pro-

*Mittelalterliche Handelsstraßen und Handelsgüter*

dukte selbst vermarkteten. Die Dezentralisation von Produktion und Absatz durch das Verlagssystem setzte sich vor allem im Textilgewerbe und Schmiedehandwerk durch und ermöglichte eine für damalige Verhältnisse Massenproduktion von annähernd gleicher Qualität. Handwerker konnten aber auch in unvorteilhafte Abhängigkeiten und schlechte Verdienstmöglichkeiten geraten, wenn ihnen der Verleger zu Rohstoffen auch noch Arbeitsgeräte stellte.

Schließlich ermöglichten Fortschritte im Bereich des Münzwesens, daß größere und umfangreichere Wirtschaftsprozesse ablaufen konnten. Seit den Kreuzzügen dominierten Genua, Pisa und Florenz den Fernhandel und versorgten ganz Europa mit Luxuswaren. Vor allem Venedig mit seiner Handelsflotte brachte wertvolle Stoffe und Gewürze aus dem Orient nach Europa. Um solche Handelsgeschäfte erfolgreich abschließen zu können, bedurfte es einer konvertierbaren Währung. Florenz prägte ab 1252 erstmals eine Goldmünze, den „Florin", Venedig 1284 einen Golddukaten, die „Zechine". Zusammen mit dem aus Frankreich stammenden Silbergroschen erlaubten diese Münzen größere Zahlungen und damit auch einen größeren Warenhandel. Die Goldmünzen setzten sich als anerkanntes Zahlungsmittel für Jahrhunderte in ganz Europa durch, mit Ausstrahlungen teilweise bis heute. Die Abkürzung der holländischen Gulden lautet auch heute noch offiziell „fl." für Florin.

Gegen Ende des Mittelalters hatte Deutschland wirtschaftlich zu den früher entwickelten Gebieten Europas weitgehend aufgeschlossen. Erheblich trug dazu der Bergbau bei. Der Rammelsberg bei Goslar war über Jahrhunderte das bedeutendste Silberbergwerk Europas, mit einem Absatzmakrt, der von Schweden bis auf den Balkan reichte. Drei Städte hatte am wirtschaftlichen Aufschwung in Deutschland einen entscheidenden Anteil: Köln, Lübeck und Nürnberg. Zugleich liefern sie Beispiele für die wirtschaftliche Dynamik, die von ihren wirtschaftlichen Führungsschichten ausging.

Köln, als römische Gründung und Bischofsstadt älteste dieser drei Städte, stand schon früh in Verbindung mit den Märkten Flanderns, den Messen der Champagne und Norditalien, aber auch England. Als Drehscheibe des Handels lief über Köln die Versorgung des Südens mit dem im Mittelmeerraum so begehrten Hering, während Köln den Norden mit Wein belieferte. Köln hat früh eine eigene bedeutsame Produktion (Metallverarbeitung, Textilien) aufgebaut, mit Ausstrahlungen weit über die Stadt hinaus – von der Mosel bis zur Lippe – und bezog auch das wichtige bergische Land mit seiner Eisen- und Kupfergewinnung und seiner Stahlproduktion mit ein. Obgleich Köln dieses rheinische Gebiet als wirtschaftliche Hegemonialmacht beherrschte und die Produktion auf sich konzentrierte, schuf es, im Gegensatz zu anderen Städten, kein eigenes Territorium.

Lübeck war eine Gründung Heinrichs des Löwen 1159 und profitierte – ähnlich wie Köln – von seiner hervorragenden Lage und in der Anfangsphase von der aktiven Förderung seines Gründers. Lübeck entwickelte sich zum Umschlagplatz des Handels zwischen dem Rheinland, Westfalen und Mitteldeutschland einerseits, Skandinavien und Rußland andererseits. Unter Hilfestellung Heinrichs des Löwen errichteten deutsche Kaufleute eine Genossenschaft auf Gotland (1161) für den Handel mit Rußland. Dies waren die östlichen Anfänge der Deutschen Hanse, die sich zum wichtigsten wirtschaftlichen Zusammenschluß von Kaufleuten und Städten im Mittelalter entwickelte. An der Spitze der späteren Städtehanse stand Lübeck, das in der Frühphase der Hanse bis etwa 1230 die entscheidenden Schritte für die Wirtschaftsverbindungen zwischen Brügge und London im Westen und Nowgorod im Osten eingeleitet hatte. Der Rat der Stadt Lübeck bestimmte im wesentlichen die Politik der Hanse, da Lübeck das unumstrittene Zentrum dieser Vereinigung war. Insbesondere der 1398 fertiggestellte Stecknitzkanal von der Trave zur Elbe förderte die führende Rolle Lübecks innerhalb der Hanse.

Mitgliedschaft in der Hanse ermöglichte im Ausland aufgrund von Handelsprivilegien vorteilhafte Geschäfte, während die Städte in der Heimat durchaus in Konkurrenz untereinander stehen konnten. Feste Niederlassungen, sog. Kontore, bestehend aus Stapelplätzen, Lagerhallen und Häfen, dienten der rationelleren Abwicklung des Handels, so daß die Hanse in ihrer Blütezeit ein Handelsimperium umspannte, das von Brüssel in Flandern bis nach Nowgorod in Rußland und vom norwegischen Bergen bis ins europäische Binnenland reichte. Bevorzugte Handelsgüter waren im Osten Pelze, Honig, Wachs und Holz, in Flandern vor allem Tuche und am Stalhof in London Wolle. Die skandinavischen Länder konzentrierten sich auf den Handel mit Fischen, für deren Konservierung Salz aus Lüneburg und Halle, aber auch aus Frankreich eingekauft wurde. In der Hochzeit der Hanse im 15. Jahrhundert gehörten ihr über 160 Städte als Mitglieder an. Zugleich verfügte die Hanse über Mittel zur Absicherung der Handelsprivilegien und verstand es, sie zu wahren und zu verteidigen, notfalls auch unter Einsatz militärischer Mittel, vor allem der Flotte. Berühmtestes Beispiel dafür sind die Auseinandersetzungen mit Dänemark, das 1361 die Insel Gotland eroberte, im darauffolgenden Krieg gegen die Hanse jedoch unterlag. Der Stralsunder Frieden 1370 sicherte endgültig die Vorherrschaft der Hanse im Ostseeraum.

Lübeck wurde zur größten mittelalterlichen Stadt im nordosteuropäischen Raum und seine rechtliche, wirtschaftliche und auch kulturelle Kraft wirkte weit in den nord- und osteuropäischen Raum hinein. Im Gegensatz zu Köln und zu Nürnberg, das abschließend skizziert werden soll, beruhten – vom Schiffbau abgesehen – die wirtschaftlichen Aktivitäten Lübecks überwiegend auf dem Handel und nicht auf der Herstellung eigener Produkte.

Nürnberg, das um 1040 als königliche Siedlung entstand und somit einhundert Jahre älter ist als Lübeck, verfügte zunächst nicht über eine so gute Lage wie Lübeck. Aber die Eisenvorkommen in der Oberpfalz, eine ebenfalls fördernde Politik des Stadtherrn und die Politik der Nürnberger Kaufleute führten dazu, daß Nürnberg sich zu einem Wirtschaftszentrum von internationaler Bedeutung entwickelte. Der wirtschaftliche Aufstieg Nürnbergs ist deutlich an den Handelsbegünstigungen abzulesen, die sich die Stadt verschaffen konnte und die in der Bestätigung der Nürnberger Zollfreiheiten durch Ludwig den Bayern von 1232 aufgeführt sind: Nürnberg genoß in 70 Städten Zollfreiheit und hatte damit für sich als Einzelstadt ein Handelspräferenzsystem aufgebaut, das mit dem System der Hanse durchaus verglichen werden kann.

Nürnberg griff weit über den mitteleuropäischen Raum hinaus: Auseinandersetzungen zwangen Venedig, auf den Handel nördlich der Alpen zu verzichten. Nürnberg engagierte sich wirtschaftlich sogar in Ungarn, wo es nach und nach die Ausbeutung der Gold- und Silberminen übernahm. Gegenüber Köln und Lübeck konnte es 1340 bzw. 1373 gegenseitige Zollfreiheit durchsetzen.

Nürnbergs dynamische Wirtschaftsentwicklung beruhte aber nicht nur auf seiner zentralen Lage in Europa, die die Kaufmannschaft bewußt nutzte, sondern die Stadt hatte – ähnlich wie Köln – auch eine beachtliche Industrie aufgebaut. Das Handelskapital war frühzeitig im Bereich des Handwerks investiert und das Verlagssystem seit 1300 im Bereich des Metall- und Textilgewerbes entwickelt worden. Nürnberger Produkte, die überall in Europa anzutreffen waren, genossen einen hervorragenden Ruf. An der Schwelle zur Neuzeit war Nürnberg daher auch als Zentrum wichtiger Innovationen bekannt – für den sprichwörtlichen „Nürnberger Witz" und die Erfindungsgabe seiner Bürger. Die erste Taschenuhr („Nürnberger Ei") und der erste Globus (1492) stammten aus Nürnberg.

*Ansicht der Stadt Nürnberg (Holzschnitt aus Schedels Weltchronik 1493).*

## Die Stadt in universalgeschichtlicher Perspektive

### M 1 Max Weber: Die Stadt

Eine Stadtgemeinde im vollen Sinn des Wortes hat als Massenerscheinung vielmehr nur der Okzident gekannt...

Denn dazu gehörte, daß es sich um Siedlungen mindestens relativ stark gewerblich-händlerischen Charakters handelte, auf welche folgende Merkmale zutrafen: 1. die Befestigung, – 2. der Markt, – 3. eigenes Gericht und mindestens teilweise eigenes Recht, – 4. Verbandscharakter und damit verbunden 5. mindestens teilweise Autonomie und Autokephalie, also auch Verwaltung durch Behörden, an deren Bestellung die Bürger als solche irgendwie beteiligt waren...

„Selbstverwaltung" hatten in China wie in Japan wohl die Berufsverbände, nicht aber die Städte, sehr im Gegensatz zu den Dörfern. In China war die Stadt Festung und Amtssitz der kaiserlichen Behörden, in Japan gab es „Städte" in diesem Sinn überhaupt nicht. In Indien waren die Städte Königs- oder Amtssitze der königlichen Verwaltung, Festungen und Marktorte. Ebenso finden sich Gilden der Kaufleute und außerdem die in starkem Maße mit Berufsverbänden zusammenfallenden Kasten, beide mit sehr starker Autonomie, vor allem eigener Rechtssetzung und Justiz. Aber die erbliche Kastengliederung der indischen Gesellschaft mit ihrer rituellen Absonderung der Berufe gegeneinander schließt die Entstehung eines „Bürgertums" ebenso aus wie die Entstehung einer „Stadtgemeinde". Es gab und gibt mehrere Händlerkasten und sehr viele Handwerkerkasten mit massenhaften Unterkasten. Aber weder konnte irgendeine Mehrheit von ihnen zusammengenommen dem okzidentalen Bürgerstand gleichgesetzt werden, noch konnten sie sich zu etwas der mittelalterlichen Zunftstadt Entsprechendem zusammenschließen, da die Kastenfremdheit jede Verbrüderung hemmte... Die okzidentale Stadt war... ein Ort des Aufstiegs aus der Unfreiheit in die Freiheit. Die Stadtbürgerschaft usurpierte... – und dies war die eine große, der Sache nach revolutionäre Neuerung der mittelalterlich-okzidentalen gegenüber allen anderen Städten – die Durchbrechung des Herrenrechts. In den mittel- und nordeuropäischen Städten entstand der bekannte Grundsatz: „Stadtluft macht frei", – d. h. nach einer verschieden großen, stets aber relativ kurzen Frist verlor der Herr eines Sklaven oder Hörigen das Recht, ihn als Gewaltunterworfenen in Anspruch zu nehmen. Der Satz ist in sehr verschiedenem Grade durchgedrungen. Sehr oft mußten sich andererseits Städte zu dem Versprechen bequemen, Unfreie nicht aufzunehmen, und mit Engerwerden des Nahrungsspielraums ist diese Schranke ihnen auch oft willkommen gewesen. Allein als Regel setzte jener Grundsatz sich dennoch durch. Die ständischen Unterschiede schwanden also in der Stadt, wenigstens soweit sie Verschiedenheit von gewöhnlicher Freiheit und Unfreiheit bedeuteten.

In: Max Weber, Wirtschaft und Gesellschaft. Grundriß der verstehenden Soziologie, 5. Aufl. Tübingen 1985, S. 736, 738, 742 f.

## M 2 Chinesische, islamische und abendländische Städte im Mittelalter

**Die orientalische Stadt Bagdad.** Bagdad, schnell aus einer planmäßigen, kreisförmigen Kernstadt ins Umfeld expandierende Kalifenstadt. Kern 2,5 km Durchmesser. (Gegr. 762, im 9. Jh. größte Stadt der Welt.)

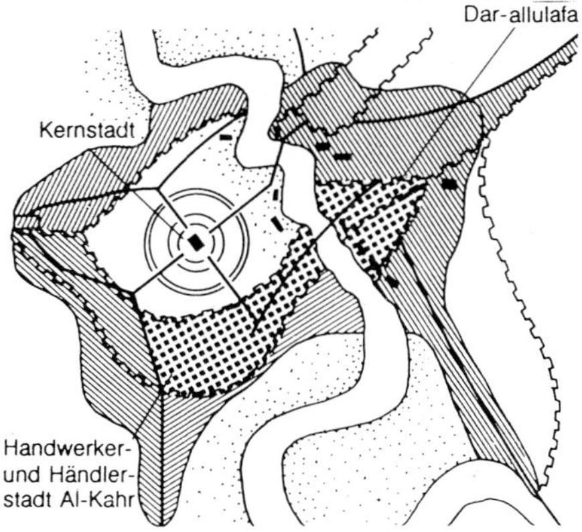


**Lübeck,** den natürlichen Gegebenheiten angepaßte, planmäßig gegründete Stadt des Fernhandels und zugehörigem Handwerk (12./13. Jh.)

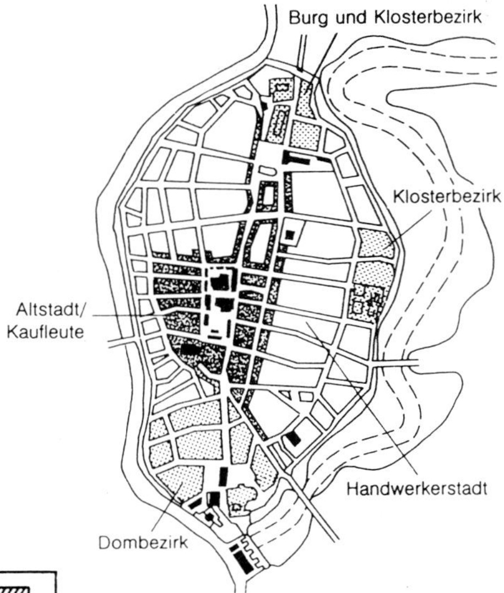


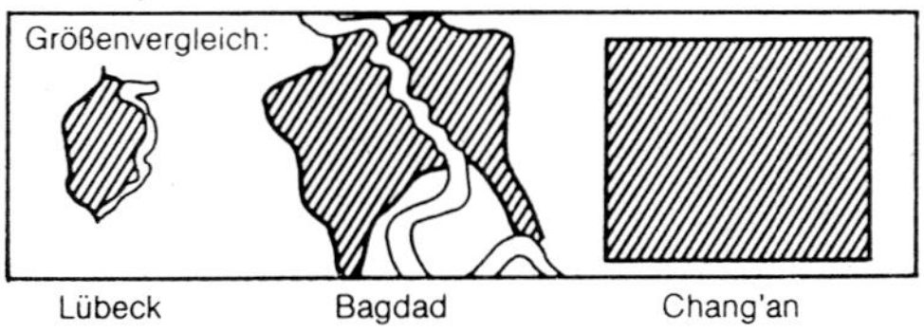


**Chang'an,** nach religiösen Harmonievorstellungen angelegte regelmäßige Stadt des frühen China. Die Stadt hatte 106 Bezirke und über 1 Million Einwohner. Alle Hauptstraßen verliefen von Nord nach Süd, die Hauptachse war 153 m breit. (Gegr. 206 v. Chr., im 8. Jh. größte Stadt der Welt.)

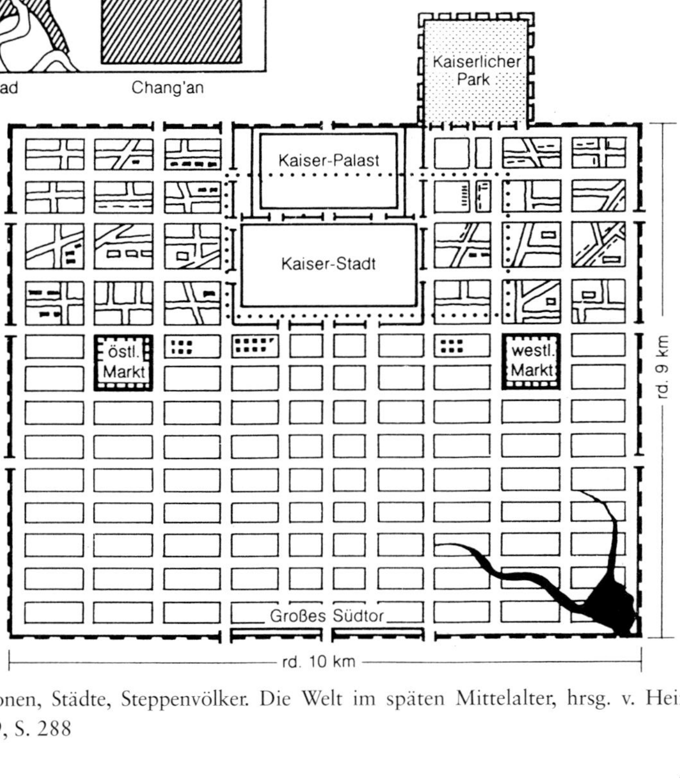


In: Weltgeschichte. Nationen, Städte, Steppenvölker. Die Welt im späten Mittelalter, hrsg. v. Heinrich Pleticha, Gütersloh 1989, S. 288

## M 3 Städte in Europa am Ende des Mittelalters

| Deutsche Städte | | | Großstädte in Europa | |
|---|---|---|---|---|
| Gesamtzahl der Städte: | Einwohnerzahlen | Anzahl der Städte: | | |
| fast 3000 | unter 1000 | ca. 2800 | Rom | 40 000 |
| | 1000–2000 | ca. 150 | Florenz | 50 000 |
| | 2000–10 000 | 20–25 | Gent | 50 000 |
| | 10 000 und mehr | 20 | Brügge | 50 000 |
| | | | London | 50 000 |
| | | | Venedig | 90 000 |
| | | | Neapel | 150 000 |
| | | | Paris | 200 000 |

Deutsche Städte mit mehr als 10 000 Einwohnern

| | | | |
|---|---|---|---|
| Frankfurt/M. | 15 000 | Hamburg | 22 000 |
| Braunschweig | 16 000 | Nürnberg | 22 000 |
| Augsburg | 22 000 | Danzig | 22 000 |
| Worms | 20 000 | Lübeck | 25 000 |
| Rostock | 20 000 | Straßburg | 25000 |
| Ulm | 20 000 | Köln | 40 000 |
| Breslau | 20 000 | | |

Die Einwohnerzahlen der einzelnen Städte können nur geschätzt werden, da für die meisten Städte nur die Bürger, d. h. die Inhaber des Bürgerrechts, registriert worden sind, nicht aber die Nichtbürger, deren Anteil teilweise bis zur Hälfte der Einwohner ausmachte.

(Zahlenangaben in der Literatur weichen stark voneinander ab. Zur Orientierung empfohlen: Friedrich-Wilhelm Henning. Das vorindustrielle Deutschland 800 bis 1800 Paderborn [UTB Schöningh 398] 1977, 3. Aufl.)

In: Heinrich Pleticha (Hrsg.), Deutsche Geschichte, Bd. 5, Gütersloh, 1987, S. 110

## Stadtentstehung im europäischen Mittelalter

**M 4** *Die Rechte des Stadtherrn. Auszug aus dem ältesten Straßburger Stadtrecht (12. Jh.), in dem der Bischof seine Rechte gegenüber den Einwohnern seiner Stadt Straßburg beurkundet und begrenzt:*

1. Nach dem Beispiel anderer Städte wurde Straßburg mit der Auszeichnung begründet, daß Jedermann, Auswärtiger wie Einheimischer, in ihr zu jeder Zeit und von jedermann Frieden haben soll.

2. Wenn jemand außerhalb der Stadt etwas begangen hat, und aus Furcht wegen seiner Schuld in sie flüchtet, soll er sicher in ihr bleiben. Niemand lege gewaltsam Hand an ihn; doch muß er der (städtischen) Gerichtsbarkeit gehorsam sein und zur Verfügung stehen.

5. Alle Beamten dieser Stadt unterstehen der Gewalt des Bischofs, so daß er sie entweder selbst einsetzt oder diejenigen, die er ernennt. Die Höheren setzen nämlich die Niederen ein, soweit diese ihnen unterworfen sind.

7. Vier Amtsträger aber, aus denen die

Verwaltung der Stadt besteht, setzt der Bischof mit eigener Hand ein, nämlich den Schultheißen, den Burggrafen, den Zolleinnehmer und den Münzmeister...

10. Der Schultheiß soll bei Diebstahl, Frevel und Geldschulden über alle Bürger der Stadt und alle aus dem Bistum Hereinkommenden richten... ausgenommen die Ministerialen und zur Kirche gehörigen sowie vom Bischof beauftragten Leute.

44. Zum Amt des Burggrafen gehört die Bestellung der Meister für fast alle Gewerbe in der Stadt... Über diese hat er die Gerichtsbarkeit, wenn sie in ihrer Amtsführung etwas vernachlässigen.

88. Dem Bischof steht das Recht auf 24 Boten aus dieser Stadt zu – und zwar ausschließlich aus dem Stand der Kaufleute. Ihre Aufgabe besteht nur darin, innerhalb des Bistums Botendienste an seine Leute auszuführen.

92. Wenn der Kaiser oder König kommt, sind dessen Pferde überall aufzunehmen und zu betreuen.

93. Es müssen auch alle Bürger jährlich fünf Tage Herrendienste leisten...

94. An den Hof des Bischofs, der innerhalb der Stadt liegt, gibt der Schultheiß für die Pflüge des Bischofs dreizehn Rinder, die er von den Sterbeabgaben der kirchlichen Eigenleute nimmt, und ein Pferd, das der Hofmeister reitet, und er bringt das Saatgut auf die Äcker.

102. Unter den Kürschnern sind zwölf, die auf Kosten des Bischofs soviel Pelzwerk herstellen müssen, wieviel der Bischof braucht.

104. Wenn der Bischof zum Königshof reist, gibt jeder (Schmied) zwei Hufeisen mit den dazugehörigen Nägeln, von denen der Burggraf dem Bischof Eisen für zwölf Pferde gibt. Die übrigen behält er zurück.

108. Unter den Schuhmachern sind acht, die dem Bischof, wenn er zum Königshof oder zum kaiserlichen Heerzuge geht, Behältnisse für Kerzen, Schüsseln und Becher geben. Alles übrige, was für die genannten Anlässe oder zur Belagerung von Burgen nötig ist, sei es an Behältnissen oder Trinkbechern oder an allem, was zu den genannten Anlässen gehört und aus schwarzem Leder gemacht wird, sollen sie aus dem Material und auf Kosten des Bischofs machen.

115. Die Müller und die Fischer leisten dem Bischof Fährdienste auf dem Wasser, wohin er will, von Rust bis herunter zum Velletor. Der Zöllner gibt ihnen soviele Schiffe, wie notwendig sind. Sie selbst besteigen die Schiffe mit ihren Rudern und bringen sie bis zum Baumgarten des Bischofs, von wo sie sie geholt haben, auf dessen Kosten zurück. Die Fischer stellen auch zwei Mann, die Müller den dritten Mann. Wenn sie aufgrund eigener Fahrlässigkeit Schiffe verloren haben, zahlen sie diese; wenn sie ihnen weggenommen werden, ersetzt das der Bischof.

Text zusammengestellt nach Boockmann, Hartmut, Das Mittelalter. Ein Lesebuch aus Texten und Zeugnissen des 6. bis 16. Jahrhunderts, München 1988, S. 141 f. und Ernst Döll, Städte und Bürger im Mittelalter. Tempora. Ernst Klett Schulbuchverlag, Stuttgart 1990, S. 57 f.

**M 5 Bischofsstadt**

Straßburg (siehe Abb. S. 278) ist seiner Entstehung nach eine ehemalige Römerstadt und frühe Bischofsstadt. Die römische Siedlung „Argentorate“ (Kastell: 500 x 400 Meter) wurde im 4. Jahrhundert Bischofssitz. Seit fränkischer Zeit war der Bischof Stadtherr.

Den gleichen Ausgangspunkt wie Straßburg hatten auch die anderen deutschen Bischofsstädte im ehemaligen römischen Grenzgebiet. Die Bischöfe hatten bei der Ausbildung der Stadtherrschaft eine gute Ausgangsposition, gerieten jedoch häufig in Konkurrenz zum König bzw. Kaiser. Auch an frühchristlichen Märtyrer- und Kultstätten im ehemaligen Römergebiet entstanden Städte wie Xanten oder Bonn.

In: Ernst Döll, Städte und Bürger, a.a.O., S. 5

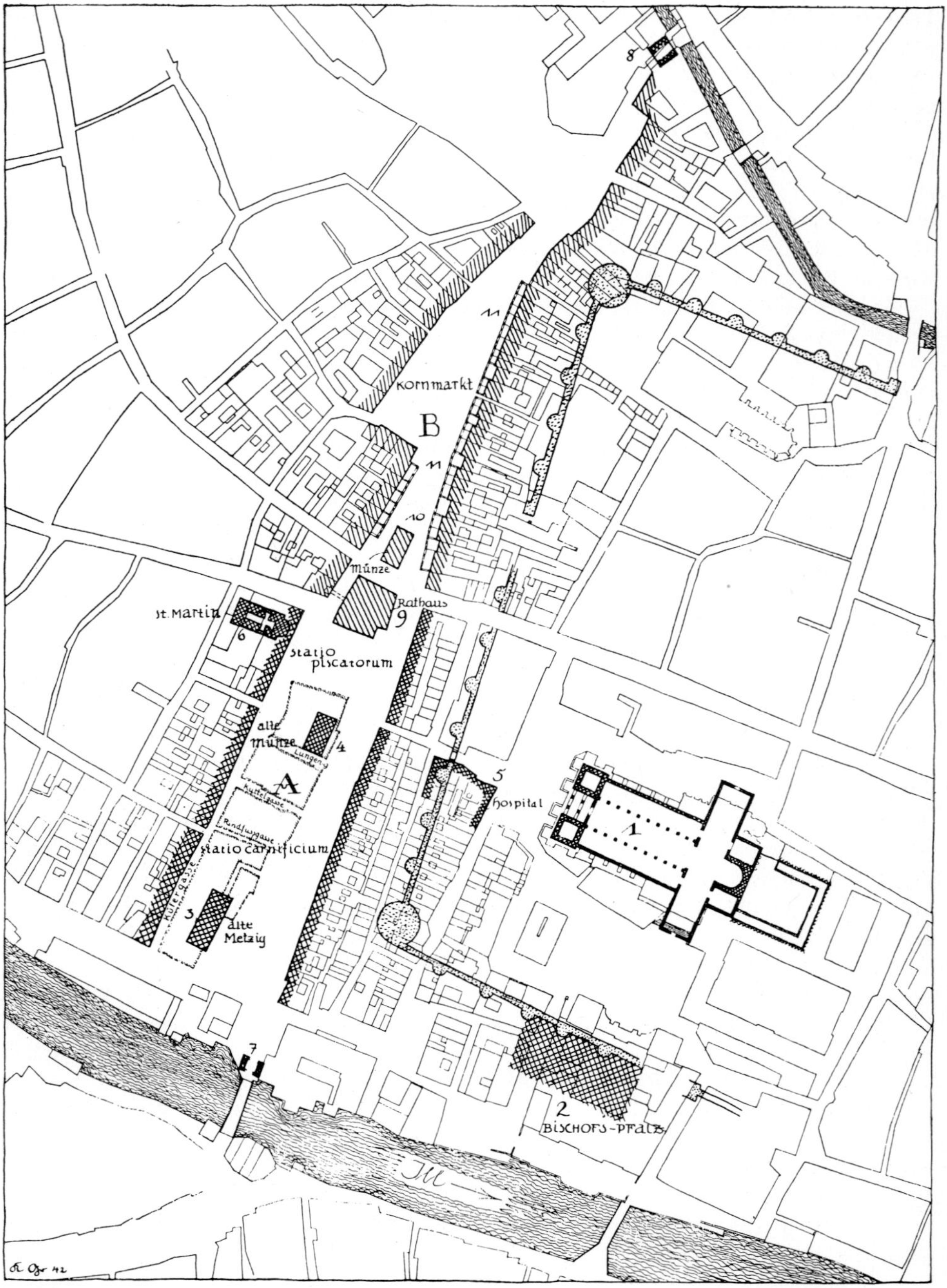


A *Der alte bischöfliche Markt X.—XII. Jahrhundert*

B *Der bürgerliche Markt nach errungener Stadtfreiheit Ende XIII. Jahrhundert*

*Der bischöfliche und bürgerliche Markt von Straßburg*

**M 6 Bericht des Pfarrers Helmold von Bosau (Holstein) über die Gründung der Stadt Lübeck** *(Slawenchronik, um 1171 abgeschlossen):*

Danach kam Graf Adolf (Graf von Holstein, Vasall Heinrichs des Löwen) an einen Ort namens Bukow und fand dort den Wall einer verlassenen Burg, die Kruto, der Feind Gottes, erbaut hatte, und eine sehr große, von zwei Flüssen umrahmte (Halb)-insel. An der einen Seite floß die Trave, an der anderen die Wakenitz vorbei, beide mit sumpfigem, unwegsamem Ufer. Dort aber, wo sie landfest ist, liegt ein ziemlich schmaler Hügel, der dem Burgwall vorgelagert ist. Da nun der umsichtige Mann sah, wie passend die Lage und wie trefflich der Hafen war, begann er dort eine Stadt zu bauen und nannte sie Lübeck, weil sie von dem alten Hafen und Hauptort, den einst Fürst Heinrich angelegt hatte, nicht weit entfernt war....

Eines Tages (1152) sprach der Herzog (von Sachsen, Heinrich der Löwe) den Grafen mit den Worten an: „Schon seit geraumer Zeit wird uns berichtet, daß unsere Stadt Bardowick durch den Markt von Lübeck zahlreiche Bürger verliert, weil die Kaufleute alle dorthin übersiedeln. Ebenso klagen die Lüneburger, daß unsere Saline zugrunde gerichtet sei wegen des Salzwerks, das ihr zu Oldesloe angelegt habe. Darum ersuchen wir euch, uns die Hälfte eurer Stadt Lübeck und des Salzwerks abzutreten, damit wir die Verödung unserer Stadt leichter ertragen können. Sonst werden wir verbieten, daß weiter zu Lübeck Handel getrieben wird. Denn wir können es nicht hinnehmen, daß um fremden Vorteils willen unser väterliches Erbe Schaden leidet." Als nun der Graf ablehnte, da ihm solche Übereinkunft unvorteilhaft schien, verordnete der Herzog, daß zu Lübeck kein Markt mehr stattfinden und keine Gelegenheit zu Kauf und Verkauf mehr sein dürfe, außer für Lebensmittel. Die Waren befahl er nach Bardowick zu überführen, um seiner Stadt aufzuhelfen....

Um jene Zeit (1157) wurde die Stadt Lübeck von einer Feuersbrunst verzehrt, und die Kaufleute und übrigen Einwohner schickten zum Herzog und ließen sagen: „Lange schon dauert es, daß der Markt zu Lübeck auf euren Befehl verboten ist. Wir sind zwar bisher in der Stadt geblieben, da wir hofften, den Markt durch euer gnädiges Wohlwollen zurück zu bekommen, und uns auch nicht entschließen konnten, unsere mit großen Kosten errichteten Gebäude zu verlassen; nachdem nun aber unsere Häuser verbrannt sind, erscheint es sinnlos, an einem Orte wieder aufzubauen, wo kein Markt sein darf. Gib uns also Raum für die Gründung einer Stadt an einem Orte, der dir genehm ist." Daraufhin bat der Herzog den Grafen Adolf, ihm Hafen und Werder in Lübeck abzutreten. Das wollte dieser nicht tun. Da errichtete der Herzog eine neue Stadt jenseits der Wakenitz, nicht weit von Lübeck, im Lande Ratzeburg, und begann zu bauen und zu befestigen. Und er nannte sie nach seinem Namen „Löwenstadt" (Lewenstad), also Stadt des Löwen. Weil dieser Platz aber sowohl für einen Hafen wie für eine Festung wenig günstig und nur mit kleinen Schiffen erreichbar war, nahm der Herzog die Verhandlungen mit dem Grafen Adolf über Werder und Hafen von Lübeck nochmals auf und versprach viel, falls er seinem Wunsche nachgebe. Endlich gab der Graf nach, tat, wozu die Not ihn zwang, und trat ihm Burg und Werder ab. Alsbald kehrten auf Befehl des Herzogs die Kaufleute freudig zurück, verließen die ungünstige neue Stadt und begannen, Kirchen und Mauern der Stadt wieder aufzurichten. Der Herzog aber sandte Boten in die Hauptorte und Reiche des Nordens, Dänemark, Schweden, Norwegen und Rußland, und bot ihnen Frieden, daß sie Zugang zu freiem Handel in seine Stadt Lübeck hätten. Er verbriefte dort auch eine Münze, einen Zoll und höchst ansehnliche Stadtfreiheiten.

Deutsche Übersetzung der lateinischen Chronik aus: Ausgewählte Quellen zur Deutschen Geschichte des Mittelalters, hg. v. R. Buchner, Bd. XIX, a.a.O., S. 212f., 265, 303.

In: Döll, Ernst, Städte und Bürger, a.a.O., S. 12

## M 7 Gründungsstadt

Lübeck ist eine Neugründung Heinrichs des Löwen.

In: Ernst Döll, Städte und Bürger, a.a.O., S. 11

*Lübeck. Rekonstruktion des Siedlungsbildes vor 1180.*

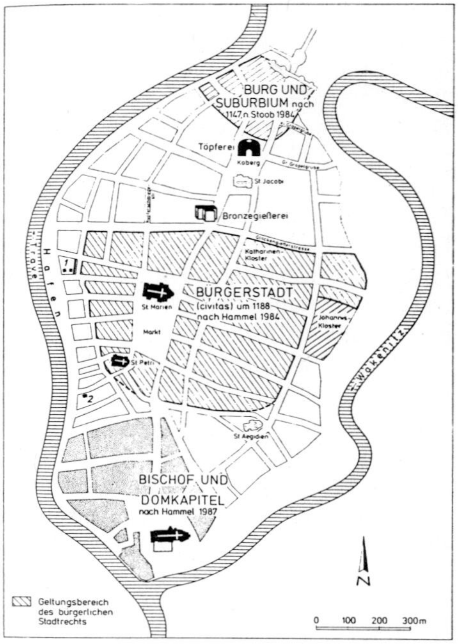


## Topographie der mittelalterlichen Stadt

## M 8 Topographie und Bebauung der Stadt

Auch der für viele Städte charkteristische, typisch mittelalterliche *Herrschafts-Dualismus,* das Nebeneinander verschiedener Stadtherren (auf gleicher Ebene wie Bischof und Graf oder auf unterschiedlichen Ebenen wie König und Bischof) spiegelt sich topographisch deutlich in dem Vorhandensein verschiedener Herrenbauten wider, zum Beispiel einer königlichen oder gräflichen Pfalz neben einer Bischofsburg. Entscheidender aber wurde jeweils das Nebeneinander von herrschaftlichen und genossenschaftlichen Elementen: eines früh befestigten *Herrensitzes* (also einer Burg oder Pfalz mit Domkirche oder Kloster) als Ausgangspunkt der Siedlung einerseits *und* einer (vor-)städtischen und zunächst noch unbefestigten *Marktsiedlung* andererseits als Voraussetzung für die Entwicklung der Bürgerstadt des hohen Mittelalters. Diese beiden Grundelemente bestimmten fortan den städtischen Raum. Die Eigenständigkeit der Bürgerstadt zeigte sich häufig an der Existenz einer eigenen, oft gegenüber dem Dom gelegenen Marktkirche (Bürgerkirche) – wie der Gaukirche in Paderborn, der Lambertikirche in Münster, St. Gangolf in Trier oder St. Georg in Speyer (Abb.) – auf der gegenüberliegenden Seite des Marktplatzes, der vielfach den herrschaftlichen und den bürgerlichen Bereich räumlich zugleich trennte und miteinander verband. ...

[Bemerkenswert ist das] *Wachstum* vieler Städte im 11. und 12. Jh., das vor den Mauern im Umkreis der Städte neue Siedlungen, „Vororte", entstehen ließ und innerhalb kurzer Zeiträume neue Mauerringe nötig machte und eine Zerstörung der inneren Ringe zur Folge hatte. Manchmal wurden nur einzelne Viertel in die Ummauerung einbezogen, oft umgab man

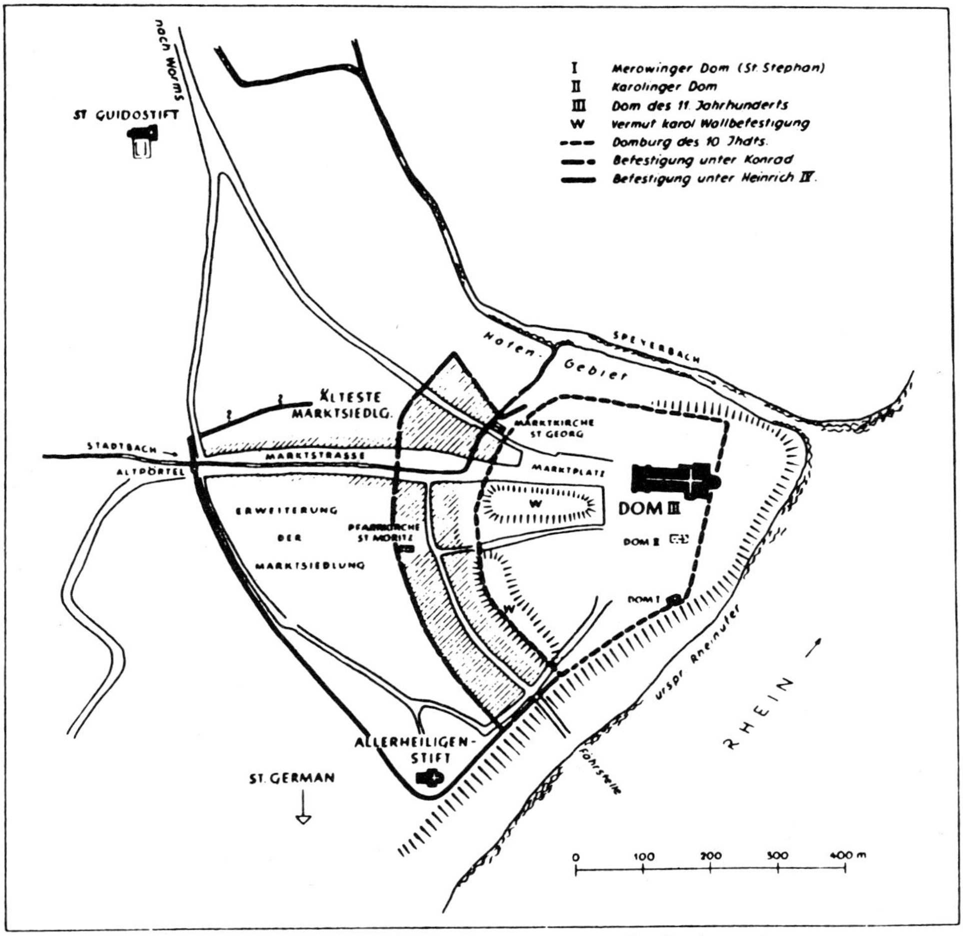


*Wachstum der hochmittelalterlichen Stadt. Speyer um 1100, mit den Stadterweiterungen.*

die Stadt aber auch mit einer völlig neuen Ringmauer. Natürlich war die Entwicklung unterschiedlich: Von den oberrheinischen Bischofsstädten etwa brauchte Worms, das schon vorher relativ groß war, erst im 13. Jh. eine neue Mauer; Speyer dagegen erlebte allein im 11. Jh. drei verschiedene Ummauerungen (Abb.); die Stadtfläche wuchs von 10 ha in ottonischer Zeit auf rund 60 ha in der Mitte des 12. Jh. an. Straßburgs Altstadt, die aus dem Römerkastell des 4. Jh. hervorgegangen war, bedeckte zusammen mit der Bischofsburg eine Fläche von 19 ha, die Neustadt mit der Mauer des 11. Jh. hatte dagegen eine Größe von 54 ha. Köln, die bei weitem größte Stadt Deutschlands, wuchs durch die gegen den Willen des Erzbischofs vorgenommene Ummauerung von 1180, die bis zum Ende des 19. Jh. Bestand hatte, von 236 auf rund 400 ha an.

In: Goetz, H.-W., Leben im Mittelalter, München 1986, S. 211, 220, 223

**M 9 Aufstand der Kölner Kaufleute gegen Erzbischof Anno, 1074**

*Bericht des Mönchs Lampert von Hersfeld, eines Parteigängers des Erzbischofs.*

Zu dieser Zeit ereignete sich in Köln ein Vorfall, der der Trauer und der Tränen aller Rechtschaffenen wert ist. Man weiß nicht, ob der Leichtsinn des Volkes die Ursache war oder eine Verschwörung derer, die das Schicksal des Königs[1] an dem Erzbischof zu rächen wünschten. Wahrscheinlicher ist die Vermutung, daß die Kölner dem bösen Beispiel der Bürger von Worms folgten,[2] deren Name bei allen gefeiert war, weil sie dem König im Unglück die Treue bewahrt und den Bischof, welcher sich dagegen aufzulehnen versuchte, aus der Stadt vertrieben hatten, und daß sie dem König auch von ihrer Ergebenheit durch irgendeine besondere Tat einen erfreulichen Beweis erbringen wollten. Zur Ausführung dieses ruchlosen Vorhabens gab der Zufall eine passende Gelegenheit. Der Erzbischof feierte das Osterfest zu Köln; bei ihm war der Bischof von Münster. Die Hausbediensteten des Erzbischofs erhielten den Auftrag, ein geeignetes Schiff für seine Rückfahrt zu besorgen. Nachdem sie alle gemustert und genau besichtigt hatten, nahmen sie das Schiff eines sehr reichen Kaufmanns, weil es ihnen für diesen Zweck passend erschien; sie befahlen, die Waren auszuladen und das Schiff unverzüglich zum Dienste des Bischofs bereitzumachen… Dieser Kaufmann hatte einen erwachsenen Sohn, der durch seine Kühnheit und seine körperliche Stärke bekannt und sowohl durch Verschwägerung als auch wegen seiner Verdienste den Vornehmen der Stadt vor allem lieb und wert war. Dieser nahm sein Gesinde und andere junge Leute aus der Stadt, so viele er bei solcher plötzlichen Gefahr zu seiner Hilfe zusammenbringen konnte. Eilends begab er sich mit ihnen zu dem Schiff und jagte die Diener des Erzbischofs, welche heftig darauf drangen, das Schiff auszuräumen, mit Gewalt von dannen. Als hierauf der Stadtvogt[3] sich der Sache annahm und seine Leute alarmierte, trieb er auch ihn mit gleicher Unerschrockenheit zurück und schlug ihn in die Flucht. Schon eilen beide Parteien ihrem Freunde bewaffnet zur Hilfe… Die Vornehmen der Stadt beraten gemeinschaftlich törichte Pläne, der unbesonnene Pöbel rast aus Sucht nach Neuerungen und ruft, vom Teufel besessen, in der ganzen Stadt zu den Waffen… Den Erzbischof retten seine Anhänger durch den dicht gedrängten Haufen seiner Feinde und einen Hagel von Wurfgeschossen hindurch mit knapper Not in den Dom des hl. Petrus und verrammeln die Eingänge…

Da der Aufstand sich bis Mitternacht hingezogen hatte, herrschte überall schauerliche Finsternis und undurchdringliches Dunkel, so daß es kaum möglich war, die Gesichter der Menschen, die einem begegneten, zu unterscheiden. Ein enger Gang führte aus der Kirche in das Schlafzimmer und wieder aus dem Schlafzimmer in den Hof und das Haus eines Domherrn, das an die Mauer der Stadt angebaut war. Dieser hatte wenige Tage vor Ausbruch des Aufruhrs vom Erzbischof die Erlaubnis erhalten, die Stadtmauer zu durchbrechen und sich eine kleine Hintertür anzulegen; so hatte es Gott zur Rettung des Erzbischofs gnädig gefügt. Dort hinaus führte man den Erzbischof… Sie (die Bürger) befahlen rüstigen jungen Männern, so schnell wie möglich zum König zu reisen, ihm zu melden, was vorgefallen war, und ihm nahezulegen, so schnell wie möglich zu kommen, um die durch die Vertreibung des Erzbischofs herrenlos gewordene Stadt zu besetzen; darauf beruhe das Heil der Stadt und sein eigener größter Vorteil…

Am vierten Tage nach seiner Flucht aber zog der Erzbischof, umringt von einer großen Schar (von Kriegern), gegen die Stadt. Als die Kölner dieses erfuhren und inne wurden, daß sie dem Angriff einer so großen und so erbitterten Menge weder durch ihre Mauer noch in einer Feldschlacht standhalten könnten ..., schickten sie ihm Boten entgegen und baten um Frieden, bekannten sich schuldig und erklärten sich bereit, jede Strafe zu erleiden, die ihnen auferlegt werde, wenn ihnen nur das Leben bleibe ... Der Sohn des oben erwähnten Kaufmanns, der das Volk zuerst zum Aufruhr entflammt hatte, und einige andere wurden geblendet, andere schlug man mit Ruten und schor ihnen das Haar; alle büßten mit sehr empfindlichen Verlusten an ihrem Vermögen und wurden gezwungen, einen Eid abzulegen: Sie wollten hinfort für den Erzbischof die Stadt gegen jedermanns Gewalttätigkeit verteidigen, so gut sie durch Rat und Tat vermöchten, und die Bürger, die aus der Stadt geflüchtet waren, stets als ihre ärgsten Feinde betrachten, bis sie dem Erzbischof die gebührende Genugtuung geleistet hätten.

1 Die schwere Niederlage Heinrichs IV. gegen die Sachsen, die ihn in einem Aufstand unter der Führung Ottos von Nordheim aus ihrem Lande vertrieben hatten. Erzbischof Anno hatte in diesem Kampf die Partei Ottos ergriffen.

2 Die Bürger von Worms hatten den aus Sachsen geflüchteten König in ihre Mauern aufgenommen und den widerstrebenden Bischof verjagt. Heinrich belohnte sie mit Privilegien, die die Rechte ihres bischöflichen Stadtherrn erheblich einschränkten.

3 Der Vertreter des Erzbischofs am Hochgericht und in der Verwaltung der Stadt. Sein Wohnsitz war der Hof „zur Stesse“ bei St. Laurenz (Laurenzplatz, Laurenzgittergasse) mitten in der Altstadt.

In: Geschichte betrifft uns (Heft Oktober 1986): Bürgerliche Autonomie in der mittelalterlichen Stadt, Verlag Bergmoser und Höller Aachen.

**M 10 Siegel der Stadt Lübeck von 1256**

Die beiden in der Kogge sitzenden Männer haben die Hand zum Schwur erhoben. Sie symbolisieren die „coniuratio“ der Bürger. (Archiv der Hansestadt Lübeck.)

In: Goetz, H.-W., Leben im Mittelalter, a.a.O., S. 219

## Zünfte und Zunftaufstände

**M 11 Bildung einer Zunft.** *Der Bischof von Basel erlaubt als Stadtherr den Gärtnern, Obstern und Lebensmittelhändlern von Basel, eine Zunft zu bilden, etwa 1264–1269:*

1. Und man soll wissen daß wir ihnen und sie uns und unserem Gotteshause geschworen haben, zu helfen bei unseren Nöten und wir ihnen bei ihren Nöten gegen jedermann.
2. Und wir erlauben ihnen, mit der Mehrheit der Stimmen einen Meister zu wählen ...
3. Wir erlauben ihnen auch, wer sich mit ihrem Handwerk betätigt, daß sie den mit seinem Handwerk in ihre Zunft zwingen dürfen.
7. Wer von ihnen etwas Unrechtes und Verbotenes zum Kauf anbietet, sei es Kraut, Obst oder Hühner oder anderes Unzulässiges, der soll 3 Schillinge geben, uns einen, dem Rate einen und der

Zunft einen und die verbotene Sache, die er angeboten hat, dem Spital ...

10. Wenn einer von ihnen stirbt hier oder anderswo oder sein Weib, dem folgen sie mit ihrem Opfer und mit ihrem Licht.

11. Stirbt einer hier, der so arm ist, daß man ihn mit seinem Gute nicht bestatten kann, den soll man bestatten mit der gemeinsamen Almosenkasse.

13. Diese guten Gesetze über diese Zunft und über diese Almosenkasse, wer die jemals zerbricht oder zerstört, dem verkünden wir die Unhold des allmächtigen Gottes, unserer Jungfrau Maria und aller Heiligen von Gott und geistlichen Gericht und verkünden ihn zu bannen mit der Gewalt, die wir haben von Gott und vom geistlichen Gericht.

In: Ernst Döll, Städte und Bürger, a.a.O., S. 37

## M 12 Eine Handwerksordnung

Nach Geburt unseres Herrn Christus im Jahre 1390 am Sonnabend nach der Himmelfahrt Mariens hat der Rat zu Lüneburg um des gemeinen Besten willen diese nachfolgenden Artikel erneuert, aufgestellt, beliebt und beschlossen und nachdrücklich den Böttchern einzuhalten befohlen.

Zum ersten, daß hier niemand Tonnen machen oder machen lassen soll, es sei denn, er habe vorher eine Erlaubnis des Rates dazu. Welcher Knecht ferner Tonnen machen lernen will, der soll vier Schilling zu ihrer Gilde geben und ... er soll ein ganzes Jahr in der Lehre sein ...

Damit ferner der Arme wie der Reiche um so besser zum Böttcherholz gelangen kann, will der Rat nachdrücklich eingehalten haben, daß niemand bei sich mehr Holz stehen haben soll, als acht Schock ...

Ferner soll kein Böttcher von jemandem Geld leihen, um damit Tonnen herzustellen.

Ferner sollen die Tonnenfahrer die Ratleute, denen aufgetragen ist, dem Böttcherhandwerk vorzustehen, wissen lassen, wieviele Tonnen hergestellt werden, und sie sollen wahrheitsgemäß bekanntgeben, daß von niemandem Tonnen zum Vorkauf aufgestellt werden, dem gemeinen Nutzen zum Nachteil.

Wenn ferner innerhalb von Lüneburg Stabholz mit Schiffen zum Verkauf gebracht wird, so sollen die vier von den Böttchern gewählten und vom Rat zugelassenen Älterleute nach Wissen und Willen der Ratsmitglieder, die bei den Böttchern sind, den Verkauf im Sinne des Handwerks und des gemeinen Nutzens leisten, und jeder von den Böttchern soll daran teilhaben, und er kann für sein Geld etwas davon bekommen. Und was davon als Wrackholz ausgeschieden wird, das soll und kann man verteilen nach dem Anteil, den jeder vom besten Holz gekauft und genommen hat, ohne daß sich jemand dagegen wendet ...

Ferner sollen die Älterleute, die von dem Handwerk gewählt und vom Rat zugelassen sind, alle vier Wochen umhergehen und die Tonnen besehen, und wenn sie irgendwo unrichtige Tonnen finden, die können und sollen sie entzweischlagen, und derjenige, der diese Tonnen hergestellt hat, soll jede unrichtige Tonne mit zwei Pfennigen büßen. Zu diesem Zweck können sie pfänden und das Geld behalten. Finden die Prüfer darüber hinaus unrichtige Tonnen, so sollen sie das die Älterleute wissen lassen, und dann soll man auch von jeder unrichtigen Tonne zwei Pfennig geben, einen dem Prüfer und einen den Älterleuten, und das soll ohne böse Absicht vonstatten gehen.

Ferner soll jeder Böttcher seine Tonnen mit seiner Marke oder mit seinem Zeichen markieren. Und die Tonne, die ohne Marke oder Zeichen von den Tonnenfahrern und Prüfern gefunden wird, die sollen sie wahrheitsgemäß melden, und von jeder nicht markierten Tonne nehmen sie zwei Pfennige ...

Ferner soll niemand in Lüneburg Faßböden empfangen und verarbeiten, außer die Wracker haben die kontrolliert und scheiden die aus, die zu dünn, zu kurz und durchgebrochen sind bei Strafe von drei Mark, wovon ein Teil an Sankt Godehards

Gilde kommen soll und zwei zur städtischen Baukasse.

Ferner soll der Holzprüfer von dem Stabholz, das zu Schiff kommt, für das Prüfen von dem Schock vier Pfennig fordern, und die soll derjenige zahlen, der das Holz verkauft. Kommt das Holz aber mit dem Wagen oder wird es hier geschlagen, davon soll man dem Prüfer von zehn Faden einen Pfennig wegen der Vielzahl der Aufteilungen geben, und den soll der zahlen, der das Holz verkauft.

Ferner soll kein Holzprüfer sein Holz selbst aufstellen, sondern die anderen Prüfer sollen das aufstellen und prüfen nach der vorgeschriebenen Weise ...

Ferner gebietet der Rat und will beachtet haben, daß niemand innerhalb von Lüneburg am Sonntag oder an anderen Apostel- oder Hochfesttagen irgendwelches Holz oder Faßböden empfange oder in sein Haus bringen lasse bei Strafe von einem Pfund Wachs für Sankt Godehard.

Ferner ist auch angeordnet, daß kein Böttcher mehr als nur zwei Knechte haben soll.

Damit nun die Ordnungen des Böttcherwerks und diese vorgeschriebenen Artikel und auch der Gottesdienst der Böttcher um so besser eingehalten und bewahrt werden, will der Rat zwei Ratleute zusammen mit den vier Älterleuten, die von ihnen dazu gewählt und vom Rat bestätigt sind, dazu abordnen, die dem sorgfältig vorstehen sollen. Und diese vier sollen auch die Ketten und die Maße der Tonnen haben, die es da von alters gegeben hat, und sie sollen dabei sorgfältig vorgehen.

Und das alles soll in des Rates Verfügungsgewalt stehen, die oben geschriebenen Artikel zu verkürzen oder zu verlängern, wie ihm das beliebt und gut erscheint nach dem Lauf der Zeit.

In: Boockmann, Hartmut, Das Mittelalter, a.a.O., S. 321 ff.

**M 13 Lehrvertrag eines Hamburger Glaserlehrlings, 1319:**

Hermann Glaswarth nahm den Sohn des Jakob Planslager mit sechs Mark Pfennige unter folgender Vereinbarung an: Er wird besagten Jungen acht Jahre lang beköstigen und kleiden. Nach Ablauf dieser Zeit wird der Junge von dem bereits genannten Hermann frei sein. Während der genannten acht Jahre jedoch wird dieser Junge die Arbeit des oben genannten Hermann verrichten, das Geld wird bei jenem Hermann verbleiben. Sollte es sich jedoch zutragen, daß jener Hermann im Laufe besagter acht Jahre stirbt und der Junge noch so unausgebildet ist, daß er sich durch eigene Arbeit sein Brot und Bier nicht verdienen kann, dann sollen ihm die oben genannten sechs Mark zurückgegeben werden. Wenn hingegen der schon mehrfach genannte Junge während des ersten Jahres stirbt, dann sollen seinen Angehörigen drei Mark zurückgegeben werden. Für die Übereinkunft verbürgt jener Hermann sein gesamtes Gut, das er besitzt und von jetzt an in nächster Zeit besitzen wird.

In: Ernst Döll, Städte und Bürger, a.a.O., S. 42

## Zunftaufstände

**M 14 Die Weberschlacht in Köln**

*In den Chroniken der deutschen Städte finden wir zu den Jahren 1369–1370 zwei Berichte unter den Titeln ‚Die weverslaicht' und ‚Dat nuwe boich'. Folgendes wird berichtet.*

„In den Pfingsttagen des Jahres, da man schrieb 1369, rotteten sich in Köln die Weber zusammen, zogen vor das Rathaus und forderten, daß Rat und Schöffen zu ihnen herauskämen. Der Rat sandte drei seiner Mitglieder zu ihnen und ließ sie fragen, was des Volkes Begehren sei. Da sprach ein Weber: ‚Ihr Herren, die Schöffen haben einen Mann in der Hacht[1] liegen. Über ihn, so wollen unsre Zunftgenossen, soll Gericht gehalten werden; denn er hat auf der

Straße geraubt.' ‚Ihr Herren', gab der Rat zur Antwort, ‚geduldet euch noch einige Tage, bis die Wahrheit an den Tag gebracht worden ist und man die Verteidigung gehört hat; dann mag er nach der Schöffen Urteil sein Leben verlieren.'

Hierauf hielten die Weber eine Einigung ab und berieten, wie man den guten Leuten ihre Macht nehmen könne. Darnach strebten sie zugleich mit allen Ämtern[2] in der Stadt. [ . . . ] Es mußte nach dem Willen der Weber gehen. Der neue Rat wurde in folgender Weise gebildet: Fünfzehn Männer wurden aus den Geschlechtern gewählt, wie das von alters her Sitte war; daneben wurde noch ein weiterer Rat erkoren, der zählte fünfzig Mitglieder. In diesem Rate waren viele Ämter vertreten, Pelzer, Schmiede, Gürtelmacher, ... Gott schlage mit Krankheit, die solches ersannen und es dahin brachten, daß die gute Stadt Köln mit solchen Ratsleuten besetzt wurde. So trieben es die Weber und hatten es dabei so eingerichtet, daß sie die Mehrheit im Rate hatten und alles nach ihrem Willen gehen mußte. Ihre Gewalt war so groß, daß es die Besten sehr verdroß; aber sie konnten es nicht ändern und stimmten daher in ihrer Weise ein. Mußte man eine Abgabe in der Stadt festsetzen, so sollte das Tuch allemal von der Akzise befreit sein und der Wein sie allein tragen. Auch hatten sie die Schlüssel der Stadt, ihr Siegel und ihren Schatz. Erkoren wurde der Rat, da man schrieb nach Gottes Geburt 1370, vierzehn Tage nach St. Johannis, und er währte ein Jahr und fünf Monate."

1 Gefängnis
2 Ämter = Zünfte

In: Geschichte betrifft uns. Bürgerliche Autonomie, S. 15

## M 15 Zunftvertreter

Die Aufnahme von Zunftvertretern in den Rat erfolgt unter massivem Druck der bewaffneten Handwerker. Auf der Zeichnung sind die militärisch gut organisierten Bürger auf dem Platz vor dem Rathaus dargestellt (Federzeichnung um 1480).

In: Ernst Döll, Städte und Bürger, a.a.O., S. 67

## M 16 Ablauf der Kämpfe in Braunschweig in der Darstellung einer neueren Untersuchung

Nach einer mißglückten Fehde, die Herzog Ernst von Braunschweig und seine Stadt gegen den Erzbischof von Magdeburg unternommen hatten, mußte die Stadt ein Lösegeld von 4000 Mark zahlen. Damit war die Verschuldung Braunschweigs auf fast 10000 Mark angestiegen. Nach Meinung des Rats ließ sich die Lösegeldsumme nicht anders als durch Sondersteuern aufbringen. So berief er am 17. April 1374 die Gildenmeister (in Braunschweig tragen die Zunftorganisationen den Namen „Gilden") zu sich und schlug ihnen eine Kornsteuer vor. Die Gildenmeister schienen zum Teil zur Einwilligung bereit, wollten aber erst noch die Meinung ihrer Organisationen einholen. Schon während der Sitzung war eine Volksmenge zusammengelaufen, die sich jedoch noch ruhig verhielt. Als aber die Gildenmeister nach der Ratssitzung in eine gleichzeitig tagende Versammlung der Schuster und Gerber hinüberwechselten und dort berichteten, brach der Aufruhr los. Es kam zu Plünderungen und Gewalttaten. Sechs Ratsmitglieder wurden am selben Tag getötet; ob es sich dabei um Mord oder um Hinrichtung handelte, steht dahin. Zwei weitere Ratsleute wurden am 21. April nach kurzem Verfahren enthauptet. Viele Angehörige der führenden Geschlechter verließen teils freiwillig, teils gezwungen die Stadt. Ihr Vermögen wurde eingezogen.

Noch in der ersten Woche des Aufruhrs konstituierte sich ein neuer Rat. Die Vertriebenen suchten sofort die Hansestädte für sich zu gewinnen und brachten es dahin, daß im Sommer 1375 Braunschweig aus des Kaufmanns Gerechtigkeit[1] ausgeschlossen wurde. Auf ihre Rückkehr mußten sie allerdings noch warten, denn obwohl schon 1375 wieder Angehörige der patrizischen Geschlechter in den Rat kamen und ein Jahr später – die Überlieferung ist lückenhaft – kaum noch einer von den Aufrühern mehr darin saß, dachte man in der Stadt noch lange nicht daran, die Vertriebenen wieder hereinzulassen. Am 13. August 1380 wurde dann in Lübeck die Sühne zwischen dem neuen Braunschweiger Rat und den Vertriebenen vollzogen. Bis zum November 1383 zogen sich die Entschädigungsverhandlungen hin; mit einem der Vertriebenen kam der Rat erst 1402 zum Ausgleich ...

Ihre Kritik am Regiment des alten Rats faßt die Bürgeropposition unter den Begriffen „sulfwolt" und „bose vormundescap" zusammen. Zur „sulfwolt" gehören Unterdrückung und Beschneidung bürgerlicher Rechte; welcher Rechte, sagt die Opposition nicht. Es fehlt hier auch jeder Anhaltspunkt, welche Handlungen des Rats gemeint sein könnten. Präziser sind die Auskünfte über die „bose vormundescap": Ruin der Stadtfinanzen trotz hoher Einnahmen, Einführung neuer Steuern und Maße.

Die Lebensbereiche der Stadt insgesamt betrachtet, sind die Beschwerden also sämtlich aus einem schmalen Sektor genommen, dem Finanzwesen. Handel und Gewerbe fehlen, ebenso die städtische Außen- und Territorialpolitik. Danach ist anzunehmen, daß die Bürgeropposition keine klare Vorstellung davon hat, worin eigentlich die Schlechtigkeit des patrizischen Regiments besteht.

Reinhard Barth, Argumentation und Selbstverständnis der Bürgeropposition in städtischen Auseinandersetzungen des Spätmittelalters. Lübeck 1403–1408 – Braunschweig 1374–1376 – Mainz 1444–1446 – Köln 1396–1400, 2. unveränderte Auflage, Köln/Wien 1976, S. 121–122, 170.

1 gemeint ist die Hanse

In: Ernst Döll, Städte und Bürger, a.a.O., S. 63 f.

## Frauen in der mittelalterlichen Stadt

### M 17 Hochzeitsordnungen

*Die Stadt München setzte fest (14. Jahrhundert):*

a) Wer seiner Tochter als Brautschatz 40 Pfund Münchner Pfennige oder mehr gibt, der soll zur Hochzeit nicht mehr als 52 Frauen von beiden Seiten einladen; Mutter und Schwester sind miteingerechnet. Und man kann zur Hochzeit überall in der Stadt tanzen.

b) Wer aber als Brautschatz zwischen 15 und 40 Pfund Münchner Pfennige gibt, der soll zur Hochzeit nur 32 Frauen von beiden Seiten einladen. Auch soll man zu dieser Hochzeit nur in der Gasse tanzen, wo die Hochzeit stattfindet.

c) Wer aber als Brautschatz 10 Pfund oder weniger gibt, der soll zur Hochzeit nur 2 Spielleute haben und nur in der Gasse tanzen, wo die Hochzeit ist, und nur 16 Frauen einladen.

*Der Rat der Stadt Villingen begründete derartige Vorschriften folgendermaßen:* Weil nämlich bei den Familienfesten sowohl ein Überfluß im Ausschank von Wein als auch ein unnötiger und kostspieliger Brauch bei der Herstellung ganzer Mahlzeiten und dazu noch ganztägiges und nächtliches Saufen eingeführt wurde, wodurch die Haushaltung geschmälert wird, so daß man hinterher an dem bloßen Knochen („dem leeren beine") nagen muß.

(nach: Oberrheinische Stadtrechte. Heft 1: Villingen, S. 214)
In: Neifeind, Harald, Stadt im Mittelalter, München 1980, S. 69

### M 18 Kleiderordnung

*Kiel – 1417:*

„Keine Frau darf gekrauste Tüchter tragen und nicht mehr als zwei Mäntel haben, die mit Pelzwerk gefüttert sind, und darf auch keinerlei Geschmeide mit teurem Gestein und Perlen an allen ihren Kleidern tragen, wenn ihr Mann an die Stadt nicht mindestens 400 Mark Silber zu versteuern hat. Wenn eine Frau dessen überführt wird, so soll das der Stadt mit 10 Mark Silber gebessert werden. Dieselbe Strafe trifft den Übertreter der weiteren Bestimmungen:

Wenn der Mann der Stadt für mindestens 200 Mark Steuern zahlt, so darf seine Frau eine lötige (rein, ungemischt) Mark Silber an allen ihren Kleidern tragen. Die Jungfrauen sollen es in derselben Weise halten ... Wenn der Mann der Stadt zwar Steuern zahlt, aber nicht für 100 Mark, so darf seine Frau keinerlei Geschmeide tragen. Insbesondere darf keine Bürgersfrau Pelzwerk oder Seide unten an ihren Kleidern tragen ... Insbesondere wird befohlen, daß keine Dienstmagd oder Dienstbotin Spangen, Scharlachtuch oder irgendwelches vergoldetes Geschmeide trägt, welches mehr als 8 Schillinge wert ist. Wer dagegen verstößt, soll des Geschmeides sofort verlustig gehen und sein Dienstherr oder seine Dienstherrin sollen 3 Mark Silber Strafe zahlen oder den Dienstboten innerhalb von 3 Tagen aus dem Brote jagen ..."

*Besonders deutlich werden die Hintergründe der Rangabstufungen in einer Kleiderordnung aus dem Jahre 1552 in Kiel ausgesprochen:*

„Bürgermeister und Rath haben nicht ohne sonderbahren Mißfallen vernommen, daß unter den Handwerkers und Gemeinen Leuten die übermäßige Pracht der Kleidung, sonderlich unter den Frauens und deren Kinder zum Großen Ergernüß so zugenommen, daß es nicht länger zu tolerieren, maßen nicht allein Gott der Allmächtige darüber hefftig erzürnet, sondern auch manger in die äußerste Armut gesetzet.

Daher wird verordnet, daß nun und hinführo aller und jeder Bürger Frauen und Töchter, deren resp. Mann und Vater nicht in oficio publico und Ehrenamte noch Rentierer (Pensionär) und vornehme wohlhabende Kaufleute seyn, kein venetian breite Knüppels (Spitzen) um die Röcke und Schürzeltücher ... tragen, sondern sich deßen gantz und allerdings enthalten sollen ..."

In: Ernst Döll, Städte und Bürger, a.a.O., S. 83f.

### M 19 Die Rolle von Frauen in Handwerkerzünften.

*Rechte der Frauen im Schuhmacheramt von Osnabrück, 1474:*

... sind wir, Gildemeister und das ganze Amt des ehrlichen Schuhmacheramtes zu Osnabrück, einträchtig und alle gemeinsam uns einig geworden und geben aus dringender Ursache ... allen ehrlichen Frauen, die derzeit zum Amt gehören und Gebrauch davon machen, folgende Zusicherung:

1. als erstes setzen wir also fest und gedenken es fortan zu halten, wenn einer Frau aus unserem Amt der Mann gestorben ist und sie Witwe ist, daß sie dann von der Gnade Gebrauch machen kann und je-

*Frauen als Architektinnen. (Federzeichnung v. 1289 zur „Psychomachia“ des Prudentius aus dem 4. Jhd.)*

manden in das Amt hineinheiraten kann; dieser Geselle oder Mann soll frei und ehelich geboren sein; die Bedingung ist jedoch, daß die Frau ihren Witwenstand unbescholten und ehrbar gehalten hat.

4. Als viertes sodann folgende Regelung: Wenn eine Frau aus unserem Amt in der Öffentlichkeit in übles Gerede gekommen ist – zu ihres Mannes Lebzeiten oder nach dessen Tod – und wenn sie diese Anwürfe vor den Gildemeistern und vor dem Amt nicht entkräften konnte, dann soll sie die Freiheit und Mitgliedschaft unseres Amtes verlieren.

In: Ernst Döll, Städte und Bürger, a.a.O., S. 47

## Judenverfolgung im Mittelalter

### M 20 Judenverfolgungen, Vorspiel des Ersten Kreuzzugs 1096

*Ein Bericht des Albert von Aachen*

Darauf, ich weiß nicht ob nach Gottes Ratschluß oder aus irgendeiner Verirrung des Geistes, erhoben sie (die Kreuzfahrer) sich aus einem Anfall von Grausamkeit gegen das jüdische Volk, das zerstreut in verschiedenen Städten wohnte, und richteten unter ihm ein höchst grausames Blutbad an, und zwar vor allem im lothringischen Reich, und versicherten, dies sei der Anfang ihres Zuges und ihres Gelöbnisses gegen die Feinde des christlichen Glaubens. Dieses Judenmorden wurde zuerst in Köln von Bürgern verübt: Unvermutet fielen sie über eine mäßige Zahl von Juden her und machten die meisten von diesen mit schweren Verwundungen nieder, zerstörten ihre Häuser und Synagogen und verteilten unter sich das meiste von dem erbeuteten Geld. Als die andern Juden solche Grausamkeit sahen, machten sie sich, ungefähr 200, in der Stille der Nacht auf die Flucht und suchten zu Schiff nach Neuss zu entkommen. Aber die Pilger und die mit dem Kreuz Gezeichneten, als sie davon erfuhren, ließen auch nicht einen von den Fliehenden am Leben, sondern richteten unter ihnen das gleiche Morden an und raubten ihnen alle Habe.

Und gleich darauf machten sie sich, wie sie es gelobt hatten, auf den Weg und kamen in großer Menge nach der Stadt Mainz, wo Graf Emicho, ein vornehmer und in dieser Gegend reich begüterter Herr, mit einer großen Schar Deutscher auf die Ankunft des Pilgerheeres wartete, das von verschiedenen Seiten her dort auf der königlichen Straße zusammentreffen mußte. Die Juden dieser Stadt aber, die vom Mord ihrer Glaubensbrüder gehört hatten und wohl merkten, daß sie den Händen dieser großen Menge nicht entrinnen könnten, flohen in der Hoffnung auf Rettung zum Bischof Ruothard und gaben ungezählte Schätze vertrauensvoll in seine Hut und hofften alles von seinem Schutze. [...] Der Bischof [...] nahm eine ganz unerhörte Menge Geldes aus den Händen der Juden entgegen und legte es in sorgsame Verwahrung. Die Juden selbst versammelte er zum Schutz vor dem Grafen Emicho und seinem Gefolge im geräumigsten Saale seines Hauses, und dort blieben sie auch in sicherer und wohlbefestigter Unterkunft heil und unversehrt. Aber Emicho und seine ganze Schar hielten Rat, und bei Sonnenaufgang griffen sie mit ihren Pfeilen und Lanzen die Juden im bischöflichen Saale an, brachen Riegel und Türen auf, überfielen die Juden, ungefähr 700 an der Zahl, die vergebens dem Ansturm von so vielen Tausenden Widerstand zu leisten suchten, trieben sie heraus und machten sie alle nieder. Auf gleiche Weise schlachteten sie auch die Weiber ab, und auch die Kinder ließen sie über die Klinge springen. Da die Juden nun sahen, wie die Christen sich gegen sie und ihre Kinder erhoben, ergriffen sie nun gegen sich selbst [...] die Waffen und töteten sich in gegenseitigem Morden. Mütter schnitten, was zu erzählen schon Sünde ist, mit dem Messer ihren saugenden Kindern die Gurgel ab, andere durchbohrten sie. Denn sie wollten lieber von eigenen Händen als durch die Waffen der Unbeschnittenen fallen.

In: Pleticha, Heinrich (Hg.), Deutsche Geschichte, Bd. 2, Gütersloh 1987, S. 256

**M 21 Judenpogrome.**

*Die Limburger Chronik berichtet:*

Als man das Jahr 1349 schrieb, kam ein großes Sterben über Deutschland; das wird das erste große Sterben genannt. Die Menschen starben an einer Erkrankung der Drüsen; wenn einen diese Krankheit befiel, war es gewöhnlich am dritten Tage mit ihm zu Ende. Und so starben die Menschen in den großen Städten, in Mainz und Köln, hundert am Tag oder mehr; und in den kleinen Städten wie Limburg starben täglich 20, 24 oder 30. Das ging so in einigen Städten und Landschaften dreiviertel Jahre lang, ein Jahr oder länger. In Limburg fanden über 2400 Menschen den Tod, außer den Kindern.

*Judenverbrennung im Mittelalter*

Als nun das Volk den großen Todesjammer sah, der das Erdreich befallen hatte, da empfanden alle Menschen heftige Reue über ihre Sünden und suchten Buße zu tun. Aber sie erfuhren nach eigenem Willen und baten den Papst und die hl. Kirche nicht um Rat und Hilfe; das war große Torheit und Versäumnis und wurde ihren Seelen zum Verderben. Und die Männer in den Städten und auf dem Lande sammelten sich zu Hauf und zogen mit Geißeln dahin, je zweihundert oder dreihundert ...

Am darauffolgenden Weihnachtsfest nahm das päpstliche Jubeljahr seinen Anfang. Da liefen die Leute nach Rom, auch diejenigen, die den Geißlern nachgezogen waren; und als sie von Rom zurückkamen, waren sie zum Teil nicht besser, sondern böser als vorher.

In diesem Jubeljahr, als das Sterben aufhörte, wurden überall in Deutschland die Juden erschlagen, und verbrannt.[1] Das taten die Fürsten, Grafen, Herren und Bürger; nur der Herzog von Österreich schützte seine Juden. Man beschuldigte aber die Juden, daß sie die Christen vergiftet hätten und daß daher so viele gestorben wären.

Als nun ein Jahr nach dem Sterben, den

Geißlerfahrten, der Romreise und der Judenverfolgung vergangen war, da hub die Welt wieder an, sich des Lebens zu freuen und fröhlich zu sein, und die Männer erfanden eine neue Kleidung. Die Röcke waren unten ohne verzierten Besatz und nicht um die Lenden abgeschnitten, sondern gingen fast bis an die Knie und waren so eng, daß kein Mann darin ausschreiten konnte. Dann machten sie die Röcke ganz kurz, nur eine Handbreit über den Gürtel hinaus. Auch trugen sie weite Mäntel, lange oder kurze, die waren ganz rund geschnitten; die hieß man Glocken. Damals kam auch die Mode mit den Schnabelschuhen auf, und die Frauen trugen oben ausgeschnittene Hemden.

1 Andere Chroniken berichten, daß die Judenverfolgungen beim Ausbruch der Pest begannen.

In: Ernst Döll, Städte und Bürger, a.a.O., S. 52f.

## Umweltprobleme

### M 22 Hygienebestimmungen

*Im ersten Stadtrecht von Straßburg, um 1200, wird festgelegt:*

„Niemand soll Mist oder Kot vor sein Haus legen, wenn er ihn nicht gleich wegfahren will, außer auf den hierzu bestimmten Plätzen, nämlich neben dem Fleischmarkt, ebenso neben St. Stephan, ferner neben dem Brunnen auf dem Pferdemarkt und bei dem Platze, welcher Gewirke heißt."

*In Hannover erließ der Rat im 16. Jahrhundert folgende Verordnung:*

Auf den Straßen stehen Schweineställe, wo sie sind, sollen sie abgebrochen werden innerhalb von 8 Tagen. Von nun an ist es nicht mehr erlaubt, Ställe auf den Straßen, noch vor den Häusern oder unter den Fenstern oder sonst irgendwo außerhalb der Häuser zu haben. Die Strafe dafür ist 1 bremische Mark.

*In einer Augsburger Chronik (1416) wird berichtet:*

„Und ist ze wißen, daß sicher ain große notturft war, daß man pflastert, dann es was zu aller zeit kottig überall in der stat und wasen umb und umb hültzin stapfen über die gaßen ... und tief kottig weg in der straß, daß kaum ain wagen dem andern geweichen mocht in ainer weiten gaßen."

In: Neifeind, Harald, Stadt im Mittelalter, München 1980, S. 73

### M 23 Bericht über die schmutzigen Straßen in einer mittelalterlichen Stadt

„Man kann auf den Straßen [Nürnbergs] nicht sicher reiten, muß man doch immer fürchten, daß das Pferd in dem tiefen grundlosen Dreck ausgleitet oder plötzlich über einen Stein stolpert, so daß der Reiter ... mitten in den stinkenden Straßenkot hineingeworfen wird, oder wenn ihm ein gnädiges Schicksal solches erspart, er doch vorn, hinten und auf beiden Seiten von den Haufen der an ihm Vorbeireitenden über und über bespritzt wird."

Aus: Johann von Neumark, Brief an den Erzbischof von Prag, in: Geschichtliche Weltkunde, Quellenlesebuch, Band 1, München 1981, S. 266

### M 24 Maßnahmen zur Wasserreinhaltung

„Die Reinhaltung der Brunnen und Gewässer war in gleichem Maße ein Anliegen der Städte und ebenso der Grundherrschaften. Es fehlte auch nicht an Schriften, die in aller Deutlichkeit neben der Luftbeschaffenheit das Trinkwasser als mögliche Krankheitsursache bekannt gemacht haben ... Man hatte den unmittelbaren Zusammenhang zwischen Gesundheit und Wasser erkannt und war sich der Gefahren von Gesundheitsschäden durch den Verbrauch ungeeigneten Wassers bewußt. Solcherart werden die zahllosen Verbote und Vorschriften verständlich, die untersagten, daß Schuhe, Windeln, Kleider, Tücher, Kraut u. ä. am Brunnen gewaschen werden. Das Weistum von Gugging (Niederösterreich), vor 1489 niedergeschrieben, verbot, ‚unflat' beim Brunnen auszuwaschen und ‚unsaubers vich', d. h. krankes, räudiges Vieh, dort saufen zu lassen. In Konstanz durften beispielsweise keine Weinfaßböden in die Brunnen gelegt werden, und in den Schweizer Städten untersagte man zu Pestzeiten, daß Leute, die mit Kranken Kontakt hatten, den Brunnen benützten. Der Nürnberger Baumeister Endres Tucher, Vorgänger von Michael Behaim als Verwalter des städtischen Bauwesens, ließ 1472 wegen einer in den Brunnen auf der Veste Nürnberg gefallenen Katze den Brunnen fegen, ein sehr kostspieliges Vorhaben, weil hierfür doch die Maurer, fünf Gesellen und drei Pferde erforderlich waren, die Kosten von 16 Pfund Pfennig verursachten ..."

In: H. Kühnel (Hrsg.): Alltag im Spätmittelalter. Gratz u. a. 1984, S. 54f.

## Armut und Krankheit

### M 25 Eine Hospital-Ordnung

Im Namen des Vaters und des Sohnes und des Heiligen Geistes. Amen. Dies ist die Ordnung und das Leben der Brüder und Schwestern, die sie in dem Haus des Heiligen Geistes zu Lübeck einhalten sollen, wie sie von erfahrenen Geistlichen und Laien auf Verlangen und Bitte ihrer eigenen Gemeinschaft gegeben worden ist.

Wer sich mit all seinem Besitz in das Haus begibt, so daß er kein Eigentum draußen behält, dem soll das Haus Nahrung und Kleidung (und) Schuhe nach seinen Bedürfnissen zur Verfügung stellen.

Ferner sollen jeder Bruder und jede Schwester täglich zu den sieben Stunden, die man in der heiligen Christenheit begeht, zu jeder Stunde sieben Vaterunser für diejenigen sprechen, die dem Gotteshaus Gutes tun. Das sollen sie niemals aus irgendeinem Grunde versäumen, außer wegen einer Krankheit. Die Kranken jedoch, falls sie die Zunge bewegen können, sollen dreißig Vaterunser sprechen ...

Wer sich erstmals in die Bruderschaft dieses Hauses begibt, soll ein Jahr und einen Tag lang auf Probe leben. Wenn die Zeit vorbei ist und er weiterhin in der Bruderschaft des Hauses bleiben will, so leiste er Gehorsam. Danach darf er nicht fortgehen. Will er nicht bleiben, nachdem er Gehorsam geleistet hat, so erhält er das Gut, das er eingebracht hat, nicht zurück. Will er aber nicht weiterhin bleiben, wenn er noch vor der Gehorsamsleistung in der Probezeit ist, soll er sein ganzes Gut wiederhaben, er muß jedoch den Unterhalt bezahlen. Falls dem Meister des Hauses und dessen Rat sein Verhalten nicht gefällt, bleibt er nicht in dem Haus, auch wenn er gern bleiben würde ...

Wenn ein Pilger oder ein Heimatloser von Not gezwungen um Herberge in diesem Haus bittet, soll man ihn freundlich für eine Nacht aufnehmen. Wenn er aufgenommen ist und nichts zu essen hat, soll man ihm mit Rücksicht auf die Barmherzigkeit des Gotteshauses zu essen geben. Die kranken Leute, die dort in den Betten liegen und keine offensichtliche und benennbare ansteckende Krankheit haben, essen die Speise der Brüder. Diejenigen, die so krank sind, daß sie einer besonderen Nahrung bedürfen, die soll man, wenn immer man es haben kann, mit dem versorgen, was sie notwendig brauchen und fordern. Wenn jemand aber nicht krank ist und von dem Anblick oder Geruch (der Krankenspeise), ohne ihrer zu bedürfen, verlockt wird und sie ohne Not und ohne Krankheit unbillig fordert und davon redet, den soll man mit zwei Tagen Fasten bei Wasser und Brot bestrafen ...

Beim Sitzen an der Tafel und beim Essen soll man still sein, abgesehen vom Meister. Die servieren, können unter sich oder zu dem Meister leise über die Dinge sprechen, die man braucht. Wer an der Tafel sprechen will, soll den Meister und die Brüder um Erlaubnis bitten. Mehr als drei Gänge sollen sie nicht haben, es sei denn an einem Heiligentage oder falls ihnen ein Almosen von barmherzigen Leuten zuteil werde ...

Wenn ein Bruder oder eine Schwester einen anderen mit beleidigenden Schimpfworten behandelt oder einem Kranken etwas Böses tut, soll er folgende Besserung leisten: Wo die Brüder sitzen und essen, soll er mitten unter ihnen auf dem Saum seines Gewandes sitzend ohne Tischtuch essen. Man lege ihm einen Leib Brot ohne Messer vor und einen Napf Wasser und nichts anderes. So soll er vier Tage Fasten halten, zwei in einer Woche, zwei in der anderen, den Mittwoch und den Freitag. Diese Besserung soll er einhalten.

Wenn in diesem Haus jemand einen schlägt, soll man ihn, wenn es ein Mann ist, vor den Männern, wenn es eine Frau ist, vor den Frauen schwer züchtigen. Wie vorher gesagt, sitze er und esse dieselbe Speise und denselben Trank. Kommt es dazu, daß ein Bruder oder eine Schwester sich mit Unkeuschheit befleckt, soll er, wenn er dessen überführt wird, sieben Wochen lang, in jeder Woche drei Tage: montags, mittwochs und freitags, falls es ein Mann ist, vor den Meistern und den Brüdern entkleidet werden und knien und man soll ihn schlagen. Bei den Frauen geschieht das gleiche vor den Schwestern ...

Dem Meister des Hauses soll man von seiten der Brüder und Schwestern Pflicht, Ehre und Gehorsam erweisen. Ist ein Bruder oder eine Schwester ungehorsam, was nicht eintreten möge, so soll er einen Tag bei Wasser und Brot fasten. Handelt es sich um jemanden, der dort Dienst leistet, so soll man ihn aus dem Haus weisen. Die Knechte dieses Hauses sollen kein langes Haar und keine geschlitzten Röcke haben. Unnützen Gesang und unhöfliche Worte sollen sie vermeiden. Sie sollen keusch leben. Wenn einer eine Unkeuschheit innerhalb der Grenzen des Hauses begeht, soll man ihn, falls er dessen überführt wird, wegen des Vergehens nicht nur ausweisen, sondern er soll auch den Lohn verlieren, den man ihm schuldig ist.

Wenn ein Kranker zu dem Haus kommt, soll man ihn barmherzig empfangen und ihm die notwendige Pflege, wie es die Sitte ist, zuteil werden lassen. Zuerst soll er Gott Genugtuung leisten und dem Geistlichen des Hauses beichten und nach dessen Urteil Buße oder Reue leisten. Seinen Besitz soll er der Entscheidung des Meisters unterstellen. Wird er gesund, so soll er ihn an sich nehmen. Geschieht das nicht, soll der Besitz für sein Seelenheil zum Nutzen der Armen dem Hause verbleiben.

Die Aufzeichnung dieser Lebensweise soll man einmal im Monat den Brüdern und Schwestern vorlesen, bevor sie zu Tisch gehen ...

Johannes, von Gottes Gnaden Bischof zu Lübeck, entbietet allen, die diese vorliegende Urkunde ansehen, Heil im Namen unseres Herrn Gottes. Da viele Vorschriften viele Vergehen hervorrufen, wollen wir einer Lehre des heiligen Jakobus (Jacobus 1,16) folgen, wo es heißt: Ein reines und unbeflecktes religiöses Leben bei Gott unserem Vater ist den Waisen und Witwen Trost in ihrer Not. So bewahren sie sich unbefleckt in dieser Welt. Für das wichtigste im religiösen Leben halten wir das Aufnehmen und Fördern armer Leute, die ohne Hilfe sind, die unser Herrgott durch das Feuer der Armut und durch das Übel ihrer Leibeskrankheit erprobt. Und da wir festgestellt haben, daß in der Herberge des Heiligen Geistes zu Lübeck arme Leute, Männer und Frauen, Gott und seinen Armen mit großer brennender Liebe und Demut dienen, so nehmen wir sie in unseren Schutz auf und legen ihnen keine Beschwerung auf, außer daß sie Keuschheit halten und kein Eigentum haben und geistliche Kleider tragen und ihrem geistlichen Meister des Hauses allen Gehorsam leisten. Diese ... (Vorschriften) haben wir den Brüdern und Schwestern als Regel ihres Lebens einzuhalten befohlen, die wir mit bischöflicher Vollmacht bestätigen. Alles andere, was sich ergibt, sei es als Buße oder als Strafe, überlassen wir der Gewalt des Meisters des Hauses. Wir wollen auch, daß die Brüder und Schwestern und das Gesinde des Hauses wenigstens dreimal im Jahr oder öfter, wenn es nötig ist, dem Geistli-

*Krankensaal eines Hospitals. Häufig mußten sich, wie hier im Hotel-Dieu in Paris, mehrere Kranke ein Bett teilen. (Miniatur aus dem 15. Jhd.)*

chen des Hauses beichten, der sie in unserem Namen löse und binde und ihnen eine Buße auferlege. Sie dürfen auch nicht zu einem anderen Priester gehen, es sei mit Zustimmung und Erlaubnis ihres eigenen Kaplans. Er soll von uns oder unseren Nachfolgern die Vollmacht empfangen, doch so, daß er die größeren Sünden an den Bischof verweise oder denjenigen, dem dieser seine Vollmacht übertragen hat. Zum Zeugnis dieser Sache und zur Beständigkeit geben wir diese vorliegende Urkunde, die mit unserem Siegel bekräftigt ist. Geschehen und bestätigt zu Lübeck, nach unseres Herrn Geburt im Jahre 1363.

In: Boockmann, Hartmut, Das Mittelalter, a.a.O., S. 149 ff.

## Wirtschaft

### M 26 Veränderte Wirtschaftsgesinnung

*In der „Reformatio Sigismundi" von 1439 heißt es unter dem Titel „Von mancherlei Gewerbe"*

Es ist auch zu wissen, daß etwas Schlimmeres in den Städten und auch auf dem Lande aufgekommen ist: Es will jederman Gewerbe treiben, mehr als ihm zusteht. Einer ist ein Weinmann und hält Salz frei und Tücher; einer ist ein Schneider und ein Tuchmann; einer ist ein Schuhmacher und gerbt dazu; man sehe sich alle Handwerke an! Wer mit einem Gewerbe zurecht kommt, der betreibt es; man sieht in manchen Städten, daß vier oder fünf so viel Gewerbe betreiben, daß zwanzig damit auskommen sollten. Wollt Ihr hören, was Kaiserrecht bedeutet?

Und unsere Vorfahren sind keine Narren gewesen. Handwerke sind deshalb erdacht, daß jederman sein täglich Brot damit gewinnen und tätig sein soll, und niemand soll dem andern in sein Handwerk greifen ...

Ebenso ist auch zu wissen, wenn Kaufherren fahren übers Meer nach Venedig oder wo sie sonst hin fahren, die wissen wohl, zu welcher Zeit sie losfahren sollen; sie betreiben ihren Handel mit großer List, wie ich Euch kundtun will. Wenn die Kaufherren zusammen kommen, wo es auch sei, so verständigen sie sich untereinander, seien es güldene Tücher oder sonst was Kostbares oder Gewürze, sei es Ingwer oder welcherlei Gewürz es sei, keines ausgenommen, und machen einen Kaufpreis, der zu erreichen ist, und einigen sich untereinander darauf, so daß jemand in Wien weiß, wie der Handel hier in Basel oder in Straßburg geht und ebenso auch umgekehrt; und meint nun jemand, es sei teuer, so sagen sie, es sei übel auf dem Meer zugegangen, und beteuern es, und nehmen wider Recht so viel Gewinn wie nur möglich ...

Es sind auch entstanden große Gesellschaften, die sich zusammen tun und Handel treiben; es geh ihnen wohl oder übel – sie schieben danach, daß sie nichts verlieren; sie verlieren nichts; sie treiben allerlei List und Betrug, der Städten und Ländern übel bekommt. Man soll dagegen sein, daß irgendwo solche Gesellschaften gefunden werden, weder von Edlen noch von Bürgern; wo sie aber gefunden werden, sie oder ihre Boten, so gebieten wir bei des Reiches Huld und geben jederman die Erlaubnis, sie nieder zu werfen und sie mit voller Erlaubnis zu berauben, ihnen das ihrige zu nehmen, was man ergreifen kann, bis sie zerstört sind; man soll sich davor in acht nehmen, denn sie tun allen Ländern weh. Wer sein Gewerbe führen will, der nehme sich eines vor und lasse die andern alle fallen; so kann sich jederman ernähren, das ist auch fromm.

In: Ernst Döll, Städte und Bürger, a.a.O., S. 120f.

### M 27 Die Große Ravensburger Handelsgesellschaft

Die Große Ravensburger Handelsgesellschaft bestand vom Ende des 14. Jahrhunderts bis 1530. Sie umfaßte in ihrer Blütezeit um 1440 etwa 70 bis 80 Gesellschafter. Das Warensortiment war sehr breit, Geldgeschäfte wurden allerdings nicht betrieben.

In: Ernst Döll, Städte und Bürger, a.a.O., S. 120

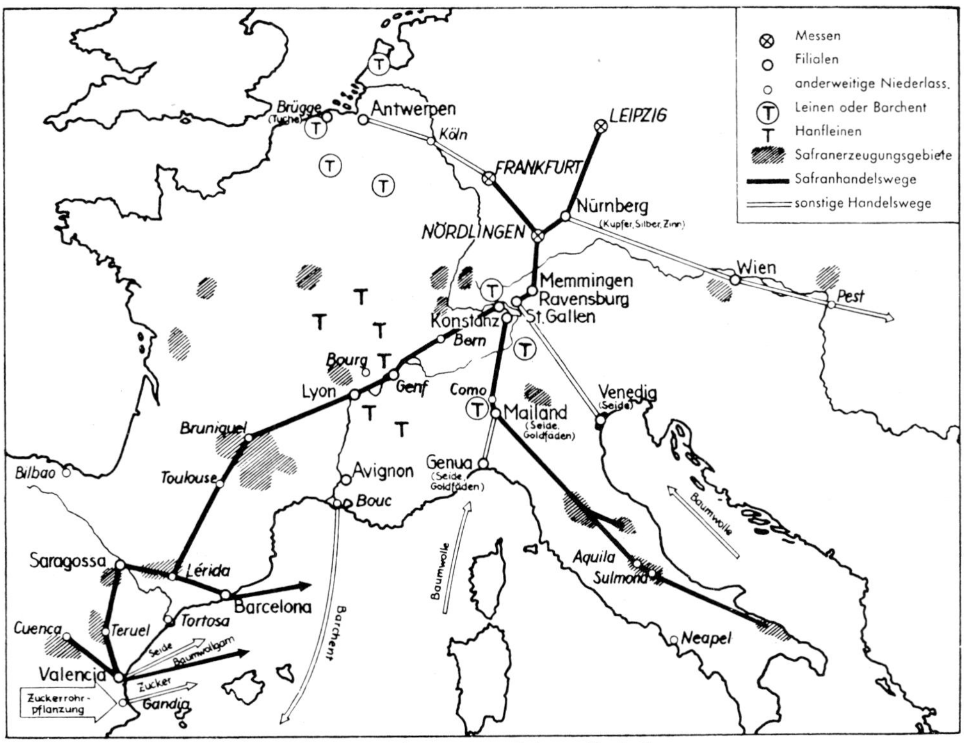


*Die Hauptaktivitäten der Großen Ravensburger Handelsgesellschaft.*

# 12 Aufbruch in die neue Zeit

*Ansicht einer idealen Stadt. Gemälde von Piero della Francesca (um 1475). An diesem Bild ist die Wirkung der Zentralperspektive, einer Entdeckung der Renaissance, gut zu erkennen.*

## Zeittafel

| | |
|---|---|
| 1266(?)–1337 | Giotto, Vorbote der Renaissancemalerei: Beginn der Raumperspektive und naturnah gemalter Figuren |
| ab ca. 1350 | Ausbreitung der Renaissance, von oberitalienischen Stadtstaaten ausgehend |
| 1469–1492 | Lorenzo de Medici beherrscht den Stadtstaat Florenz, der unter seiner Regierung einen kulturellen Höhepunkt erreicht |
| 1452–1519 | Leonardo da Vinci, „Universalgenie" der Renaissance, arbeitet als Maler, Bildhauer, Baumeister, Naturforscher und Erfinder |
| ca. 1448 | Johannes Gutenberg entwickelt in Mainz den Buchdruck mit beweglichen Lettern |
| 1466–1536 | Erasmus von Rotterdam, Humanist, gibt griechischen Urtext des Neuen Testaments heraus |
| 1469–1527 | Niccolo Machiavelli, bis heute wirksamer Staatstheoretiker |
| 1473–1543 | Nikolaus Kopernikus entwickelt das heliozentrische Weltbild |

## 12.1 Renaissance und Humanismus

Renaissance und Humanismus bezeichnen kulturelle Strömungen in Europa zwischen der Mitte des 14. und dem Ende des 16. Jh. Die Renaissance (frz. Wiedergeburt) suchte nach einer Wiederbelebung antiker Vorbilder auf den Gebieten der Wissenschaften, der Literatur und der bildenden Kunst. Der Humanismus (lat. humanitas = Menschlichkeit) war ein Aspekt der Renaissancekultur, der das Ideal der freien Entfaltung des Menschen durch umfassende klassische Bildung verkündete. Gemeinsam mit anderen Entwicklungen wie den Anfängen der modernen Geldwirtschaft, der Entstehung des europäischen

Staatensystems und der Expansion Europas nach Übersee markiert die Renaissance den fließenden Übergang vom Mittelalter zur Frühen Neuzeit.

Die Renaissance begann im 14. Jh. in Italien. Die oberitalienischen Stadtstaaten waren durch Orienthandel und Kreuzzüge zu Zentren geworden, die wirtschaftlich und kulturell in die europäischen Staaten hineinwirkten. Ihr innerer Zustand war häufig durch gewalttätige soziale Konflikte oder Kämpfe rivalisierender Familien gekennzeichnet, die meist in die Machtübernahme durch eine Tyrannendynastie mündeten. In Florenz war die Familie Medici durch Handel und Bankgeschäft zu Reichtum gelangt; im 15. Jh. beherrschten Angehörige der Medici den Stadtstaat, ohne die republikanische Verfassung formell aufzuheben. Zu Anfang des 16. Jh. wurden nacheinander zwei Medici zu Päpsten gewählt. Als Kirchenfürsten regierten sie den Kirchenstaat so selbstherrlich und unter Zurschaustellung von Prunk, wie dies in den Stadtstaaten Oberitaliens üblich war. Die Bürgerkriege und Einmischungen fremder Staaten gaben dem italienischen Politiker und Staatstheoretiker Niccolo Machiavelli (1469–1527) den Anlaß, über die Berechtigung skrupelloser Machtpolitik nachzudenken. Er kam zu dem Ergebnis, daß dem Staat jedes Mittel zur Vertretung seiner Interessen erlaubt sei. Alleinige Richtschnur staatlichen Handelns sei der Erfolg. Eine am bloßen Machtdenken orientierte Politik heißt seitdem „machiavellistisch".

Im Innern betätigten sich die Stadtherren als Förderer von Kunst und Wissenschaft, indem sie Künstler an ihre Höfe riefen und großzügige Aufträge ausschrieben. Neben die Stadtherren traten Handelsherren und Kirchenfürsten als Mäzene (Geldgeber der Künste) von Wissenschaft, Dichtung, Malerei und Bildhauerei. Den geförderten Künstlern gemeinsam war die Vorstellung einer Hinwendung zum konkreten Menschen, seiner Welt, seiner Geschichte und seinem Körper. Der Mensch wurde zum Maß aller Dinge. Viele Künstler und Gelehrte beflügelte ein neues optimistisches Lebensgefühl. Daseinsfreude verdrängte die düsteren Erfahrungen der Zeit. Bereits das Mittelalter hatte die an der Erfahrung überprüfte Forschung (Empirie) vorbereitet. Die Renaissance knüpfte daran an, um die Physik der Himmelskörper, die Beschaffenheit der Natur und die Gestalt des Menschen zu erforschen. Die begrenzte Themenwelt des Mittelalters erweiterte sich. Die Naturbeobachtung, das Studium von Proportionen (Größenverhältnissen) und der Anatomie (Aufbau des Körpers) ermöglichten eine an der Wirklichkeit orientierte Malerei und Bildhauerei. Übereinstimmung mit der Natur galt als Grundbedingung für die Schönheit eines Kunstwerkes. Die Darstellung des Raumes gelang den Künstlern durch Auseinandersetzung mit den Gesetzen der Optik und der Geometrie und führte zur Erfindung der Zentralperspektive. Die Bilder Michelangelos (1475–1564), Leonardo da Vincis (1452–1519) und Albrecht Dürers (1471–1528) erhielten durch die neuen Methoden den Rang wissenschaftlicher Ergebnisse.

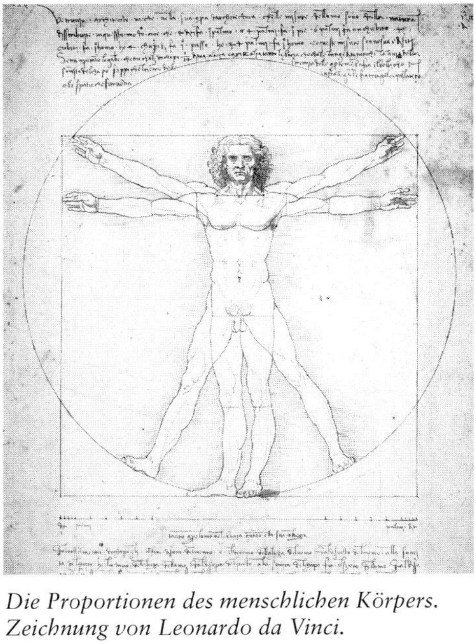
*Die Proportionen des menschlichen Körpers. Zeichnung von Leonardo da Vinci.*

Die Anwendung der Mathematik war eine Grundvoraussetzung zur Entwicklung

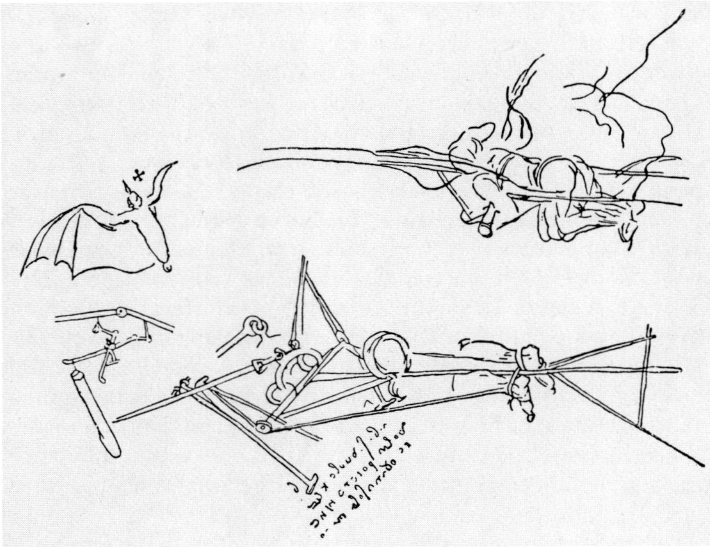

*Studie für eine Flugmaschine von Leonardo da Vinci (um 1490). Der liegende Flieger sollte durch einen Ring um den Hals und einen um den Leib mit der Maschine verbunden sein. Die Flügel sollten mit den Händen gehoben und durch Beinkraft gesenkt werden.*

der modernen Wissenschaften. Ihre Methoden fanden Einzug im Militärwesen (Festungsbau, Artillerie), in der Landvermessung, bei Instrumentenbauern und Kaufleuten. Die Mathematik half Künstlern, das Problem der Perspektive zu lösen, Geographen gelang es, mit ihrer Hilfe im Projektionsverfahren die sphärische Oberfläche der Erde auf zweidimensionale Karten zu übertragen.

Der Astronom Nikolaus Kopernikus (1473–1543) entwickelte mittels Berechnungen die Theorie des heliozentrischen Weltbildes, wonach die Sonne im Mittelpunkt des Universums steht und alle Planeten die Sonne kreisförmig umlaufen. Johannes Kepler (1571–1630) formulierte Gesetze, wonach die Bahnen der Planeten Ellipsen beschreiben, in deren einem Mittelpunkt die Sonne steht.

Galileo Galilei (1564–1642) entdeckte mit dem Fernrohr die Sonnenflecken, Jupitermonde und den Phasenwechsel der Venus. Wegen seines Eintretens für das neue Weltbild wurde er als Ketzer angeklagt und zum Widerruf gezwungen. Seine wissenschaftlichen Grundsätze formulierte er 1590: „Nur Blinde bedürfen des Führers im offenen und ebenen Lande. – Studiert den Aristoteles, aber gebt euch nicht ganz und gar seiner Autorität gefangen, oder nennt euch nicht Philosophen, sondern Historiker (...) Kommt mit Gründen, nicht mit Texten und Autoritäten, denn wir haben es mit der Welt unserer Sinne, nicht mit einer Welt von Papier zu tun." (Aus: H. Scherrinsky, Renaissance, a.a.O., S. 25)

Für das Studium der alten Sprachen und der Geschichte untersuchten die Gelehrten die Originaltexte, die Quellen, die sie von den Eingriffen und Verfälschungen mittelalterlicher Bearbeitung befreit sehen wollten. Sie begründeten die moderne Philologie (Sprachwissenschaft), indem sie Inschriften, Münzen und schriftliche Quellen miteinander verglichen, um unklare Textteile zu erhellen. Als Hauptvertreter dieser neuen Wissenschaft konnte Laurentius Valla (1407–1457) die „Konstantinische Schenkung", ein Dokument aus dem 8. Jh., das dem Papsttum unumschränkte weltliche Gewalt zuschrieb, als gefälscht nachweisen. Die Gelehrten fahndeten in Biliotheken und Klöstern nach antiken Texten. Nachdem Kontantinopel 1453 den Osmanen unterlegen war, reicherten von dort geflüchtete Gelehrte den Bestand antiker Texte weiter an.

Die Erfindung des Buchdruckes in Mainz durch Johannes Gutenberg (ca. 1448) ersetzte allmählich die Handschriften und erschloß das gedruckte Buch einem größeren Personenkreis. 1469 entstand eine Buchdruckerei in Venedig, 1470 in Paris, 1474 in Budapest, Krakau und Brügge. 1473 erschienen die ersten gedruckten Musiknoten, 1482 mathematische Figuren, 1477 entstand in Bologna ein erster gedruckter Atlas. Der deutsche Verleger Koberger (1440–1513) beschäftigte ca. 100 Mann an bis zu 24 Buchpressen.

Der Buchdruck begünstigte insbesondere Bestrebungen zur Reform der Kirche. Zahlreiche Theologen traten mit dem Wunsch hervor, die christliche Botschaft von mittelalterlichem Beiwerk zu befreien, um den Text unverstellt lesen zu können. Der Humanist Erasmus von Rotterdam (1466–1536) gab den griechischen Urtext des Neuen Testamentes heraus, er kritisierte Verfallserscheinungen der Kirche und die abergläubische Verehrung von Reliquien und Heiligen. Auch wenn nicht alle Humanisten der Reformation Martin Luthers folgten, zeigte ihre Betonung des unverfälschten, quellenkritisch ermittelten Gotteswortes doch ihre Distanz zur offiziellen Kirche. Das Selbstbewußtsein der Gelehrten brachte einen individuellen Glaubensanspruch hervor, der sich mit der Bevormundung durch kirchliche Dogmen nicht vertrug.

Als sich die Renaissance im 16. Jh. ihrem Ende zuneigte, waren es wiederum die Künstler, die ein verbreitetes Lebensgefühl zum Ausdruck brachten: Die sozialen, religiösen und politischen Erschütterungen, die noch ungewissen globalen Horizonte, das neue physikalische Weltbild, das den Menschen aus der Mitte nahm, verstärkten das Gefühl, in einer Krisenzeit zu leben. Nicht mehr Harmonie, Maß und Schönheit, sondern Häßlichkeit, Grausamkeit und Zweideutigkeit faszinierte die Maler des „Manierismus" (gekünstelte, übertriebene Malweise). Das positive Lebensgefühl der Renaissance war modernen Gefühlen von Bedrohung und Verunsicherung gewichen.

### 12.1.1 Die Frau in der Renaissance

Die Kultur der Renaissance wurde im wesentlichen von Männern geprägt. Von Ausnahmen abgesehen, war die Rolle der Frau durch Unterordnung unter die Autorität des Vaters oder des Ehegatten gekennzeichnet.

Von den Frauen aller Schichten wurde Mutterschaft erwartet. Die Zahl der Geburten, die meist unmittelbar aufeinanderfolgten, überschritt bei vielen ein körperlich erträgliches Maß, 12–14 Geburten waren keine Ausnahme. Der Tod im Wochenbett und die Kindersterblichkeit waren weit verbreitet. Eine hohe Geburtenziffer lag im Interesse von Familien, die für die Weitergabe von Eigentum, Wissen oder Macht wenigstens einen überlebenden männlichen Erben erwarteten. Allerdings waren nicht alle Neugeborenen willkommen. In den wohlhabenden Schichten wurde das Neugeborene oft einer Amme übergeben, für arme unverheiratete Frauen blieben Aussetzung oder der mit schweren Strafen bedrohte Kindesmord oft das letzte Mittel, sich eines unerwünschten Kindes zu entledigen.

Wie die Mutterschaft beruhte auch die Anbahnung der Ehe meist mehr auf wirtschaftlichen Überlegungen als auf Gefühlen der Betroffenen. Die Mitgift der Frau war ein wesentlicher Punkt für das Zustandekommen einer Verbindung. Eine ansehnliche Mitgift erlaubte der Frau, ihr Ansehen zu erhöhen, sofern sie das Vermögen ihres Mannes deutlich erhöhte. Zwar konnte die Frau ihre Mitgift vererben, die Verfügung darüber war ihr jedoch während der Ehe entzogen.

Frauen konnten auch einer selbständigen Erwerbstätigkeit im Handel oder Handwerk nachgehen, sei es, daß sie die Position ihres verstorbenen Ehemannes einnahmen oder aus eigener Kraft die Aufnahme in eine Zunft erreichten. In dem Maße jedoch, in dem sich in der Frühen Neuzeit Wohn- und Wirtschaftsbereich räumlich trennten, ging die selbständige Erwerbstätigkeit der Frauen wieder zurück, bis zu ihrer völligen Verdrängung aus den Zünften.

Die Unterordnung in den sozialen Beziehungen konnte sich zu offener Diskriminierung steigern, wenn Frauen nicht durch einen Ehemann sozial und rechtlich abgesichert waren: Lohnarbeiterinnen und mitgiftlose Töchter gelangten in eine gefährdete Außenseiterrolle. In der meist von Männern geprägten Welt der Renaissance boten die Klöster Schutzraum und Möglichkeiten zur Selbstverwirklichung. Die positiven Seiten klösterlicher Lebensweise konnten jedoch nur wirksam werden, wenn der Eintritt in diese Institution freiwillig geschah.

Eine Gefährdung für Frauen und z. T. Männer ergab sich aus den Hexenverfolgungen, die in allen europäischen Ländern um sich griffen. Äußere Merkmale, auffälliges Verhalten oder die von Ärzten beargwöhnte Tätigkeit als heilkundige Frau konnten zu Prozeß und Hinrichtung führen. Die Verfolgungen gipfelten im 16. und 17. Jahrhundert, bis ihnen das Zeitalter der Aufklärung allmählich ein Ende setzte.

## 12.2 Die Wirtschaft in der Übergangszeit: Die Entwicklung zum Frühkapitalismus

„Renaissance" als Epochenbezeichnung für Europa an der Schwelle zur Neuzeit zielt in erster Linie auf die Kulturgeschichte, engt jedoch die Sicht auf die Stadtgesellschaft und ihre führenden Schichten ein. Dagegen waren damals die Stadtbewohner in Europa – wie überall in der Welt noch bis zum 19. Jahrhundert – eine Minderheit in der Gesamtbevölkerung: Mehr als 80 % der Gesellschaft lebten außerhalb der Stadtmauern auf dem Lande, und die ländlichen Strukturen unterschieden sich grundsätzlich von der städtischen Organisation des Zusammenlebens, sozial-ökonomisch, juristisch, politisch.

Die Große Pest von 1348/49 hatte große Lücken in die Bevölkerung gerissen, auch auf dem Lande. Danach litt die Landwirtschaft unter einer ausgeprägten Strukturkrise, die bis zur Industriellen Revolution andauerte, denn der vorübergehende Bevölkerungsrückgang bewirkte einen Niedergang der Agrarwirtschaft. Einst kultiviertes Land mußte der Natur wieder überlassen werden, Dörfer wurden aufgegeben, und ein großer Teil der Landbevölkerung zog in die Städte. Man spricht in diesem Zusammenhang von Orts- und Flurwüstungen.

Sinkende Nachfrage nach Nahrungsmitteln und sinkende Preise für Agrarerzeugnisse sowie Mangel an Arbeitskräften veranlaßten viele Grundherrren, zu einer extensiven Weidewirtschaft überzugehen. Die auf dem Lande verbliebenen grundherrlich Abhängigen sahen sich erhöhten Abgaben und Frondiensten ausgesetzt. Obwohl in den letzten Jahrzehnten des 15. Jahrhunderts die Bevölkerung wieder zunahm, ließ sich für Landbesitzer der Preisverfall ihrer landwirtschaftlichen Erzeugnisse, insbesondere bei Getreide, bis Ende des Jahrhunderts nicht aufhalten. Zur gleichen Zeit bewegten sich die Preise für gewerbliche Produkte aufwärts. Der Getreideanbau ging zurück, und die Nutzung der Flächen für den Anbau von Flachs, Hanf und Hopfen sowie Obst und Wein trat an seine Stelle. Der städtische Fleischbedarf und die Nachfrage des Textilgewerbes nach größeren Mengen Wolle machten die Weidewirtschaft einträglich.

Die Städte als Siedlungsgebiet mit hoher Bevölkerungsdichte hatten durch den Schwarzen Tod eine große Zahl von Opfern zu beklagen (s. Kap. 11.4.5). Alle Bereiche verzeichneten empfindliche Ausfälle. Das Textil- und Baugewerbe machten eine schwere

Krise durch, viele Handwerksbetriebe und Bankunternehmen gingen zugrunde. Auch die Stadtverwaltungen und besonders die kirchlichen Einrichtungen wurden von der Epidemie hart getroffen. Die Wirkungen waren zwiespältig: Einerseits ermöglichte die Hinterlassenschaft eines Teils der Opfer der Pest eine gewisse Kapitalbildung in den Händen der Erben und Nutznießer, andererseits führte der Mangel an Arbeitskräften zu einem Preisauftrieb im gewerblichen Sektor, von dem auch die aus den ländlichen Regionen zugewanderten Arbeitskräfte profitierten. Die Zünfte setzten alles daran, das einmal erreichte Niveau durch protektionistische Regelungen zu sichern, u. a. durch das Verbot technischer Neuerungen. Sie erwiesen sich als ein Element der Beharrung, wenn nicht gar als Hemmschuh gegen weitere Innovationen, die eine Produktivitätssteigerung ermöglicht hätten. Mittelalterliche Auffassungen von der „gerechten Nahrung" lebten ungebrochen fort.

Die Städte waren im Mittelalter zum Motor der wirtschaftlichen Entwicklung geworden. Entscheidende technische Verbesserungen in der Landwirtschaft und die Zunahme der Bevölkerung bis zum 14. Jahrhundert hatten sich günstig ausgewirkt.

Schwerpunkte städtischen Lebens hatten sich vor allem in Mittel- und Oberitalien ab ca. 1000 sowie in Nordwesteuropa, von Flandern bis Wallonien, ab ca. 1100 herausgebildet. Das Wachstum dieser Regionen stand im engen Zusammenhang mit der Ausweitung der marktwirtschaftlichen Beziehungen, die den lokalen Rahmen bald hinter sich ließen. Der Fernhandel profitierte von der Verbesserung der Transportwege. Vor allem im Seeverkehr sanken seit dem 13. Jahrhundert durch Erhöhung der Ladekapazität der Schiffe dank der Fortschritte im Schiffbau sowie durch Verbesserungen der Navigation die Transportkosten erheblich. Damit einher ging die Ausdehnung der Geldwirtschaft. Geld war zum bequemen, universalen Tauschmittel geworden. Der Fernhandel ergänzte seinen Lieferumfang mit neuen Produkten. Luxusgüter für die kaufkräftigen Oberschichten wurden nach wie vor gehandelt, aber bald mengenmäßig übertroffen durch Massengüter für den Bedarf der Städte und ihres Umlandes. Woll- und Tucherzeugnisse wurden bevorzugte Güter und errangen eine besondere Stellung.

Hierdurch entwickelten sich auch zu den ländlichen Gebieten neue Beziehungen, vermittelt über den Markt. Ungefähr seit dem 14. Jahrhundert gingen Grundherren dazu über, Feudalabgaben in der Form des Geldes zu verlangen, um Waren kaufen zu können. Schon zuvor hatten Bauern in Stadtnähe ihre eigenen Agrarprodukte gegen bares Geld auf den städtischen Märkten frei verkauft. Die charakteristische Wirtschaftsform der Stadt, der Tausch von Waren gegen Geld auf dem Markt, erreichte das ländliche Gebiet. Dieser Prozeß setzte sich fort und brachte neue gewerbliche Produktionsformen hervor. Grundbesitzer verpachteten zunehmend das Land: Die Grundherrschaft richtete ihre Wirtschaft nach kaufmännischen Gesichtspunkten aus.

Die Städte als Ort der Märkte, der Gewerbe, insbesondere als Zentren des Verbrauchs, prägte und dominierte vom Beginn an der Berufsstand der Kaufleute. Sie hatten die Expansion des Handels im Mittelalter herbeigeführt und die Warenproduktion entscheidend gefördert. Besonders erfolgreiche Persönlichkeiten dieses Standes bildeten mit ihren Familien das Patriziat und standen an der Spitze der städtischen Hierarchie. Ihr Vermögen aus Handelsgeschäften verschaffte ihnen enormen wirtschaftlichen und politischen Einfluß. Das mittelitalienische Florenz unter der Führung der Medici ist ein beredtes Beispiel (s. Kap. 12.1). Erfolgreiche Betätigung als Händler und Bankiers hatte die Medici in ihre führende Position gebracht.

Überhaupt gelten Italiens Städte als die Keimzellen der wirtschaftlichen Entwicklung dieser Epoche. Die Akkumulation (Anhäufung) von Handelskapital, oft in den Händen einiger weniger Gesellschaften, brachte ein neues Gewerbe großen Stils hervor, das Bankgeschäft. Händler wurden über die anfängliche Nebentätigkeit des Geldwechsels zu Bankiers und Finanziers. Die stetige Ausweitung der Handelstätigkeit und – in ihrem Sog – der Produktion machte diese Aktivitäten geradezu notwendig, denn Geschäfte der Fernhändler wurden zu einem erheblichen Teil über Kredite abgewickelt. Schon bald führten Geldtransaktionen ein Eigenleben, sie standen nicht mehr im unmittelbaren Zusammenhang mit den Handelsgeschäften und der Warenproduktion, sondern wurden getrennt als Geldgeschäfte geführt. Geld war zu einer Ware geworden wie jedes andere Produkt auch: Es wurde „gehandelt", und damit verband sich eine entsprechende Gewinnerwartung. Das Anleihengeschäft wurde zu einem Hauptbetätigungsfeld. Zu den Kreditnehmern zählten selbst Päpste und Kaiser. So ließ sich 1519 die Wahl Karls V. gegen die Konkurrenz des französischen Königs Franz I. nur mit dem Geld der Fugger, der größten süddeutschen Handelsorganisation, durchsetzen. Den Preis hatten die deutschen Kurfürsten festgesetzt.

Kaufleute-Bankiers der italienischen Städte hatten seit dem Mittelalter eine große Rolle gespielt und drückten dem Bankgewerbe ihren Stempel auf. Die Fachbegriffe des Geld- und Kreditwesens wie Konto, Bank, Giro, Diskont, Börse u. ä. verweisen auf ihren Ausgangspunkt, die Kontore der italienischen Handelszentren mit ihren weitverzweigten Verbindungen. Die Einführung der doppelten Buchführung als neue Methode rationalisierte noch einmal die Erfassung der Erträge. Für den Gesamtvorgang im kaufmännischen Bereich seit dem Mittelalter findet sich in der Literatur der Begriff „Kommerzielle Revolution". Damit war die Ära des Frühkapitalismus eingeleitet, die Anfangsphase der kapitalistischen Durchdringung der Wirtschaft.

*Wirtschaft und Handel der Fugger und Medici. Faktorei bedeutet dasselbe wie Kontor. Manufakturen waren handwerkliche Großbetriebe.*

In der Gütererzeugung bildeten sich die Anfänge der Lohnarbeit heraus: Die wenigsten Arbeiter verfügten noch über die zu bearbeitenden Werkstoffe und die Arbeitsgeräte wie im herkömmlichen Meisterbetrieb des Gewerbes, sondern gaben lediglich ihre Arbeitskraft gegen die Zahlung eines Lohnes. Frühformen lassen sich schon im 13. Jahrhundert nachweisen, vor allem in der wachsenden Textilindustrie. Den Hintergrund bildete die technische Weiter- oder Neuentwicklung von Geräten und Apparaturen wie Walkmühle, Trittwebstuhl oder Handspinnrad. Der Einsatz solcher Geräte in größerem Umfang setzte Kapital voraus. Für die nötigen Investitionen kamen in der Regel nur die Fernkaufleute mit ihrem angesammelten Handelskapital in Frage. Sie finanzierten die Anlagen und ließen auf der Basis von Lohnarbeit produzieren. Kaufleute bemächtigten sich so zunehmend des Produktionssektors. Der Markt entwickelte sich zur Richtschnur der Wirtschaft.

Ähnliches gilt für die Entwicklung des sog. Verlagswesens, das im 16. Jahrhundert größere Verbreitung fand. In seiner ursprünglichen Bedeutung war der „Verleger“ ein Kaufmann-Unternehmer, der mit seinem Kapital notwendige Rohstoffe vorfinanzierte oder „vorlegte“ und sie den Produzenten ins Haus brachte. Nach der Be- oder Verarbeitung sorgte er für den Absatz der Produkte auf dem Markt. Seit dem14. Jahrhundert verbreitete sich diese Organisationsform in den Städten, zunehmend auch in ländlichen Regionen, vermutlich um so den Einfluß der Zünfte auszuschalten. Den Heimarbeiterfamilien, die meist aus landlosen bäuerlichen Schichten stammten, wurden des öfteren auch schon die Arbeitsgeräte zur Verfügung gestellt; ihr Anteil an der Produktion reduzierte sich auf die Lohnarbeit. Diese Form der Gütererzeugung erfaßte zunächst die Textilherstellung, dann auch andere Gewerbe, und es gelang einigen Unternehmern sogar, eine ganze Zunft in die Ordnung des Verlagssystems einzubinden und so in ihre Abhängigkeit zu bringen (Zunftkauf).

Die weitere Entwicklung war hiermit vorgezeichnet. Sie führte über die Manufaktur, die in Vorformen auch schon in italienischen und flandrischen Städten des 13. und 14. Jahrhunderts anzutreffen war, zum Industriebetrieb der Zeit seit der Industriellen Revolution. „Proto-Industrialisierung“ oder „Industrialisierung vor der Industrialisierung“ beschreiben neuerdings den Übergang vom traditionellen zum moderneren Wirtschaften. Im Textilgewerbe der italienischen und flandrischen Städte hatte sich der Wandel zuerst bemerkbar gemacht. An anderen Orten bewegten sich die Gewerbe in den traditionellen, weitgehend von den Zünften vorgegebenen Bahnen.

Zwei Gewerbezweige und ihre Verflechtung, für die damalige Zeit von großer Bedeutung, sollen den Überblick abrunden – Waffenhandwerk und Bergbau. Ab ca. 1340 begannen Feuerwaffen die Kriegführung zu revolutionieren, mit weitreichenden Konsequenzen für den traditionellen Kriegerstand, die Ritter. Sie wurden in der Folgezeit durch Söldner ersetzt, und damit war ihnen die materielle Lebensbasis entzogen.

Das Waffenhandwerk hatte eine lange Tradition. Entwicklung und Herstellung der neuen Feuerwaffen verschafften ihm eine herausragende Position. Parallel hierzu lief die Erfindung geeigneter Abwehrmittel: Die Spirale von Rüstung und Gegenrüstung drehte sich unaufhörlich. Das Waffengewerbe war kapitalintensiv, aber auch gewinnbringend. Kaufmännische Kreise waren darum eng mit ihm verknüpft, Ort der Produktion waren überwiegend die Städte. An Abnehmern der Erzeugnisse der Waffenschmieden herrschte kein Mangel, denn kriegerische Auseinandersetzungen waren an der Tagesordnung: Rivalitäten der Stadtstaaten im Italien des 14. und 15. Jahrhunderts entluden sich ständig in Kriegen, der 100jährige Krieg zwischen Frankreich und England (1337/39–1453) brachte die neue Figur des Kriegslieferanten und Kriegsgewinnlers hervor. Ab 1477 folgten Kriege Frankreichs mit den Habsburgern um das burgundische Erbe, seit 1494 um

Italien. Die Waffenproduktion hatte Hochkonjunktur. In diesen Zusammenhang gehören rüstungstechnische Überlegungen Leonardo da Vincis, dargelegt in zahlreichen Schriften und Zeichnungen.

Waffen und andere militärische Ausrüstung der Söldnerheere stimulierten die Expansion ganzer Gewerbezweige: Die Textil- und Metallproduktion, insbesondere der Betrieb von Bergwerken und Anlagen zur Erzverhüttung, waren kapitalintensiv und boten den Kapitalgebern attraktive Anlagemöglichkeiten. Den Fuggern gelang es, sich in Tirol dank kaiserlicher Privilegien eine Monopolstellung zu sichern.

Bergbau und Metallgewinnung regten zu Verbesserungen in den Produktionsverfahren an. Es entstanden wirkungsvollere Wasserhebevorrichtungen, die ein tieferes Vordringen in die Erde erlaubten. Das sog. Kehrrad – ein Doppelrad mit entgegengesetzten Wasserkammern – machte durch den gesteuerten Richtungswechsel des Wasserzulaufs wahlweise eine Rechts- oder Linksdrehung des Rades und damit die Auf- und Abwärtsbewegung der Lasten an den Förderseilen möglich.

Weitere Beispiele für die Ausnutzung der Wasserkraft finden sich bei der Drahtherstellung, bei der eine wassergetriebene Mechanik den Ziehvorgang unterstützte, und in der Metallverhüttung, wo der Einsatz größerer Blasebälge höhere Temperaturen in den Schmelzprozessen ermöglichte. Verbesserte metallurgische Verfahren bei der Verhüttung von Erzen, besonders bei der Silbergewinnung, erhöhten die Ausbeute. Die Erzaufbereitung setzte viele Chemikalien frei, von denen ein Teil in anderen Produktionsprozessen verwendet werden konnte. Aber die neuen Techniken belasteten erheblich die Umwelt.

Anfang des 14. Jahrhunderts trat ein technisches Wunderwerk verstärkt in den Gesichtskreis der Bevölkerung, die Gewichtsräderuhr. Ihr wird – ähnlich wie den Feuerwaffen und dem mit dem Namen Gutenbergs verbundenen neuen Buchdruck – ein großer Anteil an dem Wandel der mittelalterlichen Gesellschaft zugeschrieben. Sie veränderte die Psyche des Individuums und im Laufe der Zeit die Mentalität der Gesellschaft insgesamt. Die Uhr markiert die Wende in Zeitvorstellung und Zeitempfinden der Menschen, den Übergang von der groben, für die Agrarwirtschaft zweifellos ausreichenden Einteilung der Arbeit, z. B. nach „Tagwerk“ von Sonnenaufgang bis Sonnenuntergang, zur exakt bestimmbaren Unterteilung nach Stunden und Minuten.

Daß dieser Wandlungsprozeß mit der Entwicklung des städtischen Lebens zusammenhängt, ist offenkundig: Die Uhr als Verkörperung der Zeit gewann in der gewerblichen Produktion und in der rational organisierten Arbeitswelt des Kaufmanns zunehmend an Bedeutung, sie wurde zum ökonomischen Faktor. Zu Beginn der Industriellen Revolution brachte der Amerikaner Benjamin Franklin die moderne Auffassung auf die griffige Kurzformel: „Time is money.“ Die Pestkatastrophe wirkte verstärkend. Sie schärfte das Bewußtsein der Menschen von der verrinnenden irdischen Zeit. In allegorischen Darstellungen des Todes als Sensenmann entdeckt der Betrachter oft die Sanduhr als unmittelbaren Ausdruck dieses Seelenzustandes.

Ab 1360 verbreitete sich die Turmuhr über Europa, und ihr Schlagwerk gab unüberhörbar dem Leben den Takt an. In den lohngewerblichen Textilbetrieben hielt die Werkglocke Einzug, nicht selten begleitet von Protesten der Arbeiter. Von nun an waren Auseinandersetzungen um den Lohn und die Arbeitszeit Bestandteil des Wirtschaftslebens. Eine neue Zeit hatte begonnen. Zumindest in einzelnen Bereichen hatten die Menschen das Mittelalter hinter sich zurückgelassen.

*Drahtziehmühle. Die Welle des Wasserrades bewegt eine Zange, die sich beim Ziehen selbsttätig schließt. Der Draht wird so durch Löcher im Zieheisen (rechts) gezogen. Die Arbeit des auf einer Wippe sitzenden Drahtziehers besteht lediglich darin, für den Vorschub und das erneute Zugreifen der Zange am Draht zu sorgen.*

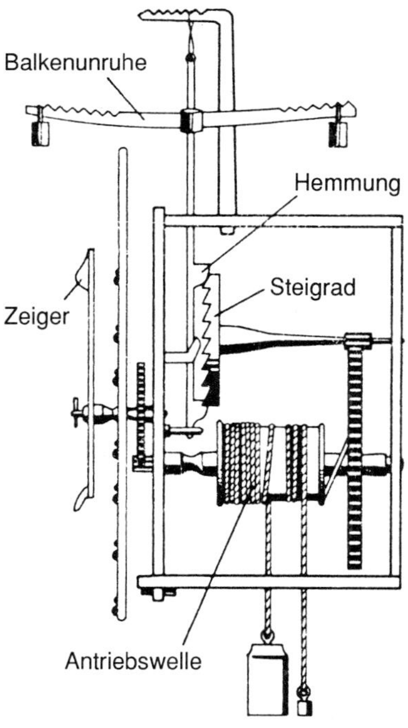


*Gewichtsräderuhr (Teilansicht). Das Uhrwerk wird von einem Gewicht angetrieben, das an dem um die Antriebswelle geschlungenen Seil eine beweglich aufgehängte Balkenunruhe, die in die Lappen eines Steigrades greift.*

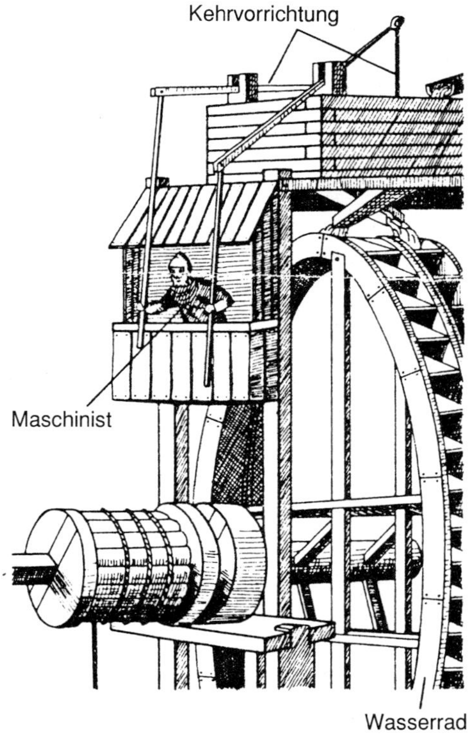


*Kehrrad. Der Maschinist kann das Wasser nach Bedarf auf die linke oder die rechte Seite des Wasserrades lenken und damit die Drehrichtung bestimmen. Entsprechend hebt oder senkt sich das Förderseil.*

# 13 Die Expansion Europas nach Übersee

*Columbus landet auf der Insel Guanahani, der er den Namen „San Salvador" gibt. (Getönter Stich von Theodor de Bry in „Geschichte Amerikas", Frankfurt 1596.)*

## Zeittafel

| | |
|---|---|
| 1415 | Die Portugiesen erobern Ceuta an der nordafrikanischen Küste: Eröffnung der Suche des Seeweges nach Indien entlang der westafrikanischen Küste |
| 1419–1460 | Prinz Heinrich der Seefahrer organisiert die Erforschung der westafrikanischen Küste vom südlichen Portugal aus |
| 1472 | Portugiesische Seefahrer überqueren den Äquator |
| 1488 | Bartolomeo Dias umsegelt das „Kap der Guten Hoffnung" |
| 1492 | Christoph Columbus, in spanischen Diensten, entdeckt Amerika. Zeit seines Lebens glaubt er, nach Ostasien gelangt zu sein |

| | |
|---|---|
| **1494** | Vertrag von Tordesillas: Spanien und Portugal teilen die überseeische Welt in Interessensphären. Portugal erhält Afrika, Asien (und später Brasilien), Spanien Amerika |
| **1498** | Der Portugiese Vasco da Gama erreicht Indien |
| **um 1510** | Am Golf von Darien (Kolumbien) entstehen die ersten spanischen Siedlungen |
| **1511** | Die Spanier besetzen Kuba |
| **1513** | Balboa entdeckt den Pazifik (das „Südmeer") |
| **1519–1521** | Cortés erobert das Aztekenreich in Mexiko |
| **1519–1522** | Fernão Magalhães, Portugiese in spanischen Diensten, sucht eine Seeweg-Passage nach Asien. Seiner Expedition gelingt die erste Weltumsegelung |
| **1529** | Vertrag von Saragossa: Spanien und Portugal teilen den pazifischen Raum untereinander auf |
| **1531–1534** | Pizarro erobert das Inkareich in den Anden |

## 13.1 Voraussetzungen der Expansion in Europa

Die Expansion nach Übersee unterschied sich von vorangegangenen Eroberungen der Menschheitsgeschichte durch ihre globale Dimension: Innerhalb weniger Jahrzehnte sprengten Westeuropäer die traditionellen Grenzen der Mittelmeerwelt und erhoben einen umfassenden Herrschaftsanspruch europäischer Staaten. Parallel dazu lief seit 1582, von Europa weniger beachtet, die russische Eroberung Sibiriens bis zum Pazifik an. Seit dem 16. Jh. kann von Weltpolitik, Weltwirtschaft und Welthandel gesprochen werden.

Die europäische Expansion beruhte auf günstigen Voraussetzungen: im Hochmittelalter seit der Jahrtausendwende in den Bereichen Technik (Schiffbau, Bergbau, Eisenverhüttung, Textilverarbeitung), Landwirtschaft (Dreifelderwirtschaft) und Infrastruktur (Landwege, Wasserwege, Geldverkehr). Gegenläufige Entwicklungen wie politische Rivalitäten, bewaffnete Konflikte oder der Bevölkerungsrückgang infolge des Schwarzen Todes (1347–51) vermochten die insgesamt fortschreitende Entwicklung nicht zu bremsen. Seit dem 14. Jh. „verbesserten" Büchsenmacher und Kriegsingenieure ständig die neuen Feuerwaffen: So revolutionierten sie die Kriegsführung in Europa und halfen schließlich, die Herrschaftsansprüche der europäischen Eroberer durchzusetzen.

Dem epochemachenden Doppeldatum 1492 (Entdeckung Amerikas)/ 1498 (Seeweg nach Indien) waren Ausgreifversuche mit unterschiedlichem Erfolg vorausgegangen: Wikinger waren um 1000 nach Labrador und Neufundland gelangt, ohne sich dort dauerhaft festsetzen zu können. Die Kreuzzüge hatten die Expansion insofern vorbereitet, als sie die Nachfrage nach orientalischen Waren förderten und dem Westen nautisches und mathematisches Wissen der Araber vermittelten. Die Reconquista (Rückeroberung) der Iberischen Halbinsel und die Beherrschung des westlichen Mittelmeeres durch Spanien und Portugal brachen den arabisch-maurischen Einfluß auf europäischem Boden und leiteten unmittelbar in die Conquista (Eroberung) über. Spanien und Portugal übernahmen dabei die Führungsrolle.

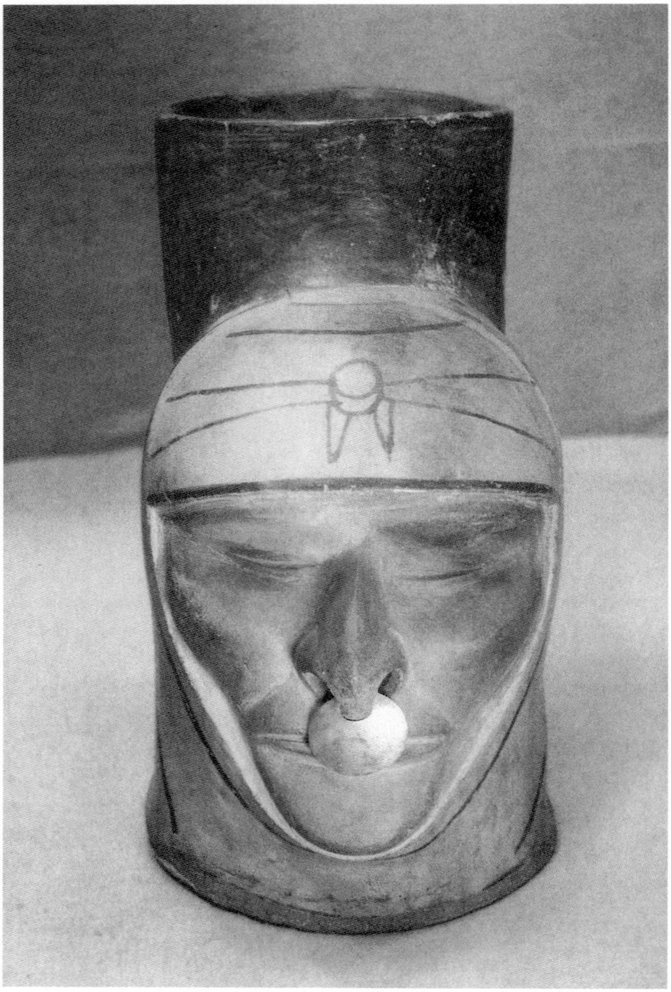

*Kopf mit goldenem Nasenring in Gestalt eines bemalten Kruges aus Ton. Mochia-Kultur im nördlichen Peru (200 v. Chr. – 600 n. Chr.). Goldarbeiten, Keramik, reich ausgestattete Gräber und Monumentalbauten (Pyramiden) bezeugen den hohen Entwicklungsstand dieser vorkolumbianischen Kultur.*

## 13.2 Die außereuropäische Welt vor Ankunft der Europäer

Wesentliche äußere Voraussetzung zur Expansion Europas war der politische und soziale Zustand der Gesellschaften in Übersee, auf die die Europäer trafen. Ihre inneren Strukturen waren so uneinheitlich, daß sie auf keinen gemeinsamen Nenner zu bringen sind. Die bis zum Ausgreifen Europas traditionell isolierten Kontinente, Amerika, Afrika und das erst ab 1788 besiedelte Australien, waren relativ dünn bevölkert. Die Spanne ihrer Entwicklung reichte von der Wildheit (Jäger und Sammler) bis zu den Zivilisationen Alt-Amerikas (Maya, Azteken, Inka). In ihrer extremen Zersplitterung und angesichts der materiell-militärischen Überlegenheit der Europäer waren sie zu keinem Zusammengehen oder gar zusammenhängendem Widerstand fähig. Früher oder später unterlagen sie den Neuankömmlingen, ob sie sich vorher gewehrt hatten oder nicht.

Großreiche Asiens und Alt-Amerikas, die theoretisch anhaltenden Widerstand hätten leisten können, waren dazu meist aus inneren Gründen nicht in der Lage, da sie sich häufig bei Eintreffen der Europäer gerade selbst in Konfliktsituationen befanden, die sie nach außen lähmten. Somit stießen die Europäer fast überall auf riesige Machtvakuen, die sie im Laufe der Jahrhunderte mit unterschiedlichen Formen ihrer Macht ausfüllten, allerdings in andauernder nationaler Rivalität untereinander.

Auf ihren Fahrten entlang der Küste Westafrikas waren die Portugiesen ohnehin nicht am Landesinneren des Kontinents interessiert, sondern nur an Gold und, ab 1441, an Sklaven, zunächst für die Iberische Halbinsel, aber ab 1505 auch für die Neue Welt. Sie und ihre Nachfolger – Holländer, Franzosen und Engländer, zeitweise auch Dänen, Schweden und Brandenburger – begnügten sich daher mit Niederlassungen und Forts an der Küste zur Beteiligung am Transatlantischen Sklavenhandel nach Amerika. Aus einer Versorgungsstation für holländische Schiffe zwischen Amsterdam und Indonesien entwickelte sich ab 1652 Kapstadt, später die Kapkolonie zur Keimzelle des heutigen Südafrika.

Den riesigen südamerikanischen Kontinent konnten die Europäer ohne wirksamen Widerstand für sich in Beschlag nehmen. Da die einzelnen Stämme, wie üblich, untereinander verfeindet waren, fanden die Europäer immer wieder auch Verbündete. Die Großreiche der Azteken und Inka waren labile Konstruktionen, nur zusammengehalten durch erobernde Armeen. Eine besondere Quelle der Schwäche nach innen und außen war eine stark pessimistische Religion, nach deren Vorstellung blutdürstige Götter zur Besänftigung ständig Menschenopfer verlangten, die aus der Menge der Kriegsgefangenen und Sklaven von unterworfenen Völkern gegriffen wurden. Daher schlugen sich solche Völker auf die Seite der Europäer, um ihre verhaßten Zwangsherren zu stürzen. Außerdem waren die Azteken wie die Inkas zur Zeit ihrer Unterwerfung durch Thronwirren gelähmt. So erklärt sich, warum wenige überlegen bewaffnete Soldaten unter rücksichtslosen Anführern in der Lage waren, so rasch so große Reiche zu erobern.

Indien, das eigentliche Ziel der Expansion Europas in Übersee, war 1498, als Vasco da Gama erstmals tatsächlich indischen Boden betrat, wieder einmal in seine traditionelle Zersplitterung versunken. Zu seiner Aufspaltung durch Tausende von Kasten war seit den türkischen Eroberungen ab 1000 der Gegensatz zwischen eroberndem Islam und einheimischen Religionen getreten. Das politische Chaos Indiens erleichterte es den Portugiesen, sich 1510 in Goa festzusetzen und den indischen Außenhandel zu einem erheblichen Teil zu kontrollieren.

China befand sich, als die Portugiesen 1517 in Macao ankamen, auf dem Höhepunkt der Ming-Dynastie (1368–1644). Nur China und Japan konnten sich entziehen und die Europäer abweisen bzw. auf jeweils einen Hafen für einen streng kontrollierten Außenhandel begrenzen. – Kanton (ergänzt um das portugiesische Macao) und Nagasaki. Die freiwillige Selbstisolierung Chinas ab 1438 zur Abweisung der Fremden trieb das Land aber welthistorisch in den ökonomischen und gesellschaftlichen Stillstand, an dem es noch heute leidet. Chinas Nebenland Korea reagierte entsprechend, ebenso das unabhängige Japan, das sich erst ab 1867 unter dem Druck der USA der Modernisierung durch Industrialisierung zuwandte.

Das Osmanische Reich stand 1492 noch vor dem Höhepunkt seiner äußeren Expansion. Mit der Eroberung Konstantinopels 1453 hatte es mit dazu beigetragen, die Expansion Europas in Übersee zur Kontrolle des traditionellen interkontinentalen Fernhandels in Gang zu setzen. Mit der Verlagerung der Haupthandelsströme vom Mittelmeer auf den Atlantik geriet das Osmanische Reich jedoch ökonomisch in eine Randlage, ebenso wie die italienischen Handelsstädte, die so sehr zur Vorbereitung des gewaltigen historischen Prozesses der Expansion Europas beigetragen hatten.

*China zur Zeit der Ming-Dynastie*

## 13.3 Portugals Weg nach Indien

Bereits 1248 war die portugiesische Reconquista abgeschlossen, die Unabhängigkeit von Kastilien 1385 bestätigt. Die günstige Lage am Seehandelsweg zwischen dem Mittelmeerraum und Nordeuropa brachte dem Königreich wirtschaftlichen Wohlstand, die Hauptstadt Lissabon galt Zeitgenossen als „Brennglas der Welt". Die politische Verfassung räumte dem erstarkten Bürgertum Mitsprachemöglichkeiten ein, während die Rolle des ehemals führenden Adels problematisch wurde, da seine militärischen Fähigkeiten nicht mehr gefragt waren. Die Krone, beraten vom „Nautischen Rat", nahm regen Anteil an wirtschaftspolitischen Weichenstellungen und sicherte sich durch das staatliche Gewürzmonopol einen Anteil an den Handelsgewinnen.

Als portugiesische Ritter 1415 die marokkanische Stadt Ceuta eroberten, hatte die Krone mehrere Ziele auf einmal erreicht: Der unruhige Adel erhielt ein Betätigungsfeld. Folgerichtig wurden Vertreter nachwachsender Generationen des Adels an herausragenden Stellen der späteren Kolonialverwaltung untergebracht. Durch die Einnahme Ceutas war ein Brückenkopf auf afrikanischem Boden gewonnen, der Portugal dem begehrten Orienthandel näherbrachte und schließlich dem Islam, der noch lebendigen Kreuzzugsidee folgend, eine Niederlage zufügte.

Die Inbesitznahme Ceutas bildete den Auftakt zielgerichteter Fahrten der Portugiesen entlang der afrikanischen Westküste. Ein Bruder des Königs, Prinz Heinrich der Seefahrer (1394–1460), wurde zum Organisator und Finanzier dieser Expeditionen. Er sammelte karthographisch bedeutsame Informationen, nautische Kenntnisse und koordinierte Entdeckungsfahrten in bis dahin unbekannte Gebiete. In Sagres, dem südlichsten Punkt Portugals, soll Heinrich eine „Seefahrerschule“ gegründet und aus eigenen Mitteln finanziert haben. Auch wenn Teile seiner Aktivitäten heute im einzelnen umstritten sind, bleibt insgesamt seine Bedeutung als Organisator systematisch angelegter Entdeckungen bestehen.

Der Schiffstyp des Entdeckungszeitalters war die Karavelle, ein hochseetüchtiges Schiff mit verfugten Planken (Kraweelbauweise). Die navigatorischen Hilfsmittel bestanden aus Zirkel, Lineal, Kompaß, dem Quadranten zur Breitenbestimmung, der Sanduhr für Geschwindigkeitsmessung, dem Astrolabium für astronomische Beobachtungen sowie dem Lot, das in Küstennähe zu gebrauchen war. Der Alltag an Bord war von mangelhafter Ernährung, Krankheiten (Skorbut) und Unbequemlichkeiten gekennzeichnet. Noch am Ende des 16. Jh. mußte auf den Fernrouten durchschnittlich mit dem Verlust der halben Besatzung gerechnet werden. Unter diesen Umständen war es nicht verwunderlich, daß die Besatzung, die meist Vorstellungen von Monster- und Fabelwesen in den unbekannten Weiten der See verhaftet war, zu Meuterei neigte.

Die Motive der europäischen Expansion waren vielschichtig. Die Suche nach Edelmetallen und orientalischen Waren, besonders Gewürzen, stand obenan. Machtpolitisch und religiös eingefärbt war die Hoffnung, durch Kontakt zum legendären christlichen „Priesterkönig Johannes“, dessen Reich irgendwo in Afrika oder Asien vermutet wurde, den islamischen Herrschaftsbereich isolieren zu können. Ungesicherte Informationen über „Johannes“ sowie den indischen Wirtschaftsraum waren vermutlich im 12. Jh. durch italienische und jüdische Kaufleute nach Europa gelangt. Ein unmittelbarer Ansporn, die Suche eines Seeweges nach Indien weiter zu verfolgen, war die nachhaltige

*Europäische Darstellung Westafrikas aus dem Jahr 1500. Die Karte macht deutlich, daß die Europäer nicht auf einen Kontinent ohne Kultur stießen.*

Störung des Fernhandels nach der Eroberung Konstantinopels durch das expandierende Osmanische Reich 1453.

Entsprechend Heinrichs Strategie tastete sich Portugal in den Atlantik vor: Madeira, Gran Canaria, die Azoren, die Umsegelung des gefürchteten Kap Bojador 1434 und die Gefangennahme der ersten Schwarzen 1441 am Rio de Oro markierten die Anfangspunkte des Weges nach Indien und den Beginn des internationalen Sklavenhandels. 1482 erreichten die Portugiesen die Kongomündung, 1488 gelang Bartolomeo Dias die Umsegelung der Südspitze Afrikas („Kap der Guten Hoffnung"). 1498 ging Vasco da Gama im indischen Calicut vor Anker und vollendete so den portugiesischen „Indien-Plan".

Da Gama sah sich in Indien mit einem funktionierenden Handelsraum konfrontiert, den arabische Kaufleute beherrschten. Auch gab es aus der Sicht indischer Fürsten kaum Bedarf an europäischen Importwaren. Mit der Erkenntnis, daß Portugal wohl nur mit den Mitteln militärischer Gewalt in den indischen Handel würde eindringen können, verließ da Gama den Subkontinent. Sein Nachfolger Cabral, der 1500 Portugal verließ, erhielt den Auftrag, ein Stützpunktsystem zu errichten und gegen den einheimischen Handel mit Gewalt vorzugehen. Ab 1515 gelang es den Portugiesen von ihrem Zentrum Goa an der indischen Westküste aus, mit Hilfe ihrer überlegenen Seestreitkräfte (Schiffsartillerie) und befestigten Stützpunkten den Handel im Indischen Ozean zu kontrollieren. Dieser Aufbau eines portugiesischen „Estado da India" fiel in eine Phase, als das Osmanische Reich mit der Einnahme der Landenge von Suez (1517) den Fernosthandel nach Europa vollends zu beherrschen imstande war. Wirtschaftlich mußte sich das Osmanische Reich durch die Erfolge Portugals nun um die Früchte seiner Eroberungen betrogen sehen.

## 13.4 Die Entdeckung Amerikas, 1492

Vorstellungen von der Kugelgestalt der Erde und Gedanken an eine Westroute von Europa nach Indien waren bereits in der Antike entstanden und im Mittelalter über arabische Gelehrte nach Europa zurückgelangt. Folglich versuchte auch Portugal, bei aller Konsequenz für den einmal eingeschlagenen Weg in den Osten, mehrfach den westlichen Atlantik auszuforschen, vor allem in den 70er Jahren des 15. Jh., als ein verzögertes Vordringen entlang der afrikanischen Küste den Erfolg in ungewisse Ferne rückte. Auch Seefahrer und Geographen anderer Nationen könnten sich mit der Westroute befaßt haben, da ihre Karten häufig Inseln mit Phantasienamen im Atlantik aufwiesen. Der Genuese Christoph Columbus (1451–1506) hatte bereits nautische und kaufmännische Erfahrungen im Mittelmeer und auf dem Atlantik gesammelt, als er den Plan einer Westroute ins Auge faßte. Vom Florentiner Gelehrten Toscanelli bestärkt, warb Columbus an mehreren europäischen Höfen für sein Vorhaben. Der portugiesische König folgte dem Votum seiner Berater, die den Plan mit der Begründung ablehnten, Columbus habe die Entfernungen falsch berechnet.

Diese Kritik sollte sich später als zutreffend erweisen, weil Toscanelli den Umfang der Erde zu klein ansetzte. Nach der erfolgreichen Umrundung der Südspitze Afrikas durch den Portugiesen Diaz 1486 war eine Unterstützung aus Portugal nicht mehr zu erwarten. Weitere Versuche, den französischen, englischen oder spanischen Hof zu gewinnen, schlugen fehl.

Das Blatt wendete sich, als Spanien, seit 1479 vereint aus den Königreichen Kastilien und Aragon bestehend, mit der Eroberung Granadas 1492 die Reconquista abgeschlossen hatte. Noch im gleichen Jahr unterstützte die spanische Krone die Finanzierung des Unternehmens aus staatlichen und privaten Mitteln. Columbus selbst erhielt die Titel eines Admirals, Vizekönigs und Gouverneurs der zu entdeckenden Gebiete, ferner Gerichts- und Handelsrechte sowie Aussicht auf Gewinnbeteiligung. Am 12. 10. 1492 erreichten seine drei Schiffe die Insel Guanahani (Bahamas). Drei weitere Reisen schlossen sich an, auf denen Columbus an seiner Überzeugung, Indien gefunden zu haben, festhielt. Die Erkenntnis, daß es sich um einen neuen Kontinent handelte, war dem Italiener Amerigo Vespucci vorbehalten, nach dem die „Neue Welt" seit Beginn des 16. Jh. heißt.

Columbus' Leistung bestand darin, sich und seine Mannschaft einem völlig unbekannten Risiko auszusetzen, im Gegensatz zu Vasco da Gama, der, trotz der größeren Strapazen, ein seit Jahrzehnten angelegtes berechenbares Projekt vollendete.

## 13.5 Die Aufteilung der Welt zwischen Spanien und Portugal, 1494

Die kurze Spanne zwischen dem Doppeldatum 1492 (Columbus) und 1498 (da Gama) nutzten Portugal und Spanien, um sich 1494 im Vertrag von Tordesillas über eine Teilung der Welt in Interessensphären zu verständigen. Mittels einer 370 Meilen westlich der Azoren gezogenen Trennungslinie erhob Spanien westlich und Portugal östlich davon einen Monopolanspruch. Daß dieser Vertrag Portugal auch ein Recht auf Teile des südamerikanischen Festlandes (Ostbrasilien) einräumte, wurde erst klar, nachdem die Konturen der Neuen Welt deutlicher hervorgetreten waren. Die Interessen anderer westeuropäischer Staaten blieben unberücksichtigt, die in den beanspruchten Gebieten lebenden Völker wurden als „Völkerrechtssubjekte" gar nicht wahrgenommen.

Die Entdeckung des Pazifiks, damals noch „Südmeer" genannt, durch Balboa (1513) ließ Columbus' ursprünglichen Plan einer Seeverbindung Europas mit Asien in einem neuen Licht erscheinen: Eine Passage durch die Landmassen der Neuen Welt und eine Überquerung des Südmeeres würden die von Portugal beanspruchten Gewürzinseln für Spanien wieder erreichbar werden lassen. Nunmehr war es im spanischen Interesse zu klären, welcher der beiden iberischen Mächte die Gewürzinseln zustehen, wenn man die Weltteilungslinie von Tordesillas durch beide Pole in den Pazifik hinein verlängerte.

Der Portugiese Fernão de Magalhães nutzte das Interesse der spanischen Krone an der Lösung dieser Frage und unternahm 1519 im Auftrag von Karl V., ausgestattet mit einer Flotte von fünf Schiffen, eine Westfahrt zu den Gewürzinseln. Diese wohl größte seemännische Leistung ist als erste Weltumsegelung in die Geschichte eingegangen, ohne eine Lösung des iberischen Konfliktes um die Gewürzinseln herbeizuführen. Erst die Einsicht Spaniens, daß die Passage durch die Neue Welt weit schwieriger zu bewältigen war als die portugiesische Ostroute, ebnete den Weg zu einer politischen Lösung: Der Vertrag von Saragossa (1529) beließ die Gewürzinseln bei Portugal und teilte die pazifische Hemisphäre zwischen den iberischen Mächten so auf, daß die Philippinen zu Spanien kamen (bis 1898).

Auch wenn die Weltteilungsverträge von Tordesillas und Saragossa später von nachdrängenden westeuropäischen Nationen bekämpft wurden, prägten sie doch das Ausmaß der ersten Kolonialreiche und die Struktur des beginnenden Welthandels.

Mit der ersten Weltumsegelung ging die Phase der grundlegenden europäischen Entdeckungen zu Ende. Es folgte die Durchdringung oder Zerstörung fremder Kulturen, begleitet von weiteren Entdeckungen, die die Vorstellungen von der Erde präzisierten. Die europäischen Staaten verbreiteten ihr Wirtschafts- und Wertesystem mit Nachdruck und degradierten Zivilisationszentren, die sich noch um 1500 auf einer Europa vergleichbaren Entwicklungsstufe befanden, mehr oder weniger zu Randerscheinungen – China, Indien, arabische Staaten, das Osmanisches Reich.

## 13.6 Die Eroberung der Neuen Welt

Als Columbus 1492 vermeintlich Indien auf der Westroute erreicht hatte, nahm er Guanahani (s. Kapitel 13.4) für die spanische Krone lehnsrechtlich in Besitz. Vasco Nuñez de Balboa erreichte 1513 mit seinen Begleitern den Pazifik und erhob mit einer ähnlichen Zeremonie Spaniens Anspruch auf das Territorium. Die Inbesitznahme erstreckte sich auf den Süden insgesamt „mit diesen Meeren und Ländern und Küsten und Häfen, mit allen angrenzenden Königreichen und Provinzen, aufgrund welcher Rechtstitel sie auch immer dazugehören werden, seien sie nun älter oder moderner, aus der Vergangenheit, der Gegenwart oder der Zukunft." (Die gr. Entd., Bd. 2, S. 378 f.) Der Vertrag von Tordesillas erwies sich jetzt als vorteilhaft für das spanische Herrscherhaus. In den ersten Jahrzehnten des 16. Jahrhunderts setzten spanische **Konquistadoren** den theoretischen Rechtstitel in die Realität um, als sie weite Gebiete Mittel- und Südamerikas eroberten und Spanien angliederten.

Spanien war in der ersten Hälfte des 16. Jahrhunderts in der westlichen Hemisphäre die dominierende, weil aktivste Nation, während sich Portugal um die Jahrhundertwende nahezu ausschließlich im Indischen Ozean engagierte und dort die Basis für seine Seeherrschaft und Handelsdominanz schuf. Nach 1530 wandte es sich im größeren Maßstab Brasilien zu, wo die ersten Siedler Fuß zu fassen suchten. Cabral hatte 1500 das Territorium für seinen König in Besitz genommen. Von einer Durchdringung im Stile der Spanier kann allerdings nicht die Rede sein. Erst in den späteren Jahrhunderten stellten sich im Lande geborene Weiße (Kreolen) und Mischlinge (Mestizen) diese Aufgabe.

### 13.6.1 Koloniales Interesse und praktische Kolonialpolitik der Europäer

In relativ kurzer Zeit gelang es den Nachfolgern des Columbus, die spanische Herrschaft über den mittelamerikanischen Raum sowie weite Bereiche Südamerikas auszudehnen und auf Dauer zu sichern. Die Eroberung Mexikos wurde 1521, die Unterwerfung Perus 1534 abgeschlossen. Aus europäischer Perspektive erstaunt die Energie, mit der die Expansion vorangetrieben wurde, von Individuen wie auch von Personengruppen. Die Frage nach den Triebkräften stellt sich immer wieder: Die jüngere Forschung sieht das Profitinteresse nicht mehr als alleinige Triebfeder, sondern geht von mehreren, miteinander verschränkten Motiven aus.

Profitstreben spielte durchaus eine große Rolle. Die Erwartung von Gewinn in irgendeiner Form war der Antrieb vieler. Privatinitiative, als Einzelinteresse oder in Gestalt der Handelsorganisationen als Gruppeninteresse erkennbar, war charakteristisch für die Unternehmungen. Die Suche nach Gold wurde zur fixen Idee. So durchzieht der Aufbruch nach dem El Dorado („Goldland") viele Quellen aus jener Zeit. Die enormen Mengen der den unterworfenen Völkern anfangs geraubten Vorräte an Edelmetallen scheinen den Traum zusätzlich beflügelt zu haben.

Eng mit dem Profitstreben verbunden war das Verlangen einzelner, ihren Sozialstatus zu verbessern, einen Platz in der Oberschicht zu erreichen oder zu wahren, wenn er durch die gesellschaftliche Entwicklung in Spanien bedroht wurde. Großgrundbesitz in den neuen Kolonien ermöglichte eine Erhebung in den Adelsstand im Mutterland bzw. die Beibehaltung der sozialen Position. Ab 1524 erhielten alle Spanier, die in die Neue Welt gingen, automatisch den Adelsstand.

Machtwillen demonstrierten Individuen, denen sich in den neuen Gebieten die Möglichkeit der Herrschaftsausübung eröffnete, vor allem aber auch die Führungskreise der betreffenden europäischen Nationen. Das Prestigedenken der Monarchen, die Rivalität

*Die „Jungfrau der Seefahrer". Rechts im Vordergrund kniend Christoph Columbus (?). Christliche Mission diente als Legitimation für die Unterwerfung fremder Kultur. (Altarbild von Alejo Fernandez, entstanden zwischen 1531 und 1536)*

untereinander sowie der Wunsch, lästige Konkurrenten auszuschalten, schlugen auf die Unternehmungen in Übersee durch. Mit den materiellen Beweggründen verbanden sich für die Epoche typische ideelle Ziele. Religiöse Impulse, missionarischer Eifer in Erinnerung an die **Reconquista,** die – nach Auffassung einiger Historiker – geradlinig in die Conquista überging, sind in den Quellen aus jener Zeit zahlreich bezeugt.

Die Vorstellung von einer anderen Gesellschaftsordnung, vermutlich einer besseren Welt außerhalb Europas, wie sie **Thomas Morus** in seiner „Utopia" umriß, verdeutlicht für jene Zeit das Bewußtsein von einer Krise. Soziale Mißstände veranlaßten den humanistischen Gelehrten und Staatsmann, eine vollkommene Ordnung zu entwerfen, als Gegenbild, als Ideal, eben **„Utopia"**. Zu dieser Ideenwelt gehören auch der Plan, der Überbevölkerung mit der Aussiedlung in die neuen Territorien zu begegnen, sowie die Überlegung, sich straffällig gewordener Menschen zu entledigen, in der guten Absicht, sie aus der für sie schädlichen Umgebung herauszulösen und ihre Besserung zu bewirken.

### 13.6.2 Die Eroberung Mexikos

Spanier und Portugiesen setzten nach 1492 ihre Entdeckungs- und Erkundungsfahrten entlang den Küsten der Karibik in der Neuen Welt und entlang den Küsten Afrikas auf der Suche des Seeweges nach Indien fort, um die vermutete Westpassage nach den indischen Gewürzinseln zu finden. Aber allmählich gelangten die Führungskreise zu der Einsicht, daß es sich nicht um Asien, sondern nur um einen anderen, neuen Kontinent handeln konnte. (s. Kapitel 13.4)

Die Küsten Mittelamerikas südlich der Halbinsel Yucatan bis nach Kolumbien erkundeten nach 1492 mehrere Seefahrer, unter ihnen auch Columbus. Um 1510 gingen die Spanier daran, erste Stützpunkte und Siedlungen anzulegen, beiderseits des Golfs von Darien. Hier liefen Berichte und Gerüchte über ein großes Meer und an Goldschätzen reiche Territorien, irgendwo im Süden gelegen, zusammen. Diese Region bildete den Ausgangspunkt für Expeditionen, denen tatsächlich die Entdeckung des Pazifiks und die Eroberung südamerikanischer Gebiete gelang.

Der Golf von Mexiko, obwohl in relativer Nähe zu Haiti, Jamaika und Kuba gelegen, war für die Führer der Entdeckungsfahrten auf ihrer Suche nach der Durchfahrt zum Pazifik offenbar von geringerem Interesse. Die Westpassage wurde dort eigentlich nicht vermutet. Unmittelbar nach der tatsächlichen Bestätigung der Existenz des Südmeeres stach ein Schiff in See mit dem Ziel Rio de la Plata, der als die Verbindung zwischen den beiden Meeren angesehen wurde. Erst mit der Inbesitznahme Kubas im Jahre 1511 rückte der Golf in das Zentrum des Interesses, und von dort aus nahmen die Entdeckung und Eroberung Mexikos ihren Anfang.

Sklavennachschub für Kuba zu beschaffen, war der Auftrag eines Flottenverbandes, der sich 1517 nach Westen in Bewegung setzte. Er erreichte unbekanntes Land, die Halbinsel Yucatan. Die ersten Berührungen mit der Inselbevölkerung waren kriegerischer Natur. Anschließende Expeditionen entlang der mexikanischen Küste konnten überwiegend friedliche Kontakte mit den Indios herstellen, u. a. zum Tausch spanischer Erzeugnisse gegen indianische Goldarbeiten. Einen starken Eindruck auf die Europäer machte der Grad der militärischen Organisation der Indios, die in geordneten Formationen aufmarschierten.

Der spanische Adelige Hernán Cortés, 1485 geboren, hatte sich bei der Besetzung Kubas bewährt. Er erhielt 1518 vom Gouverneur der Insel den Auftrag, von Kuba aus mit den Bewohnern des mexikanischen Gebietes Handelsbeziehungen zu knüpfen und sich umfassende Kenntnisse über das Land und die Indios zu verschaffen. An den spanischen Herrscher richtete der Gouverneur das Gesuch, das Territorium für Spanien besiedeln und verwalten zu dürfen.

Cortés setzte sich offenbar von Anfang an über den begrenzten Auftrag hinweg, als er eine offensive Streitmacht aufstellte und im Februar 1519 nach Mexiko aufbrach. Den Entzug seines Kommandos ignorierte er. Annähernd 700 Seeleute und Soldaten sowie 200 Indianer führte Cortés in das Land der Azteken. An Ausrüstung verfügte er neben einem Dutzend Schiffen über einige Geschütze und leichte Kanonen sowie etwa 15 Pferde.

Cortés schickte sich an, ein Reich zu unterwerfen, das als Militärstaat organisiert war und sich auf Tributleistungen unterworfener Völker stützte. Ein Priesterkönig stand an der Spitze der Gemeinschaft, die ihrem Kriegsgott regelmäßig Menschenopfer darbrachte. In jenen Tagen regierte Montezuma II., der zwar das Herrschaftsgebiet ausdehnen konnte, dem es aber nicht gelungen war, die Macht überall zu festigen und zu sichern. Mit dem Erscheinen der Spanier lösten sich zahlreiche Stämme der Indios aus der aztekischen Oberherrschaft und schlossen sich Cortés als Bundesgenossen an.

Die Hauptstadt der Azteken, Tenochtitlan, hatte 100 000–130 000 Einwohner und lag auf einer Insel inmitten eines Salzsees, durch Dämme und Wasserleitungen mit dem umgebenden Land verbunden. Heute befindet sich hier das Zentrum von Mexiko-City. Die Spanier waren von der Ausdehnung und der Architektur sowie von dem pulsierenden Leben der Stadt beeindruckt und scheuten nicht den Vergleich mit dem damaligen Rom und Konstantinopel. Auf dem Marsch nach Tenochtitlan trafen die Spanier gelegentlich auf

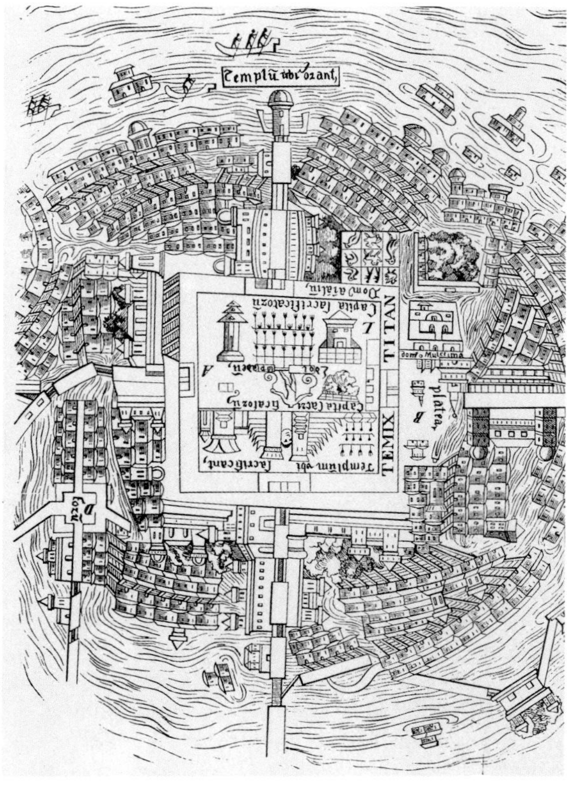


*Plan der Stadt Tenochtitlán im Jahre 1524 (auf dem Gebiet der heutigen Stadt Mexiko). In der Mitte liegt der große Opferplatz mit dem königlichen Tiergarten. Die Spanier bauten die Stadt nach der Zerstörung entsprechend der früheren Anlage wieder auf. Der Plan befindet sich in einem Bericht des Hernán Cortés an Kaiser Karl V.*

*Cortés verhandelt mit Hilfe einer Dolmetscherin mit den Tlaxcalteken. Dieser mit den Azteken verfeindete Indianerstamm verbündete sich mit den Spaniern, stellte Hilfstruppen und lieferte Lebensmittel. (Darstellung aus einer mexikanischen Bilderhandschrift.)*

Widerstand aztekischer Krieger. In der Tempelstadt Cholula kam es zu blutigen Exzessen. Cortés wurde hierfür direkt verantwortlich gemacht.

Im November 1519 erreichte die Expedition die Hauptstadt. Montezuma empfing die Fremden mit feierlichem Zeremoniell. Die Spanier hatten dennoch das Gefühl, in einer Falle zu sitzen, und machten Montezuma in einem Handstreich zu ihrem Gefangenen. Fortan wurde er als Geisel behandelt, zur Abdankung und Huldigung an Karl V. gezwungen, und damit schuf Cortés formal die rechtliche Voraussetzung zur späteren Eingliederung Mexikos ins spanische Kolonialreich. Im Frühjahr 1520 erwehrte sich Cortés erfolgreich des gegen ihn in Marsch gesetzten Truppenaufgebots des Gouverneurs von Kuba. Er nahm den Führer gefangen und veranlaßte seine Soldaten mit der Aussicht auf Teilhabe an den Goldschätzen zur Desertion.

Während seiner Abwesenheit kam es in Tenochtitlan zum Aufstand gegen die spanischen Besatzer. Zwangsbekehrungen der Einwohner gingen einher mit der Zerstörung der aztekischen Kultstätten. Durch diesen Frevel hatten die Spanier den Glauben der Azteken an die Fremden als Abgesandte des Quetzalcoatl, einer der höchsten Gottheiten, selbst zerstört. Quetzalcoatl war in der aztekischen Überlieferung ein „weißer" Gott, der einen Bart trug. Er hatte angeblich Mexiko verlassen mit der Ankündigung seiner Rückkehr zu einem bestimmten Zeitpunkt. Der aztekische Kalender ließ Raum für die Deutung, daß mit dem Jahre 1519 der Gott oder seine Abgesandten zu den Azteken kommen würden. Mit seiner Wiederkehr wurde gleichzeitig der Untergang der Welt erwartet.

Die Ankunft der Spanier, besonders ihre weiße Hautfarbe und die Barttracht machten die Azteken glauben, die Prophezeiung habe sich nun erfüllt. In dieser Überzeugung lag vermutlich auch der Grund für den wenig konsequenten Widerstand während des Anmarsches der spanischen Expedition.

Ein Blutbad der Spanier unter aztekischen Tempeltänzern war das Fanal: Der Aufstand brach los. Montezuma, schwer verwundet, starb in spanischer Gefangenschaft. Cortés kehrte in die Stadt zurück, ohne den Aufstand ersticken zu können. Die Azteken blockierten Tenochtitlan, indem sie die Verbindungsdämme einrissen und die Spanier von der Zufuhr von Lebensmitteln abschnitten. Es blieb allein noch der Ausbruch, der nur unter großen Verlusten gelang.

Im Mai 1521 erschien Cortés mit frischen Truppen – ca. 900 Spaniern und mehreren Zehntausenden an indianischen Hilfstruppen – wieder vor der Stadt und verhängte eine totale Blockade. Nach zweieinhalb Monaten erbarmungsloser Kämpfe ergaben sich die Überlebenden der Hauptstadt.

Das Aztekenreich wurde als „Neu-Spanien“ der Krone unterstellt, und Cortés übernahm als erster Gouverneur seine Verwaltung. Dabei konnte er auf die Strukturen der aztekischen Herrschaft zurückgreifen.

### 13.6.3 Die Eroberung des Inkareiches

Cortés' Expedition in das Reich der Azteken, 1521 erfolgreich abgeschlossen, hinterließ einen nachhaltigen Eindruck in der damaligen Welt und fand insbesondere unter der Schar der Abenteurer, die in erster Linie von den Nachrichten über die erbeuteten Schätze stimuliert wurden, Nachahmung im kleinen und großen Maßstab. Panama, 1519 an der Pazifikküste gegründet, war zum Treffpunkt von Entdeckern und Konquistadoren geworden. Von dort aus nahmen zahlreiche Vorstöße in noch unerforschte Regionen ihren Anfang, so in das westliche Panama, in das Gebiet von Costa Rica und Teile von Honduras, Guatemala und El Salvador.

Um 1522 tauchten Berichte über den unermeßlichen Inkaschatz auf. Sie dürften der letzte Anstoß für das Vorhaben Francisco Pizarros gewesen sein. Pizarro, um 1475 geboren, unternahm 1524 einen ersten, aber erfolglosen Anlauf. 1529 erwirkte er persönlich bei Karl V. die Vollmacht, das Inkareich für Spanien zu erobern. Ihm selbst wurde unter anderem der Posten des Gouverneurs zugesichert. Im Januar 1531 begab er sich mit ca. 200 Mann und etwa 40 Pferden auf den Marsch.

Das Reich der Inkas erstreckte sich über den Bereich der Anden zwischen Quito im Norden und Valdivia im Süden, insgesamt eine Entfernung von 4000 km. Zwischen den Orten Cajamarca und Cuzco, zwei wichtigen Stationen des Feldzugs gegen die Inkas, lagen etwa 1500 km, die in drei Monaten nach mühevollem Aufstieg durch die Schluchten und über die Pässe der Anden bewältigt wurden.

Das Inkareich weist bemerkenswerte Parallelen zum Staat der Azteken auf. Die Inkas hatten ihre Herrschaft allmählich über den ganzen Andenbereich ausgedehnt, indem sie die anderen Völker im Laufe des 15. Jahrhunderts unterwarfen und tributpflichtig machten. Um 1530 erschütterten innere Konflikte das Imperium, und Thronstreitigkeiten führten zu blutigen Kämpfen. Ihre Herrschaft über die unterworfenen Indios konnten die Inkas nie ganz sichern. Offenbar entsprang das erstaunlich leistungsfähige Straßen- und Versorgungssystem der Notwendigkeit, Truppen rasch verlegen und überall versorgen zu können. Ähnlich wie Cortés in Mexiko konnte sich Pizarro auf die Unterstützung großer Teile der unterworfenen Völkerschaften stützen.

*Ein goldenes Opfermesser aus der Inkazeit mit eingelegten Türkisen. Das Messer stellt die Figur eines Gottes dar.*

In den religiösen Vorstellungen der Inkas lassen sich ebenfalls Gemeinsamkeiten beobachten: An der Spitze des Staates stand ursprünglich ein gottähnlicher Kaiser oder König. Seine ihm zugesprochene Abkunft von der Sonne verband sich mit einem Sonnenkult, in dem der Kaiser die Funktion des obersten Priesters übernahm. Auch hier waren Menschenopfer Bestandteil des Ritus. Die Inkas lebten gleichfalls in der Erwartung der Rückkehr einer ihrer Gottheiten, und eine Prophezeiung hatte für jene Zeit die Ankunft von Fremden angekündigt, die das Imperium zerstören würden.

Pizarro zog mit seinen Truppen unter großen Strapazen durch Ecuador und marschierte, über die Lage in Peru offenbar gut informiert, auf den Inkastraßen in das Bergland von Cajamarca, Zwischenstation des Inkakaisers Atahualpa, der sich auf dem Weg nach der heiligen Stadt Cuzco, dem religiösen Zentrum der Inkas, befand. Pizarro traf den Inkafürsten in der Ortschaft Cajamarca an. Hier kam es zwar zu Gesprächen, die aber den Spaniern nur zur Vorbereitung der handstreichartigen Festnahme des Kaisers dienten. Eine zweite Begegnung lieferte mit dem provokativen Verlangen an den Inka, sich zum Christentum bekehren zu lassen, die gewünschte Handhabe, ihn gefangenzunehmen. Atahualpa bot einen Teil der Inkaschätze als Lösegeld an, das die Spanier in den folgenden acht Monaten schlichtweg durch Erpressung in astronomische Höhen trieben. Dies hinderte Pizarro aber keinesfalls daran, Atahualpa den Prozeß machen und ermorden zu lassen. Die Vorgehensweise war offenbar so ungeheuerlich, daß sie auf heftige Kritik der Zeitgenossen stieß.

Im November erreichte Pizarro Cuzco, die heilige Stadt, und besetzte sie. Hier bestieg Manco, Inkakaiser von Pizarros Gnaden, den Thron und unterstellte sich dem fernen Kaiser Karl V. Pizarro übernahm wie vereinbart das Amt des Gouverneurs. Mit ihrer anfangs nur formalen oder indirekten Herrschaft gelang es den Spaniern anschließend, ihre Macht auf das übrige Inkareich auszudehnen, überwiegend durch Unterführer Pizarros, die auch in Ecuador und Bolivien den spanischen Anspruch durchsetzen konnten. Die Eroberung Kolumbiens war 1538 abgeschlossen. Der Zugriff auf den Süden, das heutige Chile, folgte in den vierziger und fünfziger Jahren.

1537 setzten sich die Inkas in einer Aufstandsbewegung gegen die Spanier zur Wehr. Nahezu zwanzig Jahre dauerten die Unruhen an, die in einen Krieg unter den Inkas, aber auch unter den Spaniern übergingen. Pizarro kam 1541 ums Leben. Zwischen 1544 und1548 schwang sich einer seiner Brüder, Gonzalo Pizarro, zum Machthaber auf. Er wagte es sogar, Kaiser Karl V. den Gehorsam aufzukündigen, als die kaiserliche Verwaltung daranging, der selbstherrlichen Machtausübung bestimmter Konquistadorenfamilien entgegenzutreten, nicht zuletzt wegen der bedrückenden Auswirkungen auf die indianische Bevölkerung. Gonzalo Pizarro wurde als Rebell zum Tode verurteilt und hingerichtet.

Die Eroberung Perus galt den Zeitgenossen als überragende Tat der spanischen Konquista, hinter der all die anderen Unternehmungen dieser Art verblassen mußten. Neben der wirtschaftlichen Ausbeutung erlitt das Land vor allem eine gezielte kulturelle Verwüstung durch Zerstörung der nichtchristlichen Kultstätten zur „Ausrottung des Götzendienstes“ samt blutigen Menschenopfern. Die Inkaschätze wurden nicht in ihren ursprünglichen Formen von oft hohem künstlerischen Wert belassen, sondern schon an Ort und Stelle zerbrochen und eingeschmolzen, um sie abtransportieren zu können.

### 13.6.4 Die Auswirkungen der Eroberungspolitik auf die neuen Territorien und auf Europa

Die Begleitumstände der Kolonisation sind kein Ruhmesblatt der europäischen Geschichte – nicht erst aus heutiger Sicht: Erpressung, Plünderung und Raub bestimmten weitgehend die Methode der Eroberung und Einverleibung der neuen Territorien in den Herrschaftsbereich europäischer Mächte, provozierten aber auch schon den Protest spanischer Zeitgenossen. Der Dominikaner de las Casas (1474–1565), Indianermissionar und später Bischof in Mittelamerika, der sich vehement für die Rechte der Indianer einsetzte, ging mit seinen Landsleuten hart ins Gericht. So agierten sie nach seinem Urteil „wie grausame Wölfe, Tiger und Löwen, die man tagelang hat hungern lassen. Sie haben in diesen vierzig Jahren bis zum heutigen Tag nichts anderes getan und tun auch heute nichts anderes als Zerreißen, Töten, Ängstigen, Quälen, Foltern und Vernichten, auf jede nur denkbare, nie gehörte, nie gesehene, nie erlebte Art äußerster Grausamkeit.“ (Klöss, a.a.O., S. 132.)

Dies waren überwiegend Auswirkungen der „Encomienda“, der den spanischen Siedlern aufgrund einer königlichen Order übertragenen Verfügungsgewalt über die Eingeborenen. Mochte das Dekret ausdrücklich von der Arbeitsverpflichtung „als freie Personen (...) nicht als Sklaven“ sprechen und Strafen für die Mißhandlung der Indianer androhen (s. Dickmann a.a.O., S. 68), so beachteten die Siedler diesen Teil des Erlasses in der Praxis überhaupt nicht. Die Ausbeutung der Indianer als Sklaven war bis 1543 die Normalität. Auf sie wurde unerbittlich Jagd gemacht. Allerdings zeigten sie zur großen Unzufriedenheit ihrer Herren eine geringe Produktivität. Offensichtlich waren sie den Anforderungen überhaupt nicht gewachsen.

Schwarzafrikanische Sklaven traten ab 1505 an ihre Stelle, die Grundlage einer gewinnträchtigen Betätigung von Menschenhändlern, überwiegend als Konzessionäre der spanischen Krone. Der Transport von Afrika nach Amerika entwickelte sich in der Folgezeit zu einem wesentlichen Bestandteil des sogenannten **Dreieckshandels,** der drei Kontinente umspannte. Europäische Lebensweise, die den Eingeborenen aufgezwungen wurde, drückte sich nicht nur in den Arbeitsmethoden aus, sondern auch im Verzehr einiger Nah-

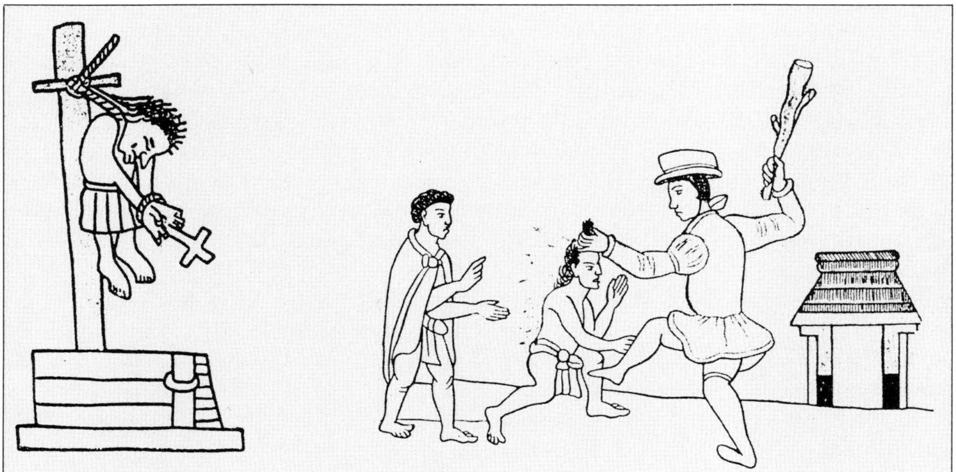

*Grausamkeiten der Spanier in Mexiko. (Aus einer mexikanischen Bilderhandschrift)*

rungsmittel und in den Kleidungsgewohnheiten – mit katastrophalen Auswirkungen. Gegen von den Europäern eingeschleppte Krankheiten, unter anderem die **Blattern,** waren die Eingeborenen schutzlos, da ihr Immunsystem auf die Erreger nicht reagierte.

Die Entdeckung und Kolonisation außereuropäischer Gebiete wirkte in vielfältiger Weise auf Europa zurück. Die Überquerung des Atlantiks veränderte traditionelle Strukturen der europäischen Wirtschaft grundlegend. Der Handel im Weltmaßstab trat an die Seite des binneneuropäischen Güteraustauschs. Die Länder des Mittelmeeres verloren ihre machtvolle Position an die Nationen an der Küste des Atlantiks. Diese Nationen wurden erbitterte Rivalen in ihrem Streben nach der **Handelshegemonie.** Alle Mächte gerieten untereinander dieses Ziels wegen in kriegerische Auseinandersetzungen. Im 16. Jahrhundert dominierten die Spanier und Portugiesen, mußten sich aber im 17./18. Jahrhundert der Vormacht Hollands und Englands beugen.

Der Strom der für die damalige Zeit ungeheuren Menge an Gold und Silber nach Spanien bewirkte eine enorme Ausweitung der Umlaufmenge an Edelmetall in Europa. Inflationäre Tendenzen sind für das 16. Jahrhundert nachweisbar. So stieg der Getreidepreis um 150 bis 200 Prozent; andere Quellen gehen weit darüber hinaus. Verschiedene Gründe, z. B. die generelle Zunahme der Bevölkerung, Kriege, Spekulation, Münzverschlechterung, mögen als Faktoren hinzukommen. Jedoch waren Preissteigerungen dort zuerst zu verzeichnen, wo das Edelmetall auf den Markt floß, so in Spanien. Größerer Geldbedarf infolge der Ausweitung des geldintensiven Handels wurde überwiegend durch das lateinamerikanische Edelmetall in Form von Münzen gedeckt. Andere kostentreibende Bereiche wie die Söldnerheere und das Beamtentum heizten die Inflation an. Sie ist als „Preisrevolution" in die Geschichtsbücher eingegangen.

Neben der Ausbeutung der Gold- und Silberquellen dienten die Kolonien auch dem Anbau von „Kolonialwaren" wie Gewürzen, Zucker, Tabak, Baumwolle. Plantagenwirtschaft unter Einsatz der aus Afrika importierten Sklaven wurde für den karibischen Raum charakteristisch. Ein Teil der Erzeugnisse, so der ursprünglich aus Indien stammende Zucker, wurde zu einer in Europa nunmehr preisgünstigen Ware. Andere Produkte waren Neuheiten, wie Tabak, Mais und Kartoffeln.

Die Ausdehnung des geographischen Horizontes erweiterte auch den geistigen Gesichtskreis. Die mittelalterliche Denkweise wandelte sich seit der späten Renaissance zumindest im Ansatz zu einer modernen Geisteshaltung. Religiöse, soziale und politische Dogmen verloren zunehmend ihre Wirksamkeit. Die Entdeckungsreisen führten zu einem neuen Weltbild. Mythen über fremde Völker wichen realistischen Bildern aus den Reiseberichten. Columbus schilderte seine Erfahrungen auf San Salvador und stellte fest, er habe „keine mißgestalteten Menschen angetroffen, wie viele gedacht hatten" (Schmidt: Dokumente zur Geschichte der euopäischen Expansion Bd. 3, S. 23 ff.). Objektive Beobachtungen mündeten in eine vergleichsweise systematische Erforschung der Neuen Welt. Eine veränderte Einstellung gegenüber dem Fremden zeichnete sich ab: Neben die bisherige mit Ängsten vermischte Überheblichkeit trat zunehmend die Anerkennung der Andersartigkeit des Neuen.

England, Frankreich und Holland traten erst um 1600 in den Kreis der Seemächte. Bis 1588 waren sie für Spanien und Portugal keine ernsthafte Gefahr, sieht man von sporadischen Überfällen der Freibeuter aus diesen Ländern ab. So zerstörten 1538 französische Piraten Habana (= Havanna) auf Kuba. Zunehmende Überfälle auf die Silberschiffe veranlaßten 1543 die spanische Admiralität, das Konvoisystem zur Sicherung der Flotte einzuführen.

Allerdings ließen die Erfolge Portugals und Spaniens die anderen atlantischen Anrainer nicht völlig unberührt. Schon früh unterstützten sie Entdeckungsfahrten in Richtung

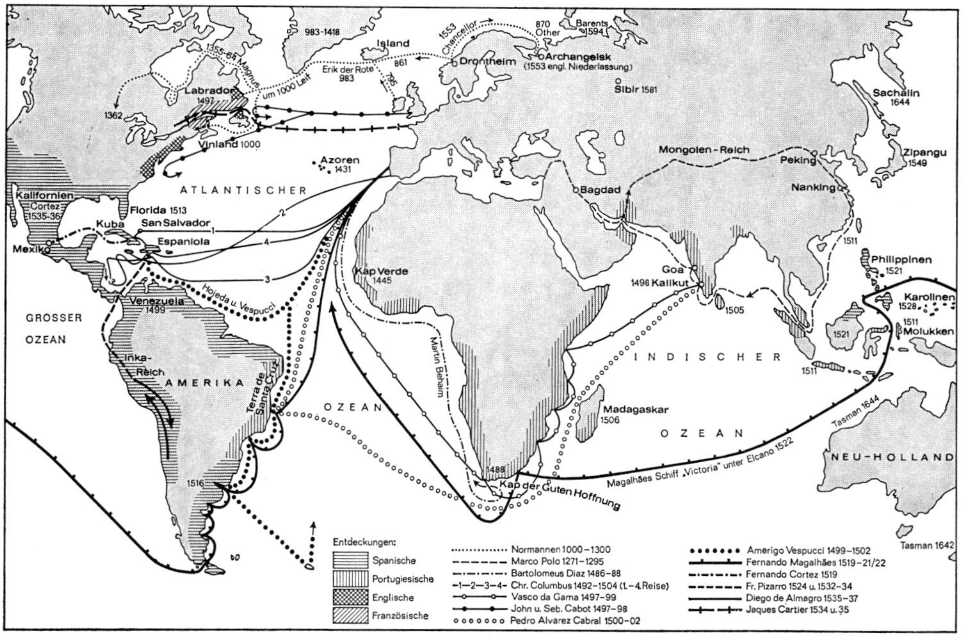


*Entdeckungsfahrten und Anfänge der europäischen kolonialen Expansion.*

Westen auf der Suche nach einer Passage nach Asien. 1497 erreichte John Cabot, eigentlich Giovanni Caboto, Venezianer genuesischer Herkunft, im Auftrag der englischen Krone die Küste Nordamerikas. Spanier und Portugiesen, die im Vertrag von Tordesillas die Einflußsphären abgesteckt hatten, reagierten nervös auf den Vorstoß einer dritten Macht. Es waren dann auch vorwiegend Portugiesen oder Seefahrer in ihrem Auftrag, die in den folgenden Jahrzehnten die nordamerikanische Küste befuhren und teilweise erkundeten.

Frankreich beteiligte sich seit 1524 an solchen Expeditionen. Der Florentiner Giovanni da Verrazzano erhielt das königliche Patent, die westliche Durchfahrt nach China zu finden. Er segelte die nordamerikanische Küste entlang, die er nach der Westpassage absuchte, und erreichte dabei die Bucht des heutigen New York. So wurde nach und nach der Verlauf der nordamerikanischen Ostküste erschlossen. Einen gewissen Abschluß bildete die Erkundung des Küstenabschnitts um den St.-Lorenz-Strom durch den Franzosen Jacques Cartier. 1534 erhielt er den Auftrag, Gebiete zu entdecken, deren vermuteter Reichtum dazu beitragen sollte, die Staatskasse zu füllen. Die erhofften Schätze brachte Cartier 1535 nicht mit, aber sein Vordringen bis in die Mündung des Flusses schloß eine Lücke im bisherigen Kenntnisstand, so daß seit dieser Zeit der Verlauf der Ostküste von Florida bis Grönland weitgehend bekannt war.

# 14 Zerfall der Glaubenseinheit

*Links: Martin Luther unter der Taube (Holzschnitt von Hans Baldung Grien, 1521) –*
*Rechts: Martin Luther unter dem Einfluß des Teufels (Holzschnitt von Erhard Schön, um 1530)*

## Zeittafel

| | |
|---|---|
| 1517 | 95 Thesen Luthers gegen Ablaßhandel in Wittenberg |
| 1519 | Kaiser Karl V. (bis 1555): Ziel der Universalmonarchie (bis 1555); Hegemonie Spaniens bis 1659 |
| 1521 | Luther auf dem Wormser Reichstag: Wormser Edikt |
| 1522 | Luther-Übersetzung des Neuen Testaments. Erhebung der Reichsritter unter Franz von Sickingen |
| 1522 | Reformation in Zürich unter Zwingli |
| ab 1524 | Deutscher Bauernkrieg (bis 1526), unter Berufung auf Luther. Thomas Müntzer (bis 1525) |
| 1526 | Ausbildung von Landeskirchen; lutherische Kirchenordnung in Kursachsen |
| 1529 | Reichstag zu Speyer: Protestatio lutherischer Reichsstände – „Protestanten". Marburger Religionsgespräch Luther-Zwingli: Einheit gescheitert |

| | |
|---|---|
| **1530** | Reichstag zu Augsburg: Vorlage der Confessio Augustana |
| **1531** | Schmalkaldischer Bund der evangelischen Reichsstände |
| **1534** | Vollständige Lutherbibel; Reich der Täufer in Münster (bis 1535); Gründung des Jesuitenordens; Entstehung der Anglikanischen Staatskirche |
| **1536** | Calvin entwickelt Prädestinationslehre |
| **1541** | Reformation Calvins in Genf |
| **1545** | Trienter Konzil in drei Phasen (bis 1562) |
| **1546** | Schmalkaldischer Krieg (bis 1547) |
| **1555** | Augsburger Religionsfriede |
| **1555/56** | Abdankung Karls V.; Teilung der Habsburger Gebiete |
| **1562** | Hugenottenkriege in Frankreich (bis 1598) |
| **1572** | Bartholomäusnacht; Aufstand der Niederlande |
| **1581** | Unabhängigkeitserklärung der Niederlande |
| **1588** | Spanische Armada gegen England gescheitert. Entscheidung auch für den Niederländischen Unabhängigkeitskrieg |
| **1598** | Edikt von Nantes: Toleranz für Hugenotten (bis 1685) |
| **1608/09** | Bildung der Union (bis 1621) und der katholischen Liga (bis 1635) |
| **1609** | Böhmischer Majestätsbrief – keine Gegenreformation in Böhmen |
| **1618** | Nach dem „Prager Fenstersturz" Beginn des Dreißigjährigen Krieges; ab 1618 bis 1623 Böhmischer Krieg |
| **1620** | Kriegseintritt Spaniens |
| **1625** | Dänisch-niedersächsischer Krieg (bis 1629) |
| **1629** | Restitutionsedikt |
| **1630** | Schwedischer Krieg (bis 1635); König Gustav Adolf fällt 1632, Wallenstein wird 1634 ermordet |
| **1635** | Frankreichs Kriegseintritt gegen Spanien; Französisch-schwedischer Krieg (bis 1648) |
| **1644** | Friedensverhandlungen in Münster und Osnabrück (bis 1648) |
| **1648** | Westfälischer Friede |

## 14.1 Reformation in Deutschland

### 14.1.1 Kirche und Frömmigkeit vor der Reformation

Die Babylonische Gefangenschaft der Kirche in Avignon (1309–1377), in dieser Zeit die Große Pest von 1347 bis 1351, in der besonders viele Priester gestorben waren, das große Abendländische Schisma (1378–1417) und die Hussitenbewegung (1418–1436) markierten Krisen der römischen Kirche. Daraufhin folgte seit den Konzilien des 15. Jahrhunderts der Ruf nach Erneuerung, „Reformatio" der Kirche „an Haupt und Gliedern". Die elementare Bedeutung der Kirche für alle Lebensbereiche ist für uns heute nur noch schwer nachzuvollziehen: Die Kirche prägte das gesamte Leben. Sakrale Veranstaltungen bestimmten den Tages-, Jahres- und Lebenslauf, kirchliche Grundsätze formten die gesellschaftliche Ordnung, Ehe und Familie, Stand und Beruf, Staat und Wirtschaft. Außerhalb des durch die Kirche gesetzten Rahmens war menschliche Existenz unmöglich. Die uns selbstverständlich gewordene Trennung von Kirche und Gesellschaft eröffnete erst die Reformation, setzte damit aber auch ungeahnte neue Energien frei, konstruktive wie destruktive.

*Wallfahrt zur Kirche der schönen Maria in Regensburg. Nach einem Pogrom wurde die Synagoge zerstört und an ihrer Stelle eine Marienkirche errichtet. Als ein Steinmetzmeister beim Abbruch der Synagoge verunglückte und dennoch am nächsten Tag seine Arbeit fortsetzte, wurde dieser Vorfall zu einer „Wunderheilung" stilisiert und aus der Kapelle eine Wallfahrtsstätte. (Holzschnitt von Michael Osterdorfer, 1519)*

Seit der Mitte des 15. Jahrhunderts waren die Päpste fast völlig weltliche Fürsten. Auch die Kirchenfürsten im Reich kümmerten sich mehr um ihre weltliche Macht als um ihre seelsorgerischen Aufgaben. Hochdotierte Kirchenämter („Pfründen") dienten der Versorgung des Hochadels, politische und gesellschaftliche Gesichtspunkte spielten bei Stellenbesetzungen eine wichtigere Rolle als geistliche Qualifikationen. So hielt die kirchliche Organisation mit den Anforderungen und Erwartungen der Menschen kaum noch Schritt. Die Kompetenz vieler Altarpriester reichte gerade zum Messe-Lesen, von reichhaltigen Spenden der Gläubigen, die sich den Eintritt ins Paradies erkaufen wollten, profitierte letztlich nur der hohe Klerus. Der Finanzbedarf für verschwenderische Lebenshaltung und politische Unternehmungen war entsprechend hoch. An manchen Orten fungierten kirchliche Institute wie Banken: In Kiel brachten sie zwischen 1488 und 1530 beinahe 50 % des Kapitalbedarfs der Bürger auf.

Kirchliche Leistungen erfolgten nicht mehr kostenlos, dies betraf die Verleihung von Pfründen und Würden, die Entscheidung über Rechtsfragen, die Erteilung von Gnaden, den Ablaß. Der Papst reagierte auf die frommen Wünsche der Leute und trug reichen Gewinn davon. „Laßt uns das Papsttum genießen, da Gott es uns verliehen hat", sagte Papst Leo X. (1513–1521) nach seiner Wahl.

In Deutschland verhinderten die Schwäche der kaiserlichen Zentralgewalt und die universale Reichsidee die Bildung einer reformierten Nationalkirche wie 1436 in Böhmen als Reaktion auf die Hussiten und 1438 in Frankreich. Daher flossen besonders aus Deutschland riesige Geldmengen nach Rom. Seit 1456 griffen Beschwerdebriefe der Reichsstände

(Gravamina deutscher Nation) diese Mißstände auf. Die Kritik richtete sich gegen kirchlich-päpstliche Finanzpraktiken und die Verweltlichung der Kirche. Dennoch galt um 1500 der Zustand der Kirche in Deutschland durchaus als positiv. Italienische Reisende rühmten die Frömmigkeit der Deutschen. Überall war ein Anwachsen der Volksfrömmigkeit festzustellen; Volksprediger traten auf, religiöse Stiftungen entstanden, zahlreiche Kirchen wurden neu erbaut. Viel Geld floß in kirchliche Kassen, ein Zeichen für den gewachsenen Wohlstand, aber auch für die unangefochtene Geltung des kirchlichen Heilswegs. Wallfahrten, die Besichtigung ständig wachsender Reliquiensammlungen waren besonders beliebt. Mit dieser äußerlichen Frömmigkeit verbanden sich Heilsangst und eschatologische Erwartungen, Angst vor dem baldigen Ende der Welt. Ablaßkäufe sollten das Fegefeuer abkürzen helfen. Das waren „gute Werke", die die Kirche gnädig ansah, mit denen die Gläubigen sich ihren Eintritt ins Paradies erkaufen wollten.

### 14.1.2 Anfänge der Reformation

Wie viele andere seiner Zeitgenossen erfaßte auch den Mönch Martin Luther die Heilsangst seiner Zeit. 1511 war er, nach abgebrochenem Jurastudium in Erfurt, als Augustinermönch nach Wittenberg gekommen, stets im Ringen um die „Gerechtigkeit Gottes" (iustitia dei), der er sich ganz sicher sein wollte. Sein Zweifel an den kirchlichen Heilmitteln, seine Frage nach dem gnädigen Gott führten ihn zu intensivem Bibelstudium. 1545 beschrieb er rückblickend diesen Erkenntnisweg:

„Wenn ich auch als Mönch untadelig lebte, fühlte ich mich vor Gott doch als Sünder, und mein Gewissen quälte mich sehr. Ich liebte nicht nur nicht – nein, ich haßte den gerechten Gott, der die Sünder straft. [...] So tobte ich in meinem wilden und verwirrten Gewissen und bemühte mich ungestüm um jene Stelle bei Paulus [Römer 1,16f.; Anm. d. Verf.], von der ich brennend gern gewußt hätte, was St. Paulus wollte." [Kurt Aland (Hrsg.), Luther Deutsch. a.a.O., S. 19f.]

Durch seine Erkenntnis, daß die Gerechtigkeit Gottes allein aus dem Glauben heraus erwächst (sola fide), geriet Luther in Konflikt mit der Vorstellung von der „Werkgerechtigkeit" der Kirche: Askese, Wallfahrten, der Kauf von Ablaß verloren an Bedeutung. Seine Deutung des Römerbriefes eröffnete eine direkte Beziehung zwischen den Gläubigen und Gott, machte eine Neudefinition kirchlicher Aufgaben nötig. Der Konflikt entzündete sich am Streit um den Ablaß, dem Nachlaß zeitlicher Sündenstrafen. Geld war immer mehr an die Stelle der Bußleistung getreten, regelte das Verhältnis zu Gott materiell, das christliche Seelenheil war zu einer Ware geworden. Daß es um mehr als nur kirchliche Interessen ging, zeigte Luthers Intervention.

1514 war der 24jährige Kardinal Albrecht von Brandenburg zum Erzbischof von Mainz gewählt worden, da er die bei jedem Amtswechsel fälligen Zahlungen an Rom selbst übernehmen wollte. Neben 14000 Dukaten mußte der Erzbischof weitere 10000 Dukaten aufbringen, weil er außer dem neuen Amt seine beiden alten, seit 1513 Erzbischof von Magdeburg und Administrator von Halberstadt, behalten wollte. Das Geld lieh er sich vom Handelshaus der Fugger; zur Rückzahlung sollte der 1515 ausgeschriebene Ablaß zum Neubau der Peterskirche in Rom dienen. Die Gelder der Gläubigen wollten der Erzbischof und der Papst zwischen Rom und Mainz teilen. So begleiteten Fuggersche Bankbeamte mit je einem Schlüssel für die zwei Schlösser des Ablaßgeldkastens die Ablaßhändler kontrollierend. Luthers Landesherr, Kurfürst Friedrich der Weise von Sachsen, erhielt keine entsprechenden Privilegien. Er selbst hatte riesige Reliquienschätze zusammengetragen und verdiente nicht schlecht an der Heiligenverehrung seiner Landeskinder. Friedrich verweigerte deshalb der Konkurrenz, Albrechts Ablaßpredigern, die Einreise

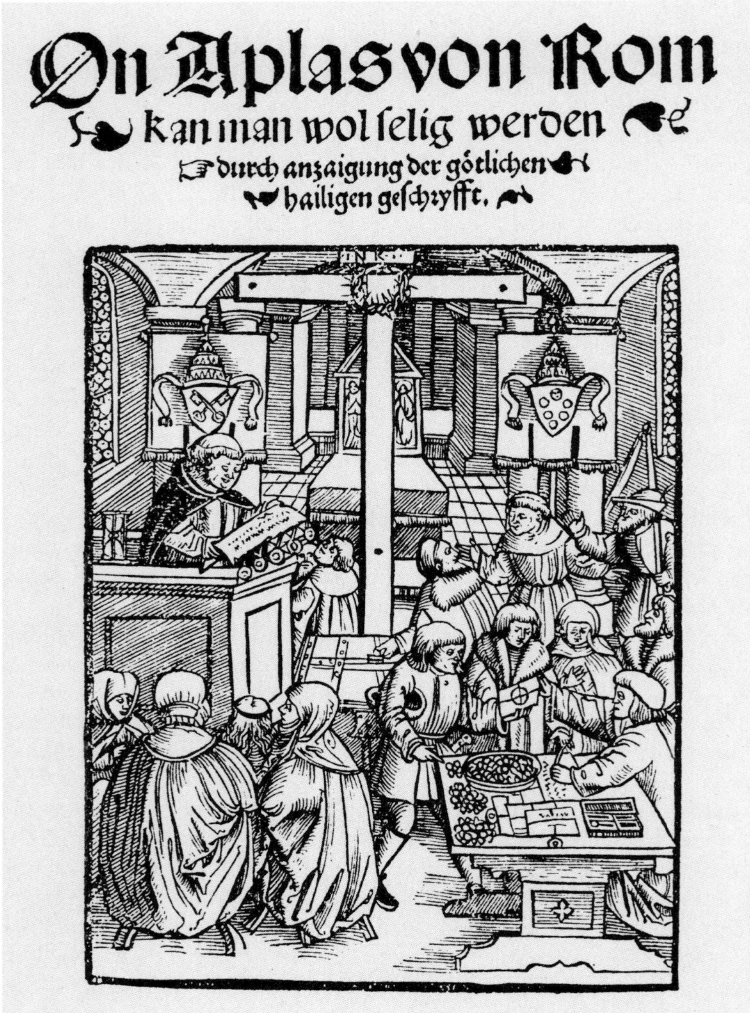


*Ablaßpredigt in einer Kirche. Titelholzschnitt aus Augsburg um 1520: „On Aplas von Rom kan man wol selig werden."*

nach Sachsen. Daraufhin verkauften diese ihren Ablaß an der Landesgrenze, so daß auch viele Wittenberger ihr Geld in Albrechts Ablaßkästen ließen.

Luther schaltete sich in diese Auseinandersetzung, in der es primär um wirtschaftlich-politische Fragen ging, 1517 ein, indem er eine Gelehrtendiskussion über das Ablaßwesen begann. Im Herbst 1517 veröffentlichte er – wohl nicht durch den Anschlag an das Tor der Schloßkirche zu Wittenberg – 95 lateinische Thesen über den Ablaß und das Wesen der wahren Buße und fügte sie einem Schreiben an den Erzbischof Albrecht von Mainz bei, in dem er die Irreführung der Gläubigen durch die Ablaßprediger beklagte. Luther wollte damit einen innerkirchlichen Disput erreichen, vergeblich. Dafür fanden seine Thesen in der breiten Öffentlichkeit ein ungeahntes Echo, das Luther dem neuen Medium, dem Buchdruck, zu verdanken hatte. Luther hatte Kopien an Freunde geschickt; wenig später erschienen, ohne sein Zutun, erste Exemplare im Druck. Im Dezember waren die Thesen in Süddeutschland bekannt, einige Monate später zirkulierten sie in ganz Europa. Niemand dachte zu diesem Zeitpunkt an Kirchenspaltung. Rom verkannte anfangs die Bedeutung der Thesen und sprach von „Mönchsgezänk", obwohl der Erzbischof von Mainz, wohl um sein Geld fürchtend, Luther schnell als Ketzer verdächtigte.

Mit der wachsenden kirchlichen Kritik an Luther wuchs seine Autorität in der deutschen Öffentlichkeit. Viele sahen in ihm die langerwartete Persönlichkeit, die endlich die nötigen Reformen der Kirche einleiten könnte. So geriet Luther in eine Rolle, die er ursprünglich nicht annehmen wollte, vielleicht auch nicht konnte: Er wurde zum Sprachrohr des Veränderungswillens in Deutschland gegen Rom, teilweise schon mit nationalem Pathos. Die Breitenwirkung brachte Luther dazu, die Gelehrtensprache Latein zu verlassen und sich immer häufiger in deutscher Sprache an die Christen zu wenden. Daher wurde sein „Sermon von Ablaß und Gnade" (1518) zur militanten Volksausgabe der ursprünglichen Thesen:

„Ob etliche mich nun wohl einen Ketzer schelten, denen solche Wahrheit in der Kasse sehr schädlich ist, so achte ich doch solches Geplärre nicht groß; sintemal das niemand tut als etliche finstere Gehirne, die nie in der Bibel gerochen, die christlichen Lehren nie gelesen, ihre eigenen Lehrer nie verstanden, sondern in ihren durchlöcherten und zerrissenen Schulmeinungen beinahe verwesen." [Kurt Aland (Hrsg.), a.a.O., Bd. 2 S. 87]

Mit diesen kritischen Tönen stieß er auf breite Zustimmung: Allein der „Sermon" erschien bis 1520 in 25 verschiedenen Ausgaben. Weitere Schriften folgten – die Auflagen erreichten bis 1520 weit über eine halbe Million, vielleicht sogar eine Million Exemplare. Ohne die Erfindung des Buchdrucks mit beweglichen Lettern wäre diese Breitenwirkung allerdings nicht denkbar gewesen. Ihr verdankt die Reformation ihre Anfangsdynamik.

### 14.1.3 Kaiser, Reich und Reformation

Um 1500, zu Beginn der Neuzeit, war das „Heilige Römische Reich Deutscher Nation" praktisch dreigeteilt: Gebiete der weltlichen Territorialfürsten; geistliche Territorien vor allem der Bischöfe; reichsunmittelbare Städte und Gebiete, die ihre Unabhängigkeit gegen Fürsten und Bischöfe durchsetzen mußten. Seit dem Hochmittelalter war das Reich immer stärker in autonome Territorien zerfallen, während die Macht des Kaisers immer schwächer wurde, ganz im Gegensatz zu den westlichen Nachbarstaaten Spanien, Frankreich und England.

Die dauerhafte Verbindung des Kaisertitels mit dem Hause Habsburg seit 1438 stärkte zwar die Hausmacht der Habsburger, schwächte aber eine nationalstaatliche Entwicklung Deutschlands, da der Kaiser als nationale Zentralgewalt in Deutschland nur begrenzte Rechte hatte. So überschritt das kaiserliche Heer, das eigentlich 40 000 Mann umfassen sollte, nie die Zahl von 20 000 Soldaten, da den Kaisern die Geldmittel fehlten. Dagegen wollte Kaiser Maximilian I. (1493–1519), den Zeitgenossen „den letzten Ritter" nannten, um 1500 die Zentralgewalt durch eine Reichsreform stärken, scheiterte aber weitgehend an den Partikularinteressen der Reichsstände.

Zum letzten Reichstag Maximilians I. war Luther geladen, um dort seine Lehren in einem Streitgespräch mit dem päpstlichen Gesandten Cajetan zu verteidigen. Der Kaiser erlebte diesen Disput nicht mehr mit, kurz vor der Ankunft Luthers verließ er Augsburg. Seinen Tod hatte er schon lange erwartet und führte deshalb ständig einen Eichensarg mit sich. Am 11. Januar 1519 legte Maximilian I. nach der letzten Ölung seine Kaiserwürde nieder. Der Versuch, noch zu Lebzeiten mit dem Gewicht der kaiserlichen Autorität die Wahl seines Enkels Karl zu seinem Nachfolger durchzusetzen, gelang ihm nicht mehr. Er hatte angeordnet, seinen Leichnam nicht einzubalsamieren; im Gegenteil, sein Fleisch sollte gegeißelt werden, die Haare geschoren und die Zähne ausgebrochen werden. Dieser Tod eines der Großen der damaligen Zeit steht noch ganz in der Tradition des mittelalterlichen Glaubens. Als Büßer und reuiger Sünder wollte er vor Gott treten, nicht anders als der letzte seiner Untertanen. Die Beisetzung des Verstorbenen erfolgte ohne große Feierlichkeiten, aus finanziellen Gründen: die Kassen des Kaisers waren meist leer, selbst das Geld für die Beerdigung hatte man sich borgen müssen. Den Machtverfall der kaiserlichen Gewalt konnte seine Beerdigung den Zeitgenossen nicht augenfälliger machen.

Nach Maximilians Tod, am 12. Januar 1519, demonstrierte die Kandidatur des spanischen Königs Carlos I., eines Enkels Maximilians, und des französischen Königs Franz I., wie sehr die Macht Deutschlands tatsächlich gesunken war. Der reformatorische Ansatz Luthers wurde zu einem politischen Problem, da er in die Waagschale der anstehenden Königswahl fallen konnte. Die Kandidatur des spanischen Habsburgers bedrohte Frankreich durch eine Umklammerung, Franz I. versuchte sie zu sprengen. Als starke Herrscher schienen jedoch beide Kandidaten auch eine Gefahr für die deutschen Fürsten. Daher brachten sie einen dritten Bewerber, den Kurfürsten Friedrich den Weisen von Sachsen, ins Gespräch, an dem auch dem Papst gelegen war. Die Entscheidung hatten die sieben Kurfürsten zu fällen, um die sofort ein kräftiges Tauziehen begann. Den Ausschlag gaben die größeren Kapitalinvestitionen Karls. Mit der Unterstützung Jakob Fuggers überbot er die französischen Bestechungsgelder, so daß der massive Geldeinsatz ihm die Mehrheit bei der Wahl brachte.

Gewählt hatten die Kurfürsten mit Karl V. den König von Spanien, der aus den Niederlanden stammte und sich nur wenig im Reichsgebiet aufhielt. Zudem sprach er kaum Deutsch und mußte sich erst in die deutschen Probleme einarbeiten. Die Fürsten verlangten von Karl V. die Achtung der Reichstraditionen, vor allem das Verbot von Reichstagen außerhalb der Reichsgrenzen und der Verwendung ausländischer Truppen im Reich. Richtungweisend wurde sein erster Reichstag 1521 in Worms.

Inzwischen hatte Luther seine Position radikalisiert. Ihn schützte die politische Entwicklung, da Papst Leo X., ins politische Spiel der europäischen Mächte verstrickt, außenpolitische Rücksichten nehmen mußte. Erst im Sommer 1520 reagierte die Kirche mit einer Bannandrohungsbulle, die 41 Lehrsätze Luthers als ketzerisch brandmarkte. Der Wittenberger Professor ließ die Widerrufsfrist von 60 Tagen verstreichen. Genau am sechzigsten Tag vollzog er symbolisch den Bruch mit der Papstkirche, als er vor dem Elstertor in Wittenberg kirchliche Rechtsbücher, Schriften seines Kontrahenten Dr. Eck und die Bannandrohungsbulle verbrannte. Das kirchliche Recht war für ihn nicht länger bindend; er fürchtete auch nicht die päpstliche Verurteilung. An die Stelle der alten Kirche konnte nun eine neue treten.

So suchte Luther 1520 Bündnispartner für eine Veränderung mit der Schrift „An den christlichen Adel deutscher Nation von des christlichen Standes Besserung". Da der geistliche Stand versagt habe, müsse sich nun die weltliche Obrigkeit der Kirchenreform annehmen. Die geistliche Gewalt des Papstes und der Bischöfe sei nicht legitimierbar. Luther setzte an ihre Stelle ein allgemeines Priestertum aller Gläubigen und forderte einschneidende Veränderungen: Abschaffung des Zölibats, Verzicht auf Wallfahrten und Reliquienverehrungen. Solche Gedanken waren höchst revolutionär. Die Übergabe des Reformationsgedankens an die Fürsten lenkte jedoch den Fortgang der Reformation in Bahnen, die sich das Volk nicht so vorgestellt hatte.

Theologischer war eine zweite große Reformschrift aus dem Jahre 1520; entsprechend auch in Latein geschrieben. Zur Generalabrechnung mit dem „Antichristen", der der Papst inzwischen für Luther war, verfaßte er die Schrift „Über die babylonische Gefangenschaft der Kirche". Unter Berufung auf das Neue Testament ließ Luther nur noch zwei der sieben Sakramente gelten: Taufe und Abendmahl.

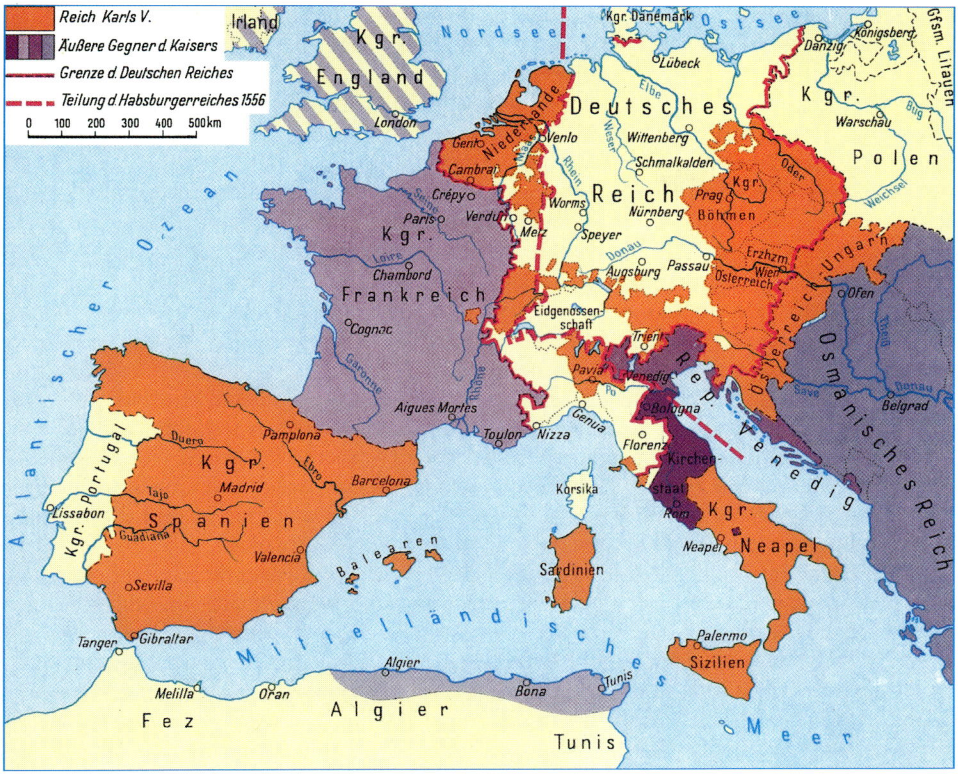


*Das Reich Karls V.*

Die meistgelesene und am meisten mißverstandene Schrift Luthers aber war „Von der Freiheit eines Christenmenschen“, in der der Reformator dialektisch Freiheit und gleichzeitige Knechtschaft des Christenmenschen verkündete:

„Ein Christenmensch ist ein freier Herr über alle Dinge und niemand untertan. Ein Christenmensch ist ein dienstbarer Knecht aller Dinge und jedermann untertan. ... so sollen wir bedenken, daß ein jeglicher Christenmensch zweierlei Natur ist, geistlicher und weltlicher.“

Die Paradoxie in diesen berühmten Sätzen Luthers erklärt sich aus seinem Menschenverständnis: Der Mensch ist aus zweierlei Natur, einer inneren geistlichen und einer äußeren, leiblichen. Freiheit sah Luther nur im geistlichen Bereich, dort ist er „von allen Geboten und Gesetzen entbunden“, dort ist er „gewißlich frei“. Luthers geistlichen Freiheitsgedanken griffen viele Zeitgenossen begeistert auf, deuteten ihn jedoch meist politisch und mißverstanden ihn damit.

### 14.1.4 Der Wormser Reichstag

Für Kaiser Karl V. bedeutete sein erster Reichstag in Worms eine große Bewährungsprobe. Mußte er sich doch nicht nur mit den Forderungen der Stände nach einer Reichsreform auseinandersetzen, sondern auch mit der Luthersache. Es war schon aufsehenerregend, daß der vom Papst im Januar 1521 endgültig gebannte Luther überhaupt noch vor den Reichstag geladen wurde, da die Reichsacht sonst unweigerlich auf den Bann folgte. Nur dem Eintreten Friedrich des Weisen hatte Luther es zu verdanken, daß er noch vor dem Reichstag erscheinen durfte.

Die Auseinandersetzung mit Luther wurde zur zentralen Frage des Wormser Reichstages, zumal im Zusammenhang mit weiteren umfassenden Klagen der Fürsten, den „100 Gravamina deutscher Nation", die der Herzog Georg von Sachsen vortrug. Karl V. mußte eine zu schroffe Konfrontation vermeiden, da er auf die politische Unterstützung der Reichsstände angewiesen war, zur Sicherung seiner Herrschaft in Italien und gegen Frankreich. Deshalb wird er wohl auch der Einladung Luthers zugestimmt haben. Trotzdem erwartete er von Luther nichts anderes als den Widerruf seiner Lehre.

Schon die Reise nach Worms wurde für Luther zu einem Triumphzug. Es schien, als ob ganz Deutschland Anteil an seinem Schicksal nahm. In Worms lehnte Luther den erwarteten Widerruf ab:

„Wenn ich nicht durch Schriftzeugnisse oder einen klaren Grund widerlegt werde – denn allein dem Papst oder den Konzilien glaube ich nicht, da es feststeht, daß sie häufig geirrt und sich auch selbst widersprochen haben –, so bin ich durch die von mir angeführten Schriftworte bezwungen. Und solange mein Gewissen durch die Worte Gottes gefangen ist, kann und will ich nichts widerrufen, weil es unsicher ist und die Seligkeit bedroht, etwas gegen das Gewissen zu tun. Gott helfe mir. Amen."

Seine Antwort wirkte wie ein Fehdehandschuh. Der junge Kaiser brach die Ermittlung abrupt ab. Am folgenden Tag machte er dem Reichstag in einem eigenhändigen Schreiben in französischer Sprache seine Entschlossenheit deutlich, künftig gegen Luther als Ketzer vorzugehen. Aber auch das war noch nicht das Ende der Untersuchung gegen Luther, da die Reichsstände sich gegen den Kaiser durchsetzten und mit Luther vor einem neu gebildeten Ausschuß unter Vorsitz des Kurfürsten Joachim von Brandenburg weiter verhandelten. Auch diesem Ausschuß gelang es nicht, den Reformator zu einem Widerruf zu bringen, so daß ihm schließlich befohlen wurde, Worms wieder zu verlassen.

Karl V. wollte die christliche Einheit erhalten, als Basis für sein universales Verständnis des Kaisertums. In Absprache mit dem päpstlichen Legaten Hieronymus Aleander, der vom Papst beauftragt war, die Umsetzung des Bannspruchs durchzusetzen, sprach Karl V. über Luther die Reichsacht aus. Das Wormser Edikt verurteilte Luther mitsamt Anhängern als Ketzer und Aufrührer, forderte seine Auslieferung an den Kaiser und ordnete die Vernichtung seiner Schriften an.

Obwohl Luther freies Geleit erhalten hatte, konnte er sich nicht sicher sein, da der Geleitsbruch Kaiser Sigismunds gegenüber dem tschechischen Reformator Jan Hus im Jahre 1415 auf dem Konzil von Konstanz unvergessen war. So sah sich der Kurfürst Friedrich von Sachsen genötigt, durch einen vorgetäuschten Überfall Luther zu seiner eigenen Sicherheit auf die Wartburg zu entführen. Nur wenige Personen wußten vom Aufenthalt Luthers, um die sächsische Regierung politisch zu entlasten.

Auf der Wartburg begann Luther das Werk, das zu seinen größten literarischen und sprachlichen Leistungen zählt: die Übersetzung des Neuen Testaments. Er schuf damit eine wesentliche Grundlage zur neuhochdeutschen Schriftsprache. In erstaunlich kurzer Zeit, von Mitte Dezember 1521 bis Ende Februar 1522, gelang ihm das Übersetzungswerk. Schon im September konnte das Neue Testament zur Leipziger Herbstmesse gedruckt vorliegen. Die Übersetzung des Alten Testaments aus dem Hebräischen brauchte viel länger, zwölf Jahre, obwohl Luther Unterstützung vor allem durch Philipp Melanchthon fand. 1534 erschien, in Wittenberg gedruckt, die ganze Heilige Schrift in Deutsch. Die reformatorische Bewegung hatte mit der deutschen Bibel eine notwendige Hilfe und Unterstützung erhalten. Seine Leistung anerkannten auch Luthers Gegner.

*Titelblatt und eine Seite aus der ersten vollständigen Bibelübersetzung Martin Luthers, gedruckt von Hans Lufft in Wittenberg (1534). Auf der Textseite steht der Anfang des ersten Psalms. Das Erscheinen der Lutherbibel war auch von großer Bedeutung für die Entwicklung der deutschen Sprache.*

Herzog Georg von Sachsen soll den verhaßten Luther dahin, wo der Pfeffer wächst, gewünscht haben, aber erst nach der Fertigstellung der deutschen Bibel.

Luther erlebte auf der Wartburg als Junker Jörg die rasche Radikalisierung der Reformation in auch für ihn ketzerische Bahnen, in der Tradition mittelalterlicher Ketzerbewegungen. Höhepunkt war 1522 in Wittenberg der erste der für spätere Reformphasen so typischen Bilderstürme. Der zerstörerische Angriff richtete sich gegen alle Heiligendarstellungen in den Kirchen, da die Bilderstürmer Bildwerke und Plastiken als heidnisch und gottlos ansahen. Luther verließ im März 1522 die Wartburg und bekämpfte leidenschaftlich die „Schwarmgeister“.

### 14.1.5 Monarchia Universalis

Maximilians Heiratspolitik (tu, felix austria, nube!) hatte Karl V. ein Riesenreich verschafft, in dem – wie er sich selbst rühmte – „die Sonne nicht unterging“. Er war von 1519 bis 1555/56 Kaiser des Heiligen Römischen Reiches Deutscher Nation, daneben Herzog von Burgund und der Niederlande, König von Neapel und Sizilien, König von Spanien und damit Herrscher über das expandierende spanische Kolonialreich. Daraus leitete Karl V. eine Vorherrschaft über die ganze Christenheit ab (Monarchia universalis); ein Anspruch, an dem er letztlich scheiterte, da er ihn politisch gegen zu viele Gegner durchsetzen mußte: Nach außen im ständigen Hegemonialkrieg (= Krieg um die Vorherrschaft – hier in Europa) gegen Frankreich und gegen die Türken, nach innen im Kampf gegen die Reformation und damit einen Teil der deutschen Fürsten. Nach der Niederlage bei Pavia 1525 gegen Karl V. verbündete sich Frankreich 1526/36 mit den Türken, um Karl V. in Europa zu schwächen. Im Kampf um die Hegemonie zerbrach endgültig der Einheitsgedanke Europas, nachdem die Glaubenseinheit schon erschüttert war. In der Folgezeit wurden immer häufiger Kriege aus angeblich religiösen Beweggründen geführt, die dahinterstehenden eigentlichen machtpolitischen Interessen waren aber kaum noch zu verschleiern.

Die vielen Kriege und seine Doppelfunktion als spanischer König und deutscher Kaiser bedingten langjährige Abwesenheiten Karls V. aus Deutschland. So konnte sich die Reformation leichter ausbreiten, weil der Kaiser für seine Kriege gegen die Türken auf die reformatorischen Reichsstände angewiesen war. Das Wormser Edikt wurde daher fast nirgends befolgt. Da auch der Stellvertreter des Kaisers, sein Bruder Ferdinand, sich kaum durchsetzen konnte, entwickelte sich die Reformation in landesfürstlich geschützten Freiräumen, mit spezifischen, an die Landesfürsten gebundenen Varianten.

An die Stelle der Erneuerung der Kirche aus eigener Kraft trat ein Kontroll- und Schutzsystem im Rahmen von Landeskirchen, die dem jeweiligen Landesherren unterstellt waren. Probleme wie die Frage der Aufhebung der Klöster und die Verwaltung der Kirchengüter wurden von oben gelöst. Ab 1526 wurden Kirchenordnungen und einheitliche Regelungen in den protestantischen Territorien erlassen. Zentrales Mittel waren sogenannte Visitationen: Gremien aus rechtskundigen Räten und Geistlichen nahmen Bestandsaufnahmen in den Gemeinden zur Vorbereitung einer Reform des kirchlichen Gemeindelebens vor. Vor allem ging es um Erfassung des kirchlichen Besitzes, da viele ehemals kirchliche Aufgaben, besonders der sozialen Fürsorge, nun den Landesherren oder Stadtverwaltungen zugefallen waren. Kirchen- und Klostergüter dienten zum Unterhalt von Kirchen, Schulen, Krankenhäusern und der Armenfürsorge, aber auch gemeinnützigen Zielen, wie dem Wege- und Brückenbau. Stand am Anfang die Inbesitznahme von Kirchengütern zu sozialen Zwecken im Vordergrund, so eigneten sich mit der Zeit immer mehr Landesherren Kirchenbesitz zur eigenen Machtvergrößerung an.

Durch die Besitzveränderungen und Verwaltungsmaßnahmen nahm die staatliche Verfügungsgewalt der Landesfürsten beträchtlich zu. Der frühneuzeitliche Staat erhielt seine weitere Ausprägung. An den Visitationsordnungen der Landesfürsten sind die religiös legitimierten Eingriffe in das alltägliche Leben der Landeskinder gut ablesbar, so an der Visitationsordnung des Landgrafen von Hessen von 1537. Sie galt nicht nur als „Reformations-“, sondern auch als „Landesordnung“, die das Glaubensleben und alle Lebensbereiche regulierte. Dadurch gab es zwar unterschiedliche evangelische Kirchenverfassungen in den einzelnen Territorien, doch die Durchdringung von kirchlichen und weltlichen Interessen führte letztlich zu einem engeren Zusammengehen der evangelischen Stände im gesamten Reich und sicherte dem Reformationsgedanken das Überleben.

Als die Türken 1529 vor Wien standen, manifestierte sich diese Koalition in der Protestation von fünf Fürsten und 14 Städten auf dem Reichstag zu Speyer, als sich die evangelischen Stände gegen die Majorisierung (durch Stimmenmehrheit Zwang ausüben) ihres Gewissens in Religionsfragen wandten. Die katholische Mehrheit wollte auf diesem Reichstag den gemäßigten Beschluß von 1526 kassieren, nach dem sich die Stände bis zu einem Konzil in der Ausführung des Wormser Edikts so verhalten sollten, „wie ein jeder solches gegen Gott und kaiserliche Majestät hofft und vertraut zu erhalten“. Ein Jahr später, auf dem Reichstag in Augsburg, mußten sich diese „Protestanten“ zum ersten Mal wieder mit Kaiser Karl V. auseinandersetzen, der den Religionsstreit dort entscheiden wollte. Philipp Melanchthon, ein gemäßigter Weggefährte Luthers, legte dem Kaiser die „Augsburger Konfession“ (Confessio Augustana) der Protestanten vor, eine Bekenntnisschrift der Lutheraner. Die katholische Reichstagsmehrheit verwarf sie und stellte die alte Kirche unter den Schutz des Landfriedens: Da die Protestanten nun Gefahr liefen, als Landfriedensbrecher behandelt zu werden, schlossen die evangelischen Reichsstände ein politisch-militärisches Bündnis, den Schmalkaldischen Bund (1531).

Unter Druck von außen arrangierte sich der Kaiser im Nürnberger Religionsfrieden 1532 vorläufig mit dem Bund. Erst die Beendigung des Krieges mit Frankreich 1544 und den Türken 1545 gab ihm freie Hand nach innen. Als auf dem Reichstag zu Worms die evangelischen Stände 1545 die Teilnahme am Konzil von Trient ablehnten, eröffnete er im Sommer 1546 den Krieg gegen den Schmalkaldischen Bund mit spanischen Truppen. Vorher war es der katholischen Seite gelungen, einige protestantische Führer aus der Oppositionsfront herauszulösen, so den Herzog Moritz von Sachsen, dem für den Kampf gegen die Glaubensgenossen die sächsische Kurwürde versprochen wurde. Nach der vollständigen militärischen Niederlage der Protestanten 1547 bei Mühlberg fanden diese aber immer wieder Unterstützung einzelner katholischer Fürsten gegen die Übermacht des Kaisers, der seinen Sieg zu weitgehenden Repressionen gegenüber den Protestanten nutzte. Er provozierte dadurch soviel Widerstand, daß eine Verschwörung der deutschen Fürstenopposition 1552, im Bündnis mit Frankreich, ihn schließlich 1555 zur Abdankung zwang.

Eine vorläufige Klärung der religiösen Fragen brachte der Reichstag von Augsburg 1555. Dort einigten sich die deutschen Fürsten und beschlossen, nach der langen Auseinandersetzung die evangelische Kirche und das Reformationsrecht der Reichsstände anzuerkennen. Den einfachen Bauern oder Bürgern gab der Religionsfriede von Augsburg noch keine freie Religionsausübung, da nur der Landesherr die Wahl zwischen den beiden Religionen hatte („Cuius regio, eius religio“). Dieser Entscheidung der Obrigkeit (Landesfürst oder Rat der Stadt) hatten die Untertanen zu folgen. Wenn sie das nicht mit ihrem Gewissen vereinbaren konnten, blieb ihnen nur die Auswanderung. Alle Institutionen des Reiches waren je zur Hälfte von Katholiken und Lutheranern zu besetzen („Parität“). Die Reformierten (Calvinisten) erfaßte diese Regelung noch nicht. Weitere unklare Kompromisse verwiesen schon auf zukünftige Konflikte, namentlich der geistliche Vorbehalt, den die Katholiken erhoben: Bei Übertritt eines geistlichen Fürsten zur Reformation durfte er nicht sein ganzes Territorium mitnehmen, sondern der Religionswechsel durfte nur für ihn persönlich gelten, nicht für seine Untertanen. Als Bestandteil der Reichsverfassung wirkte der Augsburger Friede zunächst tatsächlich befriedend, wurde sogar Vorbild für Polen (Pax Dissidentum, 1573).

## 14.2 Soziale und politische Konflikte als Folge der Reformation

### 14.2.1 Reformation und Bauernkrieg

Löste die beginnende Reformation drängende Fragen im religiös-geistigen Bereich, so bot sie aber bis 1524 keine zureichenden Antworten für wirtschaftliche, soziale und politische Fragen an, die vor allem die unteren gesellschaftlichen Gruppen interessierten. Noch lebten etwa 90 Prozent der Bevölkerung Deutschlands auf dem Lande. Die meisten Gebiete waren agrarisch bestimmt, wobei diese Strukturen in die Städte hineinreichten (Ackerbürgerstädte).

*Die Konjunktion der Planeten im Zeichen der Fische. Prophetische Ankündigung großer Veränderungen (Bauernkrieg?); Holzschnitt, 1523*

Bei allen regionalen Unterschieden war zu Beginn der zwanziger Jahre eine durchgehende Grundstimmung der Unzufriedenheit festzustellen, die schon sehr alt war. Widerspruch gegen die Verschlechterung der Lebensbedingungen in unterschiedlichen Bereichen wurde nun gezielt laut. War es in den Jahren zuvor Einzelkritik gegen erhöhte Abgabenleistungen, gegen fürstliche Mißwirtschaft, gegen die sich verstärkende Tendenz zur neuen Leibeigenschaft, so bündelte sich die Kritik ab 1524. Vor allem erhielt sie nun eine religiöse Begründung. Letztlich war auch das nicht ganz neu. Die Bundschuhbewegung hatte im ausgehenden 15. Jahrhundert und zu Beginn des 16. Jahrhunderts „göttliches Recht“ gefordert. Auf den Fahnen der Bewegung stand:

„Nichts denn die Gerechtigkeit Gottes!“

Die Reformation begünstigte solche Tendenzen, ihr anfänglicher Einfluß auf den Bauernkrieg ist unverkennbar.

Die konkreten Ursachen des Aufstandes sind immer noch umstritten und lassen sich nicht verallgemeinern. Regionalstudien haben aber in den letzten Jahren differenzierte

Ergebnisse hervorgebracht, um den Bauernkrieg zu erklären: Bevölkerungswachstum hatte den sozialen Druck und die Konflikte auf dem Lande gesteigert. Immer mehr Menschen mußten von den kaum gesteigerten Erträgen der Landwirtschaft leben, Landflucht war kaum möglich. Erschwerend kamen neue Forderungen der Grundherren oder Landesherren dazu. Konkurrierende Forderungen beeinträchtigten die Lebenssituation auf dem Lande. Der reichsunmittelbare Adel, die Reichsritter, und die ihre Macht immer weiter ausbauenden Landesherren standen sich zum Teil gegnerisch gegenüber, wie der gescheiterte Aufstand des pfälzischen Reichsritters Franz von Sickingen von 1522 zeigt. Das militärische, wirtschaftliche und politische Absinken wälzten die Ritter durch sozialen und wirtschaftlichen Druck nach unten auf ihre Bauern ab; Einschränkungen der Allmendenutzung, verstärkte Bannung des Waldes mit zusätzlichen Jagdfronen, wie dem Hundslager oder dem Hundezins, die die dörflichen Gemeinden belasteten. Gezielt gingen daher die Bauern zu Beginn ihrer Aufstände gegen diese Bannbereiche vor, so durch Ausfischen gebannter Gewässer. Hinzu kamen mit dem Ausbau der Territorialstaaten zu traditionellen Lasten und Fronen neue landesherrliche Steuern, direkte wie indirekte, seit 1500 auch die Reichssteuern. Die Landesfürsten besserten ihren Haushalt durch das Ungeld, eine Abgabe auf Wein und Bier in Höhe von 10–20 % des Kaufpreises, durch außerordentliche Steuern, um Landesschulden zu begleichen, auf. Solche unregelmäßigen Steuern konnten 5–10 % der fahrenden Habe ausmachen. War der Landesherr ein Bischof, kam bei einem Wechsel eine Weihsteuer auf die Untertanen zu. Im Kriegsfall wurde eine „Reissteuer“ (Reisige = Reiter) zur Truppenanwerbung erhoben. Die Vermehrung der Abgaben traf vor allem die wenig Begüterten. Fielen Mißernten mit Sondersteuern zusammen, mußten sich viele Bauern verschulden und gerieten in noch größere Abhängigkeit. Für die reichen Besitzbauern war allerdings die Diskrepanz zwischen wirtschaftlicher Lage und politisch-rechtlicher Stellung wichtiger.

Im Juni 1524 begann der „Bauernkrieg“ durch einen Aufstand der Bauern in Stühlingen. Dieser Initialzündung folgte keine zusammenhängende Erhebung der Bauern in ganz Deutschland, aber immerhin eine Art Flächenbrand vom Bodensee-Schwarzwald-Raum über Franken, Rheingau und Hessen bis Thüringen. Er brachte die Obrigkeiten in Bedrängnis und führte zur koordinierten Unterdrückung der Erhebungen.

Sprecher und Anführer der Aufstände stammten meist aus den mittleren und wohlhabenden Bauernschichten. Ein Bindeglied der regionalen Aufstände war der Forderungskatalog der Bauern, der zuerst in Memmingen erschien – die Zwölf Artikel. Ähnliche Forderungen der Bauern tauchten überall wieder auf.

Die Zwölf Artikel verfaßten der Kürschner Sebastian Lotzer und der Stadtprediger von Memmingen, Christoph Schappeler, Ende Februar 1525. Ihre Forderungen nach freier Pfarrerwahl und Überprüfbarkeit der Artikel durch die Bibel machen den engen Zusammenhang mit der Reformation deutlich. Die Verfasser argumentierten nicht mehr ausschließlich mit dem „alten Recht“, sondern bezogen sich hauptsächlich auf das „göttliche Recht“. Die „Freiheit eines Christenmenschen“ (Luther) nahmen sie wörtlich, denn fast alle Forderungskataloge griffen die Leibeigenschaft an. Das Evangelium gab den Rahmen für den revolutionären Schwung ab, obwohl Luther sich bald gegen diese Umdeutungen seiner Lehre aussprach. Die meisten anderen der zwölf Artikel behandelten genossenschaftliche Einschränkungen im Jagd- und Fischrecht, die Wald- und Allmendenutzung, außerdem grundherrschaftliche Fragen wie Abgabenhöhe, Dienstleistungen und die grundherrschaftliche Gerichtsbarkeit.

Die Forderungen trugen die Bauern in den Artikelbriefen ihren Grundherren vor und hofften anfangs meist auf gütliche Einigung. Sie wünschten sich vertragliche Regelungen mit dem jeweiligen Grundherren. So gingen im Herbst 1524 die Stühlinger Bauern wie-

*Gebiete des Deutschen Bauernkrieges 1524–1526*

der auseinander, nachdem ihnen ein Schiedsgerichtsverfahren zugesagt wurde. Die Herren konnten damit auf Zeit spielen, ohne direkt Versprechungen machen zu müssen. Wie problematisch diese Vertragsgläubigkeit war, zeigte sich ein Jahr später, als große Bauernheere, die die Möglichkeit zur militärischen Durchsetzung ihrer Ziele potentiell besaßen, sich durch Verträge mit Georg Truchseß von Waldburg, dem Anführer des gegen die Bauernerhebungen gebildeten Schwäbischen Bundesheeres, ausschalten ließen. Die Einzelverträge führten letztlich zur Schwächung der Gesamtbewegung. So schloß der Schwäbische Bund nach einem Erfolg gegen die oberschwäbischen Bauern bei Wurzach am 17. April 1525 den Waffenstillstand des Weingartener Vertrages, der ihm den Rücken freihielt und weitere Einzelsiege über isolierte Bauernheere ermöglichte. Die Bauern orientierten sich im Bereich ihrer Grundherrschaften und der nächsten Nachbarschaft, manchmal noch in der jeweiligen Region. In größeren, z. B. nationalen Zusammenhängen zu denken, war ihnen nicht möglich. Anders sah es auf der Seite der Fürstenheere aus. Der Schwäbische Bund war überregional geplant und wurde entsprechend eingesetzt, ständige Geldunterstützungen der Fugger hielten das Söldnerheer zusammen.

Einige Führer der Bewegung entwarfen Reformpläne, weit über die Forderungen der Zwölf Artikel hinaus. So Wendel Hipler und Friedrich Weygand von Miltenberg mit Ideen zu einer totalen Reichsreform, die den Deutschen früher den Weg zum modernen, sozialen Staat und zu einer einheitlichen, zentralisierten Nation hätten weisen können.

Gleichzeitig wollten sie in Heilbronn eine „Kanzlei“ errichten, eine Art Regierung zur Koordinierung der Bauernheere. Daraus sollte sich später eine Reichsregierung entwickeln mit zwölf Vertretern des Adels, der Bürger und Bauern. Ein stehendes Heer sollte die Fürsten zur Annahme der Zwölf Artikel zwingen und für Frieden und Recht im Reich sorgen. Hinzu kam die Säkularisation der Kirchengüter, die Abschaffung aller Zölle, eine Justiz- und Steuerreform des Reiches. Entscheidend war die Reichskomponente, die so weit ging, gleiche Maß- und Gewichtseinheiten für das gesamte Reich zu fordern. Diese Forderung fand erst nach 1871 ihre Verwirklichung.

Von Luther erwarteten viele eine Stellungnahme zugunsten der Bauern, sahen sich doch die meisten durch ihn angeregt, da er die revolutionäre Bewegung ausgelöst habe und so etwas wie ein Symbol des geistigen Widerstands geworden war. Doch inzwischen sah Luther immer deutlicher, wie sehr er auf die Fürsten zur Fortsetzung seiner Reformation angewiesen war. Der fürstliche Hofprediger in Wittenberg hatte auch nie so klar von weltlichen und politischen Reformen gesprochen, sondern zielte eher auf Ausgleich. Als er im Frühjahr 1525 gebeten wurde, zu den Zwölf Artikeln Stellung zu nehmen, ermahnte er zum Frieden. Viele Forderungen der Bauern hielt er für berechtigt. Schon vorher hatte er den Fürsten mehrfach seinen Standpunkt deutlich gemacht und vor einem möglichen Aufruhr des gemeinen Mannes gewarnt. Luther sprach sich demonstrativ gegen den Einsatz von Gewalt aus: Seine Warnung vor den zerstörerischen Folgen des Aufruhrs und Mahnung beider Seiten zur Mäßigung mündeten in dem Vorschlag eines Schiedsverfahrens durch Adlige und Stadtvertreter.

Dennoch trat ein, was Luther ab Mai 1525 gefordert hatte: Die Niederwerfung des Aufstandes. In seiner Schrift „Wider die räuberischen und mörderischen Rotten der andern Bauern" wird seine Enttäuschung über die Radikalisierung deutlich, aber wohl auch die Angst um die Entwicklung der eigenen reformatorischen Bewegung. Dieser Text war als Anhang für eine erneute Auflage der „Ermahnung zum Frieden" gedacht, wurde aber bald getrennt gedruckt und erweckte damit den Anschein, daß Luther seine Ermahnungen an die Fürsten vergessen hätte und nur noch zum Blutbad gegen die Bauern aufriefe. Den Herren versprach er das Seelenheil, wenn sie „würgen und stechen", da es „nichts Giftigeres, Schädlicheres, Teuflischeres geben kann als einen aufständischen Menschen", den man „wie einen tollen Hund totschlagen muß".

Luther war nicht bereit, für den Kampf der Bauern einzutreten, da ihr Aufstand seinem Bild von der Obrigkeit widersprach. Der weltlichen Obrigkeit war das Schwert und damit das Gewaltmonopol von Gott gegeben. Zu einer privaten Gewaltausübung durfte es daher nicht kommen. Mit dieser Einstellung verknüpfte er den Erfolg seiner reformatorischen Bewegung mit deren obrigkeitsstaatlicher Durchsetzung. Die Landesfürsten nahmen die Religionsfrage in ihre Hand, sie waren die eigentlichen Gewinner des Bauernkrieges. Die Kraft der Volksreformation, soweit sie Luther geprägt hatte, ging damit zum großen Teil verloren, mit einem gewissen Recht läßt sich nun von der Fürstenreformation sprechen.

Luthers Warnung galt besonders den vielen „falschen Propheten", den sektiererischen „Schwärmern", die sich ohne eigentliche Berechtigung auf die Heilige Schrift bezögen. Diese Warnung ist besonders auf dem Hintergrund einer leidenschaftlichen Kontroverse mit einem ehemaligen Anhänger in Thüringen zu sehen, der zu Beginn der zwanziger Jahre, wie viele andere auch, sich von Luther gelöst hatte und ein radikaler Anführer der aufständischen Bauern, Bergarbeiter und Kleinbürger geworden war: Thomas Müntzer.

Gemäß dem Motto „omnia sunt communia" verfolgte Müntzer die Gedanken der Gütergemeinschaft im Sinne früherer und späterer Sektenbewegungen, z. B. der Täufer, weshalb ihn die marxistische Geschichtsbetrachtung seit Karl Kautsky zum großen Gegenspieler Luthers und „Vorläufer des Sozialismus" (Kautsky) stilisiert. Müntzer war viel stärker als Luther noch dem Mittelalter verpflichtet, in der Tradition des apokalyptischen Messianismus. Seine prophetischen Vorstellungen gingen von einer Verwirklichung des Gottesreiches auf Erden aus: Hier wollte er das Evangelium umsetzen, als Führer und Prophet einer Gruppe von Auserwählten, für deren Zusammenleben die Gütergemeinschaft eine fast selbstverständliche Voraussetzung war. Diese Gruppen knüpften an die Ideale des Urchristentums an, am radikalen Flügel der Hussiten, der Taboriten.

Sein Gottesreich versuchte Müntzer 1525 in der Reichsstadt Mühlhausen umzusetzen. Dort stürzte er, mit Unterstützung von Arbeitern und Handwerkern, den alten Rat der Stadt und errichtete einen „ewigen Rat" mit dem Ziel der Gütergemeinschaft. Die Aufständischen in diesem thüringischen Gebiet wurden aber im nahen Frankenhausen geschlagen, von 8000 Bauern wurden 5000 im Kampf getötet, 600 gerieten in Gefangenschaft, darunter Müntzer, der wenige Tage später nach harter Folter geköpft wurde.

Nicht nur so herausgehobene Anführer des Aufstandes der Bauern erlagen dem Strafgericht der Sieger. Berichte über die grausamen Vergeltungsaktionen sind zahlreich, Hinrichtungen und Verstümmelungen waren an der Tagesordnung. Albrecht Dürer hat für diese vielen Opfer eine Gedächtnissäule entworfen, ein Denkmal für die über 100 000 Toten der Erhebung des gemeinen Mannes.

Auch politisch und wirtschaftlich gingen die Landesherren als Sieger aus dem Bauernkrieg hervor. Die Zerstörungen des Krieges hatte an vielen Orten die Macht des grundbesitzenden Kleinadels gebrochen. Die bäuerliche Selbstverwaltung konnte sich nach der Niederlage nicht halten, so daß die Landesfürsten ungehindert ihre Landesherrschaft ausdehnen konnten. Die Bauern blieben weiterhin weitgehend unfrei, Abgaben und Fronen lasteten noch mehrere Jahrhunderte auf ihnen. Erst das 19. Jahrhundert erfüllte die Forderungen der Zwölf Artikel. Eingeleitet vor allem durch die Bauernbefreiung im Zuge der preußischen Reformen, lösten sich ab 1807 die Bauern aus ihren Abhängigkeiten und wurden spätestens ab 1848 freie und gleichberechtigte Bürger.

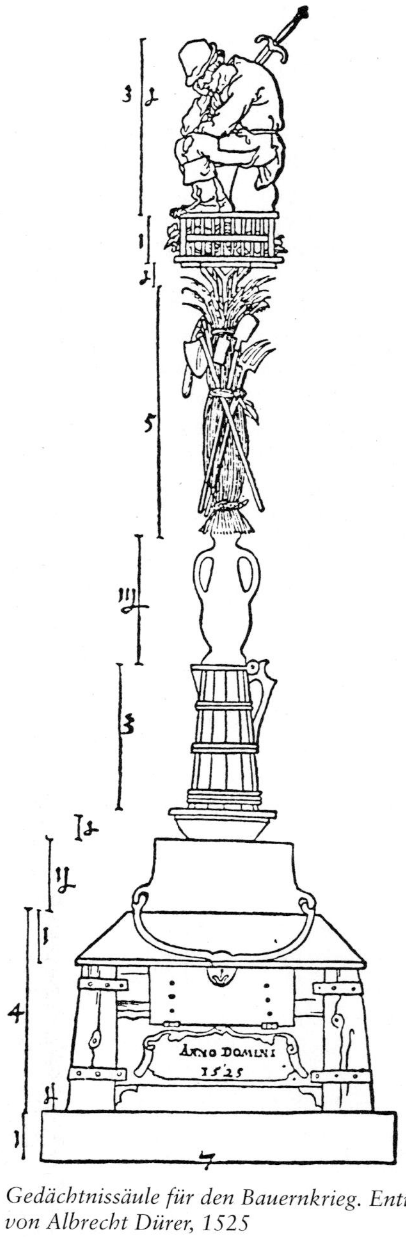

*Gedächtnissäule für den Bauernkrieg. Entwurf von Albrecht Dürer, 1525*

### 14.2.2 Die Täufer – Das Königreich Zion zu Münster

Für die Gruppe der Täufer war die Frage der Taufe im bewußten Alter, als selbständige Entscheidung also, der entscheidende Aspekt, der sie von den Lutheranern unterschied. Vielfach waren Täufergemeinden nur kurze Episoden in der Reformationsgeschichte einzelner Regionen, standen aber, wie Müntzer, in der alten Sektentradition. Geprägt von einer chiliastischen Endzeitstimmung, erwarteten die Täufer das Ende der Welt, die Errichtung eines tausendjährigen christlichen Reiches, das seine Verwirklichung zum Beispiel 1534 im Täuferreich von Münster finden sollte. Das Täuferreich war eine extreme Ausformung der allgemeinen Reformationsbewegung.

Es gibt zur Zeit noch keine allgemein akzeptierte Darstellung der Geschichte der Täufer. Theologisch-religiöse und sozialgeschichtlich-gesellschaftliche Betrachtungen unterscheiden sich beträchtlich, viele Fragen sind noch offen. Ihre sozialrevolutionäre Dimension hob van Dülmen hervor:

- Protest gegen das Ausbleiben einer sozialen Reformation;
- Widerstand gegen die Institutionalisierung einer neuen Herrschaftskirche, weil sie die Idee des allgemeinen Priestertums verdrängte;
- Protest gegen die anhaltende „Weltlichkeit" der Obrigkeit.

In der Tat liefern die sozialen Zustände einen Schlüssel zum Verständnis, warum die Täufer in Münster siegten. Die Bischofsstadt Münster litt, wie viele andere norddeutschen Hansestädte, unter dem Zerfall des Wirtschaftsbundes im 16. Jahrhundert, besonders die Tuchmacher unter der englischen Tuchhandelskonkurrenz. Arbeitslosigkeit, soziale Not, verschärft durch Mißernten und Teuerungen, machten die Bürger sektiererischen Ideen zugänglicher. Die von der wirtschaftlichen Not besonders betroffenen Gilden verbanden sich mit der protestantischen Bewegung gegen das alte Patriziat – 1533 mußte der Bischof von Münster, Franz von Waldeck, die Reformation anerkennen.

In die Wege geleitet hatte diese Bewegung der Münsteraner Reformator Bernd Rothmann, der sich anfangs auf die Lutheraner in seiner Stadt stützte, aber im Herbst 1533 Täufer wurde. Er sprach sich gegen die Kindertaufe aus und betonte urchristliche Lebensideale. Ab 1534 konnte sich dieser täuferische Trend in Münster durchsetzen. Die Lutheraner verbanden sich sogar wieder mit den Katholiken, und der Bischof drohte mit Belagerung der Stadt. Aber im Februar 1534 waren die Täufer schließlich erfolgreich und übernahmen das Stadtregiment. Einwandernde niederländische Täufer, so der Bäcker Jan Matthys aus Haarlem und der Schneider Johannes Bockelson aus Leiden, setzten sich für die Schaffung eines Neuen Jerusalem in Münster ein.

Die Rückkehr zu Prinzipien des Urchristentums bedeutete zunächst eine soziale Revolution in der Stadt. Wie bei Thomas Müntzer in Mühlhausen führten die Täufer Gütergemeinschaft ein, hoben vor allem den Handel sowie die Trennung von geistlicher und weltlicher Ordnung auf. So beschritten sie den Weg in eine neue Theokratie. Als Stellvertreter Gottes sah sich am Ende Johannes Bockelson, der sich Jan van Leiden nannte. Er gab der Stadt eine neue politische Verfassung und ernannte sich selbst zum König, gestützt auf eine ihm ergebene Leibgarde.

Wichtigste Aufgabe wurde für ihn die Verteidigung Münsters gegen die Belagerung durch den Bischof. Fast eineinhalb Jahre hielten die Belagerten stand. Die Gütergemeinschaft hatte zur Aufhebung jeglicher Privilegien geführt: Geldbesitz, Lebensmittelvorräte wurden eingezogen, nur das Notwendigste produziert. Der Besitzausgleich führte zu einem besonderen Engagement der armen Stadtbevölkerung bei der Verteidigung der Stadt, andere wurden durch physischen und psychischen Terror zur Mithilfe gezwungen.

Im Kontrast zum christlich begründeten „Kommunismus" stand die Königsauffassung Jan van Leidens. Er sah sich als neuen David, unmittelbar berufen von Gott, der das Recht hatte, einen prunkvollen Hofstaat zu unterhalten und, mitten im Elend, neue Privilegien zu genießen. Der Untergang des „Täuferreiches" war abzusehen: Gegen eine überregionale Koalition zwischen Katholiken und Protestanten blieb eine auswärtige Unterstützung für die Täufer aus. 1535 fiel Münster schließlich wieder an den Bischof. Wie schon 1525 war die Rache der Sieger hart: Viele Täufer wurden hingerichtet; Münster wurde wieder katholisch.

## 14.3 Protestantismus in Europa

### 14.3.1 Spaltung der reformatorischen Bewegung: Zwingli und Calvin

Luthers Einschwenken auf die landesfürstliche Linie verstärkte einen Trend zur Opposition innerhalb der reformatorischen Bewegung, der in Ansätzen bei Thomas Müntzer vorhanden war: Den Trend zur Wiederherstellung wahrer Christenheit. Die Reformation hatte Dämme gebrochen, auch für andere Reformkonzeptionen.

Die Reformation in der Schweiz, geprägt besonders durch Huldrych Zwingli (1484–1531) in Zürich, unterschied sich anfangs kaum von der Luthers. Zwingli, der von Zürich aus weit nach Süddeutschland hinein wirkte, bestritt jedoch bald Luthers Sakramentslehre. Sein Glaubensansatz war elementarer und wirkte sich stärker auf das alltägliche Leben aus: Nicht nur der einzelne müsse dem Willen Gottes folgen, sondern auch die ganze christliche Gemeinde. Die nötige Kontrolle übernahm die Stadtobrigkeit, so daß Kirchen- und Bürgergemeinde zusammenfielen. Eine Trennung des geistlichen und weltlichen Bereichs, wie Luther sie forderte, akzeptierte Zwingli nicht. So sicherte die Stadtobrigkeit in Zürich die Reformation und überwachte ihren Fortgang. Ein Sittengericht, weltlich und geistlich besetzt, kontrollierte den Lebenswandel der Bürger, Andersgläubige wurden vehement verfolgt. Auch vor der Todesstrafe schreckten die Zwinglianer nicht zurück.

Der Streit mit den Wittenbergern entzündete sich am unterschiedlichen Verständnis des Abendmahls, mit großem Widerhall auch in der breiten Bevölkerung. Eine Einigung erzielten sie auch in ihrem Aufeinandertreffen 1529 beim Marburger Religionsgespräch nicht. Luther glaubte fest an die reale Gegenwart Christi beim Abendmahl, dagegen sahen die Anhänger Zwinglis im Abendmahl nur ein symbolisches Gedächtnismahl, eine Anwesenheit Christi lehnten sie ab. Die Feier im Sinne der christlichen Gemeinschaft entsprach eher dem genossenschaftlichen Denken der Stadtbürger. Für Luther blieb es aber dabei, seine Einsetzungsworte beim Abendmahl waren: „Das **ist** mein Leib!“, dagegen setzte Zwingli: „Das **bedeutet** mein Leib.“

Die reformatorische Bewegung war durch den Abendmahlstreit gespalten. Erst nach dem Tode Zwinglis, der 1531 im 2. Kappeler Krieg der Schweizer Protestanten mit katholischen Kantonen fiel, gelang es Martin Luther, die Protestanten in den süddeutschen Städten mit den mitteldeutschen und norddeutschen auszusöhnen. Das brachte zwar eine vorläufige Eintracht im deutschen Bereich, aber für Europa blieb die Spaltung erhalten.

Zwinglis Reformation führte Jean Calvin (1509–1564) von Genf aus, der Modellstadt seiner christlichen Gemeinde, jetzt noch radikaler weiter. An die Stelle der ganz auf die Fürstengnade angewiesenen Landeskirchen lutherischer Prägung trat die Synodalverfassung. Wie in einer alttestamentarischen Gemeinschaft übte die Kirchengemeinde alle Gewalt aus, überwachte durch ihre Ältesten die Sitten, behielt sich Hauskontrollen vor, verbot Tanz und Kartenspiel, wählte die Geistlichen, Diakone und Lehrer und übernahm die Regierung. Die demokratischen Prinzipien, aber auch die Kontrollmechanismen waren ausgeprägter als im Protestantismus. Calvin errichtete ab 1541 in Genf eine theokratische Herrschaft. Wie die Zwinglianer waren auch die Genfer Calvinisten intolerant gegenüber anderen Glaubensmeinungen, so wurden in nur vier Jahren von 15000 Einwohnern 900 verhaftet, 76 verbannt und 58 hingerichtet.

Im Zentrum der Lehre Calvins stand die Prädestinationslehre [Vorherbestimmung]. War für Luther die Gnade Gottes noch durch den Glauben zu erreichen, so meinte Calvin, daß Gott von Anbeginn einen Teil der Menschheit zum ewigen Leben, einen ande-

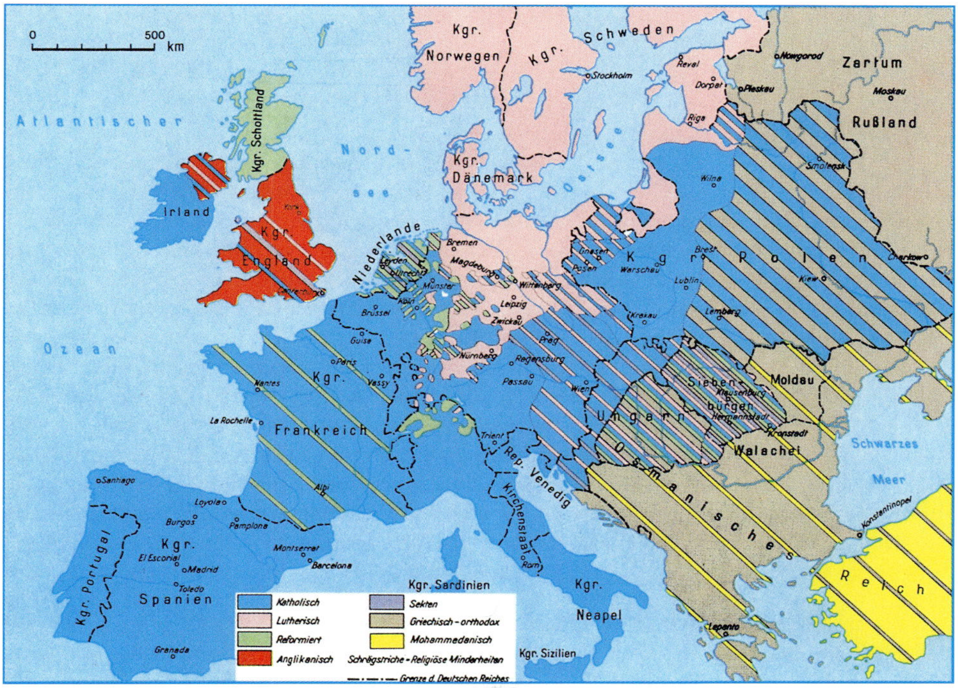


*Bekenntnisse in Europa um 1650*

ren zur Verdammnis bestimmte. Das Schicksal der Menschen war also vorherbestimmt. Aus der Bereitschaft des einzelnen, Gottes Wort in der Predigt zu hören, sich den Gemeinderegeln zu unterwerfen, meinten die Calvinisten die Vorherbestimmung zum Heil ablesen zu können. Die Suche nach solchen Erkennungssignalen spielte für sie eine wesentliche Rolle, so daß in der Folgezeit persönlicher oder wirtschaftlicher Erfolg entsprechend positiv umgedeutet wurde. Dieser Vulgärcalvinismus, von Calvin so nicht gemeint, hatte aber entscheidende Wirkung für die Gläubigen. Das Bemühen um einen fleißigen Lebenswandel orientierte sich am Profit. Wo sich Calvinisten durchsetzten, beeinflußte ihre Wirtschaftsethik vor allem die städtischen Oberschichten, Kaufleute und Manufakturbesitzer. Prosperierende Staatswesen entstanden, speziell in den Niederlanden und England.

Erst der Calvinismus, als Reform der Reformation, gab der bisher überwiegend deutschen Reformation eine europäische Dimension. Die Ausbreitung des Calvinismus wurde begünstigt durch die 1559 in Genf gegründete „Académie", heute noch Gymnasium in Genf, deren Schüler die Ideen Jean Calvins besonders in Westeuropa verbreiteten. So weitete sich der Calvinismus in Frankreich (Hugenotten), England (Puritaner), Schottland und schließlich Nordamerika, aber auch in Ungarn und Teilen des Reichs aus. Er zeigte sich universaler als das Luthertum, dessen Expansionsstreben mit dem Vorwärtsdringen des Calvinismus und der wachsenden katholischen Gegenreformation nachließ. Der Protestantismus aus Deutschland wandte sich nur noch nach Norden: Alle skandinavischen Länder übernahmen bis in die 30er Jahre des 16. Jahrhunderts den lutherischen Glauben.

Die demokratischeren Ansätze des Calvinismus hatten auch politische Sprengkraft. Da

Calvin dem Widerstandsrecht positiver gegenüberstand als Luther, fanden die Niederländer u. a. aus dem Calvinismus heraus eine Legitimation für ihren erbitterten Aufstand gegen das katholische Spanien (ab 1572) und für ihre Unabhängigkeitserklärung 1581. Aus der Unabhängigkeitserklärung der Niederlande, dem Haager Manifest (26. Juli 1581), ist folgender Auszug:

„Ein Volk ist nicht des Fürsten, sondern ein Fürst um des Volkes willen geschaffen; denn ohne das Volk wäre ja kein Fürst. Er ist dazu da, daß er seine Untertanen nach Recht und Billigkeit regiere und sie liebe wie ein Vater seine Kinder, daß er treu walte, wie ein Hirt über seine Herde. Behandelt er sie aber nicht so, sondern bloß wie Sklaven, dann hört er auf, ein Fürst zu sein und ist ein Tyrann. Die Untertanen aber haben das Recht, nach gesetzlichem Beschluß ihrer Vertreter, der Stände, wenn kein anderes Mittel mehr übrig ist, wenn sie durch keine Vorstellung ihrer Not irgendeine Versicherung der Freiheit für Leib und Gut, für Weib und Kind, von dem Tyrannen erwerben können, diesen zu verlassen. Unter dem Vorwand der Religion hat der König von Spanien eine Tyrannei einzurichten versucht und, ohne auf irgendeine Vorstellung des Landes zu achten, dessen Privilegien verletzt, den Eid gebrochen, den er auf deren Erhaltung geschworen. Und so erklären denn die Gemeinstände jetzt den König von Spanien verlustig jeden Anspruchs auf die Herrschaft in den Niederlanden; sie erkennen ihn von nun an nicht mehr als ihren Landesherrn an; sie entbinden hiermit alle Amtsleute, Obrigkeiten, Herren, Vasallen und Einwohner von dem einst Philipp II. von Spanien geleisteten Eid des Gehorsams und der Treue."

[Aus: Harald Scherrinsky u. Walter Wulf, Renaissance, Reformation und Glaubenskämpfe. a.a.O., S. 95]

In dem Maße, wie der Calvinismus in republikanisch verfaßten Staaten zu einer starken gesellschaftlichen Kraft wurde, während das Luthertum in Landesfürstentümern seine große Stärke erlangte, wurde der Calvinismus die dem frühmodernen Bürgertum adäquate Religionsform. Der calvinistische Glaube konnte sich daher auch in Ländern mit ausgeprägten bürgerlichen Machtpotentialen besonders gut durchsetzen.

Waren die Zentralgewalten – meist in Verbindung mit der wiedererstarkten katholischen Kirche – zu stark, blieb die Anziehungskraft des Calvinismus auf einen kleineren Teil beschränkt. In Frankreich wurden die Hugenotten anfangs von Teilen des Hochadels unterstützt. In den Hugenottenkriegen (1562–1598) verquickten sich daher auch innenpolitische Probleme mit der Religionsfrage. Der Bürgerkrieg war von großem Fanatismus gekennzeichnet. So ermordeten die Katholiken während der Hochzeitsfeier des calvinistischen Bourbonen Heinrich von Navarra mit der Schwester des Königs in der Bartholomäusnacht 1572 allein in Paris 3000 vor allem wegen der Hochzeit zusammengekommene Hugenotten. Viele Tausende flohen meist nach Deutschland. Erst 1598 beendete ein Edikt Heinrich von Navarras, als König Heinrich IV. wieder zum Katholizismus gewechselt, den Hugenottenkrieg. Das Edikt von Nantes war in einem besonderem Maße geprägt vom Toleranzgedanken gegenüber den Reformierten, aber Glaubensfreiheit galt nur in den Hochburgen der Hugenotten, die im Süden und Westen Frankreichs lagen. Faktisch blieb Frankreich ein katholischer Staat mit reformierten Enklaven.

### 14.3.2 Reformation in England

Ganz anders als auf dem europäischen Festland, aber von der dortigen Entwicklung beeinflußt, verlief die englische Entwicklung unter Heinrich VIII. Nicht die reformatorische Aufbruchstimmung zu Beginn des Jahrhunderts, sondern das biographische Schicksal einer einzelnen Person setzte in England eine eigenständige religiöse Umwälzung in Gang.

Noch 1521 war der englische König wegen einer antilutherischen Streitschrift von

Papst Leo X. mit dem Ehrentitel „Verteidiger des Glaubens" gewürdigt worden. Der Bruch erfolgte ab 1525, als sich Heinrich VIII. von Katharina von Aragon, einer Tante Karls V., scheiden lassen wollte. Aus dieser Ehe gingen drei Jungen und zwei Mädchen hervor, die bis auf die 1516 geborene Maria alle starben. Die Sorge um einen männlichen Erbfolger zur Sicherung der Dynastie und des Staates drängte Heinrich VIII. in eine Beziehung zu Anne Boleyn mit der gleichzeitigen Bemühung um die Annullierung der Ehe mit Katharina. Das Zögern der Kirche setzte eine allmähliche Konfrontation in Gang, die ab 1529 parlamentarisch verstärkt wurde und schließlich zur Säkularisierung des Kirchengutes führte.

1533 war der Bruch mit Rom nicht mehr aufzuhalten. Der erhoffte „Thronfolger" war unterwegs: Im Januar mußte die Trauung mit Anne Boleyn stattfinden. Der Erzbischof von Canterbury erklärte die erste Ehe für ungültig; der Papst reagierte mit der Exkommunikation für Heinrich VIII. Mit der „Suprematsakte" begründete das englische Parlament eine von Rom unabhängige englische Nationalkirche mit dem englischen König als Oberhaupt. Trotz theologisch konservativer Einstellung Heinrich VIII. setzten sich nun reformatorische Ideen in England durch. Das Gesamtergebnis war die Anglikanische Staatskirche als Kompromiß zwischen Katholizismus und calvinistischer Reformation, eine innere Spaltung, die sich bis heute fortsetzt: Die „High Church" ähnelt in hierarchischer Struktur und Liturgie weitgehend der alten Kirche, während die „Low Church" als Volkskirche eher religiösen Strömungen von unten offen ist.

Wirtschaftlich brachte diese Bewegung soziale Strukturveränderungen: Durch Schenkungen und Verkäufe ging Kirchenbesitz zum großen Teil in das Eigentum neuer Mittelschichten, des niederen Landadels (gentry) und des Wirtschaftsbürgertums in den größeren Städten, über. So entstand gleichzeitig die sozialgeschichtliche Ausgangslage zur Englischen Revolution ein Jahrhundert später, als die Krone versuchte, einen Teil des früheren Kirchenlandes wieder für die Kirche zurückzugewinnen.

Nach dem Tod Heinrich VIII. erlebte die Anglikanische Kirche in der Regentschaft für den unmündigen Eduard VI. (1547–53) eine Phase der Radikalisierung von unten, jetzt schon unter dem Vorzeichen des aufkommenden Calvinismus. Mit Heinrichs katholischer Tochter (1553–1558) folgte eine Gegenbewegung, bis zum Verbot der Anglikanischen Kirche und blutiger Verfolgung ihrer Vertreter. Elisabeth I. (1558–1603) stellte die Anglikanische Kirche 1559 wieder her, wurde aber wegen der Hinrichtung der katholisch gebliebenen Maria Stuart von Schottland und wegen der Unterstützung des Freiheitskampfes der Niederlande 1570 vom Papst exkommuniziert, womit der Bruch mit Rom endgültig war. Andererseits beschränkte Elisabeth den Einfluß der calvinistischen Puritaner, deren Führer sich im Exil auf dem Kontinent weiter radikalisiert hatten. Deren Weiterdrängen auf eine stärker puritanisch-calvinistische Ausrichtung der Anglikanischen Kirche unter den frühen Stuarts (1603–49) mündete mit in die Englische Revolution des 17. Jahrhunderts ein.

## 14.4 Gegenreformation

Die Auseinandersetzungen zwischen den Reformierten stärkten die Altkirche in ihrem Kampf um verlorenen Boden. Ihre Kraft konnte die katholische Kirche aus dem weitgehend katholisch gebliebenen Südeuropa schöpfen. Von hier aus entwickelten sich auch gegenreformatorische Strömungen. Einerseits setzte die Ordensarbeit im seelsorgerischen Bereich, für die breiten Massen direkt spürbar, neue Akzente, andererseits initiierte das Konzil von Trient (1545–1563) die Reform von oben.

Radikaler Exponent der neuen Ordensbewegungen – neben den Theatinern (zuständig für Ausbildung des Klerus; 1524 gegründet), Vincentinerinnen (Krankenpflege; 1533 gegründet) und Ursulinen (Erziehung der weiblichen Jugend; 1535 gegründet) – und der Gegenreformation wurde ab 1534 die *Gesellschaft Jesu*. Ordensgründer der Jesuiten war der baskische Adlige Ignatius von Loyola (1491?–1556) Anders als Luther kam Loyola erst spät zur Beschäftigung mit Glaubensfragen. 1521 wurde er als Offizier in einer Schlacht lebensgefährlich verwundet. Seine Leiden setzten einen Wandlungsprozeß in Gang, der Loyola zum Dienst für Gott verpflichtete. Er beendete eine erfolgreiche Offizierslaufbahn; mit zweiunddreißig Jahren setzte er sich zusammen mit Lateinschülern auf die Bank, studierte in Paris Philosophie und Theologie. Seine Veränderung war noch geprägt durch eine spätmittelalterliche Frömmigkeit. Theologischem Parteienstreit konnte er nichts abgewinnen, für ihn zählte allein der Missionsgedanke. Er baute seinen Orden streng militärisch auf: Die Mitglieder traten als Soldaten Christi bedingungslos für die christliche Sache ein, dem Ordensgeneral waren sie absoluten Gehorsam schuldig. Nach Anerkennung des Ordens durch den Papst (1540) verpflichtete ein zusätzliches Gelübde die Ordensmitglieder zu uneingeschränktem Gehorsam gegenüber dem Papst. Diese extreme Gehorsamspflicht ist wahrscheinlich eine Erklärung für die erstaunlichen kirchlichen und kulturellen Wirkungen der Jesuiten. Eine weitere liegt in der fundierten Ausbildung begründet, die die Jesuiten von ihren Mitgliedern verlangten. Ein Studium von mindestens sieben Jahren, meist zehn Jahren, war die Voraussetzung für die Zulassung. So ausgebildet, wirkte der Orden missionarisch in allen Teilen der Welt, in Afrika, Indien, China und Japan und in beiden neu entdeckten Teilen Amerikas. Für Europa und die Gegenreformation bedeutender war aber das Engagement des Ordens im Erziehungswesen. Loyola gründete Dutzende von Jesuitenseminaren, die wegen ihrer hohen Ausbildungsqualität bald überall geschätzt wurden. Viele Jesuiten übernahmen die Leitung von Universitäten; der europäische Hochadel ließ seine Söhne von Jesuiten ausbilden. Noch zu Zeiten Loyolas war der Orden auf 4000 Mitglieder angestiegen, um 1600 waren vier Fünftel der Jesuiten Lehrer, 50 Jahre später wurde der katholische Teil Europas praktisch ausschließlich von Jesuiten unterrichtet.

Sittliche Disziplinierung und religiöse Unterrichtung waren zentrale Leitlinien der Jesuitenschulen. Andererseits übernahmen die Jesuiten durchaus moderne pädagogische Vorstellungen: Körperliche Strafen waren strengstens untersagt, Wettbewerbe stachelten den Lerneifer der Schüler an. In diesen Schulen konnte sich der Katholizismus festigen und stärken.

Mitentscheidend für den Erfolg der Jesuiten war aber auch, daß die Kirchenspitze nicht mehr den desolaten Eindruck hervorrief wie zu Beginn des 16. Jahrhunderts. Hatte Papst Clemens VII. (1523–1534), ein Medici, sich noch erfolgreich gegen ein Konzil gewehrt, so zeigte sich sein Nachfolger, Paul III. (1534–1549), reformwilliger. Er leitete eine Konsolidierung der Kirche in die Wege, indem er mit drastischen Reformen begann. Er setzte die Anwesenheitspflicht der Bischöfe in ihrem Sprengel durch, förderte den Jesuitenorden und gründete 1542 die römische Inquisition (kirchliche Institution zur Ketzerverfolgung). Vor allem setzte er mit dem Konzil von Trient (1545–1563) die katholische Kirchenreform an „Haupt und Gliedern" in Gang.

Tagungsort und Dauer des Konzils machen die Probleme deutlich, mit denen die Kirchenfürsten zu kämpfen hatten. Die europäische Politik, die Rivalität Frankreich–Habsburg, spielte immer wieder in ihre Entscheidungen mit hinein. So hätte das Konzil sicherlich früher stattfinden können, wenn man sich eher auf einen Ort geeinigt hätte. Mit Trient wurde eine Stadt gefunden, die theoretisch im Heiligen Römischen Reich lag, faktisch aber zu Italien gehörte. Das ursprüngliche Ziel der Wiedervereinigung der

*Autodafé (d.h. öffentliche Vollstreckung eines Inquisitionsurteils) in Spanien. Gemälde von Pedro Berruguete (gest. 1540).*

Kirche war in den drei Sitzungsperioden über fast zwanzig Jahre hinweg nicht zu erreichen.

Hatten die Konzilsväter in der zweiten Sitzungsperiode 1551/52 noch solche Hoffnungen gehabt, weil die politischen Verhältnisse in Deutschland nach der Niederlage der Lutheraner im Schmalkaldischen Krieg die Teilnahme deutscher Protestanten in Trient erzwungen hatten, so zerschlugen sich diese Hoffnungen in der letzten Sitzungsphase von 1562 bis 1563. Die kirchlichen und politischen Verhältnisse Europas hatten sich völlig verändert: Der landesherrliche Protestantismus war durch den Augsburger Religionsfrieden in Deutschland gesichert, Königin Elisabeth hatte die Anglikanische Kirche 1559 neu begründet, in Frankreich drängten die Hugenotten die Katholiken in die Defensive, so daß zuletzt nur noch die alte Kirche in Trient vertreten war.

Bei den Diskussionen ging es um dogmatische Klärungen und die Beseitigung von Mißständen. Im Bereich der Dogmatik verhielt sich das Konzil eher konservativ. War für Luther die Schrift die einzige anzuerkennende Autorität seiner Lehre, meinte das Konzil von Trient, daß auch die sonstige Überlieferung, die Kirchentradition, gleichwertig sei. Das ausschließliche Recht der Kirche, die Schrift auszulegen, bestätigte das Konzil. Luther wurde zugestanden, daß der Glauben notwendig für die Erlösung sei, am Gedanken der Werkgerechtigkeit und der Wirksamkeit des Ablasses hielt das Konzil aber fest, auch an allen Sakramenten. Stärker verändernd griff es in die zahllosen unbestrittenen Mißbräuche ein: Persönliche Bereicherung beim Ablaßverkauf wurde verboten, ebenso Ämterkauf und Pfründenhäufung. Die Bischöfe sollten sich im Rahmen ihrer „Residenzpflicht" stärker um die seelsorgerische Verpflichtung für ihre Sprengel kümmern. Abwesenheit hatte Einziehung der Pfründe zur Folge. Die Reform sollten die Bischöfe nach unten weitergeben. Dazu mußten sie Priesterseminare einrichten, um besser qualifizierte Theologen in die Gemeinden schicken zu können.

Die wichtige Frage, wer in der katholischen Kirche die höchste Autorität hatte, Papst oder Konzil, beantwortete de facto die Praxis. Alle Beschlüsse waren dem Papst zur Genehmigung vorzulegen. Der Katholizismus ging erneuert aus dem Konzil hervor, die Aufspaltung der Christenheit blieb bis in unsere Zeit. Sie führte im ausgehenden 16. und im 17. Jahrhundert zu mehreren großen kriegerischen Konflikten.

## 14.5 Glaubens- und Machtkrieg in Deutschland

### 14.5.1 Der Dreißigjährige Krieg, 1618–1648

Gut fünfzig Jahre hielt der Kompromiß von Augsburg. Hatte die Glaubensspaltung fast überall in Europa zu ständigen großen und kleinen Konflikten geführt, so bestand im Deutschen Reich seit 1555 ein relativ friedliches Miteinander der beiden Hauptreligionen, vom Kölner Krieg (1582–85), als die Katholiken die Säkularisierung des Erzbistums Köln verhinderten, einmal abgesehen. Die Hugenottenkriege in Frankreich und der Unabhängigkeitskrieg der Niederlande hatten eine Klärung gebracht. Mit dem Sieg der calvinistischen Niederlande und dem Kompromiß in Frankreich setzte sich der Gedanke der Toleranz durch, allerdings, wie das Edikt von Nantes zeigt, nur begrenzt.

Selbst im Augsburger Religionsfrieden hatte sich die Toleranz nur bedingt durchgesetzt, denn der Calvinismus war nicht mit einbezogen. Nur in den freien Reichsstädten wurde ein Miteinander der Konfessionen möglich. Sie lieferten wichtige Erfahrungen zur praktizierten Toleranz und wiesen in die Zukunft. Zu den wenigen, die damals schon für Toleranz eintraten, gehört Zacharias Geizkofler, ein hoher Reichsbeamter, der u. a. als Berater des Kaisers tätig war. Zu Beginn des 17. Jahrhunderts erkannte er deutlich, daß die Religionskriege in anderen europäischen Ländern Deutschland eine Warnung sein müßten. Daher sprach er sich für die Gewissensfreiheit der Menschen aus: „... das der Menschen gewissen ein zartes ding, so keinen zwang leiden wollen".

Die Realität sah anders aus. Besonders die protestantischen Fürsten in Deutschland befanden sich in der Defensive. Die Gegenreformation, der Erfolg der Jesuiten, die radikale Rekatholisierung Bayerns ab 1564 mit der schrittweisen Ausschaltung der überwiegend protestantischen Stände, aber auch das Vordringen der Calvinisten setzten die Protestanten unter Druck. In den habsburgischen Gebieten in Österreich und Böhmen drohte die Gegenreformation. Als in der Reichsstadt Donauwörth die protestantische Mehrheit 1606 eine katholische Prozession verhinderte, verhängte der Kaiser 1607 die Reichsacht über die Stadt und beauftragte den katholischen Herzog Maximilian von Bayern mit der Besetzung der Stadt. Maximilian nutzte die Situation aus und annektierte Donauwörth.

Zum Eklat kam es auf dem folgenden Reichstag in Regensburg 1608: Die Protestanten forderten eine Bestätigung des Augsburger Religionsfriedens, die katholische Seite die Herausgabe aller seit 1555 erworbenen Kirchengüter. Die Protestanten verließen daraufhin den Reichstag und schlossen sich wenig später zu einem Schutzbündnis, der „Union", zusammen. Ihre Führung übernahm Kurfürst Friedrich von der Pfalz, ein Calvinist. Durch Heirat mit dem englischen Königshaus verbunden, wollte er den Einfluß Habsburgs im Reich eindämmen. Machthebel gegen die Habsburger sollte das Königreich Böhmen werden: Wählten die Böhmen einen protestantischen Herrscher, dann veränderten sich die Mehrheiten im Kurfürstenkolleg, und die katholische Seite wäre in der Minderheit. Nun wurde Friedrich erst einmal Anführer der vorwiegend süddeutschen protestantischen Stände, das lutherische Kursachsen blieb der Union fern.

Den Frieden zu erhalten war das Ziel der Union. Aber wie fast 80 Jahre zuvor mit der Bildung des Schmalkaldischen Bundes (1531) war die Kriegsgefahr durch den neu gegründeten Bund gestiegen. Hatte die eine Seite ein Bündnis geschlossen, konnte die andere Seite nicht länger zurückstehen: 1609 gründete Herzog Maximilian mit der „Liga" das katholische Gegenbündnis. Der Krieg war zwar noch nicht unvermeidlich, da beide Bündnisverträge defensiv waren. Zudem signalisierten europäische Großmächte Unterstützung, zum Teil über Religionsgrenzen hinweg: Frankreich der Union, Spanien der

Liga. Schlichtung auf gerichtlichem Wege schied aus, nachdem 1608 ein Protestant Präsident des Reichskammergerichts geworden war, den anzuerkennen die katholischen Stände sich weigerten. Es gab keine allgemein anerkannte höchste gerichtliche Instanz mehr.

Der Konflikt entzündete sich in Böhmen. Dort hatten sich die Habsburger mit einer sehr selbstbewußten ständischen Bewegung auseinanderzusetzen. 1609 hatte Kaiser Rudolf II. mit dem „Majestätsbrief" den evangelischen Ständen volle Religionsfreiheit und Kirchenhoheit zugestanden, also den Verzicht auf Rekatholisierung. Diese Konzession drohte unter dem 1617 nicht gewählten, sondern den Böhmen aufgedrängten König Ferdinand II. verlorenzugehen. Die Rekatholisierung der tschechischen Bauern begann, protestantische Kirchen wurden geschlossen, eine gerade errichtete Kirche wieder niedergerissen.

Für die böhmischen Stände ging es um ihre Existenz. Die Glaubensfrage spielte sicherlich eine Rolle. Wichtiger war aber die Aufrechterhaltung der ständischen Machtbefugnisse gegen die Habsburger. So beharrten sie auf dem Recht der Königswahl durch die Stände. Der Protest der Adelsopposition fand 1618 seinen besonderen Ausdruck durch die „Defenstrierung" – eine althergebrachte böhmische Methode der Volksjustiz – der beiden katholischen Statthalter in Prag. Der Prager Fenstersturz war das Signal für einen breiten Aufstand der Tschechen. Die Stände wählten eine provisorische Regierung, ergriffen militärische Sicherungsmaßnahmen und suchten mögliche Bündnispartner. Schließlich setzten sie den Habsburger Ferdinand ab und wählten sich als neuen König den Calvinisten Friedrich von der Pfalz, den Führer der protestantischen Union. Dessen Werben um auswärtige Verbündete hatte wenig Erfolg: Sein Schwiegervater, der König von England, Jakob I., bot sich nur als Vermittler an, Frankreich blieb neutral, auch aus Skandinavien und den Niederlanden kam keine direkte Hilfe. Das katholische Lager zeigte sich geschlossener, erhielt sogar Unterstützung durch das protestantische Kursachsen.

Die Böhmen standen auf verlorenem Posten. Friedrich floh nach der Niederlage am Weißen Berg (1620) in die Niederlande, die Pfalz wurde vom Führer der Liga, Maximilian von Bayern, besetzt, der 1623 auch die Kurwürde mit übernahm. Die Rekatholisierung und Restaurierung der alten Machtverhältnisse gingen in Böhmen schnell voran. Ferdinand II. zerschnitt den Majestätsbrief und verbrannte die Siegel. Sieben Jahre später wurde das Königreich erbliche Monarchie, der Katholizismus verbindliche Staatsreligion, so daß vielen Protestanten nur noch die Flucht aus Böhmen blieb. Der Krieg um Böhmen hatte ein schnelles Ende gefunden, so daß die gegenreformatorische Bewegung nun weitere Ansprüche stellte. Der Krieg endete nicht, er weitete sich aus und führte zu einem dreißigjährigen Flächenbrand.

Der Vormarsch des Ligaheeres und der kaiserlichen Armee unter dem böhmischen Feldherren Albrecht von Wallenstein endete nicht in der Pfalz, er ging weiter nach Norddeutschland. Der Machtzuwachs für Katholiken und Habsburger stieß jedoch auf das Mißtrauen des protestantischen Dänemark und Schwedens. Aber auch das anfänglich neutrale Frankreich sah sich bedroht. Damit wurde die Auseinandersetzung zum europäischen Krieg auf deutschem Boden. Ab 1620 war Spanien am Krieg beteiligt, 1625 griff Dänemark zur Unterstützung der norddeutschen Protestanten ein, ab 1630 Schweden, Frankreich 1635.

1629 hatte Wallenstein mit seinem Heer fast ganz Norddeutschland eingenommen. Als Dank für die geleistete Hilfe belehnte ihn der Kaiser mit dem Herzogtum Mecklenburg. Im Auftrag des Kaisers schloß Wallenstein mit Dänemark 1629 im Vertrag von Lübeck einen Verständigungsfrieden. Christian IV. von Dänemark behielt sein Land und das Herzogtum Holstein, mußte aber auf jede Einmischung im Reich verzichten. Der Kaiser nutzte seine neue Machtbasis aus, um die Gegenreformation massiv durchzusetzen. Im Restitutionsedikt (Restitution – Wiederherstellung) von 1629 verfügte er die Herausgabe aller geistlichen Güter, die Protestanten seit 1552 eingezogen hatten. Städte wie Magdeburg, Bremen und Halberstadt sollten wieder so katholisch werden, wie Prag es inzwischen geworden war. Ferdinand II. wollte nicht nur eine religiöse Machtverschiebung, sondern auch die Festigung seiner Position im Reich. Das sahen auch viele katholische Reichsfürsten: Der Widerstand gegen die Durchsetzung des Edikts wuchs daher im ganzen Reich. Die Kurfürsten setzten 1630 eine Überprüfung des Edikts durch, und, was für sie noch wichtiger war, sie erreichten die Absetzung Wallensteins, der ihnen zu mächtig geworden war. Im Hintergrund spielte der französische Hof eine wichtige Rolle; einerseits forcierte er die Ablösung Wallensteins, andererseits arrangierten sich die Franzosen mit den Schweden. Sie sagten Geldzahlungen zur Unterstützung eines schwedischen Heeres in Deutschland zu. Konfessionsfragen spielten fast keine Rolle mehr.

Für den schwedischen König Gustav Adolf (1594–1632) war das Vordringen des kaiserlichen Heeres an die Ostsee ein vorzüglicher Anlaß, sein Ziel, die Ostseeherrschaft („Dominium Maris Baltici") zu erreichen. Zur Befreiung der deutschen Protestanten griff Gustav Adolf 1630 in den Krieg ein. Mit finanzieller Unterstützung Frankreichs drangen die Schweden bis tief nach Bayern vor, so daß sich Ferdinand II. gezwungen sah, Wallenstein zurückzuberufen. In wenigen Monaten stellte Wallenstein ein neues Heer auf, mit dem er die Schweden langsam nach Norden abdrängte. In der Schlacht bei Lützen fiel Gustav Adolf 1632, aber Wallenstein führte den Krieg danach nur noch zögernd weiter.

Bisher hatte er an den politischen Veränderungen und dem langen Krieg gut verdient. In Böhmen erwarb er nach 1620 riesigen Grundbesitz zu Schleuderpreisen aus den Gütern vertriebener und hingerichteter protestantischer Adliger. Damit baute er sich eine materielle Basis auf, die es ihm ermöglichte, 1625 Ferdinand II. anzubieten, auf eigene Kosten ein Heer von 40000 Söldnern aufzustellen. Dies war noch typisch für die Kriegsführung zu Beginn des 17. Jahrhunderts bis in dessen Mitte hinein. Wenn wir vom schwedischen Heer oder der Habsburger Armee sprechen, dann ist damit nur gemeint, daß die dort kämpfenden Soldaten im Dienste des schwedischen oder österreichischen Königshauses standen; eine Aussage über die Nationalität der einzelnen Söldner ist damit nicht verbunden, da die Soldaten aus ganz Europa zusammenkamen, überwiegend aber Deutsche waren.

Wallensteins großes Heer mußte versorgt werden und Ausrüstung erhalten, die Soldaten wollten ihren regelmäßigen Sold. Das konnte Wallenstein nicht alles aus eigener Tasche finanzieren, die Unkosten mußten die eroberten Gebiete tragen. Der Krieg wurde zum großen Geschäft, in dem sich Wallenstein als geschickter Geschäftsführer bewies, der riesige Gewinne für sich machte. Ihm ging es aber wohl nicht nur um Profit, nach 1632 machte er Politik auf eigene Faust. Seine Motive sind heute immer noch umstritten, ob er ein Reichsfürstentum anstrebte, eine Militärdiktatur errichten oder dem Kaiser zur unumschränkten Macht über das Reich verhelfen wollte, läßt sich nicht klar feststellen. Wahrscheinlich suchte er in eigenständigen Friedensverhandlungen mit Schweden, Brandenburg und Sachsen einen schnellen Frieden, um eine aktive Einmischung des katholischen Frankreich auf protestantischer Seite zu verhindern. Für Ferdinand II. war Wallenstein damit zum Verräter geworden. Er ließ ihn ächten und forderte in einem Geheimbefehl auf, „das Haupt und die vornehmsten Mitverschworenen" gefangenzunehmen oder zu töten. In Ausführung dieser Anordnung wurde Wallenstein, der sich mit wenigen Anhängern nach Eger (Cheb) zurückgezogen hatte, 1634 erstochen.

1635 verzichtete zwar der Kaiser im Frieden von Prag auf das Restitutionsedikt, über-

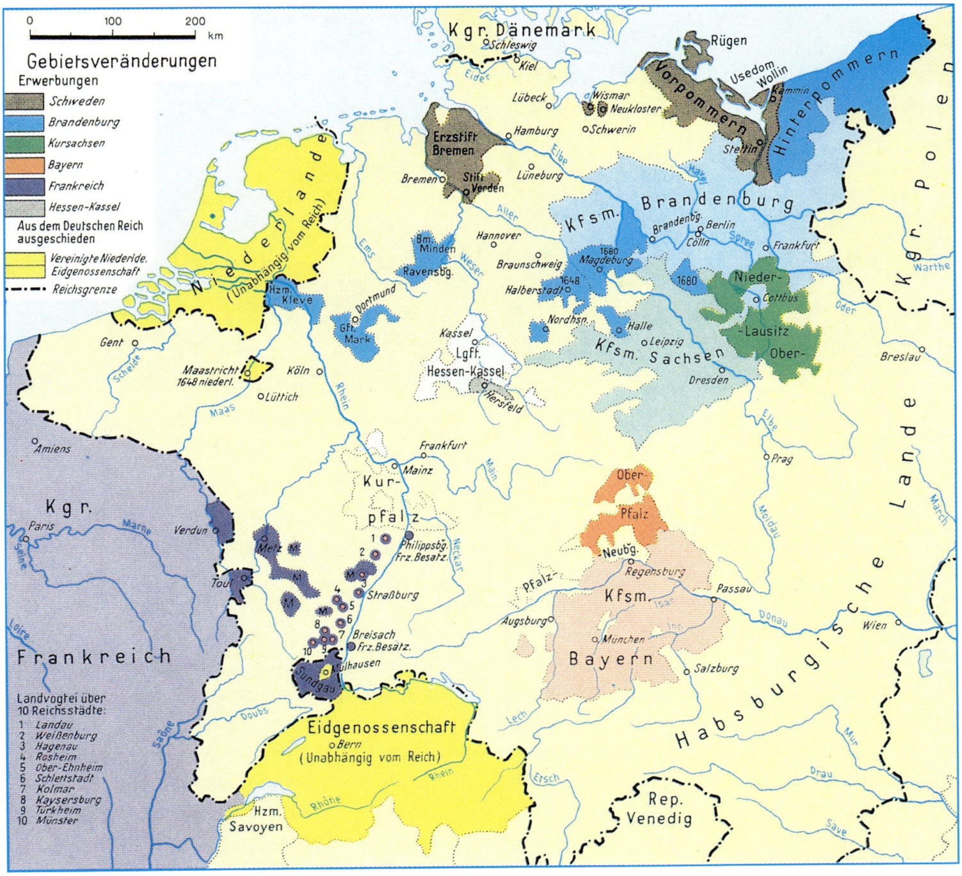


*Der Westfälische Friede 1648*

nahm aber den alleinigen Oberbefehl über das Reichsheer, um die Schweden aus dem Reich zu treiben. Der Kaiser stand erneut als mächtiger Sieger da, dem Ausland zu mächtig, so daß das eintrat, was Wallenstein befürchtet hatte: Frankreich trat direkt in den Krieg ein.

Den Machtzuwachs des Hauses Habsburg mochte Frankreich nicht hinnehmen, es fürchtete eine Umklammerung durch die deutsche und spanische Linie der Habsburger und erklärte Spanien 1635 den Krieg. Damit verlängerte sich der Kriegsschrecken für die Zivilbevölkerung um 13 Jahre. Mochte die Religion anfangs noch eine Rolle gespielt haben, so tobte nun, vorwiegend auf deutschem Boden, ein Machtkampf um die Vormachtstellung in Europa. Die Beteiligten führten zwar ständig Friedensverhandlungen, aber die enge Bindung Schwedens an Frankreich, mit der 1638 geschlossenen Vertragsverpflichtung, nur gemeinsam Frieden zu schließen, verhinderte kleinere Lösungen, Separatfrieden zum Beispiel. Ab 1644, als große Teile Deutschlands schon völlig verwüstet waren, begannen die beteiligten Mächte ernsthaftere Friedensverhandlungen in Münster und Osnabrück. Vier Jahre lang ging der Krieg sinnlos weiter, obwohl alle erkannt hatten, daß eine Entscheidung auf dem Schlachtfeld nicht möglich war. Militärische Erfolge

*Überfall und Plünderung eines Dorfes. Radierung aus den „Großen Schrecken des Krieges“ von Jacques Callot (1633).*

sollten nur noch die Verhandlungspositionen stärken. Erst am 24. Oktober 1648 wurde es möglich, umfangreiche Vertragstexte zu unterzeichnen.

Der Westfälische Friede – im katholischen Münster wurde 1648 der Vertrag mit Frankreich, im protestantischen Osnabrück der Vertrag mit Schweden geschlossen – brachte große Veränderungen für das Reich. Er prägte die Reichspolitik bis zu seiner Auflösung 1806. Der große Verlierer war neben der notleidenden Bevölkerung das Haus Habsburg: In territorialer, politischer und religiöser Hinsicht mußte es Einbußen hinnehmen, während Frankreich und Schweden Gebietsgewinne im Reich erzielten. Schweden erhielt Vorpommern und damit die Odermündung, das Erzbistum Bremen und das Bistum Verden als Reichslehen mit dem damit verbundenen Mitspracherecht in Reichsangelegenheiten. Frankreich bekam den habsburgischen Besitz im Elsaß und das rechtsrheinische Breisach und Philippsburg. Die Schweiz und die Vereinigten Niederlande schieden endgültig aus dem Reichsverband aus.

Politisch setzte sich die Schwächung des Kaisers durch Stärkung der Landesfürsten fort. Ein wichtiges Ziel der französischen Politik, um so die Dezentralisierung des Reiches weiter voranzutreiben. Die deutschen Fürsten stiegen von der Autonomie zur Souveränität auf („Teutsche Libertät“), mit dem Recht, untereinander und mit dem Ausland Bündnisverträge zu schließen. Der Kaiser blieb bei allen Entscheidungen von den Ständen abhängig, bei einer Kriegserklärung mußte er die Zustimmung des Reichstages, der ab 1663 nur noch in Regensburg tagte, einholen. Das Reich war nur noch ein lockerer Staatenbund, eine einheitliche Reichspolitik war kaum noch möglich. Damit wurde der Weg für die noch eigenständigere Entwicklung der Territorialstaaten frei, von denen es in Deutschland rund 300 kleine und kleinste selbständige Herrschaftsgebiete gab.

In der Religionsfrage bestätigte die Friedensregelung den Augsburger Religionsfrieden von 1555, jetzt unter Einbeziehung der Calvinisten. Für die Untertanen war entscheidend, daß sie sich nicht mehr an der Konfession ihres Landesherren ausrichten mußten. Sie brauchten also nicht mehr meist politisch motivierte Religionswechsel ihrer Fürsten mitzumachen. Trotzdem war das noch keine Religionsfreiheit in unserem Sinne. Zur Orientierung diente der Konfessionsstand des Jahres 1624, das als „Normaljahr“ für Besitz- und Bekenntnisstand galt. Die hier festgeschriebene Glaubensspaltung überdauerte die nächsten Jahrhunderte.

### 14.5.2 Auswirkungen des Krieges auf die Gesellschaft

Die Kriegserlebnisse zwischen 1618 und 1648 in diesem europäischen Krieg sind Erfahrungen, die die betroffene Bevölkerung in diesem Ausmaß erst wieder in den Weltkriegen des 20. Jahrhunderts machen mußte. Insbesondere an der Einbeziehung der Zivilbevölkerung, die von direktem Kriegseinfluß, durch Abgabeleistungen, Plünderungen, Krankheiten und Hunger betroffen war, lassen sich die Schrecken unserer konventionellen Kriege wiedererkennen.

Über die eigentlichen wirtschaftlichen und sozialen Folgen des Krieges gibt es unterschiedliche Vorstellungen. Die zeitgenössischen Schilderungen über Zerstörungen und Verwüstungen darf man sicher nicht verallgemeinern. Für genaue Untersuchungen fehlen aber verwertbare Quellen, so daß zum Beispiel die Schätzungen über die Bevölkerungsverluste sehr unterschiedlich ausfallen. Der Rückgang der Bevölkerung, meist mehr durch Hunger und Seuchen bedingt, betrug in manchen Gebieten über 50 Prozent. Betroffen war der Bereich, in dem die Kämpfe ständig hin und her gingen, von Mecklenburg und Pommern im Norden über Thüringen in den pfälzischen und württembergischen Raum. Andere Gebiete, wie der Nordwesten des Reiches oder die Habsburger Erblande blieben fast ganz verschont. Die Gesamtverluste werden auf 30 bis 40 Prozent geschätzt, die Bevölkerung wird wahrscheinlich von etwa 16 Millionen 1618 auf ca. 10 Millionen 1650 gesunken sein. Das sind nüchterne, auch nicht unumstrittene Zahlen, hinter denen Entsetzen, persönliches Leid und Lebensangst stehen.

Auf dem Land waren die Folgen noch stärker spürbar als in der Stadt: Ganze Landstriche blieben unbebaut, viele Dörfer waren total zerstört oder verlassen, der Viehbestand dramatisch gesunken; in einzelnen Gebieten wie in Württemberg, Thüringen und Mecklenburg lag er unter 10 Prozent des Vorkriegsstandes. In manchen Regionen wurden die Wälder total abgeholzt; das machten die Schweden zum Beispiel mit dem Solling: Die Stämme flößten sie auf der Weser bis Bremen und verkauften das Holz an niederländische Schiffbauer. Dadurch entstand zum Teil Holzmangel, der sich, wie die Viehverluste, nach dem Krieg nur allmählich ausgleichen ließ.

Der Bevölkerungsrückgang führte zum Verfall der Agrarpreise. Die bebaute Fläche ging zwar zurück, und es wurde weniger produziert, aber es waren noch weniger Abnehmer da. Damit fiel der Wert von Landbesitz. Noch gegen Ende des 17. Jahrhunderts konnten Interessenten Bauernhöfe und Land zu einem Drittel der Vorkriegskosten erwerben. Die meisten Bauern mußten ihre Höfe mit hohen Schulden belasten, ihnen fehlte das Kapital für eine sinnvolle Neubewirtschaftung, so daß viele verschuldete Felder verwilderten und nicht selten wieder zu Wald wurden. Die Vorstellung, daß diese Situation zur Besitznahme von Land durch bisher Besitzlose, wie Tagelöhner, Wanderarbeiter oder Landhandwerker, führte, trügt. Es fanden kaum Besitzumschichtungen statt, im Gegenteil kam es vielfach durch die schlechte Kapital- und Absatzsituation nach 1648 eher zu einem sozialen Abstieg bäuerlicher Schichten. In den Gebieten östlich der Elbe, in Mecklenburg, Brandenburg und Pommern, verstärkte sich die Entwicklung in die Gutsuntertänigkeit. In Niedersachsen, in einer vom Krieg weniger betroffenen Region, kam es dagegen zu einer verstärkten Neubildung des Bauernstandes.

Die Verluste in den Städten waren ebenfalls beträchtlich. Die Gewerbeproduktion und der Handel hatten anfangs unter der allgemeinen Armut und den fehlenden Absatzmöglichkeiten zu leiden. Sie erholten sich aber noch schneller von den Kriegsfolgen. Etwa um 1670 war der Stand der Vorkriegsproduktion wieder erreicht. Im Fernhandel war es nicht möglich, an die gute Position vor 1618 anzuknüpfen. Die Flußmündungen (Weser, Elbe, Oder) waren in schwedischen Händen, die großen Handelshäuser, die weltweit arbeite-

*Mißhandlung der Zivilbevölkerung im Dreißigjährigen Krieg. Radierung aus den „Großen Schrecken des Krieges" von Jacques Callot (1633).*

*Die Leiden der Zivilbevölkerung im Dreißigjährigen Krieg. Zeitgenössische Darstellung von H. K. Franck.*

ten, hatten keine Bedeutung mehr, der deutsche Export ging drastisch zurück. Gegen die starken Nationalwirtschaften Frankreichs und Schwedens hatte das Reich kaum Chancen. Der aufkommende Merkantilismus führte zu Abgrenzungen, gegen die das Reich keine geschlossene Antwort finden konnte. Die politische Zersplitterung wurde damit auch eine wirtschaftliche mit vielen belastenden Faktoren, die erst im 19. Jahrhundert verschwanden und Deutschlands Entwicklung wieder an die westeuropäische anglichen.

## Materialien

**M 1 Schreiben Luthers an den Erzbischof Kardinal Albrecht von Mainz, 31. Oktober 1517**

[...]

Es wird im Land umhergeführt der päpstliche Ablaß unter Ew. Kurfürstlichen Gnaden Namen zum Bau von Sankt Peter. Ich will dabei gar nicht über der Ablaßprediger großes Geschrei Klage führen, das ich nicht gehört habe. Aber ich beklage die falsche Auffassung, die das arme, einfältige, grobe Volk daraus entnimmt und die jene Prediger allenthalben marktschreierisch rühmen. Denn die unglücklichen Seelen glauben infolgedessen, wenn sie nur Ablaßbriefe lösen, seien sie ihrer Seligkeit sicher; weiter glauben sie, daß die Seelen ohne Verzug aus dem Fegefeuer fahren, sobald man für sie in den Kasten einlege; diese Ablaßgnade sei ferner so kräftig, daß keine Sünde so groß sein könne, daß sie nicht erlassen und vergeben werden könnte, und hätte einer selbst (das sind ihre Worte) die Mutter Gottes geschändet: endlich soll der Mensch durch diesen Ablaß frei und los werden von aller Pein und Schuld.

Ach lieber Gott, so werden die Eurer Sorge anvertrauten Seelen, teurer Vater, zum Tode unterwiesen, und so wächst immer die schwere Verantwortung, die Ihr über alle werdet ablegen müssen. Darum habe ich nicht länger davon schweigen können.

Denn der Mensch wird durch keines Bischofs Geschenk seiner Seligkeit gewiß, da er ihrer ja nicht einmal durch das Geschenk der göttlichen Gnade versichert wird: vielmehr befielt uns der Apostel, allezeit mit Furcht und Zittern an unserm Heile zu arbeiten, und auch der Gerechte wird kaum gerettet werden...

Warum machen sie also durch falsche Fabeln und Verheißungen vom Ablaß das Volk sicher und ohne Furcht, wo doch der Ablaß den Seelen nichts nützt zu ihrem Heil oder ihrer Heiligkeit, sondern nur die äußerliche Pein wegnimmt, die ehemals nach den Canones auferlegt zu werden pflegte?

Endlich sind die Werke der Gottseligkeit und Liebe unendlich viel besser denn der Ablaß, und doch predigt man sie weder mit solcher Pracht, noch mit so großem Fleiß, ja der Ablaßpredigt zuliebe wird von ihnen geschwiegen, und doch ist es aller Bischöfe vornehmliches und alleiniges Amt, zu sorgen, daß das Volk das Evangelium und die Liebe Christi lerne. Nirgends hat Christus befohlen, den Ablaß zu predigen: aber das Evangelium zu predigen, hat er nachdrücklich befohlen. Welche Schande für einen Bischof, und überdies, wie gefährlich ist es für ihn, wenn er für das Evangelium kein Wort übrig hat und bloß den Ablaßlärm in sein Volk ausgehen läßt und sich darum mehr bekümmert als um das Evangelium! Wird nicht Christus zu ihnen sagen: „Ihr seihet Mücken und verschluckt Kamele“, (Matth. 23, 24).

Ja noch mehr, hochwürdigster Vater in dem Herrn. In der Instruktion der Kommissare, die unter Eurem Namen ausgegangen ist, heißt es – ohne Zweifel, hochwürdiger Vater, ohne Euer Wissen und Euren Willen –, „eine der vornehmsten Gnaden sei dieses unschätzbare Geschenk Gottes, dadurch der Mensch mit Gott versöhnt und alle Strafen des Fegefeuers ausgetilgt werden“; auch Reue hätten die nicht nötig, die Ablaß oder Beichtprivilegien erwürben.

[...] Der Herr behüte und bewahre Ew. Hochwürden in Ewigkeit. Amen.

Wittenberg, am Abend vor Allerheiligen im Jahre 1517.

...

Euer unwürdiger Sohn Martinus Luther,
Augustiner, berufener Doktor der h. Theologie

Aus: Herbert Krieger (Hrsg.), Die Neuzeit, a.a.O., 42f.

**M 2**

*Zu Martin Luthers bedeutenden Reformationsschriften (vgl. Text S. 330f.) gehört auch der folgende: Von weltlicher Obrigkeit, wie weit man ihr Gehorsam schuldig sei, 1523:*

Darum hat Gott die zwei Regiment verordnet: das geistliche, welches Christen und fromm Leut macht durch den Heiligen Geist, unter Christo, und das weltliche, welches den Unchristen und Bösen wehret, daß sie äußerlich müssen Fried halten und still sein ohn ihren Dank. Also deutet S. Paulus das weltliche Schwert, Röm. 13, 3, und spricht, es sei nicht den guten, sondern den bösen Werken zu fürchten. Und Petrus spricht, es sei zur Rache über die Bösen gegeben.

Wenn nun jemand wollt die Welt nach dem Evangelio regieren und alles weltliche Recht und Schwert aufheben und vorgeben, sie wären alle getauft und Christen, unter welchen das Evangelium will kein Recht noch Schwert haben, auch nicht not ist: Lieber, rat, was würde derselbe machen, Er würde den wilden, bösen Tieren die Band und Ketten auflösen, daß sie jedermann zerrissen und zerbissen, und daneben vorgeben, es wären feine, zahme, kirre Tierlein. Ich würde es aber an meinen Wunden wohl fühlen. Also würden die Bösen unter dem christlichen Namen der evangelischen Freiheit mißbrauchen, ihre Büberei treiben und sagen, sie seien Christen und keinem Gesetz noch Schwert unterworfen, wie jetzt schon etlich toben und narren ...

Darum muß man diese beiden Regiment mit Fleiß scheiden, und beides bleiben lassen, eins, das fromm macht, das ander, das äußerlich Frieden schaffe und bösen Werken wehret. Keins ist ohn das ander gnug in der Welt. Denn ohn Christi geistlich Regiment kann niemand fromm werden vor Gott durchs weltlich Regiment. So gehet Christi Regiment nicht über alle Menschen, sondern allezeit ist der Christen am wenigsten und sind mitten unter den Unchristen. Wo nun weltlich Regiment oder Gesetz allein regiert, da muß eitel Heuchelei sein, wenn's auch gleich Gottes Gebot selber wären. Denn ohn den Heiligen Geist im Herzen wird niemand recht fromm, er tue, wie feine Werke er mag. Wo aber das geistlich Regiment allein regiert über Land und Leut, da wird der Bosheit der Zaum los und Raum gegeben aller Büberei, denn die gemeine Welt kanns nicht annehmen noch verstehen ...

Darum hat auch Christus kein Schwert geführt, hat auch in seinem Reich keines eingesetzt, denn er ist ein König über Christen und regiert ohn Gesetz allein durch seinen Heiligen Geist. Und wiewohl er das Schwert bestätiget, hat ers doch nicht gebraucht, denn es dienet nicht zu seinem Reich, da eitel Fromme innen sind.

Aus: Herbert Krieger (Hrsg.), Die Neuzeit, a.a.O., S. 45

**M 3**

*Unter Zusicherung freien Geleits lud Karl V. Luther zum Reichtag in Worms. Am 18. April 1521 hielt Luther eine Rede zur Verteidigung seiner Lehre.*

... Allergnädigster Kaiser, durchlauchtigste Fürsten! Mir waren gestern durch Eure allergnädigste Majestät zwei Fragen vorgelegt worden, nämlich ob ich die genannten, unter meinem Namen veröffentlichten Bücher als meine Bücher anerkennen wollte, und ob ich dabei bleiben wollte, sie zu verteidigen, oder bereit sei, sie zu widerrufen. Zu dem ersten Punkt habe ich sofort eine unverhohlene Antwort gegeben, zu der ich noch stehe und in Ewigkeit stehen werde; es sind meine Bücher, die ich selbst unter meinem Namen veröffentlicht habe, vorausgesetzt, daß die Tücke meiner Feinde oder eine unzeitige Klugheit darin nicht etwa nachträglich etwas geändert oder fälschlich gestrichen hat. Denn ich erkenne schlechterdings nur das an, was allein mein eigen und von mir allein geschrieben ist, aber keine weisen Auslegungen von anderer Seite.

Hinsichtlich der zweiten Frage bitte ich aber Euer allergnädigste Majestät und fürstliche Gnaden dies beachten zu wollen, daß meine Bücher nicht alle den gleichen Charakter tragen.

Die erste Gruppe umfaßt die Schriften, in denen ich über den rechten Glauben und rechtes Leben so schlicht und evangelisch gehandelt habe, daß sogar meine Gegner zugeben müssen, sie seien nützlich, ungefährlich und durchaus lesenswert für einen Christen. Ja, auch die Bulle erklärt ihrer wilden Gegnerschaft zum Trotz einige meiner Bücher für unschädlich, obschon sie sie dann in einem abenteuerlichen Urteil dennoch verdammt. Wollte ich also anfangen, diese Bücher zu widerrufen – wohin, frag ich, wollte das führen? Ich wäre dann der einzige Sterbliche, der eine Wahrheit verdammte, die Freund und Feind gleichermaßen bekennen, der einzige, der sich gegen das einmütige Bekenntnis aller Welt stellen würde!

Die zweite Gruppe greift das Papsttum und die Taten seiner Anhänger an, weil ihre Lehren und ihr schlechtes Beispiel die ganze Christenheit sowohl geistlich wie leiblich verstört hat. Das kann niemand leugnen oder übersehen wollen. Denn jedermann macht die Erfahrung, und die allgemeine Unzufriedenheit kann es bezeugen, daß päpstliche Gesetze und Menschenlehren die Gewissen der Gläubigen aufs jämmerlichste verstrickt, beschwert und gequält haben, daß aber die unglaubliche Tyrannei auch Hab und Gut verschlungen hat und fort und fort auf empörende Weise weiter verschlingt, ganz besonders in unserer hochberühmten deutschen Nation... Wollte ich also diese Bücher widerrufen, so würde ich die Tyrannei damit geradezu kräftigen und stützen, ich würde dieser Gottlosigkeit für ihr Zerstörungswerk nicht mehr ein kleines Fenster, sondern Tür und Tor auftun, weiter und bequemer, als sie es bisher je vermocht hat...

Die dritte Gruppe sind die Bücher, die ich gegen einige sozusagen für sich stehende Einzelpersonen geschrieben habe, die den Versuch machten, die römische Tyrannei zu schützen und das Christentum, wie ich es lehrte, zu erschüttern. Ich bekenne, daß ich gegen diese Leute heftiger vorgegangen bin, als in Sachen des Glaubens und bei meinem Stande schicklich war. Denn ich mache mich nicht zu einem Heiligen und trete hier nicht für meinen Lebenswandel ein, sondern für die Lehre Christi. Trotzdem wäre mein Widerruf auch für diese Bücher nicht statthaft; denn er würde wieder die Folge haben, daß sich die gottlose Tyrannei auf mich berufen könnte und das Volk so grausamer beherrschen und mißhandeln würde denn je zuvor.

Aber ich bin ein Mensch und nicht Gott. So kann ich meinen Schriften auch nicht anders beistehen, als wie mein Herr Christus selbst seiner Lehre beigestanden hat ... Darum bitte ich um der göttlichen Barmherzigkeit willen, Eure allergnädigste Majestät, durchlauchtigste fürstliche Gnaden oder wer es sonst vermag, er sei höchsten oder niedersten Standes, möchten mir Beweise vorlegen, mich des Irrtums überführen und mich durch das Zeugnis der prophetischen oder evangelischen Schriften überwinden. Ich werde völlig bereit sein, jeden Irrtum, den man mir nachweisen wird, zu widerrufen, ja, werde der erste sein, der meine Schriften ins Feuer wirft...

Nach diesen Worten erwiderte der Redner des Kaisers in tadelndem Ton, ich hätte meine Antwort nicht zur Sache gegeben, und was ehedem auf Konzilien verdammt und beschlossen sei, dürfe nicht erneut in Zweifel gezogen werden. Man wünsche von mir daher eine einfache Antwort ohne Spitzfindigkeiten, ob ich widerrufen wolle oder nicht.

Darauf sagte ich:

Weil denn Eure allergnädigste Majestät und fürstliche Gnaden eine einfache Antwort verlangen, will ich sie ohne Spitzfindigkeiten und unverfänglich erteilen, nämlich so: Wenn ich nicht mit Zeugnissen der Schrift oder mit offenbaren Vernunftgründen besiegt werde, so bleibe ich von den

Schriftstellen besiegt, die ich angeführt habe, und mein Gewissen bleibt gefangen in Gottes Wort. Denn ich glaube weder dem Papst noch den Konzilien allein, weil es offenkundig ist, daß sie öfters geirrt und sich selbst widersprochen haben. Widerrufen kann und will ich nichts, weil es weder sicher noch geraten ist, etwas gegen sein Gewissen zu tun.

Gott helfe mir, Amen.

Aus: Herbert Krieger (Hrsg.), Die Neuzeit, a.a.O., S. 45 ff.

*Karl V. im Kampf gegen die protestantischen Fürsten. Das Gemälde von Tizian (um 1480–1576) zeigt den Kaiser in der Schlacht von Mühlberg (1547), in der die kaiserlichen Truppen den Elbübergang erzwangen und den Kurfürsten von Sachsen, bald darauf auch den Landgrafen Philipp von Hessen gefangennahmen.*

**M 4**

*Am Tag darauf, am 19. April 1521, antwortet Karl V. Luther:*

Ihr wißt, daß ich von den allerchristlichsten Kaisern der edlen deutschen Nation, den katholischen Königen von Spanien, den Erzherzögen von Österreich und den Herzögen von Burgund abstamme, die alle bis zu ihrem Tode treue Söhne der katholischen Kirche gewesen sind ..., ihren Glauben verteidigend und ausbreitend zur Ehre Gottes, für das Heil ihrer Seelen ... Sie haben die heilige katholische Religion hinterlassen, damit ich in ihr lebe und sterbe ... Deshalb bin ich entschlossen alles zu halten, was meine Vorgänger und ich bis zum gegenwärtigen Augenblick gehalten haben, insbesondere was sie auf dem Konzil zu Konstanz und anderen [Konzilien] angeordnet haben. Denn es ist sicher, daß ein einzelner Bruder in seiner Meinung irrt, wenn diese gegen die der ganzen Christenheit, wie sie seit mehr als tausend Jahren und heute gelehrt wird, steht, denn sonst hätte ja die ganze Christenheit heute und immer geirrt. Deshalb bin ich fest entschlossen, an diese Sache meine Reiche und Herrschaften, meine Freunde, meinen Leib, mein Blut, mein Leben und meine Seele zu setzen. Denn es wäre eine große Schande für mich und für euch, die ihr die edle und berühmte deutsche Nation darstellt, für uns, die wir durch besondere und einzigartige Auszeichnung zu Verteidigern und Schützern des katholischen Glaubens berufen sind, wenn zu unseren Zeiten und durch unsere Pflichtvergessenheit die Häresie,[1] ja auch nur der Verdacht der Häresie oder einer Minderung der christlichen Religionen zu unserer und unserer Nachkommen ewiger Unehre zurückbliebe. Nachdem ich die hartnäckige Antwort vernommen habe, die Luther gestern in unser aller Anwesenheit gegeben hat, erkläre ich euch: Es reut mich, daß ich es solange aufgeschoben habe, gegen diesen Luther und seine falsche Lehre vorzugehen. Ich bin entschlossen, ihn nicht weiter anzuhören, sondern ich will, daß er unverzüglich gemäß dem Mandat nach Hause geschickt werde. Das freie Geleit soll ihm, wie zugesagt, gehalten werden, aber er soll nicht predigen noch dem Volk seine böse Lehre vortragen, und jede Unruhe soll vermieden werden. Ich bin, wie schon gesagt, entschlossen, mich gegen ihn wie gegen einen notorischen Häretiker zu verhalten, und ersuche euch, daß ihr euch in dieser Sache so erklärt, wie es guten Christen ziemt.

Aus: Herbert Krieger (Hrsg.), Die Neuzeit, a.a.O., S. 48
1 Irrlehre

**M 5**

*Bericht des spanischen Chronisten Santa Cruz von einer Rede Karls V. in Madrid, 16. September 1528, zur Rechtfertigung seines Italienzuges. Wahrscheinlich hat Karl V. diese Rede nie gehalten, doch entspricht sie seinen Herrschaftsvorstellungen.*

... Mein entscheidender Grund ist nicht die Krönung, denn die hätte der Papst auch in Spanien vollzogen, wie er mir anbot, und Ihr mögt ermessen, ob nicht der Besuch des Papstes bei mir eine noch größere Ehre gewesen wäre als mein Zug nach Rom.

Noch weniger denke ich daran ... mich an meinen Feinden zu rächen, ... denn erlittenes Unrecht zu verzeihen, halte ich für größer, als es zu rächen; außerdem ist das Rächen die Sache Gottes, der mir den König von Frankreich in die Hand gegeben hat[1] und die anderen.

Auch denke ich nicht ... nach Italien zu ziehen, die Städte und Herren zu unterdrücken, Staaten wegzunehmen oder mich zu bereichern, denn das wäre das Verhalten eines Tyrannen, nicht eines gnädigen Fürsten. Ihr alle seid Zeugen, daß ich nur Kriege geführt habe um das, was mir gehört, niemals um fremdes Gut. Denn was mir meine Vorfahren an Reichen diesseits und jenseits des Meeres hinterlassen haben, ist so groß und gewaltig, daß es mir den Neid aller Fürsten zugezogen hat.

Um die Wahrheit zu sagen, ist das Ziel meiner Fahrt nach Italien, den Papst zu einem allgemeinen Konzil zu zwingen in Italien oder Deutschland, gegen die Häresien und für die Reformation der Kirche. Ich schwöre zu Gott und seinem Sohne, daß nichts in der Welt mich so bedrückt wie die Häresie Luthers, und daß ich das Meinige dafür tun werde, daß die Historiker, die von der Entstehung dieser Ketzerei in meinen Tagen erzählen, auch hinzufügen, daß ich alles dagegen unternommen habe; ja ich würde in dieser Welt geschmäht und im Jenseits verdammt werden, wenn ich nicht alles täte, die Kirche zu reformieren und die verfluchte Ketzerei zu vernichten. Weiter beabsichtigte ich ..., Italien zu beruhigen und zu befrieden, das in acht Kriegsjahren von meinen Heeren unbeschreiblich gelitten hat; das ist nicht besser gutzumachen als durch einen dauernden Frieden.

Sodann beabsichtige ich ..., in Italien meine Reiche, Staaten und Vasallen zu besuchen, denen ich so lange Jahre ferngeblieben bin. Denn genau so, wie die Prälaten die Pflicht haben, ihre Herde zu weiden, so wir Fürsten unsere Untertanen zu besuchen und ihnen eine gute Regierung zu schenken. Das sind meine Motive zu der Fahrt, die von mir persönlich und von meinen Mitteln viel verlangt. Aber die guten und tugendhaften Werke werden nicht um des Nutzens willen unternommen. Das alles habe ich ausgeführt, nicht damit Ihr mir Eure Meinung darüber sagt, ob ich gehen soll oder nicht, sondern nur darüber, wie ich es einrichten soll und mit welcher Begleitung. Endlich befehle ich Euch strengstens Schweigen über alles ...

1 Gefangennahme König Franz I. von Frankreich in der Schlacht bei Pavia 1525.

Aus: Fritz Dickmann, Renaissance, Glaubenskämpfe, Absolutismus, a.a.O., S. 229

**M 6 Landeskirchliche Neuordnung durch die Fürsten**

*Brief Luthers an den Kurfürsten Johann von Sachsen, Wittenberg, den 22. November 1526:*

Erstlich, gnädigster Herr, ist des Klagens über alle Maß viel der Pfarrherrn fast an allen Orten. Da wollen die Bauern schlechts [schlechterdings] nichts mehr geben, und ist solcher Undank unter den Leuten für das heilige Gotteswort, daß ohn Zweifel eine große Plage vorhanden ist von Gott: ... da ist keine Furcht Gottes noch Zucht mehr, weil des Papstes Bann ist abgegangen, und tut jedermann, was er nur will.

Weil aber uns allen, sonderlich der Oberkeit, geboten ist, vor allen Dingen doch die arme Jugend, so täglich geboren wird und daher wächst, zu ziehen und zu Gottesfurcht und Zucht (anzu)halten, muß man Schulen und Prediger und Pfarrer haben. Wollen die Eltern ja nicht, mögen sie immer zum Teufel hinfahren. Aber wo die Jugend versäumt und unerzogen bleibt, da ist die Schuld der Oberkeit, und wird dazu das Land voll wilder, loser Leute, daß nicht allein Gottes Gebot, sondern auch unser aller Not zwingt, hierin Wegs vorzuwenden.

Nu aber in E.K.F.G. [Euer Kurfürstlichen Gnaden] Fürstentum päpstlich und geistlicher Zwang und Ordnung aus ist, und alle Klöster und Stift E.K.F.G. als dem obersten Haupt in die Hände fallen, kommen zugleich mit auch die Pflicht und Beschwerde, solches Ding zu ordnen; denn sich's sonst Niemand annimmt noch annehmen kann noch soll. Derhalben ... will es von Nöten sein, auf's förderlichst von E.K.F.G., als die Gott in solchem Fall dazu gefordert und mit der Tat befällt, von vier Personen lassen das Land zu visitieren: zwei, die auf die Zinse und Güter, zwei, die auf die Lehre und Person verständig sind, daß dieselbigen aus E.K.F.G. Befehl die Schulen und Pfarren, wo es not ist, anrichten heißen und versorgen.

Wo eine Stadt oder Dorf ist, die des Vermögens sind, hat E.K.F.G. Macht, sie zu zwingen, daß sie Schulen, Predigtstühle, Pfarren halten. Wollen sie es nicht zu ihrer Seligkeit tun noch bedenken, so ist E.K.F.G. da als oberster Vormund der Jugend und aller, die es bedürfen, und sollt sie mit Gewalt dazu halten, daß sie es tun müssen; gleich als wenn man sie mit Gewalt zwingt, daß sie zur Brücken, Steg oder Weg oder sonst zufälliger Landsnot geben oder dienen müssen.

Was das Land bedarf und not ist, da sollen die zu geben und helfen, die des Landes gebrauchen und genießen ... Sind sie aber des Vermögens nicht und sonst zu hoch beschwert, so sind da die Klostergüter, welche vornehmlich dazu gestiftet sind und noch dazu zu gebrauchen sind, des gemeinen Mannes desto baß zu verschonen. Denn es kann E.K.F.G. gar leichtlich bedenken, daß zuletzt ein bös Geschrei würde, auch nicht zu verantworten ist, wo die Schulen und Pfarren niederliegen und der Adel sollte die Klostergüter zu [an] sich bringen, wie man denn schon sagt und auch etliche tun. Weil nun solche Güter E.K.F.G. Kammer nichts bessern und endlich doch zu Gottesdienst gestiftet sind, sollen sie billig(erweise) hierzu am ersten dienen. Was hernach übrig ist, mag E.K.F.G. zur Lands Notdurft oder an arme Leute wenden.

Aus: Herbert Krieger (Hrsg.), Die Neuzeit, a.a.O., S. 57f.

**M 7**

*Eine kurzfristige Massenbewegung vor dem Bauernkrieg entstand aus den Predigten Hans Böheims, dem Pfeifer von Niklashausen, 1476.*

**Aus Spitzelberichten an den Fürstbischof von Würzburg:**

1. Die Jungfrau Maria sei ihm erschienen und habe ihm den Zorn Gottes wider das Menschengeschlecht offenbart, besonders gegen die Priesterschaft.
2. Gott habe als Strafe verhängen wollen, daß am Tage der Kreuzfindung [am 3. Mai] Wein und Korn erfrieren sollten; das habe er – der Pfeifer – durch sein Gebet abgewendet.
3. Die Muttergottes wolle zu Niklashausen mehr geehrt werden als irgendwo anders.
4. Im Taubertal sei vollkommene Gnade zu erlangen, mehr als in Rom oder an irgendeinem anderen Ort.
5. Er wolle seine Treue zum Pfand setzen: und wenn eine Seele auch schon in der Hölle wäre, so wolle er sie mit eigener Hand herausführen.
6. Die Geistlichen hätten viele Pfründen. (Das) soll nicht sein. (Sie) sollen nicht mehr haben als von einer Mahlzeit zur anderen.
7. Die Geistlichen würden erschlagen werden, und in Kürze werde es dahin kommen, daß der Priester die Platte [Tonsur] mit der Hand bedecken möchte, damit man ihn nicht erkennte.
8. Die Juden wolle er leichter bessern als die Geistlichen ...
9. Die Priester sagen, ich sei ein Ketzer, und wollen mich verbrennen. Wüßten sie, was ein Ketzer ist, sie müßten erkennen, daß sie (selbst) Ketzer sind und ich keiner. Verbrennen sie mich aber: weh ihnen! Sie werden innewerden, was sie getan haben, und das wird an ihnen offenbar werden.
10. Der Kaiser sei ein Bösewicht, und mit dem Papst ist es nichts.
11. Der Kaiser gebe einem Fürsten, Grafen, Ritter und (Edel-)knecht Zoll und Auflagen [Abgaben] von dem gemeinen Volk, geistliche wie weltliche: Ach weh, ihr armen Teufel!
12. Die Fische im Wasser und das Wild auf dem Feld sollen allen gehören.
13. Die Fürsten, geistliche und weltliche, und auch die Grafen und Ritter haben so viel. Hätten das die gemeinen Leute, so hätten wir gleich alle genug. Dahin muß es kommen.
14. Es kommt noch dahin, daß die Fürsten und Herren um einen Tagelohn arbeiten müssen.

Aus: Herbert Krieger (Hrsg.), Die Neuzeit, a.a.O., S. 38

## M 8 Manifest des Bauernkrieges

*Das „Manifest des Bauernkrieges" waren die Zwölf Artikel (Ende Januar 1525), die der Memminger Kürschner Sebastian Lotzer und der Memminger Prediger Christoph Schappeler verfaßt haben.*

... Dem christlicher leeser frid und gnad gottes durch Christum. – Es sein vil widerchristen, die jetzund von wegen der versammleten baurschaft das evangelion zu schmehen ursach nemen, sagent: das sein die frucht des newen evangelions? Niemant gehorsam sein, an allen orten sich emporheben und aufpoemen, mit grossem gewalt zuhauf laufen und sich rotten, gaistlich und weltliche oberkaiten zu reformieren, ausszureiten [ausrotten], ja villeucht gar zu erschlagen? Allen disen gotlosen freventlichen urtailern antwurten dise nachgeschribne artickel, am ersten, das sie dise schmach des wort Gottes aufheben, zum andern die ungehorsamikait, ja die empoerung aller bauren christlich entschuldigen ...

Der erst artickel.

Zum ersten ist unser diemuetig bitt und beger, ... das wir nun fürchin gewalt und macht woellen haben, ain ganze gemain sol ain pfarer selbs erwoelen ... auch gewalt haben, den selbigen wider zu entsetzen ... Der selbig erwoelt pfarer soll uns das hailig evangeli lauter und klar predigen, one allen menschlichen zusatz ...

Der ander artickel.

Zum andern, ... woellen wir den rechten kornzehat [Kornzehnten] gern geben, doch wie sich gebürt [d. h. zum Unterhalt der Pfarrer, zur Unterstützung der Armen, als Sparpfennig für Kriegszeiten] ... Den klainen zehat woellen wir gar nit geben, dann got der herr hat daz vich frei dem menschen beschaffen, das wir für ain unzimlichen zehat schetzen, den die menschen erdicht haben ...

Der drit artickel.

Zum dritten ist der brauch bissher gewesen, das man uns für ir aigenleut gehalten haben, woelchs zu erbarmen ist, angesehen, das uns Christus all mit seinem kostparlichem plutverguessen erloesst und erkauft hat, den hirten gleich alswol als den hoechsten, kain aussgenommen. Darumb erfindt sich mit der geschrift, das wir frei seien und woellen sein ...

Der viert artickel.

Zum vierten ist bissher im brauch gewesen, daz kain armer man nit gewalt gehabt hat, das willpret oder fisch in fliessedem wasser nit zu fachen [fangen] zuegelassen werden, welchs uns ganz unzimlich und unbruederlich dunkt ...

Der funft artickel.

Zum fünften seien wir auch beschwert der holzung halb, dann unsere herschaften habend inen die hoelzer alle allain geaignet, und wann der arm man was bedarf, muss ers umb ... geld kaufen; ist unser meinung: was für hoelzer seien, es habens geistlich oder weltlich innen, die es nit erkauft haben, sollen ainer ganzen gemain wider anhaimfallen ...

Der sechst artickel.

Zum sechsten ist unser hart beschwerung der dienst halben, woelche von tag zu tag gemert werden und teglich zunemen, begeren wir, das man ... uns gnedig hierinnen ansechen, wie unser eltern gedient haben ...

Der sibent artickel.

Zum sibenden, daz wir hinfuro uns ain herschaft nit weiter woelle lassen beschweren [d. h. keine willkürliche Erhöhung der auf einer Bauernstelle ruhenden Lasten], sonder wiess ain herschaft zimlicher weiss aim verleicht, also sol erss besitzen ... Der herr soll in nit weiter zwingen noch dringen, mer dienst noch anders von im umbsunst begeren ...

Der achtet artickel.

Zum achten sei wir beschwert, und der vil [d. h. Bauern], so gueter innehaben, das dieselbigen gueter die gult [d. h. die auf ihnen lastenden Abgaben] nit ertragen kinden und die bauren das ir darauf einbiessen und verderben ... [Die Abgaben sollen ermäßigt werden], damit der baur sein arbeit nit umbsunst thie, denn ain jetlicher tagwerker ist seins lons wirdig.

Der neunt artickel.

Zum neunten seien wir beschwert der grossen frefel [Polizeistrafen], so man stetz new satzung macht [d. h. die Strafen willkürlich festsetzt] ... ist unser mainung, uns bei alter geschribner straff straffen, darnach die sach gehandelt ist, und nit nach gunst.

Der zehend artickel.

Zum zehenden sei wir beschwert, das etlich [Herrschaften] haben inen zuegeaignet wisen, dergleichen ecker, die dann ainer gemain zugeherent [d. h. als Allmende]. Dieselbigen werden wir wider zue unsern gemainen handen nemen, es sei dann sach, das mans redlich erkauft hab ...

Der ailft artickel.

Zum ailften wellen wir den brauch genant den todtfall ganz und gar abthun haben, den nimmer leiden noch gestatten, das man witwen waisen das ir wider got und eeren also schentlich nemen berauben sol, wie es an vil orten menigerlei gestalt geschehen ist ...

Beschluss.

Zum zwelften ist unser beschluss und endliche mainung, wann ainer oder mer artickel alhie gestelt so dem wort gotes nit gemess weren, ... dieselbigen artickel wol man uns mit dem wort gots für unzimlich anzaigen, wolt wir darvon abston, wann mans uns mit grund der schrift erklert ...

Aus: Harald Scherrinsky u. Walter Wulf, Renaissance, Reformation und Glaubenskämpfe a.a.O., S. 75f.

**M 9**

Bauern plündern das Kloster Weißenau in Oberschwaben. Federzeichnung aus einer Handschrift des Abtes Jakob Murer. Er schrieb 1525/26 einen knappen Bericht seiner Erlebnisse, den er vermutlich von einem Mönch seines Klosters illustrieren ließ.

## M 10

*Der Weingartener Vertrag zwischen dem Schwäbischen Bund und den Bauern am Bodensee und im Allgäu (Seehaufen und Allgäuer Haufen] vom 16. April 1525*

Art. 1 Die beiden Haufen vom Allgäu und Bodensee sollen ihre Vertrags- und Bündnisbriefe ausliefern.

Art. 2 Sie sollen sich ihrer Bündnisverpflichtungen ledig erklären.

Art. 3 Nachdem sie sich durch ihre Empörung gegen den Kaiser, den heiligen Reichslandesfrieden und die Goldene Bulle erhoben haben und damit den Gehorsam, den sie der Obrigkeit schuldig sind, gebrochen haben, sollen sie nun geloben, solche Bündnisse, Verträge und Aufruhr zu unterlassen.

Art. 4 Sie sollen geloben, ihrer Obrigkeit zu gehorchen, ihnen alle Zinsen, Gelder, Zehnte und andere Rechtigkeiten zu zahlen wie vor dem Aufruhr.

Art. 5 Sie sollen alle Klöster, Schlösser, Städte, Flecken, Häuser und Güter wieder zurückgeben, derer sie sich bemächtigt haben.

Art. 6 Alle Verpflichtungen, die sie durch ihren Aufruhr erreicht haben, sollen null und nichtig sein.

Art. 7 Wenn dies alles vollständig geschehen ist, so soll – falls es irgendwelche Beschwernisse gibt, derer sich die beiden Haufen beklagen oder falls die Obrigkeit etwas gegen ihre Untertanen zu klagen hat, ein Schiedsgericht eingesetzt werden, das von der Obrigkeit mit Vertretern von zwei oder drei genehmen Landstädten und von den Untertanen bzw. Bauern ebenfalls mit Vertretern von zwei oder drei Landstädten ihrer Wahl besetzt werden soll, wobei Erzherzog Ferdinand oberster Schiedsrichter bei Uneinigkeiten sein soll ...

Art. 11 Was die Obleute [oberste Schiedsrichter] und die übrigen Richter entscheiden, soll von beiden Seiten ohne Widerrede angenommen werden ...

Art. 13 Damit Friede, Ruhe und Einigkeit wiederhergestellt wird, sollen die Untertanen der beiden Haufen dafür sorgen, daß überall der Vertrag gehalten wird, und diejenigen, die weiteren Aufruhr und Unruhe stiften, der Obrigkeit übergeben werden.

Nach: Günter Franz (Hrsg.), Quellen zur Geschichte des Bauernkrieges, a.a.O., S. 216 ff.

## M 11 Reformpläne der Bauern

*Reichsreformplan, wahrscheinlich verfaßt von Friedrich Weygand und Wendel Hipler, dem ehem. Kanzler der Grafen von Hohenlohe und Führer der Bauern im Odenwald, Mai 1525*

1. Alle Geweihten, Hohen und niederen Standes ... werden reformiert und erhalten ziemliche Notdurft; ihre Güter fallen zu gemeinem Nutzen.
2. Alle weltlichen Herren werden reformiert, damit der arme Mann nicht über christliche Freiheit von ihnen beschwert werde: gleiches schleuniges Recht dem Höchsten wie dem Geringsten. Fürsten und Edle sollen die Armen schützen und sich brüderlich halten gegen ein ehrliches Einkommen.
3. Alle Städte und Gemeinden werden zu göttlichen und natürlichen Rechten und christlicher Freiheit reformiert. Keine alte oder neue menschliche Erdichtung mehr. Alle Bodenzinse sind ablösbar.
4. Kein Doktor des römischen Rechtes kann zu einem Gericht oder in eines Fürsten Rat zugelassen werden. Nur drei Doktoren des kaiserlichen Rechtes auf jeder Universität, um sie in vorkommenden Fällen um ihren Rat zu befragen.
5. Kein Geweihter, hohen oder niederen Standes, kann in des Reiches Rat sitzen oder als anderer Fürsten und Kommunen Rat gebraucht werden. Keiner kann ein weltliches Amt bekleiden.
6. Alles weltliche Recht im Reich, das bisher gebraucht wurde, ist ab und tot, und es gilt das göttliche und natürliche Recht, damit der arme Mann soviel Zugang zum Recht habe, als der oberste und reichste. Es sind 64 Freigerich-

te im Reich mit Beisitzern aus allen Ständen, auch aus dem Bauernstand; 16 Landgerichte, vier Hofgerichte, ein kaiserliches Kammergericht deutscher Nation, auch diese mit Beisitzern aus allen vier Ständen, doch so, daß das Volk in jedem vier Stimmen mehr hat. Von jedem Gericht ist Appellation an das andere.

7. Alle Zölle, alle Geleite hören auf, außer den Zöllen, die zu Brücken, Wegen und Stegen notwendig sind.
8. Alle Straßen sind frei, alles Umgeld [frühere Bezeichnung für Aufwandsteuern, besonders Steuer vom Kleinverkehr als Vorläufer der späteren Akzise] ist ab.
9. Keine Steuer, als alle 10 Jahre einmal die Kaisersteuer [Matth. 22].
10. Nur eine Münze in deutscher Nation.
11. Gleiches Maß und Gewicht überall.
12. Beschränkung des Wuchers der großen Wechselhäuser, die alles Geld in ihre Hände ziehen.
13. Freiheit des Adels von jedem geistlichen Lehenverband.
14. Aufhebung aller Bündnisse der Fürsten, Herren und Städte; überall nur Schirm und Schutz des Kaisers.

[gekürzter Text]

Aus: Harald Scherrinsky u. Walter Wulf, Renaissance, Reformation und Glaubenskämpfe, a.a.O., S. 77

**M 12**

*Thomas Müntzers Versuch, mit der „Fürstenpredigt" vom 13. Juli 1524 in Allstedt den sächsischen Herzog Johann von seiner christlichen Vorstellung zu überzeugen*

Der erbärmliche Schade der heiligen Christenheit ist so groß geworden, daß ihn noch zur Zeit keine Zunge kann ausreden. Drum muß ein neuer Daniel aufstehen, und euch eure Offenbarung auslegen, und derselbe muß vorn, wie Moses lehret, [5. Mos. 20,9] an der Spitze gehen. Er muß den Zorn der Fürsten und des ergrimmten Volkes versühnen. Denn so ihr werdet recht erfahren den Schaden der Christenheit und Betrügerei der falschen Geistlichen und der verzweifelten Bösewicht, so werdet ihr also auf sie ergrimmen, daß es niemand bedenken kann. Es wird euch ohne Zweifel verdrießen und sehr zu Herzen gehen, daß ihr also gütig gewesen seid, nachdem sie euch mit den allersüßesten Worten zu den aller schändlichsten Urteilen geleitet haben, [Weish. 6,1], wider alle aufgerichtete Wahrheit. Denn sie haben euch genarret, daß ein jeder zu den Heiligen schwur, die Fürsten sind heidnische Leute ihres Amtes halber, sie sollten nichts andres denn bürgerliche Einigkeit erhalten. Ach, Lieber, ja, da fällt und streicht der große Stein balde drauf und schmeißt solche vernünftige Anschläge zu Boden, da er saget, Matth. im 10. [Vers 34]: „Ich bin nicht kommen, Fried zu senden, sondern das Schwert." Was soll man aber mit demselbigen machen? Nichts andres denn die Bösen, die das Evangelium verhindern, wegtun und absondern, wollt ihr anders nicht Teufel, sondern Diener Gottes sein,

*Thomas Müntzer. (Kupferstich von C. von Sichem)*

wie euch Paulus nennet zu den Römern im 13. [Vers 6]. Ihr braucht nicht zweifeln, Gott wird all eure Widersacher in Trümmer schlagen, die euch zu verfolgen unterstehen... Christus hat befohlen mit großem Ernst [Luk 19], und spricht: „Nehmet meine Feinde und würget mir sie vor meinen Augen." Warum? Ei darum, daß sie Christo sein Regiment verderbet und wollen noch dazu ihre Schalkheit unter der Gestalt des Christenglaubens verteidigen und ärgern mit ihrem hinterlistigen Schanddeckel die ganze Welt. Drum saget Christus, unser Herr, Matth. 18 [Vers 6]: „Wer da einen aus diesen Kleinen ärgert, ist ihm besser, daß man ihm einen Mühlstein an den Hals hänge und werfe ihn in das tiefe Meer." Es glossiere, wer da will, hin und her. Es sind die Wort Christi. Darf nun Christus sagen, wer da einen von den Kleinen ärgert, was soll man dann sagen, so man einen großen Haufen ärgert am Glauben? Das tun die Erbbösewicht, die die ganze Welt ärgern und abtrünnig machen vom rechten Christenglauben... Wollt ihr nun rechte Regenten sein, so müßt ihr das Regiment bei der Wurzel anheben und wie Christus befohlen hat. Treibt seine Feinde von den Auserwählten, denn ihr seid die Mittler dazu. Liebe, gebt uns keine schalen Fratzen vor, daß die Kraft Gottes es tun soll ohn euer Zutun des Schwerts, es könnte euch sonst in der Scheide verrosten... Drum lasset die Übeltäter nit länger leben, die uns von Gott abwenden, [5. Mos. 13,6]. Denn ein gottloser Mensch hat kein Recht zu leben, wo er die Frummen verhindert. [2. Mos. 22,2] saget Gott: „Du sollst die Übeltäter nicht leben lassen." Das meinet auch Sant Paulus, da er vom Schwert saget der Regenten, daß es zur Rache der Bösen verliehen sei und zu Schutz den Frummen, Röm. im 13. Kapitel. Gott ist eure Beschirmung und wird euch lehren streiten wider seine Feinde...

Aus: Günter Jäckel (Hrsg.): Kaiser, Gott und Bauer, a.a.O., S. 481 ff.

## M 13

*Jean Calvins Einstellung zum Widerstandsrecht*

Hier [gegenüber einer ungerechten Obrigkeit] offenbart sich nun Gottes wunderbare Güte, Macht und Vorsehung. Denn bald erweckt er aus seinen Knechten öffentliche Erretter und rüstet sie mit seinem Auftrag aus, um eine mit Schandtaten beladene Herrschaft zur Strafe zu ziehen und das auf manch ungerechte Weise unterdrückte Volk aus einer elenden Qual zu befreien, bald bestimmt er dazu auch die Wut von Menschen, die bei solcher Rettungstat etwas anderes im Schild führen und etwas anderes ins Werk setzen. So hat er das Volk Israel aus der Tyrannei des Pharao durch Mose (2. Mose 3,7–10), aus der Gewaltherrschaft Kusans, des Königs von Syrien, durch Othniel (Richter 3, 9) und aus manch anderer Knechtschaft durch andere Könige oder Richter zur Freiheit führen lassen. So dämpfte er die Hoffart von Tyros durch die Ägypter, die Frechheit der Ägypter durch die Assyrer, die Roheit der Assyrer durch die Chaldäer, das Selbstvertrauen Babylons durch die Meder und, als Kyrus die Meder bereits unterworfen hatte, durch die Perser. Die Undankbarkeit und die gottlose Halsstarrigkeit der Könige von Juda und Israel aber, die sie angesichts der vielen Wohltaten bewiesen, die er ihnen gewährt hatte, die hat er bald durch die Assyrer, bald durch die Babylonier gebändigt und niedergeschlagen.

Freilich geschah das nicht alles in der gleichen Weise. Denn jene ersteren (Mose, die Richter usw.) waren durch eine rechtmäßige Berufung Gottes zur Ausrichtung solcher Taten herbeigerufen worden, und wenn sie also gegen Könige zu den Waffen griffen, so verletzten sie damit in keiner Weise jene Majestät, die den Königen durch Gottes Anordnung beigegeben ist, sondern sie hielten, da sie vom Himmel herab gewappnet waren, die geringere Gewalt kraft der größeren im Zaum, so wie auch die Könige das Recht haben, gegen ihre Statthalter vorzugehen. Die letzteren

*Jean Calvin. Zeitgenössisches Gemälde*

aber wurden zwar durch Gottes Hand zu dem bestimmt, was ihm gefallen hatte, und richteten, ohne es zu wissen, sein Werk aus, aber in ihrem Herzen lebte doch kein anderer Gedanke als der, eine Freveltat zu tun.

Aber wie man auch die Taten der Menschen selbst beurteilen mag, so führte der Herr doch durch diese Taten gleichermaßen sein Werk aus, indem er das blutige Zepter schamloser Könige zerbrach und manch unerträgliche Herrschaft stürzte. Das sollen die Fürsten hören – und darob erschrecken! Wir aber sollen uns unterdessen nachdrücklich hüten, diese Autorität der Obrigkeit, die mit verehrungswürdiger Majestät erfüllt ist und die Gott durch die ernstesten Gebote bekräftigt hat, zu verachten oder zu schänden – selbst wenn sie bei ganz unwürdigen Menschen liegt und bei solchen, die sie durch ihre Bosheit, soviel an ihnen ist, mit Schmutz bewerfen! Denn wenn auch die Züchtigung einer zügellosen Herrschaft Gottes Rache ist, so sollen wir deshalb doch nicht gleich meinen, solch göttliche Rache sei uns aufgetragen – denn wir haben keine andere Weisung, als zu gehorchen und zu leiden.

Dabei rede ich aber stets von amtlosen Leuten. Anders steht nun die Sache, wo Volksbehörden eingesetzt sind, um die Willkür der Könige zu mäßigen; von dieser Art waren z. B. vorzeiten die „Ephoren", die den lakedämonischen Königen, oder die Volkstribunen, die den römischen Konsuln, oder aber auch die „Demarchen", die dem Senat der Athener gegenübergestellt waren; diese Gewalt besitzen, wie die Dinge heute liegen, vielleicht auch die drei Stände in den einzelnen Königreichen, wenn sie ihre wichtigsten Versammlungen halten. Wo das also so ist, da verbiete ich diesen Männern nicht etwa, der wilden Ungebundenheit der Könige pflichtgemäß entgegenzutreten, nein ich behaupte geradezu: wenn sie Königen, die maßlos wüten und das niedrige Volk quälen, durch die Finger sehen, so ist solch ihr absichtliches Übersehen immerhin nicht frei von schändlicher Treulosigkeit; denn sie verraten ja in schnödem Betrug die Freiheit des Volkes, zu deren Hütern sie, wie sie wohl wissen, durch Gottes Anordnung eingesetzt sind!

Aus: Fritz Dickmann, Renaissance, Glaubenskämpfe, Absolutismus, a.a.O., S. 251 f.

# Anhang

## Glossar

**Abbasiden:** Dynastie der Kalifen von Bagdad (750–1258)
**Achäer; Achäischer Bund:** Zusammenschluß zahlreicher Städte des nördlichen Peloponnes seit dem Anfang des 3. Jh. v. Chr.
**Achämeniden:** Königsdynastie im Perserreich
**Agon (griech.):** sportlicher und musischer Wettkampf zu Ehren der Götter, vor allem unter Adeligen ausgetragen
**Akademie:** Name der von Plato in Athen gegründeten Philosophenschule
**Akarnanien:** westlichste Landschaft Mittelgriechenlands an der Küste des Ionischen Meeres
**Albigenser:** Südfranzösische Sekte (12. u. 13. Jh.), Zweig der Katharer, nach der Stadt Albi genannt; die A. erkannten Papsttum und katholische Kirche nicht an, predigten Armut und strenge Askese
**Alkibiades:** athenischer Politiker (ca. 450–404 v. Chr.), Neffe des Perikles
**Almohaden:** maurisch-spanisches Herrschergeschlecht (1147–1269)
**Almoraviden:** maurisch-spanisches Herrschergeschlecht (1036–1147), aus Marokko stammend, wurde von den Almohaden abgelöst
**Amphipolis:** Kolonie Athens in Nordgriechenland, gegründet 437 v. Chr.
**Annexion:** Eingliederung eines eroberten Landes ohne politische Rechte, z. B. Autonomie
**Annuität:** jährlicher Wechsel in einem Amt
**Apella:** Versammlung der Vollspartiaten
**archaisch:** Bezeichnung für Frühzeit der griechischen Kunst und Geschichte (8.–6. Jh. v. Chr.)
**Archonten:** die führenden Beamten (insgesamt 9) in Athen
**Areopag:** Adelsrat in Athen, benannt nach dem Versammlungsort auf dem Areshügel
**Argos:** mit Sparta konkurrierende Stadt im Nordosten des Peloponnes
**Arianer:** Anhänger der Lehre des Arius von Alexandria, daß Christus dem Wesen Gottes nicht gleich, sondern nur ähnlich sei. Erste bedeutende Abspaltung (Häresie) des Christentums im Osten, vom Konzil von Nicaea (325) verdammt
**Aristides:** athenischer Staatsmann zur Zeit der Perserkriege
**Aristophanes:** athenischer Komödiendichter ca. 450–385 v. Chr.
**As:** Maßeinheit für ein römisches Pfund (327 g) und Bezeichnung einer römischen Kupfermünze
**Askese:** streng enthaltsames Leben, meist zur Verwirklichung religiöser Ideale
**Assimilierung:** Angleichung, Anpassung, hier eines Volkes an ein anderes bis hin zur Verschmelzung
**Assyrer:** altorientalisches Volk im Zweistromland
**Ätolien:** Gebirgslandschaft Nordwestgriechenlands, Zusammenschluß im Ätolischen Bund seit 367 v. Chr.
**Attika:** griechische Landschaft mit dem politischen Zentrum Athen
**Autonomie:** Eigenständigkeit nach innen, unter der Oberherrschaft einer anderen Macht; Selbstbestimmung über die Rechts- und Verfassungsordnung
**Bellum Iustum (lat.):** „gerechter Krieg", feierlich erklärter Krieg nach erlittenem Unrecht
**Blattern:** Andere Bezeichnung für Pocken; äußerst ansteckende Virusinfektionskrankheit; bis zum Beginn der erfolgreichen Bekämpfung durch Impfung (seit 1796) forderte diese Krankheit viele Opfer
**Böotien:** Landschaft in Mittelgriechenland, darin die Stadt Theben
**Boulē:** Rat der 500 in Athen
**Bundesgenosse:** Mitglied eines vertraglich geregelten Militärbündnisses
**Bürger:** der freie, das Bürgerrecht besitzende Stadtbewohner
**Bürgereid:** Treueschwur der Bürger als Voraussetzung zur Aufnahme in die Bürgerschaft
**Caligula:** römischer Kaiser (37–41), Urenkel des Augustus
**Cäsaropapismus (Kaiser und Papst):** Vereinigung der weltlichen und geistlichen Macht in einer Hand, ausgeprägt in Ostrom/Byzanz
**Cassius Dio:** römischer Geschichtsschreiber und Senator 2./3. Jh. n. Chr.
**Cato:** römischer Politiker, Feldherr und Schriftsteller (234–149 v. Chr.)
**Caudinische Pässe:** Engpaß in der süditalienischen Landschaft Samnium
**Chalkidike:** gebirgige Halbinsel vor der Küste Makedoniens
**Cicero:** römischer Politiker, Redner, Verfasser philosophischer Schriften (106–43 v. Chr.)
**coniuratio:** Schwureinung freier Bürger in mittelalterlicher Stadt mit dem Anspruch, gegen den bisherigen Stadtherrn die Macht selbst auszuüben
**Delos:** kleine Kykladeninsel in der Ägäis mit berühmten Apollonheiligtum

**demographisch, Demographie:** Beobachtung und Aufzeichnung der personellen, quantitativen Entwicklung einer Gesellschaft
**Demos:** 1. Fußvolk in der Hoplitenarmee, bestehend aus freien Bauern und Handwerkern einer Polis; 2. lokale Selbstverwaltungseinheit in der Polis der Athener
**Dionysien:** Fest zu Ehren des Gottes Dionysos
**Dominat (dominus = Herr):** spätantiker Zwangsstaat seit Diokletian
**Dreieckshandel (auch „Dreiecksgeschäft"):** Nach der Entdeckung Amerikas entwickelte sich eine spezielle Form der Handelsbeziehungen zwischen Europa, Afrika und Amerika: mit billigen Tauschprodukten aus Europa segelten Schiffe nach Afrika; an den Küsten erworbene Sklaven wurden nach Amerika gebracht („Schwarzes Elfenbein"). Mit den Produkten der amerikanischen Plantagen beladen, traten die Schiffe die Rückreise nach Europa an. Dieser äußerst gewinnbringende Sklavenhandel lag aufgrund staatlicher Handelsgenehmigung (Patent) in privater Hand und begründete den Wohlstand mancher europäischen Hafenstadt
**Dualismus:** Rivalität z. B. zweier Staaten
**Ebrovertrag:** Vereinbarung von 226 v. Chr. zwischen Rom und dem karthagischen Befehlshaber in Spanien, Hasdrubal, über Anerkennung des Ebro als Demarkationslinie
**Eleusis:** Vorstadt von Athen, Ort des Mysterienkultes der Demeter
**Emanzipation:** Gleichstellung bisher Minderberechtigter
**Ephialtes:** athenischer Politiker, gest. 461 v. Chr.
**Ephoren:** die wichtigsten Beamten in Sparta, insgesamt fünf
**Epigone:** unselbständiger Nachahmer
**Epirus:** nordwestlich an Griechenland angrenzende Landschaft
**Eschatologie:** (zu griech. eschaton = das Letzte) Beschäftigung mit den letzten Dingen, dem Weltuntergang (Apokalypse)
**ethische Normen:** sittliche Grundsätze
**Euböa:** langgestreckte Insel an der Ostküste Mittelgriechenlands
**Eunomie:** „gute Ordnung" und das ihr entsprechende Verhalten der einzelnen Personen
**Eupatriden:** Angehörige des alten Adels in Athen
**Euripides:** athenischer Tragödiendichter ca. 485–405 v. Chr.
**Eurotas:** Hauptfluß in der Landschaft Lakonien mit Sparta
**Fatimiden:** schiitisches Herrschergeschlecht, das 909–1171 in Ägypten regierte und seinen Ursprung auf Fatima, die jüngste Tochter Mohammeds, zurückführte
**Florus:** Verfasser (2. Jh.) einer Darstellung sämtlicher Kriege Roms bis in die Zeit des Augustus
**Föderation:** durch Vertrag miteinander verbundene Staaten
**Foederaten (foederati = durch Vertrag Verbundene):** meist germanische Völker, die sich dem Römischen Reich als Soldaten zur Verfügung stellten
**Forum:** Markt, Zentrum der Stadt Rom
**Fragmentierung:** Zersplitterung, Zerfall, z. B. eines Reiches in Nachfolgestaaten
**Fresken:** Wandgemälde
**Gerusia:** „Rat der Alten" in Sparta aus 28 Männern über 60 J.
**Gotik:** die Romanik ablösende europäische Stilepochen von ca. Mitte des 12. Jhd. bis zum Ende des 15. Jdh., z.T. arabisch beeinflußt (z. B. gotischer Spitzbogen)
**Granikos:** Fluß in Nordwestkleinasien, Ort der ersten Schlacht Alexanders d. Gr. gegen die Perser 334 v. Chr.
**Handelshegemonie:** s. Hegemonie
**Hanse:** (gotisch u. althochdeutsch: hansa) bewaffnete Schar, später Genossenschaft; seit 1356 Bezeichnung für den lockeren Zusammenschluß norddeutscher Handelsstädte
**Hegemon:** Ursprünglich: Befehlshaber in einem Bündnis griechischer Stadt- oder Stammesstaaten, meist vom mächtigsten Staat. Daraus übertragen: Träger einer Hegemonie
**Hegemonie:** Vormachtstellung, Vorherrschaft eines Staates
**Hellas, Hellenen:** griechische Bezeichnung für Griechenland bzw. die Griechen
**Hellenismus:** Epoche der griechischen Geschichte von 330–30 v. Chr.
**Heloten (griech.):** „Gefangene", Bezeichnung für die Unfreien im spartanischen Staat
**Hethiter:** Volk in Kleinasien im 2. Jh. v. Chr.
**Hierarchie:** Gliederung nach Rangstufen
**Himera:** Stadt und Fluß im Nordwesten Siziliens
**Hippias:** Sohn des Peisistratos, Tyrann in Athen 528–511 v. Chr.
**Homo Novus (lat.):** „Neuer Mann", Aufsteiger aus einem bisher unbekannten Geschlecht in die Senatsaristokratie
**Homoioi (griech.):** „die Gleichen", Bezeichnung für die Vollspartiaten
**Horaz:** römischer Dichter (65–8 v. Chr.), Freund des Maecenas und Augustus
**Humanismus:** (zu lat. homo = Mensch) Bewegung seit dem Spätmittelalter im lateinischen Europa, im bewußten Rückgriff auf die griechisch-römische Antike (Renaissance)
**Iden:** Tag in der Mitte (13. oder 15.) eines Monats im römischen Kalender
**Illyrer:** Volksstamm an der Ostküste der Adria

**Imam:** geistliches Oberhaupt der Schiiten
**Imperator:** Bezeichnung für den römischen Oberbefehlshaber, später für den Kaiser
**Integration:** Eingliederung in einen größeren Verband
**Interregnum (lat.):** „Zwischenkönigtum", 1. Übergangszeit zwischen zwei römischen Königen, in der Republik, wenn nach Ablauf der Amtszeit von Konsuln noch keine Nachfolger bereitstehen; 2. Periode im deutschen Mittelalter (1250–1273)
**Investitur:** Einsetzung der Bischöfe und Äbte in ihr Amt
**Isonomie:** gleiches Recht der athenischen Bürger auf Teilnahme an politischen Entscheidungen nach der Reform des Kleisthenes 507 v. Chr.
**Janustempel:** Tempel in Rom, dessen Tore im Frieden geschlossen, in Kriegszeiten offen waren
**Jupiter:** höchster römischer Gott
**Ka'ba:** islamisches Heiligtum in Mekka
**Kalif:** Nachfolger des Propheten Mohammed; oberster (geistlicher und weltlicher) Herrscher des islamischen Reiches
**Kalliasfriede:** Ausgleich zwischen Athen und den Persern 449/8 v. Chr., nach dem athenischen Unterhändler Kallias benannt
**kanonisches Recht:** Kirchenrecht
**Kapitol:** Hügel in Rom mit dem Jupitertempel als religiösem Zentrum
**Karthago:** Stadt in Nordafrika, von Rom als Rivalin um die Herrschaft im Mittelmeergebiet gefürchtet
**Kelten:** Indoeuropäisches Volk in weiten Teilen Europas
**Kimon:** führender Politiker und Feldherr in Athen zwischen 476 und 461 v. Chr.
**Klaros (griech.):** „Los", abgegrenzte Landzuweisung, besonders in Sparta
**Kleiderordnung:** Anordnung der Obrigkeit über Art der Bekleidung, um bestimmte Gruppen (Patrizier, Kaufleute, Handwerker, aber auch Henker, Prostituierte, Aussätzige; Juden) schon äußerlich kenntlich zu machen
**Klerus:** die katholische Pristerschaft, der geistliche Stand
**Klientel:** Gefolgschaftsbindung in Rom
**Klientelkönige:** völkerrechtlich selbständige Könige, tatsächlich in enger Abhängigkeit von einem Großreich
**Knossos:** Palast aus dem 2. Jt. v. Chr. auf Kreta
**Kodifizierung:** Aufzeichnung von Rechtsgrundsätzen
**Koexistenz:** gleichzeitiges (friedliches) Nebeneinander unterschiedlicher politischer, gesellschaftlicher und/oder kulturell-religiöser Systeme
**Kollegialität:** Prinzip bei den römischen Staatsbeamten: Für jede Stufe gab es mindestens zwei gleichrangige Inhaber der Amtsgewalt (Kollegen)
**Kolonie:** neugegründete, selbständige Stadt
**Konquistadoren:** Aus dem Spanischen übernommene Bezeichnung für die spanischen Eroberer in Spanischamerika zu Beginn des 16. Jh.
**Konsolidierung:** Festigung, Sicherung, z. B. von Herrschaft
**konstitutionell:** verfassungsmäßig
**Konzil (= Versammlung):** Zusammentreffen aller Bischöfe, um Glaubens- und Organisationsfragen zu regeln, in der Spätantike unter Vorsitz des Kaisers; in den ökumenischen Konzilien waren noch Ost- und Westkirche vereint; Versammlung der Bischöfe und ihnen gleichgestellter kirchlicher Würdenträger zur Beratung wichtiger kirchlicher Angelegenheiten
**Koran:** (arab.: „Lesung") heiliges Buch des Islam, das die Offenbarungen des Propheten Mohammed enthält
**Korinthischer Bund:** vom Makedonenkönig Philipp II. 338 v. Chr. gegründetes Friedens- und Bündnissystem aller griechischen Staaten
**Korkyra:** das heutige Korfu
**Lakonien:** Landschaft im Südosten des Peloponnes mit Sparta als Hauptort
**Latinerbund:** Zusammenschluß der Städte in der Landschaft Latium in der Umgebung Roms
**Liktoren:** Amtsdiener der römischen Oberbeamten, mit Äxten und Rutenbündeln (fasces) ausgerüstet zum Zeichen der Strafgewalt
**Livius:** römischer Geschichtsschreiber (59 v. Chr. – 17 n. Chr.)
**Luca:** das heutige Lucca in der Toscana
**Lukaner:** italienischer Volksstamm in Süditalien
**Lyder:** Volk in Westkleinasien, sein bekanntester König: Kroisos. 560–547 v. Chr.
**Lysander:** siegreicher spartanischer Feldherr am Ende des Peloponnesischen Krieges
**Magistrat:** Bezeichnung für das Amt und den Beamten in Rom
**Mahdi:** von den Schiiten erwarteter Glaubens- und Welterneuerer
**Mallia:** Palast aus dem 2. Jt. v. Chr. auf Kreta
**Manufaktur:** gewerblicher Großbetrieb seit der Zeit des Frühkapitalismus, arbeitsteilige Produktion bei vorherrschender Handarbeit
**Mardonios:** persischer Feldherr bei den Zügen 492 und 480 v. Chr. gegen Griechenland
**Märtyrer (= Zeugen):** Christen, die in den Verfolgungen ihre Glaubenstreue mit ihrer Todesbereitschaft bezeugten
**Matriarchat:** Gesellschaftsordnung mit einem Vorrang der Frau
**Mauren:** die islamischen Eroberer Spaniens (seit 711), aus dem Maghreb (Marokko) stammende nordafrikanische Berber, dazu Araber

**Meder:** nordwest-iranisches Großreich (Hauptstadt Ekbatana), 550 v. Chr. von Kyros II. erobert
**Megara:** Stadt auf der Landenge zum Peloponnes
**Messenien:** Landschaft im Südwesten des Peloponnes
**Metöken (griech.):** „Mitbewohner", ständig ansässige Fremde in Athen
**Metropolit:** in der orthodoxen Kirche (Ostkirche) der Bischof als Leiter einer Kirchenprovinz
**Milet:** Stadt an der kleinasiatischen Küste
**Miltiades:** athenischer Politiker und Feldherr, Sieger in der Schlacht bei Marathon 490 v. Chr.
**Monotheismus:** Glaube an einen einzigen, den alleinigen Gott. Der Monotheismus ist jüdischen Ursprungs. Gegensatz: Polytheismus, der Glaube an zahlreiche Götter
**Morus, Thomas:** englisch: Thomas More (1478–1535), englischer Gelehrter und Staatsmann, bedeutender europäischer Humanist; sein in Lateinisch abgefaßtes Werk „Utopia" (1516) ist eine scharfe Kritik der gesellschaftlichen und politischen Mißstände seiner Zeit.
**Munizipien:** selbstverwaltete Landstädte in Italien
**Mutina:** Stadt in Oberitalien, heute: Modena
**Mysterienkulte:** Antike Religionen vielfältiger orientalischer Herkunft, die sich zunehmend im Römischen Reich verbreiteten: Gemeinsam ist ihnen die fehlende Öffentlichkeit und meist ein Erlösungsversprechen für ein jenseitiges Leben oder eine besondere Nähe zur Gottheit
**Mythos:** überlieferte, sagenhafte Dichtung eines Volkes zur Erklärung der Ursprünge von Welt, Menschheit und des eigenen Volkes
**Nationalmonarchie:** mittelalterliche Vorform der späteren Nationalstaaten in Europa, zuerst in Portugal, Spanien, Frankreich und England
**Neolithikum** (Jungsteinzeit): letzte Phase der Steinzeit, in der Menschen auf Grundlage von Ackerbau und Viehzucht seßhaft wurden
**Nikias:** athenischer Staatsmann im Peloponnesischen Krieg (431–404 v. Chr.)
**Nobilität; Nobilis:** die in den Ständekämpfen entstandene, römische Senatsaristokratie, bestehend aus Patriziern und Plebejern
**Numidien:** Königreich in Nordafrika zur Zeit der römischen Republik
**Octavius, Octavian, junger Caesar:** unter dem Ehrennamen Augustus erster römischer Kaiser, geb. 63 v. Chr., gest. 14 n. Chr.
**Oikos (griech.):** Haus, Hauswirtschaft
**Omaijaden:** erste Kalifendynastie (661–750), wurde von den Abbasiden abgelöst
**Opis:** Stadt am Tigris
**Optimaten:** „die Besten", Verfechter des römischen Senatsregimentes und seines alleinigen Führungsanspruchs in der Politik (Gegner: Popularen)
**Orthodoxie** (d.h. „Rechtgläubigkeit"): nach der großen Kirchenspaltung zwischen Rom und Byzanz (Großes Schisma, 1054) Bezeichnung für die Ostkirchen, zunächst unter dem Patriarchat von Konstantinopel, aber organisiert in verschiedenen eigenständigen Nationalkirchen
**panhellenisch:** gesamtgriechisch
**Parther:** iranisches Volk, Konkurrent des römischen Reiches im Osten
**Patrizier:** (röm.) Geburtsadel der Frühzeit; (MA) Mitglieder der adeligen und bürgerlichen Geschlechter (Fernkaufleute, Ministeriale), städtische Führungsschicht
**Peisistratos; Peisistratiden:** Tyrann in Athen 561–528 v. Chr. bzw. seine Nachkommen
**Pergamon:** Stadt und Königreich in Westkleinasien
**Perikles:** athenischer Staatsmann ca. 495–429 v. Chr.
**Periöken:** „Umwohner", minderberechtigte Bevölkerungsgruppe in Sparta
**Peripatos; Peripatetiker:** von Aristoteles gegründete Philosophenschule bzw. deren Anhänger
**Peripherie:** äußerer Rand; Randzone, entlegenes Gebiet (Gegensatz: Zentrum)
**Persepolis:** Residenz der Perserkönige in Südiran
**Perseus:** letzter makedonischer König (179–168 v. Chr.)
**Personalunion:** Vereinigung mehrerer Herrschertitel verschiedener Länder auf einer Person
**Phaistos:** Palast aus dem 2. Jt. v. Chr. auf Kreta
**Pharos:** Insel vor Alexandria; auf ihr wurde der erste bekannte Leuchtturm erbaut
**Philippi:** Stadt in Makedonien
**Phratrie (griech.):** „Bruderschaft", soziale Gliederungseinheit im Personalverband der griechischen Polis
**Phrygien:** Landschaft und Reich in der Mitte Kleinasiens (Hauptstadt Gordion)
**Phyle:** oberste Gliederungseinheit im Personalverband der Polis
**Platää:** Ort in der griechischen Landschaft Böotien
**Platon:** griechischer Philosoph (427–347 v. Chr.)
**Plebejer, Plebs:** in der römischen Frühzeit minderberechtigte Masse der Bevölkerung
**Pogrom:** (russisch: Verwüstung) planmäßige Judenverfolgung
**Politeia:** Verfassung; Staatsschrift Platons
**Politen:** Staatsbürger in der griechischen Polis
**Polybios:** griechischer Geschichtsschreiber, von den Römern deportiert, schrieb in der Umgebung des Scipio im 2. Jh. v. Chr.
**Polytheismus:** Glaube an mehrere Götter
**Pompeius:** römischer Feldherr (106–48 v. Chr.)
**Pontus:** 1. Schwarzes Meer; 2. Königreich an der

Südküste des Schwarzen Meeres
**Popularen:** römische Politiker, die ihre Vorhaben mit der Volksversammlung gegen die Senatsmehrheit durchsetzen wollen (vgl. Optimaten)
**Populus:** römisches Fußvolk, Demos
**Poseidonios:** griechischer Philosoph und Geschichtsschreiber (ca. 135–50 v. Chr.)
**Potidäa:** Stadt in Nordgriechenland
**Prädestination:** (zu lat. praedestinare = vorbestimmen) Lehre, ausgehend von Calvin, daß das Geschick der Menschen schon im voraus von Gott festgelegt ist. Wie es bestimmt ist, zeigt sich schon auf Erden, abzulesen am materiellen Wohlergehen des einzelnen
**Präfekt:** römischer Vorsteher eines Amtes oder Kommandant einer militärischen Einheit
**Prinzipat:** von Augustus begründete monarchische Ordnung Roms
**profan:** nicht kirchlich, weltlich
**Prokonsul; prokonsularisch:** Inhaber der Amtsgewalt eines Prokonsuls, nicht regulärer Konsul
**Proskriptionen:** Ächtung von Personen
**Provinz:** Aufgabenbereich, untertäniges Gebiet
**Provinzialen:** Bewohner der Provinzen
**Provinziallandtag:** Versammlung angesehener Provinzbewohner bei einem religiösen Zentrum der Provinz in der römischen Kaiserzeit
**Ptolemäer:** Königsdynastie in Ägypten, nach dem Tod Alexanders d. Gr. bis Kleopatra (323–30 v. Chr.)
**Pyrrhos:** König in der griechischen Landschaft Epirus (319–272 v. Chr.)
**Qurais/Quraschiten:** arabischer Stamm in Mekka
**Reconquista:** Spanisch für „Rückeroberung“: Kampf der Christen in Spanien gegen die Araber seit 722 bis zur Eroberung Granadas 1492
**Reformatio:** allgemeine Bewegung im europäischen Spätmittelalter, die eine Reform der Kirche forderte, einmündend in die Reformation
**Regalien:** meist mit Einkünften verbundene, ursprünglich königliche Rechte, wie Markt-, Münz- oder Zollrechte, auch das Recht zum Pfalzbau oder Nominierungsrechte
**Reichsstadt:** reichsunmittelbare, dem deutschen König oder Kaiser direkt unterstellte Stadt; hatte keinen weiteren Landesherrn über sich
**Res publica Romana (lat.):** Bezeichnung für die römische Republik
**Restauration:** Wiederherstellung einer älteren politisch-gesellschaftlichen Ordnung, die Folgen eines Umsturzes teilweise rückgängig macht
**Ritter:** (röm.) zweiter Stand nach der Senatsaristokratie, militärisch Reiterei, ab 218 v. Chr. Geldadel Roms;
(MA) gepanzerter Reiter, zusammen mit aufgestiegenen Ministerialen unterste Schicht des Adels
**Romanik:** europäische Stilepoche (vor allem Architektur) nach 1000 n.Chr. in Anlehnung an römische Vorbilder
**Romanisierung:** Anpassungsprozeß an die römische Kultur und Lebensweise
**Römisches Recht (Ius Romanum):** systematische Sammlung des entwickelten Rechtes der Römer und besonders der kaiserlichen Rechtsentscheidungen, endgültig kodifiziert im Codex Justinianus (529)
**Säkularfeier:** Festspiele, die Roms Wohlfahrt für ein Jahrhundert gewährleisten sollten
**Säkularisierung:** 1. Einziehung geistlicher Güter durch den Staat; 2. Verweltlichung, d. h. Loslösung von kirchlichen und/oder religiösen Bindungen und Werten
**Sallust:** römischer Geschichtsschreiber (86–35 v. Chr.)
**Samniten:** Volksstamm in Mittel- und Unteritalien
**Sardes:** Stadt und persischer Satrapensitz in Westkleinasien
**Sassaniden:** persisches Herrschergeschlecht (224/7–642/51)
**Satrap:** Titel der Provinzstatthalter im Perserreich
**Satyrspiel:** heiteres Nachspiel der klassischen griechischen Tragödie
**Scherbengericht:** Volksabstimmung in Athen, um einen Politiker für 10 Jahre aus der Stadt zu entfernen
**Schisma (= Spaltung):** Trennung des Christentums in eine griechischsprachige Ost- (Konstantinopel) und eine lateinische Westkirche (Rom) vor allem wegen des umstrittenen Primates für den römischen Papst; Kirchenspaltung, i.d.R. aufgrund Uneinigkeit über die herrschende Lehrmeinung
**Scipio (d. Jüngere; Aemilianus):** führender römischer Staatsmann und Feldherr, gest. 129 v. Chr.
**Seldschuken:** Herrscherdynastie westlicher Turkvölker, um 960 zum Islam übergetreten, die unter ihrem Führer Seldschuk ab 955 expandierten, bis 1092 in Kleinasien ein Großreich schufen (1071 Sieg bei Mantzikert über Byzanz)
**Seleukiden:** Königsdynastie in Asien nach dem Tod Alexanders d. Gr.
**Senatsaristokratie:** der gesellschaftlich und politisch führende Stand in Rom
**Sesterz:** römische Münze
**Silberdenar:** römische Silbermünze seit dem zweiten Punischen Krieg
**Simonie:** Kauf oder Verkauf geistlicher Ämter
**Sophisten:** „Weisheitslehrer“
**Spartacus:** Anführer des großen Sklavenkrieges gegen Rom 73–71 v. Chr.
**Staatsland (lat.: ager publicus):** durch Rom den Besiegten entzogenes Land

**Staatsreligion:** Vom Staat geförderter oder vorgeschriebener religiöser Kult, bei den Römern für die traditionellen Staatsgötter, zu denen seit Augustus die verstorbenen Kaiser zählten
**Stadtrecht:** regelt die rechtlichen Beziehungen zwischen Bürgern und Stadtherrn als Voraussetzung zur sich selbst verwaltenden Bürgergemeinde
**Stoa:** hellenistische Philosophenschule mit Einfluß auf die römische Führungsschicht
**Susa:** Verwaltungshauptstadt des Perserreiches
**Symposion:** ursprünglich Gastmahl der griechischen Oberschicht, dabei oft Diskussion philosophischer Fragen; übertragen (modern): Gelehrtentagung
**Synode:** Versammlung von Bischöfen; vgl. Konzil
**Talent:** größte griechische Gewichtseinheit; das euböische Talent: ca. 26 kg
**Tetrarchie (= Viererherrschaft):** Aufteilung der Macht im römischen Imperium unter 2 Augusti und 2 Caesares seit Diokletian
**Thasos:** Insel in der Nordägäis
**Theismus (Theos = Gott):** Glaube und Lehre von Gott; unterschieden werden der Glaube an viele Götter (Polytheismus), an eine übergeordnete, zentrale Gottheit (Henotheismus) und an einen einzigen Gott (Monotheismus bei Juden, Christen und Muslims)
**Themistokles:** athenischer Staatsmann zur Zeit der Perserkriege
**Theokratie:** (zu griech. Theos = Gott; kratie = Herrschaft) Regierungsform seit dem Alten Orient, in der die geistliche und weltliche (politische) Gewalt zusammenfallen. Ursprünglich waren Priester die ersten Herrscher als Priesterkönig (z. B. in Sumer) oder Gottkönig (Ägypten)
**Thermopylen:** Küstenpaß zwischen Nord- und Mittelgriechenland
**Thessalien:** nördlichste Landschaft Griechenlands
**Theten:** besitzlose Lohnarbeiter in Griechenland
**Thrakien:** Landschaft östlich von Makedonien bis zu den Meerengen
**Thukydides:** athenischer Geschichtsschreiber (ca. 460–400 v. Chr.)
**Trinitätslehre:** christliche Lehre, die Gott als dreieiniges Wesen (Vater, Sohn, Heiliger Geist) sieht
**Triumph:** Siegesfeier eines römischen Imperators
**Triumvirat:** Bündnis von drei Männern zur Erreichung politischer Ziele
**Utopia:** Aus dem Griechischen: Nirgendsland (siehe unter Morus)
**Vergil:** römischer Dichter, 70–19 v. Chr.
**Veteran:** entlassener Soldat
**Veto(recht):** Einspruchsrecht der Volkstribune in Rom
**Wik:** frühmittelalterlicher, befestigter Fernhandels- und Umschlagplatz nördlich der Alpen (erhalten z. B. in den Namen Schleswig, Braunschweig)
**Xerxes:** persischer König (486–465 v. Chr.)
**Zensur:** Amt und Amtszeit des römischen Zensors
**Zölibat:** Ehelosigkeit der Priester nach dem Vorbild der Mönche
**Zunft:** genossenschaftlicher Zusammenschluß der Handwerksmeister eines Gewerbes

## Literatur

(Das Verzeichnis bezieht sich überwiegend auf zitierte Literatur)

### *1. Nachschlagewerke, Handbücher*

GEISS, IMANUEL: Geschichte griffbereit, 6 Bände u. Registerband, Dortmund, 1993

GEISS, IMANUEL: Geschichte im Überblick. Daten und Zusammenhänge der Weltgeschichte, Reinbek, 1986

KINDER, HERMANN u. HILGEMANN, WERNER: dtv-Atlas zur Weltgeschichte, Karten und chronologischer Abriß, Bd. 1, München, 1989

DER GROSSE PLOETZ. Auszug aus der Geschichte von den Anfängen bis zur Gegenwart, Würzburg, 1992

WIRTSCHAFTS-PLOETZ. Die Wirtschaftsgeschichte zum Nachschlagen, Würzburg, 1989

### *2. Quellensammlungen*

AREND, WALTER: Geschichte in Quellen, Bd. I (Altertum), München, 1978

FRANZ, GÜNTER (Hrsg.): Quellen zur Geschichte des Bauernkrieges, Darmstadt, 1963

HUG, WOLFGANG (Hrsg.): Geschichtliche Weltkunde, Quellenlesebuch Band 1, Frankfurt/M., 1981

KRIEGER, HERBERT (Hrsg.): Handbuch des Geschichtsunterrichts. Materialien für den Geschichtsunterricht. Das Altertum (Band II), Frankfurt/M., 1978

KRIEGER, HERBERT (Hrsg.): Handbuch des Geschichtsunterrichts. Materialien für den Ge-

schichtsunterricht. Das Mittelalter (Band III), Frankfurt/M., 1978
LAUTMANN, WOLFGANG U. SCHLENKE, MANFRED (Hrsg.): Geschichte in Quellen. Renaissance, Glaubenskämpfe, Absolutismus; bearbeitet von Fritz Dickmann, München, o. J.
PERNOUD, REGINE (Hrsg.): Die Kreuzzüge in Augenzeugenberichten, München, 1971
WEIRICH, RUDOLF U. BÜRCK, GERHART: Grundzüge der Geschichte, Quellenband I, Frankfurt/M., 1984

### *3. Epochenübergreifende Darstellungen*

BOLTE, KARL MARTIN: Deutsche Gesellschaft im Wandel, Opladen, 1966
BRENTJES, BURCHARD: Geschichte der Technik, Leipzig, 1978
FUSSENEGGER, GERTRUD: Herrscherinnen. Frauen, die Geschichte machten, Stuttgart, 1991
KÖNIG, WOLFGANG (Hrsg.): Propyläen – Technikgeschichte, 5 Bände, Frankfurt/M., Berlin, Wien, 1991
KUHN, ANETTE (Hrsg.): Die Chronik der Frauen, Dortmund, 1992
KUHN, ANETTE U. RÜSEN, JÖRN (Hrsg.): Fachwissenschaftliche und fachdidaktische Beiträge zur Geschichte der Weiblichkeit vom Frühen Mittelalter bis zur Gegenwart mit geeigneten Materialien für den Unterricht, (Frauen in der Geschichte, Bd. III), Düsseldorf, 1983
KUHN, ANETTE U. RÜSEN, JÖRN (Hrsg.): Fachwissenschaftliche und fachdidaktische Beiträge zur Sozialgeschichte der Frauen vom frühen Mittelalter bis zur Gegenwart, (Frauen in der Geschichte, Bd. II), Düsseldorf, 1986
MANN, GOLO U. HEUSS, ALFRED U. NITSCHKE, AUGUST (Hrsg.): Propyläen – Weltgeschichte, 6 Bände, Frankfurt/M., Berlin, Wien, 1986
NIEMANN, HANS-WERNER: Vom Faustkeil zum Computer. Technikgeschichte – Kulturgeschichte – Wirtschaftsgeschichte, Stuttgart, 1984
WEBER, MAX: Wirtschaft und Gesellschaft. Grundriß der verstehenden Soziologie, Tübingen, 1985

### *4. Vor- und Frühgeschichte, Antike*

ALFOLDY, G.: Römische Sozialgeschichte, 3. Aufl., Wiesbaden 1984
BELLEN, HEINZ: Grundzüge der römischen Geschichte, Teil I: Von der Königszeit bis zum Übergang der Republik in den Prinzipat, Darmstadt, 1994
CHRIST, KARL: Geschichte der römischen Kaiserzeit, München, 1988
DAHLHEIM, WERNER: Die Antike. Griechenland und Rom von den Anfängen bis zur Expansion des Islam, Paderborn, 1994
DEMANDT, ALEXANDER: Die Spätantike. Römische Geschichte von Diocletian bis Justinian 284–556 n. Chr., München, 1989
DÖBLER, HANSFERDINAND: Die Germanen, Legende und Wirklichkeit von A–Z. Ein Lexikon zur europäischen Frühgeschichte, Gütersloh, 1975
DREXLER, HANS: Polybios – Geschichte, München, o. J.
FINLEY, MOSES I.: Antike und moderne Demokratie, Stuttgart, 1980
FUHRMANN, MANFRED: Cicero – Sämtliche Reden, München, 1978
GALSTERER, HARTMUT: Herrschaft und Verwaltung im europäischen Italien, München, 1976
GIGON, OLOF: Aristoteles Politik, München, 1971
GIOVANNI, ADALBERTO U. GOTTLIEB, GUNTER: Thukydides und die Anfänge der athenischen Arche, Heidelberg, 1980
HAUSSIG, HANS-W.: Herodot – Historien, Stuttgart, 1971
HECK, EBERHARD: Die dualistischen Zusätze und die Kaiseranreden bei Lactantius, Heidelberg, 1972
HELLER, ERICH: Tacitus – Annalen, München, 1992
HONIG, RICHARD M.: Humanitas und Rhetorik in spätrömischen Kaisergesetzen, Göttingen, 1960
HORNEFFER, A.: Thukydides – Der pelop. Krieg, Essen, 1984
JUVENAL: Satiren, Berlin, o. J.
KRÄMER, ERNST: Xenophon – Anabasis, Aschendorff, Münster, 1985
KYTZLER, BERNHARD: Minucius – Octavius, München, 1965
LIVIUS: Römische Geschichte, München, o. J.
MEIER, CHRISTIAN: Caesar, Köln, 1982
MEIER, CHRISTIAN: Die Entstehung des Politischen bei den Griechen, Frankfurt/M., 1980
MEYER, ERNST: Römischer Staat und Staatsgedanke, 2. Aufl., Zürich, 1961
MOLTHAGEN, JÜRGEN: Rückwirkungen der römischen Expansion. Der Übergang von der Republik zum Prinzipat – eine Revolution? in: Geiss, I. und Tamchina, J.: Ansichten einer künftigen Geschichtswissenschaft, München, 1974
OLIVA, PAVEL: Solon – Legende und Wirklichkeit,

Konstanz, 1988
SALLUST: Der Krieg mit Jugurtha, Berlin, o. J.
SIEWERT, PETER: Die Trittypen Attikas und die Heeresreform des Kleisthenes, München, 1982
SCHNEIDER, HELMUTH: Sozialer Konflikt in der Antike: Die späte römische Republik, in: Geschichte in Wissenschaft und Unterricht, Heft 27, 1976
SCHÖN, FRANZ: Sueton – Sämtliche erhaltene Werke, Essen, 1987
SCHULLER, WOLFGANG: Frauen in der römischen Geschichte, München/Zürich, 1992
STÄDELE, ALFONS: Tacitus – Agricola, München, 1991
TARKIAINEN, T.: Die athenische Demokratie, München, 1972
VOSS, JOHANN H.: Homer – Ilias, Odyssee, München, 1976
WEBER, EKKEHARD: Augustus – Meine Taten, München, 1989
WERNER, ROBERT: Imperialismus und römische Ostpolitik im 2. Jh. n. Chr., in: Aufstieg und Niedergang der römischen Welt, Band I l, Berlin, 1972
WILL, WOLFGANG: Alexander der Große, Geschichte Makedoniens Bd. 2, Stuttgart u.a., 1986
WILL, WOLFGANG: Julius Caesar, Stuttgart, 1992
WINKLER, GERHARD U. KÖNIG, RODERICH: Plinius d. Ä. – Naturkunde, München, o. J.
WIRTH, GERHARD: Cassius Dio – Römische Geschichte, München, 1987
ZIEGLER, KONRAT: Plutarch – Große Griechen und Römer, München, o. J.
ZINK, NORBERT: Curtius Rufus – Das Leben Alexanders d. G., Frankfurt/M., 1989

## *5. Islam und arabische Expansion*

CAHEN, CLAUDE: Der Islam: Vom Ursprung bis zu den Anfängen des Osmanenreiches, Frankfurt, 1968
Der Koran, Übersetzung von RUDÉ PARET, Stuttgart, 1979
ENDE, WERNER U. STEINBACH, UDO (Hrsg.): Der Islam in der Gegenwart, München, 1984
ENDRESS, GERHARD: Einführung in die islamische Geschichte, München, 1982
LE BON, GUSTAVE: Die mittelalterliche Welt der Araber, München/Berlin, 1974
LEWIS, BERNARD (Hrsg.): Welt des Islam. Geschichte und Kultur im Zeichen des Propheten, Braunschweig, 1976
ROSENTHAL, FRANZ: Das Fortleben der Antike im Islam, Zürich, 1965
TELLENBACH, SILVIA: Re-Islamisierung, in: Geschichte lernen, Heft 7, Januar 1989

## *6. Völkerwanderung, Mittelalter*

AFFELDT, WERNER U. KUHN, ANETTE (Hrsg.): Interdisziplinäre Studien zur Geschichte der Frauen im Frühmittelalter, (Frauen in der Geschichte Bd. VII), Düsseldorf, 1986
BLUMENTHAL, UTA-RENATE: Der Investiturstreit, Stuttgart, 1992
BOOCKMANN, HARTMUT: Das Mittelalter. Ein Lesebuch aus Texten und Zeugnissen des 6.–16. Jahrhunderts, München, 1988
BORST, ARNO: Lebensformen im Mittelalter, Frankfurt/M./Berlin/Wien, 1979
DÖLL, ERNST: Städte und Bürger im Mittelalter, Stuttgart, 1970
EINHARD: Das Leben Karls des Großen in: QUELLEN ZUR KAROLINGISCHEN REICHSGESCHICHTE, Erster Teil (Freiherr vom Stein-Gedächtnisausgabe, Bd V), Darmstadt, 1955
ENNEN, EDITH: Frauen im Mittelalter, München, 1987
ERBSTÖSSER, MARTIN: Die Kreuzzüge, Leipzig, 1977
FISCHER, JOSEPH: Die Völkerwanderung im Urteil der zeitgenössischen Schriftsteller Galliens unter Einbeziehung des heiligen Augustinus. (Inauguraldissertation), Heidelberg/Waibstadt, 1948
FLECKENSTEIN, JOSEPH: Grundlagen und Beginn der deutschen Geschichte, Göttingen, 1974
FUHRMANN, HORST: Deutsche Geschichte im hohen Mittelalter in der Mitte des 11. bis zum Ende des 12. Jh., Göttingen, 1978
GOETZ, HANS-WERNER: Leben im Mittelalter, München, 1986
HAVERKAMP, ALFRED: Aufbruch und Gestaltung. Deutschland 1056–1273, München, 1984
HEER, F: Mittelalter. Vom Jahr 1000 bis 1350, 2 Bände, München, 1983 (= Kindlers Kulturgeschichte Europas Bände 9 und 10)
JACOB, HERMANN: Kirchenreform und Hochmittelalter 1046–1215, München, 1988
JÄCKEL, GÜNTHER (Hrsg.): Kaiser, Gott und Bauer, o. O., o. J.
KÜHNEL, H. (Hrsg.): Alltag im Spätmittelalter, Gratz u.a., 1984
LEUSCHNER, JOACHIM: Deutschland im späten Mittelalter, Göttingen, 1975
MAYER, HANS EBERHARD: Geschichte der Kreuzzüge, Stuttgart, 1965
MILGER, PETER: Die Kreuzzüge. Krieg im Namen Gottes, München, 1988

NEIFEIND, HARALD: Stadt im Mittelalter, München, 1980
OSTROGORSKY, GEORG: Geschichte des Byzantinischen Staates, München, 1965
PLETICHA, HEINRICH (Hrsg.): Weltgeschichte. Nationen, Städte, Steppenvölker. Die Welt im späten Mittelalter, Gütersloh, 1989
SCHALLER, HANS M.: Kaiser Friedrich II. Verwandler der Welt, Göttingen, 1971
USAMA IBN MUNQUID: Memorien, dt. Übersetzung in: F. Gabrieli: Die Kreuzzüge aus arabischer Sicht, Zürich/München, 1973
WATT, WILLIAM MONTGOMERY: Der Einfluß des Islam auf das europäische Mittelalter, Berlin, 1988
WEINMANN, UTE: Mittelalterliche Frauenbewegungen, Pfaffenweiler, 1988
WOLLSCHLÄGER, HANS: Die bewaffneten Wallfahrten gen Jerusalem. Geschichte der Kreuzzüge, Zürich, 1973

### 7. Frühe Neuzeit, Europas Expansion, Glaubenskriege

ALAND, KURT (HRSG.): Luther Deutsch. Die Werke Martin Luthers in neuer Auswahl für die Gegenwart, Band 2, Ehrenfried Klotz, Stuttgart/Göttingen, 1962
BAUER, L; MATHIS, H.: Geburt der Neuzeit. Vom Feudalismus zur Marktgesellschaft, München, o. J.
BUCHWALD, REINHARD (Übersetzt und Erläutert): Luthers Briefe. Auswahl. Stuttgart, 1956
DICKMANN, FRITZ: Renaissance, Glaubenskämpfe, Absolutismus, München, 1966
GARIN, EUGENIO (Hrsg.): Der Mensch der Renaissance, Frankfurt/M./New York, 1990
KLÖSS, ERHARD: Die Herren der Welt. Die Entstehung des Kolonialismus in Europa, Köln, 1985
LAUTZAS, PETER U. WAGNER, MICHAEL: Die Entstehung der modernen Welt. Reihe: Ploetz Arbeitsmaterialien. Geschichte. Sozialkunde. Erdkunde, Freiburg/Würzburg, 1983
MIECK, ILJA: Europäische Geschichte der frühen Neuzeit, 1982
SCHERRINSKY, HARALD U. WULF, WALTER: Renaissance, Reformation und Glaubenskämpfe. Geschichtliche Quellenhefte mit Überblick „Die Welt im Wandel" Heft 4/5, Frankfurt/M., 1975
SCHMITT, EBERHARD (Hrsg.): Dokumente zur Geschichte der europäischen Expansion; Bd. 1ff, München, o. J.
STECK, GERHARD (Hrsg.): Martin Luther. Studienausgabe, Frankfurt/M., 1970
THOMSON, S. H.: Das Zeitalter der Renaissance. Von Petrarca bis Erasmus. Reihe: Kindlers Kulturgeschichte Europas, 1983
ZINN, KARL GEORG: Kanonen und Pest. Über die Ursprünge der Neuzeit im 14. und 15.Jahrhundert, Opladen, 1989

## Register

## Abbildungsnachweis

Antikensammlungen, München: S. 46, 103, 153;
Archiv für Kunst und Geschichte, Berlin: S. 51, 86, 147, 170, 171, 190, 206, 212, 247, 251, 256, 297, 319;
archivio foto B., Mailand: S. 216;
Augsburger Staats- und Stadtbibliothek: S. 328;
W. Bautsch, Frankfurt: S. 25;
Bayer. Nationalmuseum, München: S. 264;
Bibliothèque Nationale, Paris: S. 205, 261;
Bildarchiv Preuss. Kulturbesitz, Berlin: S. 55, 57, 71, 114, 290, 306, 318, 352, 354, 365;
E. Böhm, Mainz: S. 160;
British Museum, London: S. 14, 311;
J. Decopoulos, Athen: S. 23;
dpa, Frankfurt: S. 196;
DAI, Rom: S. 84, 146;
Fachbuchverlag Leipzig: S. 305;
Fratelli Alinari, Florenz: S. 127, 137;
Fürstlich Waldburg Zeil'sches Archiv: S. 363;
Germanisches Nationalmuseum, Nürnberg: S. 324, 336;
Photographie Giraudon, Paris: S. 308;
Dr. H. Hell, Reutlingen: S. 12, 13;
Colorphoto Hinz, Allschwill: S. 358;
Hirmer Verlag, München: S. 32, 53, 60, 67, 73, 221;
Hist. Museum, Köln: S. 164;
Ikonenmuseum Recklinghausen: S. 131 li.;
Interfoto, München: S. 298;
Fotoarchiv Klammet, Ohlstadt: S. 159, 204;
Landesmuseum Wiesbaden: S. 164;
U. Lübbert, Garmisch: S. 10;
Foto Marburg: S. 126, 131 re., 156, 173, 218;
L. v. Matt, Buochs: S. 151, 168;
Museo Arqueológico Nacional, Madrid: S. 177;
Museum Boymans-Van-Beuningen, Rotterdam: S. 367;
Rhein. Landesmuseum, Trier: S. 135;
Scala, Florenz: S. 100, 122, 296;
Staatl. Graph. Sammlung, München: S. 326;
Staatl. Kunstsammlung, Kassel: S. 347;
Stadt Augsburg: S. 259;
Stiftsbibliothek St. Gallen, Foto Seltrecht: S. 184;
Ullstein Bilderdienst, Berlin: S. 179, 203;
Universität Mainz: S. 77, 79, 106, 109, 120;
Vatikan. Päpstl. Bibliothek: S. 219

987 654 321